PETTERS-PREISENDANZ

Praktische Strafrechtsfälle mit Lösungen

PETTERS-PREISENDANZ

Praktische Strafrechtsfälle mit Lösungen

Ein induktives Lehrbuch des Strafrechts

13. Auflage

völlig neu bearbeitet von

Holger Preisendanz
Erster Staatsanwalt in Pforzheim

1968

J. SCHWEITZER VERLAG BERLIN

Satz und Druck: Walter de Gruyter & Co., Berlin 30

Vorwort zur 13. Auflage

Der bisherige Herausgeber, Landgerichtsrat Dr. Walter Petters, verstarb am 18. 1. 1963, kurz vor Vollendung seines 75. Lebensjahres. Nachdem ich bereits an der 1961 erschienenen 7. Auflage der „Strafprozeßfälle" und an der 1962 erschienenen Vorauflage der „Strafrechtsfälle" mitgearbeitet hatte, war es sein Wunsch, daß ich sein Werk fortführen möge. Diesem Wunsch bin ich gerne gefolgt. 1965 erschien die 25. Auflage des „Strafgesetzbuchs" (Lehrkommentar mit Erläuterungen und Beispielen), 1966 folgte die 8. Auflage der „Strafprozeßfälle". Mit der jetzt vorliegenden Neuauflage der „Strafrechtsfälle" ist das Gesamtwerk wieder auf den neuesten Stand gebracht.

Wie bei der Neubearbeitung der beiden anderen Bände habe ich mich auch bei den „Strafrechtsfällen" von dem Bestreben leiten lassen, Charakter und System des vor allem in Referendarkreisen so beliebten Buchs, von dem schon Professor Ebermayer vor mehr als drei Jahrzehnten sagte, es sei für jeden jungen Juristen fast unentbehrlich, so weit wie möglich zu erhalten. Trotzdem ließ es sich nicht umgehen, das Buch völlig neu zu gestalten. Die seit der 10. Auflage vorgenommene Aufteilung des Werkes in zwei Teile mit insgesamt 24 Fällen hatte sich auf die Dauer doch nicht bewährt. Einem vielfach geäußerten Leserwunsch folgend habe ich deshalb den Umfang wieder auf einen Band mit nur 16 Fällen beschränkt und dabei nach dem Grundsatz „multum, non multa" auf die Erörterung weniger wichtiger Problemkreise verzichtet. Diese Beschränkung bot Anlaß und Gelegenheit, völlig neue Fälle zu bilden.

Während die Fälle der Vorauflage noch auf Entscheidungen des früheren Reichsgerichts aufgebaut waren, sind die neuen Fälle ausschließlich an der Rechtsprechung des Bundesgerichtshofs ausgerichtet, die bis Ende 1967 (Heft 5 des 21. Bands der amtlichen Sammlung) verarbeitet wurde. Die Umstellung auf die Judikatur des Bundesgerichtshofs stellte nicht nur neue Rechtsprobleme in den Vordergrund, sondern bot gleichzeitig auch die Möglichkeit einer zeitgemäßen und lebensnahen Fallgestaltung. Bei der Neufassung der Fälle und ihrer Lösungen kam mir meine langjährige Erfahrung in der Ausbildung des juristischen Nachwuchses zugute.

Die Lösungen mit ihren Vorbemerkungen gehen wie bisher weit über den einzelnen Fall hinaus, um einen möglichst umfassenden Überblick über die jeweils angeschnittenen Problemkreise zu verschaffen. Sie sind vor allem an der höchstrichterlichen Rechtsprechung ausgerichtet. Aber auch das Schrifttum wurde, soweit erforderlich, mehr als bisher berücksichtigt.

Zu den wesentlichen Neuerungen gehört die strengere Trennung der eigentlichen Lösungen von den der jeweiligen Lösung vorangestellten Vorbemerkungen. Die Lösungen werden dadurch übersichtlicher und einprägsamer, ohne daß die bisherige Methodik der Fallsammlung als induktives Lehrbuch entscheidend berührt wird. In der jetzt gewählten Form stellt sich das Buch als Kombination von Lehrbuch, Kommentar und Fallsammlung dar. Im Vordergrund steht, wie bisher, der Fall. Gleichzeitig aber werden alle wesentlichen Probleme des Allgemeinen Teils lehrbuchmäßig den Lösungen vorangestellt (S. 1 bis 71). Die für die Prüfung wichtigen Schwerpunkte des Besonderen Teils werden kommentarmäßig in den Vorbemerkungen der Fälle abgehandelt, in denen sie von rechtlicher Bedeutung sind.

Alle Änderungen erfolgten in dem Bestreben, dem Buch das eingangs erwähnte Prädikat von Ebermayer zu erhalten und dem Studierenden bzw. Referendar den für die Prüfung im Strafrecht erforderlichen Stoff in leicht verständlicher und einprägsamer Form näher zu bringen und ihn mit allen wesentlichen Problemen vertraut zu machen.

Pforzheim, im Dezember 1967

Holger Preisendanz

Inhaltsverzeichnis

Abkürzungsverzeichnis

a. A.	anderer Ansicht
a.a.O.	am angeführten Ort
AE	Alternativentwurf eines Strafgesetzbuchs, Allg. Teil 1966
a. F.	alte Fassung
AG	Amtsgericht
AktG	Aktiengesetz v. 6. 9. 1965 (BGBl. I 1089)
a. l. i. c.	actio libera in causa
AO	Abgabenordnung
AV	Allgemeine Verfügung
AVG	Angestelltenversicherungsgesetz
BA	Blutalkohol, Wissenschaftliche Zeitschrift für medizinische und juristische Praxis
BÄO	Bundesärzteordnung
Baumann	Baumann, Strafrecht, Allg. Teil, 3. Aufl. 1964
BayObLG	Bayerisches Oberstes Landesgericht
BB	Der Betriebsberater, Zehntagedienst für Wirtschafts-, Steuer-, Arbeits- und Sozialrecht
BestechVO	Verordnung gegen Bestechung und Geheimnisverrat nichtbeamteter Personen
BGB	Bürgerliches Gesetzbuch
BGBl.	Bundesgesetzblatt
BGH	Entscheidungen des Bundesgerichtshofs in Strafsachen, amtliche Sammlung
BJagdG	Bundesjagdgesetz
BörsG	Börsengesetz
BRD	Bundesrepublik Deutschland
BVerfGer.	Bundesverfassungsgericht
DAR	Deutsches Autorecht
Ddf.	Düsseldorf
DJ	Die Justiz, Amtsblatt des JM Bad.-Wttbg.
DVollzO	Dienst- und Vollzugsordnung vom 1. 12. 1961
DRiZ	Deutsche Richter-Zeitung
DRZ	Deutsche Rechts-Zeitschrift
E 1962	Entwurf eines Strafgesetzbuchs, 1962
EdelMetG	Gesetz über den Verkehr mit Edelmetallen, Edelsteinen und Perlen
EheG	Ehegesetz
ErbGesG	Gesetz zur Verhütung erbkranken Nachwuchses
FamRZ	Ehe und Familie, Zeitschrift für das ges. Familienrecht
Ffm.	Frankfurt/M.
Frank	Frank, Das Strafgesetzbuch für das Deutsche Reich, 18. Aufl. 1931

GA	Goltdammers Archiv für Strafrecht
GenG	Gesetz betreffend die Erwerbs- und Wirtschaftsgenossenschaften
GewO	Gewerbeordnung
GG	Grundgesetz für die Bundesrepublik Deutschland
GKG	Gesetz zur Bekämpfung der Geschlechtskrankheiten
GVG	Gerichtsverfassungsgesetz
h. A.	herrschende Ansicht
Hbg.	Hamburg
HGB	Handelsgesetzbuch
h. L.	herrschende Lehre
i. d. F.	in der Fassung
IdK.	Idealkonkurrenz
i. d. R.	in der Regel
JGG	Jugendgerichtsgesetz
JMBlNRW	Justizministerialblatt für das Land Nordrhein-Westfalen
JR	Juristische Rundschau
JuS	Juristische Schulung
JWG	Jugendwohlfahrtsgesetz
JZ	Juristenzeitung
KG	Kammergericht
Khe	Karlsruhe
K.-L.	Kohlrausch-Lange, Strafgesetzbuch, 43. Aufl. 1961
KO	Konkursordnung
Lackner-Maassen	Lackner-Maassen, Strafgesetzbuch, 4. Aufl. 1967
LK	Leipziger Kommentar, 8. Aufl. 1957, 1958
LM.	Lindenmaier-Möhring, Nachschlagewerk des BGH
Maurach AT	Maurach, Deutsches Strafrecht, Allg. Teil, 3. Aufl. 1965
Maurach BT	Maurach, Deutsches Strafrecht, Bes. Teil, 4. Aufl. 1964
MDR	Monatsschrift für Deutsches Recht
Mezger-Blei I	Mezger-Blei, Strafrecht, Allgemeiner Teil, 10. Aufl. 1963
Mezger-Blei II	Mezger-Blei, Strafrecht, Besonderer Teil, 8. Aufl. 1964
MRK	Konvention zum Schutze der Menschenrechte und Grundfreiheiten
NdsRpfl.	Niedersächsische Rechtspflege
n. F.	neue Fassung
NJW	Neue Juristische Wochenschrift
OGH BZ	Oberster Gerichtshof für die britische Zone
OLG	Oberlandesgericht
RA	Rechtsanwalt
RG	Entscheidungen des Reichsgerichts in Strafsachen, amtliche Sammlung
RGBl.	Reichsgesetzblatt
RK.	Realkonkurrenz
RVO	Reichsversicherungsordnung
Schönke-Schröder	Schönke-Schröder, Kommentar zum Strafgesetzbuch, 12. Aufl. 1965 (zitiert nach Randnummern)

Schwarz-Dreher	Schwarz-Dreher, Strafgesetzbuch, 28. Aufl. 1966
SJZ	Süddeutsche Juristenzeitung
SprengstG	Gesetz gegen den verbrecherischen und gemeingefährlichen Gebrauch von Sprengstoffen
StA	Staatsanwalt bzw. Staatsanwaltschaft
Stgt.	Stuttgart
StPO	Strafprozeßordnung
str.	streitig
st. Rspr.	ständige Rechtsprechung
StrÄndG	Strafrechtsänderungsgesetz
StraftilgG	Straftilgungsgesetz
StVG	Straßenverkehrsgesetz
StVO	Straßenverkehrsordnung
StVZO	Straßenverkehrszulassungsordnung
Tb.	Tatbestand
UnedelMetG	Gesetz über den Verkehr mit unedlen Metallen
UWG	Gesetz gegen den unlauteren Wettbewerb
Verk. Mitt.	Verkehrsrechtliche Mitteilungen
VerkSichG	Gesetz zur Sicherung des Straßenverkehrs
VRS	Verkehrsrechtssammlung
VVG	Gesetz über den Versicherungsvertrag
Welzel	Welzel, Das Deutsche Strafrecht, 9. Aufl. 1965
WehrStG	Wehrstrafgesetz
WiStG	Wirtschaftsstrafgesetz
ZollG	Zollgesetz v. 14. 6. 1961 (BGBl. I 737, letztes ÄndG v. 30. 8. 1966, BGBl. I 542)
ZPO	Zivilprozeßordnung
ZStW	Zeitschrift für die gesamte Strafrechtswissenschaft

Gesetzesregister

Die §§ des Strafgesetzbuchs

(Die Zahlen der Seiten, die grundsätzliche Ausführungen enthalten, sind fett gedruckt)

Systematische Vorbemerkungen

A. EINLEITUNG

I. Das Verbrechen und seine Folgen (allgemeine Grundsätze)

1. Das Strafrecht dient, wie auch die übrigen Rechtsgebiete, der Aufgabe, ein geregeltes Zusammenleben der menschlichen Gesellschaft zu ermöglichen. Die besondere **Schutzfunktion des Strafrechts** erstreckt sich auf die Abwehr von Angriffen auf bestimmte Interessen der Allgemeinheit oder des Einzelnen, die von der Gesellschaftsordnung als besonders schutzwürdig angesehen werden. Diese strafrechtlich geschützten Interessen werden als Rechtsgüter bezeichnet.

2. Als **Verbrechen** gilt jede Rechtsgutverletzung, die von einem gesetzlichen Tatbestand erfaßt wird, durch keinen Rechtfertigungsgrund gerechtfertigt ist und dem Täter als schuldhaftes Verhalten zugerechnet werden kann (Verbechen = tatbestandsmäßige, rechtswidrige und schuldhafte Handlung).

3. Aufgabe der gesetzlichen Tatbestände ist es, das als strafwürdig angesehene Unrecht festzulegen (zu „typisieren“) und mit einer Strafdrohung auszustatten. Man spricht hier von der sogenannten Fundamentalfunktion des gesetzlichen Tatbestands. Nicht alle Rechtsgutverletzungen, die als Unrecht erscheinen, werden von einem gesetzlichen Tatbestand erfaßt. So gibt es insbesondere auf dem Gebiet des Zivilrechts und hier vor allem im Rahmen schuldrechtlicher Beziehungen unzählige Handlungen, die als rechtswidrig angesehen werden müssen und unter dem Gesichtspunkt einer unerlaubten Handlung (§§ 823 ff. BGB), einer positiven Vertragsverletzung, einer Nichterfüllung oder einer ungerechtfertigten Bereicherung (§§ 812 ff. BGB) zu Schadensersatzansprüchen, u. U. sogar zu Vertragsstrafen führen können, die aber strafrechtlich nur dann von Bedeutung sind, wenn sie unter den Tatbestand des Betrugs (§ 263), der Untreue (§ 266), der Pfandkehr (§ 289) oder einen anderen Straftatbestand eingeordnet („subsumiert“) werden können.

Handlungen, die nicht tatbestandsmäßig sind, sind für die strafrechtliche Wertung unerheblich. Sie unterliegen nicht der staatlichen Strafgewalt. Der Tatbestand erfüllt somit die entscheidende Garantiefunktion, die zu den Grundlagen jedes rechtsstaatlichen Denkens gehört und die auch das Grundgesetz verlangt, wenn es in Art. 103 Abs. 2 die Forderung aufstellt, daß eine Tat nur dann bestraft werden kann, wenn die Strafbarkeit gesetzlich bestimmt war, bevor die Tat begangen wurde.

4. **Aufgabe der Strafrechtspflege** ist es, nach Begehung jeder Straftat zu prüfen, welche Maßnahmen zu ergreifen sind, um den bereits vorliegenden Angriff auf den Rechtsfrieden zu sühnen und weiteren Angriffen auf den Rechtsfrieden entgegenzuwirken. Nach dem geltenden Recht, das auf dem Boden der sog. Zweispurigkeit steht, bieten sich bei der Lösung dieser Aufgabe zwei Wege an: das System der Strafen und die sog. Maßregeln der Sicherung und Besserung.

5. Das allgemeine Strafrecht hat nur die **Kriminalstrafe** zum Gegenstand.

a) Aufgabe der Strafe ist es, das Unrecht der Tat zu sühnen und den Täter von der Begehung weiterer Straftaten abzuhalten. Daneben kann die Strafe den weiteren Zweck verfolgen, auch die Allgemeinheit von Straftaten der zu verfolgenden Art abzuschrecken (sog. Generalprävention). Welcher dieser Zwecke im Vordergrund steht, ist Tatfrage und kann nur von Fall zu Fall entschieden werden. Fest steht jedoch, daß bei Fahrlässigkeitsdelikten der Sühnegedanke überwiegt, wie sich eindeutig aus dem unterschiedlichen Strafrahmen von fahrlässiger Tötung und fahrlässiger Körperverletzung ergibt. Generalpräventive Erwägungen werden dagegen vor allem dort im Vordergrund stehen, wo ein bestimmtes Delikt in einer für die Allgemeinheit unerträglichen Weise immer mehr überhand nimmt, wie dies z. B. nach dem letzten Krieg bei Fahrraddiebstählen der Fall war und heute bei Trunkenheit am Steuer zu beklagen ist. Aber auch in diesen Fällen darf eine gerechte, schuldangemessene Strafe nicht überschritten werden. Der BGH hat hierzu folgende Grundsätze aufgestellt (vgl. BGH 20, 266): „Grundlagen der Strafzumessung sind die Schwere der Tat in ihrer Bedeutung für die verletzte Rechtsordnung und der Grad der persönlichen Schuld des Täters. Unter Berücksichtigung und gegenseitiger Abwägung dieser Gesichtspunkte soll der Richter die gerechte, d. h. schuldangemessene Strafe finden. Der Strafrahmen gibt ihm hierzu einen gewissen Spielraum, innerhalb dessen eine Strafe noch als schuld angemessen anzuerkennen ist (vgl. BGH 3, 179; 7, 28). Der Richter kann dabei auch anderen Strafzwecken, so denen der Abschreckung und der Sicherung, Raum geben. Der Präventionszweck darf aber nicht dazu führen, die gerechte Strafe zu überschreiten. Die nachrangigen

Zumessungsgründe können ein Übermaß in diesem Sinne niemals rechtfertigen".

b) Innerhalb der Kriminalstrafe sind Haupt- und Nebenstrafen zu unterscheiden. Die Hauptstrafen (Zuchthaus, Gefängnis, Haft, Einschließung und Geldstrafe) können für sich allein, die Nebenstrafen (z. B. Einziehung eines Tatwerkzeugs) dagegen nur ergänzend neben einer Hauptstrafe ausgesprochen werden.

c) Im Jugendstrafrecht hat nur die Jugendstrafe (§§ 17 ff. JGG) den Charakter einer Kriminalstrafe, nicht dagegen die Erziehungsmaßregeln (§§ 9 ff, JGG) und die Zuchtmittel (§§ 13 ff. JGG).

d) Nicht zu den Kriminalstrafen gehören die Disziplinarstrafen sowie die Geldbußen nach dem Gesetz über Ordnungswidrigkeiten.

6. Bei den **Maßregeln der Sicherung und Besserung,** zu denen neben den in § 42 a genannten noch die Polizeiaufsicht (§§ 38, 39), die Unbrauchbarmachung (§§ 41, 42) und die Aberkennung der Eidesfähigkeit (§ 161) gehören, tritt der Sühnegedanke in den Hintergrund. Ihnen kommt teils spezialpräventiver Charakter zu, teils dienen sie dem Schutz der Allgemeinheit.

II. Die gesetzlichen Grundlagen

1. Grundlage des materiellen Strafrechts ist das **Strafgesetzbuch für das Deutsche Reich** vom 15. 5. 1871 in der Fassung der Bekanntmachung vom 25. 8. 1953. Das ursprüngliche Gesetz ist im Laufe der Jahrzehnte durch zahlreiche Novellen geändert und erweitert worden.

2. Zu den wichtigsten **Novellen** gehören:

a) Das sogenannte Gewohnheitsverbrechergesetz vom 24. 11. 1933, durch das vor allem die Möglichkeit geschaffen wurde, mit Hilfe des neu geschaffenen § 20 a bei gefährlichen Gewohnheitsverbrechern eine über den normalen Strafrahmen hinausgehende, verschärfte Strafe auszusprechen. Daneben wurden die bereits oben erwähnten Maßregeln der Sicherung und Besserung eingeführt, unter ihnen die ebenfalls der Bekämpfung des Berufsverbrechertums dienende Sicherungsverwahrung (§ 42 e). Mit § 245 a (Besitz von Diebeswerkzeug) und § 330 a (Vollrausch) wurden damals noch weitere wichtige Bestimmungen geschaffen, die aus der heutigen Strafrechtspraxis nicht mehr hinweggedacht werden können.

b) Das Strafrechtsänderungsgesetz vom 4. 9. 1941, durch das u. a. die Tötungsdelikte neu gefaßt wurden.

c) Die Strafrechtsangleichungsverordnung vom 29. 5. 1943, durch die die Teilnahmebestimmungen geändert wurden.

d) Das 1. Gesetz zur Sicherung des Straßenverkehrs vom 19. 12. 1952, durch das u. a. die heute so wichtigen §§ 315 ff. (Transport- und Straßenverkehrsgefährdung), § 316 a (Überfall auf Kraftfahrer) und § 42 m (Entziehung der Fahrerlaubnis) neu eingeführt wurden.

e) Das 3. Strafrechtsänderungsgesetz vom 4. 8. 1953, durch das die umfassendsten Änderungen seit Bestehen des StGB vorgenommen wurden. So wurden durch die Neueinführung des § 56 die sogenannten erfolgsqualifizierten Delikte dem Schuldprinzip angeglichen. (Siehe hierzu ausführlich Vorbem. B vor Fall 11, S. 314.) Außerdem wurden die Tötungsdelikte, die Bestimmungen über die Abtreibung und das Jugendgerichtsgesetz in ihre heutige Fassung gebracht.

f) Das 4. Strafrechtsänderungsgesetz vom 11. 6. 1957, durch das die Bestimmungen zum Schutz der Landesverteidigung (§§ 109 ff.) neu gefaßt wurden.

g) Das 2. Gesetz zur Sicherung des Straßenverkehrs vom 29. 11. 1964, durch das vor allem die Bestimmungen über Transport- und Straßenverkehrsgefährdung (§§ 315 ff.) neu gefaßt wurden. Weitere wesentliche Neuerungen: Anhebung der gesetzlich zulässigen Höchststrafe für Übertretungen von bisher DM 150,— auf DM 500,—; Einführung eines kurzfristigen Fahrverbots (§ 37); Änderung der Bestimmungen über die Fahrerlaubnisentziehung (§§ 42 m, 42 n), die jetzt auch im Strafbefehlsweg angeordnet werden kann, soweit die Sperrfrist die Dauer eines Jahres nicht überschreitet.

3. Weitere Grundlagen des materiellen Strafrechts sind die **strafrechtlichen Nebengesetze,** z. B. das Straßenverkehrsgesetz (StVG), das Lebensmittelgesetz (LMG), das Gesetz gegen den unlauteren Wettbewerb (UWG) und viele andere.

4. Das Strafgesetzbuch ist in zwei Hauptteile gegliedert:

a) Der 1. Teil wird üblicherweise als **Allgemeiner Teil** bezeichnet. Er reicht bis § 79 und bezieht sich auf alle Straftatbestände, also nicht nur auf die des Strafgesetzbuchs, sondern auch auf die der strafrechtlichen Nebengesetze. Die einleitenden Bestimmungen (§§ 1 bis 12) befassen sich vor allem mit dem Anwendungsbereich des Gesetzes. Es folgen die Bestimmungen über die Strafen und ihre Folgen (§§ 13—42), die Maßregeln der Sicherung und Besserung (§§ 42 a—42 n), die Strafbarkeit des Versuchs (§§ 43—46), Täterschaft und Teilnahme (§§ 47—50), die besonderen Gründe, die die Strafbarkeit beeinflussen oder ausschließen (§§ 51—72) sowie die Vorschriften, die beim Zusammentreffen mehrerer strafbarer Handlungen zu beachten sind (§§ 73—79).

b) Der 2. Teil wird üblicherweise als **Besonderer Teil** bezeichnet. Er enthält die einzelnen Tatbestände mit ihren Strafdrohungen.

B. DIE STRAFBARE HANDLUNG

I. Die Einteilung der strafbaren Handlungen

1. Die Dreiteilung nach der Strafdrohung

Wie bereits in der Einleitung (Abschn. A I 3, S. 1) dargelegt, ist jeder gesetzliche Tatbestand mit einer Strafdrohung ausgestattet. Art und Höhe der Strafdrohung werden durch den Unrechtsgehalt der einzelnen Tatbestände bestimmt. Das Gesetz unterscheidet hierbei in § 1 drei große Gruppen: Verbrechen, Vergehen und Übertretungen.

Diese Dreiteilung ist u. a. von Bedeutung:

a) für die Strafbarkeit des Versuchs (nur strafbar bei Verbrechen und bestimmten Vergehen, vgl. § 43),

b) für die Strafbarkeit der Beihilfe und der Begünstigung (nur strafbar bei Verbrechen und Vergehen, vgl. §§ 49, 257),

c) für die Strafbarkeit der versuchten Anstiftung (nur strafbar bei Verbrechen, vgl. § 49 a Abs. 1),

d) für die Bemessung der Verjährungsfristen (vgl. § 67).

2. Begehungs- und Unterlassungsdelikte

Neben dieser Einteilung nach der Strafdrohung können die strafbaren Handlungen nach ihrer Begehungsform in Begehungs- und Unterlassungsdelikte eingeteilt werden. Innerhalb der Unterlassungsdelikte sind die echten und die unechten Unterlassungsdelikte zu unterscheiden. (Einzelheiten s. u. Abschn. C I 1, S. 24).

3. Verletzungs- und Gefährdungsdelikte

a) Von einem **Verletzungsdelikt** spricht man, wenn zur Tatbestandsverwirklichung die Verletzung eines bestimmten

Rechtsobjekts erforderlich ist. So ist der Tatbestand des § 212 erst erfüllt, wenn der Mensch, gegen den sich der Angriff gerichtet hat, getötet worden ist. Die meisten Tatbestände enthalten Verletzungsdelikte. Zu ihnen gehören insbesondere die Körperverletzung (§ 223), der Hausfriedensbruch (§ 123), Diebstahl und Unterschlagung (§§ 242, 246), Betrug und Untreue (§§ 263, 266), ferner Raub und räuberische Erpressung (§§ 249, 255).

b) Bei den **Gefährdungsdelikten** ist der Tatbestand schon bei Eintritt einer Gefahr für das geschützte Rechtsgut erfüllt. Innerhalb der Gefährdungsdelikte sind die konkreten von den abstrakten Gefährdungsdelikten zu unterscheiden. Im einzelnen:

aa) Bei den konkreten Gefährdungsdelikten ist erforderlich, daß durch das Verhalten des Täters eine ganz bestimmte, konkret nachweisbare Gefahr für das geschützte Rechtsgut eingetreten ist. Hierzu gehören z. B. die Aussetzung (§ 221), die Giftbeibringung (§ 229), die Herbeiführung einer Brandgefahr (§ 310 a), die Überschwemmung (§§ 312—314) sowie die Transport- und Straßenverkehrsgefährdung (§§ 315, 315 a, 315 b, 315 c).

bb) Bei den abstrakten Gefährdungsdelikten ist der Nachweis einer konkreten Gefahr im Einzelfall nicht erforderlich. Das Verhalten des Täters wird bereits wegen seiner generellen Gefährlichkeit als solcher bestraft. Hierunter fallen u. a. die üble Nachrede (§ 186), der Raufhandel (§ 227), die schwere Brandstiftung (§ 307), die Trunkenheit am Steuer (§ 316), die Brunnenvergiftung (§§ 324, 326) und der Vollrausch (§ 330 a).

4. Erfolgs- und Tätigkeitsdelikte

Bei den Erfolgsdelikten gehört zur Tatbestandsverwirklichung ein durch die Handlung erzielter Erfolg, während bei den Tätigkeitsdelikten (auch schlichte Tätigkeitsdelikte genannt) bereits die Handlung als solche den Tatbestand verwirklicht.

Die meisten Tatbestände enthalten Erfolgsdelikte. Zu ihnen gehören u. a. die Tötungsdelikte (§§ 211, 212, 216, 217, 222), die Abtreibung (§ 218), die Körperverletzung (§ 223), Diebstahl und Unterschlagung (§§ 242, 246), Betrug und Untreue (§§ 263, 266) sowie Raub und räuberische Erpressung (§§ 249, 255).

Zu den schlichten Tätigkeitsdelikten gehören demgegenüber Hausfriedensbruch (§ 123), Widerstand gegen die Staatsgewalt (§ 113), Meineid (§ 154) und Blutschande (§ 273).

5. Die erfolgsqualifizierten Delikte

Sie sind dadurch gekennzeichnet, daß durch die Verwirklichung eines gesetzlichen Tatbestands, des sogenannten Grundtatbestands, ein weiterer, „qualifizierter" Erfolg eintritt. Dieser besteht normalerweise in einer schweren Körperverletzung i. S. von § 224 oder im Tod des Opfers.

Beispiel: A sticht den B mit einem Messer nieder. Er will ihn hierdurch nur verletzen, nicht töten. Wenn B nun dennoch an den Folgen der ihm zugefügten Verletzungen stirbt, so wird dieser Sonderfall einer vorsätzlichen Körperverletzung durch den Tatbestand des § 226 (Körperverletzung mit Todesfolge erfaßt. Die gleichfalls verwirklichten Tatbestände der §§ 223 und 222 werden konsumiert (vgl. BGH 8, 54).

6. Die eigenhändigen Delikte

Grundsätzlich kann jeder Tatbestand von jedermann verwirklicht werden. Hierbei ist nicht erforderlich, daß der jeweilige Täter den Tatbestand eigenhändig verwirklicht. Er kann ihn auch durch einen anderen verwirklichen lassen, der seinem Einfluß unterliegt (sogenannte mittelbare Täterschaft, s. u. Abschn. H II, S. 44). Die Besonderheit der eigenhändigen Delikte besteht darin, daß als Täter nur ganz bestimmte Personen in Betracht kommen und diese alle Tatbestandsmerkmale selbst eigenhändig verwirklichen müssen.

Zu den eigenhändigen Delikten gehören insbesondere die Aussagedelikte (§§ 153 ff.). So kann Täter eines Meineids (§ 154) nur die Aussageperson sein. Weitere Beispiele finden sich unter den Sittlichkeitsdelikten, hier allerdings nur, soweit es sich um sogenannte Fleischesverbrechen handelt, z. B. Blutschande (§ 173) und widernatürliche Unzucht (§ 175), nicht dagegen Notzucht (§ 177), da die zur Tatbestandsverwirklichung erforderliche Gewaltanwendung nicht notwendig von dem vorgenommenen werden muß, der den Beischlaf vollzieht.

Bei allen eigenhändigen Delikten ist mittelbare Täterschaft ausgeschlossen. Einen gewissen Ersatz für die fehlende Möglichkeit einer Annahme von mittelbarer Täterschaft schafft bei den Aussagedelikten die Sonderregelung des § 160, die immer dann eingreift, wenn normalerweise die Voraussetzungen der mittelbaren Täterschaft gegeben wären.

Anstiftung und Beihilfe richten sich nach allgemeinen Grundsätzen.

7. Die Sonderdelikte

Auch bei den Sonderdelikten ist — ähnlich wie bei den eigenhändigen Delikten — der Täterkreis beschränkt. Im Unterschied zu den eigenhändigen Delikten ist aber nicht erforderlich, daß derjenige, der als Täter in Betracht kommt, den Tatbestand eigenhändig verwirklicht. Er kann den Tatbestand auch in mittelbarer Täterschaft verwirklichen. So kann ein Beamter, der eine ihm anvertraute Urkunde verfälscht, sich zur Tatausführung eines ihm hörigen Tatmittlers bedienen und dennoch als (mittelbarer) Täter nach § 348 Abs. 2 strafbar sein.

Zu den Sonderdelikten gehören insbesondere die Amtsdelikte. Hierbei ist zu beachten, daß bei den echten Amtsdelikten die Amtseigenschaft strafbegründend ist, während sie sich bei den sogenannten unechten Amtsdelikten strafschärfend auswirkt (Einzelheiten siehe Vorbem. C I 4 vor Fall 16). Weiter gehören hierher die unechten Unterlassungsdelikte, bei denen nur der als Täter in Betracht kommt, der eine sog. Garantenstellung innehat (s. u. Abschn. C I 2, S. 26).

8. Offizial- und Antragsdelikte

Grundsätzlich werden strafbare Handlungen von Amts wegen, d. h. ohne Rücksicht auf den Willen des Verletzten, verfolgt (Offizialdelikte). Nur in einer geringen Anzahl von Fällen ist die Strafverfolgung von der Stellung eines Strafantrags abhängig (Antragsdelikte, siehe Vorbem. C vor Fall 3 S. 126).

9. Die Privatklagedelikte

Gemäß § 152 Abs. 1 StPO ist zur Erhebung der öffentlichen Klage grundsätzlich nur die Staatsanwaltschaft berufen (Anklagemonopol der Staatsanwaltschaft). Die Besonderheit des Privatklageverfahrens besteht in der Durchbrechung dieses Anklagemonopols der Staatsanwaltschaft. Gemäß § 374 Abs. 1 StPO hat nämlich der Verletzte bei einem bestimmten Kreis von Delikten die Möglichkeit, ohne vorherige Anrufung der Staatsanwaltschaft bei dem zuständigen Amtsgericht die Klage selbst zu erheben.

Der Kreis der Privatklagedelikte ergibt sich aus § 374 Abs. 1 StPO. Es handelt sich hierbei ausnahmslos um Delikte, die nur in die Privatsphäre des Verletzten eingreifen, nicht auch in die Belange der Allgemeinheit. Hierher gehören insbesondere der Hausfriedensbruch (§ 123), alle Fälle der Beleidigung (§§ 185 ff.), soweit nicht eine der in § 197 bezeichneten politischen Körperschaften beleidigt ist, die Körperverletzung in den Fällen der §§ 223, 223 a und 230 und die Sachbeschädigung (§ 303). Es ist zu beachten, daß der Kreis der Privatklagedelikte mit dem Kreis der Antragsdelikte nicht identisch ist. Beide Kreise überschneiden sich. Es gibt Privatklagedelikte, die keine Antragsdelikte sind (vgl. §§ 223 a und 241); es gibt vor allem aber viele Antragsdelikte, die nicht zugleich Privatklagedelikte sind (vgl. §§ 248 a, 264 a, 288, 289 und 300).

II. Der Verbrechensaufbau

1. Wie bereits in der Einleitung (Abschn. I 2) dargelegt, besteht jedes Verbrechen aus einer tatbestandsmäßigen, rechtswidrigen und schuldhaften Handlung. Tatbestandsmäßigkeit, Rechtswidrigkeit und Schuld sind in dieser Reihenfolge zu prüfen.

2. Sind alle drei Verbrechenselemente gegeben, so ist weiter zu prüfen, ob sich der Täter auf einen persönlichen Strafausschließungsgrund (z. B. die Angehörigeneigenschaft beim Diebstahl, § 247 II) oder einen persönlichen Strafaufhebungsgrund (z. B. Rücktritt und tätige Reue, § 46) berufen kann. Ist dies der Fall, so entfällt zwar nicht der kriminelle Charakter, wohl aber die Strafbarkeit der Tat (Einzelheiten s. u. Abschn. D, S. 35 ff.).

3. Bei einigen Tatbeständen ist weiter das Vorhandensein einer sogenannten objektiven Strafbarkeitsbedingung erforderlich. So entfällt die Strafbarkeit wegen übler Nachrede (§ 186), wenn sich für die ehrverletzende Behauptung der Wahrheitsbeweis erbringen läßt (Einzelheiten s. u. Abschn. E, S. 38 ff.).

4. Liegt eine strafbare Handlung vor, so ist weiter zu prüfen, ob diese auch verfolgbar ist oder ob der Strafverfolgung sog. Verfahrenshindernisse entgegenstehen. Dies ist z. B. dann der Fall, wenn bei Antragsdelikten der erforderliche Strafantrag fehlt (vgl. § 61) oder wenn die Tat verjährt ist (vgl. § 67). Einzelheiten s. u. Abschn. F, S. 39 f.

III. Der Handlungsbegriff

1. Voraussetzung für jede tatbestandsmäßige Handlung ist eine **Willensbetätigung.** Nur das von einem menschlichen Willen getragene Verhalten kann Grundlage für die strafrechtliche Wertung sein. Dies gilt nicht nur für die vorsätzliche, sondern auch für die fahrlässige Tat. Auch diese resultiert aus einer Willensbetätigung. Im Unterschied zur vorsätzlichen Tat will aber der nur fahrlässig handelnde Täter den tatbestandsmäßigen Erfolg nicht herbeiführen. Der Unrechtsgehalt der fahrlässigen Tat erschöpft sich darin, daß der Täter in vorwerfbarer Weise die objektiv erforderliche Sorgfalt außer acht läßt und dadurch den tatbestandsmäßigen Erfolg verursacht. Er tut etwas, was er hätte unterlassen sollen, oder er bleibt untätig, obwohl er hätte tätig werden sollen.

Beachte: Der Streit zwischen der sog. kausalen und der sog. finalen Handlungslehre ist heute praktisch gegenstandslos, nachdem sich die Fronten durch die wissenschaftliche Diskussion der letzten Jahre weitgehend angeglichen haben. Die seitens der finalen Handlungslehre so heftig bekämpfte Ansicht, die tatbestandsmäßige Handlung erschöpfe sich in der Verursachung des tatbestandsmäßigen Erfolgs, wird heute in dieser Form nicht mehr vertreten. Auch die Vertreter des überkommenen Handlungsbegriffs stellen heute nicht mehr in Abrede, daß jede Handlung insofern final ist, als ihr ein zweck- und zielgerichteter Willensakt zugrunde liegen muß (vgl. Schönke-Schröder Rn. 27 vor § 1; Mezger-Blei I 50; Baumann AT 166 ff.). Klarheit besteht inzwischen auch darüber, daß der tatbestandsmäßige Erfolg nicht Bestandteil der Handlung, sondern deren Folge ist. Die früher geübte Kritik der „Finalisten" ist insoweit gegenstandslos geworden. Andererseits haben auch die Vertreter der finalen Handlungslehre die Schwächen ihres Systems, die hauptsächlich im Aufbau der Fahrlässigkeitstat lagen, erkannt und beseitigt Er kann heute auch aus der Sicht der „Finalisten" als allgemein anerkannt angesehen werden, daß der Handlungsbegriff der fahrlässigen Tat derselbe ist wie bei der Vorsatztat (vgl. Welzel 59, 116 ff.; Maurach AT 654 ff.).

Die vorstehenden Ausführungen zeigen, daß der oben dem Text zugrunde gelegte Handlungsbegriff heute als h. L. angesehen werden kann. Ein praktischer Unterschied zwischen der kausalen und der finalen Handlungslehre besteht insoweit nicht mehr (vgl. Ordeig, Finalität und Vorsatz, NJW 66, 533). Geblieben ist lediglich die noch später zu erörternde Frage, ob sich Vorsatz und Fahrlässigkeit bereits auf der Ebene des subjektiven Tatbestands oder erst im Bereich der Schuld unterscheiden. Aus dem neueren Schrifttum sind außer den bereits angegebenen Fundstellen folgende Einzeldarstellungen zu beachten: Welzel, Vom Bleibenden und vom Vergänglichen in der Strafrechtswissenschaft, 1964; Roxin, Zur Kritik der finalen Handlungslehre, ZStW 74, 515 ff.

2. Nicht zu den strafrechtlich relevanten Handlungen gehören, da nicht aus einer freien Willensbetätigung resultierend:

a) Reflexbewegungen, z. B. Ausgleiten auf einer Bananenschale, Erbrechen, Krämpfe, instinktive Abwehrbewegungen.

b) Bewegungen im Zustand der Bewußtlosigkeit, z. B. im Schlaf, im Delirium oder in der Narkose.

c) Ob ein Rauschzustand bereits die Handlungsfähigkeit oder nur die Zurechnungsfähigkeit ausschließt, richtet sich nach den Umständen des Einzelfalls. Ist bereits die Handlungsfähigkeit ausgeschlossen, so kommt mangels einer strafrechtlich erheblichen Handlung auch eine Bestrafung gemäß § 330 a nicht in Betracht: § 330 a will nur den Verlust der Willensbeherrschung, nicht aber den Verlust der körperlichen Beherrschung als typisch gemeingefährlich erfassen. Wenn z. B. ein sinnlos Betrunkener aus dem Bett fällt und dabei die Bodenvase seines Gastgebers zertrümmert, so ist dieser Vorgang nicht anders zu beurteilen als wenn ein normal Schlafender im Traum um sich schlägt und dabei Schaden anrichtet. In beiden Fällen fehlt es an einer Handlung.

d) Verhaltensweisen, die durch unwiderstehliche, unmittelbar körperlich wirkende Gewalt (vis absoluta) abgenötigt worden sind.

Beispiel: A führt gewaltsam die Hand des sich nach Kräften wehrenden B zur Unterschrift unter einen Wechsel (vis absoluta). Wenn dagegen A den B mit vorgehaltener Pistole zur Unterschrift zwingt (vis compulsiva), so kann bei B das Vorliegen einer Handlung im Rechtssinn nicht geleugnet werden; B könnte sich jedoch auf schuldausschließenden Nötigungsnotstand (§ 52) berufen.

e) Körperliche Bewegungen im Zustand der Hypnose.

IV. Der Kausalzusammenhang

1. Die Bedeutung des Kausalzusammenhangs

Bei allen Erfolgsdelikten, d. h. bei allen Tatbeständen, die zu ihrer Verwirklichung außer einer Willensbetätigung den Eintritt eines bestimmten Erfolgs voraussetzen (s. o. Abschn. B I 4), ist der Kausalzusammenhang notwendiges Bindeglied zwischen Willensbetätigung und Erfolg. Er wird somit zu einem ungeschriebenen Merkmal des objektiven Tatbestands.

Tritt der vom Täter erstrebte Erfolg zwar ein, aber nicht auf Grund des vom Täter eingeleiteten Kausalablaufs, so besteht lediglich die Möglichkeit einer Bestrafung nach Versuchsgrundsätzen. Beispiel: A gibt B mit Tötungsvorsatz Gift. Bevor das Gift wirkt, stirbt B, der von dem Anschlag auf sein Leben gar nichts merkt, an einem Herzschlag.

2. Die Bestimmung der Kausalität

Ein Kausalzusammenhang ist immer dann gegeben, wenn eine Willensbetätigung nicht hinweggedacht werden kann, ohne daß auch der Erfolg entfiele. Hieraus folgt, daß alle Bedingungen, ohne die der Erfolg nicht denkbar wäre, als gleichwertige Ursachen für den Erfolg anzusehen sind (sog. **Bedingungs- oder Äquivalenztheorie**). Im einzelnen:

a) Die Kausalität einer Bedingung wird nicht dadurch ausgeschlossen, daß auch eine andere Bedingung für den Erfolg ursächlich war, u. U. sogar als Hauptursache angesehen werden muß.

Beispiel: Wenn A mit seinem Pkw nachts in eine unbeleuchtete Baustelle fährt und hierbei sein Beifahrer X verletzt wird, so sind sowohl A als auch der für die Baustelle verantwortliche Bauführer für die Verletzung des X kausal geworden: A, weil er nicht mit der erforderlichen Sorgfalt auf die vor ihm liegende Fahrbahn geachtet hat, u. U. auch zu schnell gefahren ist, und B, weil er die Baustelle nicht ordnungsgemäß abgesichert hat. Hierbei ist es ohne Bedeutung, welche Bedingung als die überwiegende anzusehen ist.

b) Jede Beschleunigung des Erfolgs ist für diesen kausal (vgl. BGH NJW 66, 1824).

Beispiel: Wenn ein Arzt A einem unheilbar erkrankten Patienten P zur Abkürzung seiner Leiden eine tödliche Dosis Morphium injiziert, so wird die Kausalität seines Verhaltens und damit der Tatbestand des § 212 nicht dadurch ausgeschlossen, daß nach dem Ergebnis der medizinischen Untersuchungen P auch ohne die Morphiuminjektion mit Sicherheit bereits wenige Stunden später an den Folgen seiner Krankheit gestorben wäre. Die geringe Lebenserwartung des P kann sich in diesem Fall nur auf das Strafmaß auswirken (§ 213).

c) Die Kausalität einer Bedingung wird nicht dadurch ausgeschlossen, daß der Erfolg erst durch das Hinzutreten weiterer Bedingungen eintritt. Hierbei kommt es nicht darauf an, ob diese weiteren Bedingungen von Dritten fahrlässig oder gar vorsätzlich gesetzt werden (vgl. RG 64, 316; 64, 370). Entscheidend ist allein, daß die ursprüngliche Bedingung nicht hinweggedacht werden kann, ohne daß der Erfolg entfiele.

Beispiel: Ein Förster F stellt in einer Gaststube sein geladenes Gewehr ab, ohne dafür zu sorgen, daß kein Unbefugter an das Gewehr herankommen kann. Wenn nun im Laufe eines plötzlich aufkommenden Streites A das Gewehr ergreift und damit seinen Widersacher X niederschießt, so wird durch dieses vorsätzliche Eingreifen des X die von F eingeleitete Kausalkette nicht abgerissen: Hätte F sein geladenes Gewehr nicht dem Zugriff des A preisgegeben, so hätte dieser damit nicht den X niederschießen können. F ist also für den Tod des X kausal geworden. Ob er auch fahrlässig gehandelt hat, hängt davon ab, ob der konkrete Geschehnisablauf für ihn vorhersehbar war. Eine Bestrafung wegen fahrlässiger Tötung kommt erst dann in Betracht, wenn auch diese weitere Frage bejaht werden kann.

3. Gewisse **Besonderheiten** sind bei den unechten Unterlassungsdelikten und den Fahrlässigkeitsdelikten zu beachten (s. u. Abschn. C I 4, S. 31 und C II 3, S. 35).

4. Atypische Geschehnisabläufe

Bei konsequenter Anwendung der Bedingungstheorie muß auch bei atypischen Geschehnisabläufen, d. h. bei Geschehnisabläufen, die nicht der allgemeinen Lebenserfahrung entsprechen, Kausalität zwischen Handlung und Erfolg bejaht werden. Die Feststellung der Kausalität kann für sich allein jedoch noch keine strafrechtliche Haftung begründen, und zwar selbst dann nicht, wenn der eingetretene Erfolg vom Täter gewollt war. Nach dem das gesamte moderne Strafrecht beherrschenden Grundsatz „keine Haftung ohne Schuld", der seit Einführung des § 56 durch das 3. StrRÄndGes. vom 4. 8. 1953 auch für den Bereich der sogenannten erfolgsqualifizierten Delikte gilt (s. o. Abschn. B I 5, S. 6), ist nämlich weiter erforderlich, daß der konkrete Geschehnisablauf dem Täter als schuldhaftes Verhalten zugerechnet werden kann. Dies setzt voraus, daß der Täter den konkreten Geschehnisablauf in seinen wesentlichen Punkten vorhersehen konnte. Bei den vorsätzlichen Delikten ist darüber hinaus noch erforderlich, daß der Täter den Geschehnisablauf auch tatsächlich gekannt und beherrscht hat. Dies ergibt sich aus der Tatsache, daß der Kausalzusammenhang zwischen Handlung und Erfolg bei allen Erfolgsdelikten ungeschriebenes Merkmal des objektiven Tatbestandes ist (s. o. 1), und daher alle wesentlichen Punkte, die den Kausalzusammenhang begründen, vom Vorsatz des Täters umfaßt sein müssen (vgl. Schönke-Schröder § 59 Rn. 24).

Beispiele:

a) A und B geben unabhängig voneinander ihrem gemeinsamen Feind X mit Tötungsvorsatz Gift. X stirbt an der Summe der Dosen. Eine Dosis allein hätte nicht ausgereicht, um X zu töten.

Nach der Bedingungstheorie war sowohl das Verhalten des A als auch das des B für den Tod des X kausal. X ist nur dadurch ums Leben gekommen, daß beide ihm Gift beibrachten. Es widerspricht jedoch jeder Lebenserfahrung, daß zwei Personen völlig unabhängig und in Unkenntnis voneinander einem Dritten mit Tötungsvorsatz Gift geben. Es handelt sich somit um einen atypischen Geschehnisablauf.

Hieraus folgt: A kann nicht für den Tatbeitrag des B, dieser nicht für den Tatbeitrag des A verantwortlich gemacht werden. Jeder haftet nur für seinen eigenen Tatbeitrag, d. h. jeder ist so zu stellen, wie wenn der andere gar nicht tätig geworden wäre. Denkt man aber den jeweiligen Tatbeitrag des anderen hinweg, so kann jeder nur wegen versuchten Mords (§§ 211, 43) bestraft werden. (Anders natürlich bei Mittäterschaft: Hier muß jeder Teilnehmer sich den Tatbeitrag des anderen als eigenen zurechnen lassen.)

b) Im Laufe eines Familienstreits schlägt zunächst die Tochter (T) mit einer Bratpfanne auf den als Familientyrann gefürchteten X ein. Als X am Boden liegt und die T sich entfernt, um die Polizei zu rufen, schlägt ihre Mutter (M) auf X ein. X stirbt an den Folgen der ihm von T und M zugefügten Verletzungen, ohne daß sich feststellen läßt, ob die Schläge der M seinen Tod beschleunigt haben. In diesem Fall können weder die T noch die M wegen vollendeter Tötung bestraft werden. Für beide kommt nur Bestrafung wegen versuchten Totschlags in Betracht (vgl. BGH NJW 66, 1823).

V. Die Tatbestandsmäßigkeit

1. Eine Handlung ist dann tatbestandsmäßig, wenn sie alle objektiven und subjektiven Merkmale eines gesetzlichen Tatbestands erfüllt. Handlungen, die nicht tatbestandsmäßig sind, unterliegen nicht der strafrechtlichen Wertung (s. o. Abschnitt A I 3, S. 1).

2. Der **objektive Tatbestand** hat die Aufgabe, das äußere Geschehen, das den vom Gesetzgeber als strafwürdig angesehenen

Unrechtsgehalt begründet, so zu beschreiben, daß die Verbotsmaterie eindeutig festgelegt ist. So beschreibt § 242 den Diebstahl als die Wegnahme einer fremden beweglichen Sache.

Zu den objektiven Tatbestandsmerkmalen gehören u. a.:

a) bei den Tätigkeitsdelikten: die Handlung;

b) bei den Erfolgsdelikten: die Handlung, der Erfolg sowie der Handlung und Erfolg verbindende Kausalzusammenhang (s. o. Abschn. B IV 1, S. 11);

c) bei den unechten Unterlassungsdelikten: die Garantenstellung, die Erfolgsabwendungsmöglichkeit und schließlich der tatbestandsmäßige Erfolg als Folge der pflichtwidrigen Untätigkeit (s. u. Abschn. C I 5, S. 31);

d) bei den Fahrlässigkeitsdelikten: eine unter Außerachtlassung der objektiv im Verkehr erforderlichen Sorgfalt vorgenommene Handlung oder Unterlassung sowie — als deren Folge — der tatbestandsmäßige Erfolg. (Einzelheiten s. u. Abschn. C II 2, S. 34.)

3. Der **subjektive Tatbestand** befaßt sich mit der inneren Einstellung des Täters zu seiner Tat, insbesondere mit seinen Zielen, die er durch die Tat verfolgt, und den Motiven, die ihn zur Tat getrieben haben.

a) Zum subjektiven Tatbestand gehört vor allem der **Vorsatz** als subjektives Grundelement aller Vorsatzdelikte. Wurde oben (Abschn. B III 1, S. 9) die Handlung als Willensbetätigung, d. h. als ein vom menschlichen Willen getragenes Verhalten definiert, so besteht die charakteristische Besonderheit der vorsätzlichen Tat darin, daß der Handlungswille sich auf die Verwirklichung des objektiven Tatbestands erstreckt. Hierbei ist nicht erforderlich, daß die Tatbestandsverwirklichung den Endzweck der Handlung darstellt. Vorsätzlich handelt auch, wer den tatbestandsmäßigen Erfolg nur als notwendiges Mittel zur Erreichung eines anderen, außertatbestandsmäßigen Ziels anstrebt oder billigend in Kauf nimmt. Einzelheiten s. u. b).

Beachte: Die hier vorgenommene Einordnung des Vorsatzes in den subj. Tatbestand ist, wie bereits oben unter B III 1 erwähnt, äußerst bestritten. Die vom überkommenen kausalen Handlungsbegriff ausgehende h. L. behandelt den Vorsatz entgegen der hier vertretenen Ansicht nicht als Bestandteil des Tatbestands, sondern als Schuldelement (vgl. Schönke-Schröder Rn. 79 ff. vor § 51). Hiergegen spricht jedoch, daß einzelne Tatbestände über den Vorsatz hinausgehend zur Bestimmung des subjektiven Unrechtsgehalts der Tat bestimmte Motive, Absichten oder Tendenzen des Täters erfordern. Diese werden auch von der h. L. nicht als Schuldelemente, sondern als Bestandteile des subjektiven Tatbestands anerkannt (vgl. Mezger-Blei I 46, 85 ff. mit weit. Nachw.). So werden z. B. die Zueignungsabsicht beim Diebstahl oder die Bereicherungsabsicht beim Betrug unbestritten als subj. Unrechtselemente und damit als subjektive Tatbestandsmerkmale anerkannt. Eine rein obj. Unrechtsbestimmung ist schlechterdings unmöglich (vgl. Welzel 56). So wird unstreitig das typische Unrecht eines Diebstahls erst dadurch begründet, daß der Täter die Wegnahme der Sache in Zueignungsabsicht vollzieht. Entsprechendes muß aber auch für den Vorsatz gelten. Dort, wo das Gesetz nur die vorsätzliche Tatbegehung unter Strafe stellt, ist der subjektive Unrechtsgehalt der Tat (= Handlungsunwert) erst dann gegeben, wenn der Täter vorsätzlich handelt. Daher gehört zum subj. Tb. des Diebstahls nicht nur die Zueignungsabsicht, sondern auch der Vorsatz, d. h. das Bewußtsein, sich eine fremde bewegliche Sache durch Bruch fremden Gewahrsams unter gleichzeitigem Verstoß gegen die Eigentumsordnung zuzueignen. Vorsatz und Zueignungsabsicht sind beim Diebstahl so eng miteinander verbunden, daß es geradezu unverständlich wäre, wollte man das eine Element dem Tatbestand, das andere der Schuld zuordnen.

So wie hier in allen Punkten die Vertreter der finalen Handlungslehre, deren Verdienst es ist, den systematischen Standort des Vorsatzes im Unrechtstatbestand herausgearbeitet zu haben (vgl. insbesondere Welzel 54 ff., 58 ff., Maurach AT 218 ff.). Aber auch auf der Grundlage des überkommenen Handlungsbegriffs in seiner heute vertretenen Form ist es ohne weiteres möglich, den Vorsatz dem subjektiven Tb. zuzuordnen (vgl. Eb. Schmidt JZ 56, 190; Heinitz JR 57, 79). Im neueren Schrifttum findet sich diese Kombination z. B. bei Lackner-Maassen (Anm. I 2 vor § 1 sowie § 59 Anm. II 5 c m. weit. Nachw.).

b) Innerhalb des Vorsatzes sind zwei Erscheinungsformen zu unterscheiden: der unbedingte Vorsatz (dolus directus) und der bedingte Vorsatz (dolus eventualis). Im einzelnen:

aa) Der Täter handelt mit **direktem (unbedingtem) Vorsatz,** wenn er sich zur Tat entschließt, obwohl er deren tatbestandsmäßige Folgen, insbesondere den tatbestandsmäßigen Erfolg, als notwendige Tatfolge erkennt. Aus dieser Definition folgt, daß eine positive innere Einstellung des Täters zur Tat nicht erforderlich ist. Die Tatbestandsverwirklichung kann dem Täter wünschenswert erscheinen, muß es aber nicht. Der Täter kann auch dann vorsätzlich handeln, wenn er den Erfolgseintritt „an sich“ bedauert.

Beispiel: Bei einem Schiffsunglück stößt A, um sich selbst zu retten, seinen Freund B von der rettenden Planke, da diese nur einen tragen kann. Er weiß genau, daß B mit Sicherheit ertrinken wird. Damit sind alle Voraussetzungen des unmittelbaren Vorsatzes gegeben. A kann sich nachher nicht darauf berufen, daß er den Tod seines Freundes sehr bedauert habe. Beachte: Unabhängig von der Frage des Vorsatzes ist die weitere Frage, ob sich A auf schuldausschließenden Notstand berufen kann, vgl. § 54.

Der direkte (unbedingte) Vorsatz wird ferner nicht dadurch ausgeschlossen, daß die Tatbestandsverwirklichung nicht das Haupt- oder Endziel des Täters war.

Beispiel: Wenn ein Taxifahrer (T) in Kenntnis aller Tatumstände einen flüchtigen Dieb samt Beute vom Tatort wegfährt, kann er sich gegen den Vorwurf der Begünstigung (§§ 257, 258) nicht damit verteidigen, er habe sich durch die Fahrt lediglich den üblichen Fahrlohn verdienen wollen. Der

Vorsatz der Begünstigung verlangt lediglich die Kenntnis der Vortat (insoweit genügt sogar dol. ev.) sowie das Bewußtsein, daß das eigene Verhalten geeignet ist, die Lage des Vortäters zu verbessern (vgl. BGH 4, 107). T ist also wegen Begünstigung zu bestrafen, und zwar gemäß § 258 wegen schwerer eigennütziger Begünstigung, da er sich von seinem Vorteil leiten ließ und es sich bei der Vortat um einen Diebstahl handelte.

bb) Beim **bedingten Vorsatz** (dol. ev.) stellt sich der Täter die tatbestandsmäßigen Folgen seiner Tat, insbesondere den tatbestandsmäßigen Erfolg, nicht als sicher, sondern nur als möglich voraus; dennoch nimmt er ihn billigend in Kauf. Auch beim bedingten Vorsatz ist eine positive innere Einstellung des Täters zum Erfolg nicht erforderlich. Der Täter kann auch einen solchen Erfolg „billigen", der ihm an sich unerwünscht ist (BGH 7, 363). Die Formulierung „billigend in Kauf nehmen" besagt lediglich, daß sich der Täter zur Erreichung seiner eigentlichen, außerhalb der Tatbestandszone liegenden Ziele mit dem Risiko des ihm an sich unerwünschten tatbestandsmäßigen Erfolgs für den Fall seines Eintritts abfindet, ohne daß er ihn andererseits als notwendig voraussieht.

An dieser Stelle zeigt sich deutlich der Unterschied des dol. ev. gegenüber der bewußten Fahrlässigkeit: Hier wie dort sieht der Täter den Erfolg als möglich voraus. Während aber der mit bedingtem Vorsatz handelnde Täter das Risiko des Erfolgs auf jeden Fall auf sich nimmt und damit den Erfolg „billigt", vertraut der nur fahrlässig handelnde Täter darauf, daß der Erfolg nicht eintritt; er handelt nicht auf jeden Fall.

Beispiele:

α) Wenn A, um eine Wette zu gewinnen, den Versuch unternimmt, mit einer Pistole auf größere Entfernung die Feder vom Hut des X herunterzuschießen, dabei aber versehentlich X tödlich verletzt, so ist wie folgt zu unterscheiden: War A sich als guter Schütze seiner Sache völlig sicher, d. h. rechnete er gar nicht mit der Möglichkeit einer Verletzung des X, so ist er nur wegen fahrlässiger Tötung zu bestrafen. Entschloß er sich dagegen zur Abgabe des Schusses, obwohl er sich nicht sicher fühlte, d. h. rechnete er mit dem tödlichen Ausgang der Wette, so ist er wegen vorsätzlicher Tötung zu bestrafen, da er, um die Wette zu gewinnen, auf jeden Fall schießen wollte.

β) Ebenso ist zu differenzieren, wenn ein angetrunkener Kraftfahrer, um eine polizeiliche Verkehrskontrolle zu vermeiden, mit hoher Geschwindigkeit auf den ihm mit erhobener Kelle entgegentretenden Polizeibeamten zufährt. Rechnete er damit, daß der Polizeibeamte rechtzeitig zur Seite springen werde, so ist er nur wegen fahrlässiger Tötung zu bestrafen, wenn er den Beamten wider Erwarten doch erfaßt und tödlich verletzt. Rechnete er dagegen damit, daß der Beamte stehen bleiben werde, so nahm er den Tod des Beamten in Kauf; er „billigte" ihn auch, da er ja unter allen Umständen eine Kontrolle vermeiden wollte. Hieraus folgt: Strafbarkeit wegen vorsätzlicher Tötung (§§ 212, 211, vgl. BGH 15, 291).

c) Zum subjektiven Tatbestand gehören ferner die in einzelnen Tatbeständen besonders hervorgehobenen **Motive, Absichten und Tendenzen,** z. B.

aa) die Zueignungsabsicht beim Diebstahl (§ 242) und beim Raub (§ 249);

bb) die Bereicherungsabsicht beim Betrug (§ 263) und bei der Erpressung (§ 253);

cc) das Streben nach Vorteil, und zwar sowohl dort, wo es strafbegründend ist, z. B. bei der Hehlerei (§ 259), als auch bei den Tatbeständen, wo es straferhöhend (qualifizierend) ist, z. B. bei der falschen Anschuldigung (§ 164 III) und bei der Begünstigung (§§ 257 I S. 1 letzter Halbsatz, 258);

dd) die Mordmerkmale der 1. und 3. Gruppe in § 211 II (nicht dagegen die Mordmerkmale heimtückisch, grausam, mit gemeingefährlichen Mitteln);

ee) die wohllüstige Tendenz bei den Unzuchtsdelikten.

VI. Die Rechtswidrigkeit

1. Die Indizwirkung des Tatbestands

Grundsätzlich ist jedes Verhalten, das alle Merkmale eines gesetzlichen Tatbestands erfüllt, zugleich auch rechtswidrig. Man spricht daher von der Indizwirkung des Tatbestands, d. h. die Rechtswidrigkeit wird durch die Tatbestandsmäßigkeit indiziert. Beispiel: Jede vorsätzliche oder fahrlässige Tötung eines Menschen läßt zunächst die Vermutung aufkommen, daß Unrecht geschehen ist.

Die Feststellung der Tatbestandsmäßigkeit begründet allerdings nur ein vorläufiges Urteil über die Rechtswidrigkeit. Das abschließende Urteil kann erst getroffen werden, wenn feststeht, daß die Handlung nicht durch besondere Rechtfertigungsgründe gerechtfertigt ist. Nur dann steht die Handlung mit der Rechtsordnung als solcher in Widerspruch. Die Tatbestandsmäßigkeit kann also lediglich eine formelle Rechtswidrigkeit begründen; materiell rechtswidrig ist die Tat erst, wenn Rechtfertigungsgründe fehlen (sog. materielle Rechtswidrigkeit). Nicht jeder Normverstoß ist rechtswidrig!

2. Die offenen Tatbestände

a) Die Besonderheit der offenen Tatbestände, die zuweilen ihrem Wesen entsprechend auch als ergänzungsbedürftige Tatbestände bezeichnet werden, besteht darin, daß sie die Verbotsmaterie nicht erschöpfend beschreiben. Der als strafwürdig angesehene Unrechtsgehalt der Tat kann vielmehr erst durch Rückgriff auf die dem jeweiligen Tatbestand zugrunde liegende Norm ermittelt werden. Die Indizwirkung des Tatbestands greift also erst dann ein, wenn der Tatbestand durch Rückgriff auf die ihm zugrunde liegende Norm ergänzt worden ist.

b) Zu den offenen Tatbeständen gehören insbesondere die **Nötigung** (§ 240) und die **Erpressung** (§ 253). Die Ergänzungsbedürftigkeit dieser Tatbestände ergibt sich aus folgender Erwägung: Es gibt kaum einen Lebensvorgang, der sich nicht als Handlung, Duldung oder Unterlassung darstellt und der sich nicht unter dem Druck der sozialen Umwelt vollzieht. Tatbestandsmäßig, d. h. rechtserheblich in dem Sinn, daß das Verhalten geeignet ist, strafwürdiges Unrecht zu begründen, ist eine Handlung unter den Voraussetzungen der §§ 240, 253 daher erst dann, wenn zusätzlich Tatumstände vorliegen, die die Gewaltanwendung oder die Androhung des Übels zu dem angestrebten Zweck als verwerflich erscheinen lassen (vgl. §§ 240 II, 253 II). Diese Tatumstände gehören daher zum objektiven Tatbestand und müssen wie alle objektiven Tatbestandsmerkmale vom Vorsatz des Täters umfaßt werden.

Beispiel: Wenn ein Arbeitgeber einen Arbeiter ermahnt und ihn darauf aufmerksam macht, daß er mit seiner Entlassung rechnen müsse, falls er seine Arbeit nicht ordnungsgemäß verrichte, so arbeitet der auf diese Weise Angesprochene zwar unter dem Druck dieser Drohung, die sich für ihn als ein empfindliches Übel darstellen mag; trotzdem ist der Tatbestand der Nötigung nicht erfüllt, da keine Tatumstände vorliegen, die die Tat als rechtswidrig erscheinen lassen. Das Verhalten des Arbeitgebers ist hier sozial adäquat.

c) Zu den offenen oder ergänzungsbedürftigen Tatbeständen gehören ferner die unechten Unterlassungsdelikte und die Fahrlässigkeitsdelikte. Im einzelnen:

aa) Wie noch näher auszuführen ist (s. u. Abschn. C I, S. 24 ff.), begründet bei den **unechten Unterlassungsdelikten** noch nicht jede Nichtabwendung des Erfolgs die Tatbestandsmäßigkeit. Tatbestandsmäßig ist ein Unterlassen erst dann, wenn der Täter eine **Garantenstellung** hatte, die ihn zur Erfolgsabwendung verpflichtete.

bb) Ähnliches gilt für die **Fahrlässigkeitsdelikte**. Hier ist die Erfolgsverursachung erst dann tatbestandsmäßig, wenn der Täter die objektiv im Verkehr erforderliche Sorgfalt außer acht gelassen hat (s. u. Abschn. C II 2, S. 34 und Welzel 118).

3. Das System der Rechtfertigungsgründe

Eine tatbestandsmäßige Handlung ist dann nicht rechtswidrig, wenn der Täter sich auf einen Rechtfertigungsgrund berufen kann. Der Täter verstößt dann zwar gegen eine bestimmte Norm, sein Verhalten steht aber nicht in Widerspruch zur Rechtsordnung in ihrer Gesamtheit. Die Handlung ist daher nur formell, nicht materiell rechtswidrig.

Alle Rechtfertigungsgründe haben gemeinsam, daß sie ein Verhalten berücksichtigen, das als das rechte Mittel zum rechten Zweck nicht mißbilligt wird. Dieser Grundgedanke findet seinen wichtigsten Niederschlag in der Anerkennung des übergesetzlichen Notstands (Grundsatzentscheidung des Reichsgerichts vom 11. 3. 1927, RG 61, 242).

4. Übersicht über die wichtigsten Rechtfertigungsgründe

a) Im Strafgesetzbuch selbst finden sich nur wenige Rechtfertigungsgründe. Es sind dies insbesondere die Notwehr (§ 53), die Wahrnehmung berechtigter Interessen (§ 193) als besonderer Rechtfertigungsgrund bei den Tatbeständen der Beleidigung und die Einwilligung des Verletzten bei der Körperverletzung (§ 226 a).

b) Eine Reihe weiterer Rechtfertigungsgründe findet sich in der Strafprozeßordnung. Hierher gehören vor allem die Vorschriften über die körperliche Untersuchung (§§ 81 a ff.), die Beschlagnahme (§§ 94 ff.), die Durchsuchung (§§ 102 ff.), die Verhaftung (§§ 112 ff.) und die vorläufige Unterbringung in einer Heil- und Pflegeanstalt (§ 126 a) sowie das Recht zur vorläufigen Festnahme (§ 127).

c) Auch das BGB weist eine Reihe wichtiger Rechtfertigungsgründe auf. So ist insbesondere hinzuweisen auf § 227 (Notwehr), die Selbsthilferechte gemäß § 229 (allgemeine Selbsthilfe), § 561 (Selbsthilferecht des Vermieters), §§ 859, 860 (Selbsthilferecht des Besitzers und des Besitzdieners), auf die Notstandsrechte (§§ 228, 904) sowie auf das Züchtigungsrecht der Eltern (§§ 1627, 1631) und des Vormunds (§ 1800).

d) Für den Bereich der ZPO ist auf die besonderen Rechte des Gerichtsvollziehers hinzuweisen. So ist der Gerichtsvollzieher unter bestimmten Voraussetzungen berechtigt, die Wohnung des Schuldners zu durchsuchen (§ 758 ZPO) und den Schuldner zu verhaften (§ 909 ZPO). Siehe ferner § 933 i. V. mit § 918 ZPO.

e) Für den Bereich der Schwangerschaftsunterbrechung und der Sterilisation ist in den meisten Bundesländern (ausgenommen nur Bayern und Hessen) auf § 14 ErbGesG zu achten. Einzelheiten s. Vorbem. E VII vor Fall 4 (S. 163) und Vorbem. B VI 3 vor Fall 6 (S. 202).

f) Weitere Rechtfertigungsgründe wurden gewohnheitsrechtlich entwickelt. Hierher gehören insbesondere der sogenannte übergesetzliche Notstand und das Züchtigungsrecht der Lehrer. Einzelheiten s. Vorbem. A vor Fall 4 (S. 145) und Vorbem. D vor Fall 6 (S. 205).

5. Gemeinsame Regeln für alle Rechtfertigungsgründe

a) Eine gerechtfertigte Handlung kann — soweit erforderlich — auch mit Gewalt durchgesetzt werden. Recht muß vor Unrecht nicht weichen!

b) Rechtsmißbrauch rechtfertigt nicht! Wer absichtlich eine Lage herbeiführt, die an sich die Berufung auf einen Rechtfertigungsgrund gestatten würde, kann sich nicht auf diesen Rechtfertigungsgrund berufen. Dies gilt insbesondere für die absichtliche Provokation einer Notwehrlage (vgl. Vorbem. A I 6 vor Fall 6, S. 194).

c) Jeder Rechtfertigungsgrund enthält nicht nur objektive, sondern auch subjektive Elemente. Gerechtfertigt ist nur, wer recht handeln will. So ist bei Notwehr ein Verteidigungswille erforderlich, beim übergesetzlichen Notstand eine Güterabwägung, bei § 193 die Absicht, berechtigte Interessen wahrzunehmen, beim Züchtigungsrecht das pädagogische Motiv und bei der Einwilligung die Kenntnis von ihrem Vorliegen.

d) Der Irrtum über die tatsächlichen Voraussetzungen eines Rechtfertigungsgrunds ist gemäß § 59 als Tatbestandsirrtum zu behandeln. Der Täter kann nicht wegen vorsätzlicher, sondern allenfalls wegen fahrlässiger Tatbegehung bestraft werden, sofern sein Irrtum auf Fahrlässigkeit beruhte und die fahrlässige Tatbegehung unter Strafe gestellt ist (vgl. BGH 3, 105; 3, 194). Der Vorsatz bleibt dagegen bestehen, wenn der Täter sich in Kenntnis aller unrechtsbegründenden Tatumstände nur über die Rechtslage irrt, z. B. wenn er sich über Art und Umfang eines Rechtfertigungsgrunds irrt oder wenn er glaubt, er könne einen Rechtfertigungsgrund für sich in Anspruch nehmen, den die Rechtsordnung nicht anerkennt (vgl. BGH 3, 7; 3, 105). In diesen zuletzt genannten Fällen liegt kein vorsatzausschließender Tatbestandsirrtum, sondern lediglich ein Verbotsirrtum vor. Einzelheiten und Beispiele s. u. VII 2 c sowie Vorbem. C vor Fall 4.

e) Fehlen die subjektiven Rechtfertigungselemente (s. o. Abschn. c), d. h. kennt der Täter nicht die objektiv gegebene Sachlage, durch die er an sich gerechtfertigt wäre, so liegt mangels Erfolgsunwert kein vollendetes, sondern nur ein versuchtes Delikt vor.

Beispiel: A schießt auf B, ohne zu erkennen, daß B seinerseits gerade im Begriff war, ihn zu töten. Hätte A die Sachlage erkannt, so wäre er durch Notwehr gerechtfertigt. So aber kommt mangels Verteidigungswillen eine Rechtfertigung nicht in Betracht. Andererseits wäre es unbillig, wollte man wegen vollendeter Tatbegehung bestrafen. Es darf nämlich nicht übersehen werden, daß die Tat objektiv nicht mit der Rechtsordnung in Widerspruch steht. Die Tat zeichnet sich nicht durch ihren Erfolgsunwert, sondern lediglich durch ihren Handlungswert aus. Es liegt also nur Versuch vor (bestr. — a. A. Maurach AT 260 f. und Welzel 77, die vollendetes Delikt annehmen; so wie hier Schönke-Schröder Vorbem. 75 vor § 51).

f) Kennt der Täter alle rechtfertigenden Tatumstände, so kann ihn die irrige Annahme, er habe sich gleichwohl strafbar gemacht, nicht belasten. Es liegt in diesem Fall weder ein versuchtes noch ein vollendetes Delikt, sondern ein strafloses Wahndelikt vor.

Beispiel: Ein aus dem Ausland kommender Arzt hält in Unkenntnis der tatsächlichen Rechtslage auch die medizinisch indizierte Schwangerschaftsunterbrechung für strafbar.

g) Teilnahme an einer gerechtfertigten Handlung ist nicht strafbar, vgl. §§ 48, 49, 50 I.

VII. Die Schuld

1. Das Wesen der Schuld

Eine tatbestandsmäßige und rechtswidrige Handlung kann dem Täter nur dann als strafbare Handlung zugerechnet werden, wenn er schuldhaft, d. h. vorwerfbar gehandelt hat. Die Schuld entfällt, wenn dem Täter auf Grund seiner persönlichen Verhältnisse, insbesondere seiner individuellen Kenntnisse und Fähigkeiten, ein rechtmäßiges Verhalten nicht zugemutet werden kann. Dies gilt sowohl für die vorsätzliche als auch für die fahrlässige Tat.

2. Die einzelnen Schuldelemente

a) Die **Zurechnungsfähigkeit.** Sie entfällt, wenn der Täter zur Tatzeit infolge Bewußtseinsstörung, wegen Geistesstörung oder wegen Geistesschwäche nicht in der Lage war, das Unerlaubte der Tat einzusehen und nach dieser Einsicht zu handeln (vgl. § 51 Abs. 1; Einzelheiten siehe Vorbem. A vor Fall 1, S. 72). Unter denselben Voraussetzungen kann auch bei geistig zurückgebliebenen Taubstummen die Zurechnungsfähigkeit entfallen (vgl. § 55 Abs. 1).

Die verminderte Zurechnungsfähigkeit ist demgegenüber nur ein gesetzlich geregelter Strafmilderungsgrund (vgl. §§ 51 II, 55 II.)

b) Die **Zumutbarkeit rechtmäßigen Verhaltens.** Sie entfällt, wenn der Täter sich auf einen **gesetzlichen Schuldausschließungsgrund** (§ 52 Nötigungsnotstand, § 53 III Notwehrexzeß, § 54 Notstand) oder auf einen **übergesetzlichen Schuldausschließungsgrund** (Wahl des kleineren Übels, entschuldigende Pflichtenkollision) berufen kann. Siehe hierzu ausführlich Vorbem. B vor Fall 4.

c) Das **Unrechtsbewußtsein.** Seit der Grundsatzentscheidung des BGH vom 18. 3. 1952 (BGH 2, 194) muß der Täter bei den vorsätzlichen Delikten neben dem Vorsatz noch das Unrechtsbewußtsein haben. Die Begriffe Vorsatz und Unrechtsbewußtsein sind streng zu unterscheiden. Dies gilt auch dann, wenn man den Vorsatz entgegen der hier vertretenen Ansicht (s. o. B V 3 a, S. 14) nicht als subjektives Tatbestandsmerkmal, sondern als Schuldmerkmal auffaßt. Fehlt das Unrechtsbewußtsein, so liegt ein **Verbotsirrtum** vor. Hierbei sind zwei Fallgruppen denkbar, die rechtlich gleich behandelt werden:

aa) Der Täter kennt nicht die Norm, gegen die er verstößt.

Beispiel: Ein italienischer Gastarbeiter weiß nicht, daß in Deutschland die Homosexualität strafbar ist.

bb) Der Täter kennt zwar die Norm, gegen die er verstößt, nimmt aber irrig an, er könne sich auf einen Rechtfertigungsgrund berufen.

Beispiel: Ein Arzt glaubt irrig, er dürfe eine Schwangerschaftsunterbrechung auch dann vornehmen, wenn diese nicht medizinisch, sondern nur ethisch oder eugenisch indiziert ist.

In beiden Fällen irrt der Täter über die Rechtswidrigkeit der Tat. Sein Irrtum führt nur dann zum Schuldausschluß, wenn er unvermeidbar war. Hierbei sind die besonderen Umstände des Einzelfalles zu berücksichtigen. Nach BGH 4, 5 ist jeder Täter verpflichtet, alle geistigen Erkenntniskräfte und sittlichen Wertvorstellungen einzusetzen, wenn es darum geht, sich über die Rechtmäßigkeit seines Verhaltens ein Urteil zu bilden. Wer sich gleichgültig über die ihm unklare Grenze zwischen Recht und Unrecht hinwegsetzt, kann sich nicht auf schuldausschließenden Verbotsirrtum berufen. Er ist vielmehr verpflichtet, sich bei den zuständigen Stellen oder seinem Rechtsbeistand über die Rechtslage zu erkundigen. Dies gilt insbesondere dort, wo der Täter genau weiß, daß er in einen speziellen, rechtlich geregelten Lebenskreis eingreift und daß ein Rechtsverstoß für ihn oder die Allgemeinheit nachteilige Folgen haben kann. So kann man von jedem Kaufmann, der ein Handelsgeschäft betreibt, verlangen, daß er sich vor Beginn seiner Tätigkeit mit den einschlägigen handels- und steuerrechtlichen Bestimmungen vertraut gemacht hat. Auch ist es jedem Kraftfahrer zuzumuten, daß er alle Verkehrsregeln sicher beherrscht. Dies gilt auch für Ausländer, die sich mit ihren Fahrzeugen in das Gebiet der Bundesrepublik begeben. Ist die Rechtslage zweifelhaft, so darf der Täter, der sich der Zweifelhaftigkeit bewußt ist, regelmäßig nicht auf die Richtigkeit seiner Rechtsauffassung oder auf Gerichtsentscheidungen, die noch nicht rechtskräftig sind, vertrauen (OLG Stgt NJW 67, 122; zw.).

War der Irrtum vermeidbar, d. h. hätte der Täter bei gehöriger Anspannung seines Gewissens das Unrecht der Tat erkennen können, so bleibt die Schuld bestehen, die Strafe kann jedoch in analoger Anwendung von § 51 Abs. 2 nach Versuchsgrundsätzen (§ 44 Abs. 2, 3) gemildert werden (vgl. BGH 2, 194, 210).

d) Zur Schuld der Fahrlässigkeitsdelikte s. u. Abschn. C II 2, S. 34.

3. Gemeinsame Regeln für alle Schuldausschließungsgründe

a) Der schuldlos, aber rechtswidrig handelnde Täter muß sich Notwehr entgegenhalten lassen.

b) Die Schuldausschließungsgründe i. e. S. (§§ 52, 53 III, 54, Wahl des kleineren Übels) enthalten — ähnlich wie die Rechtfertigungsgründe — nicht nur objektive, sondern auch subjektive Elemente. Entschuldigt ist nur, wer seine Zwangslage kennt und die rechtswidrige Handlung vornimmt, um der drohenden Gefahr zu entgehen bzw. größeres Unheil zu verhindern. Fehlen diese subjektiven Elemente, so bleibt die Schuld in vollem Umfang bestehen. Der Täter ist wegen vollendeter Tatbegehung zu bestrafen, nicht etwa nur wegen Versuchs. Diese Abweichung gegenüber der Rechtslage beim Fehlen von subjektiven Rechtfertigungselementen (s. o. B VI 5 e, S. 21) ergibt sich daraus, daß dort, wo der Täter sich nur auf eine schuldausschließende Zwangslage berufen kann, objektiv der volle Unrechtsgehalt der Tat gegeben ist.

Beispiel: Wenn A bei einem Schiffsunglück den mit ihm verfeindeten B von der rettenden Planke stößt, dabei aber nicht erkennt, daß dies die einzige Möglichkeit ist, sich selbst zu retten, da die Planke nur einen trägt und andere Planken nicht zu erreichen sind, so ist A, wenn B — wie gewollt — ums Leben kommt, wegen vollendeter vorsätzlicher Tötung gem. § 212 bzw. § 211 zu bestrafen.

c) Der Irrtum über die tatsächlichen Voraussetzungen eines Schuldausschließungsgrunds ist nach Auffassung des Bundesgerichtshofs (BGH 5, 374; 18, 311, 312) einem vorsatzausschließenden Tatbestandsirrtum i. S. von § 59 gleichzustellen. Der Täter kann jedoch wegen fahrlässiger Begehungsweise bestraft werden, wenn der Irrtum auf Fahrlässigkeit beruht und die fahrlässige Begehungsweise unter Strafe gestellt wird.

Beachte: Diese im Schrifttum u. a. auch von Schönke-Schröder (§ 59 Anm. 123) vertretene Ansicht ist nicht unbedenklich. Es ist m. E. besser, den Irrtum über die tatsächlichen Voraussetzungen eines Schuldausschließungsgrunds dem Verbotsirrtum gleichzustellen (es ist kein Verbotsirrtum!) und bei Vermeidbarkeit des Irrtums die für die vorsätzliche Tatbegehung vorgesehene Strafe in analoger Anwendung von § 51 II nach Versuchsgrundsätzen (§ 44 II/III) zu mildern. So wie hier Maurach AT 274, 408, Welzel 164 sowie § 40 II E. 1962 und § 23 AE für den entschuldigenden Notstand. Einzelheiten siehe Vorbem. C VII 3 vor Fall 4 (S. 156).

d) Der Irrtum über die Schuldvoraussetzungen, insbesondere über die eigene Zurechnungsfähigkeit, ist immer unbeachtlich.

e) Wer sich schuldhaft in den Zustand der Zurechnungsunfähigkeit (z. B. in einen Rauschzustand) oder in eine Zwangslage versetzt hat, ist grundsätzlich nicht entschuldigt. Für die Beurteilung der Schuldfrage ist in diesen Fällen der Zeitpunkt maßgebend, zu dem sich der Täter noch innerlich frei, d. h. unbeeinflußt von schuldausschließenden Umständen, in den Zustand der Zurechnungsunfähigkeit bzw. in die Zwangslage versetzt hat (sog. actio libera in causa). Einzelheiten siehe Vorbem. D 3 vor Fall 1.

f) Teilnahme an einer schuldlosen, aber rechtswidrigen Tat ist grundsätzlich strafbar. Der Teilnehmer an einer rechtswidrigen Tat kann sich nur dann auf Schuldausschließungsgründe berufen, wenn diese in seiner eigenen Person oder in der Person eines seiner Angehörigen begründet liegen. Dies ergibt sich unmittelbar aus dem in § 50 Abs. 1 festgelegten Grundsatz der limitierten Akzessorietät, wonach jeder Teilnehmer an einer rechtswidrigen Tat ohne Rücksicht auf die Schuld der anderen Teilnehmer strafbar ist.

C. BESONDERE ERSCHEINUNGSFORMEN DES VERBRECHENS

I. Die unechten Unterlassungsdelikte

1. Begriff und Abgrenzung

Wie bereits in Abschnitt B I 2 (S. 5) angedeutet, können die strafbaren Handlungen nach ihrer Begehungsform in Begehungs- und Unterlassungsdelikte eingeteilt werden. Innerhalb der Unterlassungsdelikte wiederum sind die echten und die unechten Unterlassungsdelikte zu unterscheiden. Im einzelnen:

a) Bei den **Begehungsdelikten** verstößt der Täter gegen eine Verbotsnorm, und zwar durch aktives (= positives) Tun. Diese Fälle überwiegen, da die weitaus meisten Tatbestände Verbotsnormen typisieren und der Täter in aller Regel den Normverstoß durch positives Tun begeht.

Beispiel: A schießt B mit Tötungsvorsatz nieder. Er verwirklicht damit durch positives Tun, nämlich durch den Schuß, den Tatbestand des § 212. Dieser enthält eine Verbotsnorm, nämlich den für alle Rechtsgenossen verbindlichen Befehl: „Du sollst nicht töten!"

b) Bei den **echten Unterlassungsdelikten** verstößt der Täter gegen eine Gebotsnorm. Er bleibt untätig, obwohl das Gesetz von ihm ein Tätigwerden verlangt. Die in der Praxis wichtigsten echten Unterlassungsdelikte finden sich in § 138 (unterlassene Anzeige eines drohenden Kapitalverbrechens) und § 330 c (unterlassene Hilfeleistung bei Unglücksfällen usw.).

c) Bei den **unechten Unterlassungsdelikten** verstößt der Täter dadurch, daß er untätig bleibt, gegen eine Verbotsnorm. Die unechten Unterlassungsdelikte sind daher nichts anderes als besondere Erscheinungsformen der Begehungsdelikte. Ihre Besonderheit besteht darin, daß der tatbestandsmäßige Erfolg nicht durch positives Tun, sondern durch Unterlassen bewirkt wird. Grundsätzlich kann jeder Tatbestand, der eine Verbotsnorm enthält, sowohl durch positives Tun als auch durch Unterlassen verwirklicht werden. Wann sich im Einzelfall ein Verstoß gegen eine Verbotsnorm als positives Tun und wann als Unterlassen darstellt, richtet sich nicht nach den sichtbar gewordenen Körperbewegungen, sondern nach dem Schwerpunkt der Vorwerfbarkeit (vgl. BGH 6, 59; Maurach AT. 494). Es empfiehlt sich daher, in jedem Einzelfall die Frage aufzuwerfen: „Was werfen wir dem Angeklagten vor?"

Beispiel: Infolge der Unaufmerksamkeit eines Schrankenwärters, der es versäumt hat, die Bahnschranke rechtzeitig zu schließen, wird ein Omnibus von dem herannahenden Güterzug erfaßt, wodurch 10 Personen den Tod finden. Dem Schrankenwärter ist vorzuwerfen, daß er es unterlassen hat, durch rechtzeitiges Schließen der Schranke den drohenden Erfolg abzuwenden. Ebenso ist aber auch dann zu entscheiden, wenn der Schrankenwärter die bereits wegen eines anderen Zugs geschlossene Schranke zu früh öffnet und sich wenige Sekunden später das Unglück ereignet. Auch hier ist dem Schrankenwärter der Vorwurf zu machen, daß er pflichtwidrig den Bahnübergang nicht gesichert hat. Der soziale Sinn seines Verhaltens liegt auch hier in der pflichtwidrigen Nichtabwendung des Erfolgs, obwohl sich das Öffnen der Schranken rein äußerlich als positives Tun darstellt.

2. Die Bedeutung der Garantenstellung

Eine strafrechtliche Gleichstellung von positivem Tun und Unterlassen ist nur dann möglich, wenn eine besondere Rechtspflicht bestand, den drohenden tatbestandsmäßigen Erfolg abzuwenden. Hier zeigt sich deutlich der Unterschied gegenüber den echten Unterlassungsdelikten: Während sich bei den echten Unterlassungsdelikten die Pflicht zum Tätigwerden an alle Rechtsgenossen richtet, wendet sich bei den unechten Unterlassungsdelikten die Rechtspflicht, zur Erfolgsabwendung tätig zu werden, nur an solche Rechtsgenossen, die eine sogenannte Garantenstellung einnehmen. Diese kann sich nach den von der Rechtsprechung entwickelten Grundsätzen ergeben

a) unmittelbar aus dem Gesetz,

b) aus einer vertraglich übernommenen Pflicht,

c) aus gefahrbegründendem oder gefahrerhöhendem vorangegangenem Tun,

d) aus einer sozialen Sonderstellung.

Beispiel: Ein Vater (V) sieht, daß sein Kind beim Spielen in einen Teich gefallen ist und zu ertrinken droht. Wenn er untätig bleibt und das Kind ertrinkt, so besteht die Möglichkeit, V wegen vorsätzlicher oder fahrlässiger Tötung durch Unterlassen zu bestrafen. Seine Garantenstellung ergibt sich hier aus der engen familienrechtlichen Beziehung zu seinem Kind, insbesondere aus §§ 1626, 1631 BGB. Ein an dem Vorfall unbeteiligter Passant (P), der in keinerlei familienrechtlichen Beziehungen zu dem Kind steht und dieses auch nicht zu beaufsichtigen hat, könnte bei gleicher Sachlage mangels Garantenstellung nur gemäß § 330 c wegen unterlassener Hilfeleistung bestraft werden.

Weitere Einzelheiten und Beispiele s. u. Abschn. 3.

Ein weiterer Unterschied zwischen den echten und den unechten Unterlassungsdelikten besteht darin, daß bei den echten Unterlassungsdelikten bereits die pflichtwidrige Unterlassung als solche den Tatbestand verwirklicht, während bei den unechten Unterlassungsdelikten, die in aller Regel Erfolgsdelikte sind, der Tatbestand erst dann erfüllt ist, wenn ein bestimmter Erfolg, den es zu verhindern galt, eingetreten ist. So bliebe bei dem oben gebrachten Beispiel die Strafbarkeit des P unberührt, wenn das Kind durch fremde Hilfe doch noch gerettet würde, während für V eine Bestrafung wegen eines vollendeten Tötungsdelikts entfiele. (In Betracht käme allerdings — sofern man Vorsatz unterstellt — Bestrafung wegen versuchten Totschlags oder — wenn kein Vorsatz vorlag — wie bei P Bestrafung gemäß § 330 c.)

3. Die Garantenstellung im einzelnen kann sich ergeben

a) unmittelbar **aus dem Gesetz.**

Besonders wichtig sind in diesem Zusammenhang die familienrechtlichen Bestimmungen des BGB. So sind die Eltern gemäß § 1631 i. V. mit § 1626 BGB verpflichtet, für eine sachgemäße ärztliche Betreuung ihres Kindes zu sorgen. Eine Verletzung dieser Pflicht kann eine Strafbarkeit wegen fahrlässiger Tötung oder fahrlässiger Körperverletzung nach sich ziehen. Entsprechende Pflichten ergeben sich für den Vormund (vgl. § 1631 i. V. mit §§ 1793, 1800 BGB) und für die uneheliche Mutter (vgl. § 1707 BGB). Unter Umständen sind auch die Großeltern verpflichtet, für das Wohl eines gefährdeten Enkels zu sorgen (vgl. RG 64, 316 und 72, 374).

Auch die Verletzung der sich aus § 1353 BGB ergebenden Pflicht der Ehegatten zur ehelichen Lebensgemeinschaft kann strafrechtliche Folgen haben. So ist ein Ehemann verpflichtet, gegen das unzüchtige Treiben seiner Ehefrau in der ehelichen Wohnung einzuschreiten. Verletzt er diese Pflicht, so kann er wegen schwerer Kuppelei (§ 181) zur Verantwortung gezogen werden. Eine weitere Pflicht für Eheleute geht dahin, einander vor Schaden zu bewahren, unter anderem auch vom Selbstmord abzuhalten (vgl. BGH 2, 150).

b) **aus Vertrag.** So sind insbesondere Ärzte, Bergführer, Reit- und Fahrlehrer sowie Kindermädchen verpflichtet, für das Wohl der ihnen anvertrauten Personen zu sorgen. Entscheidend ist in diesem Zusammenhang allerdings weniger der Vertragsabschluß als solcher, sondern die tatsächliche Übernahme der Vertrauensstellung mit der Folge, daß der Gefährdete, zu dessen Gunsten der Vertrag abgeschlossen wurde, z. B. der Bergsteiger, der sich einem Bergführer anvertraut hat, sich darauf verlassen hat, daß der zu seinem Schutz Verpflichtete seiner Pflicht nachkommt. Die Garantenstellung bleibt daher auch dann bestehen, wenn sich nachträglich die Nichtigkeit des ihr zugrundeliegenden Vertrags ergeben sollte. Umgekehrt ist eine Garantenstellung zu verneinen, wenn der vertraglich Verpflichtete pflichtwidrig seine Vertrauensstellung gar nicht angetreten hat. Wenn also der vertraglich verpflichtete Bergführer verschläft und der unerfahrene Bergsteiger sich trotzdem auf den Weg macht, dann aber abstürzt und tödlich verunglückt, kommt eine strafrechtliche Haftung des Bergführers mangels Garantenstellung nicht in Betracht. Der Tatbestand der fahrlässigen Tötung ist nicht erfüllt.

c) **aus vorangegangenem Tun (sog. Ingerenz).**

aa) Grundsatz: Wer die Gefahr eines rechtswidrigen Erfolgs

herbeigeführt oder erhöht hat, ist im Rahmen des Möglichen und Zumutbaren verpflichtet, dafür zu sorgen, daß dieser Erfolg nicht eintritt.

bb) Unerheblich ist, ob die gefahrbegründende bzw. gefahrerhöhende Handlung rechtmäßig war oder nicht. Ebenso unerheblich ist es, ob die Vorhandlung einen Straftatbestand erfüllt oder nicht.

Beispiele:

α) Ein Museumsdiener, der versehentlich einen Besucher eingeschlossen hat, ist verpflichtet, das Opfer seines Leichtsinns zu befreien, sobald er seinen Irrtum bemerkt. Tut er dies nicht, so macht er sich wegen Freiheitsberaubung (§ 239) strafbar.

β) Ein Wanderer, der einen ihn bedrohenden Wegelagerer in Notwehr niederschießt und schwer verletzt, ist nach Beendigung der Notwehrlage verpflichtet, sich um den Verletzten zu kümmern. Tut er dies nicht, so kann er wegen vorsätzlicher oder fahrlässiger Tötung zur Verantwortung gezogen werden, wenn der Wegelagerer an den Folgen seiner Verletzung stirbt, andererseits aber feststeht, daß er bei rechtzeitiger Hilfe noch hätte gerettet werden können (str. — so wie hier Maurach AT 517; Schönke-Schröder Vorbem. 120 vor § 1; a.A. Welzel 194, wonach mangels rechtswidriger Vorhandlung nur Strafbarkeit gemäß § 330 c gegeben sein soll).

γ) Ein Gastwirt, der einem Kraftfahrer übermäßig alkoholische Getränke verabreicht hat, ist verpflichtet, dafür zu sorgen, daß sein Gast nicht in betrunkenem Zustand am Verkehr teilnimmt. Dies gilt allerdings nur dann, wenn der Gast so betrunken ist, daß er sich nach verständiger Beurteilung nicht mehr eigenverantwortlich verhalten kann (BGH 19, 152 unter Einschränkung der in BGH 4, 20 dargelegten Grundsätze). Verletzt er diese Pflicht, so kann er wegen fahrlässiger Tötung oder fahrlässiger Körperverletzung zur Verantwortung gezogen werden, wenn der fahruntüchtige Kraftfahrer einen Verkehrsunfall mit Personenschaden verschuldet (BGH a.a.O.). Bei sonstigen Gastgebern besteht eine Erfolgsabwendungspflicht nur dann, wenn sie aufgrund einer engen Lebensgemeinschaft (z. B. Familien-, Haus- oder Fahrgemeinschaft) gegenüber dem angetrunkenen Fahrer eine Fürsorgepflicht haben (vgl. OLG Ddf. NJW 66, 1175).

δ) Ein Kraftfahrer, der einen Fußgänger anfährt und verletzt, ist auch dann verpflichtet, sich um den Verletzten zu kümmern, wenn er den Unfall nicht schuldhaft verursacht hat. Verletzt er diese Pflicht, so kann er sich einer fahrlässigen Tötung schuldig machen, wenn der Verletzte an den Folgen des Unfalls stirbt, andererseits aber feststeht, daß der Verletzte bei rechtzeitiger Hilfe hätte gerettet werden können (a.A. Welzel 190: Strafbarkeit nur gemäß § 330 c).

cc) Sehr bestritten und für die tägliche Gerichtspraxis besonders wichtig ist die Frage, unter welchen Voraussetzungen der Beifahrer eines angetrunkenen Kraftfahrers für den von diesem verschuldeten Unfall verantwortlich gemacht werden kann. Nach den von der Rechtsprechung entwickelten Grundsätzen ist eine Garantenstellung des Beifahrers nur dann zu bejahen, wenn dieser

α) den Fahrer zur Fahrt überredet hatte (BGH VRS 5, 42) oder β) dem Fahrer die alkoholischen Getränke selbst verabfolgt hatte (vgl. BGH 4, 20) oder

γ) die Trunkenheit des Fahrers durch betontes Zutrinken gefördert hatte (BGH VRS 7, 105 f.) oder

δ) mit dem Fahrer durch eine ständige Fahrergemeinschaft verbunden war (BGH NJW 59, 1979) oder

ε) selbst der Fahrzeughalter war (BGH VRS 14, 197). Eine lockere Zechgemeinschaft kann dagegen noch keine Garantenpflicht begründen (BGH 19, 155). Eine gute Übersicht über die zuletzt gebrachte Rechtsprechung findet sich in einem sehr instruktiven Urteil des OLG Oldenburg vom 22. 8. 1961 in NJW 61, 1938.

dd) Praktisch bedeutsam ist auch die viel erörterte Frage, unter welchen Voraussetzungen Prozeßbeteiligte verpflichtet sind, einen Zeugen von einer Falschaussage bzw. einem Meineid abzuhalten. Siehe hierzu ausführlich Vorbem. B III 6 vor Fall 9.

d) **aus einer sozialen Sonderstellung.** Eine Rechtspflicht zur Erfolgsabwendung kann sich auch aus der besonderen Stellung des Täters in der Allgemeinheit oder im Rahmen einer engeren Gemeinschaft ergeben.

aa) So begründen insbesondere Autoritätsverhältnisse die Pflicht, innerhalb des Lebenskreises, auf das sich das Autoritätsverhältnis bezieht, für Ordnung zu sorgen und strafbare Handlungen zu verhindern.

Beispiele:

α) Wenn ein Haushaltsvorstand (A) duldet, daß seine Hausangestellte (H) in seiner Wohnung eine Abtreibung vornimmt, so kann er wegen Beihilfe zur Abtreibung (§§ 218 III, 49, 50 II) zur Verantwortung gezogen werden. Er ist dagegen nicht verpflichtet, die H zur Anzeige zu bringen, wenn er durch Zufall davon erfährt, daß die H außerhalb seiner Wohnung einen ungerechtfertigten Eingriff bei sich vornehmen läßt. Er kann strafrechtlich auch nicht zur Verantwortung gezogen werden, wenn er nichts dagegen unternimmt, daß die H regelmäßig am Wochenende ihren Arbeitslohn durch Beischlafdiebstähle in zweifelhaften Lokalen aufbessert. Dagegen macht er sich der Begünstigung gem. § 257 schuldig, wenn er duldet, daß die H in seiner Wohnung das Diebesgut verwahrt.

β) Wenn ein Lehrer duldet, daß die ihm anvertrauten Schüler im Schullandheim miteinander Unzucht treiben, so kommt neben schwerer Kuppelei (§ 181 Abs. 1 Ziff. 2) idealkonkurrierend noch Beihilfe zu einem Vergehen gem. § 175 in Betracht.

γ) Bei vorgesetzten Beamten, die strafbare Handlungen ihrer Untergebenen dulden, ist die Sonderregelung des § 357 zu beachten.

bb) Eine besondere Stellung gegenüber der Allgemeinheit nehmen Ärzte ein. Der Arzt übt kein Gewerbe aus! Wer sich als praktischer

Arzt niederläßt, übernimmt damit die Verpflichtung, sich der leidenden Menschheit zur Verfügung zu stellen. Er ist daher verpflichtet, die Behandlung eines hilfesuchenden Kranken auch dann zu übernehmen, wenn dieser bisher noch nicht zu seinem Patientenkreis gehört hat. Dies gilt besonders für Bereitschaftsärzte (vgl. BGH 7, 211), in geringerem Umfang dagegen für Fachärzte und Ärzte in Sanatorien. Ist die Übernahme eines Falles geboten, so ist der Arzt grundsätzlich verpflichtet, sofort den erbetenen Hausbesuch zu machen. Zuverlässige Ferndiagnosen auf Grund fernmündlicher Angaben des Kranken oder eines Angehörigen sind nur selten möglich (vgl. BGH NJW 61, 2068). Der Arzt ist daher nur ausnahmsweise berechtigt, den erbetenen Hausbesuch zu verweigern, z. B. wenn er dringend zu einem anderen Patienten muß, dessen Behandlung er bereits übernommen hat, oder wenn andere Ärzte in der Nähe des hilfesuchenden Patienten verfügbar sind. Unter diesen Voraussetzungen kann er auch die Übernahme des Falles ablehnen. (Zum Ganzen siehe insbesondere Eb. Schmidt, Die Besuchspflicht des Arztes unter strafrechtlichen Gesichtspunkten, 1949.)

cc) Auch Eigentum kann verpflichten. So ist jeder Hausbesitzer verpflichtet, dafür zu sorgen, daß von seinem Grundstück keine Gefahr für die Allgemeinheit ausgeht. Hält er sein Grundstück nicht in Ordnung, so kann er nicht nur zivilrechtlich (§ 823 BGB), sondern auch strafrechtlich zur Verantwortung gezogen werden, wenn jemand auf seinem Grundstück zu Schaden kommt, etwa durch einen herabfallenden Ziegel oder eine baufällige Stützmauer.

dd) Unter den gleichen Gesichtspunkten ist auch der Halter eines Kraftfahrzeugs verpflichtet, dafür zu sorgen, daß von seinem Fahrzeug keine Gefahr für die Allgemeinheit ausgeht. Er hat insbesondere sein Fahrzeug in einem verkehrstüchtigen Zustand zu halten. Verletzt er diese Pflicht, so kann er wegen fahrlässiger Tötung oder fahrlässiger Körperverletzung zur Verantwortung gezogen werden, wenn sein Fahrer mit dem verkehrsuntüchtigen Fahrzeug einen Unfall mit Personenschaden verursacht. Er ist weiter verpflichtet, dafür zu sorgen, daß kein Unbefugter das Fahrzeug zu einer Schwarzfahrt benutzen kann. Verletzt er diese in § 35 StVO ausdrücklich festgelegte Sicherungspflicht, so kann er nicht nur zivilrechtlich (vgl. § 7 Abs. 3 StVG), sondern auch strafrechtlich zur Verantwortung gezogen werden, wenn sein Fahrzeug in die Hände eines fahrunkundigen Schwarzfahrers fällt und dieser damit einen Unfall verschuldet.

ee) Auch enge Gemeinschaftsverhältnisse können eine Garantenstellung begründen. So besteht beispielsweise für die Teilnehmer an einer Expedition oder an einem anderen schwierigen Unternehmen die Rechtspflicht, den übrigen Teilnehmern bei drohenden Gefahren beizustehen. Oder: Ein im Haushalt des Vaters lebender Sohn ist verpflichtet, den Vater vor einem drohenden Mordanschlag zu warnen (BGH 19, 167).

4. Kausalitätsprüfung

Wie oben in Abschnitt B IV 2 (S. 11) ausführlich dargelegt, ist eine Handlung dann kausal, wenn sie nicht hinweggedacht werden kann, ohne daß der Erfolg entfiele (Bedingungs- oder Äquivalenztheorie). Diese Formel kann bei den unechten Unterlassungsdelikten nicht unbesehen übernommen werden, da ein Unterlassen als solches für den Erfolg begrifflich gar nicht kausal sein kann. Aus nichts kommt nichts! Die h. L. im Schrifttum arbeitet daher mit einer hypothetischen Kausalität, woraus sich folgende Fragestellung ergibt: Wäre der konkrete Erfolg auch dann eingetreten, wenn der zur Erfolgsabwendung Verpflichtete der sich aus seiner Garantenstellung ergebenden Erfolgsabwendungspflicht nachgekommen wäre? Hierbei kommt es entscheidend darauf an, ob die Vornahme der unterlassenen Handlung den tatbestandsmäßigen Erfolg mit einer der allgemeinen Lebenserfahrung entsprechend hohen Wahrscheinlichkeit abgewendet hätte (vgl. OLG Bremen DAR 64, 273). Nur wenn diese Frage bejaht werden kann, liegt ein tatbestandsmäßiges Unterlassen vor. Nur dann kann das Unterlassen dem positiven Tun gleichgestellt werden. Der Tatbestand entfällt dagegen, wenn entweder

a) objektiv keine Erfolgsabwendungsmöglichkeit bestand, oder

b) zweifelhaft ist, ob der Erfolg nicht auch bei einem pflichtgemäßen Eingreifen eingetreten wäre.

5. Der Aufbau der unechten Unterlassungsdelikte

a) **Der Tatbestand.** Wie bereits mehrfach betont, kann ein Unterlassen nur dann dem positiven Tun gleichgestellt werden, wenn der Täter eine Garantenstellung hatte, die ihn zur Erfolgsabwendung verpflichtete. Weitere Voraussetzung ist die Erfolgsabwendungsmöglichkeit. Entfällt entweder die Garantenstellung oder die Erfolgsabwendungsmöglichkeit, so ist ein strafrechtlich erhebliches, d. h. tatbestandsmäßiges Verhalten, das geeignet wäre, die Rechtswidrigkeit zu indizieren, nicht gegeben. Erst wenn Garantenstellung und Erfolgsabwendungsmöglichkeit bejaht sind, tritt die Indizwirkung des Tatbestands ein (vgl. BGH 16, 155, 158). Diese Besonderheit rechtfertigt es, die unechten Unterlassungsdelikte den sogenannten offenen, d. h. ergänzungsbedürftigen Tatbeständen zuzuordnen (s. o. Abschn. B VI 2, S. 17).

b) **Die Rechtswidrigkeit.** Ist die Tatbestandsmäßigkeit bejaht, d. h. ist der tatbestandsmäßige Erfolg dadurch eingetreten, daß der Täter der sich aus seiner Garantenstellung ergebenden Rechtspflicht zur Erfolgsabwendung nicht nachgekommen ist, obwohl er hierzu in der Lage gewesen wäre, so ist bei der Rechtswidrigkeit — wie auch sonst — zu prüfen, ob der Täter sich auf einen Rechtfertigungsgrund berufen kann. Hierbei ist besonders auf den übergesetzlichen Notstand zu achten. Verletzt der Täter seine Rechtspflicht zur Erfolgsabwendung, um einer anderen, wichtigeren Pflicht genügen zu können, so handelt er zwar tatbestandmäßig, aber nicht rechtswidrig.

Beispiel: Ein Feuerwehrhauptmann gibt bei einem Kinderheimbrand den Befehl, zuerst die gefährdeten Kinder zu retten. Er nimmt dabei bewußt in Kauf, daß Teile des Gebäudes, die vom Feuer noch nicht erfaßt waren und noch hätten gerettet werden können, ein Opfer der Flammen werden. Hier ist der Tatbestand des § 306 Ziff. 1 durch Nichtabwendung des Erfolgs erfüllt. Das Verhalten ist aber nicht rechtswidrig, da die Feuerwehrleute sich auf übergesetzlichen Notstand berufen können. Die Kinder konnten nur dadurch gerettet werden, daß man die noch nicht vom Feuer erfaßten Teile des Gebäudes den Flammen überließ.

c) **Die Schuld.** Sie entfällt — wie auch sonst —, wenn der Täter nicht zurechnungsfähig ist, wenn er sich auf einen Schuldausschließungsgrund berufen kann oder wenn er sich in einem unvermeidbaren Verbotsirrtum befand. Insoweit ergeben sich keine Besonderheiten gegenüber den Begehungsdelikten. Gleichwohl sind die Möglichkeiten des Schuldausschlusses bei den Unterlassungsdelikten weitergehend als bei den Begehungsdelikten. Während bei den Begehungsdelikten als Schuldausschließungsgründe nur die §§ 52, 53 II, 54 sowie — neuerdings — der übergesetzliche Schuldausschließungsgrund der Wahl des kleineren Übels (s. Vorbem. B vor Fall 4) anerkannt werden, steht man bei den unechten Unterlassungsdelikten in Lit. und Rspr. einhellig auf dem Standpunkt, daß die Schuld in allen Fällen entfällt, in denen die Aufopferung billigenswerter Interessen dem Verpflichteten nicht zumutbar ist (vgl. Welzel 199 mit weiteren Nachweisen).

So wird es allgemein als unzumutbar angesehen, die Polizei zu Hilfe zu rufen, wenn die Ehefrau oder ein volljähriger Sohn in der Familienwohnung Ehebruch oder andere unzüchtige Handlungen verübt. Der Schuldvorwurf der schweren Kuppelei wird hier durch die mangelnde Zumutbarkeit rechtmäßigen Verhaltens entkräftet (vgl. Vorbem. E I 5 b vor Fall 13, S. 370).

6. Die Behandlung der Irrtumsprobleme

Für die Annahme von Vorsatz genügt es, daß der Täter die Tatumstände kennt, die seine Garantenstellung begründen. Außerdem muß er die Erfolgsabwendungsmöglichkeit erkannt haben. Ein vorsatzausschließender Tatbestandsirrtum i. S. von § 59 liegt daher nur dann vor, wenn der Täter entweder nicht die Tatumstände kennt, die seine Garantenstellung begründen, oder wenn er keine Möglichkeit sieht, den Erfolg abzuwenden. Der Vorsatz bleibt dagegen bestehen, wenn der Täter in Kenntnis aller tatbestandserheblichen Tatumstände lediglich glaubt, er sei zur Erfolgsabwendung nicht verpflichtet. Ein derartiger Irrtum ist nach den Grundsätzen des Verbotsirrtums zu beurteilen, d. h. die Schuld entfällt nur dann, wenn der Irrtum bei Würdigung aller Umstände für den Täter unvermeidbar war. War der Irrtum vermeidbar, so bleibt die Schuld bestehen, die Strafe kann jedoch nach Versuchsgrundsätzen gemildert werden (s. o. Abschn. B VII 2 c, S. 23).

Beispiele:

a) Vorsatzausschließender Tatbestandsirrtum, wenn A den Selbstmord seiner Ehefrau nicht verhindert, weil er deren Absichten nicht erkannt hat, oder weil er keine Möglichkeit sieht, wie er den Selbstmord verhindern kann. Beruht der Irrtum auf Fahrlässigkeit, so ist Bestrafung wegen fahrlässiger Tötung in Betracht zu ziehen (vgl. § 50 Abs. 2).

b) Verbotsirrtum, wenn A zwar die Selbstmordabsichten seiner Frau kennt, aber irrig glaubt, die Sache ginge ihn nichts an, er sei nicht verpflichtet, seine Frau von ihrem Plan abzuhalten.

Zum Ganzen siehe insbesondere BGH 16, 155 ff. (Beschl. des Großen Senats vom 29. 5. 1961).

II. Die Fahrlässigkeitsdelikte

1. Begriff und Abgrenzung

Wie bereits in Abschn. B III 1 (S. 9) dargelegt, setzt auch die fahrlässig begangene Straftat eine Handlung im Rechtssinn, d. h. ein von einem menschlichen Willen getragenes Verhalten voraus. Der Handlungsbegriff der fahrlässigen Straftat ist also der gleiche wie bei der Vorsatztat. Dies gilt auch bei Zugrundelegung des hier vertretenen finalen Handlungsbegriffs (s. o. B III 1, S. 9). Im Gegensatz zum vorsätzlich handelnden Täter will aber der nur fahrlässig handelnde Täter die Tatbestandsverwirklichung, insbesondere den tatbestandsmäßigen Erfolg, weder als erwünschte noch als notwendige Folge seines Handelns (so die Definition für den unbedingten Vorsatz, s. o. B V 3 b aa, S. 15), noch nimmt er die Tatbestandsverwirklichung, die er nur als möglich voraussieht, zur Erreichung seiner außertatbestandsmäßigen Ziele billigend in Kauf (so die Definition für den bedingten Vorsatz, s. o. B V 3 b bb, S. 16).

Ähnlich wie beim Vorsatz sind auch innerhalb der Fahrlässigkeit zwei Erscheinungsformen zu unterscheiden: die bewußte Fahrlässigkeit und die unbewußte Fahrlässigkeit. Im einzelnen:

a) Bei der **bewußten Fahrlässigkeit** sieht der Täter die Tatbestandsverwirklichung, insbesondere den tatbestandsmäßigen Erfolg, zwar als möglich voraus, aber vertraut darauf, daß der Erfolg nicht eintritt. Er hätte nicht gehandelt, wenn er den tatbestandsmäßigen Erfolg als sichere oder notwendige Folge seines Handelns vorhergesehen hätte. Dieses letzte Kriterium ist von besonderer Bedeutung für die im Einzelfall oft recht schwierige Abgrenzung gegenüber dem bedingten Vorsatz (s. o. B V 3 b bb, S. 16).

b) Bei der **unbewußten Fahrlässigkeit** sieht der Täter die Tatbestandsverwirklichung, insbesondere den tatbestandsmäßigen Erfolg, zwar nicht als möglich voraus, er hätte ihn aber bei Anwendung der erforderlichen und zumutbaren Sorgfalt erkennen können.

Beispiel: A schießt hinter seinem Haus mit einem Kleinkalibergewehr auf Vögel, obwohl er sich hätte sagen können und müssen, daß er versehentlich, etwa durch einen Querschläger, einen Nachbarn verletzen könne. Trifft er tatsächlich einen seiner Nachbarn, so kommt neben der Übertretung gemäß § 367 Ziff. 8 idealkonkurrierend Bestrafung wegen fahrlässiger Körperverletzung oder fahrlässiger Tötung in Betracht.

2. Der Aufbau der Fahrlässigkeitstat

Der Unrechtsgehalt der fahrlässigen Tat erschöpft sich nicht bereits in der Erfolgsverursachung, sondern wird erst durch die weitere Feststellung begründet, daß der eingetretene Erfolg auf die Außerachtlassung der im Verkehr erforderlichen Sorgfalt zurückzuführen ist (vgl. Welzel 118, Maurach AT 462 ff., Gallas ZStW 67, 42, Lackner-Maassen § 59 Anm. IV 2, aber auch OLG Köln NJW 63, 2381 und Mühlhaus, Tatbestand, Rechtswidrigkeit und Schuld im fahrlässigen Erfolgsdelikt, DAR 67, 34, 38). Wer einen rechtswidrigen Erfolg verursacht, ohne daß ihm eine Verletzung der objektiven Sorgfaltspflicht vorgeworfen werden kann, handelt nicht tatbestandsmäßig, keinesfalls aber rechtswidrig. Dies ist besonders für das Straßenverkehrsrecht von Bedeutung.

Beispiel: Wenn der Kraftfahrer A den Fußgänger F anfährt, der ihm völlig unerwartet und unvorhersehbar in die Fahrbahn gelaufen ist, so entfällt bereits der Tatbestand einer fahrlässigen Körperverletzung oder Tötung. Ein Handlungsunwert ist nicht gegeben. Der Erfolgsunwert allein kann die Tatbestandsmäßigkeit nicht begründen. Es wäre daher verfehlt, in einem derart gelagerten Fall noch nach Schuldausschließungsgründen zu suchen.

Zur Schuld gehört nur noch die Frage, ob dem Beschuldigten die Außerachtlassung der objektiv erforderlichen Sorgfalt auf Grund seiner persönlichen Fähigkeiten und Kenntnisse auch zugerechnet, d. h. persönlich vorgeworfen werden kann (vgl. Mühlhaus a.a.O.).

Beispiel: Ein Fahrschüler verliert an einer schwierigen Kreuzung die Nerven und rammt einen anderen Pkw, dessen Fahrer verletzt wird. Hier hat der Fahrschüler die objektiv im Verkehr erforderliche Sorgfalt außer acht gelassen und durch seinen Unfall den Tatbestand des § 230 erfüllt. Er kann sich auch auf keinen Rechtfertigungsgrund berufen. Wohl aber entfällt die Schuld, da man von einem Anfänger in schwierigen Situationen kein absolut verkehrsgerechtes Verhalten verlangen kann. Man kann ihm auch nicht zum Vorwurf machen, daß er sich überhaupt in den Verkehr begeben hat.

3. Die Kausalitätsprüfung

Ein strafrechtlich erheblicher, d. h. tatbestandsmäßiger Kausalzusammenhang ist bei den Fahrlässigkeitsdelikten nur dann gegeben, wenn gerade die als fahrlässig erachtete Handlung zum konkreten Erfolg geführt hat (vgl. BGH 11, 1). Wäre der Erfolg auch bei pflichtgemäßem Verhalten eingetreten, so ist der Tatbestand der Fahrlässigkeitsdelikte nicht erfüllt.

Beispiel: Wenn ein Lkw-Fahrer einen Radfahrer ohne den gebotenen Sicherheitsabstand überholt, hierbei streift und tödlich verletzt, so genügt diese Feststellung noch nicht, um den Vorwurf der fahrlässigen Tötung zu begründen. Es muß vielmehr noch weiter geprüft werden, ob der Unfall sich nicht auch auf die gleiche Weise ereignet hätte, wenn der Lkw-Fahrer sich verkehrsgerecht verhalten hätte, d. h. wenn er den gebotenen Sicherheitsabstand eingehalten hätte. Dies kann etwa dann zweifelhaft werden, wenn festgestellt wird, daß der Radfahrer stark angetrunken war (so der Sachverhalt von BGH 11,1). — Zum Ganzen siehe auch Mühlhaus a.a.O. 38 ff.

Zweifel in dieser Richtung gehen — wie auch sonst — zugunsten des Täters. Hierbei ist allerdings zu beachten, daß die rein gedankliche Möglichkeit eines gleichen Erfolgs auch bei verkehrsgerechtem Verhalten die Kausalität des verkehrswidrigen Verhaltens noch nicht auszuschließen vermag. Die vorhandenen Zweifel an der Kausalität des verkehrswidrigen Verhaltens müssen sich vielmehr auf Grund konkreter Tatsachen so verdichtet haben, daß man vernünftigerweise die sich aufdrängenden Bedenken nicht mehr verdrängen kann, d. h. nicht mehr die Überzeugung gewinnen kann, daß gerade das verkehrswidrige Verhalten für den Erfolg kausal war (vgl. BGH 11, 1).

D. DIE PERSÖNLICHEN STRAFAUSSCHLIESSUNGSGRÜNDE

1. Begriff und Abgrenzung

Von den Deliktsausschließungsgründen streng zu unterscheiden sind die persönlichen Strafausschließungs- und Strafaufhebungsgründe. Während die Deliktsausschließungsgründe in der Form von Rechtfertigungs- und Schuldausschließungsgründen bereits den Verbrechenscharakter der Tat beseitigen, bleibt dieser unberührt, wenn der Täter sich nur auf einen persönlichen Strafausschließungs- oder Strafaufhebungsgrund berufen kann. Der Täter wird vielmehr lediglich vor der an sich verwirkten Strafe bewahrt. Die persönlichen Strafausschließungsgründe sind daher erst zu prüfen, wenn feststeht, daß der Täter eine strafbare, d. h. tatbestandsmäßige, rechtswidrige und schuldhafte Handlung begangen hat.

Die Gründe, die den Staat dazu veranlassen, auf den an sich gegebenen Strafanspruch zu verzichten, sind verschiedener Natur. So will der Gesetzgeber bei Rücktritt und tätiger Reue (§ 46) dem Täter eine „goldene Brücke" bauen, um Schlimmeres zu verhüten. Im Falle der Indemnität (Art. 46 Abs. 1 GG, § 11 StGB) soll nicht in den internen Bereich der Gesetzgebungsorgane eingegriffen werden.

2. Übersicht

Innerhalb der persönlichen Strafausschließungsgründe sind die Strafausschließungsgründe i. e. S. und die Strafaufhebungsgründe zu unterscheiden. Im einzelnen:

a) Ein **Strafausschließungsgrund i. e. S.** liegt vor, wenn der Umstand, der zum Strafausschluß führt, bereits zur Tatzeit feststand. Hierher gehören insbesondere die Angehörigeneigenschaft in den Fällen der §§ 247 Abs. 2, 248 a Abs. 3, 248 b Abs. 4, 257 Abs. 2, 264 a Abs. 4, 289 Abs. 5 und 370 Ziff. 5 Satz 2 sowie die Indemnität (Art. 46 Abs. 1 Grundgesetz für Bundestagsabgeordnete, § 11 StGB für Landtagsabgeordnete). Siehe ferner § 209 und § 173 Abs. 4.

b) Von einem **Strafaufhebungsgrund** spricht man, wenn der Umstand, auf den die Straflosigkeit zurückzuführen ist, erst nach Tatbegehung eingetreten ist. Hierher gehören insbesondere Rücktritt und tätige Reue in den Fällen der §§ 46, 49 a Abs. 3/4, 139 Abs. 3/4, 163 und 310.

3. Die fakultativen Strafausschließungsgründe

In einigen Fällen steht es im Ermessen des Gerichts, ob es von Strafe absehen oder die Strafe nur mildern soll. Hierher gehören z. B. Rücktritt und tätige Reue in den Fällen der §§ 82, 89 Abs. 3 und 316 a Abs. 2. Siehe ferner §§ 157, 158 sowie die Fälle der Retorsion (§§ 199, 233).

4. Gemeinsame Regeln

a) Gegen strafbare Handlungen, bei denen sich der Täter lediglich auf einen persönlichen Strafausschließungsgrund berufen kann, ist Notwehr zulässig.

b) Ein Irrtum des Täters über das Vorliegen eines persönlichen Strafausschließungsgrunds ist unbeachtlich.

Beispiel: Wenn A aus dem Schrank seiner Ehefrau ein Kleid entwendet, um es seiner Geliebten zu schenken, so entfällt die Strafbarkeit wegen Diebstahls gemäß § 247 II nur dann, wenn das Kleid auch tatsächlich der Ehefrau gehört. Nimmt A nur irrig an, das Kleid gehöre seiner Frau, während es in Wirklichkeit einer ihrer Freundinnen gehört, so berührt dieser Irrtum weder den Vorsatz noch das Unrechtsbewußtsein und ist daher rechtlich wirkungslos (vgl. Welzel 317; Lackner-Maassen § 247 Anm. 2; neuerdings auch Maurach BT 217 unter Aufgabe der noch in der Vorauflage vertretenen Ansicht; a.A. Schönke-Schröder § 247 Anm. 14). — Im umgekehrten Fall bliebe A auch dann straflos, wenn er aus der Schmuckkassette seiner Frau einen Ring entwendet, den seine Frau zunächst nur zur Ansicht mitgenommen, dann aber ohne sein Wissen zu Eigentum erworben hatte. (Zum Ganzen siehe auch BGH 18, 123.)

c) Zweifel am Vorliegen eines persönlichen Strafausschließungsgrunds dürfen den Beschuldigten nicht belasten. Ist beispielsweise zweifelhaft, ob der Beschuldigte freiwillig vom Versuch zurückgetreten ist oder ob er durch äußere, von seinem Willen unabhängige Umstände gezwungen wurde, den ursprünglichen Tatplan aufzugeben, so kann eine Verurteilung nicht erfolgen.

d) Ein Mittäter oder Teilnehmer kann sich auf einen persönlichen Strafausschließungsgrund nur dann berufen, wenn dessen Voraussetzungen auch in seiner eigenen Person begründet sind (vgl. §§ 50 Abs. 2, 247 Abs. 3).

5. Behandlung im Prozeß

a) Bei den obligatorischen Strafausschließungsgründen und Strafaufhebungsgründen gilt folgendes:

aa) Im Ermittlungsverfahren erfolgt Einstellung (§ 170 II StPO).

bb) Ist die Klage schon erhoben, aber das Hauptverfahren noch nicht eröffnet, so ist die Eröffnung des Hauptverfahrens abzulehnen (§ 204 I StPO). Hat eine gerichtliche Voruntersuchung stattgefunden, so ist der Angeschuldigte außer Verfolgung zu setzen (§ 204 II).

cc) Ist das Hauptverfahren bereits eröffnet, so ist der Angeklagte durch Urteil auf Kosten der Landeskasse freizusprechen.

b) Bei den fakultativen Strafaufhebungsgründen ist folgende Regelung zu beachten:

aa) Im Ermittlungsverfahren kann die Staatsanwaltschaft mit Zustimmung des Gerichts von der Erhebung der öffentlichen Klage absehen (§ 153 a I StPO).

bb) Nach Klageerhebung kann das Gericht bis zum Beginn der Hauptverhandlung mit Zustimmung der Staatsanwaltschaft und des Angeschuldigten das Verfahren einstellen (§ 153 a II StPO).

cc) Nach Beginn der Hauptverhandlung ergeht Schuldspruch. Gleichzeitig ist jedoch auszusprechen, daß von einer Strafe abgesehen wird.

Für den Fall des § 158 würde der Urteilstenor etwa wie folgt lauten: „Der Angeklagte A aus X ist des rechtzeitig berichtigten Meineids schuldig, doch wird von Strafe abgesehen. Der Angeklagte trägt die Kosten des Verfahrens". (Wegen der Kostenentscheidung s. § 465 Abs. 1 Satz 2 StPO.)

E. DIE OBJEKTIVEN STRAFBARKEITSBEDINGUNGEN

1. Begriff und Wesen

Bei einigen Tatbeständen knüpft der Gesetzgeber die Strafbarkeit an den Eintritt bestimmter Umstände, die außerhalb des Unrechtstatbestands liegen. Diese sogenannten objektiven Strafbarkeitsbedingungen sind keine Tatbestandsmerkmale, sondern „Tatbestandsannexe". Ihr Wesen läßt sich am besten bei § 330 a verdeutlichen: Der Tatbestand des § 330 a ist bereits dann verwirklicht, wenn sich jemand vorsätzlich oder fahrlässig in einen die Zurechnungsfähigkeit ausschließenden Rauschzustand versetzt. Strafbar wird die Unmäßigkeit beim Trinken aber erst dann, wenn der Trinker in seinem Rausch eine mit Strafe bedrohte Handlung begeht. Diese ist daher eine objektive Bedingung der Strafbarkeit (BGH 16, 124; 20, 285).

2. Übersicht

Weitere objektive Bedingungen der Strafbarkeit sind:

a) die Rechtsgültigkeit der Verordnung bzw. die Zuständigkeit der Behörde in § 110;

b) die Rechtmäßigkeit der Amtsausübung in § 113;

c) die Zuständigkeit des Beamten in § 116;

d) die Rechtmäßigkeit der Amtsausübung in § 117, wenn es sich um einen Widerstand oder Angriff gegen Beamte handelt; in allen übrigen Fällen des § 117 ist die Rechtmäßigkeit der Amtsausübung objektives Tatbestandsmerkmal, das vom Vorsatz umfaßt sein muß;

e) die Begehung einer als Verbrechen oder Vergehen mit Strafe bedrohten Handlung durch einen ungenügend beaufsichtigten Jugendlichen in § 143;

f) die Nichterweislichkeit der behaupteten Tatsache in § 186 (vgl. BGH 11, 274);

g) die Austragung des Zweikampfs in § 210;

h) der Tod bzw. die schwere Körperverletzung in § 227;

i) der Schadenseintritt in § 326;

k) die Zahlungseinstellung oder Konkurseröffnung in den Fällen der §§ 239 ff. KO und des § 39 Depotgesetz.

3. Gemeinsame Regeln

a) Die objektiven Strafbarkeitsbedingungen berühren weder die Tatbestandsmäßigkeit noch die Rechtswidrigkeit. Sie müssen daher weder vom Vorsatz noch vom Unrechtsbewußtsein umfaßt sein. Ein Irrtum des Täters über ihr Vorliegen ist unbeachtlich.

b) Für die Teilnahme ergeben sich keine Besonderheiten, d. h. auch der Teilnehmer kann nur dann bestraft werden, wenn im Einzelfall die im Gesetz vorgesehenen objektiven Strafbarkeitsbedingungen gegeben sind.

4. Behandlung im Prozeß

a) Stellt sich das Fehlen einer objektiven Strafbarkeitsbedingung schon im Ermittlungsverfahren heraus, so ist dieses einzustellen (§ 170 II StPO).

b) Zeigt sich der Mangel erst nach Erhebung der Klage, aber noch vor Eröffnung des Hauptverfahrens, so ist die Eröffnung des Hauptverfahrens abzulehnen (§ 204 I StPO). Hat eine gerichtliche Voruntersuchung stattgefunden, so ist der Angeschuldigte außer Verfolgung zu setzen (§ 204 II StPO).

c) Erweist sich der Mangel erst nach Eröffnung des Hauptverfahrens, so muß zur Hauptverhandlung geschritten werden. In dieser ist der Angeklagte dann freizusprechen. Wegen der Kostenentscheidung s. § 467 StPO.

d) Zweifel gehen immer zugunsten des Beschuldigten („in dubio pro reo").

F. DIE PROZESSVORAUSSETZUNGEN UND PROZESSHINDERNISSE

1. Begriff und Wesen

Die Prozeßvoraussetzungen und Prozeßhindernisse sind teils im StGB, teils in der StPO geregelt. Teilweise ergeben sie sich auch aus allgemeinen Verfahrensgrundsätzen, die von der Rechtsprechung entwickelt wurden. Sie haben alle gemeinsam, daß ein Strafverfahren nicht durchgeführt werden kann, wenn eine Prozeßvoraussetzung (z. B. der erforderliche Strafantrag) fehlt, oder wenn der Strafverfolgung ein Prozeßhindernis (z. B. Verjährung) entgegensteht. Unrechtsgehalt,

Schuldgehalt und Strafwürdigkeit einer Tat werden von den Prozeßvoraussetzungen, die dem Verfahrensrecht angehören, nicht berührt.

2. Die Prozeßvoraussetzungen

a) Der Beschuldigte muß der deutschen Gerichtsbarkeit unterliegen. Diese Voraussetzung fehlt bei Exterritorialität (§§ 18, 19 GVG).

b) Die örtliche und sachliche Zuständigkeit des Gerichts.

c) Die Erhebung einer zulässigen Klage durch einen zugelassenen Kläger (§ 151 StPO für das Offizialverfahren, § 374 StPO für das Privatklageverfahren).

d) Der Eröffnungsbeschluß (§ 203 StPO).

e) Der Strafantrag bei den Antragsdelikten (§ 61 StGB).

f) Die Ermächtigung in den Fällen der §§ 95 IV, 97 II, 106 b I und 197 StGB.

g) Die Genehmigung des Bundestags im Falle des Art. 46 II Grundgesetz (Immunität von Bundestagsabgeordneten).

h) Die Verhandlungsfähigkeit des Angeklagten.

i) Die Auflösung der Ehe bei § 170 StGB.

k) Die Scheidung der Ehe bei § 172 StGB.

l) Die Nichtigkeitserklärung bei § 238 StGB.

3. Die Prozeßhindernisse

a) Rechtshängigkeit und Rechtskraft.

b) Verjährung.

c) Amnestie und Begnadigung.

d) Das Schweben eines Vorverfahrens nach § 164 Abs. 6 oder § 191 StGB.

4. Gemeinsame Regeln

a) Die Prozeßvoraussetzungen und Prozeßhindernisse müssen weder vom Vorsatz noch vom Unrechtsbewußtsein umfaßt werden. Ein Irrtum des Täters über ihr Vorliegen ist daher unbeachtlich (vgl. BGH 18, 123).

b) Die Prozeßvoraussetzungen und Prozeßhindernisse sind für jeden Teilnehmer gesondert zu prüfen. Vor allem bei Antragsdelikten kommt es häufig vor, daß der Verletzte aus persönlichen Gründen nicht gegen alle Beteiligte Strafantrag stellen will.

5. Hinsichtlich der **Behandlung im Prozeß** siehe Petters — Preisendanz, Strafprozeßfälle, 8. Aufl., Nachtrag zu Fall 7.

G. DIE EINZELNEN VERBRECHENSABSCHNITTE

Jede Straftat durchläuft zeitlich gesehen vier Abschnitte: Entschlußfassung, Vorbereitung, Versuch und Vollendung. Da es — wie oben (Abschn. A I 5, S. 2) dargelegt — primäre Aufgabe der Strafe ist, das Unrecht der Tat zu sühnen, ist grundsätzlich nur die vollendete Tat mit Strafe bedroht. Der Versuch ist nur bei Verbrechen sowie bei solchen Vergehen strafbar, bei denen das Gesetz ausdrücklich auch die versuchte Tatbegehung mit Strafe bedroht hat, z. B. bei Diebstahl und Sachbeschädigung. In einigen ganz wenigen Fällen sind wegen ihrer besonderen Gefährlichkeit ausnahmsweise auch Vorbereitung und Entschlußfassung unter Strafe gestellt (siehe insbesondere §§ 49 a, 49 b, 81, 151, 218 IV, 234 a III).

Zur Strafbarkeit des Versuchs im einzelnen siehe Vorbem. A und B vor Fall 2 sowie Vorbem. A vor Fall 3.

H. TÄTERSCHAFT UND TEILNAHME

I. Begriff und Abgrenzung

1. Die einzelnen Teilnahmeformen

Sind mehrere an einer strafbaren Handlung beteiligt, so kommt als Teilnahmeform je nach Sachlage Täterschaft, Anstiftung oder Beihilfe in Betracht. Anstiftung und Beihilfe werden üblicherweise unter dem gemeinsamen Oberbegriff Teilnahme zusammengefaßt und der Täterschaft gegenübergestellt. Innerhalb der Täterschaft wiederum unterscheidet man die unmittelbare Täterschaft, die mittelbare Täterschaft, die Mittäterschaft und die Nebentäterschaft. Gesetzlich geregelt sind nur die Anstiftung (§ 48), die Beihilfe (§ 49) und die Mittäterschaft (§ 47). Der Täterbegriff als solcher sowie die mittelbare Täterschaft und die Nebentäterschaft als besondere Erscheinungsformen der Täterschaft wurden von Rspr. und Wissenschaft entwickelt.

2. Der Täterbegriff

Wann im Einzelfall Täterschaft, wann Teilnahme vorliegt, kann oft zweifelhaft sein. Insbesondere die Abgrenzung von mittelbarer Täterschaft und Anstiftung sowie die Grenzziehung zwischen Mittäterschaft und Beihilfe stoßen nicht selten auf Schwierigkeiten, deren Lösung entscheidend von der Frage abhängt, ob man die Abgrenzung von Täterschaft und Teilnahme ausschließlich oder überwiegend nach subjektiven Gesichtspunkten vornimmt oder ob man einer objektiven Betrachtungsweise den Vorzug gibt. Während ein Teil des neueren Schrifttums, insbesondere die Vertreter der finalen Handlungslehre (Maurach, Welzel, Gallas, Niese u.a.m.), ausgehend von einem materiell-objektiven bzw. final-objektiven Täterbegriff die Abgrenzung nach objektiven Gesichtspunkten vornehmen und in der Tatherrschaft das entscheidende Kriterium für die Täterschaft sehen, hat der **Bundesgerichtshof** nach anfänglichem Schwanken im Anschluß an die frühere Rechtsprechung des Reichsgerichts der **subjektiven Betrachtungsweise** den Vorzug gegeben.

So stehen insbesondere die Entscheidungen BGH 16, 12 und BGH 18, 87 (Staschynskij-Urteil) eindeutig auf dem Boden eines subjektiv bestimmten Täterbegriffs. Im neueren Schrifttum wird der subjektive Täterbegriff u. a. von Schönke-Schröder (Vorbem. 59 ff. vor § 47) und Baumann (Lehrbuch 449 ff., NJW 62, 374 und NJW 63, 561 sowie JuS 63, 51 ff.) vertreten. Die Ablehnung des objektiven Täterbegriffs wird vor allem damit begründet, daß die Abgrenzung nach objektiven Gesichtspunkten oft der tatsächlichen Interessenlage nicht gerecht wird und im Einzelfall zu unbefriedigenden Lösungen führt.

Es kann nicht Aufgabe dieser Darstellung sein, eine umfassende kritische Betrachtung der verschiedenen Theorien vorzunehmen und diese wissenschaftlich zu analysieren. Mit Rücksicht auf den angesprochenen Leserkreis, dem es im wesentlichen auf die Kenntnis der Rechtsprechung ankommt, erscheint es vielmehr geboten, den folgenden Ausführungen ohne weitere Auseinandersetzung mit dem Schrifttum den vom Bundesgerichtshof vertretenen subjektiven Täterbegriff zugrunde zu legen und auf abweichende Lehrmeinungen nur am Rande einzugehen. Demnach ist **Täter,** wer die Tat als eigene will, d. h. wer den Tatbestand mit Täterwillen verwirklicht. Die Teilnahme (Anstiftung und Beihilfe) zeichnet sich demgegenüber dadurch aus, daß der Teilnehmer die Tat als fremde will, d. h. seinen eigenen Willen und den sich hieraus ergebenden Tatbeitrag dem Willen des Täters unterordnet.

3. Einzelheiten und Beispiele

Der Täterwille kann durch das Tatinteresse begründet werden, muß es aber nicht. Das Tatinteresse kann für sich allein schon deshalb nicht als entscheidendes Kriterium für die Täterschaft herangezogen werden, weil es eine ganze Reihe von Tatbeständen gibt, bei denen die Tatbegehung auch dann unter täterschaftlichen Gesichtspunkten zu beurteilen ist, wenn sie im Interesse eines Dritten begangen werden (vgl. BGH 8, 393, 396). So liegt Betrug nicht nur dann vor, wenn der Täter für sich selbst einen rechtswidrigen Vermögensvorteil erstrebt, sondern auch dann, wenn er — ohne eigenes Interesse, etwa die Aussicht auf Belohnung — einem Dritten einen rechtswidrigen Vermögensvorteil zukommen lassen will. Entsprechendes gilt für die Erpressung (§§ 253, 255) und die Pfandkehr (§ 289). Es erscheint daher geboten, zusätzlich auf den Willen zur Tatherrschaft abzustellen, um den Täterwillen zu ermitteln (so vor allem Baumann a.a.O., aber auch BGH 13, 162). Dieser Wille zur Tatherrschaft fehlt z. B. überall dort, wo jemand eine Tat nur deshalb begeht, weil er unter fremdem Druck steht und keine andere Möglichkeit sieht, sich diesem Druck zu entziehen.

Legt man diese Abgrenzungsmaßstäbe zugrunde, so findet auch das bestrittene Staschynskij-Urteil (BGH 18, 87) seine dogmatische Begründung. St. hatte zwei in München lebende Mitglieder der exilrussischen Widerstandsbewegung auf Befehl und unter dem Druck seiner sowjetischen Auftraggeber mit einer Giftpistole getötet, ohne sich selbst mit den Interessen seiner Auftraggeber zu identifizieren. Ein eigenes Interesse an der Tat fehlte. Er wurde daher zu Recht nicht wegen täterschaftlich begangenen Mords, sondern nur wegen Beihilfe zum Mord verurteilt.

Diese Möglichkeit bestand nur auf der Grundlage eines subjektiven Täterbegriffs. Bei Zugrundelegung des materiell-objektiven bzw. des final-objektiven Täterbegriffs hätte St. wegen täterschaftlich begangenen Mords zu lebenslänglich Zuchthaus verurteilt werden müssen. Seine Zwangslage hätte im Strafmaß nicht berücksichtigt werden können. Die objektive Betrachtungsweise wurde daher vom BGH (a.a.O. 95) als „zu eng" abgelehnt.

Die Entscheidung des Bundesgerichtshofs im Staschynskij-Prozeß zeigt weiter, daß Beihilfe unter gewissen Voraussetzungen auch dann möglich ist, wenn der Angeklagte alle Tatbestandsmerkmale vorsätzlich und eigenhändig verwirklicht, selbst aber kein eigenes Tatinteresse und keinen Willen zur Tatherrschaft hat, d. h. wenn er sich völlig einem anderen unterordnet. Aus denselben Gründen sind auch die Teilnehmer an den berüchtigten Massenerschießungen unter der Herrschaft des NS-Regimes nur dann wegen täterschaftlich begangenen Mords zu bestrafen, wenn sie sich entweder mit ihren Auftraggebern identifiziert oder durch die Tatbegehung eigene Sonderinteressen verfolgt haben (Voraussetzungen, die in der Regel nicht nachgewiesen werden können). Standen sie dagegen unter dem Einfluß „übermächtiger Faktoren" (vgl. Kohlrausch-Lange Vorbem. I 5 A vor § 47), d. h. befanden sie sich in einer verwirrenden Lage, aus der sie keinen anderen Ausweg sahen (BGH a.a.O. 93), so haben sie sich nur wegen Beihilfe zu verantworten. Überall dort jedoch, wo derartige Ausnahmesituationen fehlen — das dürfte der Normalfall sein — kann davon ausgegangen werden, daß derjenige, der alle Tatbestandsmerkmale eigenhändig und in Kenntnis aller Tatumstände verwirklicht, als Täter zu qualifizieren ist. Dies gilt auch dann, wenn ein eigenes Tatinteresse fehlt, wohl aber der Wille zur Tatherrschaft bejaht werden muß.

Beispiel: Wenn A im Auftrag seines Freundes F dessen versicherte Scheune abbrennt, damit F in den Genuß der Versicherungssumme gelangen kann, so ist A auch dann als Täter gemäß § 265 zu bestrafen, wenn er von F keine Belohnung erstrebt. Er kann sich nicht darauf berufen, er habe kein eigenes Interesse an der Tat gehabt und diese nur „als fremde" gewollt. Was der Täter wollte, ist auf Grund aller Umstände vom Gericht wertend zu ermitteln (vgl. BGH 8, 393 ff.). Aus eben diesen Gründen hat der BGH in der zuletzt zitierten Entscheidung auch die Rechtsansicht des früheren Reichsgerichts in RG 74, 84 (Badewannenfall) ausdrücklich aufgegeben. Die tatausführende Angeklagte, die das Kind ihrer Schwester auf deren Wunsch in der Badewanne ertränkte, müßte heute nach einhelliger Ansicht als Täterin gemäß §§ 212, 211 verurteilt werden. Sie hatte zwar kein eigenes Tatinteresse, wohl aber den Willen zur Tatherrschaft.

II. Die mittelbare Täterschaft

1. Begriff

Die mittelbare Täterschaft ist eine besondere Erscheinungsform der Täterschaft. Mittelbarer Täter kann demnach nur sein, wer Täter sein kann. Die Besonderheit der mittelbaren Täterschaft besteht lediglich darin, daß der mittelbare Täter die Tat nicht selbst ausführt, sondern durch einen anderen ausführen läßt, der seinerseits keinen Willen zur Tatherrschaft besitzt. Dieser andere wird als Tatmittler bezeichnet.

Wie bei jedem Fall der Täterschaft muß auch der mittelbare Täter die Tat als eigene wollen, d. h. den Willen zur Tatherrschaft haben. Er muß die Absicht haben, den Geschehnisablauf, der auf die Verwirklichung eines gesetzlichen Tatbestands hinzielt, nach seinem Willen zu gestalten. Es gibt demnach keine fahrlässige mittelbare Täterschaft.

Beispiel: Ein Arzt, der unter Außerachtlassung der gebotenen Sorgfalt einer Krankenschwester ein falsches oder falsch dosiertes Medikament in die Hand gibt, macht sich zwar der fahrlässigen Tötung (§ 222) oder der fahrlässigen Körperverletzung (§ 230) schuldig, wenn das Medikament bei einem Patienten Schaden stiftet. Es wäre jedoch verfehlt, hier von mittelbarer Täterschaft zu sprechen (anders natürlich, wenn der Arzt bewußt die Gutgläubigkeit der Schwester ausnutzt, um dem Patienten zu schaden!).

2. Das Verhältnis zur Anstiftung

Anstiftung, nicht mittelbare Täterschaft liegt vor, wenn nicht der Hintermann, sondern der Tatmittler den Willen zur Tatherrschaft hat.

Es wäre jedoch verfehlt, allein deshalb, weil auch der Tatmittler als Täter bestraft werden kann, mittelbare Täterschaft auszuschließen. Dies gilt unstreitig für die Fälle, bei denen der Tatmittler wegen fahrlässiger Tatbegehung bestraft werden kann. Darüber hinaus ist mittelbare Täterschaft auch dort möglich, wo der Tatmittler sich in einem verschuldeten Verbotsirrtum oder in einer verschuldeten Notstandslage befindet. Auch in diesen Fällen mißbraucht der Hintermann einen innerlich unfreien Menschen. Gerade hierin aber ist das typische Kriterium für die mittelbare Täterschaft zu sehen (vgl. Maurach AT 537, 543 f.). Einzelheiten s. u. 3 d.

3. Die einzelnen Fälle der mittelbaren Täterschaft

Wie soeben dargelegt, gibt es zwar Fälle, bei denen mittelbare Täterschaft auch dort möglich ist, wo der Tatmittler seinerseits vorsätzlich und volldeliktisch handelt, wenngleich innerlich unfrei. Normalerweise jedoch zeichnet sich die mittelbare Täterschaft dadurch aus, daß die Handlung des Tatmittlers nicht volldeliktisch ist, oder daß sie zwar volldeliktisch ist, aber nicht unter täterschaftlichen Gesichtspunkten begangen wurde (Fall Staschynskij, s. o. I 3). Die typischen Fälle der mittelbaren Täterschaft sind dadurch gekennzeichnet, daß der Tatmittler entweder nicht tatbestandsmäßig, oder zwar tatbestandsmäßig, aber nicht rechtswidrig oder nicht schuldhaft handelt. Es empfiehlt sich daher, die einzelnen Fälle der mittelbaren Täterschaft systematisch nach der Qualifikation des Tatmittlers einzuordnen. Hierbei ergeben sich folgende Möglichkeiten:

a) **Beim Tatmittler entfällt bereits der Tatbestand,** und zwar entweder aus subjektiven oder aus objektiven Gründen.

Beispiele:

aa) Ein Polizeibeamter läßt einen Häftling durch einen Mitgefangenen solange schlagen, bis dieser ein Geständnis ablegt. Der Häftling, der sich zu der Tat hergibt, kann den Tatbestand der Aussageerpressung (§ 343) schon objektiv nicht erfüllen, da er kein Untersuchungsbeamter ist. Es bestehen jedoch keine Bedenken, den Polizeibeamten wegen Aussageerpressung in mittelbarer Täterschaft zu bestrafen.

bb) Ein Vater treibt seine minderjährige Tochter dadurch in den Tod, daß er ihr solange Vorwürfe macht, sie peinigt und schikaniert, bis sie seinem Rat folgt und Selbstmord begeht. Hier kommt nicht nur straflose Teilnahme am Selbstmord, sondern vorsätzliche Tötung in mittelbarer Täterschaft in Betracht; das Mädchen selbst handelt nicht einmal tatbestandsmäßig (vgl. OGH BZ 2, 7 sowie der viel zitierte Fall Höfeldt, ZStW 58, 544).

cc) Ein Viehhändler (V) veranlaßt seinen Knecht (K), die Kühe seines Nachbarn (N) von der Weide zu treiben und sie ihm zuzuführen, indem er ihm bewußt der Wahrheit zuwider vorspiegelt, N sei damit einverstanden, da er seine unrentable Landwirtschaft aufgeben und den Verlust seiner Versicherungsgesellschaft melden wolle, um dann mit der Versicherungssumme eine neue Existenz aufbauen zu können. Unterwirft sich K der Weisung des V in der Annahme, N wolle tatsächlich die Versicherung betrügen, so kommt für V Diebstahl in mittelbarer Täterschaft in Betracht, während K weder vorsätzlich noch mit Zueignungsabsicht handelte, für ihn somit schon der subjektive Tatbestand entfällt.

dd) Abwandlung: Wenn V den K nicht durch List zur Tat bestimmt, sondern durch die Drohung, ihn fristlos zu entlassen, ergibt sich für V dieselbe Lösung. Er ist wegen Diebstahls in mittelbarer Täterschaft zu bestrafen, während bei K, der sich dem Willen des V unterworfen hat, somit die Tat nicht als eigene wollte, Beihilfe zum Diebstahl anzunehmen ist.

ee) Weitere Abwandlung: Stünde K nicht in einem sozialen Abhängigkeitsverhältnis, so wäre er als Täter anzusehen; V wäre nur Anstifter. Dem steht nicht entgegen, daß K an den Tieren kein unmittelbar eigenes Interesse hatte. Zueignungsabsicht i. S. von § 242 kann auch dann vorliegen, wenn der Täter nur die Absicht hat, die von ihm entwendete Sache nach der Tat einem anderen zu überlassen. Entscheidend ist lediglich, daß er den Willen zur Tatherrschaft hatte und daß der Anstifter ihm diese überlassen wollte.

ff) A veranlaßt auf einer Treibjagd den kurzsichtigen B, auf den Treiber X zu schießen, wobei er genau weiß, daß B infolge seiner Kurzsichtigkeit den X für einen Hirsch hält. In derartigen Fällen, bei denen der Hintermann einen vorsatzausschließenden Tatbestandsirrtum des Tatmittlers ausnutzt, kommt für den Hintermann eindeutig und unbestritten nur mittelbare Täterschaft in Betracht, und zwar ohne Rücksicht darauf, ob der Irrtum des Tatmittlers auf Fahrlässigkeit beruht oder nicht.

b) Der Tatmittler handelt tatbestandsmäßig, aber nicht rechtswidrig

Hier kommt es besonders auf die richtige Abgrenzung von Täterschaft und Teilnahme an, da Anstiftung und Beihilfe nur bei rechtswidrigen Taten strafbar sind, mittelbare Täterschaft aber auch dann möglich ist, wenn der Tatmittler sich auf einen Rechtfertigungsgrund berufen kann, in seiner Person also nicht rechtswidrig handelt. Mittelbare Täterschaft setzt in solchen Fällen voraus, daß der Hintermann infolge seiner besseren Sachkunde die Fäden in der Hand hat, während der Tatmittler die Situation infolge Täuschung oder unter dem Druck einer Notlage nicht zu beherrschen vermag.

Beispiele:

aa) A weiß, daß der geistesschwache B leicht erregbar ist, insbesondere nach Alkoholgenuß. In Ausnutzung dieses Umstandes setzt er ihm zunächst Schnaps vor und hetzt ihn dann gegen X. Wie von A vorhergesehen und gewollt, gelingt es dem als schlagkräftig bekannten X, den Angreifer B abzuwehren, wobei dieser jedoch erheblich verletzt wird. Hier hatte A die Fäden in der Hand. Sowohl B als auch X waren seine Werkzeuge. A ist demnach wegen vorsätzlicher Körperverletzung in mittelbarer Täterschaft (§ 223) zu bestrafen.

bb) Abwandlung: Wenn B und X sich im Zeitpunkt des Eingreifens von A bereits im Streit befanden und A nunmehr dem angegriffenen X eine Waffe zur

Verteidigung gibt, so liegt für A nur straflose Beihilfe zu einer durch Notwehr gerechtfertigten Tat vor. Hierbei macht es keinen Unterschied, ob dem A die Situation, in der er zugunsten des X eingreifen konnte, willkommen war oder nicht. Entscheidend ist, daß er die Situation als solche nicht selbst mit dem Willen zur Tatherrschaft herbeigeführt hatte (vgl. Welzel 95, Maurach AT 542).

cc) A beschuldigt bewußt der Wahrheit zuwider den völlig unschuldigen B des Mordes an X, um zu bewirken, daß B für einige Zeit in U-Haft genommen wird. Hier sind die Staatsanwälte, die Richter, die Polizeibeamten und die Beamten der Haftanstalt, die den Haftbefehl teils bewirken, teils vollstrecken, gutgläubige Werkzeuge in der Hand des A. Dieser hat den Willen zur Tatherrschaft. Er kann zwar den B nicht selbst einsperren; es steht jedoch in seiner Macht, ob und wielange B auf Grund seiner falschen Angaben durch die staatlichen Organe in Haft gehalten wird. Während die Beamten rechtmäßig, da pflichtgemäß handeln, hat A sich einer Freiheitsberaubung in mittelbarer Täterschaft (§ 239 I/II) schuldig gemacht (vgl. Welzel 94, Maurach AT 541).

c) Der Tatmittler handelt tatbestandsmäßig und rechtswidrig, aber schuldlos

Beispiele:

aa) A hetzt den, wie er weiß, geisteskranken B auf X. B tötet den X. Hier handelt B tatbestandsmäßig und rechtswidrig, aber schuldlos (vgl. § 51 Abs. 1). A ist mittelbarer Täter. Handelt er mit Tötungsvorsatz, so ergibt sich die Strafbarkeit aus §§ 211, 212; handelt er mit Körperverletzungsvorsatz, so kommt § 226 in Betracht.

bb) Abwandlung: Kannte A die Geisteskrankheit des B nicht, so handelte er nicht mit Tätervorsatz, sondern mit Anstiftervorsatz und ist daher wegen Anstiftung zum Mord bzw. Totschlag zu bestrafen, wenn sowohl bei ihm als auch bei B Tötungsvorsatz nachweisbar ist.

cc) Wer entgegen der hier vertretenen Ansicht den Vorsatz nicht als subjektives Tatbestandsmerkmal, sondern als Schuldmerkmal auffast (s, o. B V 3 a, S. 14), kann hierher alle Fälle rechnen, bei denen jemand bewußt einen vorsatzausschließenden Tatbestandsirrtum eines anderen ausnutzt, um diesen zur Tatbegehung zu mißbrauchen.

dd) A nötigt B unter der Drohung, er werde sonst ihn selbst erschießen, den X zu erschießen. Beugt sich B der Drohung des A und tötet den X, so kommt für ihn der Schuldausschließungsgrund des § 52 in Betracht. A ist als mittelbarer Täter wegen Mords oder Totschlags zu bestrafen.

ee) Hierher gehören ferner alle Fälle, in denen jemand bewußt einen Verbotsirrtum ausnutzt, z. B. wenn jemand einen gerade aus dem Ausland eingewanderten Arzt zu einer nur ethisch indizierten Schwangerschaftsunterbrechung bestimmt und ihm dabei vorspiegelt, in der Bundesrepublik werde inzwischen auch die ethische Indikation (Unterbrechung einer aus einer Notzucht stammenden Schwangerschaft) als Rechtfertigungsgrund anerkannt.

ff) Als Fall mittelbarer Täterschaft ist auch der rechtswidrige dienstliche Befehl eines militärischen Vorgesetzten zu betrachten, und zwar ohne Rücksicht darauf, ob er für den Untergebenen verbindlich war oder nicht. Der Vorgesetzte ist auf jeden Fall mittelbarer Täter. Siehe hierzu §§ 33 f. WehrStG.

d) Der Tatmittler handelt volldeliktisch

Bei einem volldeliktisch handelnden Tatmittler kommt nur ausnahmsweise mittelbare Täterschaft des Hintermanns in Betracht. Hierher gehören die Fälle, in denen der Tatmittler entweder

aa) vermindert zurechnungsfähig i. S. von § 51 Abs. 2 ist oder

bb) sich in einem vermeidbaren Verbotsirrtum befindet oder

cc) in eine verschuldete Notstandslage geraten ist oder

dd) volldeliktisch, aber nur mit Gehilfenwillen die Tat ausführt (Fall Staschynskij, BGH 18, 87).

In all diesen Fällen ist weiter erforderlich, daß der Hintermann seinerseits mit dem Willen zur Tatherrschaft gehandelt und alle tatbestandserheblichen Umstände gekannt hat. Kannte er die fehlende bzw. verminderte Zurechnungsfähigkeit, den Verbotsirrtum oder die Notstandslage nicht, so dürfte ihm i. d. R. der Wille zur Tatherrschaft gefehlt haben, so daß er nicht als mittelbarer Täter, sondern als Anstifter zu beurteilen ist.

4. Ausschluß der mittelbaren Täterschaft

a) Mittelbare Täterschaft ist zunächst bei den **eigenhändigen Delikten** ausgeschlossen, d. h. überall dort, wo das Gesetz das strafwürdige Unrecht gerade in der unmittelbar körperlichen Vornahme einer bestimmten Handlung sieht, insbesondere bei den Aussagedelikten und den sog. Fleischesverbrechen (s. o. B I 6, S. 7).

Beispiele:

aa) Wenn A den gutgläubigen B dazu verleitet, ihm der Wahrheit zuwider vor Gericht als Zeuge unter Eid zu bestätigen, er habe mit ihm zur Tatzeit Skat gespielt, sich also nicht am Tatort aufhalten können, so kommt für B allenfalls fahrlässiger Falscheid (§ 163), für A der Sondertatbestand des § 160 (Verleitung zum Falscheid) in Betracht. Meineid in mittelbarer Täterschaft ist dagegen begrifflich ausgeschlossen.

bb) Wenn A zwei Geschwister miteinander verkuppelt, die sich schon lange nicht mehr gesehen haben und nicht mehr kennen (Fall der Hamburger Bordellwirtin), so kann A nicht wegen Blutschande in mittelbarer Täterschaft bestraft werden. In Betracht kommt nur Strafbarkeit wegen Kuppelei (§ 180).

b) Mittelbare Täterschaft ist ferner bei den sog. **Sonderdelikten** ausgeschlossen, d. h. überall dort, wo das Gesetz eine ausdrückliche Beschränkung des Täterkreises vorgenommen hat, insbesondere bei den Amtsdelikten, aber auch bei den unechten Unterlassungsdelikten (s. o. B I 7, S. 7). So kann sich wegen Verletzung des Berufsgeheimnisses (§ 300) nur ein

Arzt, Apotheker usw., wegen Falschbeurkundung (§ 348 I) nur ein Beamter strafbar machen; Rechtsbeugung (§ 336) kann nur ein Richter oder Schiedsrichter begehen. Mittelbare Täterschaft seitens eines Außenstehenden ist in all diesen Fällen ausgeschlossen, jedoch besteht bei der Falschbeurkundung die Möglichkeit, den Außenstehenden, der einen Beamten durch Täuschung zu einer Falschbeurkundung veranlaßt hat, wegen mittelbarer Falschbeurkundung nach dem Sondertatbestand des § 271 zu bestrafen. Die Erschleichung eines Fehlurteils kann als Betrug, Begünstigung, Freiheitsberaubung, Meineid oder falsche Anschuldigung bestraft werden, wenn es gelingt, den Richter durch falsche Angaben zu täuschen.

5. Der Versuch der mittelbaren Täterschaft

Als Beginn einer Ausführungshandlung i. S. von § 43 ist grundsätzlich bereits jede Einwirkung auf den in Aussicht genommenen Tatmittler anzusehen (vgl. BGH 4, 270). Es ist also nicht erforderlich, daß der Tatmittler seinerseits eine Handlung vornimmt, die den Anfang einer Ausführungshandlung darstellt. Ob dies auch dann gilt, wenn der Tatmittler den Sachverhalt durchschaut, ist bestritten (zust. Bockelmann JZ 54, 473, Baumann JuS 63, 93; abl. Welzel 172 und Schönke-Schröder § 43 Rn. 16).

Beispiel: Wenn A dem Gepäckträger B den Auftrag gibt, aus einem Abteil eines gerade eingetroffenen D-Zugs einen bestimmten, dem X gehörenden Koffer zu holen, indem er ihm vorspiegelt, der Koffer gehöre ihm, so liegt bereits in der Erteilung dieses Auftrags der Beginn der Ausführung des in mittelbarer Täterschaft geplanten Diebstahls. A ist daher auch dann wegen versuchten Diebstahls in mittelbarer Täterschaft zu bestrafen, wenn B den Auftrag zurückweist, etwa weil er die Pläne des A durchschaut hat.

III. Die Mittäterschaft

Die Mittäterschaft ist die einzige im Gesetz selbst geregelte Form der Täterschaft. Nach § 47 ist Mittäter, wer eine strafbare Handlung gemeinschaftlich mit anderen ausführt. Einzelheiten siehe Vorbem. A vor Fall 9 (S. 255 ff.).

IV. Die Nebentäterschaft

Von Nebentäterschaft spricht man, wenn ein tatbestandsmäßiger Erfolg von mehreren als Täter zu qualifizierenden Personen verwirklicht wird, ohne daß ein bewußtes und gewolltes Zusammenwirken vorliegt. Diese Voraussetzungen sind vor allem dann gegeben, wenn mehrere Personen denselben Erfolg durch Fahrlässigkeit verursachen, z. B. wenn bei einem von zwei Kraftfahrern verschuldeten Verkehrsunfall eine dritte, unbeteiligte Person, etwa ein Fußgänger, verletzt wird. Aber auch bei vorsätzlicher Tatbegehung ist Nebentäterschaft möglich.

Beispiele:

a) Dr. med. A gibt seiner Sprechstundenhilfe S ein, wie er weiß, tödlich wirkendes Medikament mit dem Auftrag, dieses Medikament dem mit ihm verfeindeten Patienten X zu verabfolgen. Wenn die S das Medikament dem X unbesehen, unter Verletzung der ihr zumutbaren Sorgfaltspflicht, verabreicht und X an den Folgen der Vergiftung stirbt, so ist sie wegen fahrlässiger Tötung, Dr. A wegen vorsätzlicher Tötung zu bestrafen. In ihrem Verhältnis zueinander sind Dr. A und die S als Nebentäter anzusehen. Daß bei Dr. A gleichzeitig die Voraussetzungen der mittelbaren Täterschaft gegeben sind, steht dem nicht entgegen. Die Begriffe mittelbare Täterschaft und Nebentäterschaft schließen sich nicht aus, wie das Beispiel eindeutig zeigt.

b) Abwandlung: Wenn die S wider Erwarten die tödliche Wirkung des Medikaments erkennt, dieses aber dennoch verabfolgt, weil auch sie auf X schlecht zu sprechen ist, hat auch sie sich wegen vorsätzlicher Tötung zu verantworten. Die Täterqualifikation des Dr. A wird bei Zugrundelegung des subjektiven Täterbegriffs hierdurch nicht berührt, da er die Tat der S als eigene wollte, d. h. den Willen zur Tatherrschaft hatte. Er ist auch in diesem Fall Nebentäter. Mittäterschaft ist dagegen abzulehnen, da es an einem bewußten und gewollten Zusammenwirken gefehlt hat.

V. Die Akzessorietät von Täterschaft und Teilnahme

1. Begriff

Sowohl der Anstifter als auch der Gehilfe beteiligen sich an einer fremden Tat. Kommt diese nicht zur Ausführung, so kann auch eine Bestrafung wegen Anstiftung oder Beihilfe nicht erfolgen. In solchen Fällen liegt nur versuchte Anstiftung bzw. versuchte Beihilfe vor, deren Strafbarkeit eigenen Regeln unterliegt (s. u. 4). Bleibt die in Aussicht genommene Tat im Versuchsstadium, so kann auch der Teilnehmer nur wegen Anstiftung bzw. Beihilfe zum Versuch bestraft werden. Dieses Abhängigkeitsverhältnis von Täterschaft und Teilnahme wird als Akzessorietät bezeichnet.

Beispiel: A stiftet B an, bei X einen Einbruchsdiebstahl zu begehen. Lehnt B ab, so ist A gemäß § 49 a Abs. 1 nur wegen versuchter Anstiftung zu einem Verbrechen gemäß § 243 zu bestrafen. Wenn dagegen B tatsächlich versucht, in die Räume des X einzudringen, dabei aber gefaßt wird, so ist B wegen versuchten Einbruchsdiebstahls gemäß §§ 243, 43, A wegen Anstiftung hierzu zu bestrafen (§§ 243, 43, 48). — Beachte: Die Begriffe versuchte Anstiftung und Anstiftung zum Versuch sind streng zu unterscheiden.

2. Die limitierte Akzessorietät

a) Seit der Neufassung der §§ 48, 49, 50 durch die StrafrechtsangleichungsVO vom 29. 5. 1943 setzt die Strafbarkeit der Teilnahme nicht mehr voraus, daß der Täter die Tat volldeliktisch begangen hat. Nach

§ 50 Abs. 1 ist vielmehr jeder Teilnehmer ohne Rücksicht auf die Schuld des anderen nach seiner eigenen Schuld strafbar. Die Teilnahme ist also nur „limitiert", d. h. beschränkt von der Täterschaft abhängig. Ihre Strafbarkeit bleibt insbesondere dadurch unberührt, daß der Täter mangels Zurechnungsfähigkeit strafrechtlich nicht verantwortlich ist.

Beispiel: A stiftet B an, X zu verprügeln. Wenn B dies tut und sich nachträglich ergibt, daß B entgegen der Vorstellung des A infolge Geisteskrankheit nicht verantwortlich ist und daher gemäß § 51 Abs. 1 freigesprochen werden muß, so bleibt die Strafbarkeit des A wegen Anstiftung zur Körperverletzung (§§ 223, 48) hiervon unberührt. — Beachte: Kannte A die Geisteskrankheit des B, so ist er wegen Körperverletzung in mittelbarer Täterschaft zu bestrafen.

b) Die Strafbarkeit des Teilnehmers ist nur von der Schuld des Täters unabhängig. Entfällt dagegen bereits der Tatbestand oder kann der Täter sich auf einen Rechtfertigungsgrund berufen, so scheidet auch eine Strafbarkeit wegen Anstiftung oder Beihilfe aus.

Beispiel: A wird zufällig Zeuge einer tätlichen Auseinandersetzung zwischen B und C. Gibt er dem B zur Verteidigung eine Waffe in die Hand, die B nur in Notwehr verwendet, so kann auch A nicht wegen Beihilfe zur Körperverletzung oder zur Tötung bestraft werden. — Beachte: Anders wäre zu entscheiden, wenn A den Streit zwischen B und C provoziert hätte, um dem mit ihm verfeindeten C zu schaden. In diesem Fall könnte A je nach dem Ausgang des Streits wegen Körperverletzung oder Totschlags in mittelbarer Täterschaft bestraft werden (s. o. Abschn. II 3 b, S. 46).

c) Auf eine vorsätzliche Tat kann auch dann nicht verzichtet werden, wenn man entgegen der hier vertretenen Ansicht den Vorsatz nicht als subjektives Tatbestandsmerkmal, sondern als Schuldelement betrachtet. Dies ergibt sich unmittelbar aus dem Wesen der Teilnahme, das durch die Novelle 1943 nicht verändert werden sollte. Anstiftung bedeutet das Hervorrufen des Entschlusses, eine strafbare Handlung zu begehen. Diesen Entschluß kann aber nur fassen, wer alle tatbestandserheblichen Umstände kennt, d. h. vorsätzlich handelt. Entsprechendes gilt für die Beihilfe. Der Gehilfe leistet seinen Tatbeitrag in dem Bewußtsein, eine fremde Tat zu fördern. Er ordnet dabei seinen eigenen Willen dem des Täters unter. Eine solche Unterordnung ist aber nur bei einer vorsätzlichen Tat denkbar. Schließlich spricht auch die Existenz der §§ 160, 271 gegen die Möglichkeit, strafbare Teilnahme an vorsatzlosen Taten anzunehmen. Diese Bestimmungen wären dann nämlich überflüssig, da der Teilnehmer in diesen Fällen schon nach § 154 bzw. § 348 Abs. 1 i. V. mit § 48 strafbar wäre. Aus der Tatsache, daß die §§ 160, 271 durch die Novelle 1943 unberührt blieben, kann daher der Schluß gezogen werden, daß es nicht deren Sinn und Zweck gewesen sein kann, auch die Teilnahme an vorsatzlosen Taten zu erfassen. (Zum Ganzen siehe insbesondere BGH 9, 370, 374 unter ausdrücklicher Aufgabe der in den früheren Entscheidungen BGH 4, 355 und 5, 47 vertretenen Gegenansicht, ferner Bockelmann, Über das Verhältnis von Täterschaft und Teilnahme, 1949).

d) Sehr bestritten ist die Frage, ob strafbare Teilnahme dann möglich ist, wenn der Täter ohne Unrechtsbewußtsein gehandelt hat oder sich auf Schuldausschließungsgründe berufen kann. Der Grundsatz der limitierten Akzessorietät läßt diese Möglichkeit an sich zu. Man wird aber zumindest dann, wenn der Hintermann den Verbotsirrtum oder die Zwangslage eines anderen bewußt dazu benutzt, um diesen zu einer strafbaren Handlung zu bestimmen, mittelbare Täterschaft annehmen müssen (s. o. II 3 c, S. 47). Für Anstiftung und Beihilfe bleiben somit nur die Fälle übrig, bei denen der Hintermann den Verbotsirrtum bzw. die Zwangslage des Tatausführenden entweder gar nicht kennt oder — wenn er sie schon kennt — ohne Täterwillen handelt.

3. Die Bedeutung von § 50 Abs. 2

a) Nach § 50 Abs. 2 belasten besondere persönliche Eigenschaften oder Verhältnisse, die die Strafe schärfen, nur den Täter oder Teilnehmer, bei dem sie vorliegen. Umgekehrt kommen persönliche Eigenschaften oder Verhältnisse, die die Strafe mildern oder ausschließen, nur dem zugute, in dessen Person sie begründet sind. Einer besonderen Hervorhebung der Strafausschließungsgründe hätte es an dieser Stelle nicht bedurft. Insoweit bringt § 50 Abs. 2 nur eine Klarstellung des in § 50 Abs. 1 deklarierten Grundsatzes der limitierten Akzessorietät. Im übrigen jedoch bedeutet § 50 Abs. 2 eine Durchbrechung der limitierten Akzessorietät.

Beispiel: A stiftet B an, bei X einen Einbruchsdiebstahl zu begehen. Er weiß, daß B rückfälliger Dieb i. S. der §§ 244, 245 ist. Nach reinen Akzessorietätsgrundsätzen müßte A — ebenso wie B — aus dem erhöhten Strafrahmen des § 244 bestraft werden. Dies soll durch § 50 Abs. 2 verhindert werden. Die Rückfallsvoraussetzungen sind persönliche Verhältnisse i. S. von § 50 Abs. 2. Sie belasten demzufolge nur B, nicht auch A. Daß A die Rückfallsvoraussetzungen in der Person des B gekannt hat, steht dem nicht entgegen. — Umgekehrt kann der Anstifter gemäß § 50 Abs. 2 aus dem erhöhten Strafrahmen des § 244 bestraft werden, wenn zwar nicht für den Täter, wohl aber für ihn die Rückfallsvoraussetzungen gegeben sind.

b) Handelt es sich um persönliche Eigenschaften oder Verhältnisse, die die Strafbarkeit begründen (also nicht erhöhen, mildern oder ausschließen), so findet § 50 Abs. 2 keine Anwendung. Der Unterschied läßt sich am besten bei den Amtsdelikten erläutern. Ist die Beamteneigenschaft strafbegründend, d. h. handelt es sich um ein Delikt, das nur von einem Beamten begangen werden kann (sogenanntes echtes Amtsdelikt), so ist auch die Strafe des Teilnehmers dem Amtsdelikt zu entnehmen. Beispiel: Der Nichtbeamte A stiftet den Beamten B zu einer Falschbeurkundung i. S. des § 348 Abs. 1 an. Die Falschbeurkundung im Amt ist ein echtes Amtsdelikt. Hieraus folgt: B ist als Täter, A als Anstifter gemäß § 348 Abs. 1 zu bestrafen; § 50 Abs. 2 findet keine Anwendung. Anders ist die Rechtslage, wenn die Beamteneigenschaft strafschärfend ist, d. h. wenn es sich um ein Delikt handelt, das an sich auch von jedem anderen begangen werden kann (sogenanntes unechtes Amtsdelikt). In diesen Fällen ist die Strafe des nichtbeamteten Teilnehmers gemäß § 50 II nicht dem Amtsdelikt, sondern dem Grundtatbestand zu entnehmen. Beispiel: Der Nichtbeamte A stiftet den Beamten B zur Fälschung einer dem B amtlich anvertrauten Urkunde an: B ist gemäß § 348 Abs. 2, A dagegen gemäß §§ 267, 48 (50 II) zu bestrafen.

c) Übersicht über die **strafschärfenden persönlichen Umstände** (Eigenschaften und Verhältnisse):

aa) die Gewerbs- oder Gewohnheitsmäßigkeit in den Fällen der §§ 260, 292 Abs. 3, 293 Abs. 3, 302 d, 175 a Nr. 4;

bb) die Rückfallsvoraussetzungen in den Fällen der §§ 244, 250 Abs. 1 Nr. 5, 261, 264 (siehe hierzu das Beispiel oben unter a);

cc) die Eigenschaft als gefährlicher Gewohnheitsverbrecher gemäß § 20 a;

dd) die Beamteneigenschaft bei den unechten Amtsdelikten (siehe hierzu das Beispiel oben unter b) sowie Vorbem. C I 4 vor Fall 16, S. 434);

ee) das Verwandtschaftsverhältnis in den Fällen der §§ 181 Abs. 1 Nr. 2, 221 Abs. 2, 223 Abs. 2;

ff) das Vertrauensverhältnis bei der sog. Veruntreuung in § 246;

gg) die täterbezogenen Mordmerkmale (bestr.; siehe hierzu ausführlich Vorbem. D 4 vor Fall 2, S. 113).

d) Übersicht über die **strafmildernden persönlichen Umstände** (Eigenschaften und Verhältnisse):

aa) jugendliches Alter (siehe § 1 Abs. 2 JGG);

bb) verminderte Zurechnungsfähigkeit (§ 51 Absatz 2);

cc) die Eigenschaft als uneheliche Mutter im Falle des § 217;

dd) die Schwangerschaft im Falle des § 218 Abs. 1;

ee) die Strafmilderungsgründe der §§ 157, 158 (Eidesnotstand, rechtzeitige Berichtigung).

e) Die persönlichen Strafausschließungsgünde wurden bereits oben in Abschnitt D 2 (S. 36) zusammengestellt.

f) Nicht hierher gehören:

aa) alle strafbegründenden persönlichen Eigenschaften und Verhältnisse, z. B.

α) die Gewerbs- oder Gewohnheitsmäßigkeit bei Delikten, die nur bei gewerbs- oder gewohnheitsmäßiger Begehung strafbar sind, z. B. in den Fällen der §§ 180, 285, 302 e, 361 Nr. 6 a-c;

β) die Beamteneigenschaft bei den echten Amtsdelikten (siehe hierzu die Beispiele oben unter b) sowie Vorbem. C I 4 vor Fall 16, S. 434);

γ) die Zueignungsabsicht bei Diebstahl und Raub, die Bereicherungsabsicht bei Erpressung und Betrug, der Eigennutz in § 180 und die Vorteilsabsicht bei § 259;

δ) die Gewissenlosigkeit in § 170 c;

ε) die Soldateneigenschaft bei Verstößen gegen das WehrStG (vgl. § 1 Abs. 2, 3 WehrStG).

bb) alle tatbezogenen Umstände, die die Strafe schärfen oder mildern, z. B.

α) die tatbezogenen Mordmerkmale (siehe hierzu ausführlich Vorbem. D 4 vor Fall 2);

β) die Bandenmäßigkeit in § 243 Abs. 1 Nr. 6 (vgl. BGH 8, 208) sowie alle sonstigen Fälle des schweren Diebstahls;

γ) alle Fälle des schweren Raubs (§ 250) mit Ausnahme des Raubs im Rückfall (Nr. 5);

δ) alle erfolgsqualifizierten Delikte (siehe hierzu oben B I 5 und Vorbem. B vor Fall 11, S. 314).

g) Bestritten ist, ob persönliche Umstände auch dann der Regelung des § 50 Abs. 2 unterliegen, wenn der qualifizierende oder privilegierende Tatbestand ein sog. Sondertatbestand (delictum sui generis) ist. Diese Streitfrage ist vor allem für die täterbezogenen

Mordmerkmale von Bedeutung, wenn man — entgegen der hier im Anschluß an die h. L. vertretenen Ansicht — mit dem BGH Sonderrechtsnatur des § 211 gegenüber § 212 annimmt (vgl. Vorbem. C II vor Fall 2, S. 107). Ein weiterer Schwerpunkt des Problems liegt im Bereich von Notdiebstahl (§ 248 a) und Notbetrug (§ 264 a). Beide Tatbestände werden überwiegend nicht als unselbständige Abwandlungen des Diebstahls bzw. Betrugs, sondern als Sondertatbestände angesehen (vgl. Schönke-Schröder § 248 a Rn. 1, Maurach BT 217, LK § 248 a Anm. 1 u. a. m.; a. A. Mezger-Blei II 138). Hieraus folgt, daß alle Tatbestandsmerkmale strafbegründend sind und daher der Regelung des § 50 Abs. 2 nicht unterliegen (so konsequent Baumann 539, Maurach AT 607, BT 219). Demgegenüber wird neuerdings vereinzelt der Standpunkt vertreten, § 50 Abs. 2 finde auch auf selbständige Qualifizierungen und Privilegierungen Anwendung (so Schönke-Schröder § 50 Rn. 21, § 248 a Rn. 13). Diese Ansicht ist jedoch abzulehnen. Durch die Verselbständigung der Sonderdelikte gegenüber dem ursprünglichen Ausgangstatbestand wird nämlich ein Hinzu- oder Hinwegdenken des qualifizierenden oder privilegierenden Umstands unmöglich gemacht (vgl. Maurach AT 607).

4. Die versuchte Teilnahme

a) Bleibt die Anstiftung erfolglos, d. h. lehnt der in Aussicht genommene Täter die Tatbegehung ab, so liegt eine strafbare Anstiftung nicht vor (s. o. 1). In Betracht kommt lediglich Bestrafung wegen versuchter Anstiftung. Diese ist aber nur unter den Voraussetzungen des § 49 a strafbar, d. h. wenn die Tat, zu der angestiftet werden sollte, für den in Aussicht genommenen Täter ein Verbrechen gewesen wäre. (Einzelheiten und Beispiele siehe Vorbem. B vor Fall 3, S. 123.)

b) Die versuchte Beihilfe ist nach der derzeitigen Fassung des § 49 a grundsätzlich straflos. Eine gesetzlich geregelte Ausnahme enthält jedoch der Sondertatbestand des § 218 Abs. 4 (Verschaffen von Abtreibungsmitteln für den Fall, daß diese nicht genommen werden).

VI. Die notwendige Teilnahme

1. Begriff und Problemstellung

Von notwendiger Teilnahme spricht man, wenn ein gesetzlicher Tatbestand nur durch das Zusammenwirken mehrerer Personen verwirklicht werden kann. Völlig unproblematisch sind hierbei die Fälle, bei denen alle Beteiligten unter der gleichen Strafdrohung stehen. Dies gilt insbesondere für die sogenannten Konvergenzdelikte, d.h. für die Tatbestände, bei denen mehrere Beteiligte auf ein bestimmtes, gemeinsames Ziel hinwirken. Hierher gehören u. a. die Gefangenenmeuterei (§ 122), der gemeinschaftlich begangene Hausfriedensbruch (§ 123 Abs. 2), der schwere Hausfriedensbruch (§ 124), der Landfriedensbruch (§ 125) sowie der Bandendiebstahl (§ 243 Abs. 1 Nr. 6).

Von den Konvergenzdelikten zu unterscheiden sind die sogenannten Begegnungsdelikte. Diese zeichnen sich dadurch aus, daß der Tatbestand nur durch sich gegenseitig ergänzende Handlungen mehrerer Personen erfüllt werden kann. Im Gegensatz zu den Konvergenzdelikten kann bei den Begegnungsdelikten eine Person allein den tatbestandsmäßigen Erfolg schon theoretisch nicht bewirken. Hierher gehören vor allem die Bigamie (§ 171), der Ehebruch (§ 172), die Blutschande (§ 173 I/II), Unzucht mit Abhängigen (§ 174), gleichgeschlechtliche Unzucht (§§ 175, 175 a), ferner Zweikampf (§ 201), Bestechung (§§ 331, 332, 333), Gefangenenbefreiung (§ 120) und Begünstigung (§§ 257, 258).

Soweit bei diesen Begegnungsdelikten alle Beteiligte unter gleicher Strafdrohung stehen, z. B. in den Fällen der §§ 171, 172, 173 II, 175, ergeben sich ebensowenig Schwierigkeiten wie bei den Konvergenzdelikten. Problematisch ist lediglich die Behandlung der Fälle, bei denen das Gesetz die notwendig an einer Straftat Beteiligten unter verschiedene Strafdrohungen stellt oder gar nur einen als Täter erwähnt. Hierher gehören u. a. die Blutschande gemäß § 173 I, die Unzucht mit Abhängigen (§ 174), Gefangenenbefreiung (§ 120) und Begünstigung (§§ 257, 258). Hier wirft sich die Frage auf, ob der an einer Straftat notwendig Beteiligte, den das Gesetz überhaupt nicht erwähnt oder für den das Gesetz im Falle seiner Täterschaft eine geringere Strafe vorsieht, nach Teilnahmegrundsätzen auf die gleiche Stufe wie der andere notwendig Beteiligte gestellt werden kann, z. B. ob der nach der Tat fliehende Mörder noch zusätzlich wegen Anstiftung zur Begünstigung bestraft werden kann, wenn er bei einem Freund Zuflucht sucht.

2. Grundsatz

Beschränkt sich der an einer Straftat notwendig Beteiligte auf die Rolle, die ihm der jeweilige Tatbestand zugedacht hat, so darf er über den Umweg der Teilnahme keiner Bestrafung zugeführt werden, die seiner Rolle nicht entspricht.

Beispiel: Ein Gefangener (G), der wegen gefährlicher Körperverletzung eine längere Freiheitsstrafe zu verbüßen hat, wird von seinem Freund (F) aus dem Gefängnis befreit, ohne selbst mehr zu tun als mitzugehen, nachdem sich die Tore für ihn geöffnet haben. Hier wäre es verfehlt, G wegen Beihilfe zur Gefangenenbefreiung oder zur Begünstigung (§§ 120, 257, 49, 73) zu bestrafen (vgl. BGH 4, 396, 400). Niemand erwartet, daß G sich seiner Befreiung widersetzt.

Dasselbe gilt, wenn sich der notwendig Beteiligte zwar nicht nur rein passiv verhält, sondern aktiv an der Tatbestandsverwirklichung mitwirkt oder gar zu dieser anstiftet, aber der Tatbestand, um den es geht, seinem Schutz dient.

Beispiel: Eine 16jährige Schülerin (S) gibt ihrem Lehrer (L) zu verstehen, daß sie zu einem Liebesabenteuer mit ihm bereit wäre. Wenn sich L hierauf dazu hinreißen läßt, der lockenden Versuchung nachzugeben, so macht er sich eines Verbrechens gemäß § 174 Nr. 1 schuldig. Die Einwilligung der S schließt weder die Tatbestandsmäßigkeit noch die Rechtswidrigkeit aus (vgl. BGH 7, 312; 8, 278). Es wäre jedoch verfehlt, wollte man auch die S wegen Anstiftung oder Beihilfe zur Verantwortung ziehen. Sinn und Zweck des § 174 ist es, bestimmte Abhängigkeitsverhältnisse von allen geschlechtlichen Einflüssen freizuhalten und die geschlechtliche Freiheit des Abhängigen zu schützen. Dieser Gesetzeszweck verbietet es, auch den Abhängigen selbst in den Strafbarkeitsbereich einzubeziehen.

3. Ausnahmen

Handelt es sich nicht um ein derartiges Schutzgesetz, so besteht nach der Rechtsprechung die Möglichkeit, den notwendig Beteiligten nach allgemeinen Teilnahmegrundsätzen, insbesondere wegen Anstiftung zu bestrafen, wenn er über die Rolle hinausgeht, die ihm der jeweilige Tatbestand als handlungsmäßiges Minimum zugedacht hat. In dem oben (VI 2) erörterten Beispiel wäre demzufolge der Gefangene G wegen Anstiftung zur Gefangenenbefreiung und zur Begünstigung (§§ 120, 257, 48, 73) strafbar, wenn er selbst den Anstoß zu seiner Befreiung gegeben hätte (vgl. BGH 17, 236). Hiergegen wird im Schrifttum vielfach eingewandt, auch diese Fälle müßten als mittelbare Selbstbefreiung bzw. Selbstbegünstigung straffrei bleiben (vgl. Schönke - Schröder § 257 Rn. 44); außerdem spreche die Existenz des § 257 Abs. 3 gegen die Möglichkeit einer Strafbarkeit des Begünstigten wegen Anstiftung zur Begünstigung seiner eigenen Person, da sonst nämlich derjenige Täter, der sich bereits vor der Tat die Zusage späterer Begünstigung verschafft, im Hinblick auf die in § 257 Abs. 3 getroffene Sonderregelung nur der Anstiftung zur Beihilfe schuldig wäre, diese dann aber in der eigenen Täterschaft aufgeht; der weniger planmäßig vorgehende Täter sei also schlechter gestellt, da er neben der eigenen Tat noch zusätzlich wegen Anstiftung zur Begünstigung bestraft werden muß, wenn er sich erst nach der Tat um Hilfe bemüht (vgl. Schönke-Schröder a.a.O. mit weiteren Nachweisen).

Diese Argumentation kann nicht überzeugen. Zunächst ist festzustellen, daß nach dem ausdrücklichen Willen des Gesetzgebers die

Selbstbegünstigung keineswegs unter allen Umständen und in jeder Begehungsart straffrei bleibt. Sie ist insbesondere dann strafbar, wenn der Täter im Bestreben, sich der Strafverfolgung zu entziehen, ein weiteres Rechtsgut verletzt, z. B. wenn er einen Meineid leistet (in diesem Fall bringt § 157 lediglich die Möglichkeit einer Strafmilderung) oder wenn er einen Tatzeugen tötet (vgl. § 211 Abs. 2 letzte Alternative) oder wenn er nach einem Verkehrsunfall flüchtet (vgl. § 142).

Auch das aus § 257 Abs. 3 abgeleitete Argument ist nicht zwingend. § 257 Abs. 3 bringt nämlich für den, der sich nach vorausgegangener Zusage der Begünstigung schuldig macht, keine Strafmilderung, sondern eine Strafschärfung (vgl. BGH 6, 20, 23; 11, 316 ff.). Hieraus ergibt sich die Möglichkeit, auch bei dem, der begünstigt wurde, die planmäßige Vorbereitung der Tat im Strafmaß erschwerend zu berücksichtigen. Von einer Besserstellung gegenüber dem, der weniger planmäßig vorgegangen ist, kann daher bei richtiger Gesetzesanwendung keine Rede sein (vgl. BGH 17, 236 mit Anm. Deubner NJW 62, 2260).

Weitere Beispiele aus der Rechtsprechung des Bundesgerichtshofs finden sich in BGH 5, 66 betr. Anstiftung zur falschen Anschuldigung, BGH 5, 76 betr. Anstiftung zur Begünstigung im Amt, BGH 9, 71 f. und BGH 10, 386 betr. Anstiftung zur Kuppelei sowie BGH 19, 107 betr. Anstiftung zur Zuhälterei.

J. DIE LEHRE VON DER KONKURRENZ

I. Tateinheit und Tatmehrheit

1. Werden mehrere Tatbestände durch eine Handlung verwirklicht, so spricht man von **Tateinheit.** Hierbei ist es zunächst ohne Bedeutung, ob nach dem Ergebnis der weiteren rechtlichen Würdigung die Verurteilung unter mehreren rechtlichen Gesichtspunkten zu erfolgen hat (sog. Idealkonkurrenz, s. u. II 1) oder ob bereits ein Tatbestand ausreicht, um den Unrechtsgehalt der Tat zu erfassen (sog. Gesetzeskonkurrenz, s. u. III). Tateinheit in diesem Sinn liegt auch dann vor, wenn durch eine Handlung derselbe Tatbestand mehrfach verwirklicht wird, z. B. wenn jemand in einem Brief mehrere Personen beleidigt. Zum Begriff der sog. natürlichen Handlungseinheit siehe ausführlich Vorbem. C vor Fall 7, S. 226.

2. Werden mehrere Tatbestände durch mehrere Handlungen verwirklicht, so spricht man von **Tatmehrheit.** Auch hier ist es zunächst ohne Bedeutung, zu welchem Ergebnis die weitere rechtliche

Wertung führen wird. Entscheidend ist allein, ob eine Handlungsmehrheit im natürlichen Sinn vorliegt. Ist dies der Fall, so ist weiter zu prüfen, ob der materielle Unrechtsgehalt eine Bestrafung aus allen verwirklichten Tatbeständen erfordert (sogenannte Realkonkurrenz, s. u. II 2) oder ob bereits ein Tatbestand ausreicht, um den Unrechtsgehalt der Tat zu erfassen (sog. Gesetzeskonkurrenz, s. u. III). Wird ein Tatbestand durch mehrere Handlungen mehrfach erfüllt, so liegt ebenfalls eine Handlungsmehrheit im natürlichen Sinn vor. In diesem Fall ist dann zu prüfen, ob die Voraussetzungen einer rechtlichen Handlungseinheit vorliegen, wie dies allgemein bei der fortgesetzten Tat anerkannt ist (s. u. IV, S. 65).

II. Idealkonkurrenz und Realkonkurrenz

1. Von **Idealkonkurrenz** spricht man, wenn durch eine Handlung mehrere verschiedene Tatbestände verwirklicht werden und die rechtliche Wertung ergibt, daß ein Tatbestand allein nicht in der Lage ist, den Unrechtsgehalt der Tat zu erfassen. Die Strafe ist in diesem Fall dem Gesetz zu entnehmen, das die schwerste Strafe androht (vgl. § 73).

2. Von **Realkonkurrenz** spricht man, wenn durch mehrere Handlungen mehrere Tatbestände verwirklicht werden und die rechtliche Wertung ergibt, daß Gesetzeskonkurrenz in der Form einer straflosen Vor- oder Nachtat (s. u. III 2 d, e, S. 64) nicht in Betracht kommt. In diesem Fall ist die Strafe nach den §§ 74—79 zu bilden. Entsprechendes gilt, wenn derselbe Tatbestand mehrfach verwirklicht ist und kein Fall einer rechtlichen Handlungseinheit im Sinn einer fortgesetzten Tatbegehung vorliegt.

3. **Terminologie.** Die vorstehenden Ausführungen zeigen, daß die oft vorgenommene Gleichstellung der Begriffe Tateinheit und Idealkonkurrenz einerseits und der Begriffe Tatmehrheit und Realkonkurrenz andererseits verfehlt ist. Während die Begriffe Tateinheit und Tatmehrheit sich nur mit der Frage befassen, wieviele Handlungen im natürlichen Sinn vorliegen, befassen sich die Begriffe Idealkonkurrenz und Realkonkurrenz mit bestimmten Rechtsfolgen bei Tateinheit und Tatmehrheit. Tateinheit muß nicht immer zu Idealkonkurrenz, Tatmehrheit nicht immer zu Realkonkurrenz führen. Sowohl Tateinheit als auch Tatmehrheit können auch dann vorliegen, wenn die rechtliche Würdigung zu dem Ergebnis führt, daß die jeweils verwirklichten Tat-

bestände materiell zueinander in Gesetzeskonkurrenz stehen. (Zum Ganzen siehe Geerds, Zur Lehre von der Konkurrenz im Strafrecht, Kieler rechtswissenschaftliche Abhandlungen, 1961, S. 240 ff.)

III. Die sogenannte Gesetzeskonkurrenz

1. Begriff

Von Gesetzeskonkurrenz spricht man, wenn durch eine oder mehrere Handlungen mehrere verschiedene Tatbestände oder derselbe Tatbestand mehrfach verwirklicht wird und die rechtliche Wertung ergibt, daß ein Tatbestand allein ausreicht, um den Unrechtsgehalt der Tat zu erfassen. Es liegt somit, genau genommen, gar keine echte, sondern nur eine scheinbare Konkurrenz der verwirklichten Tatbestände vor, da der eine Tatbestand die Anwendung des anderen ausschließt. Der Begriff Gesetzeskonkurrenz hat sich jedoch im Sprachgebrauch des neueren Schrifttums und der Rechtsprechung allgemein durchgesetzt, so daß er auch dieser Darstellung zugrunde gelegt werden soll.

2. Die einzelnen Erscheinungsformen der Gesetzeskonkurrenz

In den Fällen der Handlungseinheit tritt die Gesetzeskonkurrenz in den Erscheinungsformen der Spezialität, der Konsumtion oder der Subsidiarität auf, in den Fällen der Tatmehrheit begegnet sie als straflose Vor- oder Nachtat.

Im einzelnen:

a) **Von Spezialität** spricht man, wenn mehrere Tatbestände sich mit der gleichen Verbotsmaterie befassen und sich nur dadurch unterscheiden, daß das eine Gesetz die Materie spezieller behandelt als das andere. Grundtatbestand ist dabei immer der Tatbestand, der die Mindestvoraussetzungen enthält, die den Unrechtsgehalt des jeweiligen Deliktstypus bestimmen. Die spezielleren Tatbestände, die den Grundtatbestand abwandeln, sind je nach der besonderen Sachlage, die sie berücksichtigen, mit einer Strafschärfung oder einer Strafmilderung verbunden. Sie bringen somit gegenüber dem Grundtatbestand teils eine Qualifizierung, teils eine Privilegierung, so daß man sie auch als qualifizierende bzw. privilegierende Tatbestände bezeichnen kann.

Beispiele:

aa) Grundtatbestand aller mit einem Gewahrsamsbruch verbundenen Zueignungsdelikte ist der in § 242 unter Strafe gestellte einfache Diebstahl. Diesem Grundtatbestand gegenüber bringen die in § 243 geregelten

Fälle des schweren Diebstahls und der Diebstahl im wiederholten Rückfall (§ 244) eine Qualifizierung, während der Notdiebstahl (§ 248 a), der Familiendiebstahl (§ 247 I/II) und der sog. Mundraub (§ 370 Ziff. 5) Privilegierungen enthalten.

bb) Grundtatbestand aller Tatbestände, die sich mit der vorsätzlichen Körperverletzung befassen, ist die in § 223 Abs. 1 unter Strafe gestellte vorsätzliche Körperverletzung. Dieser Grundtatbestand wird abgewandelt durch § 223 Abs. 2 (Aszendentenkörperverletzung), § 223 a (gefährliche Körperverletzung), §§ 224, 225 (schwere Körperverletzung) und § 226 (Körperverletzung mit Todesfolge). Hier handelt es sich ausschließlich um qualifizierende Abwandlungen.

Bei mehreren Qualifizierungen desselben Grundtatbestands wird das Gesamtbild der Tat immer durch die schwerste Begehungsform bestimmt. Die minder schweren Qualifizierungen haben keine rechtlich selbständige Bedeutung und sind nur bei der Strafzumessung zu berücksichtigen (BGH 21, 183, 185; h. L.). So kann z. B. bei einem besonders schweren Raub (§ 251) strafschärfend berücksichtigt werden, daß die Tat auf einem öffentlichen Weg und mittels einer Waffe begangen wurde. § 250 erscheint jedoch, da keine IdK vorliegt, nicht im Urteilstenor (vgl. BGH a.a.O.).

Treffen mehrere Privilegierungen desselben Grundtatbestands zusammen, so ist der Täter nur aus dem mildesten Gesetz zu bestrafen. Wenn beispielsweise A aus Not ein Stück Brot entwendet, so ist er nur wegen einer Übertretung gemäß § 370 Ziff. 5 zu bestrafen. § 248 a wird verdrängt (vgl. Welzel 214; Maurach BT 218).

Diese sogenannte Sperrwirkung des milderen Gesetzes ist auch dann zu beachten, wenn eine Qualifizierung mit einer Privilegierung zusammentrifft (vgl. Maurach AT 640).

Beispiel: Wenn A eine Flasche Wein durch Einbruch entwendet, so erfolgt die Bestrafung ausschließlich wegen einer Übertretung gemäß § 370 Ziff. 5. Bei der Strafzumessung kann dann erschwerend berücksichtigt werden, daß die Tat mittels Einbruchs begangen wurde.

b) Von **Konsumtion** spricht man, wenn ein Tatbestand notwendig, zumindest aber regelmäßig die Begehung eines anderen Tatbestands voraussetzt und dessen Unrechtsgehalt mitumfaßt, ohne daß dieser andere Tatbestand als Grundtatbestand angesehen werden kann.

Beispiele:

aa) Jede Abtreibung enthält notwendig einen vorsätzlichen Eingriff in die körperliche Integrität der Schwangeren. § 223 wird daher von § 218 III konsumiert (vgl. BGH 10, 312).

bb) Jeder Einbruchsdiebstahl ist notwendig mit einem Hausfriedensbruch und regelmäßig mit einer Sachbschädigung verbunden. Die Tatbestände der §§ 123 und 303 werden daher von § 243 Abs. 1 Ziff, 2 konsumiert.

cc) Jeder Raub enthält notwendig alle Merkmale des Diebstahls und der Nötigung. Diese Tatbestände werden daher von § 249 konsumiert, obwohl sie nicht zum selben Deliktstypus gehören und daher nicht als Grundtatbestand angesehen werden können.

dd) Jede Körperverletzung mit Todesfolge enthält gemäß § 56 alle Elemente der fahrlässigen Tötung. § 222 wird daher von § 226 konsumiert (vgl. BGH 8, 54). Entsprechendes gilt für das Verhältnis der fahrlässigen Tötung zur Aussetzung mit Todesfolge (§ 221 III), zur Notzucht mit Todesfolge (§ 178) und zu allen übrigen erfolgsqualifizierten Delikten, soweit diese den Tod des Opfers als schwere Folge berücksichtigen (a.A. BGH 20, 269 sowie die h. L. im Schrifttum, wonach die Tatbestände der §§ 178, 222 in IdK stehen können; zum Ganzen s. ausführlich Vorbem. B 4 vor Fall 11, S. 315).

ee) Jede vorsätzliche Tötung enthält als notwendiges Durchgangsstadium eine vorsätzliche Körperverletzung. Eine Bestrafung wegen vorsätzlicher Körperverletzung kommt daher nach den Grundsätzen der Gesetzeskonkurrenz nur dann in Betracht, wenn keine Möglichkeit besteht, wegen vollendeter oder versuchter vorsätzlicher Tötung zu bestrafen (vgl. BGH 16, 122 und Schmitt, JZ 62, 389).

c) Von **Subsidiarität** spricht man, wenn von mehreren Gesetzen das eine nur hilfsweise zur Anwendung kommt für den Fall, daß nicht bereits ein anderes, ebenfalls verwirklichtes Gesetz eingreift. In einigen Fällen ist die Subsidiarität im Gesetz ausdrücklich vorgesehen, in anderen ergibt sie sich nur aus dem Sinn des Gesetzes (sogenannte stillschweigende Subsidiarität, vgl. Maurach AT 639; Geerds a. a. O. 183).

aa) Beispiele für Tatbestände, die eine Subsidiaritätsklausel enthalten: § 143 (mangelnde Beaufsichtigung eines Jugendlichen, wenn dieser eine als Verbrechen oder Vergehen mit Strafe bedrohte Handlung begeht); § 145 d (Vortäuschung einer Straftat); § 170 d (Vernachlässigung eines Kindes); § 248 b (unbefugte Benutzung von Kraftfahrzeugen und Fahrrädern); § 265 a (Automatenmißbrauch und Erschleichung freien Eintritts); § 316 (Trunkenheit am Steuer).

Bei einigen der mit einer Subsidiaritätsklausel ausgestatteten Tatbestände ist zu beachten, daß die Subsidiarität nur dann zur Geltung kommt, wenn der andere, gleichfalls verwirklichte Tatbestand die Tat mit schwererer Strafe bedroht. Man spricht hier von einer sog. relativen Subsidiarität. So tritt § 145 d (Vortäuschung einer Straftat) subsidiär zurück, wenn gleichzeitig die Tatbestände der §§ 153, 154 oder 164 erfüllt sind oder ein Fall der eigennützigen oder schweren Begünstigung (§§ 257 Abs. 1 letzte Alternative, 258) vorliegt, nicht dagegen, wenn es sich um eine einfache Begünstigung (§ 257 Abs. 1 erste Alternative) oder eine Verleitung zur Abgabe einer falschen Versicherung an Eides Statt oder einer falschen uneidlichen Aussage (§ 160, zweite Alternative) handelt. In den letztgenannten Fällen ist Idealkonkurrenz möglich.

bb) Infolge stillschweigender Subsidiarität treten zurück:

α) Die Teilnahme (Anstiftung und Beihilfe) hinter der Täterschaft, innerhalb der Teilnahme die Beihilfe hinter der Anstiftung;

β) die echten Unterlassungsdelikte hinter den unechten, da letztere die sich aus der jeweiligen Garantenstellung ergebende speziellere Rechtspflicht berücksichtigen (s. o. Abschn. C I 2, S. 26);

γ) Vorbereitungshandlungen, soweit diese ausnahmsweise wegen ihrer besonderen Gefährlichkeit unter Strafe gestellt sind (z. B. bei §§ 49 a Abs. 2, 81, 151, 218 Abs. 4, 234 a Abs. 3), hinter Versuch und Vollendung; der Versuch wiederum tritt subsidiär zurück, wenn es zur Vollendung gekommen ist. Entsprechendes gilt für die versuchte Anstiftung (§ 49 a Abs. 1) i. V. zur vollendeten Anstiftung. (Beispiel: Wenn A den B zunächst vergeblich, dann aber schließlich doch mit Erfolg zu einem Einbruchsdiebstahl anstiftet, ist A im Ergebnis nur wegen vollendeter Anstiftung zu bestrafen).

δ) die konkreten Gefährdungsdelikte (s. o. Abschn. B I 3 b, S. 6) gegenüber den Verletzungsdelikten, sofern beide dasselbe Rechtsgut schützen (z. B. § 221 i V. zu den §§ 211 ff.); die abstrakten Gefährdungsdelikte behalten demgegenüber ihre selbständige Bedeutung zumindest dann, wenn sie präventiv-polizeilicher Art sind, somit Rechtsgüter der Allgemeinheit schützen (vgl. Maurach AT 639; Geerds a.a.O. 213). So kommt eine Bestrafung wegen Raufhandels (§ 227) auch dann in Betracht, wenn dem Beschuldigten nachgewiesen werden kann, daß er es war, der den Tod oder die schwere Verletzung eines an der Schlägerei Beteiligten verursacht hat. § 227 Abs. 1 steht in diesem Fall zu den §§ 211 ff. bzw. 224 ff. in Idealkonkurrenz.

ε) Die einschlägigen Bestimmungen der StVO (insbesondere §§ 1, 9, 10, 13) gegenüber § 315 c Abs. 1 Nr. 2. Die Subsidiarität dieser Bestimmungen war früher in § 49 StVO gesetzlich verankert. Nachdem diese Bestimmung durch das Bundesverfassungsgericht für verfassungswidrig erklärt worden ist (vgl. BVerfGer. NJW 62, 1339, 1563), ist nunmehr der Gedanke der stillschweigenden Subsidiarität zu beachten. Diese wirkt sich allerdings nur gegenüber solchen Vergehen aus, die typische Verkehrsdelikte sind, wie dies insbesondere bei § 315 c der Fall ist. Im Verhältnis zur fahrlässigen Tötung und zur fahrlässigen Körperverletzung ist dagegen Idealkonkurrenz anzunehmen. Wenn beispielsweise ein Kraftfahrer durch Vorfahrtsverletzung den Tod eines Radfahrers verschuldet, hat seine Verurteilung wegen fahrlässiger Tötung (§ 222) in Idealkonkurrenz mit den einschlägigen Bestimmungen der StVO (§§ 1, 13) zu erfolgen (vgl. BGH 18, 334), sofern die Verfolgung nicht gemäß § 154 a StPO auf die fahrlässige Tötung beschränkt worden ist.

d) Von einer **straflosen Vortat** (zuweilen auch mitbestrafte Vortat genannt, vgl. Maurach AT 656) spricht man, wenn bei einer Mehrheit von strafbaren Handlungen der Unrechtsgehalt der früheren Handlung von dem der späteren mit umfaßt wird. Es handelt sich hierbei im wesentlichen um Fälle, die sich auch in der Erscheinungsform der Subsidiarität unter die Gesetzeskonkurrenz einordnen lassen. So verliert insbesondere die Vorbereitungshandlung ihre selbständige Bedeutung, wenn es zum Versuch kommt; dieser wiederum tritt hinter der Vollendung zurück.

e) Von einer **straflosen Nachtat** (zuweilen auch mitbestrafte Nachtat genannt, vgl. Maurach AT 659) spricht man, wenn bei einer Mehrheit von strafbaren Handlungen der Schwerpunkt auf der früheren Handlung, der sog. Haupttat liegt, und die spätere Handlung nur eine Vertiefung des bereits eingetretenen Schadens darstellt. Dies gilt insbesondere für die Fälle des sogenannten Sicherungsbetrugs, d. h. in den Fällen, in denen der Täter einen deliktisch erlangten Vermögensvorteil durch Täuschungsmanöver festigt, z. B. wenn der ungetreue Buchhalter falsche Belege vorlegt, um seine Unterschlagungen zu verdecken. Der Betrug verliert in diesem Fall auch dann seine selbständige Bedeutung, wenn er dazu dient, ein leichteres Delikt zu verdecken, z. B. eine Genußmittelentwendung (§ 370 Ziff. 5) oder einen Notdiebstahl (§ 248 a). Entscheidend ist immer die Frage nach dem materiellen Schwerpunkt der Tat (vgl. Schröder MDR 50, 398 f., Geerds a.a.O. 207, Baumann 588; a. A. Maurach AT 661 m. weit. Nachw.).

Verfehlt wäre es, auch dort von einer straflosen Nachtat zu sprechen, wo das der Haupttat nachfolgende Verhalten schon gar nicht den Tatbestand einer strafbaren Handlung erfüllt. Dies gilt insbesondere für die Fälle der Verwertung deliktisch erworbener Sachen. Wer sich durch eine strafbare Handlung, z. B. durch Diebstahl, Raub, Erpressung, Betrug oder Unterschlagung, den Besitz einer Sache verschafft hat, erfüllt nicht mehr den Tatbestand der Unterschlagung, wenn er die Sache später verwertet. Zueignung i. S. von § 246 ist nämlich schon nach dem Wortsinn nur die Herstellung der Herrschaft über die Sache oder die erstmalige Verfügung über sie, nicht dagegen die bloße Ausnutzung der Herrschaftsstellung (vgl. BGH 14, 38; Lackner-Maassen Anm. IV 1 vor § 73; bestr.).

Die straflose Nachtat hat teilweise dieselben Folgen wie ein persönlicher Strafausschließungsgrund, d. h. ihre selbständige Bedeutung geht nur für den Täter oder Teilnehmer verloren, der auch an der Haupttat in strafbarer Weise beteiligt war. Wenn z. B. ein Buchhalter seinen Freund bittet, ihm zur Verdeckung seiner Unterschlagungen unrichtige Belege zu liefern, etwa fingierte Rechnungen zu schreiben, so kann der Freund wegen Beihilfe zum Betrug bestraft werden, obwohl dieser Betrug für den Buchhalter selbst eine straflose Nachtat ist.

Keine straflose Nachtat liegt vor, wenn durch die Nachtat entweder ein neues Rechtsgut oder ein neuer Rechtsgutträger verletzt wird, z. B. wenn der Dieb die gestohlene Sache an einen gutgläubigen Dritten verkauft, der im Hinblick auf § 935 BGB kein Eigentum erlangen kann, somit um den Kaufpreis geschädigt ist. In diesem Fall tritt der in dem Verkauf der Sache liegende Betrug realkonkurrierend, d. h. rechtlich selbständig, neben den Diebstahl. Die Strafe ist gemäß §§ 74 ff. zu bilden.

IV. Die fortgesetzte Tat

1. Begriff

Der Begriff der fortgesetzten Tat wurde einem praktischen Bedürfnis folgend entwickelt. Er ermöglicht es, mehrere gleichartige Straftaten, die sich möglicherweise über einen längeren Zeitraum erstrecken und daher oft nur schwer in allen Einzelheiten aufzuklären sind, als einheitliche Straftat im Rechtssinn zu behandeln, obwohl in rein tatsächlicher Hinsicht mehrere selbständige Handlungen vorliegen. Man spricht daher auch von einer rechtlichen Handlungseinheit, die in ihren Rechtsfolgen der natürlichen Handlungseinheit gleichgestellt ist.

2. Voraussetzungen

a) Entsprechend den von der Rechtsprechung entwickelten Grundsätzen ist zunächst erforderlich, daß sich die Einzelakte der fortgesetzten Tat gegen **dasselbe Rechtsgut** richten. Bei höchstpersönlichen Rechtsgütern ist darüber hinaus erforderlich, daß sich die Einzelakte gegen denselben Rechtsgutträger richten.

Beispiele:

aa) Wenn der Querulant Q auf Grund einheitlichen, auf fortgesetzte Tatbegehung gerichteten Willensentschlusses in mehreren Briefen den gleichen Staatsanwalt beschimpft, so kann er wegen fortgesetzter Beleidigung bestraft werden. Beleidigt er jedoch in mehreren Briefen der Reihe nach alle mit seinem Verfahren befaßten Polizeibeamten, Staatsanwälte und Richter, so ist Realkonkurrenz gegeben.

bb) Wenn sich ein Vater V mehrfach an seiner in seinem Haushalt lebenden, minderjährigen Stieftochter vergreift, so liegt ein fortgesetzes Verbrechen gemäß §§ 174 Abs. 1, 173 Abs. 2, 73 vor. Vergeht er sich dagegen an mehreren Stieftöchtern, so ist die Möglichkeit einer Bestrafung wegen fortgesetzter Tatbegehung ausgeschlossen. Es liegen in diesem Fall mehrere in tatsächlicher und rechtlicher Hinsicht selbständige Handlungen vor.

cc) Entsprechend ist die Rechtslage bei Mord und Totschlag, Abtreibung, Bestechung und Erpressung. Bei Kuppelei ist dagegen Fortsetzungszusammenhang auch dann möglich, wenn mehrere Personen verkuppelt werden, z. B. wenn ein Gastwirt zur Hebung seines Umsatzes laufend Dirnen und deren Freier zu überhöhten Preisen Unterkunft gewährt. Entsprechendes gilt für die Zuhälterei, z. B. wenn ein Zuhälter sich von mehreren Dirnen aushalten läßt. Dies ergibt sich aus der Erwägung, daß die §§ 180, 181 a nicht dem Schutz der Dirne dienen, sondern präventivpolizeilichen Charakter haben, somit Rechtsgüter der Allgemeinheit schützen (vgl. BGH 18, 284).

b) Weitere Voraussetzung für die Annahme einer fortgesetzten Tat ist die **Gleichartigkeit der Begehungsform.** Es ist zwar nicht erforderlich, daß die Einzelakte denselben Tatbestand verwirklichen; die in Frage stehenden Tatbestände müssen aber zumindest demselben Deliktstypus angehören. So ist Fortsetzungszusammenhang möglich bei allen Qualifizierungen und Privilegierungen des Diebstahls, z. B. bei einfachem und schwerem Diebstahl, bei Notdiebstahl und Mundraub, ferner bei uneidlicher Falschaussage und Meineid, bei leichter und gefährlicher Körperverletzung, nicht dagegen bei Diebstahl und Unterschlagung, bei Diebstahl und Raub, bei Diebstahl und Betrug oder bei Diebstahl und Hehlerei. Die Gleichartigkeit der Tatbegehung fehlt ferner — auch wenn es sich um denselben oder einen strukturell verwandten Tatbestand handelt — bei Vorsatz und Fahrlässigkeit, bei positivem Tun und Unterlassen sowie bei Täterschaft und Teilnahme.

c) Dritte objektive Voraussetzung ist ein gewisser **zeitlicher und räumlicher Zusammenhang** der Einzelakte. Wenn beispielsweise ein betrügerischer Grußbesteller innerhalb einer Woche die in seiner Heimatstadt wohnenden Angehörigen von drei ehemaligen Kriegskameraden um Unterstützungsdarlehen angeht, so bestehen bei Vorliegen eines einheitlichen Willensentschlusses (s. u. Abschn. d) keine Bedenken gegen die Annahme einer fortgesetzten Tat. Wenn derselbe Täter dann aber nach einem Jahr in einer anderen Stadt auf ähnliche Weise die Familien anderer ehemaliger Kameraden schädigt, so ist diese zweite Gruppe von Einzelakten als rechtlich selbständige Handlung anzusehen. Fortsetzungszusammenhang ist abzulehnen. Die Strafe ist gemäß § 74 zu bilden.

d) In subjektiver Hinsicht müssen alle Einzelakte einer fortgesetzten Tat auf einem **einheitlichen Willensentschluß** beruhen. Nach st. Rspr.

(vgl. BGH 1, 313, 315, zuletzt BGH 19, 323) ist dabei erforderlich, daß der Vorsatz des Täters bereits vor, spätestens aber während des ersten Teilakts alle späteren Teilakte in ihren wesentlichen Grundzügen umfaßt. Dieser sogenannte Gesamtvorsatz muß sich insbesondere auf das zu verletzende Rechtsgut und seine Träger, ferner auf Ort, Zeit und die ungefähre Art der Tatbegehung erstrecken. Diese Voraussetzungen sind z. B. gegeben, wenn ein Mechanikerlehrling vorgefaßtem Tatentschluß entsprechend seinem Meister jeden Freitag Werkzeuge und Kleinmaterial entwendet, um damit am Wochenende Schwarzarbeiten ausführen zu können.

Keine ausreichende Grundlage für die Annahme einer fortgesetzten Tat ist dagegen der im einzelnen noch unbestimmte Wille, bei jeder sich bietenden Gelegenheit gleichartige Straftaten, z. B. Diebstähle, zu begehen. Nach der höchstrichterlichen Rechtsprechung ist Fortsetzungszusammenhang aber auch dann abzulehnen, wenn der Täter sich bei jeder Tat vornimmt, in Zukunft keine weiteren Taten zu begehen, dann aber doch wieder der Versuchung unterliegt. Dies erscheint unbefriedigend. Im Schrifttum wird daher vielfach der Einwand erhoben, die auf den Gesamtvorsatz abstellende Ansicht der höchstrichterlichen Rechtsprechung privilegiere den planmäßig vorgehenden Täter gegenüber dem Augenblickstäter, der einer sich bietenden Versuchung nicht widerstehen kann (vgl. Schönke-Schröder Rn. 29 vor § 73). Diese Bedenken erweisen sich jedoch bei genauerer Betrachtung als unbegründet, da auch bei Annahme einer rechtlichen Handlungseinheit die Möglichkeit besteht, die besondere Intensität des verbrecherischen Willens strafschärfend zu berücksichtigen. Es besteht daher kein praktisches Bedürfnis, den von der Rechtsprechung für die Annahme einer fortgesetzten Tat geforderten Gesamtvorsatz durch den im Schrifttum als Abgrenzungsmerkmal empfohlenen Fortsetzungsvorsatz zu ersetzen. (Von Fortsetzungsvorsatz in diesem Sinn spricht man dann, wenn der Täter sich von Fall zu Fall neu entschließt, sein früheres strafbares Verhalten in gleicher oder ähnlicher Weise fortzusetzen). Es wirft sich jedoch die Frage auf, ob man den Fortsetzungsvorsatz nicht neben dem Gesamtvorsatz als gleichwertiges Kriterium für die Annahme einer fortgesetzten Tat ausreichen lassen sollte. Es wäre lebensfremd und jedem Laien unverständlich, wollte man in dem oben erörterten Beispiel den Lehrling wegen eines fortgesetzten Diebstahls in 50 Fällen zu einer Einheitsstrafe verurteilen, wenn es ihm gelingt, planmäßig etwa ein Jahr lang seinen Meister zu schädigen, ihn andererseits aber wegen 50 rechtlich selbständiger Diebstahlshandlungen zu einer gemäß § 74 zu bildenden Gesamtstrafe zu verurteilen, wenn er nicht planmäßig zu Werke ging, sondern nur immer wieder Woche für Woche der sich ihm bietenden Versuchung erlag. Dogmatisch bestehen keine Bedenken, auch diese Fälle als rechtliche Handlungseinheit zu behandeln. Die fortgesetzte Tat würde damit im Interesse der Praxis auf eine breitere Basis gestellt.

3. Rechtsfolgen

Aus dem Wesen der fortgesetzten Tat als einer Handlungseinheit im Rechtssinn ergeben sich materiellrechtlich und prozessual folgende Rechtsfolgen:

a) Die Vorschriften über die Realkonkurrenz (§§ 74—79) finden bei der Strafbildung keine Anwendung.

b) Mehrere Einzelakte einer fortgesetzten Tat reichen für sich allein nicht aus, den Täter gemäß § 20 a Abs. 2 als gefährlichen Gewohnheitsverbrecher zu verurteilen.

c) Bei der Prüfung, ob eine fortgesetzte Tat unter eine Amnestie fällt, kommt es in zeitlicher Beziehung immer auf den letzten Teilakt an. Entsprechendes gilt für die Verjährung. Eine fortgesetzte Tat verjährt erst dann, wenn der letzte Teilakt verjährt ist. Bis dahin können alle Teilakte verfolgt werden, auch wenn sie ohne das Band des Fortsetzungszusammenhangs bereits verjährt wären.

d) Steht ein Teilakt einer fortgesetzten Tat mit einem anderen Tatbestand in Idealkonkurrenz, so steht die ganze fortgesetzte Tat mit diesem Tatbestand in Idealkonkurrenz. Wenn beispielsweise A auf Grund einheitlichen Willensentschlusses mehrere Urkunden fälscht, aber nur eine dieser Urkunden zur Begehung eines Betrugs benutzt, so steht dieser Betrug mit der fortgesetzten Urkundenfälschung in Idealkonkurrenz.

e) Von einer Klammerwirkung der fortgesetzten Tat spricht man, wenn mehrere selbständige Handlungen, die wegen der Verschiedenartigkeit ihrer Begehungsweise oder der angegriffenen Rechtsgüter untereinander nicht in Fortsetzungszusammenhang stehen können, jeweils mit Teilakten einer fortgesetzten Tat zusammentreffen. Wenn beispielsweise bei einer fortgesetzten Untreue (§ 266) ein Teilakt zugleich den Tatbestand der Unterschlagung, ein anderer den Tatbestand des Diebstahls erfüllt, so erfolgt die Bestrafung wegen fortgesetzter Untreue in Idealkonkurrenz mit Unterschlagung und Diebstahl (§§ 266, 246, 242, 73). Diese Klammerwirkung setzt jedoch nach BGH 3, 165 voraus, daß die fortgesetzte Tat mindestens ebenso schwerwiegend ist wie die durch sie zu verbindenden Handlungen. So ist ein fortgesetztes Vergehen nicht in der Lage, zwei rechtlich selbständige Verbrechen untereinander oder ein Verbrechen mit einem Vergehen zu einer Handlungseinheit zu verbinden. Wenn A sich beispielsweise auf

Grund einheitlichen Willensentschlusses mehrfach an seiner Stieftochter T vergeht (§ 173 Abs. 2) und dabei einmal den Widerstand der T mit Gewalt bricht, ihr bei einer anderen Gelegenheit jedoch lediglich droht, er werde ihr ihre Ersparnisse wegnehmen, falls sie sich ihm nicht freiwillig preisgebe, so kann das im ersten Fall vorliegende Verbrechen der Notzucht (§ 177) mit der im zweiten Fall vorliegenden Nötigung (§ 240) durch das gemeinsame Band des in beiden Fällen vorliegenden Vergehens gemäß § 173 Abs. 2 nicht zu einer Handlungseinheit verbunden werden. Die Bestrafung hat vielmehr wegen zweier rechtlich selbständiger Handlungen zu erfolgen.

f) Die Rechtskraft eines wegen einer fortgesetzten Tat ergangenen Urteils erfaßt alle vor der Verkündung begangenen Teilakte der fortgesetzten Tat. Hierbei macht es keinen Unterschied, ob diese Teilakte dem Gericht bekannt waren oder nicht (vgl. BGH 6, 92, 95). Dasselbe gilt, wenn wegen einer fortgesetzten Tat ein rechtskräftiger Strafbefehl erlassen worden ist (vgl. BGH 6, 122). Einzelheiten siehe Petters - Preisendanz, Strafprozeßfälle, 8. Aufl. Vorbem. IV 2 vor Fall 12.

(Beachte: Die für die fortgesetzte Tat entwickelten Grundsätze finden nach RG 72, 164 und BGH 1, 41 entgegen der früheren Rechtsprechung des Reichsgerichts und einer im Schrifttum teilweise noch heute vertretenen Ansicht keine entsprechende Anwendung bei den sogenannten Sammelstraftaten oder Kollektivdelikten, d. h. durch das Band der Gewerbsmäßigkeit, Gewohnheitsmäßigkeit oder Geschäftsmäßigkeit wird keine rechtliche Handlungseinheit gebildet, sofern nicht zufällig im Einzelfall auch die Voraussetzungen des Fortsetzungszusammenhangs gegeben sind. Zur Begründung wird darauf hingewiesen, daß die Anerkennung der Sammelstraftat als rechtliche Handlungseinheit durch den Gesetzeswortlaut nicht geboten ist und zu einer Privilegierung des Gewohnheitsverbrechertums, somit zu kriminalpolitisch unerträglichen Folgen führen kann. Diese liegen z. T. in unerwünschten Rechtskraftfolgen, z. T. aber auch in der fehlenden Möglichkeit, auf § 20 a Abs. 2 zurückzugreifen.)

V. Das Dauerdelikt

1. Zu den Dauerdelikten gehören alle Straftaten, bei denen der Täter einen rechtswidrigen Zustand nicht nur in strafbarer Weise herstellt, sondern auch in strafbarer Weise aufrecht erhält. Hierher gehören z. B. die Freiheitsberaubung (§ 239), das Fahren ohne Führerschein (§ 24 StVG) sowie die Trunkenheit am Steuer (§ 316).

2. Das begriffliche Gegenstück zum Dauerdelikt ist das Zustandsdelikt. Hierher gehören alle Delikte, durch die ein rechtswidriger Zustand in strafbarer Weise hergestellt wird, ohne daß auch die Aufrechterhaltung des rechtswidrigen Zustands mit Strafe bedroht ist. So-

ist bei der Bigamie (§ 171) nur die Schließung der bigamischen Ehe, nicht aber deren Aufrechterhaltung strafbar.

3. Verjährung. Während bei den Zustandsdelikten die Verjährungsfrist bereits mit der Herstellung des rechtswidrigen Zustands beginnt, richtet sich bei den Dauerdelikten die Verjährung nach der Beendigung des rechtswidrigen Zustands. Das Dauerdelikt, das verschiedentlich auch als Fall einer rechtlichen Handlungseinheit bezeichnet wird (vgl. Schönke-Schröder Rn. 45 vor § 73), weist insoweit deutliche Parallelen zur fortgesetzten Tat auf (s. o. IV 3).

4. Konkurrenzen. Nicht jede strafbare Handlung, die während eines Dauerdelikts begangen wird, steht mit diesem in Idealkonkurrenz. Das zeitlich-räumliche Zusammentreffen mehrerer strafbarer Handlungen kann für sich allein noch keine IdK begründen. Dies gilt nach der höchstrichterlichen Rechtsprechung selbst dann, wenn das Dauerdelikt (z. B. ein Hausfriedensbruch) begangen wurde, um eine andere Straftat (z. B. eine Notzucht oder einen Diebstahl) zu ermöglichen (vgl. RG 32, 137, 140; BGH 18, 29, 32 f.). Die h. L. im Schrifttum neigt demgegenüber immer schon dann zur Annahme von Idealkonkurrenz, wenn zwischen den im gleichen zeitlichen und örtlichen Zusammenhang begangenen Delikten nicht nur ein äußerer, sondern auch ein innerer Zusammenhang besteht. Dies ist nicht nur dann der Fall, wenn der Täter ein Dauerdelikt begeht, um ein Zustandsdelikt zu ermöglichen (z. B. er dringt in eine Wohnung ein, um die Bewohner zu erpressen), sondern auch dann, wenn er ein Zustandsdelikt begeht, um ein Dauerdelikt zu ermöglichen (z. B. er schlägt die Bewohner nieder, um sich weiter in der Wohnung aufhalten zu können). Die letztgenannte Ansicht, die im Schrifttum u. a. von Schönke-Schröder (Rn. 46 vor § 73) und Welzel (S. 211) vertreten wird, verdient schon deshalb den Vorzug, weil sie in der Lage ist, einen einheitlichen Vorgang auch einheitlich zu erfassen.

Unstreitig liegt IdK in den Fällen vor, in denen die Handlung, die den einen Tatbestand verwirklicht, wenigstens teilweise auch den anderen Tatbestand verwirklicht. So hat es der BGH in der bereits oben zitierten Entscheidung BGH 18, 29 für möglich angesehen, zwischen den Tatbeständen der Entführung (§ 236) und der Notzucht (§ 177) IdK anzurechnen, weil einmal die zur Entführung erforderlichen Handlungen tatbestandsmäßige Ausführungshandlungen i. S. von § 177 sein können (z. B. wenn der Täter sein Opfer gewaltsam an den Ort der Notzucht schleppt) und zum anderen der durch die Entführung geschaffene Zustand der Unfreiheit und Verängstigung des Opfers gleichzeitig Mittel zur Notzucht ist.

Weitere Beispiele: IdK zwischen Diebstahl (§ 242) und Fahren ohne Führerschein (§ 24 StVG), wenn der Täter ein Kfz entwendet und damit ohne Führerschein fährt (vgl. BGH 18, 66). Die IdK wird in diesem Fall dadurch begründet, daß erst durch das Wegfahren der Gewahrsam gebrochen wird. Mit der gleichen Begründung ist auch IdK zwischen Diebstahl und Trunkenheit am Steuer (§ 316) anzunehmen, wenn der Dieb eines Kfz bei Tatbegehung angetrunken war. Über das Verhältnis von Trunkenheit am Steuer und Unfallflucht siehe Vorbem. C 16 vor Fall 1, S. 81.

ZU FALL 1

Vorbemerkungen

A. Zurechnungsunfähigkeit (§ 51) und actio libera in causa

1. Die **Zurechnungsfähigkeit** ist eine **Schuldvoraussetzung**. Wie schon in den Vorbem. AT unter B VII 1 (S. 21) erwähnt, kann eine tatbestandsmäßige und rechtswidrige Handlung dem Täter nur dann als strafbare Handlung zugerechnet werden, wenn er schuldhaft, d. h. vorwerfbar, gehandelt hat. Eine wesentliche Voraussetzung für die Annahme schuldhaften Verhaltens besteht darin, daß der Täter in der Lage ist, das Unrecht seiner Tat zu erkennen und nach dieser Einsicht zu handeln. Fehlen diese Eigenschaften aufgrund einer Bewußtseinsstörung, einer krankhaften Störung der Geistestätigkeit oder einer Geistesschwäche, so kann der Täter gemäß **§ 51 Abs. 1** strafrechtlich nicht verantwortlich gemacht werden. Diese Voraussetzungen liegen zunächst dann vor, wenn der Täter aufgrund seines anomalen Zustands schon gar nicht in der Lage ist, das Unrecht seiner Tat zu erkennen; § 51 Abs. 1 greift aber auch dann ein, wenn der Täter zwar genau weiß, daß er Unrecht tut, er andererseits aber infolge seiner geistigen Abartigkeit nicht die Fähigkeit besitzt, nach dieser Einsicht zu handeln.

2. Als **Ursachen der Zurechnungsunfähigkeit** kommen in Betracht: Bewußtseinsstörung, krankhafte Störung der Geistestätigkeit und Geistesschwäche. Im einzelnen:

a) **Bewußtseinsstörungen** können die Zurechnungsfähigkeit auch dann ausschließen, wenn sie nicht krankhaft sind (BGH 11, 20). Beispiele: Schlaftrunkenheit, Hypnose, Fieber, aber auch hochgradige Zorn- oder Angstaffekte, und zwar selbst dann, wenn sie verschuldet sind (vgl. BGH 7, 325; 11, 20). Bei Trunkenheit liegt eine Bewußtseinsstörung nicht erst dann vor, wenn es sich um eine sinnlose Trunkenheit handelt; es genügt schon eine starke Trübung des Bewußtseins. Schließlich kann auch ein übermäßig starker Geschlechtstrieb zum Ausschluß der strafrechtlichen Verantwortung führen (sog. Hypersexualität, vgl. BGH 14, 30 sowie NJW 62, 1779).

Ist die Bewußtseinsstörung verschuldet, so ist zu prüfen, ob sich der Täter unter dem Gesichtspunkt der sogenannten actio libera in causa (s. u. 3) oder wegen Vollrauschs gemäß § 330 a strafbar gemacht hat.

b) Als **krankhafte Störung der Geistestätigkeit** haben alle Psychosen dauernder oder vorübergehender Art zu gelten, vor allem die besonders hervorgehobene **Geistesschwäche** (Erscheinungsformen: Idiotie, Imbezillität, Debilität). Als weitere Beispiele sind zu nennen: chronischer Morphinismus (OGHBZ 3, 109), fortgeschrittene Trunksucht (OLG Hamm MDR 55, 143) und abartige geschlechtliche Triebhaftigkeit (BGH MDR 55, 368).

In den letztgenannten Fällen ist zu beachten, daß die zutage getretene Hemmungslosigkeit den Täter nicht entschuldigt, wenn sie lediglich auf Charaktermängeln oder sittlicher Schwäche beruht (BGH MDR 55, 368). Eine Psychopathie, die nur aus Charaktermängeln besteht und sich in einer kriminellen Veranlagung erschöpft, ist keine Geistesschwäche oder sonstige krankhafte Störung der Geistestätigkeit und fällt daher nicht unter § 51 Abs. 1 (BGH 14, 30 sowie MDR 58, 528).

3. Die sog. **actio libera in causa**

a) Ungeachtet der im Zeitpunkt der Tatausführung vorliegenden Zurechnungsunfähigkeit ist der Täter wegen vorsätzlicher Tatbegehung zu bestrafen, wenn er sich in den Zustand der Zurechnungsunfähigkeit versetzt,

aa) um in diesem Zustand eine vorsätzliche Straftat, z. B. eine Brandstiftung, zu begehen, oder

bb) obwohl er als sicher voraussieht, daß er in diesem Zustand eine vorsätzliche Straftat begehen wird, oder

cc) obwohl er es als möglich voraussieht, daß er in seinem Zustand eine vorsätzliche Straftat begehen wird; in diesem Fall muß noch hinzukommen, daß er die Möglichkeit einer vorsätzlichen Straftat billigend in Kauf nimmt.

b) Wegen fahrlässiger Tatbegehung ist zu bestrafen, wenn der Täter sich in einen seine Zurechnungsfähigkeit ausschließenden Zustand versetzt und dabei

aa) zwar die Möglichkeit sieht, daß er in seinem Zustand eine (vorsätzliche oder fahrlässige) Straftat begehen wird, andererseits aber pflichtwidrig darauf vertraut, daß es zu keiner Straftat kommt, oder

bb) infolge Fahrlässigkeit gar nicht erkennt, daß er eine (vorsätzliche oder fahrlässige) Straftat begehen könnte.

c) Alle Fälle der actio libera in causa haben gemeinsam, daß sie den für die Beurteilung der Schuldfrage entscheidenden Zeitpunkt vorverlegen auf einen Zeitpunkt, in dem der Täter noch frei in seinen Entschlüssen, somit strafrechtlich voll verantwortlich war. Die Fälle, in denen der Täter sich Mut antrinkt, um alle noch bestehenden Hemmungen zu verlieren, können mit der mittelbaren Täterschaft verglichen werden: Der Täter benutzt gewissermaßen sein zurechnungsunfähiges „Ich“ zu einer Tat, die er sonst nicht begehen könnte. Diese Fälle sind allerdings in der Praxis selten. Häufiger sind die Fälle, in denen der Täter nicht an die möglichen Folgen des Zustands denkt, in den er sich versetzt. Beispiel: A trinkt sich einen Rausch an, obwohl er weiß, daß er noch mit dem Pkw nach Hause fahren muß. Verschuldet er dann in volltrunkenem Zustand mit seinem Pkw einen tödlichen Unfall, so erfolgt die Bestrafung wegen fahrlässiger Tötung gemäß § 222.
Wegen des Verhältnisses der a.l.i.c. zu § 330 a siehe unten B 6.

4. Von einer **verminderten Zurechnungsfähigkeit** spricht man dann, wenn die oben genannten Ursachen eine erhebliche Verminderung des Unterscheidungs- oder Hemmungsvermögens zur Folge haben. Die verminderte Zurechnungsfähigkeit führt gemäß **§ 51 Abs. 2** nicht zum Schuldausschluß, sondern gibt lediglich die Möglichkeit einer Strafmilderung. Im einzelnen ist folgendes zu beachten:

a) Bei verminderter Einsichtsfähigkeit trifft § 51 Abs. 2 nur den Fall, daß die verminderte Einsichtsfähigkeit tatsächlich zu einem Fehlen der Einsicht geführt hat (BGH 21, 27). Die Vorschrift ist dagegen nicht anwendbar, wenn der Täter trotz erheblich verminderter Einsichtsfähigkeit das Unrecht der Tat tatsächlich erkannt hat (BGH a.a.O.). Die Fälle mangelnder Einsicht sind in der Praxis verhältnismäßig selten. Häufiger sind die Fälle, in denen der Täter zwar weiß, daß er Unrecht tut, sich aber infolge verminderten Hemmungsvermögens gleichwohl zur Tat entschließt. Auch diese Fälle unterliegen dem Anwendungsbereich des § 51 Abs. 2, sofern das verminderte Hemmungsvermögen Krankheitswert hat.

b) Liegen die Voraussetzungen des § 51 Abs. 2 vor, so kann die Strafe nach Versuchsgrundsätzen (§ 44) gemildert werden. Ob das Gericht die Strafe mildert, steht in seinem pflichtgemäßen Ermessen. Will das Gericht die verminderte Zurechnungsfähigkeit strafmildernd berücksichtigen, so kann es, anstatt die Strafe nach Versuchsgrundsätzen zu bilden, auch den Strafrahmen, der bei Vorliegen mildernder Umstände vorgesehen ist, anwenden (BGH 16, 360). Dies wird insbesondere dann in Frage kommen, wenn die Strafmilderung nach Versuchsgrundsätzen nicht ausreichend erscheint. In besonders leichten Fällen kann das Gericht sogar eine doppelte Strafmilderung vornehmen, d. h. es kann die bei Vorliegen mildernder Umstände zulässige Mindeststrafe noch zusätzlich gemäß §§ 51 II/44 nach Versuchsgrundsätzen mildern (vgl. BGH a.a.O.).

5. Sowohl bei Zugrundelegung von § 51 Abs. 1 als auch von § 51 Abs. 2 besteht die Möglichkeit, anstatt bzw. neben der Strafe die **Unterbringung in einer Heil- oder Pflegeanstalt** anzuordnen (vgl. § 42 b). Diese Möglichkeit besteht auch dann, wenn unklar bleibt, ob die Voraussetzungen von § 51 Abs. 1 oder Abs. 2 vorliegen (vgl. BGH 18, 167). Eine Strafe kann in diesem Fall allerdings nicht verhängt werden.

Steht bereits nach Abschluß des Ermittlungsverfahrens mit Sicherheit fest, daß der Täter zurechnungsunfähig i. S. von § 51 Abs. 1 ist, andererseits aber die öffentliche Sicherheit seine Unterbringung erfordert, so erhebt die Staatsanwaltschaft keine Anklage, sondern beantragt seine Unterbringung im sog. Sicherungsverfahren gemäß § 429 a StPO. Siehe auch § 126 a StPO.

B. Volltrunkenheit (§ 330 a)

1. Die durch das GewohnheitsverbrecherG vom 24. 11. 1933 eingefügte Vorschrift enthält einen **Auffangtatbestand**, dessen Aufgabe darin besteht, alle Fälle zu erfassen, in denen der Täter sonst wegen erwiesener oder möglicher Zurechnungsunfähigkeit freigesprochen werden müßte (BGH 9, 390). Besteht die Möglichkeit, die im Rausch begangene Tat unmittelbar oder nach den Grundsätzen der actio libera in causa (s. o. A 3) zu bestrafen, so ist für eine Bestrafung gemäß § 330 a kein Raum.

2. Der **objektive Tatbestand** setzt voraus, daß sich der Täter durch den Genuß geistiger Getränke oder andere berauschende Mittel in einen die Zurechnungsfähigkeit ausschließenden Rauschzustand versetzt.

a) Über **Ausschluß der Zurechnungsfähigkeit** siehe § 51 Abs. 1. Verminderte Zurechnungsfähigkeit (§ 51 Abs. 2) genügt nicht. § 330 a wird aber dem Gesetzeszweck entsprechend (s. o. 1) nicht dadurch ausgeschlossen, daß sich nicht mehr mit Sicherheit feststellen läßt, ob der Täter zurechungsunfähig oder nur vermindert zurechnungsfähig war (BGH 9, 390).

b) Der Ausschluß der Zurechnungsfähigkeit muß auf den **Genuß geistiger Getränke oder auf andere berauschende Mittel** zurückzuführen sein. Zu den geistigen Getränken gehören vor allem Bier, Wein, Schnaps und sonstige alkoholhaltige Getränke; zu den anderen berauschenden Mitteln gehören z. B. Morphium, Haschisch, Marihuana und ähnliche Stoffe. Nicht erforderlich ist, daß diese Mittel die alleinige Ursache der Zurechnungsunfähigkeit sind. Es genügt, wenn die Wirkung des Alkohols durch eine besondere Empfindlichkeit oder Veranlagung des Täters oder durch den Genuß von Medikamenten erst richtig zur Geltung kommt, z. B. bei Epileptikern und Hirnverletzten, die oft schon durch wenige Glas Bier zurechnungsunfähig werden. In diesen Fällen bedarf jedoch die subjektive Tatseite einer besonders sorgfältigen Prüfung (vgl. BGH 1, 196). Dasselbe gilt, wenn die Zurechnungsunfähigkeit nicht nur durch den Genuß geistiger Getränke, sondern durch das Hinzukommen einer von dritter Seite provozierten Erregung bewirkt worden ist (BGH NJW 67, 298). Zum Ganzen siehe auch Schneider BA 65/66, 388.

3. Der subjektive Tatbestand erfordert **Vorsatz** oder **Fahrlässigkeit.** Der Täter muß wissen oder fahrlässig nicht wissen,

a) daß er sich in einen Rausch versetzt, der möglicherweise zu einem Ausschluß der Zurechnungsfähigkeit führt (BGH 16, 187),

b) daß er in diesem Rausch möglicherweise strafbare Handlungen irgendwelcher Art begehen werde (BGH 10, 247). Hierzu ist nicht erforderlich, daß der Täter eine Neigung zu Ausschreitungen besitzt und diese entweder kennt oder fahrlässig nicht kennt (BGH JR 58, 28, OLG Köln NJW 66, 412). Wegen des Verhältnisses zur actio libera in causa s. u. 6.

4. Strafbar wird der Vollrausch erst, wenn der Täter eine **mit Strafe bedrohte Handlung** begeht. Diese sogenannte Rauschtat ist kein Tatbestandsmerkmal, sondern eine objektive Bedingung der Strafbarkeit, auf die sich weder Vorsatz noch Fahrlässigkeit beziehen müssen. Siehe hierzu ausführlich Vorbem. AT, Abschn. E, S. 38 ff. sowie BGH 16, 124.

a) Die Rauschtat muß alle objektiven Merkmale eines Straftatbestands verwirklichen. Unerheblich ist, ob es sich um ein Verbrechen, ein Vergehen oder eine Übertretung handelt.

b) Erfordert der im Rausch verwirklichte Straftatbestand bestimmte subjektive Merkmale, so müssen auch diese vorliegen. Wer z. B. in volltrunkenem Zustand in einer Gastwirtschaft Speisen und Getränke bestellt, zu deren Bezahlung seine Barmittel nicht ausreichen, kann weder wegen Betrugs noch gemäß § 330 a bestraft werden, wenn er infolge seiner Trunkenheit nicht erkennt, daß er nicht mehr über ausreichende Mittel verfügt. Es fehlen in diesem Fall nicht nur Täuschungswille und Schädigungsvorsatz, sondern auch die Absicht, sich zu Unrecht zu bereichern (vgl. BGH 18, 235). Ebenso ist zu entscheiden, wenn A unvorsichtig mit einer Waffe umgeht und dabei versehentlich einen anderen tötet. Mangels Tötungswille kommt als Rauschtat nicht § 212, sondern nur § 222 in Betracht. Anders jedoch, wenn A zwar weiß, daß er auf einen Menschen schießt, dabei aber infolge seines Rausches irrig glaubt, er befinde sich in Notwehr. Hier ist der Tatbestand des § 212 objektiv und subjektiv erfüllt. Der Irrtum über die Voraussetzungen eines Rechtfertigungsgrunds ist zwar, was die Schuld betrifft, normalerweise einem vorsatzausschließenden Tatbestandsirrtum gleichzustellen (vgl. Vorbem. AT, Abschn. B VI 5, S. 20). Da aber § 330 a gerade die Fälle erfassen will, in denen der Alkohol usw. die Schuld ausschließt, kann ein nur die Schuld berührender Irrtum, soweit rauschbedingt, die Strafbarkeit gemäß § 330 a nicht berühren. Zum Ganzen siehe auch Abschn. I 2 c der Lösung des folgenden Falles.

5. Kann der berauschte Täter sich bei Begehung der Rauschtat auf einen Rechtfertigungs- oder Schuldausschließungsgrund berufen, so kommt § 330 a nicht in Betracht. Der berauschte Täter darf nicht schlechter gestellt werden als der nüchterne.

6. Das **Verhältnis zur actio libera in causa**

a) § 330 a ist grundsätzlich subsidiär. Dies gilt aber nur dann, wenn die Bestrafung nach den Grundsätzen der a.l.i.c. die Möglichkeit bietet, die Rauschtat in ihrem objektiven und subjektiven Unrechtsgehalt voll zu erfassen. Beispiel: A brennt die Scheune des B nieder, nachdem er sich zuvor Mut angetrunken hat, um seine Hemmungen zu beseitigen. Wird später festgestellt, daß A im Zeitpunkt der Brandstiftung infolge des genossenen Alkohols zurechnungsunfähig war, so erfolgt die Bestrafung nach den Grundsätzen der a.l.i.c. wegen vorsätzlicher Brandstiftung gemäß § 308. Ein Bedürfnis, auf § 330 a zurückzugreifen, besteht nicht. § 330 a ist daher subsidiär. — Oder: A trinkt sich beim Stammtisch einen kräftigen Rausch an, obwohl er weiß, daß er noch mit seinem Pkw nach Hause fahren muß und hierbei möglicherweise einen Unfall verschulden kann. Kommt es dann tatsächlich zu einem Unfall, so kann A, auch wenn er zurechnungsunfähig war, nach den Grundsätzen der a.l.i.c. — je nach Sachlage — wegen fahrlässiger Straßenverkehrsgefährdung, fahrlässiger Tötung oder fahrlässiger Körperverletzung bestraft werden. § 330 a ist subsidiär.

b) § 330 a wird dagegen nicht verdrängt, wenn der Täter im Zustand der Volltrunkenheit mehrere mit Strafe bedrohte Handlungen begeht, die er nur teilweise unter dem Gesichtspunkt der a.l.i.c. zu vertreten hat, etwa wenn in den Beispielen unter a) der Brandstifter nach der Brandlegung noch einen Tatzeugen erschießt, mit dessen Auftreten er bei Planung der Tat in nüchternem Zustand nicht gerechnet hat, oder wenn der Kraftfahrer nach dem Unfall flieht und bei seiner späteren Festnahme auch noch Widerstand leistet. In diesen Fällen tritt § 330 a idealkonkurrierend neben die unter dem Gesichtspunkt der a.l.i.c. verwirklichten Tatbestände (BGH 17, 333).

c) Ebenso ist zu entscheiden, wenn die a.l.i.c zwar den objektiven, nicht aber den subjektiven Unrechtsgehalt der Rauschtat erfassen kann. Beispiel: A versetzt sich in einen die Zurechnungsfähigkeit ausschließenden Rauschzustand, ohne zu bedenken, daß der mit ihm verfeindete B anwesend ist, den er schon einmal in angetrunkenem Zustand niedergeschlagen hat. Kommt es dann tatsächlich erneut zu einer tätlichen Auseinandersetzung zwischen A und B, in deren Verlauf A den B ohne rechtfertigenden Anlaß verletzt, so führt die a.l.i.c nur zu einer Strafbarkeit wegen fahrlässiger Körperverletzung (siehe oben A 3 b, S. 73). Der subjektive Unrechtsgehalt der Rauschtat kann also nicht voll erfaßt werden. Hieraus folgt: § 330 a ist nicht subsidiär, sondern tritt in IdK. neben § 230 (vgl. BGH 2, 14).

7. **Täterschaft und Teilnahme.** Die Strafdrohung des § 330 a richtet sich nur gegen den, der sich durch seine Unmäßigkeit in einen die Zurechnungsfähigkeit ausschließenden Rauschzustand versetzt. Die Vorschrift enthält somit ein eigenhändiges Delikt, das nicht in mittelbarer Täterschaft begangen werden kann (vgl. Vorbem. AT, Abschn. B I 6, S. 7). Anstiftung und Beihilfe sind dagegen nach allgemeinen Grundsätzen strafbar (vgl. BGH 10, 248; Maurach BT 488; a.A. Schönke-Schröder § 330 a Rn. 25). Beispiel: Gastwirt W gibt seinem Gast G jede gewünschte Menge Alkohol, obwohl er erkennt, daß G sich offensichtlich sinnlos betrinken will. Er unternimmt auch

nichts, als G schließlich volltrunken mit seinem Moped die Heimfahrt antritt. Verschuldet G dann einen tödlichen Unfall, so hat W sich der Beihilfe zur Volltrunkenheit (§§ 330 a, 49), außerdem der fahrlässigen Tötung (§ 222) schuldig gemacht (vgl. BGH 4, 20; 19, 152). Die Beihilfe zu § 330 a ist hier allerdings — wie auch bei G selbst —gegenüber dem Vergehen gemäß § 222 subsidiär (s. o. 6 a). Keine strafbare Anstiftung oder Beihilfe ist dagegen möglich, wenn der Täter sich nur fahrlässig betrinkt. Auch Teilnahme an der Rauschtat kommt nur in Betracht, wenn diese vorsätzlich begangen wird.

8. Die **Strafe** darf gemäß Abs. 2 nicht schwerer sein als die für die vorsätzliche Begehung der Rauschtat angedrohte Strafe. Wenn z. B. jemand im Vollrausch groben Unfug (§ 360 Nr. 11) begeht, so kommen als Höchststrafe 6 Wochen Haft in Betracht. Trotzdem ist die Tat keine Übertretung, sondern ein Vergehen (wichtig für Beihilfe, Verjährung und Strafregister).

9. Ist die Rauschtat nur auf Antrag verfolgbar, so gilt dies auch für § 330 a (vgl. Abs. 3).

10. Als Maßregeln der Sicherung und Besserung kommen vor allem §§ 42 c, 42 m in Betracht.

C. Unfallflucht (§ 142)

1. Unfallflucht begeht, wer sich nach einem Verkehrsunfall der Feststellung seiner Person, seines Fahrzeugs oder der Art seiner Beteiligung an dem Unfall vorsätzlich durch Flucht entzieht, obwohl nach den Umständen in Frage kommt, daß sein Verhalten zur Verursachung des Unfalls beigetragen hat (§ 142 Abs. 1). Der **Zweck der Vorschrift** besteht nicht darin, der Polizei eine umfassende Verfolgung aller mit einem Unfall verbundenen Verkehrsdelikte zu ermöglichen. Die Vorschrift dient vielmehr ausschließlich dem Schutz der Unfallbeteiligten (BGH 8, 263; 12, 253, BVerfGer. Verk. Mitt. 63, 77). Jeder Unfallbeteiligte hat ein berechtigtes Interesse daran, daß die durch den Unfall entstandenen Schäden ordnungsgemäß geklärt und der materiellen Rechtslage entsprechend reguliert werden. Dieses Interesse kann grundsätzlich nur dadurch gewahrt werden, daß sämtliche Unfallbeteiligten sich an Ort und Stelle auseinandersetzen und für den Fall, daß eine sofortige Einigung nicht erreicht werden kann, die Polizei hinzuziehen. Wegen der Möglichkeit von Ausnahmen siehe unten 6.

2. Als **Verkehrsunfall** gilt jedes Ereignis im Straßenverkehr, durch das ein Mensch getötet oder verletzt wurde oder das zu einer nicht völlig belanglosen Sachbeschädigung geführt hat (vgl. BGH 8, 263, 264). Im einzelnen:

a) Ein Sachschaden begründet nur dann wegen Geringfügigkeit keine Wartepflicht, wenn die durch ihn wirklich oder möglicherweise entstandenen Rechtsbeziehungen so unbedeutend sind, daß Ersatzansprüche üblicherweise nicht geltend gemacht werden. Schäden über 10,— DM können im allgemeinen nicht mehr als belanglos angesehen werden (vgl. BayObLG Verk. Mitt. 60, 14; OLG Hamm Verk. Mitt. 61, 35).

b) Ob der Unfall verschuldet wurde, ist unerheblich. Ein Verkehrsunfall i. S. der Vorschrift liegt selbst dann vor, wenn sich jemand in erkennbar selbstmörderischer Absicht vor die Räder eines herannahenden Fahrzeugs wirft (vgl. BGH 12, 253, 255). Das Vorliegen eines Unfalls ist schließlich auch dann zu bejahen, wenn das Schadensereignis vorsätzlich herbeigeführt wurde (BGH NJW 56, 1806).

c) Unfälle auf Wasserstraßen werden von der Vorschrift nicht erfaßt (BGH NJW 60, 829).

3. Täter kann jeder sein, der an einem Unfall beteiligt war. Die Wartepflicht richtet sich insbesondere nicht nur an die Fahrer von Kraftfahrzeugen, sondern auch an Radfahrer und Fußgänger. Ob die Beteiligung schuldhaft war, ist unerheblich (s. o. 2 b). Zur Frage, unter welchen Voraussetzungen sich auch der Fahrzeughalter, der selbst nicht gefahren ist, einer Unfallflucht schuldig machen kann, siehe BayObLG NJW 66, 557.

4. Die Tathandlung besteht in der **Flucht.** Als Flucht gilt jede räumliche Entfernung vom Unfallort, durch die der Unfallbeteiligte die Feststellung seiner Person, seines Fahrzeuges oder der Art seiner Beteiligung vereitelt oder erschwert. Die Flucht erfolgt normalerweise von der Unfallstelle aus. Dies ist jedoch nicht zwingend erforderlich. Unfallflucht kommt z. B. auch dann in Betracht, wenn sich der Täter heimlich aus dem Krankenhaus entfernt, in das er zur Entnahme einer Blutprobe gebracht worden ist, oder wenn er sich heimlich aus der Polizeiwache entfernt, bevor es gelungen ist, seine Personalien festzustellen (vgl. Schröder NJW 66, 1001). Sonstige Handlungen des Unfallbeteiligten, die den gleichen Zweck erstreben, fallen nicht unter den Anwendungsbereich der Vorschrift. So kann insbesondere der sogenannte Nachtrunk zur Verschleierung der Alkoholeinwirkung im Zeitpunkt des Unfalls nicht als Unfallflucht bestraft werden. Er wirkt sich jedoch, wenn aus anderen Gründen Unfallflucht vorliegt, für diese strafschärfend aus (BGH 17, 143).

5. Nicht jede Flucht nach einem Unfall erfüllt den Tatbestand. Hinzukommen muß, daß der Unfallbeteiligte eine **Wartepflicht** hatte, d. h. daß er verpflichtet war, solange an der Unfallstelle zu verbleiben, bis die im Interesse der Geschädigten erforderlichen Feststellungen über den Unfallhergang getroffen worden sind. Diese Wartepflicht ist ungeschriebenes Tatbestandsmerkmal der Vorschrift und wird deren Sinn und Zweck entnommen (BGH 8, 263, 265).

6. Die Wartepflicht entfällt

a) für Verkehrsteilnehmer, die nur sich selbst verletzt oder eigenes Eigentum beschädigt haben und an andere Unfallbeteiligte keine Ansprüche stellen wollen;

b) wenn alle Unfallbeteiligten ausdrücklich auf sofortige Feststellungen an Ort und Stelle verzichten;

c) wenn der Verzicht des durch den Unfall Geschädigten unterstellt werden kann, z. B. wenn dieser selbst pflichtwidrig die Unfallstelle verlassen hat (vgl. BayObLG NJW 58, 511) oder wenn bei dem Unfall lediglich eine im Eigentum eines Angehörigen, Freundes, Nachbarn oder des Arbeitgebers stehende Sache beschädigt worden ist und der Schadensverursacher damit rechnen kann, daß der Geschädigte keine sofortigen Feststellungen an Ort und Stelle wünscht, sondern sich mit der späteren Regulierung des Schadens begnügen wird (vgl. OLG Hbg. NJW 60, 1482; OLG Hamm VRS 15, 340; 17, 416; 23, 105);

d) bei Bagatellunfällen, wenn der Geschädigte nicht sofort erreichbar ist und der Täter in der ernstlichen Absicht, den Schaden zu regulieren, dem Geschädigten durch eine schriftliche Mitteilung oder durch eine zuverlässige Mittelsperson seinen Namen und seine Anschrift hinterläßt oder ihn wenig später selbst von dem Unfall in Kenntnis setzt (vgl. OLG Hamburg

NJW 60, 1482; zu eng OLG Frankfurt NJW 62, 685). Andererseits ist der Unfallbeteiligte nicht berechtigt, den am Unfallort anwesenden Geschädigten einfach auf das amtliche Kennzeichen seines Fahrzeugs hinzuweisen. Entfernt er sich, ohne dem Geschädigten auf dessen Verlangen seinen Namen und seine Anschrift zu nennen und durch Vorzeigen des Führerscheins oder eines Personalausweises zu belegen, so begeht er auch dann Unfallflucht, wenn er das Fahrzeug an der Unfallstelle zurückläßt und die Art seiner Unfallbeteiligung keiner Klärung bedarf (BGH 16, 139). Die ergibt sich aus der Erwägung, daß sich auf Grund des polizeilichen Kennzeichens die Person des verantwortlichen Fahrers nicht immer rasch und zuverlässig ermitteln läßt (vgl. BGH a.a.O.). Selbstverständlich bleibt auch bei Bagatellunfällen die Wartepflicht immer dann bestehen, wenn einer der Beteiligten darauf besteht, daß die erforderlichen Feststellungen durch die Polizei an Ort und Stelle getroffen werden (BayObLG JR 66, 145).

7. Die **Dauer der Wartepflicht** kann nicht einheitlich beurteilt werden. Grundsätzlich ist jeder Unfallbeteiligte verpflichtet, so lange an der Unfallstelle zu verbleiben, bis der Feststellungsberechtigte oder die in seinem Interesse handelnden Personen (Polizei, Sachverständige u.a.m.) alle zur Aufklärung erforderlich erscheinenden Maßnahmen getroffen haben. Ist der Feststellungsberechtigte zunächst nicht erreichbar, so richtet sich die Dauer der Wartepflicht nach Art und Umfang des Schadens. Je geringer der Schaden, desto geringer die Anforderungen an die Wartepflicht. So kann man bei einem unbedeutenden Parkschaden, insbesondere zur Nachtzeit, nicht verlangen, daß der Schädiger stundenlang auf das Eintreffen des ihm unbekannten Geschädigten oder der Polizei wartet. Er darf sich andererseits auch in solchen Fällen nur dann von der Unfallstelle entfernen, wenn er in der ernstlichen Absicht, den Schaden zu ersetzen, dem Geschädigten auf andere Weise die Möglichkeit gibt, sich mit ihm zwecks Regulierung des Schadens in Verbindung zu setzen (s. o. 6 d). Wie er das tut, richtet sich nach den Umständen des Einzelfalls.

Bei schweren Unfällen, insbesondere bei Unfällen, in deren Verlauf ein Mensch schwer verletzt oder getötet wurde, sind strengere Anforderungen zu stellen. Hier ist den Unfallbeteiligten u. U. stundenlanges Warten, auch zur Nachtzeit, ohne weiteres zumutbar.

8. Eine **Pflicht zur Rückkehr** besteht in den Fällen, in denen sich ein Unfallbeteiligter zunächst in rechtfertigender Weise von der Unfallstelle entfernt hat, um Verletzte fortzuschaffen oder sich selbst in ärztliche Behandlung zu begeben (vgl. BGH 18, 114, 118 m weit. Nachweisen). Eine Pflicht zur Rückkehr besteht auch dann, wenn ein Unfallbeteiligter erst auf der Weiterfahrt Kenntnis von seiner Unfallbeteiligung erlangt (vgl. BGH a.a.O.). Kehrt der Unfallbeteiligte pflichtgemäß an die Unfallstelle zurück, so ist er weiter verpflichtet, die erforderlichen Feststellungen zu ermöglichen. Es genügt also nicht, daß er sich unter die Schar der Neugierigen drängt; er muß sich als Unfallbeteiligter zu erkennen geben und die zur Aufklärung seiner Beteiligung notwendigen Feststellungen dulden (vgl. BGH a.a.O. sowie OLG Krhe DAR 65, 24). Dasselbe gilt, wenn ein Unfallbeteiligter, der sich in Unkenntnis seiner Beteiligung vom Unfallort entfernt hat, durch Zufall wieder an diesen zurückkehrt und jetzt erst mit seiner Unfallbeteiligung rechnet (BGH 20, 258 betr. einen Omnibusfahrer, der nach 2 Stunden aus einer Entfernung von 25 km wieder an die Unfallstelle zurückkam und diese in Gegenrichtung passierte).

Die Begründung der Pflicht zur Rückkehr ergibt sich aus der Erwägung, daß der Unfallbeteiligte, der durch seine — vorsatzlose, gerechtfertigte oder entschuldigte — Entfernung von der Unfallstelle die berechtigten Interessen der übrigen Unfallbeteiligten gefährdet hat, verpflichtet ist, den Zustand wiederherzustellen, den er durch seine Entfernung vom Unfallort beseitigt hat. Zum Ganzen siehe auch Schröder NJW 66, 1001 sowie Bindokat NJW 66, 1906.

9. **Die Pflicht zur Rückkehr entfällt,** wenn ein räumlicher und zeitlicher Zusammenhang mit dem Unfallgeschehen nicht mehr gegeben ist, z. B. wenn ein Unfallbeteiligter erst nach Tagen von seiner Unfallbeteiligung Kenntnis erlangt. In diesem Fall besteht auch keine Pflicht, den Unfall bei der Polizei zu melden (vgl. BGH 7, 112, 117; 18, 114, 118). Das Fluchtverbot darf nicht in ein Meldegebot umgestaltet werden (BGH 7, 117).

10. Die **Flucht ist vollendet,** wenn sich der Täter so weit entfernt hat, daß er nicht ohne weiteres erreichbar oder als Beteiligter feststellbar ist (vgl. BGH LM Nr. 3). Bis dahin liegt Versuch vor.

11. Der **Versuch** ist gemäß Abs. 2 strafbar. Ein solcher liegt vor,

a) wenn die Flucht nicht gelingt,

b) wenn jemand nur irrig annimmt, er sei an einem Unfall beteiligt gewesen.

Kein Versuch, sondern ein (strafloses) Wahndelikt liegt vor, wenn jemand flieht in der irrigen Annahme, er sei auch dann zum Warten verpflichtet, wenn nur er selbst bei dem Unfall verletzt oder geschädigt wurde.

12. Der subjektive Tatbestand erfordert **Vorsatz,** wobei bedingter Vorsatz hinsichtlich aller Tatbestandsmerkmale genügt. Der Vorsatz entfällt, wenn der Täter den Unfall gar nicht bemerkt hat oder wenn er ihn zwar bemerkt hat, aber irrig annimmt, es sei lediglich ein belangloser Schaden entstanden, der keine Wartepflicht begründet. Schutzbehauptungen in dieser Hinsicht sind allerdings besonders sorgfältig zu prüfen. Läßt sich die Einlassung des Beschuldigten nicht widerlegen, so entfällt die Strafbarkeit wegen Unfallflucht mangels Vorsatz auch dann, wenn der Irrtum auf Fahrlässigkeit beruht. Der Vorsatz muß sich auch auf das Merkmal Flucht erstrecken. Siehe hierzu Abschn. I 2 b der Lösung des folgenden Falles. Der Vorsatz bleibt bestehen, wenn ein Unfallbeteiligter in Kenntnis aller tatbestandserheblichen Umstände lediglich glaubt, er sei zum Warten oder, wenn er sich bereits entfernt hat, zur Rückkehr an die Unfallstelle nicht verpflichtet. Ein solcher Irrtum wäre ein (grundsätzlich vermeidbarer) Verbotsirrtum.

13. **Teilnahme** ist nach allgemeinen Grundsätzen strafbar. Mittäter kann nur sein, wer selbst warte- und duldungspflichtig ist (BGH 15, 1). Sind diese Voraussetzungen nicht gegeben, so kommt — auch bei eigenem Interesse an dem Gelingen der Flucht — nur Anstiftung oder Beihilfe in Betracht. Beihilfe liegt schon dann vor, wenn der wartepflichtige Unfallbeteiligte in seinem Entschluß, sich durch Flucht seiner Verantwortung zu entziehen, durch Zurufe oder auf andere Weise bestärkt wird. Beihilfe durch Unterlassen ist nach allgemeinen Grundsätzen nur dann strafbar, wenn eine Rechtspflicht bestand, die Unfallflucht zu verhindern. Eine solche Pflicht trifft insbesondere den Fahrzeughalter (OLG Ddf. Verk. Mitt. 66 Nr. 76).

14. Ein **besonders schwerer Fall** (Abs. 3) kommt in Betracht,

a) wenn bei dem Unfall ein Mensch schwer verletzt oder getötet wurde und der Täter die Möglichkeit einer solchen Folge erkannt hat (BGH 12, 253, 256); ein sicheres Wissen um die Schwere der Folgen ist dagegen nicht erforderlich (BGH VRS 23, 286, 288 = DAR 62, 339);

b) wenn die Flucht ungewöhnlich hartnäckig, rücksichtslos und gefährlich durchgeführt wurde (BGH 18, 9).

15. Neben der Strafe kann auf Entziehung der Fahrerlaubnis (§ 42 m) oder auf Fahrverbot (§ 37) erkannt werden; auch kann das Fahrzeug, das zur Flucht benutzt wurde, eingezogen werden (vgl. BGH 10, 337).

16. Konkurrenzen

a) Idealkonkurrenz kommt in Betracht mit unterlassener Hilfeleistung (§ 330 c) und Verlassen Hilfloser (§ 221), ferner mit Widerstand gegen die Staatsgewalt (§ 113) und Nötigung (§ 240).

b) Realkonkurrenz besteht zwischen der Unfallflucht und dem vorausgegangenen Unfall, der sich normalerweise als fahrlässige Tötung oder Körperverletzung (§§ 222, 230), gegebenenfalls i. V. mit fahrlässiger Straßenverkehrsgefährdung (§ 315 c Abs. 1 Nr. 1 a) oder einer Übertretung der StVO darstellt. Unfall und Unfallflucht werden auch dann nicht zu einer Tateinheit i. S. von § 73 zusammengefaßt, wenn beide Delikte in angetrunkenem Zustand oder ohne Führerschein begangen wurden. Hierbei macht es nach BGH 21, 203 keinen Unterschied, ob der Täter nach dem Unfall anhält und aussteigt, um sich die Folgen zu betrachten, oder ob er, durch den Unfallablauf nicht zum Halten gezwungen, die Unfallfolgen im Fahren erkennt und in sein Bewußtsein aufnimmt. Entscheidend ist allein seine innere Willensrichtung, die in allen Fällen dadurch gekennzeichnet ist, daß der Täter sich trotz des Unfalls und den erkannten Folgen entschließt, die Fahrt fortzusetzen. Dieser Entschluß ist ein neuer, selbständiger Entschluß (ebenso schon früher OLG Stgt. NJW 64, 1913 und Krüger NJW 66, 489).

D. Trunkenheit im Verkehr (§§ 316, 315 c Abs. 1 Nr. 1 a)

I. Eine der wesentlichen Neuerungen des **2. VerkSichG** vom 26. 11. 1964 besteht darin, daß die bis dahin nur als Übertretung gemäß § 2 StVZO strafbare Trunkenheit im Verkehr in § **316** auch in den Fällen zum **Vergehen** erhoben worden ist, in denen es zu keiner Gefährdung des Straßenverkehrs gekommen ist. Nach der früheren Rechtslage lag ein Vergehen nur dann vor, wenn der fahruntüchtige Fahrzeugführer eine Gemeingefahr herbeigeführt hatte (vgl. § 315 a Abs. 1 Nr. 2 a. F.).

1. Die Strafdrohung des § 316 richtet sich **nicht nur** gegen **Kraftfahrer**, sondern schlechthin gegen jeden, der ein Fahrzeug führt, obwohl er infolge des Genusses alkoholischer Getränke oder anderer berauschender Mittel nicht in der Lage ist, das Fahrzeug sicher zu führen. Täter kann also jeder Führer eines Fahrzeugs sein, nicht dagegen der Halter, der einem Fahruntüchtigen das Steuer überläßt (BGH 18, 6).

2. Da § 316 ein sog. **eigenhändiges Delikt** enthält (siehe hierzu Vorbem. AT, Abschn. B I 6, S. 7), ist mittelbare Täterschaft eines anderen begrifflich ausgeschlossen. Anstiftung und Beihilfe sind jedoch nach allgemeinen Grundsätzen strafbar.

3. Geschütztes Rechtsgut ist die Sicherheit des Verkehrs, somit ein Rechtsgut der Allgemeinheit. Als geschützte Verkehrsarten kommen nicht nur der Straßenverkehr in Betracht, sondern auch der Bahn-, Schiffs- und Luftverkehr. Da die Vorschrift eine bestimmte, konkrete Gefahr für andere nicht voraussetzt, handelt es sich um ein **abstraktes Gefährdungsdelikt** (siehe hierzu Vorbem. AT, Abschn. B I 3, S. 5).

4. Die **Art des Fahrzeugs** ist **unerheblich.** In Betracht kommen vor allem Kraftfahrzeuge, aber auch Schienenfahrzeuge, Schiffe, Flugzeuge, ferner Fahrräder, Pferdefuhrwerke, Pferde- und Hundeschlitten. Nicht erfaßt werden dagegen betrunkene Reiter und Soziusfahrer. Diese können wie früher nur nach § 2 StVZO bestraft werden.

5. Als Tathandlung genügt jedes **Führen eines Fahrzeugs.** Bei Kraftfahrzeugen ist dabei folgendes zu beachten: Ein Fahren oder Anfahren ist nicht erforderlich. Es genügt, wenn der Täter in der Absicht, das Fahrzeug in Gang zu setzen, das Trieb- oder Fahrwerk betätigt, z. B. durch Lösen der Handbremse, durch Einschalten der Zündung oder Betätigen des Anlassers (BGH 7, 315). Der Tatbestand ist dagegen nicht erfüllt, wenn der Beschuldigte den Anlasser unwiderlegbar nur betätigt, um festzustellen, ob der Motor noch anspringt. Er setzt nämlich in diesem Fall nur eine Maschine in Gang, die ohne gleichzeitiges Einschalten des Getriebes oder Lösen der Bremsen ihren Ort nicht verlassen kann (BGH a.a.O. 317).

Als weitere, z. T. bestrittene Fälle, in denen die Rspr. das Führen eines Fahrzeugs angenommen hat, sind zu beachten: das Schlafen im stehenden Pkw bei laufendem Motor (BayObLG VRS 27, 220), das Rollenlassen ohne Motorkraft auf einer Gefällstrecke (BGH 14, 185), die Betätigung der Lenkung, während ein anderer Gas, Bremse und Kupplung bedient (BGH 13, 226), die nach dem Anhalten zu treffenden Maßnahmen, zu denen der Fahrzeugführer beim Verlassen des Fahrzeugs nach § 20 StVO verpflichtet ist, z. B. das Absichern eines Lastzugs auf einer Gefällstrecke (BGH 19, 371).

6. Als **Ursachen der Fahruntüchtigkeit** kommen nur alkoholische Getränke und andere berauschende Mittel in Betracht.

a) Zu den alkoholischen Getränken gehören vor allem Wein, Bier, Schnaps und Sekt, u. U. aber auch bestimmte alkoholhaltige Medikamente, z. B. Melissengeist und Diacard.

b) Zu den anderen berauschenden Mitteln gehören z. B. Äther, Opium, Morphium und Kokain.

c) Fahruntüchtigkeit durch Übermüdung und Krankheit wird wie bisher nur als Übertretung gemäß § 2 StVZO erfaßt, es sei denn, daß die Tat zu einer konkreten Gefährdung von Leib oder Leben eines anderen oder bedeutender fremder Sachwerte geführt hat (vgl. Schröder NJW 66, 488). Im letzteren Fall sind — je nach der Art des Fahrzeugs — § 315 a Abs. 1 Nr. 1 a oder § 315 c Abs. 1 Nr. 1 b anwendbar.

7. Die **Fahruntüchtigkeit** tritt dann ein, wenn der Fahrzeugführer nicht mehr in der Lage ist, sein Fahrzeug sicher zu führen. Wann dies der Fall ist, richtet sich nach den Umständen des Einzelfalls, wobei die Rspr. inzwischen bestimmte wissenschaftlich entwickelte Erfahrungsgrundsätze herausgearbeitet hat.

a) Die sog. **absolute Fahruntüchtigkeit**

aa) Der Führer eines Kraftfahrzeugs (Pkw, Lkw, Kraftrad, Moped u. a. m.) gilt nach der neuesten Rspr. dann als fahruntüchtig, wenn sein Blutalkoholgehalt 1,3‰ erreicht hat (vgl. BGH 21, 157 unter Aufgabe der früheren, noch in BGH 19, 243 vertretenen 1,5 ‰-Grenze bei Pkw- und Lkw-Fahrern). Entscheidender Zeitpunkt ist dabei immer der Zeitpunkt der Fahrt, nicht der der Blutentnahme. Ist die 1,3 ‰-Grenze erreicht, so kann auf weitere Anzeichen für die eingetretene Fahruntüchtigkeit verzichtet werden. Man spricht in diesem Fall von einer absoluten Fahruntüchtigkeit.

bb) Bei Kraftradfahrern wurde die absolute Fahruntüchtigkeit schon vor der oben zitierten Entscheidung des BGH vom 9. 12. 1966 (BGH 21, 157) bei 1,3‰ angenommen (BGH 13, 83), und zwar auch bei sog. Gespannen (Kraftrad mit Beiwagen, vgl. OLG Hamm DAR 63, 255).

cc) Bei Soziusfahrern eines Solokraftrads wird die Verkehrstüchtigkeit spätestens ab 2,0‰ zu verneinen sein (vgl. OLG Hamm DAR 63, 255). Hierbei ist allerdings zu beachten, daß sich die Strafbarkeit nicht aus § 316 ergibt, sondern aus § 2 StVZO (s. o. 4).

dd) Bei Radfahrern gibt es entgegen der Rechtsprechung verschiedener Oberlandesgerichte keine absolute Grenze, bei der man mit Sicherheit Fahruntüchtigkeit annehmen kann. Hier entscheidet immer der Einzelfall (BGH 19, 82).

b) Die sog. **relative Fahruntüchtigkeit**

aa) Erreicht der Blutalkoholgehalt nicht die absolute Grenze der Fahruntüchtigkeit, so muß der Tatrichter sämtliche Umstände des Einzelfalls untersuchen. Hierbei können sowohl die Fahrweise als auch etwaige psycho-physische Ausfallserscheinungen (Schwanken beim Gehen, mangelnde Konzentrations- oder Orientierungsfähigkeit usw.) den Schluß rechtfertigen, daß die Gesamtleistungsfähigkeit des Beschuldigten soweit herabgesetzt ist, daß er nicht mehr in der Lage ist, sein Fahrzeug sicher zu führen. Auch die äußeren Umstände der Tat müssen berücksichtigt werden, z. B. die Länge der Fahrt und die Schwierigkeit der Strecke (Nebel, Glatteis, kurvenreiche Straße usw.). Besonders strenge Anforderungen an die Fahrtüchtigkeit wird man bei längeren Nachtfahrten stellen müssen. Der Bereich dieser sog. relativen Fahruntüchtigkeit liegt zwischen 0,3 und 1,3 ‰ (BGH VRS 21, 54). Es ist daher ein weit verbreiteter und oft verhängnisvoller Irrtum, wenn Kraftfahrer glauben, sie seien erst ab 1,3 ‰ fahruntüchtig.

bb) Der Nachweis der relativen Fahruntüchtigkeit stößt in der Gerichtspraxis oft auf Schwierigkeiten, wenn die fehlerhafte Fahrweise nicht zwingend als alkoholbedingt angesehen werden kann. Hierzu ist jedoch folgendes zu bemerken (vgl. OLG Hamm BA 66, 393): Die richterliche Überzeugung setzt keine mathematische, jede Möglichkeit eines Gegenteils ausschließende Gewißheit voraus. Erforderlich und ausreichend ist vielmehr, daß ein nach der Lebenserfahrung ausreichendes Maß an Sicherheit besteht, demgegenüber vernünftige Zweifel nicht mehr laut werden können. Der Richter ist daher nach dem Grundsatz der freien Beweiswürdigung (§ 261 StPO) nicht gehindert, eine bestimmte Ausfallserscheinung oder Fahrweise auch dann als alkoholbedingt anzusehen, wenn sich gedanklich nicht ausschließen läßt, daß ein Nüchterner in gleicher Weise reagiert hätte. Entscheidend ist allein seine Überzeugung, die er aus bestimmten Tatsachen gewinnt.

8. Der **subj. Tb.** des Abs. 1 erfordert Vorsatz. In Abs. 2 wird die Fahrlässigkeit mit gleicher Strafe (Gefängnis bis zu einem Jahr oder Geldstrafe) bedroht.

II. Die in **§ 315 c Abs. 1 Nr. 1 a** unter Strafe gestellte **Straßenverkehrsgefährdung durch Trunkenheit** enthält einen qualifizierten Fall des oben abgehandelten § 316. Im einzelnen ist folgendes zu beachten:

1. Wie § 316 enthält auch § 315 c Abs. 1 Nr. 1 a ein **eigenhändiges Delikt,** das nur von dem angetrunkenen Fahrzeugführer begangen werden kann. Die Ausführungen zu § 316 (s. o. I 2) gelten entsprechend. Auch hinsichtlich des Merkmals Führen eines Fahrzeugs und hinsichtlich der **Fahruntüchtigkeit** kann auf die Ausführungen zu § 316 (s. o. I 5, 6, 7) Bezug genommen werden.

2. Der wesentliche **Unterschied gegenüber § 316** besteht darin, daß § 315 c zu seiner Verwirklichung die Gefährdung von Leib oder Leben eines anderen oder die Gefährdung fremder Sachen von bedeutendem Wert voraussetzt. Die Vorschrift wird hierdurch zu einem **konkreten Gefährdungsdelikt.** Im einzelnen:

a) Die Gefährdung muß sich im **öffentlichen Verkehr** ereignen, d. h. auf einem Verkehrsraum, der der Allgemeinheit dauernd oder vorübergehend zur Benutzung zur Verfügung steht. Die zivilrechtlichen Eigentumsverhältnisse sind dabei unerheblich. Erfaßt werden daher auch solche Unfälle und Gefährdungen, die sich auf einem Gasthausparkplatz (BGH 16, 7), einem Parkhaus (OLG Bremen NJW 67, 990; Bullert DAR 63, 325), einer Tankstelle (BayObLG JR 63, 192) oder einem Kasernen- oder Werksgelände ereignen (vgl. Lackner-Maassen § 315 c Anm. 2 mit weit. Nachw.).

b) Im Gegensatz zur früheren Rechtslage ist der Eintritt einer **Gemeingefahr nicht erforderlich.** Der Gefährdete muß auch nicht Repräsentant der Allgemeinheit sein. Der Tb. ist vielmehr — entgegen der früheren Rechtslage — auch dann erfüllt, wenn ein Mitinsasse des vom Täter geführten Fahrzeugs gefährdet wird. Andererseits ist die Vorschrift — insoweit übereinstimmend mit der früheren Rechtslage — nicht anwendbar, wenn lediglich das vom Täter geführte, jedoch nicht ihm selbst gehörende Fahrzeug gefährdet wird. Dieses kann als notwendiges Werkzeug nicht gleichzeitig von dem Strafschutz der Vorschrift umfaßt werden (vgl. OLG Schleswig NJW 65, 1727; OLG Stgt. NJW 66, 2280; OLG Hamm NJW 67, 943; OLG Celle Verk.Mitt. 67 Nr. 72; Lackner JZ 65, 124; a.A. Hartung NJW 66, 15 und NJW 67, 909; Schwarz-Dreher § 315 c Anm. 4 B).

c) Ob der Täter einen **bedeutenden Sachwert** gefährdet hat, richtet sich nach den Umständen des Einzelfalls und ist oft nicht einfach zu entscheiden. Das Vorliegen eines bedeutenden Sachwerts ist bisher in folgenden Fällen verneint worden: bei einem Schrankenbaum, bei Markierungspfählen und Verkehrszeichen im Wert von DM 60,—, bei Strom- und Lichtmasten sowie bei Straßenlaternen und Leitgittern (vgl. OLG Schleswig NJW 65, 1727, wo auch dargelegt wird, daß ein Schaden von 200,— bis 300,— DM noch nicht bedeutend i. S. von § 315 c sei). Bejaht wurden die Voraussetzungen für die Annahme eines bedeutenden Sachwerts für Autos aller Art, solange sie noch gebrauchsfähig sind, es sei denn, daß sie nur in unbedeutendem Umfang gefährdet wurden (OLG Schleswig NJW 65, 1727). Zum Ganzen siehe insbesondere OLG Stgt. NJW 62, 1408 und das dort angegebene Schrifttum.

d) Die Gefährdung muß gerade auf die alkoholbedingte Fahruntüchtigkeit zurückzuführen sein. Hinsichtlich des Nachweises dieser **Kausalität** gelten die oben unter I 7 b, bb entwickelten Grundsätze entsprechend. Läßt sich dieser Nachweis nicht erbringen, so hat die Verurteilung nicht gemäß § 315 c, sondern gemäß § 316 in IdK mit §§ 230, 222 usw. zu erfolgen.

3. Der subj. Tb. des Abs. 1 erfordert Vorsatz. In Abs. 3 wird die Fahrlässigkeit mit Strafe bedroht (Gefängnis bis zu zwei Jahren oder Geldstrafe).

4. Die **Rechtswidrigkeit** wird nicht dadurch berührt, daß der Gefährdete in das mit der Fahrt verbundene Risiko eingewilligt hat. Dies ergibt sich aus der Erwägung, daß die Vorschrift die Sicherheit des Straßenverkehrs schützt, somit ein Rechtsgut der Allgemeinheit, über das der einzelne nicht verfügen kann (vgl. BGH 6, 232; Geerds BA 65/66, 133; Lackner-Maassen § 315 c Anm. 7; a.A. Schönke-Schröder § 315 c Rn. 33; Schwarz-Dreher § 315 c Anm. 4 B). Völlig unabhängig hiervon ist die weitere Frage, ob der angetrunkene Kraftfahrer auch wegen fahrlässiger Körperverletzung bestraft werden kann, wenn einer seiner Insassen, der in das Risiko der Trunkenheitsfahrt eingewilligt hat, bei der Fahrt verletzt wird. Siehe hierzu Vorbem. E 3 c vor Fall 6, S. 208.

5. Konkurrenzen: Gegenüber § 316 geht § 315 c vor (vgl. Subsidiaritätsklausel in § 316). Mit §§ 222, 230 ist IdK möglich. Über das Verhältnis zu § 142 siehe Vorbem. C 16 vor diesem Fall.

6. Wegen **Nebenstrafen** und **Maßregeln der Sicherung und Besserung** siehe §§ 37, 42 m bis 42 o.

E. Unterlassene Hilfeleistung (§ 330 c)

1. Die Vorschrift enthält ein **echtes Unterlassungsdelikt,** d. h. die pflichtwidrige Untätigkeit wird ohne Rücksicht darauf bestraft, welche Folgen aus ihr erwachsen. Unerheblich ist auch, ob eine besondere Rechtspflicht zum Handeln besteht. § 330 c fordert Hilfe von jedem, der dazu in der Lage ist.

2. § 330 c setzt zunächst einen Unglücksfall oder eine gemeine Gefahr oder Not voraus.

a) Als **Unglücksfall** gilt jedes plötzliche Ereignis, das erheblichen Personen- oder Sachschaden verursacht hat oder unmittelbar befürchten läßt (BGH 6, 152, Beschl. d. Gr. Sen.). Die Ursache ist unerheblich. § 330 c wird insbesondere nicht dadurch ausgeschlossen, daß der Betroffene sich selbst vorsätzlich in eine Gefahrenlage gebracht hat. Ein Unglücksfall ist daher auch die durch einen Selbstmordversuch herbeigeführte Gefahrenlage (BGH 6, 147; 13, 162). Die Voraussetzungen zum Eingreifen sind in diesem Fall nicht erst dann gegeben, wenn der Lebensmüde schon Hand an sich gelegt hat; ein Unglücksfall liegt vielmehr schon dann vor, wenn der Selbstmord unmittelbar bevorsteht (BGH 13, 169). Zum Ganzen siehe auch Vorbem. C V vor Fall 2. — Typische Unglücksfälle sind Verkehrsunfälle, Schiffsunfälle und Gewaltverbrechen. Auch eine schwere Erkrankung kann, wenn eine akute Verschlechterung des Zustands zu befürchten ist, als Unglücksfall angesehen werden.

b) Eine **gemeine Gefahr oder Not** liegt vor, wenn eine unbestimmte Vielzahl von Personen durch ein Schadensereignis größeren Umfangs bedroht wird oder gar schon betroffen ist, z. B. bei Naturkatastrophen, Brand und Überschwemmung.

3. Die **Erforderlichkeit der Hilfe** richtet sich nach objektiven Maßstäben. Sie entfällt grundsätzlich nur dann, wenn bereits andere Hilfskräfte ausreichend zur Verfügung stehen oder wenn nichts mehr zu helfen ist, z. B. wenn der Verunglückte bereits tot und weiterer Schaden (etwa für andere Verkehrsteilnehmer, vgl. BGH 1, 266) nicht zu befürchten ist. § 330 c wird jedoch nicht schon dadurch ausgeschlossen, daß der Tod eines noch lebenden Menschen nicht mehr abgewendet werden kann (BGH JR 56, 347; NJW 61, 1981; BGH 17, 166).

4. Die **tatbestandsmäßige Handlung** besteht darin, daß der Täter die erforderliche und mögliche Hilfe nicht leistet. Wer ein ins Wasser gefallenes Kind nicht rettet, weil er nicht schwimmen kann, handelt nicht tatbestandsmäßig. Für den subjektiven Tatbestand ist Vorsatz erforderlich. Der Täter muß wissen, daß ein Unglücksfall vorliegt, daß Hilfe erforderlich ist und daß er selbst in der Lage ist, diese zu leisten. Glaubt der Täter irrig, seine Hilfe sei wegen der Anwesenheit anderer Personen nicht erforderlich, so liegt ein vorsatzausschließender Tb.-Irrtum vor (BayObLG MDR 57, 116). Siehe auch unten 7.

5. Die **Rechtswidrigkeit** entfällt vor allem dann, wenn der Täter andere wichtige Pflichten zu erfüllen hat, z. B. wenn ein Arzt gerade auf dem Weg zu einem anderen Patienten ist, der seiner Hilfe dringend bedarf. Weist der Verletzte oder Gefährdete die angebotene Hilfe, obwohl erforderlich, zurück, so entfällt die Rechtswidrigkeit nur dann, wenn der Verzicht auf Hilfe rechtlich relevant ist, also nicht bei akuter Lebensgefahr (vgl. Maurach JR 56, 349).

6. Unterläßt der Täter die erforderliche Hilfeleistung, weil er eine erhebliche Gefahr für sich selbst befürchtet, so kann hierdurch die **Schuld** entfallen. Dies jedoch nur, wenn ihm bei Würdigung aller Umstände rechtmäßiges Verhalten nicht zumutbar ist. Je größer die Gefährdung des Verunglückten ist und je näher der Hilfspflichtige dem Unglücksgeschehen steht, desto mehr kann man von ihm verlangen, daß er seine eigenen Belange zurückstellt und selbst körperliche oder andere Gefahren in Kauf nimmt. Daher befreit auch die Gefahr einer Strafverfolgung nicht ohne weiteres von der Pflicht zur Hilfeleistung (BGH 11, 353).

7. Ein **Irrtum über die Zumutbarkeit** läßt ebenso wie der Irrtum über die eigentliche Hilfspflicht nicht den Vorsatz, sondern nur das Unrechtsbewußtsein entfallen und ist dementsprechend als Verbotsirrtum zu behandeln (vgl. BayObLG MDR 57, 116). Vorsatzausschließend ist nur der Irrtum über das Vorliegen eines Unglücksfalls sowie über die Erforderlichkeit und Möglichkeit der Hilfe (s. o. 4).

8. **Vollendet** ist das Delikt, sobald die erforderliche, mögliche und zumutbare Hilfe nicht geleistet wird. § 330 c verlangt sofortige Hilfe. Wer z. B. die Unfallstelle zunächst verläßt und sich erst später zur Hilfeleistung entschließt, hat den Tb. des § 330 c bereits erfüllt, so daß die tätige Reue sich nur noch im Strafmaß auswirken kann (vgl. BGH 14, 213). Strafbar macht sich daher auch ein Arzt, der bei einer als Unglücksfall geltenden schweren Erkrankung nicht sofort den erbetenen Krankenbesuch macht, obwohl ihm dies möglich und zumutbar wäre (BGH 17, 166). Dasselbe gilt, wenn ein Krankenhausarzt, z. B. ein Chirurg, der in seiner Wohnung fernmündlich davon verständigt wird, daß ein Patient mit einem Knochenbruch eingeliefert worden ist, sich darauf beschränkt, sein Personal fernmündlich anzuweisen, den Patienten ruhig zu legen und ihm eine schmerzstillende Spritze zu geben (BGH 21, 50).

9. **Konkurrenzen:** § 330 c ist als echtes Unterlassungsdelikt subsidiär, sobald die Möglichkeit besteht, den Hilfspflichtigen unmittelbar für den verursachten oder drohenden Schaden verantwortlich zu machen. Wenn beispielsweise A den B mit Tötungsvorsatz niederschießt und dann verletzt liegen läßt, erfolgt nur Bestrafung gemäß §§ 211, 212. Es wäre jedoch verfehlt, § 330 c

schon bei jedem vorsätzlich herbeigeführten Unglücksfall auszuschließen. § 330 c ist nur dann subsidiär, wenn gerade das eingetretene bzw. drohende Unglück vom Täter gewollt war, nicht jedoch, wenn der Schaden oder die Gefahr einen weiteren Umfang annimmt, als der Täter zunächst gewollt hat (BGH 14, 282). — IdK. ist möglich mit Unfallflucht (§ 142).

Lösung des Falles

I. Die Strafbarkeit des H

1. Die Verletzung des Passanten und die Beschädigung des Schaufensters

a) Fahrlässige Körperverletzung (§ 230)

Es ist zunächst zu untersuchen, ob eine strafrechtlich relevante Handlung vorliegt. Voraussetzung für jede tatbestandsmäßige Handlung ist eine Willensbetätigung. Dies gilt nicht nur für die vorsätzliche, sondern auch für die fahrlässige Tat (vgl. Vorbem. AT Abschn. B III 1, S. 9). Nach Sachverhalt stolperte H in der Dunkelheit über eine schadhafte Stelle des Pflasters, durch die kurz zuvor bereits ein anderer, nüchterner Passant zu Fall gekommen war. Eine Handlung, d. h. ein willensgesteuertes Verhalten, kann hierin nicht gesehen werden; es liegt keine Willensbetätigung, sondern nur eine Reflexbewegung vor, die als Grundlage für eine tatbestandsmäßige Handlung im Sinne der §§ 223, 230 nicht ausreicht.

Im Gegensatz zu dem soeben geprüften Stolpern stellt sich das Betreten der Straße, das dem Stolpern vorausging, als ein willensgesteuertes Verhalten dar. Eine Handlung im Rechtssinn ist damit gegeben. Tatbestandsmäßig ist diese Handlung aber nur dann, wenn dem H zur Last gelegt werden könnte, daß er beim Betreten der Straße nicht mit der erforderlichen Sorgfalt auf seinen Weg achtete und deshalb stolperte. Der Unrechtsgehalt der fahrlässigen Tat erschöpft sich nämlich nicht bereits in der Erfolgsverursachung durch eine strafrechtlich relevante Handlung. Er wird vielmehr erst durch die weitere Feststellung begründet, daß der eingetretene Erfolg auf die Außerachtlassung der im Verkehr erforderlichen Sorgfalt zurückzuführen ist (vgl. Vorbem. AT, Abschn. C II 2, S. 34). In diesem Zusammenhang wird von besonderer Bedeutung, daß an diesem Abend die Straßenbeleuchtung ausgefallen war und außerdem das Pflaster an der fraglichen Stelle Schäden aufwies. H handelte daher nicht fahrlässig. § 230 findet keine Anwendung.

b) Sachbeschädigung (§ 303) entfällt ebenfalls. H hat zwar die Beschädigung der Schaufensterscheibe verursacht; er handelte aber nicht mit dem auf der subjektiven Tatseite erforderlichen Vorsatz.

c) Vollrausch (§ 330 a)

H hat sich nach Sachverhalt durch den Genuß alkoholischer Getränke in einen seine Zurechnungsfähigkeit ausschließenden Rauschzustand versetzt und damit den objektiven Tatbestand des § 330 a erfüllt. Strafbar ist der Vollrausch aber nur dann, wenn der Täter im Rausch eine mit Strafe bedrohte Handlung begeht, für die er nur wegen seiner alkoholbedingten Zurechnungsunfähigkeit nicht verantwortlich gemacht werden kann. Es ist also zu prüfen, ob eine solche mit Strafe bedrohte Handlung (sog. Rauschtat) im vorliegenden Fall gegeben ist. Das Stolpern kommt als Rauschtat nicht in Betracht, da es insoweit, wie oben unter a) dargelegt, bereits an einer Handlung im Rechtssinn fehlt. Ob das zum Stolpern und damit zum Unfall führende Betreten der Straße unter § 330 a subsumiert werden kann, hängt davon ab, welche Anforderungen in subjektiver Hinsicht an den Begriff der „mit Strafe bedrohten Handlung" zu stellen sind. Sinn der Vorschrift ist es, die Lücke zu schließen, die dadurch entsteht, daß der Täter wegen erwiesener oder möglicher (BGH 9, 390) Zurechnungsunfähigkeit für die Rauschtat strafrechtlich nicht verantwortlich gemacht werden kann. Hieraus folgt aber, daß der berauschte Täter nicht schlechter gestellt werden darf als ein Nüchterner in der gleichen Situation. Das bedeutet für den vorliegenden Fall: Bei den gegebenen Umständen (Ausfall der Straßenbeleuchtung, schadhafte Stelle im Pflaster) könnte H auch in nüchternem Zustand keine Fahrlässigkeit zur Last gelegt werden. Eine „mit Strafe bedrohte Handlung" im Sinne von § 330 a liegt daher nicht vor. § 330 a entfällt.

2. Das Verlassen der Unfallstelle

a) Unterlassene Hilfeleistung (§ 330 c)

Als U n g l ü c k s f a l l gilt jedes plötzlich eintretende Ereignis, das erheblichen Schaden verursacht hat oder unmittelbar befürchten läßt (BGH 6, 152 sowie Vorbem. E 2 a vor diesem Fall). Der Passant (P) war in das Schaufenster gestürzt und hatte sich erheblich verletzt. Schnittwunden führen häufig zu starken, u. U. sogar lebensgefährlichen Blutverlusten. Es lag somit ein Unglücksfall vor. Sofortige Hilfe wäre erforderlich gewesen. Der objektive Tatbestand des § 330 c ist somit erfüllt.

Der subjektive Tatbestand erfordert V o r s a t z. Der Täter muß wissen, daß ein Unglücksfall vorliegt, daß sofortige Hilfe erforderlich ist und daß er selbst in der Lage ist, diese zu leisten (vgl. Vorbem. E 4, 7 vor diesem Fall). Ob H sich all dieser Umstände bewußt war, erscheint in Hinblick auf den Grad seiner Trunkenheit zweifelhaft. Der subj. Tb. dürfte daher als nicht erfüllt anzusehen sein. Aber selbst wenn man den Vorsatz bejahen sollte, könnte eine Bestrafung gemäß § 330 c nicht erfolgen, da H im Zeitpunkt der Tat infolge seiner Trunkenheit zurechnungsunfähig war, somit nicht schuldhaft gehandelt hat (§ 51 Absatz 1). Anhaltspunkte für eine actio libera in causa fehlen.

Zu der Frage, ob die unterlassene Hilfeleistung als Rauschtat für eine Bestrafung gemäß § 330 a in Betracht kommt, s. u. Abschn. c.

b) Unfallflucht (§ 142)

Als Verkehrsunfall gilt jedes im Straßenverkehr eingetretene Ereignis, durch das ein Mensch getötet oder verletzt wurde oder das zu einem nicht völlig belanglosen Sachschaden geführt hat (BGH 8, 263 f. sowie Vorbem. C 2 vor diesem Fall). Auch der im Straßenverkehr erfolgte Zusammenstoß von Fußgängern kann daher einen Verkehrsunfall darstellen. Es ist weiter zu beachten, daß die Frage der Unfallflucht unabhängig davon ist, ob der Unfallbeteiligte, der sich von der Unfallstelle entfernt, den Unfall schuldhaft verursacht hat. Hieraus folgt für den vorliegenden Fall: H hat dadurch, daß er sich nach dem folgenschweren Zusammenstoß mit P entfernte, den obj. Tb. des § 142 verwirklicht.

Der subj. Tb. erfordert Vorsatz. Der Täter muß wissen, daß es zu einem Verkehrsunfall in dem soeben dargelegten Sinn gekommen ist und daß er an diesem Unfall beteiligt war. Da sich der Vorsatz auch auf das Tb.-Merkmal Flucht erstrecken muß, ist weiter erforderlich, daß der Täter weiß, daß er durch seine Entfernung vom Unfallort die Feststellung seiner Person, seines Fahrzeugs oder der Art seiner Beteiligung vereitelt oder erschwert. Hieran kann es fehlen, wenn der Täter aus Verwirrung oder Bestürzung den Unfallort verläßt (vgl. OLG Ffm. VRS 65, 262). Aber auch ein erheblicher Grad an Trunkenheit kann den Vorsatz entfallen lassen. Es erscheint daher zweifelhaft, ob H vorsätzlich gehandelt hat. War er infolge seiner Trunkenheit nicht mehr in der Lage, die Umstände, die die Merkmale des Verkehrsunfalls begründen, zu realisieren oder fehlte es ihm am Bewußtsein, daß er die Feststellung seiner Person oder der Art seiner Unfallbeteiligung erschwerte, so ist der subj. Tb. des § 142 nicht erfüllt. Auf jeden Fall aber hätte H nicht schuldhaft gehandelt (s. o. Abschn. a).

c) Vollrausch (§ 330 a)

H hat sich, wie bereits unter 1 c) festgestellt, durch den übermäßigen Genuß alkoholischer Getränke in einen tatbestandsmäßigen Vollrausch versetzt. Dieser ist aber nur dann strafbar, wenn H eine mit Strafe bedrohte Handlung begangen hat, für die er nur wegen seiner rauschbedingten Zurechnungsunfähigkeit strafrechtlich nicht verantwortlich gemacht werden kann. Diese sog. Rauschtat ist eine objektive Bedingung der Strafbarkeit (vgl. BGH 16, 126 sowie Vorbem. B 4 m. weit. Nachw.). H hat, wie unter a) und b) dargelegt, den obj. Tb. der unterlassenen Hilfeleistung (§ 330 c) sowie den obj. Tb. der Unfallflucht (§ 142) verwirklicht. Diese Feststellung reicht jedoch für eine Strafbarkeit gemäß § 330 a nicht aus. Wie bereits unter Abschn. 1 c) dargelegt, müssen auch in subj. Beziehung bestimmte Mindestvoraussetzungen einer mit Strafe bedrohten Handlung gegeben sein. Dies gilt vor allem für die Tatbestände, die zu ihrer Verwirklichung neben dem Vorsatz noch weitere subj. Tatbestandsmerkmale verlangen, z. B. die Bereicherungsabsicht beim Betrug und bei der Erpressung oder die Zueignungsabsicht beim Diebstahl und beim Raub (vgl. BGH 18, 235 sowie Vorbem. B 4). Diese subj. Elemente sind auch bei § 330 a unverzichtbar. Unverzichtbar ist auch der Wille zu einem bestimmten Handeln. So kommt ein Totschlag als Rauschtat für § 330 a nur dann in Betracht, wenn der Betrunkene einen gezielten Schuß abgegeben hat, nicht dagegen, wenn sich der Schuß nur versehentlich gelöst hat (vgl. Schönke-Schröder § 330 a Rn. 17).

Anders zu beurteilen sind dagegen die Fälle, in denen der Vorsatz des Täters durch einen rauschbedingten Tatbestandsirrtum entfällt. In diesen Fällen wäre es von der ratio legis her gesehen verfehlt, vollen Vorsatz zu verlangen. § 330 a will nämlich gerade die Fälle erfassen, in denen der Alkohol die Einsichtsfähigkeit des Täters entfallen läßt, so daß er nicht mehr in der Lage ist, die Situation richtig zu erkennen (vgl. RG 73, 17; Schönke-Schröder Rn. 18 m. weit. Nachw.).

Dies bedeutet für den vorliegenden Fall: Wenn H alkoholbedingt nicht erkannte, daß ein Unglücksfall vorlag und sofortige Hilfe erforderlich war (subj. Tb. des § 330 c), und wenn er nicht erkannte, daß er durch das Verlassen der Unfallstelle die Feststellung seiner Person und die Art seiner Unfallbeteiligung erschwerte (subj. Tb. des § 142), so kann ihn dieser Irrtum im Rahmen des § 330 a nicht entlasten (str.; a. A. Maurach BT 487).

Für den subj. Tatbestand des § 330 a ist zunächst erforderlich, daß H sich vorsätzlich oder fahrlässig in einen die Zurechnungsfähigkeit ausschließenden Rauschzustand versetzt hat. Da H sich nach Sachverhalt „einen antrinken" wollte, kann diese Frage unbedenklich bejaht werden. H hat zumindest fahrlässig gehandelt.

Bestritten ist, ob und wieweit sich Vorsatz und Fahrlässigkeit auch auf die Folgen des Rauschs, insbesondere die Rauschtat, beziehen müssen. Betrachtet man § 330 a im Anschluß an die Rechtsprechung (BGH 16, 124) und die h. L. im Schrifttum (vgl. Schönke-Schröder § 330 a Rn. 1, Maurach BT 485 f.) als abstraktes Gefährdungsdelikt und die Rauschtat als objektive Bedingung der Strafbarkeit, so müssen sich Vorsatz und Fahrlässigkeit weder auf die Begehung der Rauschtat noch auf die durch den Rausch bedingte Neigung zu Ausschreitungen beziehen (so allerdings Kohlrausch-Lange, § 330 a Anm. III, Heinitz JR 57, 347 und Welzel 427, die den Standpunkt vertreten, § 330 a enthalte ein konkretes Gefährdungsdelikt; zur Kritik siehe Maurach a.a.O.). Es genügt vielmehr, daß sich Vorsatz und Fahrlässigkeit auf die Tatsachen erstrecken, aus denen das Gesetz den Schluß auf die Gefährlichkeit zieht, d. h. auf den Eintritt der rauschbedingten Zurechnungsunfähigkeit (vgl. Schönke-Schröder § 330 a Rn. 10 f.). Diese Voraussetzungen sind hier, wie dargelegt, zumindest in der Form der Fahrlässigkeit gegeben. Aber auch wenn man über die h. L. hinausgehend im Anschluß an BGH 10, 247 noch verlangen wollte, daß sich die Schuld auch auf die Möglichkeit beziehen müsse, es werde im Rauschzustand zu strafbaren Handlungen irgendwelcher Art kommen, so bestünden im vorliegenden Fall hinsichtlich der Anwendbarkeit des § 330 a keine Bedenken. Der BGH geht nämlich (a.a.O. 251) davon aus, daß selbst Menschen von geringer Lebenserfahrung in der Regel zu wissen pflegen, daß ein Rausch sie zu irgendwelchen Ausschreitungen strafbarer Art führen kann. Besonderer Feststellungen zur Vorhersehbarkeit solcher Ausschreitungen bedarf es daher nur ausnahmsweise, z. B. wenn der Täter besondere Vorkehrungen getroffen hat, die ihn nach menschlicher Voraussicht daran hindern mußten, während des Rausches irgendwelche strafbaren Handlungen zu begehen. Eine solche Ausnahmesituation ist aber im vorliegenden Fall nicht gegeben.

Ergebnis: H hat sich gemäß § 330 a strafbar gemacht.

3. Die Fahrt mit dem Wagen

a) Straßenverkehrsgefährdung (§ 315 c Abs. 1 Nr. 1 a)

H hat sich an das Steuer seines Pkw gesetzt, obwohl er infolge übermäßigen Alkoholgenusses nicht mehr in der Lage war, sein Fahrzeug sicher zu führen. Hierdurch hat er den ihm begegnenden Radfahrer (R) gefährdet und somit den obj. Tb. des § 315 c Abs. 1 Nr. 1 a erfüllt.

Der subjektive Tb. erfordert Vorsatz. Dieser muß sich sowohl auf die alkoholbedingte Fahruntüchtigkeit als auch auf die hieraus resultierende Gefährdung anderer erstrecken. Erfahrungsgemäß berufen sich alle betrunkenen Kraftfahrer darauf, sie hätten sich trotz des genossenen Alkohols noch fahrtüchtig gefühlt und darauf vertraut, daß sie ihr Fahrzeug gefahrlos ans Ziel bringen könnten. Diese Einlassung ist in der Regel nicht zu widerlegen. In der täglichen Gerichtspraxis finden sich daher kaum Verurteilungen wegen vorsätzlicher Straßenverkehrsgefährdung durch Trunkenheit am Steuer. Die meisten Verurteilungen beruhen auf § 315 c Abs. 3 Nr. 2. Nach dieser Vorschrift genügt es, wenn der Täter fahrlässig handelt und auch die Gefahr nur fahrlässig herbeiführt. Für die Tatbestandsmäßigkeit genügt dabei nach dem hier vertretenen Verbrechensaufbau (vgl. Vorbem. AT, Abschn. C II 2, S. 34) die Feststellung, daß der Täter objektiv fahrlässig gehandelt hat, d. h. daß er sich objektiv voraussehbar und vermeidbar in einen seine Fahrtüchtigkeit ausschließenden Zustand versetzt und in diesem Zustand am Verkehr teilgenommen hat. Weiter ist erforderlich, daß er durch seinen fahruntüchtigen Zustand voraussehbar und vermeidbar andere gefährdet hat. Diese Voraussetzungen können für das Verhalten des H unbedenklich bejaht werden.

Mangels Rechtfertigungsgründen war das Verhalten auch rechtswidrig.

Auf der Schuldseite ist zunächst zu beachten, daß H im Zeitpunkt der Fahrt alkoholbedingt zurechnungsunfähig war. Eine Strafbarkeit kommt daher nur dann in Betracht, wenn das Verschulden unter dem Gesichtspunkt der actio libera in causa (a.l.i.c.) bejaht werden kann. Über das Wesen der a.l.i.c. siehe ausführlich Vorbem. A 3, über ihr Verhältnis zu § 330 a siehe Vorbem. B 6 vor diesem Fall.

Im vorliegenden Fall kommt auch unter dem Gesichtspunkt der a.l.i.c. nur fahrlässige Tatbegehung in Betracht. H wußte, daß er nach dem Gasthausbesuch noch mit dem Pkw nach Hause fahren mußte. Er wurde von der Wirtin sogar ausdrücklich aufgefordert, zuerst seinen Wagen nach Hause zu bringen. Sie hat ihn auch später noch gewarnt. Trotzdem entschloß er sich, sich „einen anzutrinken". Bei dieser Sachlage hätte H sich sagen können und müssen, daß er auf der Heimfahrt fahruntüchtig sein und infolge seines Zustands möglicherweise einen folgenschweren Unfall verschulden würde. Ein fahrlässiges Verschulden unter dem Gesichtspunkt der a.l.i.c. lag daher vor. H hat sich gemäß § 315 c Abs. 1 Nr. 1 a i. V. mit Abs. 3 Nr. 2 strafbar gemacht.

(Beachte: Zum gleichen Ergebnis käme man auch, wenn man sich auf den Standpunkt stellen wollte, H habe sich nicht nur fahrlässig, sondern vorsätzlich in den Zustand der Zurechnungsunfähigkeit versetzt, dabei aber pflichtwidrig darauf vertraut, daß er seinen Wagen gefahrlos nach Hause bringen könnte. In diesem Fall wäre § 315 c Abs. 1 Nr. 1 a i. V. mit Abs. 3 Nr. 1 gegeben.)

b) Fahrlässige Tötung (§ 222)

Da der Radfahrer (R) an den Folgen seiner bei dem Unfall erlittenen Verletzungen starb, hat H auch den Tb. des § 222 verwirklicht. Hinsichtlich der Schuld kann auf die Ausführungen zu § 315 c verwiesen werden, die hier entsprechend gelten.

4. Konkurrenzen

a) Die einzelnen Rauschtaten begründen nur e i n e n Verstoß gegen § 330 a.

b) Die fahrlässige Straßenverkehrsgefährdung (§ 315 c) und die fahrlässige Tötung (§ 222) stehen in IdK. Das Gefährdungsdelikt tritt zwar grundsätzlich hinter das Verletzungsdelikt subsidiär zurück. Dieser Grundsatz erleidet aber dort eine Ausnahme, wo das Gefährdungsdelikt einen weitergehenden Rechtsschutz erstrebt als das Verletzungsdelikt. Diese Voraussetzungen liegen hier vor: Während § 222 nur das Rechtsgut Leben schützt, ist in § 315 c die Sicherheit des Straßenverkehrs schlechthin, also ein Rechtsgut der Allgemeinheit, geschützt.

c) Ebenso ist zwischen § 330 a einerseits und den §§ 222, 315 c andererseits IdK anzunehmen: Durch eine Handlung, nämlich das Trinken ohne Rücksicht auf die Folgen, hat H alle drei Tatbestände verwirklicht. § 330 a tritt nur dann hinter einem unter dem Gesichtspunkt der a.l.i.c. verwirklichten anderen Tb. zurück, wenn sich die Gefährlichkeit des Rausches auf das unter dem Gesichtspunkt der a.l.i.c. begangene Delikt beschränkt hat. Diese Voraussetzungen liegen hier nicht vor, da nur die fahrlässige Tötung und die fahrlässige Straßenverkehrsgefährdung nach den Grundsätzen der a.l.i.c. erfaßt werden können, nicht aber auch die Unfallflucht und die unterlassene Hilfeleistung. Bei dieser Sachlage kann nur das Rechtsinstitut der IdK den Unrechtsgehalt der Tat voll erfassen (vgl. BGH 17, 333).

5. Ergebnis: H hat sich gemäß §§ 222, 315 c, 330 a, 73 strafbar gemacht.

II. Die Strafbarkeit der Wirtin (W)

Es ist zu prüfen, ob sich die W dadurch strafbar gemacht hat, daß sie es zuließ, daß H in volltrunkenem Zustand den Heimweg mit seinem Pkw antrat und hierbei den R tödlich verletzte. (Was die Verletzung des P und die Beschädigung des Schaufensters betrifft, so läßt sich eine Kausalität zwischen Alkohol und Schaden nicht nachweisen, so daß das Verhalten der W insoweit nicht zu prüfen ist.)

1. Fahrlässige Tötung (§ 222)

Die W hatte H nicht daran gehindert, die Fahrt anzutreten, in deren Verlauf R getötet wurde. Der soziale Sinn ihres Verhaltens liegt in einer Nichtabwendung des Erfolgs. Ein tatbestandsmäßiges Verhalten ist somit nur dann gegeben, wenn sie dem R oder der Allgemeinheit gegenüber eine Garantenstellung einnahm, die sie zur Erfolgsabwendung verpflichtete, und wenn sie tatsächlich in der Lage war, den drohenden Erfolg zu verhindern (vgl. Vorbem. AT, Abschn. C I 5, S. 31).

a) Die Garantenstellung kann sich aus vorangegangenem Tun ergeben. Der Umstand, daß H als Gast im Übermaß alkoholische Getränke zu sich genommen hatte, begründete für die W die Rechtspflicht, dafür zu sorgen, daß H im Zustand der Volltrunkenheit keinen Schaden anrichtete. Wer eine Gefahrenquelle schafft, hat dafür zu sorgen, daß kein Unheil daraus entsteht (vgl. Schönke-Schröder Rn. 105 vor § 1; BGH 19, 152, 154). Hierbei ist allerdings einschränkend zu beachten, daß eine Garantenstellung des Gastwirts nur dann besteht, wenn die Trunkenheit des Gasts offensichtlich einen solchen Grad erreicht hat, daß er nicht mehr eigenverantwortlich handeln kann (BGH a.a.O., OLG Ddf. NJW 66, 1175). Solange der Gastwirt verständigerweise annehmen darf, der Gast sei noch fähig, selbstverantwortlich zu handeln, braucht er sich in dessen Angelegenheiten nicht einzumischen. Bis dahin ist das Ausschenken von Alkohol sozial üblich und wird von der Allgemeinheit nicht mißbilligt. Die Grenze des sozial üblichen wird jedoch überschritten, wenn die Trunkenheit des Gastes so stark ist, daß er nicht mehr verantwortlich handeln kann. Dies trifft nach der oben zitierten Entscheidung des BGH (a.a.O. 155) schon dann zu, wenn der sichere Bereich des § 51 Abs. 2 überschritten ist. In diesem Fall gilt der allgemein anerkannte, bereits oben dargelegte Rechtsgedanke, daß derjenige, der schuldhaft oder schuldlos die Gefahr eines Schadens geschaffen oder auch nur mitgeschaffen hat, rechtlich verpflichtet ist, den Schaden nach Kräften abzuwenden (BGH a.a.O. 151 f.). So aber liegt der Fall hier. H war nach Sachverhalt volltrunken, als er das Lokal verließ, um mit seinem Pkw nach Hause zu fahren. Die W hatte seinen Zustand erkannt. Sie war demzufolge verpflichtet, alles objektiv Mögliche zu unternehmen, um die Fahrt zu verhindern. Hierbei ist es unerheblich, daß die W den Zustand des H nicht schuldhaft herbeigeführt hat, sondern im Gegenteil bestrebt war, H vor einer völligen Trunkenheit zu bewahren.

b) Es ist weiter zu prüfen, ob die W eine Erfolgsabwendungsmöglichkeit hatte. Hätte sie den H von der Fahrt abgehalten, so wäre es mit Sicherheit nicht zu dem späteren Unfall gekommen. Wie sich aus dem Sachverhalt ergibt, saß im Nebenzimmer ein Polizeibeamter. Es kann davon ausgegangen werden, daß dieser die Fahrt verhindert hätte, wenn die W ihn auf den Zustand des H hingewiesen hätte. Die W hatte somit objektiv die Möglichkeit, den drohenden Erfolg zu verhindern. Da sie von dieser Möglichkeit keinen Gebrauch machte und es infolgedessen zu der Fahrt kam, in deren Verlauf R — voraussehbar und vermeidbar — getötet wurde, hat sie den obj. Tb. der fahrlässigen Tötung verwirklicht.

c) Auf der subjektiven Tatseite ist F a h r l ä s s i g k e i t erforderlich. Hierbei genügt im Rahmen der Tatbestandsprüfung die Feststellung, daß der eingetretene Erfolg voraussehbar und vermeidbar war. Diese Frage, die nach der allgemeinen Lebenserfahrung unter Berücksichtigung der besonderen Verhältnisse des Einzelfalls zu beurteilen ist, kann bejaht werden. Die weitere Frage, ob ein intensiveres Einschreiten, insbesondere die Verständigung des Polizeibeamten, der G z u m u t b a r war, ist nach dem hier vertretenen Aufbau der Unterlassungsdelikte nicht beim Tatbestand, sondern erst bei der Schuld zu prüfen (bestr.; so wie hier Maurach AT 520; Baumann 210; Welzel 199; a.A. Schönke-Schröder Rn. 94 vor § 1 sowie Lackner-Maassen I 1 b vor § 1).

d) Da Rechtfertigungsgründe nicht ersichtlich sind, war die Unterlassung nicht nur tatbestandsmäßig, sondern auch r e c h t s w i d r i g.

e) Im Rahmen der Schuld ist zunächst festzustellen, daß die G bei der ihr zumutbaren und möglichen Beurteilung der Sachlage den drohenden Erfolg hätte voraussehen können und müssen. Es ist weiter zu prüfen, ob ihr ein intensiveres Einschreiten, insbesondere die Benachrichtigung des Polizeibeamten, z u m u t b a r war. Die Zumutbarkeit rechtmäßigen Verhaltens muß hier im Interesse der gefährdeten Allgemeinheit bejaht werden, und zwar selbst dann, wenn der Verlust eines Stammkunden droht (vgl. BGH 4, 20; 19, 156).

2. Fahrlässige Straßenverkehrsgefährdung (§ 315 c Abs. 1)

Dieser Tb. enthält ein sog. e i g e n h ä n d i g e s D e l i k t, das nur von bestimmten Personen, nämlich angetrunkenen Fahrzeugführern, erfüllt werden kann (vgl. Vorbem. D II vor diesem Fall). Eine T ä t e r s c h a f t der W entfällt daher. Teilnahme eines Außenstehenden ist zwar denkbar, hier aber nicht gegeben. Die W hat die von H begangene Straßenverkehrsgefährdung nur fahrlässig gefördert. Fahrlässige Beihilfe ist aber straflos.

3. Beihilfe zur Volltrunkenheit (§§ 330 a, 49)

Täterschaft gemäß § 330 a entfällt, da auch § 330 a ein eigenhändiges Delikt enthält. Anstiftung und Beihilfe sind dagegen nach allgemeinen Grundsätzen strafbar (vgl. Vorbem. B 7 m. weit. Nachw.). Es ist also zu prüfen, ob H sich vorsätzlich betrunken hat und ob die W ihm hierzu vorsätzlich Beihilfe geleistet hat. Es mag schon zweifelhaft, wenngleich vertretbar sein, daß H selbst den Vorsatz hatte, sich in einen seine Zurechnungsfähigkeit ausschließenden Rausch zu versetzen. Keinesfalls aber wollte die W diesen Zustand herbeiführen oder herbeigeführt haben. Dies ergibt sich schon daraus, daß sie sich weigerte, an H weiteren Alkohol auszuschenken und H darauf gegen den Willen der W zur Selbstbedienung überging.

4. Ergebnis: Die W hat sich nur wegen fahrlässiger Tötung (§ 222) zu verantworten. Im Verhältnis zu H liegt (fahrlässige) Nebentäterschaft vor.

ZU FALL 2

Vorbemerkungen

A. Die Strafbarkeit des Versuchs (§§ 43 ff.)

I. Die einzelnen Stadien des Verbrechens

Jede Straftat durchläuft vier Abschnitte: Entschlußfassung, Vorbereitung, Versuch und Vollendung. Da es primäre Aufgabe der Strafe ist, das Unrecht der Tat zu sühnen (vgl. Vorbem. AT, Abschn. A I 5, S. 2), ist grundsätzlich nur die vollendete Tat mit Strafe bedroht. Der Versuch ist nur bei Verbrechen und solchen Vergehen strafbar, bei denen das Gesetz ausdrücklich auch die versuchte Tatbegehung unter Strafe gestellt hat, z. B. bei Diebstahl und Sachbeschädigung. In wenigen Ausnahmefällen sind wegen ihrer besonderen Gefährlichkeit auch Vorbereitungshandlungen unter Strafe gestellt (vgl. §§ 81, 151, 218 IV, 234 a III). Die Entschlußfassung ist nur dann strafbar, wenn mehrere die Begehung eines Verbrechens verabreden (§ 49 a II).

II. Voraussetzungen des Versuchs

1. Subjektiv erforderlich ist der **Entschluß**, eine als Verbrechen oder Vergehen mit Strafe bedrohte Handlung zu begehen. Der Tatentschluß muß alle subjektiven Tatbestandsmerkmale des in Frage stehenden Deliktes umfassen. Dort, wo beim vollendeten Delikt bedingter Vorsatz genügt, ist dieser auch beim Versuch ausreichend. Verlangt der in Frage stehende Tatbestand über den Vorsatz hinaus weitere subjektive Tatbestandsmerkmale (Motive, Absichten, Tendenzen), so müssen diese auch beim Versuch gegeben sein. Ein fahrlässiger Versuch ist begrifflich ausgeschlossen.

2. *Objektiv* ist erforderlich, daß der Täter seinen Tatentschluß, ein Verbrechen oder Vergehen zu verüben, durch Handlungen betätigt hat, die den **Anfang einer Ausführung** darstellen. Die Handlung muß einerseits über das Stadium von Planung und Vorbereitung hinausgegangen sein, andererseits darf das Delikt noch nicht vollendet sein. Einzelheiten siehe Vorbem. A vor Fall 3 (S. 122).

III. Der sog. untaugliche Versuch

1. **Begriff.** Von einem untauglichen Versuch spricht man, wenn die Handlung des Täters von vornherein nicht geeignet ist, den tatbestandsmäßigen Erfolg herbeizuführen. Diese Ungeeignetheit kann ihren Grund haben

a) in der Untauglichkeit des Subjekts,

b) in der Untauglichkeit des Objekts,

c) in der Untauglichkeit des Mittels.

2. **Strafbarkeit.** *Als Grund für die Strafbarkeit des Versuchs* wird heute allgemein die *Auflehnung des Täters gegen die Rechtsordnung* angesehen (subjektive Versuchstheorie). Diese ist aber auch dann gegeben, wenn der Täter infolge der Untauglichkeit des Mittels, des Objekts oder seiner mangelnden Täterqualifikation von Anfang an zum Scheitern verurteilt war. Außerdem ist, genau genommen, jeder Versuch dadurch, daß der erstrebte Erfolg ausbleibt, untauglich. Eine unterschiedliche Behandlung von „tauglichem" und „untauglichem" Versuch ist daher sachlich nicht begründet.

Im Gegensatz zur Strafbarkeit des Versuchs mit untauglichen Mitteln und des Versuchs am untauglichen Objekt ist die Strafbarkeit des *Versuchs des untauglichen Subjekts* teilweise bestritten.

a) Allgemein anerkannt wird die Strafbarkeit des Versuchs des untauglichen Subjekts nur dort, wo sie in eine Untauglichkeit des Objekts umgedacht werden kann.

Beispiele:

aa) Abtreibungsversuch einer Frau, die nur vermeintlich schwanger ist;

bb) Eheschließung durch einen Partner, der seinen verstorbenen Ehegatten noch am Leben wähnt.

In diesen Fällen ist die *Untauglichkeit des Subjekts nur relativ*, nicht absolut, d. h. die Strafdrohung richtet sich nicht nur an bestimmte Personengruppen, z. B. Beamte, Ärzte oder Anwälte, sondern an alle Rechtsgenossen. Um eine Abtreibung vornehmen zu können, muß man nicht schwanger sein; um Bigamie begehen zu können, muß man nicht selbst verheiratet sein (vgl. § 171 Abs. 1, 2. Alt.).

b) Bestritten ist die Behandlung der Fälle, in denen sich die Strafdrohung nur an bestimmte Personengruppen, z. B. Beamte, Ärzte, Anwälte, Eltern oder Erzieher richtet. Hier wird im Schrifttum teilweise die Ansicht vertreten, es liege ein (strafloses) *Wahnverbrechen* vor, wenn jemand eine nur für die jeweilige Personengruppe strafbare Handlung vornimmt in der irrigen Annahme, er gehöre zu dieser Gruppe. Dies kann zumindest nicht in dieser Allgemeinheit anerkannt werden. Die besondere *Tätereigenschaft*, z. B. die Beamteneigenschaft, wird heute allgemein als *objektives Tatbestandsmerkmal* aufgefaßt, das vom Vorsatz des Täters umfaßt sein muß. So kann wegen Amtsunterschlagung nur bestraft werden, wer weiß, daß er

Beamter ist und die unterschlagene Sache in amtlicher Eigenschaft empfangen oder in amtlichem Gewahrsam hat (vgl. Schwarz-Dreher § 350 Anm. 2). Hierbei ist allerdings ausreichend, daß der Täter die Tatumstände kennt, aus denen die Beamteneigenschaft hervorgeht (BGH 8, 321, 323). Er muß also wissen, daß seine Tätigkeit sich aus der Staatsgewalt ableitet und staatlichen Zwecken dient; er braucht dagegen nicht den rechtlich zutreffenden Schluß zu ziehen, daß er Beamter i. S. von § 359 ist. Eine rechtlich falsche Subsumtion kann ihn nicht entlasten (vgl. Schwarz-Dreher § 359 Anm. 2, OLG Ffm. NJW 53, 1075). Hieraus folgt für den umgekehrten Fall: Nimmt der Täter irrig Tatumstände an, die eine besondere Täterqualifikation begründen würden, so liegt strafbarer Versuch vor; eine falsche rechtliche Würdigung kann ihn dagegen nicht belasten. Nur im letztgenannten Fall kann man von einem Wahnverbrechen sprechen.

Beispiele:

aa) Wahnverbrechen, wenn ein Angeklagter in der HV falsche Angaben macht in der irrigen Meinung, er mache sich dadurch strafbar; Versuch (allerdings mangels ausdrücklicher Strafdrohung nicht strafbar), wenn er lügt in der irrigen Annahme, er werde als Zeuge vernommen.

bb) Wahnverbrechen, wenn jemand den Beischlaf mit seiner Nichte für strafbare Blutschande hält; Versuch, wenn er irrig glaubt, seine Nichte sei seine eigene Tochter (vgl. RG 47, 189; 66, 126).

So wie hier in allen Punkten Maurach AT. 434 ff., Schönke-Schröder ab 9. Aufl., Bruns, „Der untaugliche Täter im Strafrecht“ (Schriftenreihe der Juristischen Studiengesellschaft Karlsruhe, Heft 17), Schwarz-Dreher § 43 Anm. 2 B a, Lackner-Maassen § 43 Anm. 2 sowie § 359 Anm. 5; a. A. Baumann 465, Welzel 175, wonach der Versuch des untauglichen Subjekts einen Unterfall des Wahndelikts darstellen soll; zum Ganzen siehe auch BGH 8, 321, 323.

IV. Der abergläubische Versuch

Auch die subjektive Versuchstheorie (s. o. III 2) kann nicht völlig auf objektive Elemente verzichten. Das zeigt sich bei der Behandlung des sogenannten irrealen oder abergläubischen Versuchs.

Beispiele: A will seinen Erbonkel X dadurch beseitigen, daß er ihn entweder

a) in den Wald schickt in der Hoffnung, dort werde ihn der Blitz treffen, oder

b) zu einem Urlaub in Jugoslawien animiert, weil er hofft, dort würden sich häufig schwere Erdbeben ereignen.

Hierher gehören auch das Totbeten und das Behexen.

In all diesen Fällen ist auch nach der subjektiven Versuchstheorie ein strafwürdiges Verhalten nicht gegeben. Der Auflehnungswille des Täters erregt nicht Besorgnis, sondern Mitleid (Maurach AT. 433). Der Täter ist nicht gefährlich. Es sei zugestanden, daß die objektiven Versuchstheorien, die nicht an der Gefährlichkeit des Täters, sondern an der Gefährlichkeit der Tat anknüpfen, das hier einzig in Frage kommende Ziel, nämlich Straflosigkeit, auf dogmatisch klarerem Weg erreichen. Für die subjektive Versuchstheorie bleibt die Ausscheidung des straflosen abergläubischen Versuchs aus dem Strafbarkeitsbereich immer schwierig. Ein Abtreibungsversuch mit Brombeerblättertee ist — auch vom verbrecherischen Willen aus betrachtet — nicht gefährlicher als der Versuch, die Leibesfrucht durch Beten oder Fluchen abzutöten. Es liegt daher nahe, beide Fälle gleich zu behandeln. Gleichwohl wird man im 1. Fall (Brombeerblättertee) vom Boden der subjektiven Versuchstheorie aus wegen der Realität des Mittels konsequent einen strafbaren Versuch mit einem absolut untauglichen Mittel annehmen müssen, während der 2. Fall (Totbeten oder Behexen) als abergläubischer Versuch einem Wahndelikt gleichzustellen ist und daher straflos bleibt.

§ 27 III E 1962 vermeidet die sich bei der Abgrenzung von strafbarem untauglichem Versuch und straflosem abergläubischem Versuch auftretenden Schwierigkeiten elegant: „Hat der Täter aus grobem Unverstand verkannt, daß der Versuch nach der Art des Gegenstandes oder des Mittels, an oder mit dem die Tat begangen werden sollte, überhaupt nicht zur Vollendung führen konnte, so kann das Gericht die Strafe nach seinem Ermessen mildern oder von Strafe absehen". Auf der Grundlage des heutigen Rechts kann sich die Praxis in vielen Fällen mit § 153 StPO helfen.

V. Das Wahnverbrechen

Vom strafbaren Versuch streng zu unterscheiden ist das Wahnverbrechen. Beim Wahnverbrechen glaubt der Täter, gegen ein Strafgesetz zu verstoßen, das gar nicht besteht oder das zwar besteht, sich aber nicht auf die zu untersuchende Handlung erstreckt.

Beispiele:

a) Irrige Annahme einer Frau, gleichgeschlechtliche Unzucht unter Frauen (sogenannte lesbische Liebe) sei mit Strafe bedroht.

b) Irrige Annahme, auch der Geschlechtsverkehr zwischen Onkel und Nichte sei als Blutschande strafbar.

c) Irrige Annahme eines aus dem Ausland zurückkehrenden Touristen, auch der persönliche Reisebedarf sei zollpflichtig.

d) Irrige Annahme, Gebrauchsanmaßung sei generell mit Strafe bedroht, nicht nur in den Fällen des § 248 b.

In all diesen Fällen ist eine Strafbarkeit nicht gegeben.

VI. Besondere Erscheinungsformen des Versuchs

1. Bei der **mittelbaren Täterschaft** ist bereits jede Einwirkung auf den in Aussicht genommenen Tatmittler als Beginn einer Ausführungshandlung anzusehen (vgl. Vorbem. AT Abschn. H II 5, S. 49).

2. Bei den **unechten Unterlassungsdelikten** liegt Versuch immer dann vor, wenn der zur Erfolgsabwendung Verpflichtete in Kenntnis seiner Garantenstellung nichts unternimmt, obwohl er nach Sachlage tätig werden müßte, oder wenn er pflichtwidrig seine bisherige Tätigkeit aufgibt. Beispiel: Eine Mutter gibt ihrem Kleinkind mit Tötungsvorsatz mehrere Tage keine Nahrung.

Versuch kann aber auch dann vorliegen, wenn jemand nur irrig Tatumstände annimmt, die eine — objektiv nicht gegebene — Erfolgsabwendungspflicht begründen würden. Beispiel: A sieht, wie ein Kind ins Wasser fällt und zu ertrinken droht. Er glaubt irrig, es sei sein eigenes Kind; dennoch bleibt er untätig.

Entsprechendes gilt, wenn jemand objektiv gar keine Möglichkeit hat, den Erfolg abzuwenden, dies aber nicht erkennt und gleichwohl untätig bleibt.

Beispiel: A verschuldet mit seinem Pkw einen Unfall, bei dem ein Radfahrer schwer verletzt wird. Um sich seiner Verantwortung zu entziehen, begeht er Unfallflucht und nimmt dabei billigend in Kauf, daß der Radfahrer ohne sofortige ärztliche Betreuung an den Folgen seiner Verletzungen sterben wird. In diesem Fall liegt versuchte Tötung durch Unterlassen nicht nur dann vor, wenn der Radfahrer doch noch gerettet werden kann, sondern auch dann, wenn er zwar stirbt, sich aber nicht mehr mit Sicherheit feststellen läßt, daß eine Rettung objektiv noch möglich war.

VII. Wegen des **Strafmaßes** und etwaiger Nebenstrafen und -folgen siehe §§ 44, 45.

B. Rücktritt und tätige Reue (§ 46)

I. Übersicht

Das Gesetz unterscheidet in § 46 den Rücktritt vom unbeendeten Versuch (§ 46 Nr. 1) und die tätige Reue bei einem beendeten Versuch (§ 46 Nr. 2). In beiden Fällen handelt es sich um einen **persönlichen Strafausschließungsgrund.** Hieraus folgt:

1. § 46 ist erst zu prüfen, wenn festgestellt ist, daß der Täter, dessen Tat im Versuchsstadium zurückgeblieben ist, rechtswidrig und schuldhaft gehandelt hat.

2. Nur derjenige Täter oder Teilnehmer kann sich auf die strafbefreiende Wirkung von § 46 berufen, in dessen Person die Rücktrittsvoraussetzungen begründet sind (vgl. § 50). Hierbei ist zu beachten, daß Mittäter, Anstifter und Gehilfen im allgemeinen schlechter gestellt sind als ein Alleintäter. Es genügt nämlich nicht, daß der Mittäter bzw. Teilnehmer sich nur von der weiteren Tatausführung fernhält. Straffreiheit kann sich bei mehreren Teilnehmern nur verdienen, wer seine bis dahin entfaltete Tätigkeit rückgängig macht und dadurch den Erfolgseintritt vereitelt. Hierbei ergeben sich folgende Möglichkeiten:

a) erfolgreiche Veranlassung der übrigen Tatbeteiligten, von der weiteren Tatausführung Abstand zu nehmen;

b) Verständigung des Opfers oder der Polizei;

c) eigenhändiges Eingreifen zur Erfolgsabwendung, z. B. Abschneiden der Zündschnur bei einem Sprengstoffattentat.

Führen die übrigen Tatbeteiligten später die Tat doch noch durch, aber auf Grund eines neugefaßten Entschlusses, so wird hierdurch der bereits zurückgetretene Teilnehmer nicht mehr belastet. Gibt dagegen der Täter den Tatplan zur Täuschung des sich reuig bemühenden Teilnehmers nur scheinbar auf, so kann dieser sich nicht auf § 46 berufen, wenn die Tat entgegen seiner Erwartung doch ausgeführt wird. Unbillige Härten können dann nur durch das Strafmaß ausgeglichen werden.

II. Der Rücktritt vom unbeendeten Versuch (§ 46 Nr. 1)

1. Rücktritt i. S. von § 46 Nr. 1 setzt einen noch nicht beendeten Versuch voraus. Dies setzt voraus, daß der Täter noch nicht alles getan hat, was nach seiner Vorstellung erforderlich war, um den Erfolg herbeizuführen. Die **Abgrenzung vom beendeten Versuch** erfolgt also **rein subjektiv.**

Beispiel: Eine Schwangere nimmt ein Abtreibungsmittel in den Mund, schluckt es aber nicht, sondern speit es wegen des üblen Geschmacks wieder aus.

2. Entscheidende Voraussetzung für die Annahme strafbefreienden Rücktritts ist die **Freiwilligkeit** der Umkehr. Nach der vielzitierten Frankschen Formel (Frank 18. Aufl. § 46 II) sagt sich der Täter beim freiwilligen Rücktritt: „Ich will nicht mehr zum Ziel kommen, selbst wenn ich es noch könnte". Maßgebend ist demnach die Vorstellung des Täters. Hieraus folgt, daß die Untauglichkeit von Mittel oder Objekt der Annahme strafbefreienden Rücktritts nicht entgegensteht, sofern der Täter die Tatvollendung noch für möglich hält. Umgekehrt schließt auch ein vermeintliches Hindernis die Freiwilligkeit des Rücktritts aus, wenn der Täter irrigerweise annimmt, seinen Tatplan nicht mehr verwirklichen zu können.

Beispiele:

a) A steigt in einen Kiosk ein, um aus der Ladenkasse DM 200,— zu entwenden, die er zur Auslösung seines verpfändeten Motorrads dringend benötigt. Mit einem geringeren Betrag ist ihm nicht gedient. Wenn nun A in der Kasse nur DM 5,— Wechselgeld vorfindet und diesen Betrag enttäuscht liegen läßt, so liegt kein strafbefreiender freiwilliger Rücktritt vor: A kann seinen ursprünglichen Plan — die Entwendung von 200,— DM — nicht mehr realisieren (vgl. BGH 4, 56).

Anders ist zu entscheiden, wenn sich A über den Kasseninhalt keine Gedanken gemacht hatte, sondern mit unbestimmtem Diebstahlsvorsatz eingestiegen war (vgl. RG 70, 1).

b) Der in der Wohnung des X beschäftigte Einbrecher A hört, wie X gerade telefoniert. Er glaubt, X habe ihn bemerkt und benachrichtige die Polizei. In Wirklichkeit ahnt X von nichts, sondern spricht mit seiner Freundin. Wenn A nun aus Furcht, an der weiteren Tatausführung gehindert zu werden, flieht, ohne etwas mitzunehmen, so ist sein Rücktritt nicht freiwillig.

Anders ist jedoch zu entscheiden, wenn X zwar tatsächlich die Polizei ruft, A jedoch aus Furcht, nach der Tat ermittelt und bestraft zu werden, von seinem Vorhaben abläßt (s. u. 3 c).

3. Das **Motiv zum Rücktritt** muß nicht ethisch billigenswert sein. Die Straffreiheit wird nicht als Belohnung für gutes Verhalten gewährt, sondern weil Schlimmeres verhütet wurde. Ein ethisch billigenswerter Rücktrittsgrund, z. B. Scheu, seelische Erschütterung, Reue oder Selbstbesinnung, hat lediglich insofern Bedeutung, als bei seinem Vorhandensein regelmäßig Straffreiheit nach § 46 Ziff. 1 eingreift. Es kommt auch nicht darauf an, ob der Anstoß zum Rücktritt von außen kommt. Entscheidend ist nur, daß der Täter Herr seiner Entschlüsse bleibt und die Ausführung seines Verbrechensplans noch für möglich hält (vgl. BGH 7, 296).

Beispiele aus der Rspr. zum Rücktritt von versuchter Notzucht:

a) Freiwilliger Rücktritt, wenn der Täter vom Versuch abläßt, weil das Opfer zu einer List greift und verspricht, sich bei anderer Gelegenheit freiwillig hinzugeben (vgl. BGH a.a.O. unter Abweichung von der Rspr. des Reichsgerichts). Hiergegen läßt sich nicht einwenden, der Rücktritt sei unfreiwillig, da es dem Täter nicht gelungen sei, den Verkehr seinem ursprünglichen Tatplan folgend zu erzwingen; entscheidend ist allein, daß es der Täter nach wie vor für möglich hielt, ungeachtet der lockenden Versprechungen für die Zukunft seinen ursprünglichen Tatplan — hic et nunc — auch gegen den Willen des Mädchens zu realisieren (vgl. Maurach AT 444).

b) Unfreiwilliger Rücktritt, wenn das Opfer sich der drohenden Gewaltanwendung nur dadurch zu entziehen weiß, daß es sich auf der Stelle hingibt. Von diesem Augenblick an ist Gewaltanwendung mangels weiteren Widerstands gar nicht mehr möglich. Ob der Täter dies erkannt hat, ist unerheblich; er ist in jedem Fall wegen versuchter Notzucht zu bestrafen (vgl. RG JW 34, 2335; 35, 2734; Maurach AT 444). — Beachte: Hatte der Täter in dem zuletzt erwähnten Fall den Widerstand bereits mit den tatbestandsmäßigen Mitteln des § 177 ausgeschaltet, so erfolgt die Bestrafung natürlich nicht wegen versuchter, sondern wegen vollendeter Notzucht.

c) Unfreiwillig ist der Rücktritt auch dann, wenn der Täter vom Notzuchtsversuch nur deshalb abläßt, weil die angefallene Frau ihn entgegen seiner Erwartung kennt und er aus diesem Grund Strafanzeige erwartet (BGH 9, 49). Die Bedenken Maurachs (AT 443 und BT 420) gegen diese Entscheidung sind nicht von der Hand zu weisen, da Furcht vor Strafe an sich noch nicht die Freiwilligkeit des Rücktritts ausschließt (vgl. RG 47, 78; 54, 326; 57, 316).

d) Unfreiwilliger Rücktritt, wenn der Täter von der überfallenen Frau nur deshalb abläßt, weil sie ihre Regel hat und daher für seine Zwecke unbrauchbar ist (BGH 20, 279 m. Anm. Lackner JR 66, 106).

4. Nur die **endgültige Aufgabe** der Tatausführung verschafft Straffreiheit. Es genügt allerdings, daß der Täter auf die Fortführung des in concreto begonnenen Unternehmens verzichtet. Nicht erforderlich ist daher, daß er sich entschließt, nie wieder einen erneuten Angriff auf das gefährdete Objekt einzuleiten.

Beispiele:

a) Straflosigkeit tritt ein, wenn der Täter freiwillig

aa) den Tatort mit seinem gesamten Werkzeug verläßt, um vielleicht demnächst erneut die Tat zu versuchen;

bb) einen Mordanschlag auf seinen politischen Gegner aufgibt, um irgendwelche Passanten nicht zu gefährden, dabei aber bereits plant, ihn bei nächster Gelegenheit — wenn er seinen Gegner ohne Begleitung trifft — doch noch zu erledigen (s. auch BGH 10, 129).

b) Die Strafbarkeit bleibt dagegen bestehen, wenn der Täter

aa) den bereits begonnenen Einbruchsdiebstahl unter Zurücklassung des Werkzeugs am Tatort um einen Tag verschiebt, da ihm der nächste Tag noch günstiger erscheint;

bb) nur das Werkzeug wechselt (s. auch hierzu BGH 10, 129);

cc) den Einbruchsplan aufgibt, um sich dafür einzuschleichen.

5. **Nur der Versuch als solcher bleibt straflos.** Tatbestände, die bis zum Zeitpunkt des Rücktritts bereits erfüllt waren, werden von § 43 nicht erfaßt. Es mag zwar auf den ersten Blick unbefriedigend erscheinen, daß der reuige Täter trotz seiner freiwilligen Rückkehr nicht ganz straflos ausgeht; andererseits wäre es unverständlich und kriminalpolitisch verfehlt, wollte man den Täter, der bereits einen Straftatbestand erfüllt hat, lediglich deshalb straflos lassen, weil er ein schwereres Delikt geplant hatte. Man spricht in solchen Fällen von einem **qualifizierten Versuch.**

B e i s p i e l : Wenn A nach Vorlage einer unechten Urkunde, die er selbst angefertigt hat, um sich durch Täuschung rechtswidrige Vermögensvorteile zu verschaffen, vom Betrugsversuch zurücktritt, so bleibt die bereits vollendete Urkundenfälschung von der Freiwilligkeit des Rücktritts unberührt. Tatbestände, die wegen Spezialität, Konsumtion oder Subsidiarität vom Versuch konsumiert würden, erhalten ihre eigenständige Bedeutung zurück, wenn der Versuch nach § 46 straflos bleibt.

So können als vollendete Delikte übrig bleiben:

a) bei versuchtem Raub oder versuchter räub. Erpressung: Nötigung (§ 240), Freiheitsberaubung (§ 239) oder Körperverletzung (§§ 223 ff.);

b) bei versuchter Notzucht: schwere Unzucht (§ 176 Ziff. 1), Beleidigung (§ 185) und Körperverletzung (§§ 223 ff.);

c) bei versuchtem Einbruchs- oder Nachschlüsseldiebstahl: Hausfriedensbruch (§ 123) und Sachbeschädigung (§ 303);

d) bei versuchter Tötung: Abtreibung (§ 218), Aussetzung (§ 221) oder Körperverletzung (§§ 223 ff.; siehe hierzu BGH JR 52, 414, BGH 16, 122 sowie unten C III 1).

Bestritten ist, ob diese Grundsätze auch dann gelten, wenn das verbleibende Delikt nur eine G e f ä h r d u n g des Rechtsguts bedeutet, dessen Verletzung durch den Tb. erfaßt wird, dessen Begehung der Täter freiwillig aufgegeben hat. Ein Teil des Schrifttums (vgl. Schönke-Schröder Rn. 39) nimmt hier an, daß die strafbefreiende Wirkung des Rücktritts sich auch auf das bereits vollendete Gefährdungsdelikt erstreckt (ebenso BGH 14, 378 zu § 49 a Abs. 2 nach Rücktritt von einem versuchten Raub). Diese Ansicht kann jedoch nicht überzeugen. Hätte der Täter sich nämlich auf das Gefährdungsdelikt (z. B. §§ 151, 310 a) beschränkt, ohne darüber hinaus die Verletzung des geschützten Rechtsguts zu versuchen, so wäre er auf jeden Fall wegen des Gefährdungsdelikts zu bestrafen. Sein Entschluß, keinen weitergehenden Angriff auf das gefährdete Rechtsobjekt zu unternehmen, könnte ihn nicht von Strafe freistellen. Er darf daher nicht dafür privilegiert werden, daß er ein bestimmtes Rechtsobjekt nicht nur gefährdet, sondern zusätzlich noch versucht hat, es zu verletzen. So wäre es unbillig, wollte man einen Täter, der unter den Voraussetzungen des § 151 ein Münzverbrechen vorbereitet hat, nur deshalb für straffrei erklären, weil er versucht hat, mit den hergestellten Platten etc. Falschgeld herzustellen. Die Strafbarkeit gemäß § 151 darf in diesem Fall durch einen freiwilligen Rücktritt von dem versuchten Münzverbrechen nicht berührt werden (vgl. Maurach AT 450). Der ganze Komplex ist z. Zt. äußerst bestritten (vgl. Maurach a.a.O. mit weit. Nachw.). So wie hier in allen Punkten Schwarz-Dreher § 46 Anm. 2, § 49 a Anm. 2 A d.

III. Tätige Reue nach beendetem Versuch (§ 46 Nr. 2)

1. Tätige Reue setzt einen b e e n d e t e n V e r s u c h voraus. Der Versuch ist beendet, wenn der Täter alles getan hat, was nach seiner Vorstellung erforderlich war, um den tatbestandsmäßigen Erfolg herbeizuführen.

B e i s p i e l : Eine Schwangere hat, um ihre Leibesfrucht abzutöten, ein Abtreibungsmittel bereits geschluckt.

Liegt ein beendeter Versuch vor, so bleibt der Täter nach dem Wortlaut des § 46 Nr. 1 straflos, wenn er v o r d e r E n t d e c k u n g der Tat den Erfolg d u r c h e i g e n e T ä t i g k e i t abwendet. So bleibt bei dem vorstehenden Beispiel die S straflos, wenn sie — etwa mit Hilfe eines Brechmittels — das Abtreibungsmittel wieder ausscheidet, bevor dieses wirken kann und bevor jemand etwas von ihrer Tat erfahren hat.

2. Der kriminalpolitische Zweck der Vorschrift ist der gleiche wie bei § 46 Nr. 1: Um Schlimmeres zu verhüten, soll dem Täter eine „goldene Brücke" gebaut werden, die ihm die Abkehr von seinem Verbrechensplan erleichtert. Belohnt werden soll der Täter, der diese goldene Brücke benutzt und sich daher als weniger gefährlich erweist als ein anderer, der rücksichtslos seinen Verbrechensplan zu Ende führt (vgl. BGH 7, 296 m. Anm. Traub NJW 56, 1183). So wie den Täter sein böses Streben mit der Versuchsstrafe belastet — auch wenn es objektiv völlig ungefährlich ist (die Fälle des untauglichen Versuchs!) — so soll das gute Streben ihn von Strafe freistellen. Dieser Leitgedanke ist von entscheidender Bedeutung für die Beurteilung von Grenzfällen, wenn die Anwendbarkeit des unglücklich gefaßten § 46 Ziff. 2 zweifelhaft erscheint.

3. Im einzelnen:

a) Straffreiheit kann nur gewährt werden, wenn die **Handlung noch nicht entdeckt** ist. Die Tat ist entdeckt, wenn sie von jemand bemerkt ist, von dem die Verhinderung der Tat oder die Veranlassung einer Strafverfolgung zu erwarten ist. Bestritten ist die Frage, ob sich der Täter auch dann auf § 46 Nr. 2 berufen kann, wenn die Tat zwar objektiv entdeckt war, der Täter sie aber für noch nicht entdeckt hielt (oder umgekehrt: Wie ist zu entscheiden, wenn die Tat zwar objektiv noch nicht entdeckt ist, der Täter aber irrig glaubt, sie sei bereits entdeckt?).

Beispiel: A versteckt in der Wohnung des B eine Höllenmaschine, die den B bei seiner Rückkehr um 19 Uhr töten soll. Durch Zufall entdeckt das Dienstmädchen um 18 Uhr die Höllenmaschine. Während sich das Mädchen zur Polizei begibt, um den Fund zu melden, kehrt A von Reue ergriffen um 18.15 Uhr in die Wohnung des B zurück und entfernt den Apparat, bevor das Mädchen, von dessen Entdeckung A nichts weiß, den Polizeibeamten den eigenartigen Fund zeigen kann.

Hat sich A durch seine tätige Reue Straffreiheit verdienen können? Nach einer im neueren Schrifttum immer mehr im Vordringen begriffenen Ansicht läßt sich die Frage, ob die Tat noch nicht entdeckt ist, nur vom Standpunkt des Täters aus beurteilen (vgl. Maurach AT 445, Lackner-Maassen § 46 Anm. 4 c, Schönke-Schröder § 46 Rn. 35 m. weit. Nachweisen).

Dieser Ansicht ist beizutreten. Wenn das Gesetz auf die Nichtentdeckung der Tat als Voraussetzung für die Möglichkeit strafbefreiender tätiger Reue abstellt, so deshalb, weil es die Entdeckung als Vermutung dafür ansieht, daß der Täter nicht mit der auch bei § 46 Nr. 2 erforderlichen Freiwilligkeit seinen Verbrechensplan aufgegeben hat. Daß es auch bei § 46 Nr. 2 entscheidend auf die Freiwilligkeit ankommt, zeigen die neu eingeführten Sonderregelungen der tätigen Reue in den §§ 49 a, 82, 89, 129, 129 a und 316 a. Die Entdeckung kann aber nicht als unwiderlegbare Vermutung für mangelnde Freiwilligkeit angesehen werden. Eine derartige Interpretation, wie sie im Anschluß an den Gesetzeswortlaut von der Rspr. des Reichsgerichts (vgl. RG 68, 83) und von der früher h. L. vorgenommen wurde, kann dem Zweck des in § 46 enthaltenen Privilegs nicht gerecht werden. Es wäre unbillig, den in echter tätiger Reue und in Unkenntnis der tatsächlich erfolgten Entdeckung zur Erfolgsabwendung tätig werdenden Täter schlechter zu stellen als einen anderen, dessen Tat zwar nicht entdeckt ist, der aber aus Furcht vor Strafe die Folgen seiner Tat verhindert.

Folgt man der hier vertretenen Ansicht, so bleibt A in dem oben angeführten Beispiel straflos. Straffreiheit ist jedoch zu versagen, wenn der Täter irrig seine Tat für entdeckt hielt, während sie in Wirklichkeit nicht entdeckt war. So wie hier Maurach a.a.O. 446 sowie Lackner-Maassen § 46 Anm. 4 c; a. A. Kohlrausch-Lange Anm. VII 2 a, Schönke-Schröder § 46 Rn. 34 und Baumann 473, die in der hier vertretenen Ansicht eine unzulässige, da gegen den Grundsatz „nullum crimen sine lege" verstoßende Analogie sehen. Diese Bedenken sind jedoch unbegründet, wenn man die Frage, ob die Tat entdeckt ist, konsequent nach der Vorstellung des Täters beurteilt und wie bei § 46 Nr. 1 unmittelbar auf die Freiwilligkeit abstellt. In diesem Sinn haben sich inzwischen auch die Entwürfe ausgesprochen (s. u. V).

Wenn man davon ausgeht, daß nur die Wahrnehmung der Tat durch solche Personen schadet, von denen der Täter die Vereitelung des Erfolgs oder die Veranlassung einer Strafverfolgung zu erwarten hat, so folgt hieraus: § 46 Nr. 2 wird nicht dadurch ausgeschlossen, daß die Tat wahrgenommen wird

aa) von Personen, die der reuige Täter selbst beizieht, um den Erfolg abzuwenden, z. B. Ärzte, möglicherweise sogar Polizeibeamte;

bb) von Teilnehmern an der Tat, Angehörigen oder sonstigen Vertrauten, die der Täter vor oder nach der Tat eingeweiht hat und von denen er ein Handeln gegen seine Interessen nicht erwartet;

cc) von Personen, die den Unrechtsgehalt der Tat nicht erfassen und daher auch keinen Tatverdacht schöpfen können, z. B. kleine Kinder.

Entdeckung durch den Verletzten: Von ihm droht dem Täter grundsätzlich immer die Gefahr einer Erfolgsvereitelung bzw. Strafanzeige. Das gilt selbstverständlich auch dann, wenn es sich bei dem Verletzten um einen Angehörigen des Täters handelt. Hieraus folgt: Überall, wo der Täter einen offenen Angriff führt, z. B. bei Raub, Erpressung und gewissen Fällen von Mord und Totschlag, ist strafbefreiende tätige Reue grundsätzlich ausgeschlossen.

Eine bemerkenswerte Ausnahme von diesem Grundsatz bringt die schon mehrfach zitierte und sehr instruktive Entscheidung BGH JR 52, 414 (ebenso offensichtlich BGH 21, 216): Ist das Opfer so schwer verletzt, daß es ohne Hilfe des Täters verbluten müßte, so hat der Täter von dieser Seite weder Erfolgshinderung noch Strafanzeige zu befürchten. Er kann sich daher durch tätige Reue noch Straflosigkeit nach § 46 Nr. 2 verdienen, was allerdings die Möglichkeit einer Bestrafung nach § 223 a nicht ausschließt (vgl. BGH a.a.O. und oben II 5).

b) Der Täter muß den Erfolg durch **eigene Tätigkeit** abwenden.

aa) Nicht erforderlich ist, daß der Täter den Erfolg eigenhändig verhindert. Straffreiheit kann sich auch verdienen, wer Hilfskräfte (Ärzte, Feuerwehr usw.) heranzieht, um den Erfolg abzuwenden.

bb) Die lange streitige Frage, ob tätige Reue auch beim sogenannten untauglichen Versuch zu Straflosigkeit führen kann, wird heute zu Recht allgemein bejaht. Zur Begründung siehe ausführlich Abschn. I 2 d) cc) der Lösung des folgenden Falles (S. 118).

cc) Was für die Behandlung der tätigen Reue beim untauglichen Versuch gilt, muß auch dort gelten, wo der Erfolgseintritt von dritter Seite, aber ohne Kenntnis des sich reuig bemühenden Täters, abgewendet wurde (vgl. Maurach AT 448). Siehe hierzu auch die Lösung der Alternative c) von Fall 3 (S. 144).

IV. Sonderfälle

1. Bei den **unechten Unterlassungsdelikten** ist der Versuch nach h. L. dann beendet, wenn der zur Erfolgsabwendung Verpflichtete die nach seiner Meinung letzte Möglichkeit, den Erfolg abzuwenden, ungenutzt verstreichen läßt (vgl. Schröder JuS 62, 86).

Beispiel: Eine Mutter gibt ihrem Kleinkind mit Tötungsvorsatz mehrere Tage lang keine Nahrung, bis das Kind wie leblos daliegt und die Mutter sich sagt, daß jede Hilfe jetzt zu spät ist.

In den meisten Fällen dieser Art ist allerdings eine strafbefreiende tätige Reue ausgeschlossen, da der Täter, der keine Erfolgsabwendungsmöglichkeit mehr sieht, in aller Regel auch nichts mehr unternehmen wird, um den Erfolg abzuwenden. In dem oben zitierten Beispiel kommt § 46 Nr. 2 also nur in Betracht, wenn die Mutter, von Reue ergriffen, in der vagen Hoffnung, das Kind doch noch zu retten, einen Arzt hinzuzieht. Gelingt diesem wider Erwarten die Rettung, so bleibt die Mutter straflos; stirbt das Kind, so kann sich die tätige Reue allenfalls im Strafmaß auswirken. Das Beispiel zeigt, daß auch bei einem beendeten Versuch eines unechten Unterlassungsdelikts strafbefreiende tätige Reue nicht ausgeschlossen ist.

Diese Fälle dürfen allerdings die Ausnahme darstellen. Lönnies (Rücktritt und tätige Reue bei den unechten Unterlassungsdelikten, NJW 62, 1950) macht daher den Vorschlag, den Zeitpunkt für die Annahme eines beendeten Versuchs vorzuverlegen und den Versuch schon dann als beendet anzusehen, wenn der Täter zur Erfolgsabwendung mehr tun muß, als die Rechtsordnung von ihm verlangt.

Auf unser Beispiel übertragen würde dies bedeuten, daß der Versuch schon dann beendet wäre, wenn die Mutter glaubt, daß das Kind schon so schwach geworden ist, daß die Fortsetzung der bisherigen Ernährung nicht ausreicht, vielmehr ärztliche Hilfe erforderlich ist, um das Leben des Kindes zu erhalten. Für die Auffassung von Lönnies spricht die Parallele zu den Begehungsdelikten, bei denen man einen unbeendeten Versuch auch nur solange annimmt, als der Täter einfach durch Aufgabe seiner weiteren Tätigkeit — also durch bloße Untätigkeit — den Erfolgseintritt verhindern kann. Muß er mehr tun, z. B. die bereits gelegte Zeitzünderbombe wieder entfernen, so liegt ein beendeter Versuch vor, bei dem der Täter sich nur unter den Voraussetzungen des § 46 Nr. 2 Straflosigkeit verdienen kann.

2. Begrifflich ausgeschlossen sind Rücktritt und tätige Reue beim **vollendeten Delikt**. Allerdings gibt es auch von diesem Grundsatz einige gesetzlich geregelte Ausnahmen. Die bekanntesten sind:

a) **§ 158 I StGB:** Bei Meineid (§ 154), falscher Versicherung an Eides Statt (§ 156) und fahrlässiger uneidlicher Aussage (§ 153) **kann** das Gericht von Strafe absehen, wenn die falsche Aussage rechtzeitig berichtigt wurde.

b) **§ 163 II StGB:** Bei einem fahrlässigen Falscheid (§ 163 I) **muß** von Strafe abgesehen werden, wenn die falsche Aussage rechtzeitig berichtigt wurde.

c) **§ 310 StGB:** Wer vorsätzlich oder fahrlässig einen Brand verursacht hat, bleibt straflos, wenn er den Brand wieder löscht, bevor dieser entdeckt und weiterer Schaden entstanden war.

Weitere Beispiele finden sich in den §§ 49 b III, 129 IV, 129 a, 139 IV, 204 StGB, 410 AO.

3. Entsprechendes gilt bei den sog. **Unternehmenstatbeständen** (§§ 80, 89, 105, 114, 122, 316 a, 357, 360 Ziff. 5). Nach der Legaldefinition in

§ 87 ist bei den Unternehmenstatbeständen der Versuch der Vollendung gleichgestellt. § 46 findet daher keine Anwendung. Rücktritt und tätige Reue können nur dort zu Straffreiheit führen, wo das Gesetz eine derartige Rechtswirkung ausdrücklich vorsieht. Das ist der Fall

a) bei § 82 für die §§ 80, 89;

b) bei § 316 a Abs. 2 für Abs. 1.

Nach diesen Sonderregelungen kann das Gericht von Strafe absehen oder die Strafe mildern, wenn der Täter aus freien Stücken seine Tätigkeit aufgibt und den Erfolg abwendet. Unterbleibt der Erfolg ohne Zutun des Täters, so genügt sein ernstliches Bemühen, den Erfolg abzuwenden (§§ 82 Satz 2, 316 a II Satz 2).

4. Auch bei selbständig unter Strafe gestellten **Vorbereitungshandlungen** führt tätige Reue nur dort zu Straflosigkeit, wo das Gesetz eine derartige Rechtswirkung ausdrücklich vorsieht, z. B. in § 82 für § 81 und in § 49 a Abs. 3 für die Fälle des Abs. 2. Bei § 234 a Abs. 3 ist § 49 a Abs. 3 analog anzuwenden (vgl. BGH 6, 85).

V. Der **Entwurf 1962** (§ 28) und der nahezu gleichlautende Alternativentwurf (§ 26) wollen die bisherige Unterscheidung zwischen beendetem und nicht beendetem Versuch aufgeben und für alle Fälle des Versuchs eine einheitliche Regelung treffen. § 28 E 1962 hat folgenden Wortlaut:

1. Wegen Versuchs wird nicht bestraft, wer freiwillig die weitere Ausführung der Tat aufgibt oder die Vollendung der Tat verhindert.
2. Sind an der Tat mehrere beteiligt, so wird wegen Versuchs nicht bestraft, wer freiwillig die Vollendung der Tat verhindert.
3. Wird die Tat ohne Zutun des Zurücktretenden nicht vollendet oder wird die Tat unabhängig von seinem früheren Verhalten begangen, so genügt zu seiner Straflosigkeit sein freiwilliges und ernsthaftes Bemühen, die Vollendung der Tat zu verhindern.

Dieser Entwurf faßt in wenigen Sätzen all das zusammen, was Schrifttum und Rechtsprechung in den letzten Jahren zur Interpretation des § 46 herausgearbeitet haben. Er entspricht auch in allen Punkten den vorstehenden Ausführungen, die sich wiederum im wesentlichen mit der Ansicht von Maurach decken.

C. Die Tötungsdelikte

(Übersicht, Verhältnis zu anderen Tatbeständen, Teilnahme am Selbstmord)

I. Übersicht. Der 16. Abschnitt des StGB enthält mehrere Komplexe von Tatbeständen, die sich in ihrem Unrechtsgehalt wesentlich unterscheiden: die Tatbestände der vorsätzlichen Tötung (§§ 211, 212, 216, 217), die Abtreibung (§§ 218—220), den Völkermord (§ 220 a), die Aussetzung (§ 221) und die fahrlässige Tötung (§ 222).

II. Grundtatbestand der vorsätzlichen Tötung ist der in § 212 unter Strafe gestellte Totschlag. Der in § 211 unter Strafe gestellte Mord stellt sich demgegenüber als Qualifizierung dar, während § 216 (Tötung auf Verlangen) und § 217 (Kindstötung) privilegierte Fälle der vorsätzlichen Tötung enthalten. Diese Einordnung entspricht der h. L. im Schrifttum (vgl. Welzel JZ 52, 72, Maurach BT 21, Schönke-Schröder Rn. 3 vor § 211 mit weit. Nachw.). Ihre Berechtigung ergibt sich vor allem aus der Erwägung, daß Grundtatbestand immer der Tatbestand ist, der die Mindestvoraussetzungen enthält, die den Unrechtsgehalt des jeweiligen Deliktstypus bestimmen. Dies kann hier nur der Totschlag sein, der schlechthin jede vorsätzliche Tötung umfaßt, die nicht unter den erschwerenden Umständen des § 211 oder unter den mildernden Umständen der §§ 216, 217 begangen wird. Die abweichende Meinung des Bundesgerichtshofs (vgl. BGH 1, 368; 2, 251; 6, 329; 13, 162, 165), wonach die Tatbestände der vorsätzlichen Tötung nicht nur graduell, sondern auch artmäßig verschieden sind, kann demgegenüber nicht überzeugen. Der Unterschied der Meinungen zeigt sich vor allem auf dem Gebiet der Teilnahme (s. u. D 4).

III. Das Verhältnis der Tötungsdelikte zu den Tatbeständen der vorsätzlichen Körperverletzung

1. Entgegen der h. L. im Schrifttum hat sich der Bundesgerichtshof im Anschluß an Schönke-Schröder (§ 212 Rn. 13 ff.) auf den Standpunkt gestellt, daß der Tötungsvorsatz den Körperverletzungsvorsatz nicht ausschließt (vgl. BGH 16, 122; ebenso Schmitt JZ 62, 389). Zur Begründung wird darauf hingewiesen, daß die Körperverletzung notwendiges Durchgangsstadium für die Tötung ist und deshalb notwendig vom Tötungsvorsatz umfaßt wird.

a) Die Vereinbarkeit von Tötungs- und Körperverletzungsvorsatz bedeutet nicht, daß bei jeder vorsätzlichen Tötung zugleich auch wegen vorsätzlicher Körperverletzung zu bestrafen ist. Eine Idealkonkurrenz i. S. von § 73 ist vielmehr grundsätzlich ausgeschlossen. Die Tötung ist die intensivste Form einer Körperverletzung, d. h. eines Eingriffs in die körperliche Integrität. Die Tatbestände der Körperverletzung treten daher subsidiär zurück, sobald die Möglichkeit besteht, wegen vollendeter oder versuchter vorsätzlicher Tötung zu bestrafen.

b) Die Vereinbarkeit von Tötungs- und Körperverletzungsvorsatz wird hauptsächlich dann von Bedeutung, wenn der Täter von einem Tötungsversuch, bei dem das Opfer bereits verletzt worden ist, freiwillig zurücktritt. Da bei einem freiwilligen Rücktritt nur der Versuch als solcher straflos bleibt (vgl. § 46), besteht nach der vom BGH vertretenen Ansicht ohne weiteres die Möglichkeit, den Täter wegen einfacher vorsätzlicher (§ 223) oder gefährlicher Körperverletzung (§ 223 a) zu bestrafen.

2. Für das Verhältnis zur schweren Körperverletzung (§ 224) gilt folgendes:

a) Ist das Tötungsdelikt vollendet, so entfällt § 224 schon tatbestandsmäßig, da § 224 voraussetzt, daß das Opfer die Tat überlebt.

b) Liegt nur versuchte Tötung vor, so kann diese mit § 224 in Idealkonkurrenz treten. Subsidiarität ist abzulehnen, da der Unrechtsgehalt der Tat durch eine Bestrafung nur wegen versuchter Tötung nicht voll erfaßt werden kann (vgl. Schmitt a.a.O. 392). Das Bedürfnis, zusätzlich auf die schwere Strafdrohung des § 224 zurückzugreifen, besteht vor allem bei einer versuchten Tötung auf Verlangen (§ 216), die nur Vergehenscharakter besitzt, während die schwere Körperverletzung des § 224 selbst bei Zubilligung mildernder Umstände (vgl. § 228) immer ein Verbrechen i. S. von § 1 darstellt. Das Ergebnis mag zunächst befremden, da bei einer geglückten Tötung auf Verlangen der Täter nur wegen eines Vergehens gemäß § 216 zu bestrafen ist, bei IdK zwischen §§ 216, 43 einerseits und § 224 andererseits die Strafe aber aus dem Verbrechen des § 224 zu entnehmen ist. Dieses Ergebnis ist jedoch bei genauerer Betrachtung gar nicht so unbefriedigend. Zunächst werden dem Täter in aller Regel im Hinblick auf sein Tatmotiv gemäß § 228 mildernde Umstände zugebilligt werden können, so daß die Strafe dann doch dem § 216 zu entnehmen ist (bei § 73 konkrete Betrachtungsweise!). Im übrigen hat der Gesetzgeber sich eben auf den Standpunkt gestellt, daß die Verstümmelung bzw. dauernde Entstellung des Opfers ernster zu beurteilen ist als die Tötung auf Verlangen. Der Entwurf 1962 hält in § 147 an diesem Standpunkt fest. So gesehen ist es keineswegs unbillig, bei Vorliegen der Voraussetzungen des § 224 auf diese Bestimmung auch dann zurückzugreifen, wenn an sich die Möglichkeit besteht, wegen versuchter Tötung zu bestrafen. Es wäre im Gegenteil unbefriedigend, bei Vorliegen der Voraussetzungen des § 224 auf diese Vorschrift nur wegen des zusätzlich vorliegenden Tötungsvorsatzes zu verzichten.

c) Tritt der Täter freiwillig vom Tötungsversuch zurück, so bleibt die Strafbarkeit gemäß § 224 unberührt, da gemäß § 46 nur der Versuch als solcher straflos bleibt (qualifizierter Versuch).

3. Für das Verhältnis zur beabsichtigten schweren Körperverletzung (§ **225**) ist folgendes zu beachten:

a) IdK. zwischen einem vollendeten Tötungsdelikt und § 225 scheidet wegen der Unvereinbarkeit der Folgen aus.

b) IdK. zwischen einem versuchten Tötungsdelikt und § 225 ist nur bei bedingtem Tötungsvorsatz denkbar, d. h. wenn es dem Täter vor allem darum ging, das Opfer zu verstümmeln bzw. dauernd zu entstellen, und er dabei billigend in Kauf nahm, daß sein Opfer den Folgen seiner Verletzungen erliegen werde. War dagegen nicht der Tötungsvorsatz, sondern der Verstümmelungsvorsatz bedingt, so kommt nicht § 225, sondern § 224 in Betracht. Siehe hierzu oben 2.

4. Der Tatbestand des § **226** (Körperverletzung mit Todesfolge) bietet in diesem Zusammenhang keine Schwierigkeiten. Handelte der Täter mit Tötungsvorsatz, so kommt nur eine Bestrafung gemäß §§ 211 ff. in Betracht. § 226 wird konsumiert.

5. Für das Verhältnis zu § **229** (Giftbeibringung) gelten die Ausführungen zu § 225 entsprechend. Die selbständige Bedeutung des § 229 neben den Tötungsdelikten ist vor allem dann von Bedeutung, wenn der Täter von einer versuchten Tötung freiwillig zurücktritt. Siehe hierzu ausführlich Abschn. I 3 c der Lösung des folgenden Falles (S. 119).

IV. Über das **Verhältnis zu anderen Tatbeständen,** insbesondere zur Abtreibung (§ 218) und zur Aussetzung (§ 221), siehe Vorbem. E II, IX vor Fall 4 (S. 162, 164) bzw. Vorbem. G 4, 6 vor Fall 3 (S. 133).

V. Teilnahme an fremdem Selbstmord ist grundsätzlich **straflos,** da der Selbstmord selbst keine mit Strafe bedrohte Handlung darstellt. Dies gilt allerdings nur für die Teilnahme i. e. S., d. h. für Anstiftung und Beihilfe. Strafbar sind dagegen die Fälle, in denen Tötung in mittelbarer Täterschaft oder fahrlässige Tötung in Betracht kommt. Unter bestimmten Voraussetzungen kann sich die Strafbarkeit desjenigen, der einen fremden Selbstmord nicht hindert, auch aus § 330 c (unterlassene Hilfeleistung) ergeben. Die Einzelheiten sind äußerst bestritten.

1. Strafbare Tötung in mittelbarer Täterschaft liegt vor, wenn das Opfer durch Zwang oder Täuschung in den Tod getrieben wird. Beispiele: A zwingt B mit vorgehaltener Pistole, Gift einzunehmen. — Oder: A veranlaßt den ahnungslosen B, eine Starkstromleitung zu berühren. — Oder: A versetzt sein Opfer planmäßig in eine seelische Depression, in der es keinen anderen Ausweg mehr sieht, als aus dem Leben zu scheiden. — Oder: A spiegelt seiner Frau vor, sie habe ein unheilbares Leiden, und es sei wohl besser, sie nehme gleich ein schnell wirkendes Gift, als langsam dahinzusiechen.

In all diesen Fällen hat das Opfer nicht die freie, unbeeinflußte Entscheidung über die Fortdauer seines Lebens. Es handelt, bewußt oder unbewußt, als Werkzeug in der Hand eines anderen, der seinen Tod will und auch den Willen zur Tatherrschaft hat, somit als mittelbarer Täter zu behandeln ist.

2. Erkennt der Hintermann seine den anderen beherrschende Rolle nicht, so kommt Bestrafung wegen fahrlässiger Tötung in Betracht. Beispiel: A nörgelt so lange an seiner 16jährigen Tochter herum, bis diese keinen Ausweg mehr sieht und sich das Leben nimmt.

3. Straflose Teilnahme am Selbstmord liegt vor, wenn sich jemand lediglich darauf beschränkt, einen anderen zum Selbstmord anzustiften oder einen bereits bestehenden Entschluß zum Freitod zu fördern. Im Falle der Beihilfe ist es unerheblich, ob diese durch positives Tun oder durch Unterlassen begangen wird. Grundsätzlich unerheblich ist auch, ob der Täter eine Beistandspflicht hatte. Wer die freie Entscheidung eines anderen, aus dem Leben zu scheiden, respektiert, indem er nichts unternimmt, um ihn von seinem Schritt zurückzuhalten, mag zwar eine moralische Schuld auf sich laden, macht sich aber nicht strafbar (bestr.; im wesentlichen übereinstimmend BGH 13, 162; Gallas JZ 60, 649; Schönke-Schröder Rn. 17 vor § 211). Beispiel: A gibt seinem verschuldeten Freund F den Rat, sich zu erschießen. Da F keine Pistole hat, stellt A ihm seine eigene zur Verfügung. — Oder: A unternimmt nichts zur Rettung seiner Schwiegermutter, die sich vor seinen Augen in einen Teich stürzt (BGH 13, 162).

4. Bestritten ist die Frage, ob die Nichthinderung eines Selbstmords als unterlassene Hilfeleistung gemäß § 330 c strafbar ist. Die Entscheidung hängt davon ab, ob man einen Selbstmordversuch als Unglücksfall ansieht. Während der Bundesgerichtshof diese Frage nach anfänglichem Schwanken bejaht (vgl. BGH [GrSen] 6, 147 ff.; 13, 162, 169), verhält sich das Schrifttum überwiegend ablehnend (vgl. Schönke-Schröder § 330 c Rn. 7, Welzel 425). Zum Ganzen siehe auch Gallas JZ 54, 642; JZ 60, 691.

5. Besondere Schwierigkeiten bei der Abgrenzung strafloser Teilnahme am Selbstmord und strafloser Tötung auf Verlangen ergeben sich beim einseitig fehlgeschlagenen Doppelselbstmord, d. h. wenn zwei Personen gemeinsam aus dem Leben scheiden wollen, aber einer überlebt. Beispiele:

a) A und seine Geliebte G beschließen, gemeinsam zu sterben. Wenn A das Gift besorgt, das beide gleichzeitig einnehmen, aber nur die G an den Folgen des Gifts stirbt, während A gerettet werden kann, so finden die Regeln über die Straflosigkeit der Beihilfe zu fremdem Selbstmord Anwendung: A hat lediglich eine fremde Tat unterstützt. Das gilt aber nur, solange G jederzeit frei darüber bestimmen konnte, ob und wie sie ihrem Leben ein Ende machen wollte (BGH 19, 139).

b) Wenn A für beide die entscheidende Todesursache setzt, z. B. durch Öffnen des Gashahnes, während die G die Fenster abdichtet, liegt ebenfalls straflose Beihilfe zum Selbstmord vor: Die Tat stellt sich als gemeinsamer Selbstmord dar, bei dem sich die Beteiligten gegenseitig unterstützten.

c) Anders ist zu entscheiden, wenn die Tatherrschaft, auf die es in diesem Zusammenhang entscheidend ankommt (BGH 19, 135), allein bei A liegt, während die G nicht mehr tut, als den Tod zu erdulden, z. B. wenn A die G erschießt oder mit dem Messer tötet. In derart gelagerten Fällen ist A als Täter wegen Tötung auf Verlangen zu bestrafen (vgl. § 216).

d) Wenn A seiner Geliebten das Verlangen, getötet zu werden, durch Täuschung ablistet, etwa durch Vorspiegelung, er wolle ihr in den Tod nachfolgen, so liegt keine straflose Beihilfe zum Selbstmord vor. Es ist hierbei ohne Bedeutung, ob er die Tötungshandlung selbst vornimmt oder ob er die Tatausführung der G überläßt. Entscheidend ist, daß er sein Opfer unter Hervorrufung eines Motivirrtums in den Tod treibt. Für die Annahme strafloser Beihilfe fehlt es vor allem auch an der in subjektiver Beziehung erforderlichen Unterordnung des eigenen Willens unter den fremden Willen. Hier kann auch § 216 nicht eingreifen, denn wer das Verlangen, getötet zu werden, durch Täuschung provoziert, kann sich nicht auf die privilegierende Vorschrift berufen.

D. Der Mord (§ 211)

1. Der Mordtatbestand in seiner derzeitigen Fassung berücksichtigt **drei Fallgruppen,** die wegen ihrer **besonderen Verwerflichkeit** eine erhöhte Sühne fordern. Die besondere Verwerflichkeit kann sich sowohl aus dem Tatmotiv (1. und 3. Gruppe) als auch aus den Tatumständen (2. Gruppe) ergeben.

2. § 211 Abs. 2 enthält nicht nur normierte Regelfälle, sondern eine **abschließende Regelung des Mordtatbestands** (vgl. BGH 9, 385; 11, 139). Es ist somit nicht möglich, bei Vorliegen eines der im Gesetz genannten Mordmerkmale den Mordtatbestand als nicht erfüllt anzusehen mit der Begründung, die Tat erscheine bei Würdigung der Tatumstände und der Täterpersönlichkeit nicht so verwerflich, daß sie nur mit lebenslangem Zuchthaus gesühnt werden könne. Mörder ist demnach jeder, der ein Mordmerkmal erfüllt. Eine darüberhinausgehende Würdigung von Tat und Täter ist unzulässig.

3. **Die einzelnen Mordmerkmale:**

a) Aus Mordlust handelt, wer eine unnatürliche Freude an der Vernichtung eines Menschenlebens empfindet.

b) Zur Befriedigung des Geschlechtstriebs tötet, wem die Tötung seines Opfers ein Mittel zur geschlechtlichen Befriedigung ist. Das ist vor allem dann der Fall, wenn der Täter gerade im Tötungsakt geschlechtliche Befriedigung sucht (sog. Lustmord), aber auch, wenn er den Tod will, um sich an der Leiche seines Opfers zu befriedigen (BGH 7, 353). Damit ist der Anwendungsbereich der Vorschrift jedoch nicht erschöpft. Nach BGH 19, 101, 105 ist schlechthin jeder Sittlichkeitsverbrecher, der gegen sein Opfer Gewalt anwendet, um seine Geschlechtslust ungestört befriedigen zu können, und der dabei den Tod seines Opfers als mögliche Folge der Gewaltanwendung billigend in Kauf nimmt, als Mörder zu behandeln.

c) Aus Habgier tötet, wer sich durch ein übertriebenes Streben nach wirtschaftlichen Vorteilen leiten läßt. Hierbei ist unerheblich, ob der Täter einen tatsächlichen Gewinn erzielen oder nur Aufwendungen vermeiden will. Ein Handeln aus Habgier kommt daher auch dann in Betracht, wenn der Täter sich seiner Unterhaltspflicht entziehen will (BGH 10, 399).

d) Ein sonstiger niedriger Beweggrund liegt vor, wenn das Tatmotiv nach allgemeiner sittlicher Wertung auf tiefster Stufe steht und deshalb besonders verwerflich ist (BGH 3, 132; NJW 67, 1141). Beispiele: Tötung des Ehegatten, um den Geliebten heiraten zu können, ungehemmte Selbstsucht, Rache, Haß. Bei Eifersucht kommt es auf die Umstände des Einzelfalls an. Auch hier kann Tötung aus einem niedrigen Beweggrund angenommen werden, wenn der Täter sich zur Tat treiben ließ, ohne seinem Vernichtungswillen den erforderlichen und ihm möglichen Widerstand entgegengesetzt zu haben, mit dem er auch anderen Leidenschaften und Trieben zu begegnen hat (BGH 3, 132). Aus niedrigen Beweggründen handelt schließlich auch, wer aus nichtigem Anlaß in einer plötzlichen Wutaufwallung und in jäh auflodderndem Vernichtungswillen seinem Gegner nach dem Leben trachtet (BGH NJW 67, 1140). Subjektiv genügt, daß der Täter die Umstände kennt, die die Tat als besonders verwerflich erscheinen lassen. Nicht erforderlich ist dagegen, daß er selbst seine Beweggründe als niedrig beurteilt (BGH NJW 67, 1140 m. weit. Nachw.).

e) Heimtückisch tötet, wer das Opfer unter bewußter Ausnutzung der Arg- und Wehrlosigkeit tötet (BGH 18, 88; 19, 321). Der Täter braucht diese Arg- und Wehrlosigkeit nicht selbst herbeigeführt oder bestärkt haben. Es ist auch nicht erforderlich, daß er die Arg- und Wehrlosigkeit absichtlich ausnutzt. Es genügt vielmehr, daß er die Umstände, die das Opfer als arg- und wehrlos erscheinen lassen, erkennt und sich dennoch zur Tat entschließt (BGH NJW 67, 1141). Arglos kann auch sein, wer allgemein Grund zur Vorsicht hat, deshalb eine Waffe trägt und sich bewachen läßt. Entscheidend ist, daß das Opfer zur Zeit der Tatbegehung von der Seite des Täters mit einem Angriff nicht gerechnet hat (BGH 18, 88 mit weit. Nachw.). Hieran fehlt es, wenn der Täter seinem Opfer in offen feindseliger Haltung entgegentritt, mag das Opfer auch zu diesem Zeitpunkt nicht gerade mit einem Angriff auf sein Leben gerechnet haben (BGH 20, 301). Hierher gehören alle die Fälle, in denen der entscheidenden Tötungshandlung bereits andere Tätlichkeiten geringerer Intensität vorausgegangen sind (BGH a.a.O.).

Heimtücke entfällt, wenn das Opfer gar nicht in der Lage ist, Argwohn zu schöpfen, wie dies bei Kleinkindern der Fall ist (BGH 4, 11; 8, 216). Hier kommt Heimtücke nur dann in Betracht, wenn der Täter entweder die Arglosigkeit der Aufsichtsperson mißbraucht oder wenn er besondere Vorkehrungen trifft, um die instinktive Abwehr des Kleinkinds auszuschalten, z. B. wenn er das zur Tötung bestimmte Gift unter die Nahrung des Kindes mischt (vgl. BGH 8, 216).

Weiter erforderlich ist, daß der Täter dem Opfer gegenüber eine feindselige Haltung einnimmt (BGH 9, 385). Hieran fehlt es, wenn der Täter glaubt, zum Besten seines Opfers zu handeln, z. B. wenn ein Ehemann seine schlafende, unheilbar kranke Frau nur aus Mitleid tötet, um sie von ihrem Leiden zu befreien.

f) Grausam tötet, wer dem Opfer aus gefühlloser, unbarmherziger Gesinnung besondere Schmerzen oder Qualen zufügt (BGH 3, 180). Das äußere Tatbild allein genügt nicht. Andererseits muß die gefühllose, unbarmherzige Gesinnung keine allgemeine Tätereigenschaft sein. Es genügt, wenn sie sich durch die Tat offenbart. Beispiele: Das Opfer wird zu Tode gefoltert. — Oder: Der Täter läßt sein Opfer verhungern oder verdursten.

g) Gemeingefährlich ist ein Mittel vor allem dann, wenn der Täter die Auswirkungen nicht in der Hand hat, z. B. wenn er sein Opfer mit einer Maschinenpistole auf offener Straße überfällt, so daß noch weitere Personen gefährdet werden. Hierher gehören auch Tötung durch Brand, Überschwemmung oder Verbreitung von Seuchen.

h) Zur Verdeckung einer Straftat handelt z. B., wer einen Tatzeugen erschießt, von dem er Entdeckung oder Festnahme befürchtet, oder wenn ein flüchtiger Kraftfahrer auf einen ihm entgegengetretenen Polizeibeamten zufährt und dabei billigend in Kauf nimmt, daß der Beamte stehen bleibt und tödlich überfahren wird (BGH 15, 291). In beiden Fällen kommt es dem Täter gerade auf den Tod des Opfers als Mittel zur Verdeckung einer Straftat an, da er von diesem Gefahr erwartet. Nicht hierher gehört dagegen der Fall, daß der Täter den Tod nicht als Mittel zur Flucht, sondern nur als Folge der Flucht in Kauf nimmt, z. B. wenn sich ein Kraftfahrer nach einem Unfall nicht um das schwer verletzte Opfer kümmert, um schneller fliehen zu können (BGH 7, 287).

i) Zur Ermöglichung einer Straftat handelt z. B., wer einen Pförtner niederschlägt, um einen Einbruch begehen zu können

4. Die **Abgrenzung von Täterschaft und Teilnahme** ist gerade beim Mordtatbestand von besonderer Bedeutung, da nur bei der Beihilfe gemäß § 49 Abs. 2 die Möglichkeit besteht, von der sonst zwingend vorgeschriebenen lebenslangen Zuchthausstrafe abzusehen. Siehe hierzu ausführlich Vorbem. AT, Abschn. H I 3, S. 42 f. Im übrigen richtet sich die Strafbarkeit des Teilnehmers nach allgemeinen Grundsätzen, wobei die Anwendbarkeit der akzessorietätsdurchbrechenden Regelung des § 50 Abs. 2 davon abhängt, in welchem Verhältnis die Tatbestände der vorsätzlichen Tötung untereinander stehen (s. o. C II).

a) Folgt man der vom BGH in st. Rspr. vertretenen Ansicht, wonach Mord und Totschlag selbständige Tatbestände mit verschiedenem Unrechtsgehalt darstellen, so kann § 50 Abs. 2 für den gesamten Bereich des § 211 keine Anwendung finden, da in diesem Fall alle Mordmerkmale strafbegründend sind, § 50 Abs. 2 sich jedoch nur auf straferhöhende oder strafmildernde, nicht aber auf strafbegründende Merkmale bezieht (vgl. Vorbem. AT, Abschn. H V 3, S. 52 f.). Nach Ansicht des BGH kommt es vielmehr entscheidend nach allgemeinen Akzessorietätsgrundsätzen (§ 50 Abs. 1) darauf an, ob der Teilnehmer das Vorliegen der Mordmerkmale in der Person des Täters gekannt hat. Hat er sie gekannt, so belasten sie ihn; hat er sie nicht gekannt, so liegt ein Exzeß des Täters vor, für den er gemäß § 59 nicht haftet.

b) Folgt man der hier im Anschluß an die h. L. im Schrifttum vertretenen Ansicht, wonach der Mord lediglich einen besonders verwerflichen Fall des Totschlags darstellt, so ist der Weg zu § 50 Abs. 2 offen. Die Mordmerkmale sind in diesem Fall nicht strafbegründend, sondern straferhöhend. Da § 50 Abs. 2 sich andererseits nur auf persönliche, d. h. täterbezogene Tatbestandsmerkmale bezieht, ist weiter zu prüfen, welche der Mordmerkmale tatbezogen und welche täterbezogen sind.

aa) Tatbezogen sind solche Merkmale, die die Tat in ihrem objektiven Unrechtsgehalt typisieren. Hierher gehören die Mordmerkmale der

2. Gruppe (heimtückisch, grausam, mit gemeingefährlichen Mitteln). Für sie gilt § 50 Abs. 2 nicht. Entscheidend ist allein, ob der Teilnehmer das Vorliegen dieser Merkmale bei der Tatbegehung durch den Täter gekannt hat. Insoweit ergeben sich keine Abweichungen gegenüber der vom BGH vertretenen Ansicht.

bb) Täterbezogen sind solche Merkmale, die in der Person des Täters begründet liegen. Hierher gehören alle Mordmerkmale der 1. und 3. Gruppe (aus Mordlust, zur Befriedigung des Geschlechtstriebs, aus Habgier oder sonstigen niedrigen Beweggründen, zur Verdeckung oder Ermöglichung einer Straftat). Diese Merkmale unterliegen der akzessorietätsdurchbrechenden Wirkung des § 50 Abs. 2, d, h. sie belasten nur den Täter oder Teilnehmer, bei dem sie vorliegen.

c) Beispiele:

aa) A stiftet B an, X zu erschießen. B greift jedoch ohne Wissen des A nicht zur Pistole, sondern wirft einen Sprengkörper in ein vollbesetztes Kino, in dem X sich gerade einen Film ansieht. B hat sich des Mords schuldig gemacht, da er zu einem gemeingefährlichen Mittel gegriffen hat. A kann hier, da er die qualifizierenden Umstände nicht gekannt hat, unbestritten nur wegen Anstiftung zum Totschlag bestraft werden. — Für den umgekehrten Fall gilt folgendes: Tötet B entgegen der Vorstellung des Anstifters A den X nicht mit einem gemeingefährlichen Mittel, sondern durch Erschießen, so hat sich B nur wegen Totschlags zu verantworten. Für A kommt neben Anstiftung zum Totschlag in IdK noch versuchte Anstiftung zum Mord in Betracht.

bb) Tötet B auf Veranlassung des A, um früher in den Genuß der Erbschaft zu kommen, seinen Erbonkel X, so ist B wegen Mords zu bestrafen, da er aus Habgier getötet hat. A ist nach der hier vertretenen Ansicht nur dann wegen Anstiftung zum Mord (§§ 211, 48) zu bestrafen, wenn er selbst aus Habgier oder einem anderen niedrigen Beweggrund gehandelt hat. Fehlen derartige Motive, so kommt nur Bestrafung aus § 212 in Betracht, und zwar auch dann, wenn A das Motiv des B gekannt hat. Die Begründung ergibt sich aus § 50 Abs. 2. Nach Ansicht des BGH kommt es dagegen entscheidend darauf an, ob A das Motiv des B gekannt hat. — Für den umgekehrten Fall gilt folgendes: Handelt nicht B, sondern A aus Habgier oder einem anderen niedrigen Beweggrund, so besteht nach der hier vertretenen Ansicht die Möglichkeit, den Anstifter A auch dann aus § 211 zu bestrafen, wenn für B nur Totschlag in Betracht kommt. Die Begründung ergibt sich wiederum aus § 50 Abs. 2. Für den BGH ist dagegen der Weg zu § 211 verschlossen. A kann, obwohl er aus Habgier gehandelt hat, nur wegen Anstiftung zum Totschlag bestraft werden. Dies erscheint unbefriedigend.

5. **IdK** ist u. a. möglich mit Abtreibung (BGH 11, 15), Raub mit Todesfolge (BGH 9, 135) und Notzucht mit Todesfolge (BGH 19, 102).

E. Die Giftbeibringung (§ 229)

1. Die Giftbeibringung gemäß § 229 stellt einen Fall der versuchten Körperverletzung wegen seiner besonderen Gefährlichkeit selbständig unter Strafe. Der Tb. ist bereits mit der Giftbeibringung vollendet. Nicht erforderlich ist, daß das Gift schon zu wirken beginnt.

2. Gift ist ein Stoff, der durch seine chemische Beschaffenheit die Gesundheit zu zerstören geeignet ist, z. B. Arsen, Zyankali, E 605 und andere giftige Pflanzenschutzmittel, aber auch Ansteckungsstoffe wie Pocken, Typhus und Syphilis, ferner Leuchtgas (LG Berlin MDR 64, 1023).

3. Dem Gift gleichgestellt sind **andere Stoffe,** die die Gesundheit zerstören können, z. B. zerstoßenes Glas, kochendes Wasser. Entscheidend sind immer die Umstände des Einzelfalls (konkrete Betrachtungsweise, vgl. BGH NJW 60, 2254, in BGH 15, 113 nicht mit abgedruckt).

4. Eine **Zerstörung der Gesundheit** ist anzunehmen, wenn wesentliche körperliche Fähigkeiten völlig oder mindestens in erheblichem Umfang aufgehoben werden (BGH NJW 60, 2254). Hierzu gehören z. B. eine wesentliche Beeinträchtigung des Sehvermögens oder der Bewegungsfähigkeit. Ein Dauerschaden ist nicht erforderlich. Andererseits können nur vorübergehende Beeinträchtigungen unwesentlicher Art, z. B. eine Ohnmacht oder ein längerer Schlaf, noch nicht als Zerstörung der Gesundheit angesehen werden. In diesen Fällen kommt jedoch § 223 in Betracht.

5. Das **Beibringen** kann auch äußerlich erfolgen, z. B. dadurch, daß der Täter seinem Opfer Salzsäure in die Augen schüttet und dadurch das Sehvermögen beeinträchtigt (BGH 15, 113). In der Regel jedoch erfolgt das Beibringen in der Weise, daß das Gift durch den Mund, durch Einspritzung, Einatmenlassen oder Aufstreichen auf eine Wunde in den Körper des Opfers eingeführt wird.

6. Subjektiv ist zunächst **Vorsatz** erforderlich. Der Täter muß wissen, daß das Mittel in der gewählten Dosierung geeignet ist, die Gesundheit zu zerstören. Insoweit genügt bedingter Vorsatz. Darüber hinaus ist die **Absicht** erforderlich, die Gesundheit zu beschädigen. Gesundheitsbeschädigung ist weniger als Gesundheitszerstörung. Es genügt also bereits die Absicht, eine geringere Beeinträchtigung der Gesundheit herbeizuführen, z. B. Übelkeit, Trunkenheit, Bewußtlosigkeit. Über das Verhältnis zum Tötungsvorsatz siehe ausführlich Abschn. I 3 c der Lösung des folgendes Falles.

7. Abs. 2 bringt eine Strafschärfung für den Fall, daß die schweren Folgen der §§ 224, 226 eintreten. Mildernde Umstände sind in diesem Fall nicht vorgesehen, wohl aber muß die schwere Folge für den Täter vorhersehbar gewesen sein (§ 56).

8. Über das Verhältnis zu den Tötungsdelikten siehe ausführlich Abschn. I 3 c der Lösung des folgenden Falles. Gegenüber den §§ 223 bis 226 geht § 229 vor.

9. Abschließendes Beispiel: A gibt dem B „zum Scherz" einen Teelöffel E 605 in den Kaffee. Er kennt zwar die gefährliche Wirkung des Mittels, glaubt aber, die geringe Menge könne nur zu einer vorübergehenden Magenverstimmung und etwas Übelkeit führen. B stirbt jedoch. Hier kommt für A nur § 226 in Betracht. §§ 211, 212 entfallen mangels Tötungsvorsatz; § 229 entfällt ebenfalls, da sich der Vorsatz des A nicht auf eine Zerstörung, sondern nur auf eine Beschädigung der Gesundheit erstreckte. Hätte er jedoch eine Gesundheitszerstörung billigend in Kauf genommen, so würde sich die Bestrafung aus § 229 Abs. 2 ergeben.

Lösung des Falles

I. Die Strafbarkeit der A

Es ist zu untersuchen, unter welchen strafrechtlichen Gesichtspunkten sich die A dadurch strafbar gemacht hat, daß sie ihren Mann durch das vermeintliche Gift töten wollte.

1. Mord (§ 211)

a) Wie sich aus dem Sachverhalt ergibt, hat sich A, nachdem er von dem Anschlag auf sein Leben erfahren hatte, selbst das Leben genommen. Es ist daher zu prüfen, ob ein vollendetes oder nur ein versuchtes Tötungsdelikt in Betracht kommt. Hätte die A nicht den Anschlag auf sein Leben unternommen, so hätte sich ihr Mann nicht das Leben genommen. Ihr Verhalten kann also nicht hinweggedacht werden, ohne daß nicht zugleich auch der Erfolg entfiele. Die A hat somit eine Bedingung für den Tod ihres Mannes gesetzt. Da nach der sog. Bedingungs- oder Äquivalenztheorie (siehe hierzu ausführlich Vorbem. AT, Abschn. B IV 2, S. 11) strafrechtlich alle Bedingungen, ohne die der Erfolg nicht denkbar wäre, als gleichwertige (= äquivalente) Ursachen für den Erfolg anzusehen sind, ist für die weitere Betrachtung davon auszugehen, daß zwischen dem Verhalten der A und dem Tod ihres Mannes ein strafrechtlich erheblicher Kausalzusammenhang besteht.

b) Die Kausalität zwischen Handlung und Erfolg genügt für sich allein noch nicht zur Begründung eines tatbestandsmäßigen Verhaltens. Wie bereits in den Vorbem. AT, Abschn. B IV 4, S. 12 dargelegt, ist vielmehr bei allen vorsätzlichen Delikten auf der subjektiven Tatseite weiter erforderlich, daß der Täter den konkreten Geschehnisablauf in seinen wesentlichen Zügen gekannt und beherrscht hat. Nur dann kann von einem Vorsatz im Rechtssinn gesprochen werden. Dies bedeutet für den vorliegenden Fall: Da die A den Tod ihres Ehemanns zwar gewollt, den zum Tod führenden Geschehnisablauf aber in seinem entscheidenden zweiten Teil nicht beherrscht hat, kommt ein vollendetes vorsätzliches Tötungsdelikt nicht in Betracht.

2. Nachdem vollendete vorsätzliche Tötung abgelehnt wurde, ist weiter zu prüfen, ob sich die A einer **versuchten Tötung** schuldig gemacht hat. (Allgemeine Ausführungen zur Strafbarkeit des Versuchs siehe oben Vorbem. A.)

a) Die A hatte den Entschluß, ihren Ehemann durch Gift zu töten. Diesen Entschluß hatte sie auch durch Ausführungshandlungen nach außen erkennnbar betätigt, indem sie ihrem Mann das vermeintliche Gift in den Kaffee gab. Die Besonderheit des Falles besteht darin, daß es sich bei dem vermeintlichen Gift in Wirklichkeit um Zucker handelte. Es liegt somit ein sog. untauglicher Versuch vor, und zwar ein Versuch mit einem absolut untauglichen Mittel. Dieser steht jedoch, wie in der Vorbem. A Abschn. III 2 (S. 97) näher ausgeführt wurde, hinsichtlich der Strafbarkeit den übrigen Fällen des Versuchs gleich. Er hat mit diesen gemeinsam, daß es sich um eine mißlungene Auflehnung des Täters gegen die Rechtsordnung handelt. Eine unterschiedliche Beurteilung hinsichtlich der Strafbarkeit ist daher nicht geboten.

Die A hat sich somit, da Rechtfertigungs- oder Schuldausschließungsgründe nicht ersichtlich sind, einer versuchten vorsätzlichen Tötung schuldig gemacht.

b) Es ist weiter zu prüfen, ob mordqualifizierende Merkmale gegeben sind. In Betracht kommen die Tatbestandsmerkmale „heimtückisch“ und „aus niedrigen Beweggründen“.

aa) Heimtückisch tötet, wer das Opfer unter bewußter Ausnutzung der Arg- und Wehrlosigkeit tötet (BGH 18, 88; 19, 321 sowie oben Vorbem. D Abschn. 3 e). Diese Voraussetzungen können bei einem Anschlag der vorliegenden Art unbedenklich bejaht werden. A rechnete nicht mit einem derartigen Anschlag auf sein Leben, als er wie üblich seinen Kaffee zu sich nehmen wollte. Er war somit arg- und wehrlos. Diese Situation nutzte Frau A bewußt aus.

bb) Die Absicht, den rechtmäßig angetrauten Ehemann zu beseitigen, um den Geliebten heiraten zu können, muß auch als niedriger Beweggrund angesehen werden. Das Tatmotiv zeichnet sich hier durch einen besonders hohen Grad an Verwerflichkeit aus.

c) Im Ergebnis kann somit festgestellt werden, daß die A sich des versuchten Mordes schuldig gemacht hat. Ihr Verhalten war rechtswidrig und schuldhaft.

d) Es ist weiter zu prüfen, ob die A sich auf strafbefreiende **tätige Reue (§ 46 Nr. 2)** berufen kann.

aa) Allgemeine Ausführungen über Rücktritt und tätige Reue siehe Vorbem. B zu diesem Fall. Wie dort in Abschn. III 1 dargelegt, setzt tätige Reue nach § 46 Nr. 2 einen beendeten Versuch voraus. Der Versuch ist beendet, wenn der Täter alles getan hat, was nach seiner Vorstellung erforderlich war, um den tatbestandsmäßigen Erfolg herbeizuführen. Diese Voraussetzungen sind im vorliegenden Fall gegeben. Die A hatte dadurch, daß sie ihrem Ehemann das vermeintliche Gift in den Kaffee gab, alles getan, was nach ihrer Vorstellung erforderlich war, um ihren Mann zu töten. Der Versuch war daher beendet. Daß der verwendete Zucker hierzu untauglich war, ist nach der subjektiven Betrachtungsweise (s. o. 2 a) unerheblich.

bb) Straffreiheit gemäß § 46 Nr. 2 setzt weiter voraus, daß die Tat noch nicht entdeckt war. Als die A ihrem Ehemann die Milch vorsetzte, um zu bewirken, daß er sich erbrach und das vermeintliche Gift auf diese Weise wieder ausschied, hatte noch niemand von ihrem Anschlag Kenntnis erlangt. Die Tat war also noch nicht entdeckt.

cc) Schwieriger zu beurteilen ist die weitere Frage, ob eine Erfolgsabwendung durch eigene Tätigkeit vorliegt. Die Besonderheit des Falles liegt darin, daß es sich, wie dargelegt, um einen sog. untauglichen Versuch handelt. Das Reichsgericht (vgl. RG 68, 309) lehnte in solchen Fällen die Anwendbarkeit von § 46 Nr. 2 ab mit der Begründung, daß ein Erfolg, der überhaupt nicht eintreten kann, auch nicht mehr abgewendet werden könne. Diese Ansicht führt zu dem unbefriedigenden Ergebnis, daß der Täter, dessen Angriff objekiv eine stärkere Gefährdung des geschützten Rechtsguts bedeutet, besser gestellt ist als ein anderer, dessen Angriff nie zum Ziel führen kann. Auch wenn man den Grund der Strafbarkeit des Versuchs nicht in der Gefährlichkeit der Tat, sondern in der Gefährlichkeit des Täters sieht, lassen sich keine überzeugenden Gründe dafür finden, den mit tauglichen Mitteln vorgehenden Täter besser zu stellen als den, der — möglicherweise aus Unverstand handelnd — gar nicht gefährlich werden kann. Eine befriedigende Lösung bietet hier die von der h. L. vorgeschlagene, inzwischen auch vom BGH (BGH 11, 324) vertretene analoge Anwendung von § 49 a IV: Unterbleibt die Tat ohne Zutun des Täters, so genügt sein freiwilliges und ernsthaftes Bemühen, die Begehung zu verhindern. Derselbe Rechtsgedanke findet sich in den §§ 82 Satz 2, 129 IV 2, 139 IV 2, 316 a II 2, wo es ebenfalls entscheidend darauf ankommt, daß der Täter freiwillig zur Erfolgshinderung tätig wurde. An der Freiwilligkeit fehlt es natürlich, wenn der Täter die Erfolglosigkeit seines Angriffs erkannt hat. In diesem Fall kann von einem freiwilligen und ernsthaften Bemühen, den Erfolg zu verhindern, nicht mehr gesprochen werden.

Dies bedeutet für den vorliegenden Fall: Da die A freiwillig, ohne von der Untauglichkeit des von ihr verwendeten Mittels zu wissen, alles unternahm, um den drohenden Erfolg zu verhindern, kann sie sich auf strafbefreiende tätige Reue berufen.

dd) Zwischenergebnis: Die A kann weder wegen vollendeten noch wegen versuchten Mordes bestraft werden.

3. Giftbeibringung (§ 229)

a) Allgemeine Ausführungen siehe Vorbem. E vor diesem Fall.

b) Der objektive Tatbestand setzt die Beibringung von Gift voraus. Da die A nur vermeintliches Gift, in Wirklichkeit aber völlig harmlosen Zucker verwendete, ist der obj. Tb. nicht erfüllt.

c) Es ist auch hier zu prüfen, ob die A wegen versuchter Giftbeibringung (§§ 229, 43) strafbar ist. Da die Tat ein Verbrechen darstellt, ist der Versuch auch ohne besondere Strafdrohung strafbar (§ 43 Abs. 2).

Gewisse Schwierigkeiten bereitet die Frage, ob die A mit dem in § 229 vorausgesetzten Vorsatz handelte. Wie in der Vorbem. E unter Abschn. 6 dargelegt, muß der Täter zunächst wissen, daß das von ihm gewählte Mittel geeignet ist, die Gesundheit zu zerstören (Vorsatz). Außerdem muß er die Absicht haben, die Gesundheit zu zerstören. Diese Voraussetzungen sind im vorliegenden Fall insoweit zweifelhaft, als die A den Willen hatte, ihren Ehemann zu töten, also nicht nur seine Gesundheit anzugreifen. Das Schrifttum steht daher überwiegen auf dem Standpunkt, daß § 229 bei primärem oder gar ausschließlichem Tötungsvorsatz keine Anwendung finden könne. Zur Begründung wird vor allem darauf hingewiesen, daß die Willensrichtung bei der vorsätzlichen Tötung wesensmäßig völlig anders sei als bei der Giftbeibringung des § 229. So entstehen nach Schönke-Schröder (§ 212 Rn. 15, 16) zwischen den §§ 211 ff. einerseits und § 229 andererseits echte Konkurrenzenprobleme nur dann, wenn der Täter — anders als im vorliegenden Fall — primär in der Absicht des § 229 gehandelt, daneben aber den Tod des Opfers in Kauf genommen hat. Schröder wendet die vom BGH in BGH 16, 122 entwickelten, in der Vorbemerkung C Abschnitt III näher ausgeführten Grundsätze über das Verhältnis der Tötungsdelikte zur vorsätzlichen Körperverletzung nur auf die Tatbestände der §§ 223, 223 a, 224, nicht aber auf die Tatbestände der §§ 225, 229 an, da diese über den Körperverletzungsvorsatz hinaus noch eine besondere Absicht erforderten. Schröder käme also im vorliegenden Fall, da die A ausschließlich mit Tötungsvorsatz handelte, zur Straflosigkeit, zumal bei der besonderen Fallgestaltung mangels Tatfolgen auch ein Rückgriff auf die §§ 223, 223 a, 224 nicht in Frage kommt. Ebenso Schwarz-Dreher § 229 Anm. 3 A, Frank § 229 Anm. V sowie Welzel 270.

Diese Auffassung hätte im vorliegenden Fall zwangsläufig zur Folge, daß die A nur deshalb straflos ausginge, weil sie ihren Mann durch das vermeintliche Gift nicht nur an der Gesundheit schädigen, sondern töten wollte. Ein solches Ergebnis kann nicht befriedigen. Eine befriedigende Lösung läßt sich nur dadurch erreichen, daß man den Giftmord als eine besonders intensive Form der in § 229 unter Strafe gestellten Giftbeibringung behandelt. Daraus ergibt sich dann zwanglos, daß jeder, der mit Tötungsvorsatz Gift beibringt, objektiv und auch subjektiv alle Merkmale des § 229 verwirklicht. Eine selbständige Bedeutung erhält § 229 in all diesen Fällen aber nur dann, wenn die Tat — wie im vorliegenden Fall — weder als vollendeter noch als versuchter Mord strafrechtlich erfaßt werden kann. (So wie hier in allen Punkten Maurach BT 100 unter Aufgabe der noch in der Voraufalge vertretenen, hier abgelehnten Gegenansicht.)

d) Geht man mit der hier vertretenen Ansicht davon aus, daß alle Voraussetzungen einer versuchten Giftbeibringung vorliegen, so ist weiter zu prüfen, ob sich die A auf strafbefreiende tätige Reue berufen kann.

aa) Hätte es sich um richtiges Gift gehandelt, so wäre für § 46 Nr. 2 nach heute nahezu einhelliger Ansicht kein Raum, da der Tb. des § 229 bereits mit der Giftbeibringung verwirklicht wäre (vgl. L. K. § 229 Anm. V; Schönke-Schröder § 229 Rn. 11). Man würde in diesem Fall von einem sog. qualifizierten Versuch sprechen (vgl. Vorbem. B II 5 vor diesem Fall).

bb) Anders der vorliegende Fall: Infolge der Untauglichkeit des Mittels blieb die Giftbeibringung im Versuch stecken. Das bedeutet aber, daß die A sich, solange ihre Tat noch nicht entdeckt war und sie die Untauglichkeit ihres Vorgehens noch nicht erkannt hatte, durch tätige Reue Straflosigkeit verdienen konnte. Die Ausführungen oben unter 2 d) cc) gelten insoweit entsprechend.

4. Versuchte Anstiftung zur Mordbeihilfe (§§ 211, 49, 49 a)

Die erfolglos gebliebene Aufforderung an X, das gewünschte Gift zu beschaffen, stellt sich begrifflich als versuchte Anstiftung zur Beihilfe zum Mord dar. Versuchte Anstiftung zur Beihilfe ist aber wesensmäßig versuchte Beihilfe und als solche nach der derzeitigen Fassung des § 49 a nicht strafbar. § 49 a erfaßt nur noch die versuchte Anstiftung zur Täterschaft (Normalfall) und die versuchte Anstiftung zur Anstiftung. (Nähere Ausführungen zu § 49 a siehe Vorbem. B zu Fall 3).

5. Ergebnis: Die A hat sich nicht strafbar gemacht.

II. Die Strafbarkeit des X

X hat das Vorgehen der A dadurch gefördert, daß er ihr das vermeintliche Gift besorgte und sie dabei im Glauben ließ, es handle sich wirklich um Gift.

1. Beihilfe zum versuchten Mord (§§ 211, 49)

a) Wie oben in Abschn. I 2 dargelegt, hat sich die A des versuchten Mordes schuldig gemacht. Sie bleibt nur deshalb straflos, weil sie sich auf tätige Reue berufen kann. Da es sich hierbei um einen persönlichen Strafaufhebungsgrund handelt, kommt dieser nur der A, nicht aber auch X zugute (sog. limitierte Akzessorietät von Täterschaft und Teilnahme, vgl. § 50 Abs. 2 sowie Vorbem. AT, Abschn. H V 2, S. 50 f.). Beihilfe zum versuchten Mord kann also nicht mit der Begründung abgelehnt werden, die A habe sich infolge tätiger Reue nicht strafbar gemacht, weshalb auch X nicht bestraft werden könne.

b) Wie bei der Anstiftung muß sich auch bei der Beihilfe der Vorsatz des Gehilfen auf alle Tatbestandsmerkmale der von ihm geförderten Tat erstrecken. Der Gehilfe muß wissen, daß er durch sein Verhalten eine bestimmte, mit Strafe bedrohte Handlung fördert. Hierzu gehört auch der Vollendungswille. Wer nur zum Schein eine fremde Tat unterstützt, ohne deren Vollendung zu wollen, kann nicht wegen Beihilfe bestraft werden. Man spricht in solchen Fällen von einer sog. Scheinbeihilfe. So aber liegt der Fall hier. X wollte den Tod des M nicht. Deshalb gab er der A nicht das gewünschte Gift, sondern harmlosen Zucker. Beihilfe zum versuchten Mord entfällt daher.

2. Unterlassene Verbrechensanzeige (§ 138)

Die A hatte das Vorhaben, d. h. den ernstlichen Plan, ihren Ehemann zu töten. X hatte hiervon glaubhaft Kenntnis erlangt. Trotzdem erscheint eine Anzeigepflicht zweifelhaft. Zweck der Vorschrift ist es, Verbrechen zu verhüten oder wenigstens deren Folgen abzuwenden (Schönke-Schröder § 138 Rn. 8). Hieraus folgt aber, daß eine Anzeigepflicht schon objektiv entfällt, wenn jemand die Anzeige unterläßt, weil er weiß, daß die Tat nicht ausführbar oder endgültig aufgegeben ist (Schönke-Schröder a.a.O.). § 138 ist daher schon tatbestandsmäßig abzulehnen. Auf jeden Fall aber könnte sich X auf den persönlichen Strafausschließungsgrund des § 139 Abs. 4 berufen.

3. Ergebnis: Auch X hat sich nicht strafbar gemacht.

ZU FALL 3

Vorbemerkungen

A. Abgrenzung von Vorbereitung und Versuch

1. Zur **Abgrenzung von Versuch und Vorbereitungshandlung** werden teils subjektive, teils objektive Merkmale herangezogen. Der Anfang einer Ausführung i. S. von § 43 ist dann gegeben, wenn der verbrecherische Wille in einer Handlung zutage tritt, die nach dem Gesamtplan des Täters unmittelbar zur Gefährdung des geschützten Rechtsguts führen soll.

2. Beispiele aus der Rechtsprechung des BGH:

a) BGH NJW 52, 514 (= MDR 52, 243): Drei Angeklagte wollten einen Kassenboten berauben, der mit einer bestimmten Straßenbahn eintreffen sollte. Sie hatten ihren Plan aufs sorgfältigste vorbereitet und lauerten zum vorgesehenen Zeitpunkt dem Kassenboten auf. Dieser erschien aber nicht, worauf die Angeklagten ihren Plan aufgaben und sich zurückzogen. Der BGH nahm versuchten Raub an und lehnte — folgerichtig — Straflosigkeit nach § 46 ab.

b) BGH 6, 96: Wer eine Frau durch Drohungen zur Gewerbsunzucht zu bestimmen sucht, um seinen Lebensunterhalt aus dem unsittlichen Erwerb zu beziehen, macht sich zwar einer versuchten Nötigung, nicht aber der versuchten Zuhälterei schuldig, wenn die Frau das Ansinnen von sich weist. Eine Ausführungshandlung i. S. von § 181 a kann erst dann einsetzen, wenn die Frau sich tatsächlich entschließt, gewerbsmäßig der Unzucht nachzugehen. Erst dann ist das geschützte Rechtsgut gefährdet. Bis dahin liegen nur Vorbereitungshandlungen vor.

Andererseits bestehen keine Bedenken, versuchte Zuhälterei anzunehmen, wenn der Täter eine Frau, die bereits der Gewerbsunzucht nachgeht, durch Gewalt dazu bringen will, für ihn „auf den Strich zu gehen" (BGH 19, 350).

c) BGH 6, 302: Die Verabredung eines Täters mit einem Kind, das er bei einem späteren Zusammentreffen zur Verleitung oder Duldung unzüchtiger Handlungen bestimmen will, ist schon der Beginn des Verleitens. Der Entscheidung lagen zwei Fälle zugrunde: Im einen Fall hatte der Angeklagte ein 12jähriges Mädchen zum Mitkommen aufgefordert und ihm ein Geldgeschenk von 5,— DM in Aussicht gestellt. Er hatte dabei die Absicht, im unmittelbaren Anschluß an die Aufforderung das Mädchen an eine geeignete Stelle zu führen und dort mit ihm unzüchtige Handlungen vorzunehmen. Im anderen Fall hatte er ein ebenfalls 12 Jahre altes Mädchen angesprochen und aufgefordert, gegen Abend (!) zum Festplatz zu kommen. Er werde ihm dann Schokolade kaufen und mit ihm Karussell fahren. Bis zum Abend waren es noch mehrere Stunden. Das Kind ging nur zum Schein auf das Angebot ein. Der BGH hat in beiden Fällen das Vorliegen strafbarer Versuchshandlungen bejaht und zur Begründung u. a. darauf hingewiesen, daß die Notwendigkeit, Kinder vor unsittlichen Anträgen nachdrücklich zu schützen, Grund gebe, die Grenze zwischen Vorbereitung und Versuch weit vorzuverlegen. Dieses Anliegen des BGH ist durchaus zu begrüßen. Andererseits erscheint die Entscheidung, soweit sie den 2. Fall betrifft, dogmatisch nicht unbedenklich, da eine unmittelbare Gefährdung des Mädchens wegen der zeitlichen Zäsur von immerhin mehreren Stunden weder objektiv noch in der Vorstellung des Täters gegeben war (vgl. Bockelmann JZ 54, 468; JZ 55, 193; Schwarz-Dreher § 43 Anm. 1 C).

d) BGH LM Nr. 22 zu § 211: Versuchter Mord, wenn der Täter in einen Raum einschleicht, in den nach seiner Ansicht das Opfer bald eintreten wird. In der Begründung stellt der BGH darauf ab, es sei erforderlich, daß das planmäßige Handeln des Täters im ungestörten Fortgang unmittelbar zur Erfüllung des gesetzlichen Tatbestands führen soll.

e) BGH NJW 52, 430 (gegen RG 72, 66): Kein Versuch, sondern nur straflose Vorbereitungshandlung, wenn ein Versicherungsnehmer eine gegen Diebstahl versicherte Sache beiseite schafft, um sie der Versicherung als gestohlen zu melden.

3. § 26 Abs. 2 E 1962 ist bestrebt, eine uferlose Ausweitung des Versuchs auf Kosten der straflosen Vorbereitungshandlung zu verhindern: „Den Anfang der Ausführung bildet eine Handlung, durch die der Täter mit der Verwirklichung des Tatbestands beginnt oder unmittelbar dazu ansetzt." Im selben Sinn, jedoch prägnanter in der Formulierung, **§ 24 AE**: „Den Versuch einer Straftat begeht, wer nach seinem Tatplan zu ihrer Verwirklichung unmittelbar ansetzt."

B. Die versuchte Anstiftung (§ 49 a)

I. § 49 a Abs. 1 befaßt sich mit der **erfolglosen Anstiftung.** Diese ist nur bei Verbrechen strafbar, nicht auch bei Vergehen und Übertretungen. (Siehe jedoch die in den §§ 90 Abs. 3, 106 a Abs. 2, 159, 357 getroffenen Sonderregelungen, ferner §§ 28, 34 WehrStG.)

1. Ob ein **Verbrechen** vorliegt, richtet sich grundsätzlich nach der Person des in Aussicht genommenen Täters. Wegen Ausnahmen s. u. 2.

Beispiele:

a) Der Untersuchungsgefangene A bittet den Aufsichtsbeamten X, ihn während der Außenarbeiten entweichen zu lassen. Käme X der Bitte nach, so würde er sich eines Verbrechens gemäß § 347 Abs. 1 schuldig machen; A wäre gemäß § 50 Abs. 2 nur aus dem Strafrahmen des § 121 Abs. 1, somit wegen eines Vergehens zu bestrafen. Trotzdem kommt für ihn § 49 a in Betracht, wenn X sich weigert, ihn laufen zu lassen (vgl. BGH 6, 309). Die Strafe ist dann allerdings auch in diesem Fall dem Strafrahmen des § 121 Abs. 1 zu entnehmen.

b) Der bereits wegen Diebstahl i. R. vorbestrafte A fordert den bisher nicht einschlägig vorbestraften X auf, einen einfachen Diebstahl zu begehen. Kommt X dieser Aufforderung nach, so ist für A die Strafe wegen Anstiftung zum Diebstahl gemäß § 50 Abs. 2 dem Strafrahmen des § 244 zu entnehmen. Weist X das Ansinnen zurück, so entfällt § 49a, da die Tat im Falle ihrer Ausführung für X kein Verbrechen gewesen wäre (RG 32, 268; Schwarz-Dreher § 49a Anm. 2 C). Wegen des umgekehrten Sachverhalts siehe unten 2 b.

Demgegenüber wird im Schrifttum teilweise die Ansicht vertreten, daß es bei solchen Delikten, die nur unter bestimmten, in der Person des Täters begründeten Umständen Verbrechenscharakter haben, sonst aber Vergehen wären, für die Anwendbarkeit von § 49 a nicht auf die Person des Täters, sondern auf die des Anstifters ankommen soll (vgl. Schönke-Schröder § 49 a Rn. 28 ff., Maurach AT 597). Diese Ansicht läßt sich jedoch mit dem Wortlaut des § 49 a nicht vereinbaren; sie würde außerdem zu teilweise unbefriedigenden Ergebnissen führen. So wäre beispielsweise die Strafbarkeit wegen versuchter Anstiftung zu einem Verbrechen gemäß § 346 (Begünstigung im Amt) von der Entscheidung der dogmatischen Streitfrage abhängig, ob man den Tatbestand des § 346 als echtes oder unechtes Amtsdelikt ansieht. Diese Ansicht ist daher abzulehnen.

2. Besonderheiten sind zu beachten:

a) bei der versuchten Anstiftung zur Abtreibung. Siehe hierzu ausführlich Abschn. III 2 b der Lösung des folgenden Falles (S. 139).

b) bei den Tatbeständen, die ausschließlich aus Gründen der Täterwürdigung zu Verbrechen werden, ohne daß der Tatbestand — wie z. B. bei den unechten Amtsdelikten (s. o. 1 a) — gleichzeitig rechtsgutmäßig qualifiziert wird. Hierher gehören die Fälle, in denen die Tat nur wegen Rückfalls (§§ 244, 264) oder wegen Gewohnheitsmäßigkeit (z. B. § 260) zum Verbrechen wird. Das RG hat zwar auch für diese Fälle § 49 a dann angenommen, wenn der Anstifter die Rückfälligkeit des in Aussicht genommenen Täters kannte (vgl. RG 32, 268). Dem kann jedoch nicht gefolgt werden. Die ratio legis des § 49 a besteht nämlich darin, den Strafbarkeitszeitpunkt bei bestimmten, besonders gefährlichen Delikten zum Schutz der Allgemeinheit möglichst weit vorzuverlegen. Insbesondere sollen Kapitalverbrechen möglichst schon in ihrem Ansatz bekämpft werden können. Ein Verbrechen i. S. des § 49 a liegt also nur dann vor, wenn die in Aussicht genommene Tat wegen der besonderen Schutzwürdigkeit des Rechtsguts oder wegen der Form der Begehung sich als Verbrechen darstellt, nicht dagegen, wenn sie nur aus Gründen in der Person des Täters zum Verbrechen wird (vgl. Dreher GA 54, 11, 16; äußerst bestr.; zum Ganzen siehe auch Dreher NJW 53, 313 und MDR 55, 119 sowie Börker JR 56, 286).

3. § 49 a Abs. 1 erfaßt nicht nur die Fälle, in denen der in Aussicht genommene Täter das Ansinnen, ein Verbrechen zu begehen, von Anfang an zurückweist. Die Vorschrift kommt auch dann in Betracht, wenn der in Aussicht genommene Täter zunächst zusagt, sich später aber die Sache anders überlegt, ferner dann, wenn er bereits zur Tat entschlossen war („omni modo facturus").

4. § 49 a entfällt, wenn der Angestiftete sich zwar zur Tat entschließt, diese dann aber im Versuchsstadium bleibt. In diesem Fall erfolgt die Bestrafung nicht wegen versuchter Anstiftung, sondern wegen Anstiftung zum Versuch. Beide Begriffe sind streng zu trennen.

5. Versuchte Anstiftung zur Anstiftung ist versuchte Anstiftung und als solche gemäß § 49 a Abs. 1 strafbar. Versuchte Anstiftung zur Beihilfe ist dagegen als versuchte Beihilfe seit der Neufassung des § 49 a durch das 3. Str.RÄndGes. vom 4. 8. 1953 nicht strafbar. Wer also einen anderen vergeblich auffordert, ihm bei einem Einbruch behilflich zu sein, etwa Schmiere zu stehen, macht sich hierdurch noch nicht strafbar. Strafbar wäre dagegen die Aufforderung, sich als Mittäter an einem Einbruch zu beteiligen oder einen Dritten zu einem Einbruch anzustiften. (Zum Ganzen siehe BGH 7, 234.)

6. Teilnahme an einem Delikt gemäß § 49 a Abs. 1 ist nur in der Form der Anstiftung strafbar.

a) Wenn A den B auffordert, X zu einem Einbruch anzustiften, X aber das Ansinnen des B zurückweist, so ist B wegen versuchter Anstiftung, A wegen Anstiftung zur versuchten Anstiftung zu bestrafen.

b) Beihilfe zur versuchten Anstiftung ist zwar begrifflich denkbar, aber nicht strafbar. Die Straflosigkeit ergibt sich aus der Erwägung, daß auch die versuchte Beihilfe nicht strafbar ist, obwohl dort der

Rechtsfrieden wesentlich stärker gefährdet ist (vgl. BGH 14, 156). Wenn schon straflos bleibt, wer dem zum Mord entschlossenen Täter das Messer in die Hand drückt, das dieser dann aber bei der Tatausführung nicht benutzt, so muß erst recht straflos bleiben, wer einem anderen ein Messer gibt, damit dieser mit größerer Aussicht auf Erfolg einen Dritten zum Mord anstiften kann.

7. **Konkurrenzen:** § 49 a ist grundsätzlich subsidiär, d. h. die Vorschrift kommt nur dann zur Anwendung, wenn es nicht zu einer intensiveren Gefährdung oder gar zur Verletzung des angegriffenen Rechtsguts gekommen ist. Im einzelnen:

a) Wenn A zunächst erfolglos X auffordert, einen Einbruch zu begehen, X sich dann aber schließlich doch unter dem fortgesetzten Drängen des A zur Tat entschließt, ist A nur wegen vollendeter Anstiftung (§§ 48, 243), nicht noch zusätzlich wegen versuchter Anstiftung (§§ 49 a, 243) zu bestrafen. Realkonkurrenz würde in diesem Fall nur dann vorliegen, wenn A nach dem ersten Fehlschlag seinen Entschluß, X anzustiften, völlig aufgegeben hätte.

b) Subsidiarität ist auch dann anzunehmen, wenn A zunächst mehrere Personen vergeblich zur Teilnahme auffordert, dann aber die geplante Tat allein oder mit dritten Personen ausführt (BGH 8, 38).

c) Keine Subsidiarität, wenn der Täter sich zwar zur Tat entschließt, aber bei der Tatausführung hinter der Vorstellung des Anstifters zurückbleibt. Beispiel: A stiftet B an, aus dem verschlossen abgestellten Pkw des X unter Anwendung von Nachschlüsseln eine Aktentasche zu entwenden. Wenn X nun wider Erwarten den Pkw unverschlossen vorfindet und die Tasche entwendet, ist A nicht nur wegen Anstiftung zum einfachen Diebstahl, sondern außerdem — in Idealkonkurrenz (§ 73) — wegen versuchter Anstiftung zum schweren Diebstahl zu bestrafen (vgl. BGH 9, 131). Eine Bestrafung nur wegen Anstiftung zum einfachen Diebstahl könnte zwar den objektiven, nicht aber den subjektiven Unrechtsgehalt der Tat erfassen. A stünde besser da, als wenn X das Ansinnen, einen Nachschlüsseldiebstahl zu begehen, ganz von sich gewiesen hätte.

8. Die Strafe richtet sich nach den Bestimmungen über die Strafbarkeit des Versuchs (§§ 44, 45). In den Fällen, in denen die Tat nur wegen bestimmter, in der Person des Täters begründeter Umstände Verbrechenscharakter hat, sonst aber nur ein Vergehen wäre (z. B. § 347), ist außerdem § 50 Abs. 2 zu beachten (s. o. I 1).

II. § 49 a Abs. 2 stellt bestimmte weitere Vorbereitungshandlungen unter Strafe, und zwar

1. die **Verabredung,** eine als Verbrechen mit Strafe bedrohte Handlung zu begehen,

2. das **Sichbereiterklären** zu einem Verbrechen,

3. die **Annahme des Anerbietens** eines anderen, ein Verbrechen zu begehen.

Verabredung ist vorbereitete Mittäterschaft. Ein Sichbereiterklären i. S. der Vorschrift liegt nicht nur dann vor, wenn sich jemand dazu bereit erklärt, ein Verbrechen als Täter zu begehen; es genügt, wenn er sich dazu bereit erklärt, einen Dritten zu einem Verbrechen anzustiften. Die Bereitschaft, sich an einem Verbrechen als Gehilfe zu beteiligen, fällt dagegen, nachdem auch die versuchte Beihilfe nicht mehr strafbar ist, nicht unter den Anwendungsbereich der Vorschrift. Aus dem gleichen Grund macht sich auch nur der strafbar, der das Anerbieten annimmt, ein Verbrechen als Täter zu begehen oder einen anderen zu einem Verbrechen anzustiften. Nicht strafbar ist die Annahme des Angebots, sich an einem Verbrechen als Gehilfe zu beteiligen.

Die Frage, ob ein Verbrechen vorliegt, richtet sich auch hier grundsätzlich nach dem in Aussicht genommenen Täter (s. o. I 1).

Alle als tatbestandsmäßig in Frage kommenden Handlungen müssen ernstlich gemeint sein. Beispiel: A und B sprechen am Biertisch über die Möglichkeit, wie man einen Raubüberfall auf die X-Bank inszenieren könnte. Während A die Sache ernst nimmt und glaubt, auch B wolle sich an der Tat beteiligen, hält dieser alles nur für einen Scherz. Hier kommt kein „Verabreden" in Betracht, wohl aber hat A sich B gegenüber zu einem Verbrechen bereit erklärt und außerdem dessen Anerbieten, sich an einem Verbrechen zu beteiligen, angenommen. Daß das Anerbieten des B nicht ernsthaft gemeint war, ist unerheblich (vgl. BGH 10, 388).

III. § 49 a Abs. 3 und Abs. 4 befassen sich mit der **tätigen Reue.** Wie bei § 46 kommt Straflosigkeit nur dann in Betracht, wenn der Täter freiwillig die Tat verhindert bzw. seine Erklärung widerruft, durch die er sich zu einem Verbrechen bereit erklärt hat. Der Rechtsgedanke des Abs. 4 findet sich noch in verschiedenen Spezialvorschriften über die tätige Reue (vgl. §§ 82 Satz 2, 89 Abs. 3, 129 Abs. 4 Satz 2, 138 Abs. 4 Satz 2, 316 a Abs. 2 Satz 2) und ist auch bei § 46 Nr. 2 analog anzuwenden (vgl. Fall 2, Abschn. I 2 d, cc, S. 118).

C. Der Strafantrag (§§ 61 ff.)

1. Der Strafantrag ist bei allen Antragsdelikten eine **Prozeßvoraussetzung.** Es ist daher von Amts wegen in jeder Lage des Verfahrens zu prüfen, ob der erforderliche Strafantrag ordnungsgemäß gestellt worden ist.

2. Alle Antragsdelikte zeichnen sich dadurch aus, daß sie höchstpersönliche Rechtsgüter schützen. Ein Teil der Antragsdelikte ist auch im Privatklageweg verfolgbar (vgl. § 374 Abs. 1 StPO).

3. Zu den bekanntesten Antragsdelikten gehören alle Formen der Beleidigung (§§ 185 ff.), die Körperverletzung in den Fällen der §§ 223, 230, der Hausfriedensbruch (§ 123) und die Sachbeschädigung (§ 303). Diese Delikte sind zugleich Privatklagedelikte. In einigen Fällen hat der Gesetzgeber auch die Verfolgung von Verbrechen von der Stellung eines Strafantrags abhängig gemacht. Siehe hierzu §§ 179, 236 sowie § 247 i. V. mit §§ 243, 244.

4. **Antragsberechtigt** ist grundsätzlich nur der Verletzte. Siehe jedoch § 65 (Antragsrecht des gesetzlichen Vertreters) sowie §§ 196, 232 Abs. 3 (Antragsrecht des Vorgesetzten).

5. Da das Antragsrecht höchstpersönlich ist, kann es nicht vererbt werden (RG 43, 335). Siehe hierzu ausführlich Abschn. I 1 f der Lösung zu Fall 11 (S. 325).

6. Die **Form des Strafantrags** ist in § 158 StPO geregelt.

7. Die **Antragsfrist** beträgt gemäß § 61 drei Monate. Sie beginnt mit dem Tag, an dem der Antragsberechtigte Kenntnis von Tat und Täter erlangt hat. Fällt das Ende der Frist auf einen Sonn- oder Feiertag, so wird diese bis zum Ablauf des folgenden Werktags verlängert (OLG Stuttgart NJW 61, 790).

Besonderheiten sind bei wechselseitigen Beleidigungen und Körperverletzungen zu beachten (vgl. §§ 198, 232 Abs. 3), ferner beim Ehebruch (hier beginnt die Frist erst mit der Kenntnis von der rechtskräftigen Scheidung der Ehe, vgl. RG 37, 372).

8. Da der Strafantrag keine Prozeßhandlung i. e. S. darstellt, finden bei versäumter Frist die Vorschriften der Strafprozeßordnung über die Wiedereinsetzung in den vorigen Stand (§§ 44 ff. StPO) keine Anwendung.

9. Der Strafantrag muß nicht ausdrücklich als solcher bezeichnet werden. Es genügt, wenn der Antragsberechtigte eindeutig zum Ausdruck bringt, daß er die Verfolgung einer bestimmten Person wegen einer bestimmten strafbaren Handlung wünscht. Daher kann auch eine „Strafanzeige" unter den Voraussetzungen des § 158 Abs. 2 StPO als rechtsgültiger Strafantrag angesehen werden.

10. Die Rücknahme des Strafantrags

a) Die Rücknahme ist gemäß § 64 nur dort zulässig, wo das Gesetz sie ausdrücklich vorsieht, z. B. bei der Beleidigung (§ 194), beim Hausfriedensbruch (§ 123 Abs. 3) und bei der Nahrungs- und Genußmittelentwendung (§ 370 Abs. 2), nicht dagegen bei den Verbrechen gemäß §§ 179, 236 und bei der Offenbarung eines Berufsgeheimnisses (§ 300). Bei Körperverletzung und Sachbeschädigung kann der Antragsberechtigte den Strafantrag nur dann zurücknehmen, wenn er ein Angehöriger des Beschuldigten ist (vgl. §§ 232 Abs. 2, 303 Abs. 4).

b) Nach Verkündung eines auf Strafe lautenden Urteils kann der Strafantrag nicht mehr zurückgenommen werden. Der Erlaß eines Strafbefehls steht hier einem Urteil nicht gleich, wohl aber ein Urteil, das auf Unterbringung in einer Heil- oder Pflegeanstalt lautet (vgl. Schwarz-Dreher § 64 Anm. 1 A mit weit. Nachweisen).

c) Die Rücknahme wird erst dann wirksam, wenn die entsprechende Erklärung der Stelle vorliegt, die zuständigkeitshalber mit der Sache befaßt ist, nach Anklageerhebung demnach das Gericht (vgl. BGH 16, 105).

d) Wird der Antrag in zulässiger Weise zurückgenommen und muß die Tat nicht unter einem anderen rechtlichen Gesichtspunkt von Amts wegen weiter verfolgt werden, so ist das Verfahren einzustellen. Ist die Sache bereits bei Gericht anhängig, so erfolgt die Einstellung vor der Hauptverhandlung gemäß § 206 a StPO durch Beschluß, nach Beginn der Hauptverhandlung gemäß § 260 Abs. 3 StPO durch Urteil. Wegen der Kosten siehe § 470 StPO.

e) Die Rücknahme des Antrags gilt als Verzicht auf diesen. Sie kann weder widerrufen noch wegen Irrtums usw. angefochten werden.

11. Antragsmündigkeit

a) Kinder, Jugendliche unter 18 Jahren sowie Personen, die aus sonstigen Gründen nicht geschäftsfähig sind, z. B. Geisteskranke, haben gemäß § 65 Abs. 1 kein eigenes Antragsrecht. An ihrer Stelle antragsberechtigt ist der gesetzliche Vertreter.

b) Heranwachsende (= Minderjährige über 18 Jahren) sind zur Stellung eines Antrags berechtigt. Daneben hat aber auch der gesetzliche Vertreter ein eigenes Antragsrecht (Abs. 1). Dasselbe gilt für sonstige beschränkt Geschäftsfähige i. S. von § 114 BGB.

c) Wer **gesetzlicher Vertreter** ist, bestimmt sich nach bürgerlichem Recht.

aa) Bei bestehender Ehe steht den Eltern das Antragsrecht grundsätzlich gemeinsam zu. Der Antrag muß daher von beiden Elternteilen gestellt werden (vgl. BVerfGer. NJW 59, 1483). Es genügt jedoch, wenn ein Elternteil den Antrag mit Einverständnis bzw. nachträglicher Zustimmung des anderen Elternteils stellt (vgl. BayObLG JR 61, 72).

bb) Ist ein Elternteil tatsächlich verhindert, die elterliche Gewalt auszuüben (z. B. wegen längerer Krankheit oder Abwesenheit), oder ruht die elterliche Gewalt eines Elternteils (z. B. wegen Geschäftsunfähigkeit, § 1673 BGB), so übt der andere Teil die elterliche Gewalt allein aus (§ 1678 Abs. 1 BGB). Einer Pflegerbestellung bedarf es in diesem Fall nicht. Dasselbe gilt, wenn einem Elternteil die gesetzliche Vertretung entzogen wird (§ 1796 Abs. 1 BGB), ferner wenn er selbst als Täter oder Teilnehmer des zum Nachteil des Minderjährigen begangenen Delikts in Betracht kommt. (Siehe hierzu auch BGH NJW 63, 2378: Wird einem Vater ein Sittlichkeitsdelikt zum Nachteil seines Kindes zur Last gelegt und versteht das Kind nicht den Sinn der Belehrung über das Zeugnisverweigerungsrecht gemäß § 52 StPO, so genügt es, wenn das Gericht die Entscheidung der Mutter einholt.)

cc) Bei geschiedener Ehe ist der Elternteil antragsberechtigt, dem die Personensorge zukommt.

dd) Steht der Minderjährige nicht unter elterlicher Gewalt, so ist der Vormund antragsberechtigt. Dies ist von besonderer Bedeutung für uneheliche Kinder, da gemäß § 1707 BGB der Mutter des unehelichen Kinds die elterliche Gewalt nicht zusteht.

ee) Ein Pfleger ist nur dann zu bestellen, wenn beide Elternteile tatsächlich oder rechtlich verhindert sind, die elterliche Gewalt auszuüben (siehe oben b), oder wenn nur noch ein Elternteil vorhanden ist und bei diesem die Voraussetzungen von bb) vorliegen.

D. Verletzung der Unterhaltspflicht (§ 170 b)

1. Eine **gesetzliche Unterhaltspflicht** besteht

a) gegenüber dem Ehegatten, und zwar auch dann, wenn die Ehe geschieden ist (vgl. §§ 1359 ff. BGB, 58 ff. EheG);

b) gegenüber allen Verwandten in gerader Linie (Eltern, Großeltern, Kinder, Enkel), vgl. §§ 1601 ff. BGB;

c) gegenüber dem unehelichen Kind (vgl. §§ 1708 f. BGB);

d) bei der sogenannten Scheinvaterschaft, d. h. bei der nicht auf blutmäßiger Abstammung beruhenden Unterhaltspflicht des Ehemanns, der die Ehelichkeit eines von ihm nicht gezeugten, aber in der Ehe geborenen Kindes nicht oder erfolglos angefochten hat (vgl. § 1591 BGB sowie BGH 12, 166; BayObLG NJW 61, 1415);

e) gegenüber dem Adoptivkind (vgl. § 1766 BGB; BGH 12, 172).

2. Eine **Bindung des Strafrichters** an vorausgegangene Urteile im Zivilprozeß tritt nach h. A. nur bei sogenannten Statusurteilen ein, d. h. Urteilen, die rechtsgestaltende Wirkungen haben (vgl. §§ 640, 644 ZPO), nicht dagegen bei Unterhaltsurteilen. Der Strafrichter ist daher

nicht gehindert, das Bestehen einer Unterhaltspflicht zu verneinen, obwohl der Angeklagte im Zivilprozeß rechtskräftig zur Unterhaltszahlung verurteilt worden ist (BGH 5, 106); umgekehrt kann er die Unterhaltspflicht bejahen, obwohl der Unterhaltsanspruch rechtskräftig abgewiesen wurde (OLG Stgt. NJW 60, 2204).

3. Die größte Schwierigkeit bietet in der Praxis die Frage der **Leistungsfähigkeit** des Unterhaltspflichtigen. Die meisten Beschuldigten wenden ein, sie seien unter Berücksichtigung ihrer sonstigen Verpflichtungen ohne Gefährdung ihres eigenen Unterhalts nicht in der Lage gewesen, ihrer Unterhaltspflicht nachzukommen. Hierbei ist im einzelnen folgendes zu beachten:

a) Der Tatbestand ist schon dann erfüllt, wenn der Beschuldigte bei gutem Willen wenigstens teilweise in der Lage gewesen wäre, seiner Unterhaltspflicht nachzukommen.

b) Der Beschuldigte ist verpflichtet, seine Arbeitskraft zweckmäßig einzusetzen und jede ihm zumutbare Arbeit anzunehmen. Auch ein Berufs- oder Arbeitsplatzwechsel ist ohne weiteres zumutbar, wenn er die Leistungsfähigkeit erhöht. Andererseits ist jeder Berufswechsel zu vermeiden, der die Leistungsfähigkeit auf nicht nur vorübergehende Zeit beeinträchtigt (vgl. OLG Stgt. JR 63, 29). Zur Frage, ob dem erwachsenen Sohn eines Landwirts, der allein den elterlichen Hof bewirtschaftet, ein Berufswechsel zuzumuten ist, siehe OLG Ddf. JMBlNRW 64, 166.

4. Die Tathandlung besteht darin, daß der Unterhaltspflichtige sich seiner Unterhaltspflicht entzieht. Ein **Sichentziehen** liegt vor allem dann vor, wenn der Täter seinen gut bezahlten Arbeitsplatz aufgibt oder ständig den Arbeitsplatz wechselt, um sich drohenden Lohnpfändungen zu entziehen. Der Tatbestand ist aber auch dann erfüllt, wenn der Unterhaltspflichtige seine zukünftige Leistungsunfähigkeit vorsätzlich herbeiführt, z. B. wenn er einen aufwendigen Lebenswandel führt, dem Glücksspiel frönt und seinen Beruf immer mehr vernachlässigt (vgl. BGH 14, 165).

5. **Der Lebensbedarf des Unterhaltsberechtigten** muß ohne öffentliche Hilfe oder die Hilfe anderer **gefährdet** sein. Ein „anderer" i. S. der Vorschrift ist auch die eheliche Mutter, die über ihren Anteil hinaus für den Lebensbedarf aufkommt (vgl. § 1606 Abs. 3 i. V. mit § 1360 BGB sowie OLG Stgt. FamRZ 61, 179), ebenso die uneheliche Mutter (vgl. § 1709 BGB).

Die (eheliche oder uneheliche) Mutter erfüllt ihre gesetzliche Unterhaltspflicht bereits dadurch, daß sie die Kinder betreut und versorgt. Eine Verletzung der Unterhaltspflicht kommt für sie vor allem dann in Betracht, wenn sie den von ihr geführten Haushalt im Stich läßt, ohne in anderer Weise zum Unterhalt der Kinder beizutragen (OLG Hamm NJW 64, 2316), oder wenn sie ihre Kinder in ein Heim gibt, ohne sich um die finanzielle Seite der Unterbringung zu kümmern.

Keine Gefährdung ist gegeben, wenn der Unterhaltsberechtigte über eigene, ausreichende Einkünfte verfügt. In diesem Fall hat die Verletzung nur zivilrechtliche, nicht aber strafrechtliche Bedeutung. Eigene Einkünfte sind nur dann außer Betracht zu lassen, wenn der Unterhaltsberechtigte — insbesondere in den Fällen, in denen das Ausbleiben der Leistungen des Unterhaltspflichtigen ihn dazu zwingt — unter Aufbietung aller Kräfte über das zumutbare Maß hinaus arbeitet (vgl. § 58 EheG sowie BayObLG FamRZ 62, 120).

6. Lebt ein unterhaltsberechtigtes Kind in der **DDR**, so richtet sich die Unterhaltspflicht des unehelichen Vaters in entsprechender Anwendung von Art. 21 EGBGB nach den dort geltenden Gesetzen, wenn die Kindesmutter z. Z. der Geburt des Kindes dort ihren gewöhnlichen Aufenthalt hatte (vgl. BayObLG JR 66, 226 = NJW 66, 1173 m. weit. Nachw.). Da in der DDR die Unterhaltsansprüche des unehelichen Kindes weitgehend denen des ehelichen Kindes angeglichen sind, finden die §§ 1708, 1709 BGB keine Anwendung. Die Unterhaltspflicht des unehelichen Vaters hängt also gemäß § 1603 Abs. 3 BGB wie bei ehelichen Kindern von seiner Leistungsfähigkeit ab, wobei nach der Rspr. der DDR-Gerichte die beiden Elternteile nicht als Gesamtschuldner, sondern anteilig haften (BayObLG a.a.O). In der Regel erfüllt die uneheliche Mutter ihren Anteil an der Unterhaltspflicht (wie bei ehelichen Kindern) dadurch, daß sie die Pflege und Erziehung des Kindes übernimmt. Je nach ihren wirtschaftlichen Verhältnissen kann sie aber darüber hinaus noch zu Geldleistungen verpflichtet sein, was sich zugunsten des unehelichen Vaters auswirkt. Ist der unterhaltspflichtige Vater nicht in der Lage, den Unterhalt ohne Gefährdung seines eigenen standesgemäßen (= angemessenen) Unterhalts zu leisten, so ist § 1603 BGB anzuwenden, und zwar auch die gesteigerte Unterhaltspflicht des Abs. 2 (vgl. BayObLG a.a.O.).

7. Subjektiv ist **Vorsatz** erforderlich; bedingter Vorsatz genügt. Der Täter muß die Umstände kennen, die seine U.-Pflicht begründen, zumindest aber mit ihrem Vorliegen rechnen. Er muß außerdem wissen, daß er in der Lage ist, seiner U.-Pflicht zumindest teilweise nachzukommen. Der Vorsatz entfällt daher, wenn der Täter infolge Fahrlässigkeit keine Möglichkeit sieht, wie er seiner U.-Pflicht nachkommen kann, z. B. durch Berufs- oder Arbeitsplatzwechsel. Dagegen bleibt der Vorsatz unberührt, wenn der Täter irrig glaubt, eine Änderung seiner Lebensführung, insbesondere ein Berufs- oder Arbeitsplatzwechsel, sei nicht zumutbar.

Immer wieder tragen rechtskräftig zur Unterhaltszahlung verurteilte Beschuldigte im Strafverfahren zu ihrer Verteidigung vor, sie seien gar nicht der Vater des unterhaltsberechtigten Kindes. Dieser Einwand ist bei ehelichen Kindern unerheblich, solange die Ehelichkeit nicht mit Erfolg angefochten ist; er läßt den Vorsatz nicht entfallen. Dies ergibt sich aus der Erwägung, daß die gesetzliche Unterhaltspflicht bereits durch die Tatsache begründet wird, daß das Kind in der Ehe geboren wurde (s. o 1 d). Anders bei den unehelichen Kindern, bei denen die Frage der Vaterschaft unabhängig von einem vorausgegangenen Unterhaltsurteil geklärt werden muß (s. o. 2). Hier kann der Vorsatz nicht mit der Kenntnis der rechtskräftigen Verurteilung begründet werden. Es ist vielmehr Pflicht der Strafverfolgungsbehörden, die Frage der Vaterschaft durch Gutachten usw. erneut zu klären und dem Beschuldigten das Ergebnis vor Augen zu halten. Damit sind seine Einwendungen abgeschnitten, allerdings nur für die Zukunft, nicht auch für die zurückliegende Zeit.

8. Konkurrenzen: Wer sich seiner gesetzlichen U.-Pflicht gegenüber mehreren, nicht zusammenlebenden unehelichen Kindern entzieht, begeht mehrere selbständige Handlungen i. S. von § 74 (vgl. BGH 18, 376). IdK. ist möglich mit §§ 170 c, 361 Nr. 5.

E. Kindestötung (§ 217)

1. § 217 enthält eine Privilegierung des Totschlags und geht nach dem Grundsatz der Sperrwirkung des milderen Gesetzes den §§ 211, 212 vor (vgl.

Vorbem. AT, Abschn. J III 2, S. 60 f.). Grund der Strafmilderung ist die seelische, oft auch wirtschaftliche Not der unehelichen Mutter i. V. mit dem Erregungszustand während der Geburt.

2. Unehelich ist jedes Kind, dessen Eltern weder z. Z. des Beischlafs noch z. Z. der Geburt verheiratet sind. Unehelich sind daher ungeachtet der Vermutung des § 1591 Abs. 2 BGB auch solche Kinder, die zwar als ehelich gelten, aber aus einem „Seitensprung" der Frau hervorgegangen sind.

3. Die Tötung muß **in oder gleich nach der Geburt** erfolgen. Die Geburt beginnt mit dem Beginn der Preßwehen. Bis dahin ist die Abtötung der Leibesfrucht nicht nach § 217, sondern nach § 218 als Abtreibung strafbar. Für die Zeit nach der Geburt ist maßgebend die durch die Geburt hervorgerufene Gemütsbewegung. Diese kann auch noch 1—2 Stunden nach der Geburt vorliegen.

4. Die Tat kann wie jede andere Tötung auch durch **Unterlassen** begangen werden, z. B. wenn sich die Mutter mit Tötungsvorsatz nicht um die erforderliche ärztliche Betreuung des Kindes kümmert.

5. Zum **Vorsatz** gehört das Bewußtsein, daß das Kinder unehelich ist. Bei einer ledigen Frau dürfte dieses subjektive Element in aller Regel vorliegen. Irrtumsprobleme können sich jedoch dann ergeben, wenn eine verheiratete Frau von einem Kind entbunden wird, das einer außerehelichen Beiwohnung entstammt.

a) Hält die Kindesmutter das Kind für unehelich, während es in Wirklichkeit ehelich ist, so kommt sie dem Gesetzeszweck entsprechend (s. o. 1) auch in diesem Fall in den Genuß der Privilegierung.

b) Umgekehrt entfällt die Privilegierung, wenn das Kind zwar objektiv unehelich ist, die Mutter es aber irrig für ehelich hält. Sie ist in diesem Fall gemäß § 212, u. U sogar gemäß § 211 zu bestrafen.

Diese rein subjektive Auslegung des Tatbestandsmerkmals „unehelich" kann heute als h. L. bezeichnet werden (vgl. Maurach BT 41, Welzel 260, Schönke-Schröder Rn. 11, Lackner-Maassen § 217 Anm. 2). Sie allein wird dem Grund der Privilegierung gerecht.

6. **Teilnehmer** werden gemäß §§ 211, 212 bestraft, vgl. § 50 Abs. 2. Umgekehrt verliert die uneheliche Mutter das Privileg des § 217 nicht dadurch, daß sie einen Dritten anstiftet, die Tat zu begehen. Sie ist auch in diesem Fall aus dem Strafrahmen des § 217 zu bestrafen. Die Begründung ergibt sich wiederum aus § 50 Abs. 2.

F. Verschaffung von Abtreibungsmitteln (§ 218 Abs. 4)

1. Allgemeine Ausführungen zur Abtreibung siehe Vorbem. E vor Fall 4 (S. 161 ff.). Die hier zu erörternde Vorschrift des § 218 Abs. 4 enthält eine wegen ihrer besonderen Gefährlichkeit selbständig unter Strafe gestellte **versuchte Beihilfe** (vgl. BGH 1, 250; Schönke-Schröder § 218 Rn. 48; Maurach BT 65). Sie hat nur subsidiäre Bedeutung, d. h. sie findet nur dann Anwendung, wenn die Schwangere das Mittel nicht einnimmt (BGH 1, 250). Für den Fall nämlich, daß sie das ihr von dritter Seite besorgte Mittel einnimmt, macht sie sich — je nach dem Erfolg — wegen eines vollendeten oder versuchten Vergehens gemäß § 218 Abs. 1 bzw. Abs. 2 strafbar. Der Dritte, der das Mittel beschafft hat, kann dann wegen Beihilfe zur vollendeten oder versuchten Ab-

treibung bestraft werden, wobei die Strafe gemäß § 50 Abs. 2 aus dem Verbrechenstatbestand des § 218 Abs. 3 zu entnehmen ist. Ein Bedürfnis, auf § 218 Abs. 4 zurückzugreifen, besteht in diesen Fällen nicht.

2. § 218 Abs. 4 setzt weiter voraus, daß das **Mittel zur Abtreibung tauglich** ist (BGH 1, 250; OLG Hamm NJW 56, 481). Dies folgt nicht nur aus dem Wortlaut, sondern auch aus dem Sinn und Zweck der Vorschrift, deren Anliegen es ist, bestimmte, wegen ihrer besonderen Gefährlichkeit strafwürdige Vorbereitungshandlungen in einem selbständigen Tatbestand zu erfassen (OLG Hamm a.a.O.). § 218 Abs. 4 wird andererseits nicht schon dadurch ausgeschlossen, daß ein an sich taugliches Mittel infolge zu geringer Dosierung nicht zum Erfolg führen kann. Man spricht hier von einem sog. relativ tauglichen Mittel. Ein solches Mittel reicht grundsätzlich aus, um eine strafrechtlich relevante Gefährdung des Rechtsguts herbeizuführen, zu dessen Schutz die Vorschrift dient (OLG Hamm a.a.O.).

3. Aus dem Charakter der Vorschrift als Gefährdungsdelikt folgt weiter, daß § 218 Abs. 4 nur dann zur Anwendung kommt, wenn die Frau, der das Mittel verschafft wird, nachweisbar schwanger ist. Ergibt sich, daß entweder das Mittel absolut untauglich oder die Frau, für die es bestimmt ist, nicht schwanger ist, so liegt nur ein versuchtes Vergehen gemäß § 218 Abs. 4 vor, das mangels besonderer Strafdrohung nicht strafbar ist (OLG Hamm NJW 56, 481, h. L.; a. A. Schönke-Schröder § 218 Rn. 49 ff.).

4. Teilnahme an dem Vergehen gemäß § 218 Abs. 4 ist nach allgemeinen Grundsätzen strafbar. Dies gilt jedoch nur für Außenstehende, nicht auch für die Schwangere. Siehe hierzu ausführlich Abschn. III 2 c der Lösung des folgenden Falles (S. 140).

5. Subjektiv verlangt Abs. 4 **Vorsatz.** Wer weiß, daß das Mittel untauglich oder die Frau, der er das Mittel zukommen läßt, gar nicht schwanger ist, macht sich möglicherweise wegen Betrugs, nicht aber gemäß § 218 Abs. 4 strafbar.

G. Aussetzung (§ 221)

1. Die Aussetzung ist ein **konkretes Gefährdungsdelikt.** Geschütztes Rechtsgut ist das Leben. Hieraus folgt, daß § 221 Abs. 1 gegenüber den Tötungsdelikten grundsätzlich subsidiär ist. Setzt der Täter mit Tötungsvorsatz aus, so kommt nur Bestrafung gemäß §§ 211, 212 (213), 216, 217 in Betracht. Der Anwendungsbereich der Vorschrift beschränkt sich demzufolge auf die Fälle, bei denen der Täter nur mit Gefährdungsvorsatz handelt. Diese Voraussetzungen sind dann gegeben, wenn der Täter sich zwar der lebensgefährlichen Situation des Opfers bewußt ist, aber darauf vertraut, daß das Opfer gerettet wird.

2. Geschützt sind Personen, die wegen jugendlichen Alters, Gebrechlichkeit oder Krankheit hilflos sind. Hilflos ist, wer ohne fremde Hilfe an Leib oder Leben gefährdet ist. Die Gebrechlichkeit kann z. B. auf Altersschwäche oder auf körperlichen Leiden beruhen. Wieweit jugendliches Alter zu Hilflosigkeit führt, richtet sich nach den Umständen des Einzelfalls. Eine bestimmte Altersgrenze kann nicht gezogen werden. Zur Krankheit gehört auch schwere Trunkenheit.

3. Die **Tathandlung** besteht entweder im Aussetzen oder im Verlassen in hilfloser Lage.

a) Unter Aussetzen versteht man das Verbringen einer hilflosen Person in eine Lage, in der sie ohne fremde Hilfe an Leib oder Leben gefährdet ist.

b) Das Verlassen in hilfloser Lage ist nur strafbar, wenn der Täter eine rechtliche, nicht nur moralische Pflicht hat, für Hilfe zu sorgen. Ein Verlassen i. S. der Vorschrift liegt auch dann vor, wenn sich der Sorgepflichtige räumlich von der hilflosen Person entfernt, diese aber erst dadurch gefährdet, daß er pflichtwidrig nicht rechtzeitig zurückkehrt (BGH 21, 44). Beispiel: Eine Mutter, die ihre Kleinkinder ohne Aufsicht und Betreuung in der verschlossenen Wohnung gelassen hat, kehrt entgegen ihrer ursprünglichen Absicht erst nach Tagen in die Wohnung zurück (vgl. BGH a.a.O.).

4. Zum **Vorsatz** gehört lediglich die Kenntnis der hilflosen Lage und das Bewußtsein, daß durch das Aussetzen bzw. Verlassen eine konkrete Gefahr für Leib oder Leben eintritt. Bei Tötungsvorsatz kommen die §§ 211—217 in Betracht (s. o. 1). Ein Rückgriff auf § 221 ist jedoch immer dort geboten, wo jemand zunächst mit Tötungsvorsatz aussetzt, dann aber freiwillig von der Tat zurücktritt, bevor der Tod des Opfers eintritt. Siehe hierzu ausführlich Abschn. III 3 c der Lösung des folgenden Falles (S. 141).

5. Wird die Handlung von **leiblichen Eltern** gegen ihr Kind begangen, so ist die Strafschärfung des **Abs. 2** zu beachten.

6. **Abs. 3** bringt eine weitere Strafschärfung für den Fall, daß die ausgesetzte Person eine schwere Körperverletzung i. S. von § 224 davonträgt oder gar stirbt. Die letztgenannte Alternative kommt nur dann in Betracht, wenn der Täter fahrlässig gehandelt hat (vgl. § 56). Hat er vorsätzlich gehandelt, so ist die Strafe den §§ 211 ff. zu entnehmen, da der Gefährdungsvorsatz gegenüber dem Tötungsvorsatz subsidiär ist (s.o.1). Hier zeigen sich Schwierigkeiten. § 221 Abs. 3 enthält einen benannten Strafschärfungsgrund und ist daher ein Verbrechen i. S. von § 1. Die Strafe (bei Todeseintritt Zuchthaus nicht unter 3 Jahren) ist ungewöhnlich hoch, zumal das Gesetz die Möglichkeit einer Strafmilderung bei Vorliegen mildernder Umstände nicht vorsieht. Wir haben hier die eigenartige Situation, daß derjenige, der mit Tötungsvorsatz aussetzt, abgesehen von dem Fall des § 211, besser gestellt ist als derjenige, der nur mit Gefährdungsvorsatz aussetzt.

Dies zeigt sich besonders in den Fällen der §§ 216, 217. Beispiel: Der unheilbar kranke A äußert den Wunsch, in der Wüste zu sterben. Nach längerem Zögern erklärt sich B dazu bereit, ihn in der Nähe einer Oase auszusetzen. A stirbt wenig später unter der Einwirkung von Hitze und Durst. Hatte B fest mit dem Tod des A gerechnet, so ist er nur wegen eines Vergehens (!) gemäß § 216 zu bestrafen. Vertraute B darauf, daß A von der Oase aus gerettet würde, so ist er gemäß § 221 Abs. 3 mit Zuchthaus nicht unter 3 Jahren zu bestrafen. Hier kann man B nur den Rat geben, sich mit Tötungsvorsatz zu verteidigen! Zur Lösung dieser eigenartigen Konfliktslage siehe ausführlich Abschn. III 3 d der Lösung des folgenden Falles (S. 141).

7. **Konkurrenzen:** IdK ist möglich mit §§ 142, 169, 170 c, 223 ff. — §§ 170 d, 330 c treten subsidiär zurück. Über das Verhältnis zu den Tötungsdelikten s. o. 1, 4, 6.

8. **Weitere Beispiele:**

a) Der Gastwirt W setzt nach Eintritt der Polizeistunde einen sinnlos betrunkenen Gast bei starker Kälte auf die Straße, wo G einige Stunden später erfriert. W hat in diesem Fall eine „wegen Krankheit hilflose Person" ausgesetzt und sich somit, sofern der Tod vorhersehbar war, nicht nur eines Vergehens gemäß § 221 Abs. 1, sondern sogar eines Verbrechens gemäß § 221 Abs. 3 schuldig gemacht.

b) Wenn im Falle a) ein Passant P den G vor der Wirtschaft liegen sieht und sich nicht um ihn kümmert, so kommt für P mangels besonderer Rechtspflicht (Garantenstellung) nicht § 221, sondern nur § 330 c (unterlassene Hilfeleistung) in Betracht. Anders jedoch, wenn P ein im Dienst befindlicher Polizeibeamter wäre. In diesem Fall hätte er nicht nur eine moralische, sondern auch eine rechtliche Pflicht, sich um den G zu kümmern.

Lösung des Falles

I. Strafbarkeit des X

1. Die intimen Beziehungen zur A

a) Ehebruch (§ 172)

Durch den außerehelichen Geschlechtsverkehr mit der A hat X, der verheiratet war, den objektiven und subjektiven Tatbestand des Ehebruchs verwirklicht. Sein Verhalten war auch rechtswidrig und schuldhaft. Eine Strafverfolgung ist allerdings nur möglich, wenn die Ehe des X wegen des Ehebruchs rechtskräftig geschieden worden ist und die Ehefrau des X rechtzeitig Strafantrag gestellt hat. (Zur Rechtzeitigkeit des Strafantrags siehe Vorbem. C Abschn. 7.) Diese Voraussetzungen liegen nach dem Sachverhalt nicht vor.

b) Beleidigung (§ 185)

Die in jedem Ehebruch liegende Beleidigung hat neben dem Ehebruch keine rechtlich selbständige Bedeutung. Sie wird normalerweise durch § 172 konsumiert. (Zur Konsumtion siehe ausführlich Vorbem. AT, Abschn. J III 2 b.) Die in dem Ehebruch liegende Beleidigung kann aber auch dann nicht verfolgt werden, wenn die Ehe wegen des Ehebruchs nicht geschieden wird, da sonst das Anliegen des § 172, während einer noch bestehenden Ehe jede Verhandlung über einen Ehebruch zu vermeiden, gegenstandslos würde. Eine Ausnahme gilt nur für die Fälle, in denen der verheiratete Ehepartner als Opfer einer Täuschung oder einer Vergewaltigung oder aus sonstigen Gründen an dem Ehebruch schuldlos war (vgl. Welzel 381, Schönke - Schröder § 172 Rn. 12 m. weit. Nachw.). Ein solcher Ausnahmefall liegt hier nicht vor. Hinzu kommt, daß nach Sachverhalt ein Strafantrag wegen Beleidigung nicht gestellt wurde.

2. **Das Verhalten nach Kenntnis von der Schwangerschaft der A**

a) **Beleidigung (§ 185)**

X hat die A, nachdem diese ihm die Folgen des Rosenmontags eröffnet hatte, ohne konkrete Anhaltspunkte für eine solche Verdächtigung zu haben, des Mehrverkehrs bezichtigt. Diese Äußerung enthält eine grobe Mißachtung des Anspruchs der A auf Achtung ihrer Geschlechtsehre. Der objektive Tatbestand der Beleidigung ist damit erfüllt. X handelte auch vorsätzlich, da er alle Tatumstände, die die Ehrverletzung begründeten, kannte und die Ehrverletzung auch wollte.

Als Rechtfertigungsgrund käme allenfalls § 193 (Wahrnehmung berechtigter Interessen) in Betracht. Diese Vorschrift setzt jedoch voraus, daß X berechtigte Interessen in angemessener Form wahrgenommen hat. So wäre die Tat nicht rechtswidrig, wenn X Anhaltspunkte für einen Mehrverkehr der A gehabt hätte, seine Vaterschaft also fraglich wäre. In diesem Fall hätte er ein rechtlich anerkanntes Interesse gehabt, gegen eine zivilrechtliche Inanspruchnahme die Einrede des Mehrverkehrs zu erheben. So aber liegt der Fall hier nicht. X wollte lediglich seine Ruhe haben und die A vor weiteren Maßnahmen abschrecken. Nur zu diesem Zweck wählte er die Ehrverletzung. Sein Verhalten war somit rechtswidrig und schuldhaft. Eine Strafverfolgung ist jedoch nur auf Antrag möglich (vgl. § 194).

b) **Verlassen einer Schwangeren (§ 170 c)**

aa) X wäre verpflichtet gewesen, der A, die von ihm schwanger war, nicht nur wirtschaftliche Unterstützung, sondern auch seelischen Beistand zu gewähren (BGH 18, 103). Diese Beistandspflicht, die ohne Rücksicht darauf besteht, ob der Täter mit der Schwangeren verheiratet ist oder nicht, hat X dadurch verletzt, daß er die A in beleidigender Weise abwies und sich nicht mehr um sie kümmerte. Hierdurch brachte er die noch minderjährige A und ihr Kind, wie der weitere Geschehnisablauf zeigt, in ernste Gefahr. Der objektive Tatbestand ist daher erfüllt.

bb) Auf der subjektiven Tatseite ist zunächst V o r s a t z erforderlich, wobei dolus eventualis ausreicht. Der Täter muß wissen, zumindest damit rechnen, daß er als Vater in Betracht kommt und Mutter oder Kind hilfsbedürftig sind. Diese Voraussetzungen liegen hier vor. X wußte, daß die A von ihm ein Kind erwartete. Seine Äußerung, sie solle sehen, wie sie alleine durchkomme, es sei ihm auch gleichgültig, wenn sie sich das Leben nehme, läßt auch den Schluß zu, daß er die Möglichkeit einer Gefährdung von Mutter und Kind erkannte und in Kauf nahm. Nicht erforderlich ist, daß X die Einzelheiten der späteren Entwicklung voraussah. Es genügt vielmehr, daß er schlechthin mit etwaigen, aus der Schwangerschaft resultierenden Gefahren rechnete. Der Vorsatz ist also zumindest in der Form des dolus eventualis gegeben.

Der subj. Tb. verlangt weiter, daß der Täter die von ihm erwartete Hilfe gewissenlos versagt. Dies ist dann der Fall, wenn er jegliches Verantwortungsbewußtsein bewußt unterdrückt oder gar nicht aufkommen läßt (BGH 2, 350 zu § 170 d). Daß X sich von einer solchen Einstellung leiten ließ, ergibt sich aus seiner Äußerung, die A solle sehen, wie sie allein durchkomme, es sei ihm auch gleichgültig, wenn sie sich das Leben nehme. (Beachte: der Fall läge anders, wenn X tatsächlich von dem behaupteten Mehrverkehr überzeugt gewesen wäre; in diesem Fall hätte er nicht gewissenlos gehandelt, vgl. Schönke-Schröder § 170 c Rn. 8.)

cc) Der Tb. des § 170 c ist somit obj. und subj. erfüllt. Das Verhalten des X war auch rechtswidrig und schuldhaft.

c) Verletzung der Unterhaltspflicht (§ 170 b)

aa) Wie in der Vorbem. D unter Abschn. 1 dargelegt, besteht eine gesetzliche Unterhaltspflicht i. S. des § 170 b auch gegenüber dem unehelichen Kind, das nach Art. 6 Abs. 5 GG die gleiche Rechtsstellung und den gleichen Schutz genießt wie das eheliche Kind (Schönke-Schröder § 170 b Rn. 3).

bb) Da die A das Kind unmittelbar nach der Geburt ausgesetzt hat und das Kind nach dem Sachverhalt der Alternative a) wenig später starb, ist zu prüfen, für welche Zeit die gesetzliche Unterhaltspflicht bestand. Da der Tatbestand nur Unterhaltspflichten i.e.S. erfaßt, kommt es ausschließlich auf die Zeitspanne an, während der das Kind lebte. Die sog. Sechswochenkosten des § 1715 BGB, die der Mutter selbst dann zustehen, wenn das Kind tot geboren wird (vgl. § 1715 Abs. 2 BGB), begründen lediglich einen Anspruch auf Entschädigung (vgl. Palandt, Bürgerliches Gesetzbuch, 25. Aufl. § 1715 Anm. 1). Ein Unterhaltsanspruch wird durch § 1715 BGB nicht begründet. Ebensowenig kann § 1716 BGB zur Begründung eines materiell-rechtlichen Unterhaltsanspruchs herangezogen werden. Entscheidend ist also — wie schon oben erwähnt — der Zeitraum, während dessen das Kind noch lebte. Für den Sachverhalt der Alternative a) ergibt sich daher folgendes: Eine Unterhaltspflichtverletzung kommt zeitlich gesehen nur für wenige Stunden in Betracht. Hierdurch wurde der Lebensbedarf des Kindes noch nicht gefährdet. Aus dem Sachverhalt ergibt sich nicht, daß die A das Kind nur deshalb aussetzte, weil sie seinen Lebensunterhalt nicht bestreiten konnte. Der Tb. ist daher schon objektiv nicht erfüllt.

cc) Es ist weiter zu prüfen, ob X sich einer versuchten Unterhaltspflichtverletzung (§§ 170 b Abs. 2, 43) schuldig gemacht hat. Allgemeine Ausführungen über die Strafbarkeit des Versuchs siehe Vorbem. A vor Fall 2. X hatte den Entschluß gefaßt, sich seinen finanziellen Verpflichtungen gegenüber dem zu erwartenden Kind zu entziehen. Diesen Entschluß hat er dadurch durch Ausführungshandlungen nach außen erkennbar betätigt, daß er seine Arbeit aufgab und ohne Hinterlassung seiner neuen Anschrift den Wohnsitz wechselte. Hierdurch wurden die Nachforschungen der A, wie von X gewollt, erheblich erschwert. Unerheblich ist dabei, daß der Anspruch des Kindes erst mit der Geburt, also mehrere Monate später, entstand. Es genügt, daß X durch gezielte Maßnahmen darauf abzielte, die Geltendmachung von Forderungen von Anfang an zu vereiteln. Im Falle der Alt. a) hat sich X somit der versuchten Unterhaltspflichtverletzung schuldig gemacht.

dd) In den Fällen der Alternativen b) und c) ist der Tb. vollendet, da X erst nach Monaten ermittelt werden konnte und das Jugendamt bis dahin alle Kosten übernehmen mußte. Ohne diese öffentliche Hilfe wäre der Unterhalt des Kindes gefährdet gewesen. Hiermit hatte X auch gerechnet. Für den Vorsatz unerheblich ist die Frage, ob X sich vorstellte, daß gerade das Jugendamt für die Kosten aufkommen würde. Es genügt, daß er damit rechnete, daß die A selbst allein die Kosten tragen mußte. Wie in der Vorbemerkung D (Abschn. 5) dargelegt, ist auch die Mutter eine „andere" i. S. des § 170 b, wenn sie allein den Unterhalt des Kindes bestreiten muß.

d) Fahrlässige Tötung (§ 222)

Hätte X die A nicht so grob abgewiesen, sondern sich pflichtgemäß um sie gekümmert, so hätte die A im Falle der Alt. a) mit an Sicherheit grenzender Wahrscheinlichkeit ihr Kind nicht ausgesetzt. Hierfür kann X aber nur verantwortlich gemacht werden, wenn dieser Geschehnisablauf für ihn vorhersehbar war. Dies erscheint nach Sachlage zweifelhaft. Die Äußerung der A, sie werde sich das Leben nehmen, legt noch nicht ohne weiteres die Möglichkeit einer Kindstötung nahe. § 222 ist daher mangels objektiver Voraussehbarkeit des Erfolges abzulehnen.

e) Konkurrenzen

Die versuchte (Alt. a) bzw. vollendete (Alt. b, c) Unterhaltspflichtverletzung und das Verlassen einer Schwangeren stehen in Idealkonkurrenz (§§ 170 b, 170 c, 73). Der Ehebruch und die Beleidigung können mangels der erforderlichen Prozeßvoraussetzungen nicht verfolgt werden.

II. Die Strafbarkeit der H

Versuchte Beihilfe zur Abtreibung (§ 218 Abs. 4)

Die H hat der A auf deren Bitten ein Abtreibungsmittel überlassen, das die A dann jedoch nicht einnahm. Beihilfe zu einer vollendeten oder versuchten Abtreibung entfällt bei dieser Sachlage. Begrifflich liegt versuchte Beihilfe vor, die aber als solche bei der derzeitigen Fassung des § 49 a grundsätzlich nicht strafbar ist (vgl. Vorbem. B Abschn. 5).

Im vorliegenden Fall ist jedoch die Sonderregelung des § 218 Abs. 4 zu beachten. Wie in der Vorbemerkung F näher dargelegt, erfaßt § 218 Abs. 4 einen wegen seiner besonderen Gefährlichkeit selbständig unter Strafe gestellten Sonderfall der versuchten Beihilfe. Die Vorschrift findet ihrem Anliegen entsprechend nur dann Anwendung, wenn die Schwangere das Mittel nicht einnimmt und daher derjenige, der ihr das Mittel verschafft hat, nach allgemeinen Teilnahmegrundsätzen mangels entsprechender Haupttat nicht bestraft werden könnte. Diese Voraussetzungen liegen hier vor. Das Verhalten war rechtswidrig und schuldhaft.

III. Die Strafbarkeit der A

1. Die intimen Beziehungen zu X erfüllen objektiv den Tatbestand des **Ehebruchs (§ 172)**. Die A handelte jedoch nicht vorsätzlich, da sie nicht wußte, daß X verheiratet war. § 172 entfällt daher schon tatbestandsmäßig. Im übrigen gelten die Ausführungen unter I 1 a) und b) entsprechend.

2. Das Aufsuchen der H zwecks Vornahme einer Schwangerschaftsunterbrechung

a) Versuchte Abtreibung (§§ 218, 43)

Allgemeine Ausführungen über die Strafbarkeit des Versuchs siehe Vorbem. A vor Fall 2 (S. 96 ff.).

Die A hatte den Entschluß, ihre Schwangerschaft unterbrechen zu lassen. Es erscheint jedoch fraglich, ob sie diesen Entschluß bereits durch Handlungen betätigt hat, die den Anfang einer Ausführung darstellen. Wie in der Vorbemerkung A zu diesem Fall näher ausgeführt, ist eine Ausführungshandlung i. S. von § 43 erst dann gegeben, wenn das geschützte Rechtsgut nach dem Gesamtplan des Täters unmittelbar gefährdet ist. Diese Voraussetzungen liegen für die Schwangere erst dann vor, wenn sie im Begriff ist, entweder selbst einen Eingriff bei sich vorzunehmen (§ 218 Abs. 1, 1. Alt.) oder den Eingriff eines zur

Abtreibung bereits bereiten Dritten an sich zuzulassen (§ 218 Abs. 1, 2. Alt.). Das Aufsuchen eines Arztes oder einer Hebamme reicht dagegen grundsätzlich noch nicht aus, sondern stellt sich für die Schwangere nur als straflose Vorbereitungshandlung dar (vgl. RG 61, 362, HRR 1930 Nr. 1671; BGH 4, 17; Schönke-Schröder § 218 Rn. 27). Versuchte Abtreibung ist daher abzulehnen.

b) Versuchte Anstiftung zur Abtreibung (§§ 218, 49 a)

Allgemeine Ausführungen zur versuchten Anstiftung siehe Vorbem. B vor diesem Fall (S. 123).

Die A richtete an die H das Ansinnen, bei ihr eine Schwangerschaftsunterbrechung vorzunehmen. Wäre die H diesem Ansinnen nachgekommen, so hätte sie selbst sich eines Verbrechens gemäß § 218 Abs. 3 schuldig gemacht, die A wäre dagegen gemäß § 50 Abs. 2 nur aus dem Vergehenstatbestand des § 218 Abs. 1 zu bestrafen gewesen.

Wie in der Vorbem. B unter Abschn. I 1 dargelegt, ist die erfolglose Anstiftung gemäß § 49 a Abs. 1 immer dann strafbar, wenn zu einem Verbrechen angestiftet werden sollte. Dies gilt auch dann, wenn der Anstifter gemäß § 50 Abs. 2 im Falle der erfolgreichen Anstiftung nur aus dem Strafrahmen eines Vergehenstatbestandes bestraft werden könnte. § 50 Abs. 2 wirkt sich in diesen Fällen — ebenso wie bei der erfolgreichen Anstiftung — nur auf den Strafrahmen aus.

Wollte man diese Grundsätze konsequent auch auf den vorliegenden Fall anwenden, ohne dessen noch zu erörternde Besonderheiten zu berücksichtigen, so würde sich folgendes Bild ergeben: Die A versuchte, die H zu einem gemäß § 218 Abs. 3 strafbaren Verbrechen der Fremdabtreibung anzustiften. Sie hätte sich demnach der versuchten Anstiftung schuldig gemacht. Die Strafe wäre jedoch gemäß § 50 Abs. 2 dem Vergehenstatbestand des § 218 Abs. 1 zu entnehmen.

Diese Lösung würde jedoch der besonderen Struktur und dem Anliegen des § 218 nicht gerecht. Durch die 2. Alternative des § 218 Abs. 1 bringt der Gesetzgeber nämlich klar zum Ausdruck, daß die Schwangere auch bei der Mitwirkung Dritter immer nur unter täterschaftlichen Gesichtspunkten zu beurteilen ist, nie unter dem Gesichtspunkt der Teilnahme an der Tat eines Dritten. Sie macht sich also nur dann strafbar, wenn die Voraussetzungen des Abs. 1 oder Abs. 2 vorliegen. Mit anderen Worten: Die Strafbarkeit der Schwangeren ist in § 218 Abs. 1 und Abs. 2 abschließend geregelt. Hieraus folgt weiter, daß die Schwangere, wenn sie schon nicht wegen Anstiftung oder Beihilfe bestraft werden kann, auch nicht wegen versuchter Anstiftung zur Verantwortung gezogen werden kann. § 49 a kommt für sie nicht in Betracht (vgl. BGH 4, 17).

(Beachte: Umgekehrt wäre ein Dritter, der es vergeblich unternimmt, eine Schwangere zur Abtreibung anzustiften, so zu stellen, als wenn das in § 218 Abs. 1 für die Schwangere geschaffene Privileg gar nicht existent wäre, d. h. er ist gemäß § 49 a i. V. mit § 218 Abs. 3 zu bestrafen, vgl. BGH 3, 228; 14, 353.)

c) Anstiftung zur Verschaffung eines Abtreibungsmittels (§§ 218 Abs. 4, 48)

Die A hat die H durch ihre Bitte dazu veranlaßt, ihr ein Abtreibungsmittel zu überlassen. Die Tat der H stellt sich, wie oben unter II ausgeführt, als Vergehen gemäß § 218 Abs. 4 dar. Nach allgemeinen Teilnahmegrundsätzen hätte sich die A demzufolge der Anstiftung zu diesem Vergehen schuldig gemacht. Wie jedoch bereits oben unter b) dargelegt, können wegen der besonderen Struktur des § 218 die allgemeinen Teilnahmegrundsätze keine Anwendung finden. Die Strafbarkeit der Schwangeren ist ausschließlich nach täterschaftlichen Grundsätzen zu beurteilen. Kann die Schwangere weder wegen vollendeter noch wegen versuchter Abtreibung bestraft werden, so kann sie überhaupt nicht bestraft werden. Es wäre im übrigen unbefriedigend, wollte man die Schwangere, die sich das Mittel selbst beschafft hat, ohne es dann einzunehmen, straflos ausgehen lassen, sie dagegen bestrafen, wenn sie sich das Mittel durch Dritte (hier: die H) beschafft (vgl. Welzel 274, K.-L. § 218 Anm. III, LK § 218 Anm. VII, Baumann JuS 63, 53; a.A. Schönke-Schröder § 218 Rn. 55, Maurach BT 67). In beiden Fällen handelt es sich um eine für die Schwangere straflose Vorbereitungshandlung.

3. Die Aussetzung des Kindes

Alternative a) des Sachverhalts:

a) Kindstötung (§ 217)

Allgemeine Ausführungen zur Kindstötung siehe Vorbem. E vor diesem Fall (S. 130 f.).

Die A hat ihr uneheliches Kind unmittelbar nach der Geburt in eisiger Kälte am Waldrand ausgesetzt. Ihrer Vorstellung entsprechend ist das Kind wenig später an den Folgen der Unterkühlung gestorben. Die A hat somit objektiv und subjektiv den Tb. des § 217 erfüllt. Rechtfertigungs- oder Schuldausschließungsgründe sind nicht ersichtlich. Da das Kind bei der Rückkehr der A bereits tot war, kommt auch strafbefreiende tätige Reue gemäß § 46 nicht in Betracht. Die Rückkehr der A kann sich nur auf das Strafmaß auswirken.

b) Mord (§ 211) ist wegen der Sperrwirkung des § 217 nicht zu prüfen (vgl. Vorbem. AT, Abschn. J III 2, S. 60).

c) Aussetzung (§ 221)

Allgemeine Ausführungen zur Aussetzung siehe Vorbem. G zu diesem Fall (S. 132 ff.).

Zu prüfen ist die 1. Alt. des Tatbestands. Die A hat ihr Kind (= eine wegen jugendlichen Alters hilflose Person) in eisiger Kälte am Waldrand ausgesetzt, d. h. in eine Lage gebracht, in der es ohne fremde Hilfe an Leib und Leben gefährdet war. Der obj. Tb. ist damit erfüllt. Da die Tat gegen das eigene Kind gerichtet war, sind auch die qualifizierenden Voraussetzungen des **Abs. 2** gegeben. Schließlich ist zu beachten, daß durch den Tod des Kindes auch die objektiven Voraussetzungen des **Abs. 3** gegeben sind.

Der subj. Tb. erfordert Vorsatz. Wie in der Vorbem. G unter Abschnitt 4 dargelegt, gehört zum Vorsatz lediglich die Kenntnis von der hilflosen Lage und das Bewußtsein, daß durch die Aussetzung eine konkrete Gefahr für Leib oder Leben eintritt. Diese Voraussetzungen sind im vorliegenden Fall gegeben. Der in § 221 vorausgesetzte Gefährdungsvorsatz wird insbesondere nicht dadurch ausgeschlossen, daß die A mit Tötungsvorsatz handelte. Es geht hier um dasselbe Problem wie bei der Frage nach dem Verhältnis des Tötungsvorsatzes zum Körperverletzungsvorsatz (vgl. Vorbem. C III vor Fall 2). Man kommt auch hier nur dann zu befriedigenden Ergebnissen, wenn man sagt, daß der Tötungsvorsatz die intensivste Form eines Gefährdungsvorsatzes darstellt. Wer einen anderen dadurch töten will, daß er ihn aussetzt, weiß genau, daß dies nur durch eine Gefährdung des Opfers möglich ist. Diese wird somit als notwendiges Durchgangsstadium vom Tötungsvorsatz mit umfaßt. (So wie hier schon Schwarze, Commentar zum Strafgesetzbuch, 5. Aufl. 1884, § 221 Anm. 2; v. Liszt, Lehrbuch des Deutschen Strafrechts, 14./15. Aufl. 1905, S. 322; Frank, Strafgesetzbuch, 18. Aufl. 1932, § 221 Anm. IV.)

Zwischenergebnis: Die Voraussetzungen des § 221 Abs. 2, 3 sind — unbeschadet der noch zu prüfenden Konkurrenzen — objektiv und subjektiv gegeben.

d) Konkurrenzen

Nach allgemeinen Grundsätzen (vgl. Vorbem. AT, Abschn. J III 2 c, bb, S. 63) ist § 221 als konkretes Gefährdungsdelikt gegenüber dem Verletzungsdelikt des § 217 subsidiär. Aber auch als subsidiäres Delikt muß § 221 insofern beachtet werden, als die nach § 217 auszusprechende Strafe nicht unter der gesetzlichen Mindeststrafe des § 221 liegen darf. Da die Tat sich gegen das eigene Kind richtete, darf die Strafe gemäß § 221 Abs. 2 demnach keinesfalls unter 6 Monaten Gefängnis liegen. Bis dahin ergeben sich keine Schwierigkeiten, da auch

§ 217 selbst bei Vorliegen mildernder Umstände Gefängnis nicht unter 6 Monaten androht. Nach der hier vertretenen Ansicht sind jedoch auch die Voraussetzungen des § 221 Abs. 3 erfüllt. § 221 Abs. 3 sieht aber Zuchthaus nicht unter 3 Jahren vor. Die Berücksichtigung mildernder Umstände ist nicht vorgesehen. Andererseits läßt sich nicht vorstellen, daß der Gesetzgeber eine nur mit Gefährdungsvorsatz begangene Aussetzung mit Todesfolge ernster beurteilt als eine mit Tötungsvorsatz begangene Kindstötung gemäß § 217. Die Diskrepanz im Strafrahmen der §§ 216, 217 einerseits und § 221 Abs. 3 andererseits ist vor allem durch die Neufassung der §§ 216, 217 durch das 3. StrÄndG v. 4. 8. 1953 zutage getreten. Bis dahin war die gesetzliche Mindeststrafe in § 216 Gefängnis nicht unter 3 Jahren und in § 217 Gefängnis nicht unter 2 Jahren. Der Unterschied im Strafmaß war also früher nicht so gravierend wie heute.

Eine dogmatisch saubere und zugleich befriedigende Lösung des Problems läßt sich z.Z. kaum finden. Der Entwurf 1962 hat die nach geltendem Recht bestehenden Schwierigkeiten durch Angleichung der Strafrahmen zwanglos beseitigt. Sowohl die Kindstötung (§ 136 E 1962) und die Tötung auf Verlangen (§ 137 E 1962) einerseits als auch die Aussetzung mit Todesfolge (§ 139 Abs. 2 E 1962) andererseits sind nur Vergehen. Die gesetzliche Mindeststrafe ist dieselbe, nämlich Gefängnis nicht unter 1 Jahr.

Auf der Grundlage des geltenden Rechts besteht zur Vermeidung unbilliger Ergebnisse lediglich die Möglichkeit, die in § 216 Abs. 2 bzw. § 217 Abs. 2 vorgesehene Strafmilderung bei Vorliegen mildernder Umstände auch im Falle des § 221 Abs. 3 entprechend anzuwenden.

Folgt man dieser Ansicht, so ergibt sich für den vorliegenden Fall folgendes: § 221Abs. 3 ist zwar trotz der bestehenden Gesetzeskonkurrenz bei der Strafzumessung zu berücksichtigen. Entscheidende Auswirkungen ergeben sich jedoch nicht, wenn man bei Vorliegen mildernder Umstände den Strafrahmen des § 217 Abs. 2 analog heranzieht.

Alternative b) des Sachverhalts:

a) Kindstötung (§ 217)

Da das Kind durch die schnelle Rückkehr der A gerettet wurde, kommt nur Versuch in Betracht. Dieser ist, da sich die Tat als Verbrechen darstellt, auch ohne besondere Strafdrohung strafbar (vgl. § 43). Die A hatte den Entschluß, ihr uneheliches Kind unmittelbar nach der Geburt zu töten. Das Aussetzen am Waldrand stellt sich als Ausführungshandlung dar. Damit liegen alle Voraussetzungen eines Versuchs vor. Die Tat war auch rechtswidrig und schuldhaft.

Es ist weiter zu prüfen, ob sich die A auf strafbefreiende tätige Reue (§ 46 Nr. 2) berufen kann. Allgemeine Ausführungen über Rücktritt und tätige Reue siehe Vorbem. B vor Fall 2. Wie dort unter Abschn. III näher dargelegt, setzt § 46 Nr. 2 einen beendeten Versuch voraus. Mit der Aussetzung des Kindes am Waldrand hatte die A alles getan, was nach ihrer Vorstellung erforderlich war, um den tatbestandsmäßigen Erfolg, den Tod ihres Kindes, eintreten zu lassen. Der Versuch war daher beendet.

§ 46 Nr. 2 setzt weiter voraus, daß der Täter den drohenden Erfolg durch eigene Tätigkeit abwendet, bevor die Tat entdeckt ist. Hinsichtlich der Erfolgsabwendung durch eigene Tätigkeit bietet der Sachverhalt keine Schwierigkeiten. Die A hat das Kind durch ihre rechtzeitige Rückkehr an den Tatort selbst gerettet. Fraglich ist jedoch, ob die Tat zu diesem Zeitpunkt nicht schon entdeckt war. Nach Sachverhalt hatte sich die A unmittelbar nach der Tat ihrer Freundin F anvertraut. Es ist daher zu prüfen, ob die Tatkenntnis der F einer strafbefreienden tätigen Reue entgegensteht. Wie in der Vorbem. B zu Fall 2 unter Abschn. III 3 a näher ausgeführt, ist die Tat dann entdeckt, wenn sie von jemand bemerkt wird, von dem der Täter die Verhinderung der Tat oder die Veranlassung einer Strafverfolgung zu erwarten hat, d. h. wenn der Täter damit rechnet, daß derjenige, der die Tat bemerkt, gegen seine Interessen handeln wird (vgl. Maurach AT 446). Hieran fehlt es jedoch, wenn der Täter sich in seiner Ratlosigkeit einem Angehörigen oder einem guten Freund anvertraut hat. So aber liegt der Fall hier. Die Tatkenntnis der F steht also der Annahme einer straflosen tätigen Reue nicht entgegen.

b) Aussetzung (§ 221)

Da nur der Versuch als solcher straflos ist (vgl. Vorbem. B II 5 vor Fall 2), ist weiter zu prüfen, ob sich die A wegen Aussetzung strafbar gemacht hat. Wie zu Alternative a) des Sachverhalts unter Abschn. b) dargelegt, steht der Umstand, daß die A ihr Kind mit Tötungsvorsatz ausgesetzt hat, einer Strafbarkeit gemäß § 221 nicht entgegen. Auch bei einer Aussetzung mit Tötungsvorsatz ist der Tb. des § 221 — unbeschadet der erst bei den Konkurrenzen zu prüfenden Subsidiarität — objektiv und subjektiv erfüllt. Im Sachverhalt der Alternative a) kam § 221 nur wegen der Subsidiarität des Gefährdungsdelikts gegenüber dem Verletzungsdelikt (§ 217) nicht zur Anwendung. Nachdem aber eine Bestrafung wegen eines vollendeten oder versuchten Tötungsdelikts im vorliegenden Fall nicht in Betracht kommt, erhält § 221 wieder rechtlich selbständige Bedeutung. Die A ist also wegen Aussetzung gemäß § 221 Abs. 2 zu bestrafen. Diese Lösung ist auf der Grundlage der hier vertretenen Ansicht zum Verhältnis der Tötungsdelikte zur Aussetzung nicht nur dogmatisch zwingend, sondern auch im Ergebnis befriedigend: Hätte die A ihr Kind nur mit Gefährdungsvorsatz ausgesetzt, so wäre sie ohne Rücksicht auf ihre spätere Rückkehr nach § 221 zu bestrafen gewesen. Sie darf daher nicht besser gestellt werden, wenn sie noch viel mehr erreichen wollte, nämlich den Tod ihres Kindes (bestr.; so wie hier LK § 221 Anm. VII, Welzel 268).

Alternative c) des Sachverhalts:

a) Kindstötung (§ 217)

Wie in Alt. b) des Sachverhalts hat sich die A der versuchten Kindstötung (§§ 217, 43) schuldig gemacht. Es geht auch hier um die Frage, ob sie sich auf strafbefreiende tätige Reue (§ 46 Nr. 2) berufen kann. Im Gegensatz zum Sachverhalt der Alt. b) wurde das Kind jedoch nicht durch die A, sondern durch einen zufällig des Wegs kommenden Passanten gerettet. Bei wörtlicher Auslegung des § 46 Nr. 2 kommt daher Straffreiheit nicht in Betracht. Die A hat den Erfolg nicht durch eigene Tätigkeit abgewendet. Außerdem war die Tat bereits entdeckt. Die Situation ist hier aber ähnlich wie bei der tätigen Reue nach einem untauglichen Versuch. Wie in Fall 2 unter Abschn. I 2 d, cc näher dargelegt, genügt es beim untauglichen Versuch zur Annahme von Straffreiheit, wenn der Täter sich ernsthaft und freiwillig bemüht, den Erfolg zu verhindern. Diese in entsprechender Anwendung von § 49 a Abs. 4 entwickelte Lösung gilt aber nicht nur für die tätige Reue nach einem untauglichen Versuch, sondern schlechthin für alle Fälle, in denen einerseits der Erfolg aus Gründen, die außerhalb der Einwirkungsmöglichkeit des Täters liegen, nicht eingetreten ist, andererseits aber der Täter in Unkenntnis dieser Gründe freiwillig und ernsthaft bestrebt war, den Erfolg zu verhindern (vgl. Maurach AT 448 m. weit. Nachw.). So aber liegt der Fall hier. Der Umstand, daß das Kind bereits von dritter Seite gerettet worden ist, steht also der Annahme strafbefreiender tätiger Reue nicht entgegen.

Entsprechendes gilt für den Umstand, daß die Tat durch den Passanten objektiv bereits entdeckt war. Wie in der Vorbemerkung B Abschnitt III 3 a vor Fall 2 näher ausgeführt, ist die Frage, ob die Tat schon entdeckt ist, nur vom Standpunkt des Täters aus zu beurteilen. Hieraus folgt für den vorliegenden Fall: Da die A im Zeitraum ihres Entschlusses, an den Tatort zurückzukehren, von der Tatentdeckung durch den Passanten nichts wußte, kann sich dieser Umstand auch nicht zu ihrem Nachteil auswirken. Ergebnis: keine Strafbarkeit wegen versuchter Kindstötung.

b) Aussetzung (§ 221)

Die Ausführungen zur Alt. b) des Sachverhalts gelten entsprechend. Die A hat sich wegen Aussetzung gemäß § 221 Abs. 2 strafbar gemacht. Da das Delikt bereits vollendet ist, kommt ihr die freiwillige Rückkehr zum Tatort nur im Strafmaß zugute.

ZU FALL 4

Vorbemerkungen

A. Der übergesetzliche Notstand

Der von der Rechtslehre entwickelte und in der Rechtsprechung seit der Entscheidung RG 61, 242 (Urt. vom 11. 3. 1927) anerkannte übergesetzliche Notstand beruht wie die noch später zu behandelnden Notstandsrechte des BGB auf dem Gedanken der **Güterabwägung.** Nach den Grundsätzen des übergesetzlichen Notstands ist gerechtfertigt, wer ein Rechtsgut verletzt, um ein anderes, höherwertiges Rechtsgut zu retten, wenn die Verletzung des geringerwertigen Rechtsguts das einzige Mittel war, um das höherwertige Rechtsgut zu erhalten. Im einzelnen:

1. Welches der in Frage stehenden Rechtsgüter höherwertig ist, richtet sich nach den Umständen des Einzelfalls. Anhaltspunkte für die Beurteilung des Wertverhältnisses bieten die Strafdrohungen der die in Frage stehenden Rechtsgüter schützenden Strafnormen. So ist das menschliche Leben gegenüber allen übrigen Rechtsgütern, zumindest gegenüber allen Individualrechtsgütern, als das höherwertige Rechtsgut anzusehen. Hieraus ergibt sich unter anderem auch die Anerkennung der medizinisch indizierten Schwangerschaftsunterbrechung als Rechtfertigungsgrund (siehe hierzu ausführlich unten Vorbem. E VII, S. 163).

Weitere Beispiele aus der Praxis:

a) Wer einem betrunkenen Kraftfahrer, notfalls mit Gewalt, den Zündschlüssel wegnimmt, um die Allgemeinheit vor Schaden zu bewahren, handelt nicht rechtswidrig; der Kraftfahrer darf daher keine Notwehr verüben (OLG Koblenz NJW 63, 1991).

b) Setzt ein Arzt das Gesundheitsamt oder die Verkehrsbehörde davon in Kenntnis, daß sein Patient an epileptischen Anfällen leidet, so verletzt er zwar sein Berufsgeheimnis (§ 300), handelt aber nicht rechtswidrig (OLG München MDR 56, 565).

2. Handelt es sich um **gleichrangige Rechtsgüter**, so kommt eine Rechtfertigung nach den Grundsätzen des übergesetzlichen Notstands nur in Betracht, wenn ein rechnerisch feststellbarer Wertunterschied besteht. Beispiel: Der Weichenwärter W leitet eine Rangierlok, deren Fahrer das Haltesignal überfahren hat, auf ein Nebengeleis, auf dem lediglich einem leeren Güterwagen Gefahr droht. Er verhindert damit, daß die Lok auf einen Zug mit wertvoller Ladung prallt.

Eine Rechtfertigung unter dem Gesichtspunkt des übergesetzlichen Notstands entfällt jedoch, wenn sich gleichrangige Rechtsgüter gegenüberstehen, deren Wertverhältnis nicht rechnerisch meßbar ist, insbesondere wenn es sich um höchstpersönliche Rechtsgüter wie Leib und Leben handelt. Beispiel: Der Weichenwärter W lenkt, um einen Zusammenstoß mit einem Kindertransport zu vermeiden, eine führerlose Lok in eine Gruppe von Streckenarbeitern, von denen drei getötet werden. Hier kommt keine Rechtfertigung in Betracht, sondern nur Ausschluß der Schuld, da W das kleinere Übel gewählt hat (s. u. Vorbem. B 1, S. 147).

Rechtswidrig, wenngleich nicht notwendig schuldhaft, waren daher auch die 1939—1941 vorgenommenen Massentötungen von unheilbar Geisteskranken, die nach der unwiderlegbaren Einlassung der später in den sogenannten Euthanasieprozessen zur Verantwortung gezogenen Ärzte nur zu dem Zweck erfolgten, eine größere Anzahl anderer, weniger schwer erkrankter Patienten zu retten (vgl. Maurach AT 327, Welzel 166).

Ebenso zu beurteilen sind die Fälle, in denen jemand einen Menschen auf Kosten eines anderen rettet, andererseits aber feststeht, daß ohne sein Eingreifen beide verloren wären. Beispiel: A kann bei einer schwierigen Bergtour das Leben seines Freundes B nur dadurch retten, daß er das Seil kappt und dadurch den weiter unten an dem Seil hängenden C opfert (vgl. Welzel 167, Maurach AT 280). Die von Schönke-Schröder (Rn. 54 vor § 51) vertretene Gegenansicht, wonach bereits die Rechtswidrigkeit entfallen soll, ist abzulehnen, da A nicht berechtigt war, dem Schicksal in der Weise vorzugreifen, daß er den C zugunsten des gleichfalls gefährdeten B vorzeitig tötete. Er hat zwar, indem er das kleinere Übel wählte, menschlich verständlich gehandelt. Dies kann ihn jedoch nicht rechtfertigen, sondern nur entschuldigen. Die sog. Notwehrprobe (vgl. Maurach AT 280) bestätigt diese Ansicht: Wollte man das Vorgehen des A tatsächlich als gerechtfertigt ansehen, so wäre C seinerseits nicht berechtigt, sich gegen A zur Wehr zu setzen. Eine derartige Konsequenz wäre jedoch untragbar.

3. Befindet sich der Täter in einer **Pflichtenkollision,** d. h. kann er von mehreren einander widersprechenden Pflichten nur eine erfüllen, so ist er nur dann gerechtfertigt, wenn er die höherwertige Pflicht erfüllt. Hierher gehört der bereits in Vorbem. AT, Abschn. C I 5 b, S. 32 erwähnte Kinderheimbrandfall.

Handelt es sich um gleichwertige Pflichten, so bleibt die Rechtswidrigkeit bestehen, jedoch entfällt die Schuld, wenn der Täter das kleinere Übel gewählt hat, zumindest aber keine bessere Entscheidung treffen konnte. Einzelheiten und Beispiele s. u. B 1.

4. **Unerheblich** ist, ob die **Notlage verschuldet** war (RG 61, 242, 255; h. L.). Eine Rechtfertigung entfällt andererseits, wenn der Täter die Notlage absichtlich herbeigeführt hat, um das geringerwertige Rechtsgut verletzen zu können. Rechtsmißbrauch rechtfertigt nicht (vgl. Vorbem. AT, Abschn. B VI 5 b, S. 20).

5. Wie alle übrigen Rechtfertigungsgründe verlangt auch der übergesetzliche Notstand, daß der Täter subjektiv den Willen hat, recht zu handeln (sog. **subj. Kongruenz**). Er muß insbesondere alle Tatumstände, die die Grundlage der Güterabwägung darstellen, kennen und den Rettungszweck verfolgen. Entgegen BGH 3, 7 ist allerdings nicht erforderlich, daß derjenige, der objektiv recht handelt und auch subjektiv den Willen hat, recht zu handeln, die erforderliche Güterabwägung gewissenhaft vorgenommen hat. Es genügt, daß er sie überhaupt vorgenommen hat (h. L.). Fehlt das subjektive Rechtfertigungselement, so erfolgt Bestrafung nach Versuchsgrundsätzen (bestr., vgl. Vorbem. AT, Abschn. B VI 5 e, S. 21).

6. Aus dem neueren Schrifttum siehe besonders Lenckner, Der rechtfertigende Notstand, 1965.

7. Der **Entwurf 1962** hat in § 39 Abs. 1 die zum übergesetzlichen Notstand herausgearbeiteten Grundsätze wie folgt kodifiziert: „Wer in einer gegenwärtigen, nicht anders abwendbaren Gefahr für Leben, Leib, Freiheit, Ehre, Eigentum oder ein anderes Rechtsgut eine Tat begeht, um die Gefahr für sich oder einen anderen abzuwenden, handelt nicht rechtswidrig, wenn bei Abwägung der widerstreitenden Interessen, namentlich der betroffenen Rechtsgüter und des Grades der ihnen drohenden Gefahren, das von ihm geschützte Interesse das beeinträchtigte wesentlich überwiegt. Dies gilt jedoch nur, soweit die Tat ein angemessenes Mittel ist, die Gefahr abzuwenden."

B. Übergesetzliche Schuldausschließungsgründe

Die gesetzlichen Schuldausschließungsgründe (Zurechnungsunfähigkeit infolge Geisteskrankheit oder Taubstummheit, Nötigungsnotstand, Notwehrexzeß und Notstand) haben alle gemeinsam, daß sie Situationen berücksichtigen, in denen dem Täter rechtmäßiges Verhalten nicht zugemutet werden kann oder in denen man dem Täter aus anderen Gründen keinen persönlichen Vorwurf machen kann, wenn er sich nicht rechtmäßig verhält.

Dieser Grundgedanke führte nicht nur zur Entwicklung des Verbotsirrtums (vgl. Vorbem. AT, Abschn. B VII 2 c, S. 22 und unten Vorbem. C), sondern auch zur Anerkennung des **übergesetzlichen Schuldausschließungsgrunds der schuldausschließenden Pflichtenkollision** (vgl. Welzel 165 f., Maurach AT 324 ff. sowie Gallas in Mezger-Festschrift 311 ff. mit weiteren Nachweisen). Eine solche kommt in Betracht, wenn der Täter sich bei mehreren gleichwertigen Pflichten in einer psychologischen Zwangslage befindet, die ihn aus rechtlichen oder sittlichen Gründen zu einer Entscheidung zwingt, ohne daß die Möglichkeit besteht, alle Pflichten zu erfüllen. Entscheidet sich der Täter in einer derartigen Zwangslage zugunsten der einen oder anderen Pflicht, so verletzt er die übrigen, ohne daß die Möglichkeit einer Rechtfertigung besteht, da der rechtfertigende übergesetzliche Notstand nur dann in Betracht kommt, wenn der Täter sich zugunsten einer höherwertigen Pflicht entscheidet (s. o. A 3). Andererseits kann dem Täter kein Schuldvorwurf gemacht werden. Es ist in solcher Situation immer noch besser, etwas zu tun als nichts zu tun. Dies gilt insbesondere dann, wenn der Täter von mehreren in Betracht kommenden Übeln das kleinere wählt. Im einzelnen:

1. Die **Wahl des kleineren Übels** entschuldigt immer. Hierher gehören die bereits oben unter A 2 erwähnten Beispiele.

Von einer schuldausschließenden Wahl des kleineren Übels kann auch in den Fällen gesprochen werden, in denen der Täter bei dem Versuch, das bedrohte Rechtsgut vor dem sicheren Untergang zu retten, eine andere, neue Gefahr setzt, die aber noch die Möglichkeit einer Rettung offenläßt. In solchen Fällen ist es immer noch besser, schlecht bzw. riskant zu handeln als überhaupt nicht zu handeln und damit das Opfer mit Sicherheit preiszugeben.

Beispiele:

a) Ein Landarzt führt in seiner Praxis eine schwierige Operation durch, da der Zustand des Patienten eine Überführung in die nächste Klinik nicht mehr zuläßt und ein Klinomobil nicht zur Verfügung steht, andererseits aber nur eine Operation das Leben retten kann. Stirbt der Patient an den Folgen eines dem Arzt bei der Operation unterlaufenen Kunstfehlers, den man aber einem praktischen Arzt unter den gegebenen Umständen nicht zur Last legen kann, so handelt der Arzt zwar tatbestandsmäßig und rechtswidrig i. S. einer fahrlässigen Tötung; die Außerachtlassung der objektiv erforderlichen Sorgfalt kann ihm aber nicht als schuldhaftes Verhalten zugerechnet werden.

b) Der Afrikaforscher A wird im Busch von einem wilden Tier angefallen. Die einzige Möglichkeit der Rettung besteht darin, daß sein Freund F aus sicherer Entfernung versucht, das Tier zu erschießen. Er nimmt hierbei in Kauf, den A zu treffen. Wird dieser tatsächlich getroffen, so wird man F keinen Schuldvorwurf machen können. Hätte er nicht geschossen, so wäre A auf jeden Fall ums Leben gekommen. Der Schuß war die letzte Möglichkeit ihn zu retten.

2. Befand sich der Täter in einer **Pflichtenkollision** (aber nur dann, s. u. 3), so kommt ein Schuldausschluß auch dann in Betracht, wenn der Täter nicht das kleinere Übel gewählt hat, d. h. wenn zwischen dem geopferten und dem geretteten Rechtsgut weder ein qualitativer noch ein quantitativer Unterschied besteht, der Täter aber keine Möglichkeit hatte, seiner beiden Rechtsgütern gegenüber bestehenden Rechtspflicht zu genügen.

Beispiele:

a) Ein Arzt wird zu zwei Schwerverletzten gerufen, kann aber nur einen versorgen, der andere muß verbluten (vgl. Maurach AT 329).

b) Ein Familienvater (A) sieht, wie seine Kinder X und Y ins Wasser fallen. Er kann nur ein Kind retten, das andere ertrinkt.

In beiden Fällen wird man von einer tatbestandsmäßigen und rechtswidrigen Tötung durch Unterlassen auszugehen haben. Die Rechtsordnung kann dem Täter jedoch keinen Schuldvorwurf machen. Sie kann ihm auch nicht vorschreiben, welche von mehreren gleichwertigen Pflichten er zu erfüllen hat. Es macht also keinen Unterschied, ob A in dem Beispiel b) das Kind X oder das Kind Y rettet.

Anders zu beurteilen wäre dagegen folgende Abwandlung des Beispiels b): Von den beiden Kindern ist nur X das Kind des A. Das Kind Y ist ein fremdes Kind. Rettet A sein eigenes Kind, so erfüllt sein Verhalten gegenüber dem fremden Kind den Tatbestand der unterlassenen Hilfeleistung (§ 330 c). Er handelt aber nicht rechtswidrig, da die sich aus seiner Garantenstellung als Vater ergebende Rechtspflicht gegenüber seinem eigenen Kind, bei deren Verletzung er sich wegen Tötung durch Unterlassen strafbar machen würde, der allgemeinen Beistandspflicht gemäß § 330 c vorgeht. Auf § 54 muß nicht zurückgegriffen werden, da — wie ausgeführt — bereits die Rechtswidrigkeit entfällt. Hieraus ergibt sich umgekehrt, daß A sich nicht zu seiner Rechtfertigung auf § 330 c berufen kann, wenn er das fremde Kind rettet und das eigene ertrinken läßt. Auch die Schuld bleibt in diesem Fall bestehen; sie dürfte allerdings nur als gering zu bewerten sein.

3. Befindet sich der Täter in keiner Pflichtenkollision und wählt er durch sein Eingreifen auch nicht das kleinere Übel, so ist er weder gerechtfertigt noch entschuldigt, wenn er die Gefahr lediglich von einem Rechtsgut auf das andere ablenkt.

Beispiel: A sieht, wie bei einem Schiffbruch B und C um eine rettende Planke kämpfen. Der Ausgang des Kampfes ist ungewiß. Wenn A den Kampf dadurch beendet, daß er den B mit einer Pistole niederstreckt, so ist er weder gerechtfertigt noch entschuldigt. Rechtfertigende Nothilfe entfällt, da sowohl B als auch C durch ihre beiderseits vorgetragenen Angriffe rechtswidrig handeln; Schuldausschluß entfällt, da A sich weder in einer Pflichtenkollision befand noch das kleinere Übel wählte. Die Schuld entfiele nach Sachlage nur dann, wenn C ein Angehöriger des A wäre (dann § 54) oder wenn die Gefahr bestünde, daß ohne das Eingreifen des A sowohl B als auch C umkommen könnten. In diesem letzteren Fall hätte A das kleinere Übel gewählt (s. o. A 2, S. 145 f.).

4. Besonderheiten sind bei den **unechten Unterlassungsdelikten** und bei den **Fahrlässigkeitsdelikten** zu beachten. Hier entfällt die Schuld immer schon dann, wenn dem Täter bei Würdigung aller Umstände ein rechtmäßiges Verhalten nicht zumutbar ist.

Beispiele:

a) A weiß, daß seine Frau mit dem Hausfreund X Ehebruch treibt. Alle Versuche, sie mit guten Worten oder Drohungen von ihrem unzüchtigen Treiben abzuhalten, scheitern. A könnte allenfalls mit Gewalt oder mit Hilfe Dritter den rechtswidrigen Zustand abstellen. Dies ist ihm jedoch nicht zuzumuten. Der Vorwurf der schweren Kuppelei (§ 181) wird hier durch die mangelnde Zumutbarkeit rechtmäßigen Verhaltens entkräftet.

b) Der Landarbeiter A brennt auf Geheiß seines Arbeitgebers in der Nähe eines Getreidespeichers altes Gestrüpp nieder. Er weiß, daß dies nicht ungefährlich ist, wagt aber keine Einwendungen, da er fürchtet, seine Stellung zu verlieren. Im übrigen vertraut er darauf, daß es zu keinem Unglück kommt. Fängt der Getreidespeicher dann trotz aller Vorsichtsmaßnahmen Feuer, so hängt die Frage der Zumutbarkeit rechtmäßigen Verhaltens und damit die Strafbarkeit wegen fahrlässiger Brandstiftung gemäß § 309 davon ab, wie groß einerseits die drohende Gefahr der Entlassung und andererseits die Brandgefahr war. Hierbei sind alle Umstände des Einzelfalles zu würdigen.

c) Ein Kraftfahrer, der sich mit einem offensichtlich fahruntüchtigen Lastzug in den Verkehr begibt und infolge Versagens der Bremsanlage einen tödlichen Unfall verschuldet, kann sich zu seiner Entschuldigung nicht darauf berufen, er habe seinen Arbeitgeber zwar auf den Zustand des Fahrzeugs hingewiesen, dieser habe aber eine Reparatur aus finanziellen Gründen abgelehnt und ihm mit Entlassung gedroht, falls er die Fahrt nicht ausführe. Die Gefahr der Entlassung ist bei der Situation auf dem heutigen Arbeitsmarkt nicht so schwerwiegend zu beurteilen wie die Gefahr, die von einem verkehrsuntüchtigen Lastzug ausgeht.

C. Vorsatz und Irrtum

I. Übersicht und Problemstellung

Eine Definition des Begriffs Vorsatz findet sich im Gesetz nicht. Der Begriff wurde daher von Lehre und Rspr. im Anschluß an den Wortlaut von § 59 entwickelt. Die Einzelheiten sind äußerst bestritten. Insbesondere die Frage, ob und wieweit fehlendes Unrechtsbewußtsein den Vorsatz auszuschließen vermag, war und ist Gegenstand der wissenschaftlichen Diskussion. Im folgenden sollen kurz die wichtigsten Meinungen einander gegenübergestellt werden, und zwar in historischer Reihenfolge, da nur so ihr Anliegen verständlich wird.

II. Nach Ansicht des **Reichsgerichts** kam es für die Anwendbarkeit von § 59 entscheidend darauf an, ob sich der Täter in einem Tatirrtum (error facti) oder in einem Rechtsirrtum (error iuris) befand.

1. Der Tatirrtum schloß den Vorsatz aus, und zwar ohne Rücksicht darauf, ob sich der Irrtum auf die unrechtstypisierenden Merkmale des besonderen Tatbestands oder auf die tatsächlichen Voraussetzungen eines Rechtfertigungs- oder Schuldausschließungsgrunds bezog. Lag ein solcher Tatirrtum vor, so konnte der Täter lediglich wegen fahrlässiger Tatbegehung bestraft werden, sofern sein Irrtum auf Fahrlässigkeit beruhte und die fahrlässige Tatbegehung unter Strafe gestellt war (vgl. § 59 Abs. 2).

2. Auf dem Gebiet des Rechtsirrtums wurde unterschieden:

a) Bezog sich der Irrtum auf außerstrafrechtliche Begriffe oder Rechtssätze (Normen), so wurde § 59 analog herangezogen. Eine Bestrafung wegen vorsätzlicher Begehungsweise kam nicht in Betracht. Als außerstrafrechtlich galten solche Rechtssätze, die das Strafrecht aus anderen Rechtsgebieten übernommen hat. Hierher gehörten z. B. der Irrtum über die Staatsangehörigkeit eines Wehrpflichtigen (vgl. RG 42, 26), über das Fortbestehen einer Pfändung (vgl. RG 26, 308 zu §§ 136, 137), über die Eigentumsverhältnisse (vgl. RG 42, 44 zu § 246) sowie über den Umfang des Waffengebrauchsrechts eines Feldhüters oder Jagdschutzberechtigten (vgl. RG 72, 305, 309).

b) Im Gegensatz hierzu galten als strafrechtlich solche Begriffe, die das Strafrecht autonom oder im Anschluß an ein außerstrafrechtliches Gesetz wenigstens selbständig regelt. Ein auf derartige strafrechtliche Begriffe und Rechtssätze bezogener Irrtum war nach Ansicht des Reichsgerichts unbeachtlich. § 59 kam nicht zur Anwendung. Ein besonderes Unrechtsbewußtsein wurde nicht gefordert. In diesen Fällen galt der Grundsatz: error iuris nocet (vgl. RG 61, 242, 258 zu § 218, RG 62, 289, 295 zum Irrtum über die Pflichtwidrigkeit einer in Kenntnis aller Tatumstände begangenen Tötung eines angeblichen „Staatsfeindes").

3. Kritik: Der Ansicht des Reichsgerichts ist entgegenzuhalten:

a) Die Unterscheidung von Tat- und Rechtsirrtum ist unbefriedigend und läßt sich in der Praxis kaum durchführen. Noch schwieriger ist die willkürliche Unterscheidung von belastendem strafrechtlichem und entlastendem außerstrafrechtlichem Irrtum.

b) Die These, ein infolge Verbotsirrtums fehlendes Unrechtsbewußtsein sei generell unbeachtlich, ist mit dem das moderne Strafrecht beherrschenden Schuldprinzip unvereinbar. Strafrechtlich verantwortlich kann nur gemacht werden, wer in der Lage ist, das Unrecht seiner Tat zu erkennen und nach dieser Einsicht zu handeln. Dieser in § 51 und § 55 niedergelegte Grundsatz, der sich auch in § 3 JGG findet, darf nicht nur auf die Fälle beschränkt werden, in denen die mangelhafte Einsichtsfähigkeit auf Störungen der Geistestätigkeit, Taubstummheit oder jugendliches Alter zurückzuführen ist. Er muß sinngemäß auch dort gelten, wo der Täter aus unverschuldetem Verbotsirrtum nicht in der Lage war, das Unrecht seiner Tat zu erkennen. Für diese Fälle empfiehlt sich eine den §§ 51, 55 entsprechende Regelung.

c) Das RG hat die Schwierigkeiten seiner Irrtumslehre wohl erkannt, in der Hoffnung auf eine baldige Lösung des Problemkreises durch den Gesetzgeber jedoch auf eine Änderung seiner Rspr. bewußt verzichtet (vgl. Hartung, Der Rechtsirrtum in der Rechtsprechung des Reichsgerichts, DRZ 49, 342).

III. Nach der sog. **Vorsatztheorie** umfaßt der Vorsatz nicht nur die Kenntnis aller Tatbestandsmerkmale, sondern auch das Bewußtsein der Rechtswidrigkeit. Diese Auffassung hat sich aus der wissenschaftlichen Diskussion um die Rspr. des Reichsgerichts entwickelt. Sie wurde früher vor allem von Binding, Nagler und Mezger vertreten und findet sich heute u. a. noch bei Schönke-Schröder (§ 59 Rn. 76 ff.), Baumann AT 384 ff., Lang-Hinrichsen (JR 52, 184 ff., 302 ff. und JZ 53, 362) sowie bei Oehler (Festschrift für den 41. dt. Juristentag, 1955, 259). Ihr Anliegen besteht vor allem darin, das in der Rspr. des Reichsgerichts völlig unbeachtet gebliebene Unrechtsbewußtsein in den Verbrechensaufbau einzubeziehen, und zwar als Vorsatzbestandteil. Hieraus erklärt sich auch der Name dieser Theorie. Ihre Konzeption ist klar: Vorsätzlich handelt nur, wer sich in Kenntnis aller Tatumstände gegen das Recht und damit für das Unrecht entschieden hat (vgl. Schönke-Schröder § 59 Rn. 83). Nur der „dolus malus" zieht eine Bestrafung wegen vorsätzlicher Tatbegehung nach sich. Fehlt das Unrechtsbewußtsein, so entfällt damit zugleich die Möglichkeit einer Bestrafung wegen vorsätzlicher Tatbegehung, und zwar ohne Rücksicht darauf, ob die Fehleinschätzung der Rechtslage für den Täter vermeidbar war oder nicht. Nach der sog. strengen Vorsatztheorie scheidet die Vorsatzstrafe selbst dann aus, wenn das Bewußtsein der Rechtswidrigkeit infolge einer rechtsfeindlichen oder rechtsblinden Einstellung des Täters fehlt. Versuche einer Minderheit innerhalb der Vertreter der Vorsatztheorie (sog. eingeschränkte Vorsatztheorie, vgl. Mezger in Kohlrausch-Festschrift, 1944, 180; NJW 53, 4; Nowakowski ZStW 65, 383), wenigstens in diesen Fällen den an sich vorsatzlos handelnden Täter dem vorsätzlich handelnden Täter gleichzustellen, werden heute zu Recht allgemein abgelehnt (vgl. Schröder MDR 50, 646; Schönke-Schröder § 59 Rn. 83; Mezger-Blei AT 181; Maurach AT 393 m. weit. Nachw.). Die Gleichstellung des rechtsblinden bzw. rechtsfeindlichen Täters mit dem vorsätzlich handelnden Täter enthält nämlich eine Art Fiktion und damit eine rechtsstaatlich unzulässige Analogie zu Ungunsten des Täters. Die eingeschränkte Vorsatztheorie ist daher schon aus diesem Grunde abzulehnen.

Aber auch die strenge Vorsatztheorie stößt — ungeachtet ihrer klaren Konzeption — auf erhebliche Bedenken. Diese ergeben sich vor allem aus den Schwierigkeiten, denen die Vorsatztheorie in der täglichen Praxis ausgesetzt wäre. In vielen Fällen macht sich nämlich der Täter keine oder falsche Gedanken über die rechtliche Tragweite seiner Tat. Der Nachweis des Unrechtsbewußtseins ist bei einem sich auf Rechtsirrtum berufenden Täter nur schwer möglich. Gelingt er nicht, so kann eine Bestrafung nur dann erfolgen, wenn dem Täter wenigstens Fahrlässigkeit nachzuweisen ist und das Gesetz bei dem in Frage stehenden Delikt auch die Fahrlässigkeit unter Strafe gestellt hat. Letzteres ist jedoch nur ausnahmsweise der Fall (z. B. bei den Tötungsdelikten, bei der Körperverletzung, bei den Eidesdelikten und bei der Brandstiftung). Die meisten übrigen Deliktsgruppen sind dagegen nur bei vorsätzlicher Tatbegehung unter Strafe gestellt. Weitere Bedenken ergeben sich daraus, daß auch in den Fällen, in denen an sich die Möglichkeit einer Bestrafung wegen fahrlässiger Tatbegehung gegeben ist, der Schuldgehalt der Tat durch eine Bestrafung nur wegen fahrlässiger Begehungsweise nicht voll erfaßt werden kann. Dies gilt besonders dort, wo der Täter der Verbotsnorm mit einer gewissen Gleichgültigkeit gegenübersteht oder sogar ein Fall der Rechtsblindheit oder Rechtsfeindschaft gegeben ist. Auch die verschiedentlich (z. B. im Entwurf Gürtner 1936) vorgeschlagene Einführung eines allgemeinen Auffangtatbestands der Rechtsfahrlässigkeit kann nicht befriedigen, da auf diese Weise der Bereich des Strafbaren unübersehbar würde.

IV. Nach der **strengen Schuldtheorie** (Maurach AT 393 ff; Welzel SJZ 48, 368, NJW 52, 564, JZ 55, 142 sowie Lehrbuch S. 148 ff; Eb. Schmidt MDR 50, 591; Hartung NJW 51, 210; Heitzer NJW 53, 210; Bockelmann NJW 50, 830; Warda JR 50, 549) erstreckt sich der Vorsatz lediglich auf die unrechtstypisierenden Merkmale des besonderen Tatbestands, und zwar ohne Rücksicht darauf, ob es sich um deskriptive oder normative Tatbestandsmerkmale handelt und ob die normativen Tatbestandsmerkmale strafrechtliche oder außerstrafrechtliche Begriffe enthalten. Der Vorsatz umfaßt dagegen nicht das Unrechtsbewußtsein. Ob der in Kenntnis aller Tatbestandsmerkmale (= vorsätzlich) handelnde Täter das Unrecht seiner Tat erkannt hat (aktuelles Unrechtsbewußtsein) oder ob es ihn zumindest hätte erkennen können (potentielles Unrechtsbewußtsein), ist eine vom Vorsatz unabhängig zu prüfende Frage der Schuld (= Vorwerfbarkeit). Das Unrechtsbewußtsein ist also nicht Vorsatzbestandteil, sondern selbständiges Schuldmerkmal. Aus dieser systematischen Einordnung des Unrechtsbewußtseins erklärt sich auch der Name „Schuldtheorie". Im einzelnen:

1. Vorsatz und Unrechtsbewußtsein sind streng zu trennen. Diese Feststellung ist für den, der im Anschluß an die finale Handlungslehre und den hier vertretenen Standpunkt (siehe hierzu ausführlich Vorbem. AT, Abschn. B III 1, S. 9 f.) den Vorsatz als subjektives Unrechtselement und damit als subjektives Tb.-Merkmal betrachtet, eine Selbstverständlichkeit. Aber auch auf der Grundlage des überkommenen Verbrechensaufbaus, wonach der Vorsatz nicht zum subj. Tb., sondern zur Schuld gehört, lassen sich die Begriffe Vorsatz und Unrechtsbewußtsein innerhalb des Schuldsektors zwanglos trennen (vgl. Eb. Schmidt MDR 50, 591). Wer einerseits den überkommenen Verbrechensaufbau (Vorsatz als Schuldelement) nicht aufgeben, andererseits aber das Unrechtsbewußtsein nicht als Vorsatzbestandteil behandelt wissen möchte, kommt bei Zugrundelegung der Schuldtheorie zu dem Ergebnis, daß das Unrechtsbewußtsein ein selbständiges Schuldelement neben dem Vorsatz darstellt. Das Ergebnis ist das gleiche, wie wenn man von der finalen Handlungslehre und dem hier vertretenen Standpunkt ausgehend nur das Unrechtsbewußtsein, nicht auch den Vorsatz der Schuld zuordnet: Schuldhaft handelt nur, wer den Tb. vorsätzlich verwirklicht und das Unrecht seiner Tat entweder erkennt (aktuelles Unrechtsbewußtsein) oder in vorwerfbarer Weise nicht erkannt hat (potentielles Unrechtsbewußtsein).

2. Für den Anwendungsbereich des § 59 ergibt sich folgendes:

a) Vorsatzausschließend ist nur der Tatbestandsirrtum. Als Tatbestandsirrtum gilt nur der Irrtum über den sog. Unrechtstatbestand, d. h. über die Merkmale, die den Unrechtsgehalt des jeweiligen Tatbestands typisieren. Hierbei ist es unerheblich, ob sich der Irrtum auf deskriptive oder normative Tatbestandsmerkmale und innerhalb dieser auf strafrechtliche oder außerstrafrechtliche Merkmale bezieht.

b) Bei normativen Tatbestandsmerkmalen genügt es für die Annahme von Vorsatz, wenn der Täter sich ein zutreffendes Bild von der Bedeutung des Begriffs im sozialen Leben gemacht hat (sog. Parallelwert u n g i n d e r L a i e n s p h ä r e). Beispiel: Wenn A auf einer Fahrkarte, um eine längere Gültigkeit vorzutäuschen, das eingeprägte Datum verändert, so kann er sich später nicht darauf berufen, er habe die Fahrkarte nicht für eine Urkunde gehalten. Ein solcher Irrtum wäre als unbeachtlicher S u b s u m t i o n s i r r t u m zu werten. Für die Annahme von Vorsatz genügt es, wenn A weiß, daß die Fahrkarte geeignet und bestimmt ist, rechtserhebliche Tatsachen zu beweisen.

c) Nicht hierher gehören nach der strengen Schuldtheorie die sog. n e g a t i v e n T a t b e s t a n d s m e r k m a l e, d. h. die Merkmale, bei deren Vorliegen das Verhalten des Täters wegen Vorliegens eines Rechtfertigungsgrunds nicht rechtswidrig wäre. Der Irrtum über diesen sog. E r l a u b n i s t a t b e s t a n d (zur Terminologie siehe Schwarz-Dreher § 59 Anm. F 1 c, Lackner-Maassen § 59 Anm. III 3 b, bb) ist kein Tatbestandsirrtum, sondern ein Verbotsirrtum. Er wird nach der strengen Schuldtheorie auch in den Rechtsfolgen nicht dem Tatbestandsirrtum gleichgestellt.

d) Liegt ein Tatbestandsirrtum i.e.S. vor, so entfällt der Vorsatz ohne Rücksicht darauf, ob der Irrtum für den Täter vermeidbar war oder nicht. War der I r r t u m v e r m e i d b a r, so kommt Bestrafung wegen fahrlässiger Begehung in Betracht, sofern diese bei dem in Frage stehenden Tatbestand unter Strafe gestellt ist (vgl. § 59 Abs. 2). Kann dem Täter auch keine Fahrlässigkeit zur Last gelegt werden oder ist die fahrlässige Tatbegehung nicht unter Strafe gestellt, so ist eine strafbare Handlung überhaupt nicht gegeben.

e) F e h l e n d e s U n r e c h t s b e w u ß t s e i n schließt den Vorsatz nicht aus. Für § 59 ist kein Raum. Hierbei macht es nach der strengen Schuldtheorie keinen Unterschied, ob sich die Fehlvorstellung des Täters auf die tatsächlichen Voraussetzungen eines Rechtfertigungsgrunds bezieht (Irrtum über den sog. Erlaubnistatbestand, s.o. c) oder ob der Täter über Bestehen, Grenzen, Art und Umfang eines Rechtfertigungsgrunds irrt. In beiden Fällen handelt es sich um einen einheitlich zu beurteilenden V e r b o t s i r r t u m. Dieser ist allerdings auch nach der strengen Schuldtheorie keineswegs unbeachtlich. Fehlt das Unrechtsbewußtsein aufgrund eines Irrtums, den der Täter trotz Einsatzes „aller Erkenntniskräfte und sittlichen Wertvorstellungen" (BGH 4, 1) bei gehöriger Gewissensanspannung nicht vermeiden konnte, so handelt er schuldlos. War der Irrtum dagegen vermeidbar, so bleibt die Schuld bestehen. Die Strafe kann jedoch in analoger Anwendung von § 51 Abs. 2 nach Versuchsgrundsätzen (§ 44) gemildert werden (vgl. OLG Oldenburg MDR 50, 690; BGH 2, 194).

f) Ein Irrtum über das Vorliegen eines S c h u l d a u s s c h l i e ß u n g s g r u n d s (z. B. §§ 52, 54) schließt weder den Vorsatz noch das Unrechtsbewußtsein aus. Der Täter weiß, daß er tatbestandsmäßiges Unrecht tut. Er glaubt lediglich, rechtmäßiges Verhalten sei ihm nicht zuzumuten. Ob eine derartige Fehlvorstellung zu Straflosigkeit führen kann, hängt davon ab, ob der Irrtum für den Täter bei Würdigung aller Umstände des Einzelfalls vermeidbar war oder nicht. War der Irrtum unvermeidbar, so ist der Täter entschuldigt. Andernfalls bleibt die Schuld bestehen. Die Strafe kann jedoch analog § 51 Abs. 2 nach Versuchsgrundsätzen (§ 44) gemildert werden. Der Irrtum über einen Schuldausschließungsgrund wird damit wie ein Verbotsirrtum behandelt, obwohl es sich wesensmäßig nicht um einen solchen handelt (vgl. Maurach AT 382 f.).

g) Unbeachtlich ist der Irrtum über die eigene Z u r e c h n u n g s f ä h i g k e i t. Eine derartige Fehlvorstellung berührt weder den Vorsatz noch das Unrechtsbewußtsein. Dasselbe gilt bei einem Irrtum über die S t r a f f o l g e n eines Verhaltens, dessen Rechtswidrigkeit dem Täter bekannt ist (sog. Strafbarkeitsirrtum). Völlig unbeachtlich ist schließlich die Unkenntnis vom Eintritt einer obj. Bedingung der Strafbarkeit sowie die irrige Annahme, eine Prozeßvoraussetzung werde nicht eintreten, z. B. der Geschädigte werde keinen Strafantrag stellen.

V. Die **Nachkriegsgesetzgebung** ging an der Entwicklung in Lehre und Rspr. nicht vorbei. Bahnbrechend war in diesem Zusammenhang § 31 WiStG 1949:

(1) Wer in unverschuldetem Irrtum über das Bestehen oder die Anwendbarkeit einer rechtlichen Vorschrift seine Tat für erlaubt gehalten hat, bleibt straffrei.

(2) War der Irrtum verschuldet, so kann die Strafe gemildert werden.

Diese Formulierungen wurden in § 6 WiStG 1954 und § 12 OWiG 1952 wörtlich übernommen. Daß der Gesetzgeber in den genannten Vorschriften unter Übernahme des Gedankenguts der Schuldtheorie den Verbotsirrtum nicht als Tatbestandsirrtum behandelt, sondern diesem gegenüberstellt, ergibt sich unmißverständlich aus einem Vergleich von § 12 Abs. 1 OWiG mit § 11 Abs. 2 OWiG. § 12 will § 59 StGB nicht ersetzen, sondern lediglich ergänzen (vgl. Eb. Schmidt MDR 50, 591 zu § 31 WiStG).

VI. Auch die **Nachkriegsjudikatur** löste sich schon früh von der Rspr. des Reichsgerichts und bekannte sich zur Schuldtheorie. Bahnbrechend war zunächst das Urteil des OLG Oldenburg vom 20. 6. 1950 (MDR 50, 690 = SJZ 50, 834 ff. mit zust. Anm. v. Eb. Schmidt). Der **BGH** verzichtete ebenfalls darauf, die nicht nur äußerst komplizierte, sondern auch dogmatisch wie rechtsstaatlich unbefriedigende Irrtumslehre des Reichsgerichts zu übernehmen. Der Große Senat für Strafsachen stellte sich bereits in seinem viel beachteten Beschluß vom 18. 3. 1952 (BGH 2, 194 ff.) auf den Boden der Schuldtheorie, die seitdem zur Grundlage der gesamten Rechtsprechung geworden ist. Hierbei sind allerdings gegenüber der oben unter IV dargelegten sog. strengen Schuldtheorie gewisse Einschränkungen zu beachten, weshalb die Irrtumslehre des BGH im Schrifttum allgemein als **eingeschränkte Schuldtheorie** bezeichnet wird. Auch der Bundesgerichtshof unterscheidet zwischen Tatbestands- und Verbotsirrtum, wobei nur der Tatbestandsirrtum den Vorsatz auszuschließen vermag. Im Gegensatz zur strengen Schuldtheorie behandelt der BGH jedoch auch den Irrtum über die tatsächlichen Voraussetzungen eines Rechtfertigungs- oder Schuldausschließungsgrundes als Tatbestandsirrtum i. S. von § 59. Diese Abweichung von der Konzeption der strengen Schuldtheorie findet sich bereits in mehreren Entscheidungen des 3. Bands der amtlichen Sammlung (vgl. BGH 3, 7, 105; 194, 271). Sie hat sich ungeachtet aller Angriffe bis heute gehalten. Im Schrifttum wird die eingeschränkte Schuldtheorie u. a. von Schaffstein, Busch und Roxin (ZStW 76, 582 ff.) vertreten. Ihre Ergebnisse finden sich — wenngleich mit anderer Begründung — auch bei Schwarz-Dreher (§ 59 Anm. F 1 c), Lackner-Maassen (§ 59 Anm. III 3 b, bb), Börker (JR 60, 168) sowie in **§ 20 E 1962.** Diese Bestimmung kodifiziert praktisch die derzeitige Rspr. des BGH. Sie hat folgenden Wortlaut:

(1) Wer bei Begehung der Tat irrig Umstände annimmt, welche die Tat rechtfertigen oder entschuldigen würden, wird nicht wegen vorsätzlicher Begehung bestraft.

(2) Er wird jedoch wegen fahrlässiger Begehung bestraft, wenn ihm der Irrtum vorzuwerfen ist und das Gesetz auch fahrlässiges Handeln mit Strafe bedroht.

VII. Kritik und Stellungnahme

1. Die strenge Schuldtheorie führt — ebenso wie die strenge Vorsatztheorie — immer zu eindeutigen Ergebnissen. Die Abgrenzung von Tatbestands- und Verbotsirrtum ist klar und würde auch in der Praxis auf keine Schwierigkeiten stoßen. Sie bietet die Möglichkeit, in allen Fällen befriedigende Ergebnisse zu erzielen, da fehlendes Unrechtsbewußtsein zwar grundsätzlich zu berücksichtigen ist, der Richter aber die Möglichkeit hat, in strafwürdigen Fällen den Irrtum, auf dem das fehlende Unrechtsbewußtsein beruht, für unbeachtlich zu erklären und den Täter — unbeschadet der Möglichkeit einer Strafmilderung nach Versuchsgrundsätzen — wegen vorsätzlicher Tatbegehung zu bestrafen. Dies gilt insbesondere dort, wo der Täter mit einer gewissen Gleichgültigkeit gegenüber der Rechtsordnung vorgegangen ist.

2. Argumente gegen die eingeschränkte Schuldtheorie:

a) Mit der Differenzierung von Sachverhalts- und Bewertungsirrtum nähert sich der BGH wieder der alten Irrtumslehre des Reichsgerichts. Die schon von früher bekannten Abgrenzungsschwierigkeiten sind bereits wieder in einigen Entscheidungen zutage getreten. So nahm der BGH in BGH 3, 7 bei einem Arzt, der eine Schwangerschaftsunterbrechung vorgenommen hatte, nachdem er aufgrund oberflächlicher Untersuchung zu der irrigen Überzeugung gekommen war, der Eingriff sei medizinisch indiziert, einen als Verbotsirrtum zu behandelnden „Bewertungsirrtum" an. Die sich hieraus ergebende Möglichkeit einer Bestrafung wegen Abtreibung mag zwar im Ergebnis durchaus befriedigen, ist aber in der Konstruktion bedenklich. Der Arzt irrte nämlich über die tatsächlichen Voraussetzungen eines Rechtfertigungsgrundes. Der BGH hätte daher zu einem vorsatzausschließenden Tatbestandsirrtum kommen müssen. Zur Kritik dieser Entscheidung siehe Abschn. I 6 der Lösung des folgenden Falles und das dort angegebene Schrifttum. Nach der strengen Schuldtheorie wäre der Fall eindeutig als Verbotsirrtum zu behandeln gewesen. Da der Arzt die Untersuchung nicht mit der erforderlichen Sorgfalt durchgeführt hatte, war sein Irrtum vermeidbar, somit nicht entschuldbar.

b) Widerspruchsvoll erscheinen zunächst auch die Entscheidungen BGH 3, 105 und 3, 194. In BGH 3, 105 wird ein Irrtum über den Umfang eines Züchtigungsrechts als Verbotsirrtum behandelt; nach BGH 3, 194 schließt dagegen ein Irrtum über den Umfang des Notwehrrechts nach § 59 den Vorsatz aus. Zur Kritik beider Entscheidungen siehe Welzel JZ 52, 596. Es darf jedoch — entgegen Welzel — nicht verkannt werden, daß es für den BGH durchaus möglich ist, bei einem Irrtum über den Umfang des Notwehrrechts je nach Sachlage Tatbestands- oder Verbotsirrtum anzunehmen. Die Entscheidung hängt nämlich jeweils davon ab, ob der Täter die Intensität des gegen ihn gerichteten Angriffs richtig beurteilt hat. War dies der Fall, so kommt auch nach der Auffassung des BGH nur ein Verbotsirrtum (oder Notwehrexzeß, § 53 Abs. 3) in Betracht, wenn der Täter in der irrigen Annahme, auch hierzu berechtigt zu sein, über das erforderliche Maß der Verteidigung hinausgeht. Hat der Täter dagegen die Intensität des Angriffs überschätzt, so entfällt sein Vorsatz, sofern die Verteidigungshandlung ohne den Irrtum des Täters, d. h. wenn die Wirklichkeit der Vorstellung des Täters entsprochen hätte, durch Notwehr gerechtfertigt gewesen wäre. Eine entsprechende

Differenzierung ließe sich auch bei einem Irrtum über den Umfang des Züchtigungsrechts durchführen. (Beachte: Die Entscheidung BGH 3, 194 ist nach Möglichkeit in der amtlichen Sammlung nachzulesen. Die Wiedergabe in JZ 52, 596 ist unvollständig und mißverständlich. Dies gilt besonders für den Leitsatz.)

c) Die Argumentation in BGH 3, 105, beim Sachverhaltsirrtum sei der Täter „an sich rechtstreu", stellt kein überzeugendes Kriterium dar. Auch der in einem Rechtsirrtum befangene Täter will kein Unrecht begehen. Es ist daher nicht einzusehen, weshalb eine falsche Bewertung der Rechtslage den Täter mehr belasten soll als eine falsche Beurteilung des Sachverhalts. Wenn man schon auf die „Rechtstreue" zurückgreifen will, dann wäre es konsequent, in sachlicher Übereinstimmung mit der Vorsatztheorie in allen Fällen, in denen dem Täter — gleich aus welchen Gründen — das Unrechtsbewußtsein fehlt, den Vorsatz zu verneinen.

d) Die eingeschränkte Schuldtheorie führt schließlich in vielen strafwürdigen Fällen schon deshalb zu unbefriedigenden Ergebnissen, weil nur bei einzelnen Tatbeständen auch die fahrlässige Begehung unter Strafe gestellt ist und daher der Täter ungeachtet des Umstands, daß sein Irrtum verschuldet war, überhaupt nicht verantwortlich gemacht werden kann. In diesen Fällen ist die Versuchung, einen Sachverhaltsirrtum in einen Bewertungsirrtum umzudeuten, ebenso naheliegend wie bedenklich. Die oben erörterte Entscheidung BGH 3, 7 zeigt dies deutlich.

3. Der eigene Standpunkt: Aufgrund der bisherigen Ausführungen erscheint es naheliegend, der strengen Schuldtheorie gegenüber allen anderen Ansichten den Vorzug zu geben. Jede Irrtumslehre bewährt sich aber erst dann, wenn man sie der Lehre vom Versuch gegenüberstellt.

a) Während beim Tatbestandsirrtum der subjektive Unrechtsgehalt hinter dem objektiven Tatgeschehen zurückbleibt, zeichnet sich der Versuch umgekehrt dadurch aus, daß der subjektive Unrechtsgehalt der Tat (= Handlungsunwert) über den objektiven Unrechtsgehalt (= Erfolgsunwert) hinausgeht. Folgt man dieser Definition, so liegt ein Versuch nicht nur dann vor, wenn der Täter irrig Tatumstände annimmt, bei deren Vorliegen er alle Merkmale des sog. Unrechtstatbestands (s. o. IV 2 a) erfüllen würde; Versuch liegt vielmehr auch dann vor, wenn der Täter einen Unrechtstatbestand verwirklicht, ohne zu wissen, daß Tatumstände vorliegen, die sein Verhalten als gerechtfertigt erscheinen lassen. In beiden Fällen fehlt der objektive Unrechtsgehalt der Tat. Es wäre daher verfehlt, nur im ersten Fall Versuch anzunehmen und den zweiten Fall als vollendetes Delikt zu behandeln. (Einzelheiten sehr bestritten; zum Ganzen siehe auch Abschn. II der Abwandlung 2 der Lösung des folgenden Falles.)

Geht man von der oben erwähnten Wechzelbeziehung von Versuch und Tatbestandsirrtum aus, so ergibt sich für den Anwendungsbereich des § 59: Ein vorsatzausschließender Tatbestandsirrtum liegt zunächst (unbestritten) dann vor, wenn der Täter nicht alle Merkmale kennt, die den sog. Unrechtstatbestand (s. o. IV 2 a) begründen. Der subj. Unrechtsgehalt der Tat bleibt aber auch dann hinter dem obj. Unrechtsgehalt der Tat zurück, wenn der Täter irrig Tatumstände annimmt, die im Falle ihres Vorliegens einen sog. Erlaubnistatbestand (s. o. IV 2 c) begründen, d. h. das Verhalten als gerechtfertigt erscheinen lassen würden. Der Irrtum über den Erlaubnistatbestand hat mit dem Irrtum über den Unrechtstatbestand gemeinsam, daß der Täter über die Merkmale irrt, die den materiellen Unrechtsgehalt der Tat begründen. Dieses bei den Irrtumsfällen gemeinsame Element läßt es geboten erscheinen, den Irrtum über den Erlaubnistatbestand hinsichtlich der Rechtsfolgen dem Irrtum über den Unrechtstatbestand gleichzustellen und wie diesen dem Anwendungsbereich des § 59 zu unterstellen.

Hierbei ist allerdings zu beachten, daß der Irrtum über den Erlaubnistatbestand, auch wenn man ihn der Regelung des § 59 unterstellt, den Vorsatz nicht berührt. Der Vorsatz muß sich, wie bereits mehrfach betont, nur auf die unrechtstypisierenden Merkmale des Tatbestands (= Unrechtstatbestand) erstrecken. Vorsatzausschließend ist daher nur der Tatbestandsirrtum i. e. S., d. h. der Irrtum über den Unrechtstatbestand. Der Irrtum über den Erlaubnistatbestand ist und bleibt — auch wenn man ihn der Regelung des § 59 unterstellt — ein Verbotsirrtum, der jedoch wegen seiner besonderen Struktur hinsichtlich der Rechtsfolgen dem eigentlichen Tatbestandsirrtum gleichgestellt werden kann. Es entfällt also nicht der Vorsatz, sondern die Vorsatzstrafe. Insoweit unterscheidet sich der hier vertretene Standpunkt von der Lehre von den negativen Tatbestandsmerkmalen, die bei sonst sachlich übereinstimmenden Ergebnissen davon ausgeht, daß der Irrtum über die tatsächlichen Voraussetzungen eines Rechtfertigungsgrunds ebenso wie der Irrtum über den Unrechtstatbestand gemäß § 59 den Vorsatz ausschließt. Die Frage, ob der Irrtum über den Erlaubnistatbestand den Vorsatz oder nur die Vorsatzstrafe ausschließt, ist nicht nur rein theoretischer Natur. Die praktische Bedeutung des Unterschieds besteht darin, daß im einen Fall bereits der subj. Tatbestand entfällt, im anderen Fall dagegen erst die Schuld. Hieraus wiederum ergeben sich wesentliche Folgerungen für die Behandlung von Teilnehmern, die sich ihrerseits nicht in einem strafrechtlich relevanten Irrtum befinden. So wie hier in allen Punkten Schwarz-Dreher § 59 Anm. F 1 c und Lackner-Maassen § 59 Anm. III 3 b, bb mit weiteren Nachweisen. Zur Lehre von den negativen Tatbestandsmerkmalen siehe ausführlich Arthur Kaufmann JZ 54, 653 ff., JZ 56, 353 ff. sowie ZStW 76, 543, 565.

Ist der Irrtum des Täters über das Vorliegen von rechtfertigenden Tatumständen unverschuldet, so handelt er nach dem hier vertretenen Standpunkt zwar vorsätzlich, es kann ihm jedoch kein Schuldvorwurf gemacht werden. War der Irrtum verschuldet, so kann er wegen fahrlässiger Tatbegehung bestraft werden, sofern diese im Einzelfall unter Strafe gestellt ist. Diese Konstruktion ist verwandt mit der sog. actio libera in causa (siehe hierzu ausführlich Vorbem. A 3 vor Fall 1, S. 73). In beiden Fällen wird eine zeitliche wie sachliche Schwerpunktsverlagerung vorgenommen. Bei der a.l.i.c. wirft man dem Täter vor, daß er zu viel getrunken hat, ohne an die möglichen Folgen zu denken. Bei einem vermeidbaren Irrtum über die tatsächlichen Voraussetzungen eines Rechtfertigungsgrundes wirft man ihm vor, daß er fahrlässig einen folgenschweren Irrtum in sich hat aufkommen lassen.

b) Abschließend bleibt zu prüfen, ob auch der I r r t u m ü b e r d i e t a t s ä c h l i c h e n V o r a u s s e t z u n g e n e i n e s S c h u l d a u s s c h l i e - ß u n g s g r u n d e s ein Tatbestandsirrtum ist oder als solcher behandelt werden kann. Hier ist zunächst zu betonen, daß der Irrtum über einen Schuldausschließungsgrund weder den Vorsatz noch das Unrechtsbewußtsein berührt (vgl. Schönke-Schröder § 59 Rn. 130, Lackner-Maassen § 59 Anm. III 3 d, Schwarz-Dreher § 59 Anm. F 2). Der Täter kennt alle unrechtstypisierenden Tatbestandsmerkmale und will auch ihre Verwirklichung. Er handelt damit vorsätzlich. Er weiß auch, daß er gegen eine Verbotsnorm verstößt und kann sich daher nicht auf fehlendes Unrechtsbewußtsein berufen. Andererseits kann der Irrtum nicht schlechthin als unbeachtlich behandelt werden. Der Täter, der sich nur irrtümlich in einer Notstandslage wähnt, befindet sich psychologisch in der gleichen Situation, wie wenn er sich tatsächlich in einer Notstandslage befinden würde. Schönke-Schröder, Schwarz-Dreher und Lackner-Maassen kommen daher a.a.O. in sachlicher Übereinstimmung mit dem BGH (vgl. BGH 5, 371, 374; 18, 311 f.) zu dem Ergebnis, daß die Vorsatzstrafe entfällt. Der Irrtum über die tatsächlichen Voraussetzungen eines Schuldausschließungsgrundes wird also genauso behandelt wie der Irrtum über die tatsächlichen Voraussetzungen eines Rechtfertigungsgrundes. In Betracht kommt allenfalls Bestrafung wegen fahrlässiger Tatbegehung, soweit diese unter Strafe gestellt ist und dem Täter Fahrlässigkeit zur Last gelegt werden kann. Demgegenüber gehen Welzel (164 f.) und Maurach (AT 274, 408) in sachlicher Übereinstimmung mit dem Entwurf 1962 (§ 40 Abs. 2) davon aus, daß es sich bei dem Irrtum über die tatsächlichen Voraussetzungen eines Schuldausschließungsgrundes nicht um einen Quasi - Tatbestandsirrtum, sondern um einen Quasi - Verbotsirrtum handelt, das heißt, daß der Täter so zu stellen ist, als ob er sich in einem Verbotsirrtum befunden hätte. Der Schuldvorwurf entfällt also nur, wenn der Irrtum für den Täter unvermeidbar war. War der Irrtum vermeidbar, so kann die für die vorsätzliche Tatbegehung vorgesehene Strafe wie beim Verbotsirrtum analog § 51 Abs. 2 nach Versuchsgrundsätzen gemildert werden.

Die letztgenannte Ansicht verdient m. E. den Vorzug. Sie verhindert, daß wesensmäßig heterogene Probleme willkürlich gleich behandelt werden. Wie auch in der Begründung des Entwurfs 1962 klar zum Ausdruck kommt, muß es nicht nur in der Begründung, sondern auch im Ergebnis für den Schuldvorwurf einen Unterschied machen, ob die Sachlage, die sich der irrende Täter vorstellt, seine Tat rechtfertigen oder entschuldigen würde.

Der AE verzichtet auf eine ausdrückliche Regelung des Putativnotstands. In der Begründung wird unter Bezugnahme auf Arthur Kaufmann (ZStW 76, 576 ff.) und Roxin (ZStW 76, 608 ff.) darauf hingewiesen, daß es sich nicht um ein echtes Irrtumsproblem, sondern um ein Zumutbarkeitsproblem handle; ein etwaiges Verschulden bei der Annahme der Notstandslage könne daher im Rahmen der Zumutbarkeitsklausel berücksichtigt werden. § 23 AE, der sich mit dem entschuldigenden Notstand befaßt, hat folgenden Wortlaut: Wer eine rechtswidrige Tat begeht, um eine gegenwärtige Gefahr für Leben, Leib oder Freiheit von sich, einem Angehörigen oder einer anderen ihm nahestehenden Person abzuwenden, handelt ohne Schuld, wenn ihm ein anderes Verhalten nach den Umständen der Tat nicht zugemutet werden kann. Ist ihm ein anderes Verhalten zuzumuten, so kann die Strafe nach § 61 Abs. 1 gemildert werden.

Damit befindet sich auch der AE in sachlicher Übereinstimmung mit der hier vertretenen Ansicht. Für die hier vertretene Ansicht spricht schließlich auch wieder der Vergleich mit dem umgekehrten Fall: Begeht jemand eine tatbestandsmäßige und rechtswidrige Tat, ohne zu wissen, daß er sich in einer Notstandslage befindet, aus der er sich nur durch diese Tat retten kann, so ist er — anders als bei Unkenntnis objektiv vorliegender Rechtfertigungselemente — nicht nur wegen versuchter, sondern wegen vollendeter Tatbegehung zu bestrafen.

VIII. Besondere Erscheinungsformen des Irrtums

1. Von einem **error in persona** (= Irrtum über die Person) spricht man, wenn der Täter die Person, gegen die sich sein Angriff richtet, mit einer anderen verwechselt. Beispiel: A will den X töten und legt sich zu diesem

Zweck am Wegrand auf die Lauer. Wider Erwarten erscheint aber nicht X, sondern Y, den A in der Dunkelheit für X hält und niederschießt. Eine derartige Personenverwechslung ist rechtlich unbeachtlich. Sie schließt weder den Vorsatz noch das Unrechtsbewußtsein aus. A durfte weder den X noch den Y töten. Er ist demnach wegen vollendeter vorsätzlicher Tötung zu bestrafen.

Anders zu beurteilen ist die Personenverwechslung, wenn der Täter für den Fall, daß er den „richtigen" getroffen hätte, gerechtfertigt gewesen wäre. Beispiel: Der auf Vorposten liegende Soldat A schießt einen eigenen Mann an, von dem er irrig annimmt, es sei ein angreifender Feind. Hier kommt nur fahrlässige Körperverletzung bzw. Tötung in Betracht.

2. Von einem **error in objecto** (= Irrtum über die Sache) spricht man, wenn der Täter die Sache, gegen die sich sein Angriff richtet, mit einer anderen verwechselt. Auch dieser Irrtum ist grundsätzlich unbeachtlich. Beispiel: A will dem X dadurch Schaden zufügen, daß er ihm die Reifen seines Pkw zerschneidet. In der Dunkelheit verwechselt er aber den Pkw des X mit dem des Y. Ergebnis: Strafbarkeit des A wegen vollendeter vorsätzlicher Sachbeschädigung.

3. Der **Irrtum über den Kausalverlauf** ist dann beachtlich, wenn der tatsächliche Geschehnisablauf von der Vorstellung des Täters so sehr abweicht, daß er von diesem nicht mehr beherrscht wird und ihm daher auch nicht zugerechnet werden kann. Dies gilt insbesondere für die sog. atypischen Geschehnisabläufe. Beispiel: A schießt mit Tötungsvorsatz auf X, verletzt diesen aber nur leicht am Arm. Wenn B dann anschließend auf dem Weg zum Arzt bei einem Verkehrsunfall ums Leben kommt, so handelt es sich insoweit um eine wesentliche Abweichung des tatsächlichen vom vorgestellten Geschehnisablauf, die vom Vorsatz des A nicht umfaßt war. A ist demnach nur wegen versuchter vorsätzlicher Tötung zu bestrafen. (Weitere Einzelheiten und Beispiele siehe Vorbem. AT, Abschn. B IV 4, S. 12 f.).

4. Ein beachtlicher (= vorsatzausschließender) Irrtum über den Geschehnisablauf (s. o. 3) liegt immer dann vor, wenn der Täter eine andere Person trifft als die, auf die er gezielt hatte (sogenannte **aberratio ictus** oder Abirrung). Beispiel: A will X töten, trifft aber infolge eines Versehens den danebenstehenden Y. Hier kommt nur versuchte Tötung des X in Betracht. Diese steht in Idealkonkurrenz mit fahrlässiger Tötung, wenn A sich bei Abgabe des Schusses hätte sagen können und müssen, daß er nicht X, sondern Y treffen würde (vgl. OLG Neustadt NJW 64, 311 mit weit. Nachweisen).

5. Weitere Besonderheiten sind bei den **unechten Unterlassungsdelikten** zu beachten. Siehe hierzu ausführlich BGH 16, 155 sowie Vorbem. AT, Abschn. C I 6, S. 32 f.

D. Die Anstiftung (§ 48)

1. **Begriff:** Anstiftung ist die vorsätzliche Bestimmung eines anderen zu einer vorsätzlichen, mit Strafe bedrohten Handlung.

2. Die in Aussicht genommene Tat kann ein Verbrechen, ein Vergehen, aber auch eine Übertretung sein.

3. Nur die vorsätzliche Anstiftung ist strafbar. Der **Vorsatz des Anstifters** muß alle Tatbestandsmerkmale der in Aussicht genommenen Tat umfassen,

ohne daß andererseits erforderlich ist, daß der Anstifter alle Einzelheiten der Tatausführung kennt.

a) Für einen **Exzeß des Täters** haftet der Anstifter nicht. Dies gilt sowohl dann, wenn der Täter erheblich über das hinausgeht, was der Anstifter gewollt hat, als auch dann, wenn er etwas ganz anderes tut.

Beispiele:

aa) A stiftet den B an, X zu verprügeln. Wenn B nun X totschlägt, so ist B — je nach Art seines Vorsatzes — wegen Mordes, Totschlags oder vorsätzlicher Körperverletzung mit Todesfolge zu bestrafen. Für A kommt dagegen nur Anstiftung zur Körperverletzung (§§ 223, 48) in Betracht.

bb) A möchte dem X schaden. Er stiftet daher den B an, bei X einen Einbruch zu begehen. Wenn X nun wider Erwarten bei der Tatbegehung auf einen Nachtwächter stößt und diesen niederschießt, so kann A für die Gewalttätigkeit des B nicht verantwortlich gemacht werden.

b) Unerhebliche Abweichungen zwischen der ausgeführten Tat und der Vorstellung des Anstifters entlasten diesen nicht. Beispiel: A stiftet B an, den vor der Hauptpost abgestellten Volkswagen des X zu entwenden. Wenn B nun nicht den VW des X, sondern den danebenstehenden Opel des Y entwendet, da dieser leichter kurzzuschließen ist, so ist dies für die Strafbarkeit des A wegen Anstiftung zum Diebstahl unerheblich.

4. Zum Vorsatz des Anstifters gehört auch der **Vollendungswille.** Wer nur den Versuch einer Straftat will, z. B. um einen anderen zu prüfen, ob er einer strafbaren Handlung überhaupt fähig ist (agent provocateur), begeht keine Anstiftung. Eine Bestrafung wegen Anstiftung entfällt in diesem Falle auch dann, wenn es entgegen der Vorstellung des Anstifters doch zur Vollendung der Tat kommt. Denkbar ist hier jedoch die Möglichkeit einer Bestrafung wegen fahrlässiger Begehungsweise, sofern diese mit Strafe bedroht ist. Beispiel: A redet, ohne ernstlich mit dieser Möglichkeit zu rechnen, solange auf B ein, dieser solle doch seine ihm leid gewordene Ehefrau vergiften, bis B schließlich, ohne daß A es verhindern kann, seine Frau tatsächlich vergiftet. B ist gemäß § 211, A gemäß § 222 zu bestrafen.

5. Auch der Täter muß vorsätzlich handeln

a) Es gibt keine Anstiftung zu vorsatzlosen Taten (vgl. BGH 9, 370). Anstiftung bedeutet das Hervorrufen eines Tatentschlusses. Einen Tatentschluß kann aber nur fassen, wer alle tatbestandserheblichen Umstände kennt, d. h. vorsätzlich handelt. Einzelheiten siehe BGH a.a.O. 374 sowie Vorbem. AT, Abschn. H V 2 c, S. 51.

b) Handelt der in Aussicht genommene Täter entgegen der Vorstellung des Anstifters nicht vorsätzlich, sondern nur fahrlässig oder überhaupt schuldlos, so kommt bei Zugrundelegung des von der Rechtsprechung vertretenen subjektiven Täterbegriffs (vgl. Vorbem. AT, Abschnitt H I 2, S. 41 f.) nur Bestrafung wegen versuchter Anstiftung in Betracht. Diese ist allerdings nur bei Verbrechen strafbar, vgl. § 49 a. (Beachte: Nach § 32 E. 1962 ist der Hintermann in diesem Fall wie ein Anstifter zu bestrafen; der Alternativentwurf läßt die Frage offen.)

c) Weiß der Hintermann, daß der die Tat Ausführende ohne Vorsatz handelt, so liegt mittelbare Täterschaft vor. Siehe hierzu ausführlich Vorbem. AT, Abschn. H II 3 a, S. 45.

6. **Als Mittel der Anstiftung** nennt das Gesetz Geschenke, Versprechen, Drohung, Mißbrauch des Ansehens, Gewalt und Herbeiführung oder Förderung eines Irrtums. Die Aufzählung ist nur beispielhaft, wie der ausdrückliche Hinweis auf die Möglichkeit anderer Mittel beweist. In der Praxis überwiegen die „anderen Mittel", insbesondere der einfache Rat, eine Straftat zu begehen. Geht der Anstifter mit Gewalt oder Drohung vor oder mißbraucht er sein Ansehen, um einen anderen zu einer Straftat zu veranlassen, so liegt in aller Regel entgegen dem Wortlaut des § 48 keine Anstiftung, sondern mittelbare Täterschaft vor, da in diesem Fall nämlich der Wille zur Tatherrschaft nicht bei dem liegt, der die Tat ausführt, sondern bei dem, der ihn zur Tat treibt. (Siehe hierzu ausführlich Vorbem. AT, Abschn. H I, II, S. 41 ff.) Dasselbe gilt, wenn jemand einen anderen zu einer Tat veranlaßt, von dem er weiß, daß ihm der Vorsatz fehlt.

7. War der Täter bereits zur Tat entschlossen (**„omni modo facturus"**), so liegt keine vollendete, sondern nur versuchte Anstiftung vor. Diese ist gemäß § 49 a nur bei Verbrechen strafbar. Wurde der bereits zur Tat entschlossene Täter durch die Aufforderung in seinem Tatentschluß bestärkt, so besteht die Möglichkeit, wegen Beihilfe zu bestrafen. § 49 a ist dann als schwächere Teilnahmeform subsidiär.

8. **Anstiftung zu einem qualifizierten Delikt** (z. B. Raub mit Waffen, § 250 Abs. 1 Nr. 1) wird nicht schon dadurch ausgeschlossen, daß der Angestiftete bereits entschlossen war, die Tat als solche zu begehen, aber ohne die ihm vom Anstifter angeratene Qualifizierung (BGH 19, 339). Beispiel: Der zum Raub entschlossene B greift erst auf Anraten des A bei der Tatbegehung zu einer Waffe.

9. Wegen **Anstiftung zu erfolgsqualifizierten Delikten** (z. B. §§ 178, 226, 251) siehe ausführlich Vorbem. B vor Fall 11, S. 314.

10. Die **Strafe des Anstifters** ist, soweit kein Exzeß des Täters vorliegt (s. o. 3 a), dem Gesetz zu entnehmen, gegen das der Täter verstößt. Bleibt die Tat im Versuchsstadium, so kann auch der Anstifter nur wegen Anstiftung zum Versuch bestraft werden. Tut der Täter weniger, als der Anstifter wollte, so kommt dies auch dem Anstifter zugute. Beispiel: A stiftet B an, einen Meineid zu leisten. Wenn B nun zwar falsch aussagt, aber wider Erwarten nicht vereidigt wird, so kann auch A nur wegen Anstiftung zur uneidlichen Falschaussage (§§ 153, 48) bestraft werden. Diese Bestrafung kann aber nur den objektiven Unrechtsgehalt der Tat erfassen. Um auch den subjektiven Unrechtsgehalt erfassen zu können, ist es erforderlich, A außerdem noch wegen versuchter Anstiftung zum Meineid (§§ 154, 49 a) zu bestrafen. Die Anstiftung zur uneidlichen Falschaussage und die versuchte Anstiftung zum Meineid stehen in diesem Fall in Idealkonkurrenz (vgl. BGH 9, 131).

E. Die Abtreibung (§ 218)

I. **Geschütztes Rechtsgut** ist das werdende Leben. Der Schutz richtet sich gegen Eingriffe jeder Art, auch seitens der Schwangeren, die über ihre Leibesfrucht nicht rechtswirksam verfügen kann. Der Übergang zu den Tötungsdelikten (§§ 211—217) beginnt mit dem Einsetzen der Preßwehen. Von diesem Zeitpunkt an ist keine Abtreibung mehr möglich; die Tat ist vielmehr gemäß §§ 211 ff. zu beurteilen.

II. Die Tathandlung besteht im **Abtöten der Leibesfrucht.** Unerheblich ist, ob der Täter die Leibesfrucht im Mutterleib durch vorzeitiges Loslösen vom Mutterleib oder zusammen mit dem Leben der werdenden Mutter vernichtet. Es ist also nicht erforderlich, daß die Schwangere den Eingriff überlebt (vgl. BGH 11, 15). Hieraus folgt zunächst, daß § 218 Abs. 3 in IdK mit vorsätzlicher oder fahrlässiger Tötung treten kann. Die weitere Konsequenz besteht darin, daß sich u. U. auch ein mißglückter Selbstmordversuch der Schwangeren als vollendete oder versuchte Selbstabtreibung gemäß § 218 Abs. 1 darstellen kann (BGH 11, 17).

III. Grundtatbestand ist die in Abs. 3 unter Strafe gestellte Fremdabtreibung. Abs. 1 enthält keinen Sondertatbestand mit eigenem Unrechtsgehalt, sondern lediglich eine Privilegierung der Schwangeren, deren besonderer seelischer Ausnahmezustand einer milderen sozialen und sittlichen Bewertung unterliegt und daher eine mildere Bestrafung verlangt (BGH 1, 141). Im übrigen aber stellt eine von einer Schwangeren unter Mitwirkung eines Dritten vorgenommene Abtreibung in tatsächlicher und rechtlicher Hinsicht eine Einheit dar.

IV. Aus der einheitlichen Struktur von Selbstabtreibung und Fremdabtreibung ergibt sich für die **Teilnahme** folgende Rechtslage: Nimmt eine Schwangere mit Hilfe eines Dritten einen Eingriff vor oder duldet sie den Eingriff eines Dritten, so liegt Mittäterschaft vor. Die Schwangere ist wegen eines Vergehens gemäß Abs. 1, der Dritte wegen eines Verbrechens gemäß Abs. 3 zu bestrafen. Die gegenseitig geleistete Beihilfe wird durch die eigene Täterschaft konsumiert. Es wäre verfehlt, wollte man die Schwangere, die den Eingriff eines Dritten duldet, neben ihrer eigenen Täterschaft gemäß § 218 Abs. 1, zweite Alternative noch zusätzlich wegen Beihilfe zu einem Verbrechen gemäß § 218 Abs. 3 bestrafen. Genau betrachtet bedeutet die 2. Alternative des Abs. 1 nichts anderes als eine selbständig zur Täterschaft erhobene Beihilfehandlung. Der Gesetzgeber bringt durch diese Fassung des Abs. 1 klar zum Ausdruck, daß die Schwangere auch dann nur wegen eines Vergehens gemäß § 218 Abs. 1 zu bestrafen ist, wenn ein Dritter mitwirkt. Die Fassung des Abs. 1 läßt weiter den Schluß zu, daß die Schwangere immer nur unter täterschaftlichen Gesichtspunkten zu beurteilen ist, nie unter dem Gesichtspunkt der Teilnahme an der Tat eines Dritten. Mit anderen Worten: Die Schwangere macht sich nur dann strafbar, wenn die Voraussetzungen des Abs. 1 oder des Abs. 2 gegeben sind. Jeder Dritte ist dagegen so zu stellen, als ob das in Abs. 1 verankerte Privileg für die Schwangere gar nicht bestünde. Für ihn ist die Teilnahme an einer Abtreibung immer ein Verbrechen nach Abs. 3, ohne Rücksicht auf die Art seiner Teilnahme.

V. Geht man davon aus, daß die Schwangere immer nur unter täterschaftlichen Gesichtspunkten (§ 218 Abs. 1 und 2) zu bestrafen ist und die allgemeinen Teilnahmebestimmungen (§§ 48, 49) im Falle eines gelungenen Eingriffs keine Anwendung finden, so kann die Schwangere auch nicht wegen **versuchter Anstiftung** (§ 49 a) bestraft werden, wenn sie einen Dritten erfolglos auffordert, bei ihr einen Eingriff vorzunehmen (BGH 4, 17). Umgekehrt kann sich ein Dritter nicht auf den Vergehenscharakter des § 218 Abs. 1 berufen, wenn er vergeblich eine Schwangere auffordert, bei sich einen Eingriff vorzunehmen oder den Eingriff eines Dritten zu dulden (BGH 3, 328; 14, 353). Der Dritte ist so zu stellen, als ob Abs. 1 gar nicht bestünde, und dementsprechend wegen versuchter Anstiftung zu einem Verbrechen der Abtreibung (§§ 218 Abs. 3, 49 a Abs. 1) zu bestrafen. Zum Ganzen siehe auch Abschn. III 2 b der Lösung von Fall 3 (S. 139).

VI. § 218 Abs. 4 enthält eine wegen ihrer besonderen Gefährlichkeit selbständig unter Strafe gestellte versuchte Beihilfe. Siehe hierzu ausführlich Vorbemerkung F vor Fall 3, S. 131.

VII. Rechtfertigungsgründe

1. Als Rechtfertigungsgrund wird nach st. Rspr. nur die sogenannte **medizinische Indikation anerkannt.** Nach BGH 1, 329 ist dabei überall dort, wo **§ 14 Erbgesundheitsgesetz** vom 14. Juli 1933 (RGBl. I 529) i. d. F. vom 26. 6. 1935 (RGBl. I 773) noch gilt, auf diese Bestimmung zurückzugreifen. Ihr zufolge ist eine Schwangerschaftsunterbrechung nur dann zulässig, wenn sie

a) von einem Arzt nach den Regeln der ärztlichen Kunst vorgenommen wird,

b) zur Abwendung einer ernsten Gefahr für das Leben oder die Gesundheit der werdenden Mutter erforderlich ist.

2. **Ergänzend** ist die **4. AVO** vom 18. 7. 1935 (RGBl. I 1035) zu beachten.

a) Nach Art. 4 der AVO ist die Einwilligung der Schwangeren verzichtbar, wenn der Eingriff wegen unmittelbarer Gefahr für Leben oder Gesundheit der Schwangeren nicht aufgeschoben werden kann.

b) Nach Art. 5 der AVO ist vor dem Eingriff eine Gutachterstelle zu hören, es sei denn, daß der Eingriff wegen unmittelbarer Gefahr für Leib oder Leben nicht aufgeschoben werden kann.

c) Nach Art. 9 der AVO darf der Eingriff nur in einer Krankenanstalt von einem approbierten Arzt vorgenommen werden, es sei denn, daß die Beförderung in die Krankenanstalt eine ernste Gefahr für Leben oder Gesundheit der Schwangeren mit sich bringen würde.

3. In den Bundesländern, in denen § 14 ErbGG aufgehoben wurde (Bayern und Hessen), gelten die zum **übergesetzlichen Notstand** entwickelten Grundsätze. Aber auch in diesem Fall müssen die Voraussetzungen des § 14 ErbGG und der 4. AVO als Mindestvoraussetzungen für eine erlaubte Schwangerschaftsunterbrechung vorliegen (BGH 2, 111). Die Materie kann daher als bundeseinheitlich geregelt betrachtet werden.

4. **Besonderheiten:**

a) Wird ein Eingriff ohne vorherige Anhörung der Gutachterstelle (siehe oben 2 b) vorgenommen, so ist die Tat, wenn alle übrigen Voraussetzungen des § 14 ErbGG und der 4. AVO vorliegen, nicht als Abtreibung, sondern nur als Vergehen gemäß Art. 14 der 4. AVO strafbar, und dies nur in den Bundesländern, in denen § 14 ErbGG noch gilt.

b) Wird der Eingriff nicht von einem approbierten Arzt, sondern von einem Laien vorgenommen, so liegt nach BGH 2, 242, 244 auch dann eine gemäß § 218 strafbare Abtreibung vor, wenn der Eingriff an sich medizinisch indiziert ist und nach den Regeln der ärztlichen Kunst durchgeführt wird. Diese Entscheidung wird im Schrifttum allgemein abgelehnt (vgl. Maurach BT 58 m. weit. Nachw.). Man wird wohl auch den Eingriff einer fachkundigen Hebamme wenigstens in den Fällen als gerechtfertigt ansehen müssen, in denen Gefahr im Verzug und ärztliche Hilfe nicht erreichbar ist.

c) Nach BGH 14, 1 entfällt eine Rechtfertigung auch dann, wenn der Eingriff zwar medizinisch indiziert ist und von einem Arzt vorgenommen wird, aber nicht in einer Krankenanstalt. Zur Begründung weist der BGH darauf hin, die Regeln der ärztlichen Kunst würden es verlangen, daß die Leibesfrucht und die Nachgeburt in einer Krankenanstalt beseitigt würden, da hier Gefahren für die Schwangere am besten vermieden werden. Auch diese Entscheidung ist im Schrifttum auf heftige Kritik gestoßen (vgl. Schmidt-Leichner NJW 59, 1996, Eb. Schmidt NJW 60, 361; Welzel 273).

5. Als Rechtfertigungsgründe **nicht anerkannt** werden:

a) Die sog. ethische Indikation, d. h. die Beseitigung einer auf einem Sittlichkeitsverbrechen, insbesondere einer Notzucht, beruhenden Schwangerschaft.

b) Die sog. eugenische Indikation, d. h. die Beseitigung einer Schwangerschaft zur Verhütung erbkranken Nachwuchses, z. B. wenn zu befürchten ist, daß das Kind geisteskrank oder epileptisch wird. Hierher gehören auch die sog. „Contergan"-Fälle.

c) Die sog. soziale Indikation, d. h. Unterbrechung der Schwangerschaft zur Verhütung von sozialem Elend, z. B. wenn eine alleinstehende Frau ihr 4. uneheliches Kind erwartet und nicht weiß, wie sie sich und ihre Kinder ernähren soll.

VIII. Subjektiv ist **Vorsatz** erforderlich, wobei bedingter Vorsatz genügt. Ein Arzt, der irrig annimmt, eine von ihm vorgenommene Schwangerschaftsunterbrechung sei medizinisch indiziert, irrt über die tatsächlichen Voraussetzungen eines Rechtfertigungsgrunds und ist demzufolge einem vorsatzlos handelnden Täter gleichzustellen (s. o. Vorbem. C VII 3 sowie Schönke-Schröder § 218 Rn. 24 m. weit. Nachw.). Nach BGH 3, 7 gilt dies allerdings nur, wenn der Arzt alle Tatumstände gewissenhaft geprüft hat. Diese Einschränkung ist verschiedentlich auf Kritik gestoßen (vgl. Lange JZ 53, 9; Schröder MDR 53, 70, Arthur Kaufmann JZ 56, 393 ff.).

IX. Konkurrenzen

1. IdK mit Mord oder Totschlag kommt in Betracht, wenn jemand eine Schwangere vorsätzlich tötet (BGH 11, 15).

2. Die mit jeder Fremdabtreibung notwendig verbundene Körperverletzung wird konsumiert (BGH 10, 312). Ist die Folge des Eingriffs eine schwere Körperverletzung i. S. von § 224 (z. B. wenn nach einem nicht fachgerecht vorgenommenen Eingriff die Gebärmutter entfernt werden muß), so darf die in § 224 bzw. § 228 vorgeschriebene Mindeststrafe nicht unterschritten werden (BGH a.a.O.).

3. Stirbt die Schwangere an den Folgen einer Fremdabtreibung, so kommt Abtreibung in IdK mit fahrlässiger Tötung in Betracht. Die in § 226 bzw. § 228 vorgesehene Mindeststrafe darf auch in diesem Fall nicht unterschritten werden (BGH 15, 345).

4. Wird eine Schwangerschaftsunterbrechung durch Herbeiführung einer Frühgeburt bewirkt, so gilt für das Verhältnis zu den Tötungsdelikten folgendes:

a) Stirbt das Kind unmittelbar nach der Geburt, weil es nicht lebensfähig ist, so kommt nur Abtreibung in Betracht (vgl. BGH 10, 5).

b) Ist das Kind entgegen der Vorstellung des Täters lebensfähig und nimmt der Täter daraufhin noch weitere Handlungen vor, die dann schließlich den Tod des Kindes bewirken, so erfolgt die Bestrafung wegen versuchter Abtreibung in RK (§ 74) mit Mord oder Totschlag (vgl. BGH 13, 21).

c) Ist das Kind nicht lebensfähig und nimmt der Täter gleichwohl „sicherheitshalber" weitere Handlungen vor, die den Tod beschleunigen, so hat die Verurteilung wegen vollendeter Abtreibung in IdK (§ 73) mit vollendetem Mord oder Totschlag zu erfolgen (vgl. BGH 10, 291).

Lösung des Falles

I. Strafbarkeit des Dr. A

Abtreibung (§ 218 Abs. 3)

1. Allgemeine Ausführungen zur Abtreibung siehe oben Vorbemerkung E.

2. Dr. A hat die bei der S bestehende Schwangerschaft unterbrochen und dadurch den obj. Tb. des § 218 Abs. 3 erfüllt.

3. Der subj. Tb. erfordert Vorsatz. Dieser muß sich lediglich auf die unrechtstypisierenden Merkmale des objektiven Tatbestandes erstrecken. Dr. A wußte, daß er die bei der S bestehende Schwangerschaft unterbrach. Er hat somit vorsätzlich gehandelt. Die Frage, ob seine irrige Annahme, die Schwangerschaftsunterbrechung sei medizinisch indiziert, als Tatbestandsirrtum gemäß § 59 zu behandeln ist, berührt nicht den Vorsatz, sondern die Schuld und ist daher erst später zu prüfen.

4. Wie in der Vorbemerkung E unter Abschn. VII näher dargelegt, wird als Rechtfertigungsgrund für eine Schwangerschaftsunterbrechung nur die sog. medizinische Indikation anerkannt, d. h. eine Schwangerschaftsunterbrechung ist nur dann gerechtfertigt, wenn sie zur Abwendung einer ernsten Gefahr für das Leben oder die Gesundheit der Schwangeren vorgenommen wird. Diese Voraussetzungen lagen hier objektiv nicht vor. Eine Rechtfertigung entfällt daher.

5. Im Rahmen der Schuld ist zu prüfen, ob sich Dr. A auf einen Tatbestandsirrtum gemäß § 59 berufen kann. Wie in der Vorbem. C unter Abschn. VII 3 näher dargelegt, erfaßt § 59 nicht nur den Tatbestandsirrtum i. e. S., d. h. den Irrtum über die unrechtstypisierenden Merkmale des objektiven Tatbestands, sondern auch den Irrtum über die tatsächlichen Voraussetzungen eines Rechtfertigungsgrunds (sog. eingeschränkte Schuldtheorie). Diese Gleichstellung ist deshalb geboten, weil der Täter in beiden Fällen irrig von einer Sachlage ausgeht, bei deren Vorliegen seine Handlung mit der Rechtsordnung nicht in Widerspruch stünde, also keinen Erfolgsunwert hätte. Der Unterschied besteht lediglich darin, daß der Täter bei einem Tatbestandsirrtum i.e.S. schon nicht vorsätzlich handelt, während er bei einem Irrtum über die tatsächlichen Voraussetzungen eines Rechtfertigungsgrunds zwar vorsätzlich, aber nicht schuldhaft handelt. Die tatbestandsmäßig-rechtswidrige Tat kann ihm nicht als vorsätzlich-schuldhaftes, sondern allenfalls als fahrlässig-schuldhaftes Verhalten zugerechnet werden. Sie ist nur dann strafbar, wenn sie auch bei fahrlässiger Tatbegehung mit Strafe bedroht ist.

Dies bedeutet für den vorliegenden Fall: Dr. A nahm aufgrund der ihm durch Dr. X erteilten Instruktion irrig an, die S habe ein schweres Nierenleiden, das bei fortbestehender Schwangerschaft ihr Leben ernstlich gefährde. Wäre diese Annahme zutreffend gewesen, so wäre der Eingriff medizinisch indiziert und deshalb gerechtfertigt gewesen. Dr. A befand sich somit in einem Irrtum, der zwar nicht den Vorsatz entfallen läßt, ihm aber als Tatbestandsirrtum i.w.S. gemäß § 59 nicht als vorsätzlich-schuldhaftes Verhalten zugerechnet werden kann. Er ist gemäß § 59 einem vorsatzlos handelnden Täter gleichzustellen.

6. Die Frage, ob Dr. A verpflichtet gewesen wäre, die S vor Vornahme des Eingriffs nochmals persönlich zu untersuchen oder ob er auf die ihm von seinem Vorgesetzten Dr. X mitgeteilte Diagnose vertrauen durfte, bedarf keiner weiteren Prüfung, da eine Pflichtwidrigkeit in dieser Richtung nur den Vorwurf der Fahrlässigkeit begründen könnte, fahrlässige Abtreibung aber nicht mit Strafe bedroht ist.

(Beachte: Im Gegensatz zu der hier vertretenen Auffassung steht der Bundesgerichtshof in der Entscheidung BGH 3, 7 auf dem Standpunkt, daß ein Arzt, der sich infolge Fahrlässigkeit über die Voraussetzungen der medizinischen Indikation geirrt hat, wegen vorsätzlicher Abtreibung zu bestrafen sei. Zur Begründung wird darauf hingewiesen, daß eine Rechtfertigung nach den Grundsätzen des übergesetzlichen Notstands nur dann in Betracht kommen könne, wenn der Arzt die Voraussetzungen des übergesetzlichen Notstands gewissenhaft geprüft habe. Diese Entscheidung bedeutet jedoch eine Überbewertung des auch beim übergesetzlichen Notstand wie bei allen anderen Rechtfertigungsgründen erforderlichen subj. Rechtfertigungselements. Sie würde bei konsequenter Durchführung zu dem zweifelhaften Ergebnis führen, daß auch derjenige wegen vollendeter oder versuchter Abtreibung zu bestrafen sei, der eine anerkannt medizinisch indizierte Schwangerschaftsunterbrechung vornimmt, nachdem er zuvor seine Diagnose zwar richtig, aber nicht „gewissenhaft" gestellt hat. Wie bei allen anderen Rechtfertigungsgründen muß es auch beim übergesetzlichen Notstand genügen, daß der Täter objektiv rechtmäßig handelt und subjektiv den Willen hat, rechtmäßig zu handeln.

Zur Kritik der Entscheidung BGH 3, 7 siehe auch Lange JZ 53, 9; Schröder MDR 53, 70; Kaufmann JZ 56, 393 sowie Schönke-Schröder § 59 Rn. 98 m. weit. Nachw.

Zum selben Ergebnis wie der BGH, jedoch mit anderer Begründung, kämen auch die Vertreter der sog. strengen Schuldtheorie, z. B. Welzel und Maurach. Dieser Ansicht zufolge ist der Irrtum über die tatsächlichen Voraussetzungen eines Rechtfertigungsgrundes weder ein vorsatzausschließender Tatbestandsirrtum noch einem solchen gleichzustellen, sondern ein Verbotsirrtum, der genau so zu behandeln ist wie der Irrtum über das Bestehen der Verbotsnorm oder über die rechtlichen Voraussetzungen eines Rechtfertigungsgrunds.)

7. Ergebnis: Folgt man der hier vertretenen Ansicht hinsichtlich des bei Dr. A vorhandenen Irrtums, so handelte Dr. A zwar tatbestandsmäßig und rechtswidrig, aber nicht schuldhaft.

II. Strafbarkeit der S

Abtreibung (§ 218 Abs. 1)

In Betracht kommt die 2. Alt. des Tatbestands. Die S hat es in Kenntnis aller tatbestandserheblichen Umstände zugelassen, daß Dr. A ihre Schwangerschaft unterbrach. Sie hat somit tatbestandsmäßig, rechtswidrig und schuldhaft gehandelt. Irrtumsprobleme treten nicht auf.

III. Strafbarkeit des Dr. X

Abtreibung (§ 218 Abs. 3)

1. Dr. X hat dadurch, daß er die S in seine Klinik einbestellte und später seinen Assistenzarzt Dr. A mit der Bemerkung, er übernehme die Verantwortung, damit beauftragte, den Eingriff vorzunehmen, einen maßgeblichen Tatbeitrag zu der bei der S vorgenommenen Abtreibung geleistet. Da er alle Tatumstände kannte und die von Dr. A bei der S vorgenommene Abtreibung wollte, handelte er auch vorsätzlich.

2. Rechtfertigungs- und Schuldausschließungsgründe sind nicht ersichtlich. Das Verhalten war somit rechtswidrig und schuldhaft. Irrtumsprobleme treten nicht auf.

3. Abschließend ist zu prüfen, ob Dr. X als mittelbarer Täter oder als Anstifter zu beurteilen ist. Wie bereits in der Vorbem. AT unter Abschn. H II 1, 2 dargelegt, zeichnet sich die mittelbare Täterschaft dadurch aus, daß der mittelbare Täter die Tat nicht selbst ausführt, sondern sie mit Täterwillen durch einen anderen ausführen läßt, der seinerseits ohne Täterwillen (= Willen zur Tatherrschaft) handelt.

Diese Voraussetzungen liegen hier vor. Dr. X ging zutreffend davon aus, daß Dr. A sich auf seine Instruktion verließ und den Eingriff ohne weitere Prüfung der Sachlage vornahm. Dr. A handelte somit ohne den Willen zur Tatherrschaft. Er befand sich in einem von Dr. X bewußt hervorgerufenen Irrtum über die tatsächliche Sachlage und war daher sowohl objektiv als auch aus der Sicht des Dr. X nur dessen Werkzeug. Hierbei macht es keinen Unterschied, ob man der hier vertretenen Ansicht folgend den Irrtum des Dr. A rechtlich als Tatbestandsirrtum gemäß § 59 behandelt oder ob man mit der strengen Schuldtheorie (Welzel, Maurach) von einem Verbotsirrtum ausgeht. Im letzteren Fall ist es auch unerheblich, ob man den Irrtum als vermeidbar oder unvermeidbar ansieht. Die für das Verhältnis von Täterschaft und Teilnahme entscheidenden faktischen Verhältnisse, insbesondere das irrtumsbedingte geistige Abhängigkeitsverhältnis des Dr. A, werden von der rechtlichen Qualifikation des bei Dr. A vorhandenen Irrtums nicht berührt.

4. Ergebnis: Dr. X hat sich der Abtreibung in mittelbarer Täterschaft schuldig gemacht.

Abwandlung 1

I. Die **Strafbarkeit des Dr. A** ist hier unproblematisch. Er hat sich der Abtreibung gemäß **§ 218 Abs. 3** schuldig gemacht. Irrtumsprobleme treten nicht auf.

II. Hinsichtlich der **Strafbarkeit der S** ergeben sich gegenüber dem Ausgangsfall keine Abweichungen. Sie hat sich gemäß **§ 218 Abs. 1** schuldig gemacht.

III. Hinsichtlich der **Strafbarkeit des Dr. X** wirft sich lediglich die Frage nach der Teilnahmeform auf. Allgemeine Ausführungen über das Verhältnis von Täterschaft und Teilnahme siehe Vorbem. AT Abschn. H I 2, 3, S. 41 ff.

Bei einer rein objektiven Abgrenzung von Täterschaft und Teilnahme müßte der Fall als Anstiftung beurteilt werden (so konsequent v. Uthmann NJW 61, 1908 m. weit. Nachw.). Geht man dagegen von der Vorstellung des Dr. X aus, so liegt wie im Ausgangsfall mittelbare Täterschaft vor. Der Fall ist gesetzlich nicht geregelt und wird im Schrifttum unterschiedlich behandelt.

Geht man entsprechend dem hier im Anschluß an die Rechtsprechung und die h. L. im Schrifttum davon aus, daß Täter ist, wer die Tat als eigene will, d. h. den Tatbestand mit dem Willen zur Tatherrschaft verwirklicht (sog. subjektiver Täterbegriff, vgl. Vorbem. AT, Abschn. H I 2, 3, S. 41 f.), so ergibt sich folgendes Bild: Dr. A nahm den Eingriff in Kenntnis aller tatbestandserheblichen Umstände vor. Er handelte also voll tatbestandsmäßig und kann sich auch nicht darauf berufen, die Tat nur als fremde gewollt zu haben (vgl. Schönke-Schröder Rn. 5 vor § 47 m. weit. Nachw.). Die Feststellung, daß Dr. A als volldeliktisch handelnder Täter zu bestrafen ist, steht normalerweise der Annahme mittelbarer Täterschaft entgegen (vgl. Schönke - Schröder Rn. 8 vor § 47). In diesen Fällen ist der Hintermann, der die Tat vorsätzlich bewirkt hat, in der Regel als Anstifter zu behandeln (vgl. Schönke-Schröder Rn. 22 vor § 47). Mittelbare Täterschaft ist nur ausnahmsweise möglich, nämlich dann, wenn der Hintermann mit Täterwillen gehandelt hat. Solche Ausnahmesituationen sind insbesondere dann gegeben, wenn der Hintermann — wie im vorliegenden Fall — den Tatmittler irrig für sein Werkzeug hält, z. B. weil er irrig annimmt, der Tatmittler sei geisteskrank oder befinde sich in einem Tatbestandsirrtum (vgl. Vorbem. AT, Abschn. H II 2, 3, S. 44 f.; Schönke-Schröder Rn. 22 vor § 47). Daß dies objektiv nicht zutrifft, ist unerheblich. Die mittelbare Täterschaft zeichnet sich nämlich wesensmäßig dadurch aus, daß der mittelbare Täter mit Täterwillen einen anderen zur Begehung der von ihm erstrebten Tat benutzt (Schönke-Schröder a.a.O., Baumann JZ 58, 231). Diese Voraussetzungen liegen hier vor. Daß der Tatmittler ein strafrechtliches Minus aufweist, d. h. entweder nicht tatbestandsmäßig, nicht rechtswidrig oder nicht schuldhaft handelt, ist zwar ein typisches, aber kein unabdingbares Kriterium der mittelbaren Täterschaft.

Ergebnis: Dr. X hat sich als mittelbarer Täter der Abtreibung schuldig gemacht.

(Beachte: Neben den bisher dargelegten Ansichten findet sich im Schrifttum neuerdings noch die Auffassung von Maurach AT 573, der unter Aufgabe seiner noch in der Vorauflage vertretenen Auffassung den Fall nach Versuchsgrundsätzen lösen möchte. Begründung: Mittelbare Täterschaft ist nur bei Tatherrschaft des Hintermanns möglich. Da aber der Hintermann in Irrtumsfällen der vorliegenden Art nur irrig glaubt, im Besitz der Tatherrschaft zu sein, kommt nur Versuch in Betracht. Diese Lösung kann nicht überzeugen. Sie ist nicht in der Lage, den objektiven Unrechtsgehalt der Tat zu erfassen. Der Umstand, daß es nur aufgrund der Einwirkung des Hintermanns zur Tat gekommen ist, wird überhaupt nicht berücksichtigt. Da der Versuch nur bei Verbrechen und einzelnen Vergehen strafbar ist, geht der Täter außerdem noch in vielen Fällen ganz straflos aus. M. E. wäre es überzeugender, wenn man schon von einem objektiven Täterbegriff ausgeht, entsprechend der objektiven Sachlage Anstiftung anzunehmen. Der Hintermann handelte zwar nicht mit Anstiftervorsatz, sondern mit Tätervorsatz. Da aber der Tätervorsatz dem Anstiftervorsatz gleichwertig ist, bestehen keine ernsthaften Bedenken, den Irrtum über die Teilnahmeform als unerheblichen Irrtum über den Kausalablauf zu behandeln. Entsprechendes gilt auch für den umgekehrten Fall, daß der Hintermann mit Anstiftervorsatz handelt, aber durch eine Fehlvorstellung des Tatmittlers, ohne es zu bemerken, in die Rolle des mittelbaren Täters gedrängt wird. Diese Ausführungen entsprechen im wesentlichen der von Maurach noch in der Vorauflage vertretenen Ansicht. Zum Ganzen siehe auch v. Uthmann NJW 61, 1908 sowie Baumann JZ 58, 230 und JuS 63, 51, 85, 125.)

Abwandlung 2

I. Strafbarkeit des Dr. A

Dr. A hat wie im Ausgangsfall objektiv und subjektiv den Tatbestand des **§ 218 Abs. 3** verwirklicht. Objektiv lagen jedoch die Voraussetzungen einer medizinischen Indikation vor. Der medizinisch indizierte und nach den Regeln der ärztlichen Kunst vorgenommene Eingriff war objektiv nicht rechtswidrig. Der Umstand, daß der Eingriff ohne vorherige Anhörung einer Gutachterstelle vorgenommen wurde, stellt sich nicht als Abtreibung, sondern nur als Vergehen gemäß Art. 5, 14 der 4. AVO zu § 14 ErbGG dar und ist nur in den Bundesländern strafbar, in denen diese Bestimmungen noch gelten (vgl. Vorbem. E VII 4 a).

Eine rechtswidrige Abtreibung liegt daher objektiv nicht vor. Da Dr. A auch den Willen hatte, die S vor ernster Gefahr für Leben oder Gesundheit zu bewahren, sind auch subjektiv alle Voraussetzungen für eine Rechtfertigung gegeben. Daß Dr. A die S vor Durchführung des Eingriffs nicht nochmals gründlich auf das angebliche Nierenleiden untersuchte, mag zwar medizinisch gesehen nicht lege artis gewesen sein, begründet aber für sich allein keine Strafbarkeit (siehe auch Ausgangsfall Abschn. I 6).

II. Strafbarkeit der S

Die S hat wie im Ausgangsfall objektiv und subjektiv den Tatbestand des **§ 218 Abs. 1** verwirklicht. Der Eingriff war jedoch, wie unter I dargelegt, medizinisch indiziert und lege artis in einer Krankenanstalt ausgeführt. Er war daher objektiv nicht rechtswidrig. Diese Feststellung genügt jedoch nicht, um das Verhalten der S als gerechtfertigt anzusehen. Wie bereits in den Vorbem. AT unter Abschnitt B VI 5, S. 20 f. dargelegt, enthält jeder Rechtfertigungsgrund nicht nur objektive, sondern auch subjektive Elemente. Gerechtfertigt ist nur, wer auch recht handeln will. Diese Voraussetzungen liegen hier nicht vor. Die S wollte nicht rechtmäßig handeln. Eine Rechtfertigung kommt daher nicht in Betracht. Fraglich ist nur, ob die S wegen vollendeter oder nur wegen versuchter Abtreibung strafbar ist.

Während ein Teil des Schrifttums vollendete Tat annehmen möchte mit der Begründung, Versuch komme nur dann in Betracht, wenn der Tatbestand noch nicht verwirklicht sei (vgl. Maurach AT 261, 420, Welzel 77), steht die h. L. auf dem Standpunkt, daß die Tat sich nur als Versuch darstellt (vgl. LK § 43 Anm. II 2c, v. Weber JZ 51, 263, Schaffstein MDR 51, 199, Schönke-Schröder § 43 Rn. 49 ff. m. weit. Nachw. sowie Rn. 75 ff. vor § 51). Die letztgenannte Ansicht verdient den Vorzug. Die Tat steht objektiv nicht in Widerspruch zur Rechtsordnung. Sie zeichnet sich nicht durch ihren Erfolgsunwert, sondern nur durch ihren Handlungsunwert aus. Gerade hierin liegt aber das Wesen des Versuchs.

Ergebnis: Die S hat sich der versuchten Abtreibung gemäß §§ 218 Abs. 1, 43, 44 schuldig gemacht.

III. Strafbarkeit des Dr. X

Auch hier geht es um die Frage, ob **vollendete oder nur versuchte Abtreibung** vorliegt. Folgt man den vorstehenden Ausführungen, so kommt ein vollendetes Verbrechen nicht in Betracht. Der Eingriff stand, wie dargelegt, mit der Rechtsordnung nicht in Widerspruch. Die Tat zeichnete sich nur durch ihren Handlungsunwert aus. In Frage kommt daher nur Versuch. Dr. X hatte den Entschluß, durch seinen Assistenzarzt Dr. A einen medizinisch nicht indizierten Eingriff vornehmen zu lassen. Diesen Entschluß hat er durch den dahingehenden Auftrag an Dr. A durch eine Handlung betätigt, die bereits als Anfang einer Ausführungshandlung i. S. von § 43 gewertet werden muß. (Zum Versuch der mittelbaren Täterschaft siehe ausführlich Vorbem. AT Abschn. H II 5, S. 49.)

Ergebnis: Dr. X hat sich der versuchten Abtreibung in mittelbarer Täterschaft schuldig gemacht (§§ 218 Abs. 3, 43, 44).

Abwandlung 3

I. Eine **Strafbarkeit** des Dr. A entfällt. Dr. A hat sich geweigert, den Eingriff vorzunehmen.

II. Strafbarkeit der S

1. Versuchte Abtreibung (§§ 218 Abs. 1, 43)

a) Allgemeine Ausführungen über die Strafbarkeit des Versuchs und die Abgrenzung von Versuch und Vorbereitungshandlung siehe Vorbem. A vor Fall 2 und Vorbem. A vor Fall 3.

b) Die S hatte den Entschluß, ihre Schwangerschaft unterbrechen zu lassen. Das Aufsuchen der Klinik stellt sich jedoch noch nicht als Beginn einer Ausführungshandlung, sondern nur als straflose Vorbereitungshandlung dar. Auf die Ausführungen in Fall 3 Abschn. III 2 a, S. 138, die sich mit dem gleichen Problem befassen, kann insoweit Bezug genommen werden.

2. Versuchte Anstiftung zur Abtreibung (§§ 218, 49 a)

a) Allgemeine Ausführungen zur versuchten Anstiftung siehe Vorbem. B vor Fall 3 (S. 123 ff.).

b) Eine versuchte Anstiftung des Dr. A entfällt schon deshalb, weil die S nicht selbst an Dr. A mit dem Ansinnen einer Abtreibung herangetreten war. Sie hatte sich lediglich an dem mit Dr. X vereinbarten Termin in der Klinik eingefunden. Alles weitere hatte Dr. X veranlaßt, nachdem Dr. A bei ihm angerufen hatte. Hierauf hatte die S keinen Einfluß.

c) Eine versuchte Anstiftung des Dr. X entfällt, weil § 49 a für die Schwangere grundsätzlich keine Anwendung finden kann. Auf die Ausführungen zu Fall 3, Abschn. III 2 b, S. 139, die sich mit dem gleichen Problem befassen, wird insoweit Bezug genommen.

3. Ergebnis: Die S hat sich in dieser Abwandlung des Sachverhalts nicht strafbar gemacht.

III. Strafbarkeit des Dr. X

Dr. X ist es nicht gelungen, Dr. A zur Vornahme des Eingriffs zu veranlassen. Vollendete Abtreibung entfällt daher. Die Einwirkung auf Dr. A, den Dr. X als gutgläubigen Tatmittler benutzen wollte, stellt sich jedoch als versuchte Abtreibung in mittelbarer Täterschaft dar. (Siehe hierzu ausführlich Vorbem. AT, Abschn. H II 5, S. 49).

ZU FALL 5

Vorbemerkungen

A. Die Beleidigung

I. Geschütztes Rechtsgut der §§ 185 ff. ist die Ehre. Eine Sonderstellung nimmt lediglich der Tatbestand des § 189 ein, der das Andenken an einen Verstorbenen vor Verunglimpfung schützt.

II. Ehre ist der Anspruch eines Menschen auf Achtung seiner Persönlichkeit (BGH 1, 289; 11, 228).

1. Dieser Geltungsanspruch steht jedem Menschen zu, also auch Kindern und Geisteskranken. Unerheblich ist, ob diese Personen in der Lage sind, die Bedeutung der Ehre und der gegen sie geführten Angriffe zu erfassen. Ihr Anspruch auf Achtung bleibt durch etwa vorliegende Mängel in dieser Richtung unberührt.

2. Der Begriff der Ehre ist mehrschichtig. Eine Beleidigung liegt nicht nur vor, wenn das Ehrgefühl oder der gute Ruf verletzt werden, sondern auch, wenn sich der Angriff gegen die Geschlechtsehre oder die berufliche oder gesellschaftliche Stellung richtet, die der Betroffene sich geschaffen hat. Die übliche Unterscheidung zwischen innerer und äußerer Ehre (vgl. BGH 11, 70) kann diese Mehrschichtigkeit nicht immer voll erfassen.

III. Strafbar ist auch die **Beleidigung eines Einzelnen unter einer Kollektivbezeichnung.** Beispiel: A bezeichnet alle Richter eines Landgerichts als bestechlich. Beleidigt und somit zur Stellung eines Strafantrags berechtigt ist in diesen Fällen jeder, auf den sich die Äußerung bezieht. In unserem Beispiel könnte also jeder Richter des betreffenden Landgerichts Strafantrag wegen Beleidigung stellen. Aus der Rspr. des BGH siehe besonders BGH 11, 208 und 16, 57 betr. Beleidigung der in Deutschland lebenden Juden.

IV. Auch **Personengemeinschaften** sind beleidigungsfähig, soweit sie rechtlich anerkannte, gesellschaftliche oder wirtschaftliche Aufgaben erfüllen und einen einheitlichen Willen bilden können (vgl. BGH 6, 186). Diese Voraussetzungen können auch bei Personengemeinschaften vorliegen, die nicht als rechtsfähiger Verein eingetragen sind und auch sonst nicht in der Form einer juristischen Person betrieben werden. Die Rechtsform ist unerheblich. Als beleidigungsfähige Gemeinschaften kommen beispielsweise in Betracht: das Deutsche Rote Kreuz, Religionsgemeinschaften, Kapitalgesellschaften des Handelsrechts (vgl. BGH 6, 186), politische Parteien (vgl. LG Würzburg NJW 59, 1934), Gewerkschaften, Sportvereine, Studentische Vereinigungen, nicht dagegen Rauchclubs, Skatrunden, Totogemeinschaften, Tanzzirkel und ähnliche, hauptsächlich der Unterhaltung dienende Vereinigungen. In diesen Fällen ist jedoch eine Beleidigung einzelner Personen unter einer Kollektivbezeichnung denkbar (s. o. III). Antragsberechtigt ist dann aber nur jeder für sich. Dasselbe gilt, wenn Mitglieder einer Familie beleidigt werden. Die Familie als solche ist dagegen nicht beleidigungsfähig (RG 70, 245, 248; 73, 117; BGH NJW 51, 531; BGH 6, 192; Schönke-Schröder Rn. 6 ff. vor § 185; str.). Der Rechtsschutz der einzelnen Familienmitglieder wird hierdurch in keiner Weise beeinträchtigt, da jeder, auf den sich die Beleidigung bezieht, selbständig zur Stellung eines Strafantrags bzw. zur Erhebung einer Privatklage berechtigt ist. In vielen Fällen läßt sich auch denken, daß ein Familienmitglied mittelbar dadurch beleidigt wird, daß ein anderes Familienmitglied unmittelbar in seiner Ehre verletzt wird, z. B. Beleidigung des Ehemanns und Familienvaters durch Vornahme unzüchtiger Handlungen mit Frau und Tochter (vgl. BayObLG MDR 58, 264 m. weit. Nachweisen). Beleidigt und antragsberechtigt sind in diesem Fall sowohl das unmittelbar als auch das nur mittelbar betroffene Familienmitglied.

V. Die in § 185 unter Strafe gestellte Beleidigung ist der **Grund- und Auffangtatbestand** des gesamten Abschnitts. Der Begriff der Beleidigung ist im Gesetz nicht definiert. Man ist sich jedoch darüber einig, daß als Beleidigung jede Kundgabe der Mißachtung zu gelten hat.

Nicht hierher gehören die in den §§ 186—187 a erfaßten Formen der Rufgefährdung durch falsche oder nicht erweisliche Tatsachenbehauptungen Dritten gegenüber sowie die in § 189 unter Strafe gestellte Verunglimpfung Verstorbener.

VI. Unter den **Anwendungsbereich** der Vorschrift fallen somit:

1. **Tatsachenbehauptungen dem Betroffenen gegenüber,** die geeignet sind, diesen in seiner Ehre zu verletzen.

a) Beispiel: A sagt zu B: „Sie haben mir die Uhr gestohlen". Richtet sich die Äußerung zugleich an Dritte, so ist wegen der damit verbundenen Rufgefährdung IdK mit § 186 möglich.

b) Rechtswidrig ist nur die unverdiente Kundgabe der Mißachtung. Hieraus folgt: Erweist sich die behauptete Tatsache als wahr, so entfällt — anders als bei § 186 (siehe unten B 2) — nicht erst die Strafbarkeit, sondern bereits der objektive Unrechtsgehalt der Tat. Niemand hat Anspruch darauf, besser behandelt zu werden, als er es verdient. Was wahr ist, darf man auch sagen. Berührt aber die Unwahrheit der behaupteten Tatsache nicht nur die Strafbarkeit, sondern bereits den materiellen Unrechtsgehalt der Tat, so bestehen keine Bedenken, prozessual wie auch sonst bei etwaigen Zweifeln zugunsten des Beschuldigten davon auszugehen, daß die behauptete Tatsache wahr ist („in dubio pro reo"). Diese unterschiedliche Behandlung gegenüber der Rechtslage in § 186 ist keineswegs willkürlich, sondern entspricht dem verschiedenen Anliegen und Aufbau der Tatbestände. Eine dem Betroffenen selbst gegenüber geäußerte Beleidigung kann in der Regel schnell geklärt werden, wenn ein Irrtum vorliegt. Äußerungen Dritten gegenüber sind viel gefährlicher, da der Betroffene hier schutzlos der Gefährdung seines Rufs ausgesetzt ist.

c) Folgt man der hier vertretenen Ansicht, daß die Wahrheit der behaupteten Tatsache nicht erst die Strafbarkeit, sondern bereits die Rechtswidrigkeit entfallen läßt, so unterliegt ein Irrtum über die Wahrheit der behaupteten Tatsache der Regelung des § 59 (bestr. — so wie hier im Ergebnis BayObLG NJW 59, 57, Schönke-Schröder § 185 Rn. 3, 17 m. weit. Nachw.). Besonderheiten ergeben sich lediglich beim Falle des § 190 Satz 2 (siehe den folgenden Abschn. d).

d) Ist die behauptete Tatsache eine strafbare Handlung, so ist gemäß § 190 der Wahrheitsbeweis als erbracht anzusehen, wenn der Beleidigte wegen dieser Handlung rechtskräftig verurteilt worden ist. Umgekehrt ist der Wahrheitsbeweis ausgeschlossen, wenn der Beleidigte wegen dieser Handlung vor der Behauptung rechtskräftig freigesprochen worden ist.

aa) § 190 bedeutet eine Durchbrechung des für den Strafprozeß geltenden Grundsatzes der freien Beweiswürdigung (vgl. § 261 StPO).

bb) Zweck der Vorschrift ist es zu verhindern, daß der Verdacht einer strafbaren Handlung, der bereits Gegenstand eines rechtskräftig durch Sachurteil abgeschlossenen Strafverfahrens war, im Rahmen eines neuen Verfahrens wegen Beleidigung oder übler Nachrede bzw. Verleumdung erneut geprüft werden kann und muß. Es ist ein Anliegen der Rechtssicherheit und des Rechtsfriedens, daß über dieselbe Frage keine abweichenden Entscheidungen ergehen. § 190 Satz 2 dient darüber hinaus dem berechtigten Anliegen eines rechtskräftig Freigesprochenen, in Zukunft nicht mehr erneut der ihm zur Last gelegten strafbaren Handlung bezichtigt zu werden. Diesem

Gesetzeszweck entsprechend bezieht sich § 190 Satz 2 nur auf solche Äußerungen, die der Rechtskraft des Freispruchs zeitlich nachfolgen (vgl. BayObLG JR 60, 468). Aus dem Gesetzeszweck des § 190 Satz 2 folgt weiter, daß auch bei einer dem Betroffenen gegenüber gemachten, somit unter § 185 fallenden Äußerung nicht nur der Wahrheitsbeweis, sondern auch die Berufung auf fehlenden Vorsatz ausgeschlossen ist (vgl. BayObLG a.a.O.). Bei der üblen Nachrede gemäß § 186 kann sich der Täter ohnehin nicht auf fehlenden Vorsatz berufen (siehe unten B 2, 7), so daß sich insoweit keine Besonderheiten ergeben.

cc) Der Anwendungsbereich der Vorschrift erstreckt sich auf alle Tatbestände dieses Abschnitts, bei denen der Wahrheitsbeweis irgendwie von Bedeutung ist. Unerheblich ist, ob der Wahrheitsbeweis im Einzelfall die Tatbestandsmäßigkeit, die Rechtswidrigkeit oder nur die Strafbarkeit entfallen läßt.

e) Ist wegen einer behaupteten strafbaren Handlung ein Ermittlungs- oder Strafverfahren anhängig, so ist gemäß § 191 mit dem Beleidigungsverfahren bis zum Abschluß des wegen der behaupteten Straftat anhängigen Verfahrens abzuwarten.

aa) § 191 bringt eine Ergänzung des § 190 und will ebenfalls die Entstehung widersprüchlicher Entscheidungen verhindern. Die Vorschrift entspricht der für die falsche Anschuldigung in § 164 Abs. 6 getroffenen Regelung und muß daher als zwingendes Recht angesehen werden (vgl. BGH 8, 133, 137).

bb) Endet das wegen der behaupteten Straftat anhängige Verfahren mit Einstellung oder Freispruch, so ist mit der Rechtskraft dieser Entscheidung der Weg offen zur Fortsetzung des Verfahrens wegen Beleidigung oder übler Nachrede bzw. Verleumdung. Die Beweisregel des § 190 Satz 2 gilt in diesem Fall allerdings nicht (siehe oben d, bb). Endet das Strafverfahren mit einer rechtskräftigen Verurteilung, so ist damit wegen der Beweisregel des § 190 Satz 1 auch das Schicksal des Verfahrens wegen Beleidigung weitgehend entschieden. Da der Wahrheitsbeweis als erbracht anzusehen ist, kann eine Verurteilung nur noch unter den Voraussetzungen des § 192 erfolgen.

cc) Solange mit dem Verfahren wegen Beleidigung innezuhalten ist, ruht die Verjährung (vgl. § 69 Abs. 1).

f) Läßt sich entweder die Unwahrheit der behaupteten Tatsache nicht erweisen oder hat sich der Täter in einem Irrtum über die Unwahrheit der behaupteten Tatsache befunden, so kommt eine Bestrafung wegen Beleidigung nur noch unter dem Gesichtspunkt einer Formalbeleidigung in Betracht. Siehe hierzu § 192.

g) Wegen Rechtfertigung durch Wahrnehmung berechtigter Interessen siehe die Ausführungen zu § 193 unten in Vorbem. D, S. 180 ff.

2. Alle **Werturteile,** die eine Mißachtung zum Ausdruck bringen. Unerheblich ist, ob sie dem Betroffenen ins Gesicht gesagt oder Dritten gegenüber geäußert werden. Beispiel: A nennt den B einen elenden Schurken.

Werturteile unterliegen grundsätzlich nicht dem Wahrheitsbeweis. Das gilt vor allem dann, wenn das Werturteil die Persönlichkeit des Beleidigten in ihrer Gesamtheit trifft. Man kann nicht beweisen, daß jemand ein elender Schurke oder ein übles Schwein ist. Man kann allenfalls beweisen, daß er eine Handlung begangen hat, die gegen die Sittenordnung verstößt. Die Grenzen sind oft recht schwer zu ziehen.

Ausnahmsweise sind auch Werturteile einem Wahrheitsbeweis zugänglich, nämlich dann, wenn sie erkennbar auf konkrete Tatsachen Bezug nehmen. Solche Werturteile sind wie die ihnen zugrunde liegenden Tatsachen zu beurteilen. Werden sie zusammen mit diesen Tatsachen geäußert, so teilen sie deren rechtliches Schicksal. Beispiel: A sagt zu B: „Sie sind unehrlich; Sie haben mich jetzt schon zweimal bestohlen". Ist der von A ausgesprochene Verdacht begründet, so erfaßt der Wahrheitsbeweis auch den Vorwurf der Unehrlichkeit. Das hat zur Folge, daß die an sich tatbestandsmäßige Beleidigung nicht rechtswidrig ist: Ein Dieb hat keinen Anspruch darauf, von dem Bestohlenen nicht der Unehrlichkeit bezichtigt zu werden (s. o. VI 1 b). Ein Rückgriff auf § 193 ist in diesem Fall nicht erforderlich.

3. **Symbolische Handlungen,** die eine Mißachtung ausdrücken, z. B. Ausspucken vor dem Betroffenen, Aushängen seiner Fotografie an anstößiger Stelle, etwa in einer Bedürfnisanstalt. Hierher gehört auch das bei Kraftfahrern so beliebte Zeigen eines „Vogels" (vgl. OLG Düsseldorf NJW 60, 1072).

4. **Tätlichkeiten,** insbesondere Ohrfeigen, soweit sie eine Mißachtung zum Ausdruck bringen sollen. Der Tb. der tätlichen Beleidigung, die vom Gesetz als erschwerter Fall der Beleidigung besonders hervorgehoben wird, setzt eine körperliche Berührung nicht unbedingt voraus. Daher kann auch ein fehlgegangener Schlag oder Wurf den Tatbestand erfüllen.

5. Die **Zumutung strafbarer oder unzüchtiger Handlungen,** soweit der hierdurch Betroffene keinen Anlaß zu derartigem Ansinnen gegeben hat. Beispiel: Die Dirne A verspricht dem gegen sie wegen Gewerbsunzucht einschreitenden Polizeibeamten P die kostenlose Gestattung des Verkehrs, falls er von einer Anzeige absehe und sie in Zukunft nicht mehr behellige. (Hier kommt außerdem noch in IdK Bestechung in Betracht.)

6. **Sonstige Formen der Mißachtung.** Siehe hierzu folgende Beispiele aus der höchstrichterlichen Rechtsprechung:

a) Führen unzüchtiger Reden (BGH 12, 42);

b) unverlangte Zusendung von Aufklärungsschriften und entsprechenden Prospekten (BGH 11, 67; OLG Stgt, Urt. v. 26. 1. 1966, 1 Ss 618/65);

c) Züchtigung fremder Kinder in Anwesenheit des Erziehungsberechtigten (OLG Koblenz NJW 55, 602);

d) Weitergabe von Fotos, in denen die abgebildete Person in zweifelhafter Stellung gezeigt wird (BGH 9, 17);

e) das Ansprechen eines Erwachsenen in der „Du"-Form (OLG Ddf. NJW 60, 1072).

VII. In allen bisher erörterten Fällen ist streng darauf zu achten, ob die als Beleidigung empfundene Äußerung oder Handlung auch wirklich als **Kundgabe der Mißachtung** aufgefaßt werden kann. Es gibt kaum eine Äußerung oder Handlung, die schlechthin als Beleidigung angesehen werden kann. Entscheidend sind immer die Umstände des Einzelfalls. Hierbei sind insbesondere Alter, Bildungsgrad und Stellung des Täters, die persönlichen Beziehungen zwischen den Beteiligten, das soziale Rangverhältnis, der Verkehrston in den betreffenden sozialen Schichten sowie die Ortsüblichkeit bestimmter Ausdrücke zu berücksichtigen (vgl. OLG Hamm DAR 57, 214; OLG Ddf. NJW 60, 1072). Auch Bekundungen persönlicher Verstimmung, Unhöflichkeiten, Taktlosigkeiten, Beweise schlechter Kinderstube oder fehlender Selbstzucht, selbst Grobheiten müssen nicht immer ehrverletzenden Charakter haben. Sie können vielmehr nur dann als Kundgabe der Mißachtung und damit als Beleidigung angesehen werden, wenn der Täter durch sie den anderen als minderwertig hinstellen oder ihn sonst in seiner Ehre angreifen will (vgl. OLG Ddf. a. a. O.). Unter diesen Umständen kann ausnahmsweise auch ein Ulk oder Scherz eine Beleidigung darstellen. Mit anderen Worten: Es kommt immer darauf an, wer was zu wem sagt. Dieselbe Äußerung kann je nach den Umständen im einen Fall eine schwere Beleidigung, im anderen Fall nur ein harmloser Scherz, vielleicht sogar eine kameradschaftliche Anerkennung sein. Es darf nur darauf hingewiesen werden, wie unterschiedlich das berühmte „Götz-Zitat" oder das Zeigen eines sogenannten „Vogels" verwendet und aufgenommen wird. Dies gilt aber auch sonst. Wer beispielsweise zu einem erfahrenen Kriminalrat sagt, er habe die Rechtskenntnisse eines Anfängers und verstehe von Kriminalistik rein gar nichts, erfüllt damit den Tb. der Beleidigung. Einem Polizeianwärter im 1. Ausbildungsjahr gegenüber wäre eine derartige Äußerung allenfalls eine Anregung zu intensiver Arbeit.

VIII. Vollendet ist die Beleidigung, wenn sie einem anderen zugegangen ist. Nicht erforderlich ist, daß die beleidigende Äußerung dem zugeht, für den sie bestimmt ist. B e i s p i e l : A schickt seinem Arbeitgeber einen von Beleidigungen strotzenden Brief. Wird dieser von der Sekretärin des Arbeitgebers geöffnet und gelesen, so ist der Tb. schon zu diesem Zeitpunkt erfüllt. Wenn A nun, von Reue ergriffen, zum Sekretariat eilt und um Rückgabe seines Briefs bittet, so kommt tätige Reue gemäß § 46 Nr. 2 nicht mehr in Betracht. Dasselbe gilt, wenn ein Kaufmann seiner Sekretärin einen beleidigenden Brief diktiert (vgl. RG JW 24, 911, LG Hannover NdsRpfl 66, 23, Schönke-Schröder § 185 Rn. 10).

Nicht erforderlich ist, daß der Beleidigte den S i n n d e r B e l e i d i g u n g e r f a ß t hat bzw. überhaupt erfassen kann. Liegen aber die Verhältnisse so, daß niemand den Eindruck einer Mißachtung erhalten kann, z. B. weil keiner der Anwesenden die Sprache versteht, in der die Äußerung ergeht, so kommt nur V e r s u c h in Betracht, der jedoch s t r a f l o s ist (vgl. Frank § 185 Anm. I). Der Fall ist genau so zu behandeln, wie wenn jemand einem anderen ein Schimpfwort zuruft, das dieser infolge zu weiter Entfernung nicht verstehen kann.

IX. Der subjektive Tatbestand erfordert **Vorsatz.** Der Täter muß wissen, daß seine Äußerung einem anderen zugeht und daß sie objektiv eine Mißachtung zum Ausdruck bringt. Bedingter Vorsatz genügt.

Der V o r s a t z e n t f ä l l t z. B., wenn der Täter ein S e l b s t g e s p r ä c h führt und gar nicht weiß, daß ihm jemand zuhört, oder wenn er T a g e b u c h e i n t r a g u n g e n macht, ohne zu wissen, daß diese von Unbefugten gelesen werden, oder wenn ein Dritter ohne sein Wissen einen beleidigenden B r i e f absendet, bei dem er noch Bedenken hatte, ob er ihn in dieser Form absenden sollte. Besteht die Beleidigung in einer T a t s a c h e n b e h a u p t u n g dem Betroffenen gegenüber, so läßt auch die irrige Annahme, die behauptete Tatsache sei wahr, den Vorsatz entfallen (s. o. VI 1 c). In diesen Fällen kommt lediglich F a h r l ä s s i g k e i t in Betracht, die jedoch nicht strafbar ist.

X. Die **Rechtswidrigkeit** kann entfallen

1. bei Tatsachenbehauptungen durch Führung des W a h r h e i t s b e w e i s e s (s. o. VI 1 b);

2. durch Wahrnehmung berechtigter Interessen (vgl. § 193);

3. durch Einwilligung, wenn diese ernstlich und in Bedeutung ihrer Tragweite erteilt wird (vgl. Vorbem. B vor Fall 13, S. 363). Der Rechtfertigungsgrund der Einwilligung kommt vor allem dann in Betracht, wenn die Beleidigung in der Vornahme oder Zumutung einer unzüchtigen Handlung zu sehen ist. Aus der höchstrichterlichen Rechtsprechung sind in diesem Zusammenhang folgende Entscheidungen von besonderer Bedeutung:

a) RG 75, 179, 181: Die Einwilligung eines 15jährigen Mädchens in den Beischlaf ist in der Regel selbst dann unbeachtlich, wenn das Mädchen schon bescholten ist;

b) BGH 5, 362: Der GV mit einem 16jährigen Mädchen ist nicht beleidigend, wenn das Mädchen sich wegen fortgeschrittener Entwicklung der Bedeutung des Wertes seiner Geschlechtsehre und deren Wahrung bewußt geworden ist.

Ist die Einwilligung objektiv unbeachtlich, so ist auf der subjektiven Tatseite folgendes zu beachten: Der Täter muß wissen oder damit rechnen, daß er durch seine Handlungsweise die Ehre des Mädchens mißachtet. Dies kann z. B. fehlen, wenn er ein echtes Liebesverhältnis unterhält und daran denkt, mit dem Mädchen in dauernder Verbindung zu bleiben (BGH 5, 364). Der Vorsatz entfällt ferner, wenn der Täter irrig annimmt, das Mädchen habe nach ihren Erfahrungen bereits die Bedeutung der Geschlechtsehre erfaßt und erkannt, daß sie sich durch die Duldung des Verkehrs preisgebe (BGH 8, 358). Dagegen liegt nur ein Verbotsirrtum vor, wenn der Täter lediglich glaubt, die Einwilligung schließe schlechthin die Rechtswidrigkeit aus (BGH a.a.O.).

4. bei Äußerungen im Familienkreis. Hier wird teilweise auch der Standpunkt vertreten, daß es schon an einer Kundgabe fehlt, also bereits der Tatbestand entfällt (vgl. Welzel 279; Schönke-Schröder § 185 Rn. 11). Ob dies auch für Gespräche eines Rechtsanwalts mit seinem Mandanten gilt, ist bestritten (vgl. OLG Stuttgart NJW 63, 119 m. Anm. Rutkowsky). Fest steht jedenfalls, daß jeder Mensch einen Kreis braucht, in dem er sich restlos aussprechen kann.

B. Die üble Nachrede (§ 186)

1. Unter den **Anwendungsbereich** der Vorschrift fallen nur rufgefährdende **Tatsachenbehauptungen Dritten gegenüber.** Beispiel: A sagt zu B: „X hat mich bestohlen". Werturteile und Tatsachenbehauptungen dem Betroffenen selbst gegenüber werden durch § 185 erfaßt (s. o. A VI 1, S. 174).

2. **Zweck der Vorschrift** ist es, den guten Ruf zu schützen. Diesem Gesetzeszweck entsprechend ist der Unrechtsgehalt der Tat schon dann gegeben, wenn der gute Ruf einer Person durch die Behauptung oder Verbreitung ehrenrühriger Tatsachen gefährdet wird. Die Unwahrheit der behaupteten oder verbreiteten Tatsache gehört hier — anders als in § 185 (s. o. A VI 1 b, S. 174) — weder zum Tatbestand noch zur Rechtswidrigkeit. Nach dem eindeutigen Wortlaut des Gesetzes, der sich mit dem dargelegten Gesetzeszweck deckt, berührt der **Wahrheitsbeweis** nicht den objektiven Unrechtsgehalt der Tat, sondern lediglich deren Strafbarkeit. M.a.W.: Die Nichterweislichkeit der Tatsache ist eine objektive Bedingung der Strafbarkeit, auf die sich der Vorsatz des Täters nicht erstrecken muß. Siehe auch unten 8.

3. Diese Einordnung des Wahrheitsbeweises als Strafausschließungsgrund bedeutet **keine Umkehr der Beweislast.** Wie auch sonst ist das Gericht verpflichtet, den Behauptungen des Beschuldigten von Amts wegen nachzugehen. § 186 bringt jedoch eine Durchbrechung des Grundsatzes, daß bestehende Zweifel zugunsten des Beschuldigten zu verwerten sind. Der Grundsatz „im Zweifel für den Angeklagten" gilt hier ausnahmsweise nicht. Der Angeklagte trägt somit das **Beweisrisiko.** Der Normbefehl des § 186 kann auf folgende Formel gebracht werden: „Du sollst nicht lästern! Wer lästert, tut dies auf eigene Gefahr." Oder, noch kürzer ausgedrückt: „Lästern auf eigene Gefahr".

4. Die Tathandlung besteht im Behaupten oder Verbreiten der rufgefährdenden Tatsache.

a) **Behaupten** bedeutet als wahr hinstellen. Die Form, in der dies geschieht, ist unerheblich. Der Tatbestand kann vor allem auch dadurch erfüllt werden, daß jemand gegen einen anderen einen Verdacht ausspricht.

b) Unter **Verbreiten** fällt jede Weitergabe einer von anderen aufgestellten Behauptung. Auch hier ist die Form unerheblich. Die Weitergabe eines Gerüchts erfüllt den Tb. selbst dann, wenn es gleichzeitig als fragwürdig bezeichnet wird. Auch in der Form einer Fragestellung kann der Tb. verwirklicht werden. Beispiel: A frägt den B, ob er auch schon gehört habe, daß X wegen Diebstahls aus seiner Arbeitsstelle entlassen worden sei.

5. Die Tatsache muß **geeignet** sein, denjenigen, auf den sich die Äußerung bezieht, **verächtlich zu machen** oder **in der öffentlichen Meinung herabzuwürdigen.** Daß dieser Erfolg tatsächlich eintritt, ist nicht erforderlich. Es genügt die objektive Eignung. § 186 ist somit ein abstraktes Gefährdungsdelikt.

a) Verächtlichmachen bedeutet, den anderen als eine Person hinzustellen, die ihren Pflichten im sozialen Leben nicht gerecht wird.

b) In der öffentlichen Meinung herabgewürdigt ist jemand, wenn sein guter Ruf geschmälert wird. In der Praxis treffen beide Formen oft zusammen.

6. Die **Rechtswidrigkeit** kann entfallen

a) durch Wahrnehmung berechtigter Interessen (§ 193),

b) wenn derjenige, auf den sich die Äußerung bezieht, das fragliche Gerücht selbst in Umlauf gesetzt hat (vgl. KG JR 54, 355 m. Anm. Bockelmann JR 54, 327),

c) bei Äußerungen im Familienkreis bzw. in der sogenannten Intimsphäre (s. o. A X 4, S. 178).

7. Subjektiv ist **Vorsatz** erforderlich. Der Täter muß wissen, daß die von ihm behauptete oder verbreitete Tatsache geeignet ist, den anderen verächtlich zu machen bzw. in der öffentlichen Meinung herabzuwürdigen (s. o. 5). Nicht erforderlich ist dagegen die Kenntnis der Unwahrheit (s. o. 2).

8. Der **Wahrheitsbeweis** schließt, wie oben unter 2 dargelegt, nur die Strafbarkeit, nicht schon die Tatbestandsmäßigkeit oder Rechtswidrigkeit aus (BGH 11, 273). Er ist erst erbracht, wenn der einer rufgefährdenden Äußerung zugrunde liegende Tatsachenkern erwiesen ist (vgl. BGH 18, 182). Wird z. B. ein Minister mit einem Sittenskandal in Verbindung gebracht, so ist der Wahrheitsbeweis erst geführt, wenn erwiesen ist, daß der Minister tatsächlich etwas mit der Sache zu tun hatte, z. B. Kunde eines sogenannten Call-Girl-Rings war. Es genügt dagegen nicht der Nachweis, daß ein derartiges Gerücht umging und einige Abgeordnete der Sache nachgehen wollen. Wer ein rufgefährdendes Gerücht verbreitet, erbringt nicht schon dadurch den Wahrheitsbeweis, daß er dartut, auch andere hätten das Gerücht verbreitet (BGH a.a.O.).

9. Erschwert ist die üble Nachrede, wenn sie **öffentlich** usw. erfolgt. Öffentlich ist die Tat, wenn sie von einem nach Herkunft und Zahl unbestimmten Personenkreis wahrgenommen werden kann, z. B. bei einer lautstarken Unterhaltung in einem Gasthaus, Theater, Kino, Eisenbahnabteil usw. In diesem Fall ist auch § 200 (Bekanntmachungsbefugnis) zu beachten. Wegen politischer übler Nachrede siehe **§ 187 a Abs. 1.**

10. IdK ist möglich mit § 164 Abs. 5. Wegen des Verhältnisses zu § 185 s. o. A VI 1 a, S. 174.

C. Die Verleumdung (§ 187)

1. § 187 enthält einen **Sonderfall der üblen Nachrede** und unterscheidet sich von dieser in folgenden Punkten:

a) Die Unwahrheit der behaupteten oder verbreiteten Tatsache ist ein objektives Tatbestandsmerkmal und muß als solches vom Vorsatz umfaßt sein.

b) Der Täter muß positiv wissen, daß er eine unwahre Tatsache behauptet oder verbreitet. Bedingter Vorsatz genügt nicht.

c) Prozessual gehen wie üblich etwaige Zweifel zugunsten des Täters („in dubio pro reo"). Bleibt unklar, ob die rufgefährdende Tatsache nicht doch wahr ist, oder läßt sich nicht mit letzter Sicherheit nachweisen, daß der Täter die Unwahrheit der von ihm behaupteten oder verbreiteten Tatsache gekannt hat, so kommt nur Bestrafung wegen übler Nachrede gemäß § 186 in Betracht. Dort trägt der Angeklagte das Beweisrisiko (s. o. B 3, S. 179).

2. Der Tatbestand der **Kreditgefährdung** schützt das Vertrauen, das jemand hinsichtlich der Erfüllung seiner Verbindlichkeiten genießt. Die kreditgefährdende Tatsache muß nicht ehrenrührig sein.

Beispiel: A verbreitet, um dem B zu schaden, das Gerücht, B habe erhebliche Zahlungsschwierigkeiten und müsse seinen Betrieb bald schließen.

3. IdK. ist vor allem mit §§ 164 Abs. 1, 239 denkbar.

4. Bei politischer Verleumdung siehe **§ 187 a Abs. 2,** bei öffentlicher Verleumdung siehe § 200.

D. Wahrnehmung berechtigter Interessen (§ 193)

1. § 193 enthält einen **Rechtfertigungsgrund.** Genau genommen handelt es sich um einen Sonderfall des erlaubten Risikos (vgl. Welzel 284). Die Vorschrift gibt die Möglichkeit, eine zur Wahrnehmung berechtigter Interessen in angemessener Form gemachte ehrverletzende oder rufgefährdende Äußerung auch dann als gerechtfertigt anzusehen, wenn sich der Wahrheitsbeweis nicht führen läßt. § 193 ist daher immer erst dann zu prüfen, wenn der Wahrheitsbeweis nicht geführt werden kann (BGH 11, 273) und auch andere Rechtfertigungsgründe nicht eingreifen.

2. Der **Anwendungsbereich** der Vorschrift beschränkt sich im wesentlichen auf Tatsachenbehauptungen im Rahmen des § 186.

a) Formalbeleidigungen sind in aller Regel zur Wahrnehmung berechtigter Interessen nicht geeignet. Im übrigen weist das Gesetz in § 193 ausdrücklich darauf hin, daß die Strafbarkeit von Formalbeleidigungen durch die Wahrnehmung berechtigter Interessen unberührt bleibt. Beispiel: Ein Kraftfahrer darf einem anderen Kraftfahrer auch dann keinen „Vogel" zeigen und unflätige Schimpfworte an den Kopf werfen, wenn dieser andere sich nicht verkehrsgerecht benommen hat (vgl. OLG Ddf. NJW 60, 1072). Eine besondere Beleidigungsabsicht ist hier — ebenso wie in § 192 — nicht erforderlich. **Vorsatz genügt.**

b) Werturteile unterliegen einer Rechtfertigung durch § 193 nur dann, wenn sie erkennbar auf bestimmte konkrete Vorgänge Bezug nehmen und damit praktisch Tatsachenbehauptungen gleichkommen (s. o. A VI 2, S. 175).

c) Die übrigen in A VI 3, 4, 5, 6 genannten Formen der Mißachtung scheiden schon deshalb aus dem Bereich des § 193 aus, weil sie sich zur Wahrnehmung berechtigter Interessen nicht eignen. Dasselbe gilt für Verunglimpfungen gemäß § 189, soweit es sich nicht um reine Tatsachenbehauptungen handelt.

d) Ehrverletzende Tatsachenbehauptungen, die dem Betroffenen gegenüber geäußert werden, somit unter § 185 fallen, könnten an sich der Wahrnehmung berechtigter Interessen dienen. Hier besteht jedoch kein Bedürfnis, auf § 193 zurückzugreifen. Gelingt nämlich der Wahrheitsbeweis, so entfällt bereits die Rechtswidrigkeit (s. o. A VI 1 b). Steht andererseits die Unwahrheit der behaupteten bzw. verbreiteten Tatsache positiv fest, so ist ein Irrtum des Täters hierüber einem vorsatzausschließenden Tatbestandsirrtum gleichzustellen (s. o. A VI 1 c, S. 174).

e) Verleumdungen gemäß § 187 bzw. § 187 a Abs. 2 fallen schon deshalb nicht unter den Anwendungsbereich des § 193, weil der Täter hier positiv weiß, daß er die Unwahrheit sagt. Er nimmt also nicht nur das Risiko der Unwahrheit auf sich (s. o. 1). Er wäre allerdings verfehlt, wollte man bei der Verleumdung schlechthin die Möglichkeit einer Rechtfertigung ausschließen. Man wird vielmehr dort, wo die Verleumdung das einzige Mittel ist, um berechtigte Interessen wahrzunehmen, dem Täter die Berufung auf den übergesetzlichen Notstand nicht versagen können (vgl. Welzel 285, Maurach BT 150). Beispiel: A ist im Begriff, sich ohne triftigen Grund von seiner Ehefrau zu trennen und mit seinem „Verhältnis" zusammenzuziehen. Um das zu verhindern, bezeichnet die Ehefrau ihrem Mann gegenüber das „Verhältnis" bewußt wahrheitswidrig als eine „liederliche Person, die mit schon mindestens 5 Männern zusammengelebt hat". — Oder: Ein unschuldig Angeklagter behauptet vor Gericht bewußt wahrheitswidrig rufgefährdende Tatsachen, um die Glaubwürdigkeit eines Belastungszeugen zu erschüttern.

3. Der Täter muß in **Wahrnehmung berechtigter Interessen** gehandelt haben.

a) Nicht erforderlich ist die Wahrnehmung höherwertiger Interessen. Berechtigt sind alle Interessen, die dem Recht oder den guten Sitten nicht zuwiderlaufen.

b) Die verfolgten Interessen müssen nicht unmittelbar eigene sein. Es genügt, daß sie den Täter persönlich angehen (wichtig für Presse, Auskunfteien, Familienangehörige, nahe Freunde, vgl. BayObLG NJW 65, 58).

c) § 193 greift schließlich auch dann ein, wenn der Täter Interessen der Allgemeinheit wahrnimmt. Dies ist von besonderer Bedeutung für die Anzeige von Straftaten, durch die der Täter nicht unmittelbar selbst betroffen ist. Man wird hier sagen müssen, daß jeder einzelne Staatsbürger ein berechtigtes Interesse an der Erhaltung des Rechtsfriedens und der Aufklärung von Straftaten hat. Die Interessen der Allgemeinheit sind daher auch seine Interessen.

4. Eine Rechtfertigung nach § 193 setzt weiter voraus, daß die Ehrverletzung bzw. Rufgefährdung vom Standpunkt des Täters aus zur Wahrnehmung berechtigter Interessen **erforderlich** war. Beispiel: A hört gesprächsweise, sein Nachbar B betreibe eine Falschmünzerei. Er zeigt B hierauf bei der Polizei an. Stellt sich heraus, daß der Verdacht unbegründet war, so darf eine Rechtfertigung gemäß § 193 nicht mit der Begründung abgelehnt werden, die Anzeige sei objektiv gar nicht erforderlich gewesen. Gerade diese Fälle sollen durch § 193 erfaßt werden. Hätte sich nämlich der Verdacht der Falschmünzerei bestätigt, so wäre eine Rückgriff auf § 193 gar nicht nötig, da mit dem Wahrheitsbeweis die Strafbarkeit ohnehin entfiele. Entscheidend ist also immer der Standpunkt des Täters.

5. Der Täter darf **nicht leichtfertig** handeln. Leichtfertig, d. h. grobfahrlässig handelt, wer bei gewissenhafter, ihm möglicher und zumutbarer Ausschöpfung der vorhandenen Informationsquellen hätte erkennen können, daß die Unterlagen für seine Behauptung unzuverlässig oder unzulänglich sind. Bei Anzeigen an die zuständige Behörde dürfen die Anforderungen an die Informationspflicht nicht zu hoch gestellt werden, da der Anzeiger meist nicht die Möglichkeit der Wahrheitserforschung hat, andererseits aber ein öffentliches Interesse an der Aufdeckung und Aufklärung von Straftaten besteht. Im übrigen soll ja gerade erst die Strafverfolgungsbehörde die wahren Vorgänge aufdecken. Besonders strenge Anforderungen an die Informationspflicht sind dagegen bei öffentlichen Beschuldigungen zu stellen. Das gilt auch für die Presse, der man heute allgemein das Recht zugesteht, die Interessen der Allgemeinheit wahrzunehmen. Dieses Zugeständnis bedeutet für die Presse natürlich keinen Freibrief. Nach BGH 18, 182 hat die Presse nur dann ein Recht, über Angelegenheiten des öffentlichen Lebens zu berichten und an ihnen Kritik zu üben, wenn tatsächlich ein anerkennenswertes Interesse an der Mitteilung besteht. Vorgänge der privaten Lebensführung begründen ein solches anerkennenswertes Interesse grundsätzlich nicht. Sie werden auch nicht schon dadurch zu Angelegenheiten des öffentlichen Lebens, daß sie eine im öffentlichen Leben stehende Person betreffen. Die Befriedigung der Sensationslust kann für die Presse ebensowenig wie für den Privatmann unter dem Gesichtspunkt des § 193 zu einer Rechtfertigung führen.

6. Subjektiv ist erforderlich, daß der Täter die Absicht hat, berechtigte Interessen wahrzunehmen. Verfolgt er daneben noch andere Zwecke, so ist dies allerdings unschädlich.

E. Die Verletzung des Berufsgeheimnisses (§ 300)

Eine gemäß § 300 als Vergehen unter Strafe gestellte Verletzung des Berufsgeheimnisses begehen bestimmte, im Gesetz näher aufgeführte Angehörige der Heil- und Rechtspflege, wenn sie ein ihnen bei der Berufsausübung anvertrautes oder sonst bekanntgewordenes fremdes Geheimnis unbefugt offenbaren.

Im einzelnen:

1. **Geheimnis** ist jede Tatsache, die nur einem beschränkten Personenkreis bekannt ist und an deren Geheimhaltung der Patient, Mandant usw. ein verständliches Interesse hat. Als Geheimnis in diesem Sinn kann u. U. bereits die Tatsache der Konsultation eines Arztes oder Anwalts genügen. Siehe hierzu Abschn. I 2 a der Lösung des folgenden Falles (S. 186). Nur absolut belanglose Dinge scheiden aus dem Kreis des § 300 aus.

2. Das Geheimnis muß dem Täter in seiner Eigenschaft als Arzt, Anwalt usw. **anvertraut** oder sonst **bekanntgeworden** sein. Es muß also ein innerer Zusammenhang zwischen der beruflichen Tätigkeit und dem Geheimnis bestehen. Dieser ist schon dann gegeben, wenn der Täter ohne seine Zuziehung in beruflicher Eigenschaft die betreffende Tatsache nicht erfahren hätte. Unerheblich ist, ob der Täter die betreffende Tatsache unmittelbar von dem an der Geheimhaltung Interessierten oder von einem Dritten erfahren hat. Beispiel: Dr. med. A zieht bei der Behandlung seines Patienten P seinen Kollegen Dr. B hinzu und erzählt diesem die ganze Krankengeschichte des P. Hier gehört auch Dr. B zu den schweigepflichtigen Personen, und zwar selbst dann, wenn P von seiner Hinzuziehung nichts weiß.

3. **Offenbaren** ist jede Mitteilung an eine Person, die das Geheimnis noch nicht kennt. Die Art der Mitteilung (schriftlich, mündlich, durch Gewährung von Akteneinsicht) ist unerheblich.

4. **Unbefugt** ist jede ohne Einwilligung erfolgte Mitteilung, für die kein besonderer Rechtfertigungsgrund vorliegt. Die Rechtswidrigkeit kann entfallen:

a) aufgrund gesetzlicher Bestimmungen, z. B. zur Abwendung drohender Kapitalverbrechen (§§ 138 StGB, 13 SprengstG) oder unter den Voraussetzungen der §§ 11 Abs. 2, 12, 13 GKG (Meldung an gesetzlichen Vertreter bzw. Gesundheitsamt);

b) bei Mitteilungen im Interesse des Patienten usw., z. B. bei Benachrichtigung von Angehörigen eines bewußtlosen Kranken oder bei Hinzuziehung von anderen Ärzten, Hilfspersonal usw. (es sei denn, daß der Patient ausdrücklich widersprochen hat);

c) bei Erstattung eines Gutachtens, wenn ein Arzt als gerichtlich bestellter Sachverständiger tätig geworden ist;

d) unter den Voraussetzungen des übergesetzlichen Notstands, d. h. wenn der Arzt usw. das Geheimnis zum Schutz anderer Rechtsgüter preisgibt, hinter denen das Interesse des Patienten, Mandanten usw. nach allgemeinem Rechtsempfinden zurücktreten muß. Nicht rechtswidrig handelt demzufolge ein Arzt, der

aa) Polizei oder Führerscheinbehörde darauf hinweist, daß sein Patient an Epilepsie leidet, aber dessen ungeachtet und allen Warnungen zum Trotz als Kraftfahrer am Verkehr teilnimmt (vgl. OLG München MDR 56, 565);

bb) die Strafverfolgungsbehörden auf die Person eines gewerbsmäßigen Abtreibers hinweist;

cc) die Eltern eines minderjährigen Schülers auf die sexuelle Abartigkeit des Hauslehrers hinweist;

dd) eigene berechtigte Interessen wahrnimmt, z. B. sein Honorar einklagen oder sich gegen den Vorwurf der Pfuscherei zur Wehr setzen muß.

5. Täter können sein:

a) die in Abs. 1 Nr. 1 aufgeführten Angehörigen bestimmter Heilberufe (nicht: Tierärzte und Heilpraktiker);

b) die in Abs. 1 Nr. 2 aufgeführten Rechtspflegeorgane, Wirtschaftsprüfer und Steuerberater (nicht: Rechtsbeistände, Prozeßagenten und Helfer in Steuersachen).

6. Abs. 2 bringt eine Erweiterung des Täterkreises. Hier werden erfaßt:

a) die Gehilfen der in Abs. 1 genannten Personen, soweit sie berufsmäßig (also nicht nur gelegentlich) tätig sind, z. B. die Sprechstundenhilfe des Arztes oder Zahnarztes, die Apothekenhelferin, der Bürovorstand und die Sekretärin des Anwalts, nicht dagegen Putzfrau oder Fahrer;

b) die in Ausbildung befindlichen Personen, z. B. der Anwaltsreferendar oder der Famulus in der Klinik;

c) Personen, die nach dem Tod des Geheimnisträgers das von diesem oder aus seinem Nachlaß erlangte Geheimnis unbefugt veröffentlichen. Veröffentlichen ist mehr als offenbaren. Beispiel: A veröffentlicht die Memoiren eines bekannten Anwalts und schildert hierbei Einzelheiten, die einem noch lebenden Mandanten zum Nachteil oder zur Unehre gereichen.

7. Subjektiv ist **Vorsatz** erforderlich. Der Täter muß wissen, daß er eine Tatsache bekannt gibt, die ihm in seiner beruflichen Eigenschaft anvertraut oder bekanntgeworden ist, daß diese Tatsache nur einem beschränkten Personenkreis bekannt ist und daß der Geheimnisgeschützte ein berechtigtes Interesse an der Geheimhaltung hat. Bedingter Vorsatz genügt.

Ein dem vorsatzausschließenden Tatbestandsirrtum gleichzustellender Irrtum liegt vor, wenn der Täter irrig Tatumstände annimmt, bei deren Vorliegen er gerechtfertigt wäre (s. o. 4). Dagegen liegt nur ein Verbotsirrtum vor, wenn der Täter in Kenntnis aller Tatumstände irrig glaubt, er sei zur Geheimhaltung nicht verpflichtet. Siehe hierzu Vorbem. AT, Abschn. B VII 2, S. 22.

8. Abs. 3 bringt eine Strafschärfung für den Fall, daß der Täter sein Geheimnis gegen Entgelt preisgibt, einen rechtswidrigen Vermögensvorteil erstrebt oder einem anderen schaden möchte.

9. Gemäß **Abs. 4** ist die Tat nur auf **Antrag** verfolgbar. Antragsberechtigt ist neben dem Patienten, Mandanten usw. auch derjenige, dessen Interessen berührt werden. Beispiel: Dr. A erfährt von seiner Patientin P, daß deren Mann z. Zt. erhebliche finanzielle Schwierigkeiten hat und daß die Tochter von ihrem Freund F ein unheliches Kind erwartet. Erzählt er dies alles seinen Stammtischfreunden, so hat er nicht nur von den Eheleuten P, sondern auch von der Tochter P und dem F mit einem Strafantrag zu rechnen.

10. IdK ist möglich mit §§ 186, 353 b.

11. Ergänzend zu beachten sind §§ 16 GKG, 17, 18 UWG, 141 bis 143 RVO, 205 AVG, 177 AO, 7 BestechgsVO, 9, 55 KreditwesenG, 404 AktG.

Lösung des Falles

I. Strafbarkeit des Dr. A

1. Die wahrheitswidrige Diagnose

Dr. A äußerte X gegenüber wider besseres Wissen, dieser habe sich eine Geschlechtskrankheit zugezogen. Hierin kann eine **Beleidigung** (§ 185) liegen.

a) Allgemeine Ausführungen zur Beleidigung siehe Vorbemerkung A vor diesem Fall.

b) Als Beleidigung gilt jeder Angriff auf die Ehre durch Kundgabe der Mißachtung. Ein Angriff auf die Ehre liegt immer dann vor, wenn der Anspruch eines Menschen auf Achtung seiner Persönlichkeit in sozial unangemessener Weise verletzt wird. Diese Voraussetzungen liegen hier vor. X hatte als Patient einen Anspruch darauf, über die Art seines Hautausschlags eine wahrheitsgemäße Auskunft zu erhalten. Es mag zwar Fälle geben, in denen ein Arzt aus Rücksicht auf den angegriffenen Gesundheitszustand seines Patienten berechtigt, u. U. sogar verpflichtet ist, diesem eine besonders gefährliche oder gar unheilbare Krankheit zu verheimlichen oder zu bagatellisieren. Keinesfalls aber darf ein Arzt bei einer harmlosen Krankheit seinen Patienten durch eine bewußt falsche Diagnose in Sorge versetzen.

Es ist weiter zu prüfen, ob sich das Verhalten des Dr. A als Kundgabe der Mißachtung darstellt. Diese Frage kann immer nur unter Berücksichtigung aller Umstände des Einzelfalls beurteilt werden. Die gleiche Äußerung kann je nach dem, wem gegenüber und in welchem Zusammenhang sie geäußert wurde, im einen Fall noch als strafloser Ulk oder Scherz angesehen werden; im anderen Fall stellt sie bereits eine strafbare Beleidigung dar. So aber liegt der Fall hier. Durch seinen makrabren Scherz brachte Dr. A zum Ausdruck, daß er sich — ungeachtet des zwischen Arzt und Patienten bestehenden Respektsverhältnisses — mit X alles erlauben kann.

Diese Feststellung ist ein entscheidendes Kriterium dafür, daß der Rahmen eines straflosen Scherzes überschritten ist und die Tat sich bereits im Bereich strafbarer Beleidigung befindet (vgl. Maurach BT 135).

c) Die Beleidigung war in dem Augenblick vollendet, als Dr. A dem X die wahrheitswidrige Diagnose eröffnete. Wie bereits in der Vorbemerkung A (Abschn. VIII) erwähnt, ist es für die Tatbestandsverwirklichung unerheblich, ob der Beleidigte den Sinn der ihm zugefügten Beleidigung erfaßt. Selbst wenn X die Beleidigung in ihrem eigentlichen Unrechtsgehalt nie erfaßt hätte, wäre sein Geltungsanspruch verletzt und damit der objektive Tatbestand des § 185 erfüllt (vgl. Maurach BT 135, Schönke-Schröder § 185 Rn. 19).

d) Der subj. Tb. erfordert Vorsatz. Hierbei genügt es, daß Dr. A wußte, welch makabren Scherz er sich mit seinem Patienten erlaubte.

e) Rechtfertigungs- oder Schuldausschließungsgründe sind nicht ersichtlich. Dr. A hat sich somit einer Beleidigung schuldig gemacht. Der gemäß § 194 zur Strafverfolgung erforderliche Strafantrag wurde gestellt.

2. Das Stammtischgespräch

Dr. A erzählte seinen Freunden B, C und D am Stammtisch, X habe sich bei einem seiner bekannten Liebesabenteuer die „türkische Musik" zugezogen und ihn aus diesem Grunde konsultiert. Als Straftatbestände kommen in Betracht:

a) Verletzung des Berufsgeheimnisses (§ 300)

aa) Allgemeine Ausführungen zu § 300 siehe Vorbemerkung E vor diesem Fall sowie Eb. Schmidt in Ponsold, Lehrbuch der gerichtlichen Medizin, 2. Aufl. 1957, S. 22 ff.

bb) Als Geheimnis gilt jede Tatsache, die nur einem beschränkten Personenkreis bekannt ist und an deren Geheimhaltung der Patient von seinem Standpunkt aus ein verständliches Interesse hat. Die Konsultation eines Arztes wegen einer Geschlechtskrankheit, die man sich bei einem Liebesabenteuer zugezogen hat, gehört zu den Dingen, die „man" üblicherweise geheimzuhalten pflegt. Sie ist daher als Geheimnis im Sinne der Vorschrift anzusehen. Es ist dabei ohne Bedeutung, ob X tatsächlich von einer Geschlechtskrankheit befallen war oder nicht.

cc) Die am Stammtisch ausgeplauderten Kenntnisse stehen in unmittelbarem Zusammenhang mit der beruflichen Tätigkeit des Dr. A. X hatte ihn in seiner Eigenschaft als Arzt konsultiert und ihm auch in dieser Eigenchaft seinen Verdacht sowie die mögliche Herkunft der mutmaßlichen Geschlechtskrankheit anvertraut.

dd) Die Tathandlung besteht im Offenbaren des anvertrauten oder bekanntgewordenen Geheimnisses. Offenbaren ist jede Mitteilung an einen Dritten, der das Geheimnis noch nicht kennt. So aber liegt der Fall hier. Dr. A hatte seinen Freunden B, C und D, die von der Angelegenheit noch nichts wußten, sowohl die Konsultation als auch ihren mutmaßlichen Grund mitgeteilt. Der obj. Tb. ist damit erfüllt.

ee) Rechtfertigungsgründe sind nicht ersichtlich. Insbesondere ergeben sich keine Anhaltspunkte für das Vorliegen eines übergesetzlichen rechtfertigenden Notstands. (Siehe hierzu ausführlich Vorbemerkung E 4). Das Verhalten des Dr. A war daher unbefugt, d. h. rechtswidrig. Es war mangels Schuldausschließungsgründen auch schuldhaft.

ff) Ergebnis: Dr. A hat sich einer Verletzung des Berufsgeheimnisses schuldig gemacht. Der zur Strafverfolgung erforderliche Strafantrag (vgl. § 300 Abs. 4) wurde gestellt.

b) Verleumdung (§ 187)

aa) Allgemeine Ausführungen zur Verleumdung siehe Vorbem. C vor diesem Fall.

bb) Die Behauptung, X habe sich bei einem seiner bekannten Liebesabenteuer die „türkische Musik", d. h. eine Geschlechtskrankheit, zugezogen, entsprach objektiv nicht den Tatsachen. Sie war somit unwahr. Sie war auch geeignet, X verächtlich zu machen und in der öffentlichen Meinung herabzuwürdigen, d. h. seinen guten Ruf zu gefährden. Ob der gute Ruf des X tatsächlich gelitten hat, ist unerheblich. Da es sich bei § 187 um ein abstraktes Gefährdungsdelikt handelt, genügt bereits die Feststellung, daß die behauptete Tatsache geeignet ist, den guten Ruf zu gefährden. Diese Voraussetzungen liegen hier vor. Leute, die an einer Geschlechtskrankheit leiden, werden von der Gesellschaft meist wie Aussätzige gemieden.

cc) Der subj. Tb. erfordert „wider besseres Wissen", d. h. die positive Kenntnis von der Unwahrheit der behaupteten Tatsache. Auch diese Voraussetzung ist nach dem Sachverhalt gegeben.

dd) Rechtfertigungs- oder Schuldausschließunggründe sind nicht ersichtlich. Der gemäß § 194 zur Strafverfolgung erforderliche Strafantrag wurde gestellt.

3. Konkurrenzen

Die Tatbestände der §§ 187, 300 wurden durch eine Handlung verwirklicht. Da kein Fall der Gesetzeskonkurrenz ersichtlich ist, liegt Idealkonkurrenz gemäß § 73 vor. Die in der Sprechstunde begangene Beleidigung steht als rechtlich selbständige Handlung hierzu in Realkonkurrenz. (Allgemeine Ausführungen zur Lehre von den Konkurrenzen siehe Vorbem. AT, Abschn. J, S. 58 ff.)

II. Strafbarkeit des D

D hat seiner Sekretärin S von dem angeblichen Mißgeschick des X erzählt. Da D nicht zum Täterkreis des § 300 zählt und er nicht wider besseres Wissen gehandelt hat, kommt als strafbare Handlung für ihn nur **üble Nachrede (§ 186)** in Betracht.

a) Allgemeine Ausführungen zu § 186 siehe Vorbem. B vor diesem Fall.

b) Die Äußerung, X habe sich bei einem seiner bekannten Liebesabenteuer eine Geschlechtskrankheit zugezogen, ist — wie bereits unter I 2 b dargelegt — geeignet, den X verächtlich zu machen bzw. in der öffentlichen Meinung herabzuwürdigen, d. h. seinen guten Ruf zu gefährden.

c) Als Tathandlung kommen beide Alternativen des Tatbestands in Betracht. Aus dem Sachverhalt ergibt sich zwar nicht mit Sicherheit, ob D das angebliche Mißgeschick des X behauptet, d. h. als wahr hingestellt hat, oder ob er sich darauf beschränkte, die Äußerung des Dr. A nur als dessen Bericht weiterzugeben. Im letzteren Fall wäre der Tatbestand in der Form des Verbreitens erfüllt (vgl. Vorbem. B 4 b).

d) Es ist weiter zu prüfen, ob die von D verbreitete rufgefährdende Äußerung nicht erweislich wahr ist. Zur Bedeutung dieses Verbrechensmerkmals als obj. Strafbarkeitsbedingung siehe Vorbem. B 2, 3, 8. Wie sich aus dem Sachverhalt ergibt, läßt sich zwar der Nachweis erbringen, daß X auf Abwegen war. Er hatte sich aber — und hierin liegt der Schwerpunkt der rufgefährdenden Äußerung — keine Geschlechtskrankheit zugezogen. Insoweit ist die verbreitete Tatsache nicht erweislich wahr. Unerheblich ist dabei, ob sich D bei seinem Bericht auf Dr. A berufen hat (z. B. „ich habe von Dr. A gehört, daß . . . . . .“), oder ob er die Geschlechtskrankheit des X als feststehende Tatsache hinstellte (z. B. „X hat sich eine Geschlechtskrankheit zugezogen“). Nicht die Form, sondern der Inhalt entscheidet, ob die behauptete Tatsache nicht erweislich wahr ist. Nach der Rechtsprechung kann sogar die Verbreitung eines als grundlos bezeichneten Gerüchts ausreichen, um den Tatbestand zu verwirklichen (vgl. OLG Hamm NJW 53, 596). Dem Sinn der in § 186 enthaltenen Norm entsprechend („Du sollst nicht lästern!“) kann nur eine weite Auslegung dem Anliegen der Vorschrift gerecht werden (vgl. BGH 18, 182).

e) Der subj. Tb. erfordert Vorsatz. Dieser muß sich, da die Nichterweislichkeit der behaupteten bzw. verbreiteten Tatsache kein vorsatzkongruentes Tatbestandsmerkmal, sondern eine objektive Strafbarkeitsbedingung ist (vgl. Vorbem. B 2, 3, 8) nur darauf erstrecken, daß eine Tatsache behauptet oder verbreitet wird, die geeignet ist, den guten Ruf dessen, auf den sie sich bezieht, zu gefährden. Diese Voraussetzungen können hier unbedenklich bejaht werden.

f) Rechtfertigungs- und Schuldausschließungsgründe fehlen. X hat sich somit einer üblen Nachrede schuldig gemacht. Der gemäß § 194 zur Strafverfolgung erforderliche Strafantrag wurde gestellt.

III. Strafbarkeit der Sprechstundenhilfe (H)

Die H berichtete ihrer Freundin V, die mit X verlobt war, X sei bei Dr. A in der Sprechstunde gewesen, während sie gerade im Nebenzimmer Rechnungen geschrieben habe. Hierbei habe sie gehört, wie X von seinem Abenteuer erzählt und Dr. A nach der Untersuchung erklärt habe, es handle sich um eine Geschlechtskrankheit. Als Straftatbestände kommen in Betracht:

1. Verletzung des Berufsgeheimnisses (§ 300 Abs. 2)

a) Die H gehörte als Sprechstundenhilfe zum Kreis der nach § 300 Abs. 2 Schweigepflichtigen.

b) Die Konsultation eines Arztes wegen einer vom Patienten vermuteten Geschlechtskrankheit gilt, wie bereits unter I 2 a, bb) dargelegt, grundsätzlich als Geheimnis im Sinne der Vorschrift. Es wirft sich jedoch die Frage auf, ob man im vorliegenden Fall noch von einem „Geheimnis" sprechen kann, nachdem zu dem Zeitpunkt, als die H mit der V sprach, bereits B, C, D und die S von der Angelegenheit Kenntnis erlangt hatten. Von einem Geheimnis kann nämlich nicht mehr gesprochen werden, wenn der Kreis derer, die es kennen, wesentlich gesprengt worden ist. Andererseits verliert ein Geheimnis nicht schon dadurch seinen Charakter, daß es durch unbefugte Preisgabe einem nur beschränkten Personenkreis bekannt geworden ist (vgl. BGH MDR 60, 76; Schönke-Schröder § 300 Rn. 5). So aber liegt der Fall hier.

c) Es ist weiter zu prüfen, ob das Geheimnis der A in ihrer Eigenschaft als Sprechstundenhilfe *anvertraut* oder *bekanntgeworden* ist. Das Tatbestandsmerkmal „anvertraut" scheidet nach Sachlage aus. In Betracht kommt nur die Alternative „bekanntgeworden". Hierbei genügt es, daß zwischen der Berufsausübung und der Kenntniserlangung ein innerer Zusammenhang besteht. Dieser ist schon dann gegeben, wenn der Täter die geheimzuhaltende Tatsache ohne seine berufliche Tätigkeit nicht erfahren hätte. Der Tatbestand kann also im vorliegenden Fall nicht mit der Begründung abgelehnt werden, daß die H mit der Behandlung des X nicht unmittelbar befaßt worden war. Es genügt, daß sie von dem Besuch des X bei Dr. A nur dadurch Kenntnis erlangt hatte, daß sie bei Dr. A als Sprechstundenhilfe tätig war.

d) Durch den Bericht an die V hat die H das ihr bekanntgewordene Geheimnis offenbart.

e) Der subj. Tb. erfordert Vorsatz. Die H wußte, daß sie über einen Vorgang berichtete, der ihr in ihrer beruflichen Eigenschaft bekanntgeworden war und an dessen Geheimhaltung X ein verständliches Interesse hatte. Sie handelte damit vorsätzlich.

f) Es ist weiter zu prüfen, ob sich die H auf einen Rechtfertigungsgrund berufen kann. In Betracht kommt übergesetzlicher Notstand.

aa) Allgemeine Ausführungen zum übergesetzlichen Notstand siehe Vorbem. A vor Fall 4 (S. 145 ff.).

bb) Eine Rechtfertigung nach den Grundsätzen des übergesetzlichen Notstands kommt nicht nur in Betracht, wenn der Täter sich in einer Pflichtenkollision befindet, d. h. wenn er verpflichtet ist, sich in der einen oder anderen Richtung zu entscheiden. Der rechtfertigende übergesetzliche Notstand kann vielmehr auch dann eingreifen, wenn es sich nur um eine Interessenkollision handelt. Im Rahmen einer solchen Interessenkollision ist der Täter dann gerechtfertigt, wenn er einen Straftatbestand nur deshalb verwirklicht, weil dies die einzige Möglichkeit ist, um ein höherwertiges Rechtsgut, an dessen Erhaltung der Täter ein berechtigtes Interesse hat, vor Schaden zu bewahren.

cc) Dies bedeutet für den vorliegenden Fall: Die H hatte ein berechtigtes Interesse daran, ihre Freundin V vor X zu warnen. Hierbei ist allerdings zu beachten, daß es nicht Aufgabe einer Sprechstundenhilfe sein kann, die Angehörigen eines Patienten über dessen Gesundheitszustand und eine etwa vorhandene Ansteckungsgefahr zu informieren. Ist eine solche Information objektiv geboten, so ist sie ausschließlich Sache des Arztes. Eine Rechtfertigung der H kommt also nur unter dem Gesichtspunkt in Betracht, daß die H ein grundsätzlich berechtigtes Interesse daran hatte, die V vor den amourösen Abenteuern des X zu warnen. Dieses Interesse muß jedoch hinter dem durch § 300 ausdrücklich geschützten Interesse des Patienten an der Geheimhaltung aller Tatsachen, die er seinem Arzt anvertraut hat, zurücktreten. Abgesehen von den Fällen, in denen der Arzt kraft Gesetzes zur Mitteilung bestimmter Krankheiten verpflichtet ist (vgl. Vorbem. E 4 a), wird man einem Arzt nur ausnahmsweise, bei ausgesprochen schwerwiegenden Fällen, das Recht zusprechen dürfen, seine in § 300 verankerte Schweigepflicht zu verletzen, z. B. wenn er im Interesse der Allgemeinheit Polizei und Führerscheinbehörde auf die epileptischen Anfälle seines Patienten hinweist oder wenn er die Eltern eines minderjährigen Schülers über die homosexuelle Veranlagung des Hauslehrers informiert (vgl. Vorbem. E 4 d mit weiteren Beispielen). Der letztgenannte Fall ist mit dem hier zur Entscheidung stehenden Sachverhalt an sich vergleichbar. Jedoch wird man die Gefahren, die einem sexuell unerfahrenen Schüler von einem homosexuellen Hauslehrer drohen, höher einschätzen müssen als die Gefahr, die einer erwachsenen Frau durch einen gelegentlichen Seitensprung ihres Verlobten droht. Eine Rechtfertigung nach den Grundsätzen des übergesetzlichen Notstands ist daher abzulehnen.

g) Sollte sich die H darauf berufen, sie habe sich ungeachtet der unter f) dargelegten Rechtslage für berechtigt gehalten, die V von dem Seitensprung des X und den von ihm angenommenen Folgen zu informieren, so wäre dieser Irrtum als vermeidbarer Verbotsirrtum zu behandeln. Die H hätte sich vor ihrer Mitteilung an die V auf jeden Fall mit Dr. H in Verbindung setzen müssen, um feststellen zu können, ob die Sache wirklich ernst zu beurteilen war. Außerdem hätte sie sich sagen können und müssen, daß sie nicht ohne schwerwiegenden Anlaß ihre Schweigepflicht verletzen durfte.

2. Üble Nachrede (§ 186)

a) Was die Tatbestandsmäßigkeit betrifft, gelten die Ausführungen zur Strafbarkeit des D entsprechend. Auf Abschn. II b — e kann insoweit Bezug genommen werden.

b) Es ist weiter zu prüfen, ob die H auch rechtswidrig gehandelt hat. Im Gegensatz zu D wollte sie nicht nur der Klatschsucht frönen, sondern ihre Freundin vor Schaden bewahren. Es ist daher zu prüfen, ob sie sich auf Wahrnehmung berechtigter Interessen (§ 193) berufen kann.

aa) Wie bereits in der Vorbem. B unter Abschn. 3 dargelegt, ist es bei § 193 — anders als beim übergesetzlichen Notstand — nicht erforderlich, daß der Täter höherwertige Rechtsgüter schützen möchte. Als berechtigte Interessen gelten vielmehr alle Interessen, die dem Recht und den guten Sitten nicht zuwider laufen. Die verfolgten Interessen müssen auch nicht unmittelbar eigene Interessen sein. Andererseits darf sich der Täter nicht in Angelegenheiten mischen, die ihn schlechthin nichts angehen. Im vorliegenden Fall war die H mit der V immerhin befreundet. Ihr Interesse, die V vor Schaden und Enttäuschung zu bewahren, kann daher als berechtigtes Interesse anerkannt werden.

bb) Eine Rechtfertigung nach § 193 setzt ferner voraus, daß die Ehrverletzung vom Standpunkt des Täters aus zur Wahrnehmung der berechtigten Interessen erforderlich war (vgl. Vorbem. D 4). Hier muß wieder differenziert werden. Stellt man nur auf die Ansteckungsgefahr ab, so wäre es nicht Aufgabe der H gewesen, die V zu warnen. Solange X unter ärztlicher Betreuung stand, war normalerweise für die V eine konkrete Gefahr nicht gegeben. Bei dieser Sachlage war die H auch als Freundin der V nicht dazu berechtigt, durch eine zwangsläufig ehrverletzende Mitteilung an die V deren Interessen wahrzunehmen. Eine Rechtfertigung nach § 193 kommt daher nur dann in Betracht, wenn man darauf abstellt, daß es der H vor allem auch darum ging, die V vor dem unsoliden Lebenswandel ihres Verlobten zu warnen. Im Ergebnis kann die H daher als gerechtfertigt angesehen werden.

IV. Strafbarkeit der Sekretärin (S)

Auch die S hatte es für nötig befunden, die V vor dem unsoliden Lebenswandel des X zu warnen. Da sie im Gegensatz zu H nicht zum Täterkreis des § 300 zählt, kommt für sie nur **üble Nachrede (§ 186)** in Betracht. Die Ausführungen zur Strafbarkeit der H gelten insoweit entsprechend. Es ist jedoch zu beachten, daß die V von der Angelegenheit bereits durch die H erfahren hatte. Ein „Verbreiten" liegt aber nur dann vor, wenn durch die Äußerung der Kreis der Wissenden erweitert wird. Hat dagegen der Empfänger — wie im vorliegenden Fall — die Mitteilung bereits gekannt, so scheidet ein vollendetes Verbreiten aus. Es kommt vielmehr nur (strafloser) Versuch in Betracht (vgl. Schönke-Schröder § 186 Rn. 7).

Bei dieser Sachlage hat die S den Tatbestand des § 186 nur dann verwirklicht, wenn sie der V gegenüber den ihr durch D bekanntgewordenen Sachverhalt behauptet, d. h. als wahr hingestellt hat. Dies geht aus dem Sachverhalt nicht mit Sicherheit hervor. Die Frage kann jedoch auf sich beruhen, da die S sich — ebenso wie die H — zu ihrer Rechtfertigung auf § 193 berufen kann.

ZU FALL 6

Vorbemerkungen

A. Die Notwehr (§ 53)

I. Notwehr ist die Verteidigung, die erforderlich ist, um einen gegenwärtigen rechtswidrigen Angriff von sich oder einem anderen abzuwehren (§ 53 Abs. 2). Die Anerkennung der Notwehr als Rechtfertigungsgrund (§ 53 Abs. 1) beruht auf dem Gedanken, daß Recht vor Unrecht nicht weichen muß. Im einzelnen:

1. Es muß eine **Notwehrsituation,** d. h. ein gegenwärtiger rechtswidriger Angriff vorliegen.

a) **Notwehrfähig ist jedes Rechtsgut,** also nicht nur Leib und Leben, sondern auch Vermögen, Eigentum, Freiheit, Ehre, ferner der Anspruch auf Gemeingebrauch und der Anspruch auf Integrität der Intimsphäre. So ist z. B. eine Frau, die in ihrer Wohnung beim Baden oder bei ihrer Toilette von einem sog. Spanner belästigt wird, berechtigt, diesen — notfalls mit Gewalt — zu vertreiben. An einer rechtlich geschützten Intimsphäre fehlt es jedoch, wenn sich ein Liebespaar in einem öffentlichen Park beim Liebesspiel beobachtet fühlt (vgl. Schönke-Schröder Rn. 7 m. weit. Nachw.).

Verteidigt sich der Angegriffene selbst, so spricht man von Notwehr. Wird das Rechtsgut eines anderen verteidigt (der im Gegensatz zu §§ 52, 54 kein Angehöriger sein muß), so spricht man von Nothilfe.

b) Als **Angriff** gilt jede Handlung, die auf die Verletzung eines notwehrfähigen Rechtsguts hinzielt. Der Angriff kann auch in einem pflichtwidrigen Unterlassen bestehen, z. B. wenn eine pflichtvergessene Mutter es vorsätzlich oder fahrlässig versäumt, ihrem Kind ausreichende Nahrung zukommen zu lassen.

c) **Gegenwärtig** ist jeder Angriff, der gerade stattfindet oder unmittelbar bevorsteht. Wielange ein bereits eingeleiteter Angriff noch als gegenwärtig angesehen werden kann, ist Tatfrage und hängt von der Struktur des jeweiligen Tatbestands ab. So ist keine Notwehr mehr möglich, wenn A dem B eine Ohrfeige gegeben hat und weitere Schläge nicht zu befürchten sind. Schlägt B zurück, so kann er sich nicht auf § 53 berufen (siehe jedoch § 233). Der Angriff des A war bereits beendet. Die rechtliche Vollendung des Tatbestands und die tatsächliche Beendigung des Angriffs, auf die es entscheidend ankommt, fallen hier zusammmmen. Anders beim Diebstahl. Dieser ist zwar mit der Wegnahme rechtlich vollendet. Tatsächlich beendet ist er aber erst, wenn es dem Täter gelungen ist, die entwendete Sache aus dem Herrschaftsbereich des Geschädigten wegzuschaffen und seinen eigenen Gewahrsam zu sichern. Solange ist Notwehr zulässig. Wer also einen Dieb auf frischer Tat beobachtet, ist berechtigt, ihn zu verfolgen und ihm, notfalls mit Gewalt, die Beute wieder abzunehmen (vgl. RG 55, 82). Trifft der Geschädigte dagegen den Dieb erst wieder nach 4 Wochen mit der bei der Tat erbeuteten Sache, so kann das Recht zur Wegnahme nur aus den Bestimmungen über das Selbsthilferecht (§§ 229, 230, 859 BGB) abgeleitet werden. Siehe hierzu Vorbem. A vor Fall 13 (S. 361 ff).

d) **Rechtswidrig** ist jeder Angriff, der der Rechtsordnung widerspricht und den der Angegriffene daher nicht dulden muß. Nur ein Mensch kann rechtswidrig handeln. Die Abwehr von Tierangriffen richtet sich nach den Notstandsrechten des BGB (vgl. Vorbem. A vor Fall 13, S. 361 ff.). Unerheblich ist, ob der Angriff schuldhaft vorgetragen wird. Notwehr ist daher auch gegen Angriffe von Kindern oder Geisteskranken zulässig (siehe aber unten 6).

2. Die Verteidigungshandlung muß zur Abwehr des Angriffs erforderlich sein. Die **Erforderlichkeit** der Verteidigung ist objektiv zu beurteilen, und zwar unter Berücksichtigung der besonderen Umstände des Einzelfalls. Entscheidend sind dabei die Stärke und Hartnäkkigkeit des Angriffs sowie die Mittel, die dem Angegriffenen zur Verfügung stehen. Bei mehreren Mitteln ist immer das mildere zu wählen.

Genügt z. B. ein Schreckschuß, um einen Einbrecher zu vertreiben, so ist ein gezielter Schuß unzulässig. Zum Ganzen siehe auch unten 6.

3. Subjektiv ist erforderlich, daß der Täter mit einem **Verteidigungswillen** handelt. Fehlt dieser, so kommt eine Rechtfertigung selbst dann nicht in Betracht, wenn die Handlung objektiv erforderlich war, um den Angriff abzuwehren. Hierher gehören zwei Fallgruppen:

a) Der Täter kennt gar nicht die Gefahr, in der er sich befindet. Beispiel: A schießt B nieder, ohne zu wissen, daß dieser seinerseits gerade im Begriff ist, auf ihn zu schießen.

b) Der Täter hat die Notwehrsituation absichtlich provoziert, um einen Anlaß zu haben, seinem Gegner zu schaden. Beispiel: A hänselt den B solange, bis dieser zum Messer greift und sich auf ihn stürzt. Genau das hat A gewollt. Er greift nunmehr zur Pistole und schießt B nieder.

In beiden Fällen kommt eine Rechtfertigung nicht in Betracht. Fraglich ist nur, ob der Täter wegen eines vollendeten oder nur wegen eines versuchten Delikts zu bestrafen ist. Während man im Fall a) mit Rücksicht auf die objektive Rechtmäßigkeit der Handlung nur Versuch annehmen kann (vgl. Vorbem. AT, Abschn. B VI 5 e, S. 21), ist im Fall b) wegen vollendeter Tatbegehung zu bestrafen. Dies ergibt sich aus der Erwägung, daß im Fall b) der Täter den Angriff des Gegners selbst in der Hand hatte, man also nicht sagen kann, er sei objektiv im Recht gewesen (sog. actio illicita in causa, vgl. Schröder JR 62, 188). Das eigentlich vorwerfbare Handeln liegt — ähnlich wie bei der actio libera in causa (vgl. Vorbem. A 3 vor Fall 1, S. 73) — nicht in der Abwehrmaßnahme, sondern in dem früheren Verhalten des Täters, durch das die Notwehrsituation überhaupt erst heraufbeschworen wurde (vgl. Schröder a.a.O.). Zur Notwehr bei provozierten oder sonst verschuldeten Angriffen siehe auch Lenckner GA 61, 299.

4. Auch bei **Fahrlässigkeitstaten** kommt rechtfertigende Notwehr in Betracht, sofern die Abwehr objektiv erforderlich u. subjektiv von einem Verteidigungswillen getragen war (vgl. OLG Hamm NJW 62, 1169). Beispiel: A will den Angreifer B durch einen Warnschuß abschrecken, verletzt ihn dabei aber aus Versehen am Bein. Ergibt sich nachträglich, daß ein gezielter Schuß zur Verteidigung objektiv erforderlich war, so ist A durch Notwehr gerechtfertigt. Subjektiv genügt, daß A den Schuß abgab, um sich zu verteidigen.

5. Bei der **Nothilfe** ist zu beachten, daß diese nicht gegen den Willen des Angegriffenen ausgeübt werden darf. Wenn der Verletzte den Angriff nicht abwehren will, steht auch einem anderen nicht das Recht zu, seine Hilfe aufzudrängen (vgl. BGH 5, 245, 247).

6. Das Recht zur Notwehr endet dort, wo seine Ausübung als **Rechtsmißbrauch** erscheint. Der in § 53 enthaltene Grundgedanke, daß Recht vor Unrecht nicht weichen muß, hat in jüngster Zeit erhebliche Einschränkungen erfahren. Hierdurch werden insbesondere drei Fallgruppen betroffen:

a) die Abwehr von Geisteskranken, Kindern und anderen, offensichtlich schuldlos handelnden Personen;

b) die Abwehr von provozierten Angriffen;

c) die Abwehr von Angriffen auf geringwertige Rechtsgüter.

Im einzelnen:

Zu a) und b): Schon das Reichsgericht hat in RG 71, 134 klargestellt, daß der Angegriffene zwar grundsätzlich nicht verpflichtet ist, sein Heil in der Flucht zu suchen, er aber andererseits dort ausweichen muß, wo dies ohne Preisgabe oder Gefährdung berechtigter Interessen möglich und zumutbar ist. Diese Voraussetzungen können sowohl bei der Fallgruppe a) als auch bei der Fallgruppe b) bejaht werden. Wer also ein Kind, das ihn mit einer harmlosen Waffe bedroht, einfach niederschlägt, obwohl er ausweichen könnte, ist nicht gerechtfertigt.

Schwierigkeiten treten dort auf, wo ein Ausweichen nicht mehr möglich ist. Hier wird man dem Angegriffenen das Recht, sich — soweit erforderlich — nach Kräften zu verteidigen, nicht absprechen können. Es ist dann aber jeweils weiter zu prüfen, ob der Angegriffene sich nicht schon dadurch strafbar gemacht hat, daß er es überhaupt zu einer Situation kommen ließ, in der er sich nur noch durch aktive Gegenwehr verteidigen konnte. Dies gilt insbesondere für die Fälle, in denen der Angegriffene die Notwehrsituation vorsätzlich herbeigeführt hat, um einen Anlaß zu haben, der ihm scheinbar das Recht zu Gegenmaßnahmen verleiht. Wer in einer derartigen Situation den Angreifer niederschlägt, kann auch dann wegen vorsätzlicher Tötung oder Körperverletzung zur Verantwortung gezogen werden, wenn er im Zeitpunkt der Ausführungshandlung sich tatsächlich nur durch aktive Gegenwehr verteidigen konnte. In diesen Fällen wird es auch oft an einem echten Verteidigungswillen fehlen (s. o. 3 b).

Hat der Angegriffene die Notwehrlage fahrlässig herbeigeführt, so ist er wegen fahrlässiger Tatbegehung zur Verantwortung zu ziehen, wenn ihm schließlich keine andere Wahl mehr bleibt, als den gereizten Angreifer niederzuschlagen. Beispiel: A hänselt den als leicht reizbar bekannten B solange, bis dieser sich auf ihn stürzt und nur mit der Waffe zurückgehalten werden kann.

Zum Ganzen siehe vor allem Schröder JR 62, 187 und die dort zitierte neuere Rechtsprechung (BGH MDR 58, 13; BGH NJW 62, 308 = JR 62, 186; OLG Neustadt NJW 61, 2076).

Zu c): Wie bereits eingangs erwähnt (s. o. 1 a), sind alle Rechtsgüter notwehrfähig. Hieran hat auch die durch Gesetz vom 7. 8. 1952 Bundesrecht gewordene Menschenrechtskonvention nichts geändert. Auch wenn Art. 2 Abs. 2 MRK beispielsweise die Tötung eines Menschen zur Verteidigung von Vermögen, Eigentum, Freiheit usw. nicht ausdrücklich als Rechtfertigungsgrund zuläßt, so kann es andererseits nicht als Zweck der MRK angesehen werden, die innerstaatlichen Regelungen des Notwehrrechts innerhalb der einzelnen Mitgliedstaaten auf einen einheitlichen Nenner zu bringen und die Tötung eines Menschen nur zur Abwehr eines Angriffs auf Leib oder Leben als gerechtfertigt anzusehen. Die MRK will vielmehr nur solche Ausgestaltungen des Notwehrrechts ausschließen, die dem Zweck der Konvention grundsätzlich widersprechen und sich bedenkenlos über das Rechtsgut Leben hinwegsetzen. Diese Voraussetzungen sind aber bei der z. Zt. äußerst sozialethisch orientierten Auslegung des § 53, nach der jeder Rechtsmißbrauch ausgeschaltet wird, nicht gegeben. Die Strafrechtskommission und ihr folgend der Entwurf 1962 haben darauf verzichtet, die derzeitige Fassung der Notwehr zu ändern. § 37 E. 1962 entspricht im wesentlichen dem heutigen § 53. (Die Einzelheiten über die Auswirkung der MRK sind z. Zt. noch äußerst bestritten. So wie hier v. Weber ZStW 65, 345, Maurach AT 268, Mezger-Blei AT 117. Zum Ganzen siehe auch Schönke-Schröder Vorbem. 72 ff.

vor § 51 sowie § 53 Rn. 2 f., vor allem aber die Niederschriften der Strafrechtskommission, 2. Bd., S. 231 ff.).

Ein Rechtsmißbrauch liegt nach heute h. M. immer dann vor, wenn das im Rahmen der Notwehr verletzte Rechtsgut außer Verhältnis zu dem durch den Angriff drohenden Schaden steht. Dies gilt insbesondere dann, wenn jemand zur Verteidigung geringwertiger Sachgüter ein Menschenleben aufs Spiel setzt. Ein Blick auf § 228 BGB bestätigt diese Einschränkung des Notwehrrechts. Wenn es schon rechtswidrig ist, einen wertvollen Hund zu töten, der einem Huhn nachgeht, so kann es noch weniger als rechtmäßig angesehen werden, wenn jemand zum Schutz einer geringwertigen Sache einen Menschen tötet. Auch in der Rechtsprechung hat sich dieser Gedanke immer mehr durchgesetzt (vgl. OLG Stuttgart DRZ 49, 42 m. Anm. Gallas, BayObLG MDR 54, 564 und NJW 63, 824).

7. Auch im **Straßenverkehr** sind die Notwehrrechte unter dem Gesichtspunkt des Rechtsmißbrauchs eingeschränkt. So liegt eine durch nichts gerechtfertigte Nötigung vor, wenn ein Kraftfahrer sich dadurch Zugang zu einer Parklücke verschafft, daß er Fußgänger, die ihm im Weg stehen, mit seinem Wagen zur Seite drängt (vgl. BayObLG NJW 63, 824). Eine rechtswidrige Nötigung liegt auch dann vor, wenn ein Kraftfahrer auf der Autobahn zum Zwecke des Überholens seinen Vordermann durch dichtes Auffahren und ständiges Signalgeben veranlaßt, die Überholfahrbahn freizugeben (BGH 19, 263). Zum Ganzen siehe auch OLG Düsseldorf NJW 61, 1783 und Baumann NJW 61, 1745.

II. Ein **Notwehrexzeß** liegt vor, wenn jemand im Rahmen seiner Verteidigung über das objektiv erforderliche Maß hinausgeht, z. B. einen gezielten Schuß abgibt, obwohl nach Sachlage eine Drohung mit der Waffe, zumindest aber ein Warnschuß auch genügt hätte. Der Notwehrexzeß ist immer rechtswidrig. Der Täter ist jedoch entschuldigt, wenn er aus Bestürzung, Furcht oder Schrecken über die Grenzen der Verteidigung hinausgegangen ist (Abs. 3).

III. Von **Putativnotwehr** spricht man, wenn eine Notwehrlage objektiv nicht gegeben ist, der Täter vielmehr nur irrig glaubt, es liege ein gegenwärtiger, rechtswidriger Angriff vor. Beispiel: A schießt auf B, weil er glaubt, dieser wolle ihn mit einem zum Schlag erhobenen Knüppel niederschlagen; in Wirklichkeit aber hatte B nur „Spaß" gemacht.

In allen Fällen der Putativnotwehr bleibt die Rechtswidrigkeit bestehen, jedoch entfällt der Vorsatz, wenn der Täter irrig Umstände annimmt, bei deren Vorliegen er durch Notwehr gerechtfertigt wäre (vgl. BGH 3, 194). Beruht sein Irrtum auf Fahrlässigkeit, so besteht die Möglichkeit, wegen fahrlässiger Begehungsweise zu bestrafen, sofern diese im Einzelfall mit Strafe bedroht ist (vgl. § 59 Abs. 2). Die Schuld entfällt dagegen, wenn der Irrtum nach Sachlage unvermeidbar war. Dies ist insbesondere der Fall, wenn der Irrtum über die Erforderlichkeit der Abwehrmaßnahme auf Bestürzung, Furcht oder Schrekken zurückzuführen ist (vgl. § 53 III).

Kein vorsatzausschließender Tatbestandsirrtum, sondern ein Verbotsirrtum liegt vor, wenn der Täter in Kenntnis aller Tatumstände sich zu einer Abwehrmaßnahme berechtigt glaubt, die objektiv — z. B. wegen Rechtsmißbrauchs — nicht gerechtfertigt ist. Hier entfällt die Schuld nur dann, wenn der Irrtum für den Täter bei Würdigung aller Umstände unvermeidbar war.

B. Die Tatbestände der Körperverletzung (§§ 223—226, 230, 340)

I. Übersicht

1. Der 17. Abschnitt des StGB ist wie folgt **gegliedert**: Die §§ 223—226 befassen sich mit den Tatbeständen der vorsätzlichen Körperverletzung. § 226 a behandelt die rechtliche Bedeutung der Einwilligung, § 227 den sogenannten Raufhandel, § 229 die Giftbeibringung. Die §§ 228—233 enthalten Sonderbestimmungen betreffend mildernde Umstände, Buße, Strafantrag und Kompensation.

2. **Grundtatbestand** der vorsätzlichen Körperverletzung ist die in § 223 Abs. 1 unter Strafe gestellte einfache Körperverletzung. Die Aszendentenkörperverletzung (§ 223 Abs. 2), die gefährliche Körperverletzung (§ 223 a), die schwere Körperverletzung (§§ 224, 225) und die Körperverletzung mit Todesfolge (§ 226) stellen sich demgegenüber als Qualifizierungen dar. Eine Sonderstellung nimmt § 223 b ein. Auch hier handelt es sich um einen erschwerten Fall der Körperverletzung, soweit die Mißachtung Abhängiger unter Strafe gestellt wird; das Quälen muß dagegen, soweit es sich um rein seelische Einwirkungen handelt, als Sondertatbestand beurteilt werden. Eine weitere Qualifizierung außerhalb des 17. Abschnitts findet sich in § 340 (Körperverletzung im Amt).

3. Über das **Verhältnis zu den Tötungsdelikten** siehe ausführlich Vorbem. C III vor Fall 2, S. 108. Über das Verhältnis der einzelnen Qualifizierungen untereinander siehe Vorbem. AT, Abschn. J III 2, S. 60 f.

4. **Antragsdelikte** sind nur die vorsätzliche leichte und die fahrlässige Körperverletzung (vgl. § 232). Alle übrigen Vergehen und Verbrechen des 17. Abschnitts sind von Amts wegen zu verfolgen, die gefährliche Körperverletzung (§ 223 a) aber nur, wenn ein öffentliches Interesse an der Strafverfolgung besteht (vgl. §§ 374 Abs. 1 Nr. 3, 376 StPO).

5. Die vorsätzliche leichte und die fahrlässige Körperverletzung können ausnahmsweise auch ohne Strafantrag des Verletzten von Amtswegen verfolgt werden, wenn die StA ein **besonderes öffentliches Interesse** an der Strafverfolgung bejaht. Hierzu im einzelnen:

a) Die Entscheidung steht im Ermessen der Staatsanwaltschaft und ist einer Überprüfung durch das Gericht entzogen (BGH 16, 225). Auch Art. 19 Abs. 4 GG und §§ 23 ff. EG GVG finden keine Anwendung (BGH 16, 230). Die durch die Entscheidung Betroffenen haben jedoch die Möglichkeit, die Entscheidung der örtlichen Staatsanwaltschaft im Wege der Dienstaufsichtsbeschwerde durch den vorgesetzten Generalstaatsanwalt prüfen zu lassen.

b) Die StA kann das öff. Interesse auch dann bejahen, wenn der Verletzte ausdrücklich auf die Stellung eines Strafantrags verzichtet hat oder wenn die Antragsfrist bereits abgelaufen ist.

c) Bei einer Verletzung Angehöriger sollte die StA nur in schwerwiegenden Fällen ein besonderes öff. Interesse bejahen, z. B. wenn es sich um sehr schwere Verletzungen handelt oder die Tat auf eine besonders rohe oder gewalttätige Einstellung des Täters schließen läßt.

d) Die Erklärung der StA, durch die das öff. Interesse bejaht wird, kann formlos abgegeben werden. Eine ausdrückliche Erklärung ist nicht erforderlich. Die Bejahung des öffentlichen Interesses kann nach h. A. schon in der

Tatsache der Anklageerhebung bzw. im Antrag auf Erlaß eines Strafbefehls gesehen werden (BGH 16, 227 mit weit. Nachw.).

6. Zur Kompensation bei Retorsion siehe Abschn. 4 der Lösung des folgenden Falles.

II. Die leichte Körperverletzung (§ 223)

1. Das Gesetz unterscheidet in § 223 Abs. 1 zwei Formen der Körperverletzung: die körperliche Mißhandlung und die Gesundheitsbeschädigung.

a) Als **körperliche Mißhandlung** gilt jede üble, unangemessene Behandlung, durch die das körperliche Wohlbefinden oder die körperliche Integrität (= Unversehrtheit) nicht nur unerheblich beeinträchtigt wird. Hierher gehören nicht nur Schläge, Hiebe und Stöße, sondern auch die Erregung von Übelkeit und Ekel, z. B. durch Anspeien oder durch Verbreiten übler Gerüche. Eine Schmerzzufügung ist nicht erforderlich. Ein Eingriff in die körperliche Integrität liegt z. B. auch dann vor, wenn der Soldat A seinem Stubenkameraden B nachts während des Schlafs die Haare abschneidet oder den Bart verunstaltet (h. L. — a. A. RG 29, 58).

b) Als **Gesundheitsbeschädigung** gilt jede Herbeiführung oder Steigerung einer körperlichen, geistigen oder seelischen Krankheit. Hierher gehören z. B. die Übertragung einer ansteckenden Krankheit (siehe auch §§ 6, 7 GKG), anhaltende Lärmeinwirkung, soweit diese zu einer Störung des zentralen Nervensystems führt, die Herbeiführung eines schweren Nervenschocks, z. B. bei Verkehrsunfällen oder der Übermittlung von Todesnachrichten. Ein normaler Schrecken ohne Dauerwirkung genügt dagegen nicht. Als Gesundheitsbeschädigung gilt ferner die Herbeiführung von Trunkenheit und Bewußtlosigkeit, z. B. wenn A dem B zum „Scherz" hochkonzentrierten Alkohol oder ein Betäubungsmittel in den Wein mischt.

Nicht erforderlich ist, daß das Werkzeug beweglich ist. Der Tb. kann daher auch dadurch verwirklicht werden, daß der Täter sein Opfer auf eine glühende Herdplatte setzt oder in einen Säurebottich wirft (vgl. Maurach BT 88, Schönke-Schröder § 223 a Rn. 5; bestr.).

2. Beide Formen der Körperverletzung können auch durch **Unterlassen** verwirklicht werden, z. B. wenn ein Arzt es pflichtwidrig unterläßt, seinem Patienten schmerzlindernde Mittel zu verabfolgen, oder wenn Eltern es unterlassen, bei einer Krankheit des Kindes den Arzt hinzuzuziehen.

3. Subjektiv ist **Vorsatz** erforderlich. Dieser entfällt z. B. bei einem Irrtum über die tatsächlichen Voraussetzungen eines Rechtfertigungsgrunds (Notwehr, Einwilligung, Züchtigungsrecht). Siehe hierzu auch die Beispiele unten unter D.

4. Als **Rechtfertigungsgründe** kommen vor allem in Betracht: Notwehr (s. o. A, S. 192 ff.), Einwilligung (s. u. C und E) sowie bestimmte Erziehungsrechte (s. u. D).

5. § 223 Abs. 2 behandelt die sog. **Aszendentenkörperverletzung.** Beispiel: A schlägt seinen Vater oder seinen Großvater, ohne sich auf einen besonderen Rechtfertigungsgrund berufen zu können.

6. IdK. ist möglich u. a. mit §§ 113, 114, 117, 118, 177, 249, 255. Wegen des Verhältnisses zur Tötung siehe Vorbem. C III vor Fall 2, wegen des Verhältnisses zur Abtreibung siehe Vorbem. E IX 2 vor Fall 4.

III. Die gefährliche Körperverletzung (§ 223 a)

Gemäß § 223 a wird die Körperverletzung unter eine **erhöhte Strafdrohung** (Gefängnis nicht unter 2 Monaten) gestellt, wenn sie

a) mittels einer Waffe, insbesondere eines Messers oder eines anderen gefährlichen Werkzeugs, oder

b) mittels eines hinterlistigen Überfalls, oder

c) von mehreren gemeinschaftlich, oder

d) mittels einer das Leben gefährdenden Behandlung begangen wurde. Im einzelnen:

1. Zu den **Waffen** i. S. der Vorschrift zählen nicht nur Waffen im technischen Sinn, z. B. Pistolen, sondern auch Messer und alle gefährlichen Werkzeuge. Gefährlich ist jeder Gegenstand, der bei der gewählten Art der Verwendung geeignet ist, Körperverletzungen erheblicher Art herbeizuführen, z. B. ein spitzer Bleistift, mit dem gestochen wird; — oder: ein spitzer Schuh, mit dem getreten oder geschlagen wird; — oder: Pfeffer, der dem Opfer in die Augen gestreut wird. Auch chemisch wirkende Mittel, z. B. Salzsäure, können den Tb. verwirklichen (vgl. BGH 1, 1). Nach BGH 14, 152 kann schließlich auch ein abgerichteter Hund als gefährliches Werkzeug angesehen werden.

2. Ein **hinterlistiger Überfall** ist ein überraschend vorgetragener Angriff, den der Täter unter Verdeckung seiner wahren Absichten planmäßig so angelegt hat, daß der Betroffene sich nicht mehr wehren kann. Nicht erforderlich ist, daß der Angriff von hinten kommt. Beispiel: A gibt seinem Feind B „harmlos" die Hand. Gleichzeitig tritt er ihm mit dem Fuß gegen das Schienbein.

3. Von mehreren **gemeinschaftlich** verübt ist die Körperverletzung, wenn mindestens zwei Personen bewußt und gewollt zusammenwirken, um einen Dritten zu mißhandeln. Nicht erforderlich ist, daß die eigentliche Mißhandlung von mehreren vorgenommen wird. Es genügt z. B., wenn A den X festhält, während B auf ihn einschlägt.

4. Die 4. Alternative des Tatbestands befaßt sich mit dem Fall, daß die **Körperverletzung mittels einer das Leben gefährdenden Behandlung** begangen wurde. Entscheidend sind immer die Umstände des Einzelfalls. Der Tb. ist z. B. erfüllt, wenn ein Nichtschwimmer in tiefes Wasser gestoßen wird oder wenn jemand während der Fahrt vom Motorrad gestürzt wird. Hierher gehören teilweise auch die bereits unter 1. erörterten Fälle.

Die 4. Alt. des Tb. kann auch durch Unterlassen begangen werden. Beispiel: Ein Vater unterläßt es aus Geiz, seinem schwerkranken Kind ärztliche Betreuung zukommen zu lassen.

5. Subjektiv ist **Vorsatz** erforderlich. Der Täter muß die Tatumstände kennen, die die Körperverletzung gemäß § 223 a als gefährlich erscheinen lassen (BGH 19, 352). Der Vorsatz entfällt z. B., wenn A nicht weiß, daß der Bottich, in den er B stürzt, Säure enthält. — Oder: A stößt den B in tiefes Wasser, ohne zu wissen, daß B nicht schwimmen kann. Hier entfällt sogar der Vorsatz für den Grundtatbestand, so daß die Bestrafung nur wegen fahrlässiger Körperverletzung (§ 230) erfolgen kann.

6. **Konkurrenzen.** Mit § 223 b ist IdK möglich. Im Verhältnis zu den §§ 224 bis 226 ist § 223 a dagegen subsidiär (BGH NJW 67, 297). Die Vorschrift soll die Lücke zwischen der einfachen und der schweren Körperverletzung schließen und die Fälle erfassen, in denen zwar kein schwerer Erfolg eingetreten, die Tat aber wegen ihrer Ausführung besonders gefährlich ist. Das Bedürfnis, auf § 223 a zurückzugreifen, entfällt, wenn ein schwerer Erfolg eingetreten ist, aus dem sich regelmäßig ohnehin die Gefährlichkeit der Tat ergibt. Der Unrechtsgehalt des § 223 a fällt neben dem der §§ 224—226 auch nicht ins Gewicht (BGH a.a.O.). IdK ist daher entgegen der im Schrifttum vor allem von Schönke-Schröder vertretenen Gegenansicht abzulehnen. Das gilt allerdings nur für das Verhältnis von § 223 a zur vollendeten schweren Körperverletzung. Zur versuchten schweren KV steht § 223 a in IdK, da sonst der obj. Unrechtsgehalt der Tat nicht erfaßt werden könnte (BGH 21, 194). Beispiel: A will seinen Nebenbuhler N durch einen Schuß auf den GT zeugungsunfähig machen, trifft aber nicht richtig, so daß N nur leicht am Bein verletzt wird.

7. Die **Strafe** ist Gefängnis nicht unter 2 Monaten. Bei mildernden Umständen siehe § 228.

IV. Mißhandlung Abhängiger (§ 223 b)

§ 223 b enthält eine weitere Qualifizierung für den Fall, daß der Täter Kinder, Jugendliche oder wegen Gebrechlichkeit oder Krankheit wehrlose Personen, die in einem näher bestimmten Schutzverhältnis zu ihm stehen,

a) quält oder

b) roh mißhandelt oder

c) durch böswillige Vernachlässigung seiner Sorgepflicht an der Gesundheit schädigt.

Im einzelnen:

1. Dem besonderen Schutz der Vorschrift unterliegen **Kinder** und **Jugendliche,** d. h. alle Personen unter 18 Jahren, ferner **Gebrechliche** und **Kranke,** die sich nicht zur Wehr setzen können. Wegen „Gebrechlichkeit" und „Krankheit" siehe Vorbem. G 2 vor Fall 3, S. 132.

2. Der Verletzte muß zu dem Täter in einem **Schutzverhältnis** stehen. Als Täter kommen in Frage:

a) Eltern, Adoptiveltern, Pflegeeltern, Vormünder, Pfleger, Erzieher, Heim- und Anstaltsleiter, Lehrer, Gefängnisbeamte u. a. bezüglich der ihrer Fürsorge und Obhut unterstehenden Personen;

b) der Haushaltsvorstand gegenüber den seinem Hausstand angehörenden Personen, z. B. gegenüber einer kranken oder minderjährigen Hausangestellten;

c) Personen, denen der Fürsorgebedürftige vom Fürsorgepflichtigen überlassen worden ist, z. B. ein Zuhälter, dem die Dirne ihre Kinder überläßt, während sie auf „Arbeit" geht (vgl. Schwarz-Dreher Anm. 2 c);

d) Arbeitgeber und Lehrherrn gegenüber den bei ihnen beschäftigten, abhängigen Arbeitnehmern, Lehrlingen usw., soweit diese noch jugendlich oder infolge Gebrechlichkeit oder Krankheit wehrlos sind.

3. Die **Tathandlung** besteht im Quälen oder roh Mißhandeln oder in einer böswilligen, zu einer Gesundheitsschädigung führenden Vernachlässigung der Sorgepflicht.

a) **Quälen** ist die Verursachung länger anhaltender oder sich wiederholender erheblicher Schmerzen oder Leiden. Unerheblich ist, ob die Schmerzen und Leiden körperlicher oder seelischer Natur sind. Beispiel: A sperrt sein Kind stundenlang wegen geringfügiger Verfehlungen in den dunklen Keller, wobei es jedesmal Angstzustände bekommt.

b) Eine **rohe Mißhandlung** liegt vor, wenn die Tat als Ausfluß einer gefühllosen, fremde Leiden mißachtender Gesinnung erscheint. Diese Voraussetzungen fehlen in der Regel bei Affekthandlungen (vgl. BGH 3, 109). Grobe Unbeherrschtheit darf nicht mit roher oder grausamer Gesinnung gleichgestellt werden.

c) Eine **böswillige Vernachlässigung der Sorgepflicht** liegt z. B. vor, wenn eine Mutter tagelang ihr Kind in einen ungeheizten Raum sperrt, um ungestört ihrem Vergnügen nachgehen zu können. Der Tb. ist allerdings erst dann erfüllt, wenn das Kind gesundheitlichen Schaden nimmt, z. B. wenn es sich beim Spielen an herumliegendem Werkzeug verletzt oder wenn sich mangels ausreichender Nahrung sein Allgemeinzustand immer mehr verschlechtert, so daß die Überführung in eine Krankenanstalt erforderlich wird.

4. IdK ist möglich mit § 239, ferner mit §§ 223 a, 224 — 226. § 170 d ist subsidiär.

5. Ergänzend zu beachten ist das JugendarbeitsschutzG v. 9. 8. 1960 (BGBl. I 665), das u. a. die Kinderarbeit verbietet (§§ 7 ff.) und die Arbeitszeit der Jugendlichen regelt (§§ 10 ff.). Die Strafbestimmungen finden sich in § 24.

V. Die schwere Körperverletzung (§ 224)

1. Bei der in § 224 unter Strafe gestellten schweren Körperverletzung (verschiedentlich auch als Verstümmelung bezeichnet, vgl. Schmitt JZ 62, 389) kommt es nicht wie in § 223 a auf die Gefährlichkeit der angewandten Mittel, sondern auf die eingetretenen **schweren Folgen** an. Waren diese beabsichtigt, so kommt nicht § 224, sondern § 225 in Betracht. Andererseits müssen sie gemäß § 56 mindestens fahrlässig herbeigeführt worden sein.

2. Als schwere Folgen i. S. der Vorschrift gelten:

a) **Verlust eines wichtigen Glieds,** z. B. Verlust von Hand, Fuß, Arm oder Bein. Auch Daumen und Zeigefinger wird man uneingeschränkt als wichtige Glieder ansehen müssen. Bei den übrigen Fingern kommt es auf die Umstände des Einzelfalls an, insbesondere auf den Beruf des Verletzten (konkrete Betrachtungsweise, vgl. Schönke-Schröder Rn. 2, Maurach BT 89 f.; str.). So wird man bei einem Konzertpianisten alle Finger als wichtige Glieder anzusehen haben.

Ein Verlust liegt nicht erst dann vor, wenn das Glied abgetrennt werden muß; es genügt, daß es dauernd steif bleibt und daher seine Funktionen nicht mehr erfüllen kann (vgl. Schönke-Schröder Rn. 2, Maurach BT 90; str.) .

b) **Verlust des Sehvermögens** auf einem oder beiden Augen. Sehvermögen ist die Fähigkeit, Gegenstände visuell wahrzunehmen und zu unterscheiden.

c) **Verlust des Gehörs.** Gehör ist die Fähigkeit, artikulierte Laute wahrzunehmen. Verlust des Gehörs auf einem Ohr genügt nur dann, wenn das andere bereits taub war.

d) **Verlust der Sprache.** Sprache ist die Fähigkeit, verständliche Sprechlaute hervorzubringen. Wer nur noch unverständliche Laute ausstoßen kann, kann nicht mehr sprechen.

e) **Verlust der Zeugungsfähigkeit,** d. h. der Fähigkeit sich fortzupflanzen. Beispiel: Als Folge einer Abtreibung muß die Gebärmutter entfernt werden. Der Tb. entfällt, wenn der Verletzte ohnehin schon zeugungsunfähig war.

f) **Dauernde erhebliche Entstellung.** Eine Entstellung liegt vor, wenn die äußere Gesamterscheinung in auffälliger Weise verunstaltet ist. Die Entstellung von Körperteilen, die üblicherweise verdeckt werden, erfüllt den Tb. nur ausnahmsweise, z. B. bei Tänzerinnen (vgl. Maurach BT 90; str.) Dauernd ist eine Entstellung auch dann, wenn sie durch künstliche Zähne, Glieder, Perücken usw. oder durch eine kosmetische Operation korrigiert werden kann (BGH 17, 161; NJW 67, 297). Beispiele: A schlägt dem B im Streit mehrere Schneidezähne aus (vgl. BGH 17, 161); oder: A fügt seiner Frau mit einem Messer erhebliche Verletzungen im Gesicht zu, die störende Narben hinterlassen und nur durch eine kosmetische Operation beseitigt werden können (BGH NJW 67, 297).

g) **Siechtum, Lähmung** oder **Geisteskrankheit.** Hier genügt, daß der krankhafte Zustand auf unabsehbare Zeit fortdauert. Er muß nicht unheilbar sein (RG 72, 322, 346).

3. Subjektiv ist hinsichtlich der Körperverletzung Vorsatz, hinsichtlich der schweren Folge mindestens Fahrlässigkeit erforderlich (§ 56). § 224 kommt aber auch dann in Betracht, wenn hinsichtlich der schweren Folge bedingter Vorsatz vorliegt. Bei direktem Vorsatz erfolgt die Bestrafung gemäß § 225. Soweit die Annahme einer schweren Folge von individuellen Eigenschaften des Verletzten abhängt (s. o. 2 a), müssen sich Vorsatz bzw. Fahrlässigkeit auch hierauf beziehen.

4. Wegen der **Konkurrenzen** siehe Vorbem. C III 2 vor Fall 2 (S. 108) sowie oben IV 6.

VI. Beabsichtigte schwere Körperverletzung (§ 225)

1. § 225 bringt eine weitere Qualifizierung für den Fall, daß eine der in § 224 näher bezeichneten Folgen beabsichtigt war. **Absicht** bedeutet soviel wie unbedingter (= direkter) Vorsatz.

2. Die **Strafe** ist Zuchthaus nicht unter 2 Jahren. Die Zubilligung mildernder Umstände ist in § 228 nicht vorgesehen. Man wird jedoch mit Rücksicht auf das Gefälle zu § 216 den dortigen Strafrahmen analog anwenden müssen, wenn die Tat auf Veranlassung und mit Einwilligung des Verletzten vorgenommen wird.

3. Eine Sonderstellung nimmt die **freiwillige Sterilisation** (Unfruchtbarmachung) ein. Diese wurde durch den am 30. 3. 1943 in Kraft getretenen § 226 b aus dem Bereich der §§ 224, 225 herausgenommen und einer Sonderregelung unterworfen. Nachdem § 226 b durch das KRG Nr. 11 vom 30. 1.

1946 aufgehoben wurde, fehlt es z. Zt. an einer entsprechenden Strafdrohung (vgl. BGH 20, 81; a. A. Schönke-Schröder § 226 a Rn. 19, wonach die bisher zu § 226 a herausgearbeiteten Grundsätze weiter zu beachten sind). Zur Problematik siehe auch Hanack, Die strafrechtliche Zulässigkeit künstlicher Unfruchtbarmachung (1959) sowie JZ 64, 393, Hardwig GA 64, 289 sowie Urbanczyk NJW 64, 427.

4. **Teilnahme** ist nach allgemeinen Grundsätzen strafbar. Hat der Teilnehmer nur die Körperverletzung, nicht auch die schwere Folge gewollt, so kommt für ihn nur § 223, bei Fahrlässigkeit hinsichtlich der schweren Folge § 224 in Betracht (vgl. § 50 Abs. 1).

5. Wegen der **Konkurrenzen** siehe Vorbem. C III 3 vor Fall 2 (S. 109) sowie oben III 6, S. 200.

VII. Körperverletzung mit Todesfolge (§ 226)

1. § 226 enthält die schwerste Qualifikation der Körperverletzung. **Strafe:** Zuchthaus oder Gefängnis nicht unter 3 Jahren, bei mildernden Umständen Gefängnis nicht unter 3 Monaten (§ 228).

2. Wie bei der schweren Körperverletzung (§§ 224, 225) handelt es sich auch bei der Körperverletzung mit Todesfolge um ein **erfolgsqualifiziertes Delikt.** Die Körperverletzung muß also vorsätzlich, die Todesfolge fahrlässig verursacht worden sein (§ 56). Bei Tötungsvorsatz kommt nur Bestrafung gemäß §§ 211 ff. in Betracht.

3. Der Tod muß **Folge der Körperverletzung** sein. Es genügt, daß es sich um eine mittelbare Folge handelt. Beispiel: A schlägt mit der Pistole auf B ein; hierbei löst sich ein Schuß, der B tödlich trifft (vgl. BGH 14, 110). Der Tb. entfällt dagegen, wenn B beim Versuch, einen Schlag des A auszuweichen, unter ein Auto kommt und tödlich überfahren wird. In diesem Fall ist der Tod des B nicht Folge einer Körperverletzung, so daß nur § 222 in Betracht kommt.

4. Wegen **Teilnahme** siehe Vorbem. B 2 vor Fall 11 (S. 314).

5. **IdK** ist möglich mit §§ 178, 239 Abs. 3, 251. Über das Verhältnis zur Abtreibung siehe Vorbem. E IX 3 vor Fall 4 (S. 164). § 222 wird konsumiert (BGH 8, 54).

VIII. Die Körperverletzung im Amt (§ 340)

1. Körperverletzung im Amt begeht ein Beamter, der in Ausübung oder in Veranlassung seines Amtes vorsätzlich eine Körperverletzung entweder selbst begeht oder durch andere begehen läßt. § 340 Abs. 1 enthält einen erschwerten Fall des § 223; Abs. 2 setzt dagegen objektiv und subjektiv alle Merkmale der schweren Körperverletzung gemäß § 224 voraus. Es handelt sich daher um ein **unechtes Amtsdelikt** (vgl. Vorbem. C I 4 vor Fall 16, S. 434).

2. Die Handlung besteht darin, daß der Beamte in Ausübung oder in Veranlassung der Ausübung seines Amtes eine Körperverletzung selbst begeht oder begehen läßt.

a) **In Ausübung seines Amtes** handelt z. B. ein Lehrer, der einen Schüler ohne rechtfertigenden Anlaß oder über Gebühr züchtigt. Siehe hierzu im einzelnen unten Vorbem. D.

b) **In Veranlassung der Ausübung seines Amtes** handelt ein Beamter, wenn die Handlung zwar nicht zu seiner Amtstätigkeit gehört, mit dieser aber in einem erkennbaren inneren Zusammenhang steht. Beispiel: Ein Staatsanwalt oder ein Polizeibeamter geraten ohne rechtfertigenden Anlaß vor Gericht mit einem Zeugen oder einem Rechtsanwalt in eine tätliche Auseinandersetzung. — „In Veranlassung" ist mehr als „bei Gelegenheit" einer Amtshandlung. Der Tb. ist daher nicht erfüllt, wenn z. B. ein Briefträger auf seinem Rundgang mit einem persönlichen Gegner in Streit gerät und auf diesen einschlägt (vgl. Frank Anm. II 2).

c) Unter **„begehen lassen"** fallen nicht nur die einzelnen Erscheinungsformen der mittelbaren Täterschaft, sondern auch Anstiftung und Beihilfe. Beispiel: Ein Gefängnisaufseher duldet pflichtwidrig, daß der Häftling A den Häftling B verprügelt.

3. Subjektiv ist **Vorsatz** erforderlich; bedingter Vorsatz genügt. Wegen der Irrtumsprobleme s. u. D 5.

4. Die Tat ist auch ohne Strafantrag von Amts wegen zu verfolgen. Eine Kompensation gemäß § 233 ist nicht möglich. Siehe hierzu Abschn. 4 der Lösung des folgenden Falles.

5. IdK ist möglich mit §§ 185, 223 a, 223 b, 225, 226. Gegenüber §§ 223, 224 geht § 340 als das speziellere Gesetz vor. Für den militärischen Bereich ist § 30 WehrStG zu beachten, der die gleichen Strafandrohungen enthält und § 340 vorgeht.

C. Der ärztliche Heileingriff

1. Nimmt ein Arzt zur Wiederherstellung der Gesundheit seines Patienten bei diesem einen Eingriff vor, so entfällt nach h. M. im **Schrifttum** bereits der Tatbestand der vorsätzlichen Körperverletzung, und zwar ohne Rücksicht darauf, ob der Eingriff zu dem gewünschten Erfolg geführt hat oder nicht (vgl. Schröder NJW 61, 952; Niese, Eb. Schmidt-Festschrift 364). Entscheidend ist allein, daß der Eingriff vom ärztlichen Standpunkt aus erforderlich war und nach den Regeln der ärztlichen Kunst ausgeführt wurde. Tatbestandsmäßig sind nach dieser Ansicht nur solche Eingriffe, bei denen entweder ein Kunstfehler unterlaufen ist oder die medizinisch nicht erforderlich waren, z. B. experimentelle Eingriffe und Schönheitsoperationen. Die letztgenannten Fälle können jedoch gemäß § 226 a durch Einwilligung gerechtfertigt sein. Zum Ganzen siehe auch Schönke-Schröder § 223 Rn. 8 ff. m. weit. Nachweisen.

2. Demgegenüber steht die **Rechtsprechung** seit RG 25, 375 auf dem Standpunkt, daß jeder ärztliche Eingriff den Tatbestand der Körperverletzung erfüllt, aber bei entsprechender Einwilligung des Patienten, wenn auch die übrigen Voraussetzungen des § 226 a vorliegen, nicht rechtswidrig ist. Der Bundesgerichtshof hat sich dieser Rechtsprechung angeschlossen (vgl. BGH 11, 111 m. abl. Anm. Eb. Schmidt JR 58, 227). Hieran wird sich auch in absehbarer Zeit nichts ändern, bis den Reformvorschlägen folgend, die eigenmächtige Heilbehandlung selbständig unter Strafe gestellt ist.

3. Die **Einwilligung** ist unwirksam, wenn der Patient nicht ausreichend über die Art und etwaige nachteilige Folgen des Eingriffs aufgeklärt worden ist. Ergibt sich erst im Laufe einer Operation, daß ein sehr schwerwiegender, ursprünglich nicht geplanter Eingriff vorgenommen werden muß, von dem der Patient nichts wußte und auf den sich auch seine Einwilligung nicht bezog (z. B. Entfernung der Gebärmutter), so kann der Arzt sich einer fahrlässigen Körperverletzung schuldig machen, wenn er es fahrlässig versäumt hat, den Patienten schon vor der Operation auf die möglichen Weiterungen hinzuweisen (vgl. BGH 11, 111). Der Arzt kann sich in diesem Fall auch nicht darauf berufen, er habe den Patienten nicht beunruhigen wollen (BGH a.a.O.). Je schwerwiegender der Eingriff ist, desto genauer muß sich der Arzt an seine Aufklärungspflicht halten. Nicht ganz so streng BGH 12, 379: Hat der Arzt einen Patienten vor sich, dessen Leben ohne sofortige Operation bedroht ist, so braucht er mit der Einwilligung „nicht viel Umstände" zu machen. Es genügt in diesen Fällen, daß der Kranke zur Behandlung erscheint und der ihm mitgeteilten Operationsabsicht nicht widerspricht. Strengere Anforderungen sind nur dann zu stellen, wenn ein sofortiger Eingriff nicht erforderlich ist.

Die Einwilligung ist verzichtbar, wenn sie nicht eingeholt werden kann, z. B. wenn das Opfer eines Verkehrsunfalls bewußtlos in die Klinik eingeliefert wird und sofort operiert werden muß. In diesen Fällen kann die Einwilligung unterstellt werden (sog. mutmaßliche Einwilligung, vgl. Vorbem. B vor Fall 13, S. 363 ff.).

Die Einwilligung rechtfertigt grundsätzlich nur den von einem approbierten Arzt vorgenommenen Eingriff, wenn der Patient sich vorstellt, er werde von einem Arzt behandelt. Eine Ausnahme gilt nur für zweifelsfrei geringfügige Eingriffe, die auch von einer fachkundigen Hilfskraft (Sanitäter, Krankenschwester, Medizinstudent) vorgenommen werden können (BGH 16, 309). Eine Blinddarmoperation kann nicht mehr hierher gerechnet werden.

D. Das Züchtigungsrecht

1. Mit der h. L. ist davonauszugehen, daß jede körperliche Züchtigung, auch wenn sie pädagogischen Zwecken dient, tatbestandsmäßig Körperverletzung ist. Es entfällt jedoch die Rechtswidrigkeit, wenn der Täter sich auf ein Züchtigungsrecht berufen kann (BGH 11, 241).

2. Das Züchtigungsrecht ist ein Bestandteil des Erziehungsrechts. Es steht daher vor allem den Eltern zu (§§ 1627, 1631 BGB), je nach Sachlage auch dem Vormund (§ 1800 BGB) und der unehelichen Mutter (§ 1707 BGB).

3. Die nach bürgerlichem Recht Erziehungsberechtigten (Eltern, Vormund usw.) können grundsätzlich jederzeit einen Dritten, etwa einen Freund der Familie, einen Hauslehrer oder den Leiter eines Kinderheims, mit Erziehungsaufgaben betrauen und ihm aus diesem Anlaß die Ausübung von Erziehungsgewalt übertragen (BGH 12, 62, 67). Hieraus ergibt sich auch die Möglichkeit der Übertragung von Erziehungsrechten auf Stief- und Pflegeeltern (BGH 12, 68). Die Eltern können jedoch nicht ohne weiteres ihre Erziehungsrechte und damit das Züchtigungsrecht auf einen Lehrer übertragen und damit dessen amtliche Befugnisse erweitern. Die Züchtigung eines Schülers durch den Lehrer kann aufgrund übertragener elterlicher Erziehungsgewalt nur dann gerechtfertigt sein, wenn der Lehrer

nach dem Willen der Eltern als deren Stellvertreter auftritt. Dies setzt voraus, daß er im Einzelfall die Möglichkeit hat, das Kind über den rein schulischen Wirkungskreis hinaus erzieherisch zu beeinflussen. Das bloße Einverständnis der Eltern mit einer körperlichen Züchtigung gibt ihm dagegen selbst dann kein Züchtigungsrecht, wenn die Eltern an ihn mit der Bitte herantreten, auf das Kind besonders aufzupassen (BGH 12, 70).

4. Wie sich aus den Ausführungen zu 3. ergibt, unterliegt das Züchtigungsrecht des Lehrers einer Sonderbehandlung; es kann nicht ohne weiteres aus dem Erziehungsrecht der Eltern abgeleitet werden. Im einzelnen hat die neuere Rechtsprechung, aus der vor allem die Entscheidungen des Bundesgerichtshofs in BGH 11, 241 und 12, 62 hervorzuheben sind, folgende Grundsätze herausgearbeitet:

a) Das Züchtigungsrecht des Lehrers kann nur durch Gesetz oder Gewohnheitsrecht begründet oder aufgehoben werden. Da ein einschlägiges Gesetz z. Zt. nicht vorliegt, ist die Rechtslage nach Gewohnheitsrecht zu beurteilen. Abweichende Dienstanweisungen haben nur disziplinarrechtliche, nicht aber strafrechtliche Bedeutung.

b) Ein Züchtigungsrecht kann nur für Volksschulen und die unteren Klassen der Mittelschulen und Gymnasien anerkannt werden, nicht jedoch für die oberen Klassen der Mittelschulen und Gymnasien sowie für Fachschulen, für die kein Schulzwang besteht. Noch nicht entschieden ist, ob bei Berufsschulen mit Schulzwang ein Züchtigungsrecht besteht. Man wird diese Frage mit Rücksicht auf die allgemein bekannten pädagogischen Schwierigkeiten gerade in diesen Schulen bejahen müssen. (Siehe auch OLG Saarbrücken NJW 63, 2380.)

c) Auch dort, wo das Züchtigungsrecht generell zulässig ist (vgl. b), sind ihm nach Anlaß und Umfang Grenzen gesetzt. Mangelhafte Leistungen und Unaufmerksamkeit des Schülers geben kein Recht, ihn deshalb zu züchtigen. Hier müssen andere Erziehungsmittel gewählt werden. Anders bei frechem Benehmen, grobem Ungehorsam und vorsätzlicher Störung des Unterrichts. Hier kann eine körperliche Züchtigung durchaus das rechte Mittel zum rechten Zweck sein. Die Züchtigung muß aber immer angemessen sein. Sie darf nie Sitte und Anstand verletzen und auf keinen Fall zu einer Gesundheitsschädigung führen.

d) Die Züchtigung muß immer von einem pädagogischen Motiv getragen werden. Züchtigungen im Affekt, aus reiner Verärgerung oder schlechter Laune sind nicht gerechtfertigt, selbst wenn sie objektiv nicht unangemessen sind. Dasselbe gilt für Züchtigungen auf sadistischer Basis, d. h. wenn der Lehrer bei der Züchtigung geschlechtliche Befriedigung findet. Ein derartiger Lehrer ist als Erzieher ungeeignet.

e) Ist eine Züchtigung nicht gerechtfertigt, so darf nicht übersehen werden, daß für den Lehrer nicht nur § 223, sondern der erschwerte Fall der Körperverletzung im Amt (§ 340) in Betracht kommt.

f) Ein körperliche Züchtigung des Schülers in Gegenwart des Erziehungsberechtigten ist immer unzulässig und stellt zugleich eine Beleidigung des Erziehungsberechtigten dar (OLG Koblenz NJW 55, 602).

5. Eine Züchtigung fremder Kinder durch einen Außenstehenden, der sich weder auf ein eigenes noch auf ein ihm übertragenes Erziehungsrecht berufen kann, ist immer rechtswidrig; hier kann jedoch das Unrechtsbewußtsein fehlen (vgl. OLG Saarbrücken NJW 63, 2379).

6. **Irrtumsprobleme** sind nach allgemeinen Grundsätzen (Vorbem. C VII vor Fall 4, S. 155 ff.) zu behandeln.

Beispiele:

a) Lehrer L glaubt, der Schüler X habe eine Stinkbombe in das Klassenzimmer geworfen. Er gibt ihm deshalb einige Stockschläge auf das Gesäß. Nachher stellt sich heraus, daß nicht X, sondern Y der Übeltäter war. Hier kommt nur fahrlässige Körperverletzung (§ 230) in Betracht, wenn der Irrtum des Lehrers auf Fahrlässigkeit beruhte.

b) L züchtigt den Schüler X, weil dieser seine Hausaufgaben nicht gemacht hat. Er glaubt, er sei hierzu berechtigt. Hier liegt kein Tatbestandsirrtum, sondern ein Verbotsirrtum vor. Der Vorsatz bleibt daher bestehen. Die Strafe des § 340 kann jedoch gemildert werden. Ein völliger Schuldausschluß kommt dagegen kaum in Betracht (vgl. Vorbem. AT, Abschn. B VII 2 c, S. 22).

E. Die Einwilligung und andere Sonderfälle nicht rechtswidriger Körperverletzungen (§ 226 a)

1. Wer eine Körperverletzung mit Einverständnis des Verletzten vornimmt, handelt gemäß § 226 a nur dann rechtswidrig, wenn die Tat trotz der Einwilligung gegen die guten Sitten verstößt. Die Einwilligung ist somit ein **Rechtfertigungsgrund** für alle vorsätzlichen Körperverletzungen. Darüber hinaus werden die zu § 226 a entwickelten Grundsätze auch auf andere Tatbestände entsprechend angewandt, soweit der Inhaber des verletzten Rechtsguts zur Verfügung über dieses befugt ist (vgl. Vorbem. B vor Fall 13, S. 363).

2. Die **Voraussetzungen** im einzelnen:

a) Der Einwilligende, in dessen rechtliche Interessen eingegriffen wird, muß genügend geistige Reife und Urteilskraft besitzen, um sich der Bedeutung des Angriffs und seiner Einwilligung bewußt zu sein. Diese Voraussetzungen werden bei Geisteskranken, Geistesschwachen und Jugendlichen unter 18 Jahren in der Regel fehlen. Über die oft äußerst schwierige Frage, wieweit die Einwilligung einer Minderjährigen in die Duldung des Geschlechtsverkehrs rechtfertigende Wirkung hat, siehe ausführlich Vorbem. A X 3 vor Fall 5 (S. 178).

b) Die Tat darf ungeachtet der Einwilligung des Verletzten nicht gegen die guten Sitten verstoßen. Eine Rechtfertigung entfällt daher z. B. bei sadistischen Züchtigungen oder bei Verstümmelungen zur Vorbereitung eines Versicherungsbetrugs. Ist dagegen nur die Einwilligung sittenwidrig, so steht dies einer Rechtfertigung nicht entgegen. Entscheidend ist die Sittenwidrigkeit der Tat (BGH 4, 91).

c) Die Einwilligung muß dem Täter bekannt sein. Dies ergibt sich aus dem für alle Rechtfertigungsgründe geltenden Grundsatz, wonach nur der gerechtfertigt ist, der auch recht handeln will. Kennt der Täter also die objektiv vorliegende Einwilligung nicht, so ist er nicht gerechtfertigt. Andererseits fehlt in diesen Fällen der objektive Unrechtsgehalt der Tat, so daß nur Bestrafung wegen versuchter Tatbegehung in Betracht kommt (vgl. Vorbem. AT, Abschn. B VI 5 e, S. 21).

d) Nimmt der Täter irrig Tatumstände an, bei deren Vorliegen er sich auf eine rechtfertigende Einwilligung berufen könnte, so handelt er „an sich" vorsätzlich. Er ist aber, was seine Schuld betrifft, einem vorsatzlos handelnden Täter gleichzustellen (vgl. Vorbem. C VII vor Fall 4, S. 155 ff.). Es kommt also nur Bestrafung wegen fahrlässiger Körperverletzung in Betracht.

3. Sonderfälle

a) Eine besondere Bedeutung hat die Einwilligung des Verletzten im Rahmen der **ärztlichen Heileingriffe.** Über deren Behandlung siehe oben C.

b) Zur **Sterilisation** und **Kastration** s. o. B VI 3.

c) Auch bei **fahrlässigen Körperverletzungen im Straßenverkehr** ist eine Rechtfertigung durch Einwilligung möglich. Nach dem Wortlaut des § 226 a hat an sich nur die Einwilligung in den Erfolg rechtfertigende Wirkung. Es ist jedoch nicht einzusehen, warum die Einwilligung in eine als nur möglich vorausgesehene, fahrlässige Körperverletzung weniger wirksam sein sollte als die Einwilligung in eine als sicher erkannte vorsätzliche Verletzung (BGH VRS 17, 277 = MDR 59, 856). Siehe auch OLG Hamm VRS 7, 202: Wer sich, ohne durch ein rechtliches oder sittliches Gebot hierzu genötigt worden zu sein, bewußt in eine besondere Gefahrenlage begibt, handelt auf eigene Gefahr. Eine solche Gefahrenübernahme ist als Einwilligung in eine möglicherweise auf der Fahrt eintretende Verletzung zu beurteilen und schließt deren Rechtswidrigkeit aus.

Nun ist allerdings zu beachten, daß nicht jede Fahrt mit einem Pkw eine besondere Gefahrenlage in dem vom OLG Hamm a.a.O. verstandenen Sinn darstellt (vgl. OLG Oldenburg NJW 66, 2133). Es müssen vielmehr besondere Umstände vorliegen, die den Eintritt eines Unfalls näherrücken lassen, z. B. wenn jemand sich einem offensichtlich betrunkenen Kraftfahrer anvertraut (vgl. OLG Ffm. DAR 65, 217, OLG Zweibrücken BA 66, 388) oder wenn jemand zusammen mit noch drei (!) anderen eine Fahrt auf einem Solokrad unternimmt (so der Sachverhalt von BGH MDR 59, 856). Zum Ganzen siehe auch Hein BA 66, 435.

d) Bei **Sportverletzungen** ist folgendes zu beachten: Wer an einem sportlichen Wettkampf (z. B. einem Fußballspiel) teilnimmt, willigt schlüssig in die damit üblicherweise verbundenen Gefahren ein. Jeder Wettkampfteilnehmer muß damit rechnen, daß es im sportlichen Kampf vielfach zu Regelverstößen kommt, die auf Übereifer, Erregung, technische Unvollkommenheit oder mangelnde Körperbeherrschung zurückzuführen sind, und in denen das Verschulden gering ist. Kommt es in solchen Fällen zu einer Verletzung, so ist diese infolge Einwilligung nicht rechtswidrig. Die Einwilligung bezieht sich aber nicht auf solche Verletzungen, die von dem Gegenspieler durch vorsätzliche oder grob fahrlässige Regelverstöße verschuldet worden sind (vgl. BayObLG JR 61, 72; NJW 61, 2072). Diese bleiben rechtswidrig. Zur zivilrechtlichen Haftung bei Sportverletzungen siehe Friedrich NJW 66, 755 m. weit. Nachw.

F. Der Raufhandel (§ 227)

1. § 227 erfaßt die Beteiligung an einer tätlichen Auseinandersetzung zwischen mindestens drei Personen, sofern durch die Auseinandersetzung eine schwere Körperverletzung oder der Tod einer Person verursacht wurde. Der **Strafgrund** der Vorschrift ist darin zu sehen, daß Schlägereien zwischen mehr als zwei Personen häufig schwere Folgen haben, und daß wegen dieser generellen Gefährlichkeit schon der Beteiligung an einer solchen Schlägerei entgegengewirkt werden soll. Der Tb. des § 227 ist somit als **abstraktes Gefährdungsdelikt** anzusehen. (Siehe hierzu Vorbem. AT, Abschn. B I 3 b, S. 6.)

2. Der Umstand, daß durch die Schlägerei der Tod eines Menschen oder eine schwere Körperverletzung eingetreten ist, gehört nicht zum Tatbestand, sondern ist lediglich eine **objektive Bedingung der Strafbarkeit** (vgl. BGH 16, 130). Er muß als solche von der Schuld des Täters nicht umfaßt werden (vgl. Vorbem. AT, Abschn. E 3 a, S. 39).

3. Schlägerei ist eine tätliche Auseinandersetzung von mindestens drei Personen (BGH 15, 369). Diese Voraussetzungen sind auch dann gegeben, wenn einer von drei Beteiligten sich auf Notwehr berufen kann und deshalb straflos bleibt. Eine Ausnahme hiervon ist nur dann anzuerkennen, wenn der Dritte, der sich auf Notwehr berufen kann, sich auf reine Schutzwehr beschränkt, z. B. nur die Arme schützend vor sich hält (BGH 15, 369). In diesem Fall käme jedoch die 2. Alternative des Tatbestands („Angriff mehrerer") in Betracht. § 227 entfällt ferner dann, wenn sich von drei Personen eine entfernt hat, bevor es zu der schweren Folge gekommen ist. In diesem Fall ist nämlich die schwere Folge nicht durch eine Schlägerei von „mindestens drei Personen" verursacht worden (RG JW 38, 3157; BGH 14, 135).

4. Die Tathandlung besteht in der **Beteiligung** an der Schlägerei (s. o. 1). Beteiligt ist jeder, der am Tatort anwesend ist und in feindseliger Weise an den Tätlichkeiten teilnimmt. Nicht erforderlich ist, daß der Beteiligte selbst mitschlägt. Es genügt, daß er die anderen anfeuert. Nach der höchstrichterlichen Rechtsprechung hat ferner als Beteiligter zu gelten:

a) wer zwar in Notwehr handelt, sich aber bei seiner Verteidigung nicht nur auf reine Schutzwehr beschränkt (BGH 15, 369);

b) wer einen Dritten daran hindert, den Streit zwischen zwei Personen zu schlichten (BGH 15, 369);

c) wer seine Teilnahme vor Eintritt der schweren Folge aufgibt, es sei denn, daß nach seinem Weggang nur noch zwei Personen streiten (BGH 14, 132, 135);

d) wer sich einer Schlägerei erst nach Eintritt der schweren Folge anschließt (BGH 16, 130).

5. Nicht beteiligt ist:

a) wer nur aus Neugierde anwesend ist, ohne sich aktiv an den Tätlichkeiten zu beteiligen (siehe jedoch § 115);

b) wer nur den Streit schlichten will, ohne selbst an den Tätlichkeiten teilzunehmen;

c) wer ausschließlich Gegenstand des Angriffs ist, ohne zur aktiven Gegenwehr überzugehen;

d) wer Verletzte fortschafft und ärztlich versorgt.

6. Der subjektive Tatbestand verlangt **Vorsatz.** Es genügt, daß der Täter weiß, daß er sich an einer tätlichen Auseinandersetzung beteiligt. Auf die schwere Folge muß sich der Vorsatz dagegen nicht erstrecken (s. o. 1).

7. Abs. 2 bringt eine Strafschärfung für die eigentlichen Schläger. Die Vorschrift bekommt vor allem dann Bedeutung, wenn mehrere Personen zwar nachweisbar geschlagen haben, aber nur durch das Zusammenwirken der Verletzungen die schwere Folge verursacht worden ist, andererseits eine Bestrafung gemäß §§ 224, 226 entfällt, da die Voraussetzungen der Mittäterschaft nicht nachweisbar sind. Beispiel: Im Laufe einer Schlägerei zwischen fünf Personen schlagen A, B und C unabhängig voneinander auf den Polizeibeamten P, der den Streit schlichten will, solange ein, bis P einen Schädelbasisbruch davonträgt, von dem er sich nicht mehr erholt. A, B und C haben sich in diesem Fall wegen eines Verbrechens gemäß § 227 Abs. 2 zu verantworten; die Strafbarkeit der übrigen Teilnehmer ergibt sich aus § 227 Abs. 1.

8. Konkurrenzen: IdK ist möglich mit §§ 223—226 sowie mit §§ 211, 212, ferner mit § 125.

9. Prozessual ist zu beachten, daß der Raufhandel nicht zu den Straftatbeständen gehört, die den Angehörigen eines Getöteten zur Nebenklage berechtigen. § 395 Abs. 2 Nr. 1 StPO findet keine Anwendung (BGH JR 65, 348).

Lösung des Falles

I. Die Strafbarkeit des V

Es ist zu prüfen, nach welchen Vorschriften sich V dadurch strafbar gemacht hat, daß er der L im Schulhof vor den Mitschülern Karlchens eine Ohrfeige gab.

1. Vorsätzliche Körperverletzung (§ 223)

a) Die der L verabreichte Ohrfeige stellt eine körperliche Mißhandlung dar. Der obj. Tb. des § 223 ist damit erfüllt. V handelte vorsätzlich.

b) Es ist weiter zu prüfen, ob die Tat rechtswidrig war. V beruft sich auf Notwehr

aa) Allgemeine Ausführungen zur Notwehr (§ 53) siehe Vorbem. A vor diesem Fall.

bb) Die Ohrfeige wäre gerechtfertigt, wenn V gehandelt hätte, um von sich selbst oder von Karlchen einen gegenwärtigen rechtswidrigen Angriff abzuwehren, und wenn die Ohrfeige hierzu das erforderliche Mittel gewesen wäre. Die Stockschläge vom Vortag müssen schon deshalb außer Betracht bleiben, weil insoweit kein gegenwärtiger Angriff mehr vorlag. Es kann daher dahingestellt bleiben, ob die L berechtigt war, Karlchen wegen der ungezogenen Antwort körperlich zu züchtigen. (Zum Züchtigungsrecht des Lehrers siehe ausführlich Vorbem. D vor diesem Fall.)

Aber auch die Ohrfeige, die die L Karlchen im Schulhof gab, kann eine Notwehrsituation i. S. von § 53 nicht begründen, da aus dem Sachverhalt nicht entnommen werden kann, daß die L noch weitere Schläge austeilen wollte. Ihr Angriff war bereits beendet, als V seinerseits zu Tätlichkeiten überging.

cc) Eine Rechfertigung wegen Notwehr entfällt nach den vorstehenden Ausführungen schon mangels Gegenwärtigkeit des von der L geführten Angriffs. Außerdem wäre die Art und Weise, wie V gegen die L vorging, zur Verteidigung nicht erforderlich gewesen. V hätte sicher auch durch andere, weniger intensive Mittel, z. B. durch Dazwischentreten oder Festhalten, Karlchen vor weiteren Angriffen schützen können. Schließlich erscheint zweifelhaft, ob V subjektiv mit dem Willen handelte, Karlchen vor weiteren Angriffen zu schützen, oder ob es ihm lediglich darum ging, sich an der L zu rächen und sie vor den Mitschülern bloßzustellen. Im letzteren Fall käme eine rechtfertigende Notwehr oder Nothilfe schon aus subjektiven Gründen nicht in Betracht (vgl. Vorbem. AT, Abschn. B VI 5 c, S. 20).

Da auch sonst keine Rechtfertigungsgründe ersichtlich sind, war die Tat rechtswidrig.

c) Schuldausschließungsgründe fehlen ebenfalls. Insbesondere bedarf § 53 Abs. 3 (Notwehrexzeß) keiner näheren Erörterung, da diese Vorschrift nur dann eingreift, wenn der Täter im Rahmen einer tatsächlich gegebenen Notwehrlage über das erforderliche Maß der Verteidigung hinausgeht. Im vorliegenden Fall aber war — wie dargelegt — eine Notwehrsituation überhaupt nicht gegeben.

d) Ein etwaiger Verbotsirrtum müßte als vermeidbar angesehen werden. Er könnte die Schuld allenfalls mildern. V hätte sich sagen können und müssen, daß er selbst bei unberechtigter Züchtigung Karlchens gegen die L nicht tätlich werden durfte.

2. Tätliche Beleidigung (§ 185)

a) Allgemeine Ausführungen zur Beleidigung siehe Vorbem. A vor Fall 5 (S. 172 ff.).

b) Nicht jede im Zorn verabfolgte Ohrfeige verwirklicht neben dem Tb. der Körperverletzung zugleich auch den Tb. der Beleidigung. Wie bei allen Erscheinungsformen der Beleidigung ist auch bei der tätlichen Beleidigung ein Angriff auf die Ehre durch Kundgabe der Mißachtung erforderlich. Eine Ohrfeige stellt daher nur bei Vorliegen besonderer Umstände eine Beleidigung dar. Solche besonderen Umstände können im vorliegenden Fall darin gesehen werden, daß V die L im Schulhof vor ihren Schülern ohrfeigte und sie dadurch in einer besonders krassen Form demütigte. Der obj. Tb. der tätlichen Beleidigung ist daher erfüllt.

Für den auf der subj. Tatseite erforderlichen Vorsatz genügt es, daß V die Umstände kannte, unter denen die Beleidigung erfolgte, und daß er die L demütigen wollte. Eine besondere Beleidigungsabsicht ist darüber hinaus nicht erforderlich.

c) Rechtfertigungs- und Schuldausschließungsgründe sind nicht ersichtlich. Die Ausführungen zu 1 b) — d) gelten entsprechend.

3. Konkurrenzen: Die Körperverletzung (§ 223) und die tätliche Beleidigung (§ 185) stehen in Idealkonkurrenz (vgl. RG 64, 118; h. L.).

4. Bei seiner Entscheidung hat das Gericht weiter zu prüfen, ob die Voraussetzungen einer sog. **Retorsion** i. S. **der §§ 199, 233** vorliegen, d. h. ob es trotz des Schuldspruchs von Strafe absehen kann.

a) Die §§ 199, 233 enthalten einen fakultativen Strafausschließungsgrund. (Siehe hierzu ausführlich Vorbem. AT, Abschn. D 3, S. 36.) Sie beruhen auf dem Gedanken, daß einerseits derjenige, der eine Beleidigung oder Körperverletzung auf der Stelle erwidert, in einer verständlichen Erregung handelt, andererseits aber auch nur ein geringes oder überhaupt kein Interesse daran besteht, die vorausgegangene Beleidigung bzw. Körperverletzung zu sühnen, nachdem der Verletzte Selbstvergeltung geübt hat (vgl. RG 70, 330). Aus diesem Gesetzeszweck folgt aber, daß es für den Anwendungsbereich der §§ 199, 233 entgegen dem Wortlaut des § 233 unerheblich ist, ob beide Beteiligte unter Anklage stehen oder ob sich das Verfahren nur gegen einen von ihnen richtet. Eine Kompensation wird also nicht dadurch ausgeschlossen, daß im vorliegenden Fall nur V unter Anklage steht (vgl. Schönke-Schröder § 233 Rn. 2; Schwarz-Dreher § 233 Anm. 1 B a).

b) Auf der Stelle erwidert ist eine Beleidigung bzw. Körperverletzung, wenn sie durch die Gemütserregung verursacht wird, die durch die vorausgegangene Beleidigung bzw. Körperverletzung ausgelöst worden ist. Diese Voraussetzung liegt hier vor. Die beiden Ohrfeigen stehen in einem unmittelbaren örtlichen und zeitlichen Zusammenhang.

c) Eine Kompensation setzt grundsätzlich weiter voraus, daß derjenige, der eine Beleidigung oder Körperverletzung erwidert, zugleich auch der durch die vorausgegangene Tat Betroffene ist (sog. Wechselseitigkeit). Der ratio legis entsprechend sind die §§ 199, 233 aber auch dann anwendbar, wenn ein Angriff auf eine dem Täter nahestehende Person vergolten wird (vgl. KG JR 57, 388; Schönke-Schröder § 199 Rn. 8, Maurach BT 160, Schwarz-Dreher § 199 Anm. 1 unter Aufgabe der noch in der 27. Aufl. vertretenen Gegenansicht). Die Erregung bei einer Beleidigung oder Verletzung naher Angehöriger ist oft größer als bei Angriffen auf die eigene Person. Das gilt insbesondere dort, wo die angegriffene Person — wie hier — zum Täter in einem Schutzverhältnis steht.

d) Die beiderseitigen Beleidigungen bzw. Verletzungen müssen tatbestandsmäßig, rechtswidrig und schuldhaft gewesen sein. Auf die Privilegierung der §§ 199, 233 kann sich daher nicht berufen, wer eine gerechtfertigte oder entschuldigte Tat in rechtswidriger und schuldhafter Weise erwidert. Es ist daher zu untersuchen, ob sich die L durch die Züchtigung Karlchens eines kompensationsfähigen Delikts schuldig gemacht hat.

aa) Die Züchtigung Karlchens erfüllt obj. und subj. den Tatbestand der Körperverletzung im Amt (§ 340). Es ist weiter zu prüfen, ob sich die L zu ihrer Rechtfertigung auf ein Züchtigungsrecht berufen kann. Allgemeine Ausführungen zum Züchtigungsrecht siehe Vorbem. D vor diesem Fall. Im vorliegenden Fall ist folgendes zu beachten: Recht und Pflicht zur Kindererziehung ist grundsätzlich Sache des Erziehungsberechtigten. Das Züchtigungsrecht ist ein Ausfluß dieses Erziehungsrechts. Das Erziehungsrecht des Lehrers ist im Verhältnis zum Erziehungsrecht der Eltern nur subsidiär. Es ist daher ausgeschlossen, soweit die Kinder von ihren Eltern beaufsichtigt werden.

Hieraus folgt für den vorliegenden Fall: Als Karlchen mit seinem Vater den Schulhof betrat, unterstand er nicht der Erziehungsgewalt der Schule. Er war der L in diesem Augenblick nicht als Schüler anvertraut, sondern befand sich unter der Aufsicht und dem Schutz seines Vaters. Die L war daher trotz der unwahren Darstellung des Vorfalls vom Vortag nicht befugt, Karlchen in Gegenwart seines in diesem Augenblick allein erziehungsberechtigten Vaters zu züchtigen. Ihr Verhalten war schon aus diesem Grunde rechtswidrig (vgl. OLG Koblenz NJW 55, 602; Schönke-Schröder § 223 Rn. 26). Im übrigen erscheint zweifelhaft, ob die Ohrfeige von einem pädagogischen Motiv getragen war oder ob die L nur aus einer spontanen Verärgerung heraus zugeschlagen hat.

Es ist weiter zu prüfen, ob die L auch schuldhaft gehandelt hat. Sollte sie geglaubt haben, Karlchen auch in Gegenwart seines Vaters züchtigen zu dürfen, so hätte sie sich in einem Verbotsirrtum befunden, der grundsätzlich als vermeidbar anzusehen wäre. Eine Lehrerin muß wissen, unter welchen Voraussetzungen sie zur Züchtigung eines Schülers berechtigt ist und wo ihre Grenzen liegen.

bb) Durch die in Gegenwart des V erfolgte Züchtigung Karlchens hat sich die L weiter in ehrverletzender Weise über das dem V zustehende und auch von ihm in Anspruch genommene Erziehungsrecht hinweggesetzt und damit V beleidigt (vgl. OLG Koblenz a.a.O., Schönke-Schröder § 223 Rn. 26). Der subj. erforderliche Vorsatz wird nicht dadurch ausgeschlossen, daß die L ohne besondere Beleidigungsabsicht handelte. Es genügt, daß sie sich bewußt über das Erziehungsrecht des V hinwegsetzte (vgl. BGH 7, 131). Für einen etwaigen Verbotsirrtum gelten die Ausführungen unter aa) entsprechend.

e) Nach den vorstehenden Ausführungen hat V eine gegen Karlchen gerichtete rechtswidrige und schuldhafte Körperverletzung im Amt sowie eine unmittelbar gegen ihn gerichtete rechtswidrige und schuldhafte Beleidigung auf der Stelle durch eine leichte Körperverletzung erwidert, die zugleich eine Beleidigung enthielt. Damit wären die Voraussetzungen für eine Kompensation gemäß § 233 an sich gegeben, sofern sich nicht Bedenken daraus ergeben, daß nach dem Wortlaut des § 233 nur leichte Körperverletzungen kompensationsfähig sind, bei qualifizierten Körperverletzungen dagegen eine Kompensation ausgeschlossen ist, und zwar nicht nur in der Person dessen, dem eine qualifizierte Körperverletzung (§§ 223 a — 226, 340) zur Last gelegt wird, sondern auch bei seinem Partner, der sich auf eine leichte Körperverletzung oder eine Beleidigung beschränkt hat. Eine wörtliche Auslegung wäre jedoch wenig befriedigend. Sie ist daher abzulehnen. Wer sich selbst auf eine leichte Körperverletzung oder eine Beleidigung beschränkt, soll nicht dadurch schlechter gestellt werden und seiner in § 233 geschaffenen Privilegierung verlustig gehen, daß sein Gegner schwerere Schuld auf sich geladen hat (vgl. Schönke-Schröder § 233 Rn. 1, bestr.).

f) Ergebnis: § 233 ist anwendbar. Will das Gericht bei V von Strafe absehen, so würde der Urteilstenor etwa lauten: „Der Angeklagte V aus X ist einer vorsätzlichen Körperverletzung in Tateinheit mit einer tätlichen Beleidigung schuldig; von Strafe wird jedoch abgesehen. Der Angeklagte trägt die Kosten des Verfahrens.“ (Wegen der Kostenentscheidung siehe § 468 StPO.)

g) Der Entwurf 1962 bringt in § 150 eine wesentlich einfachere und befriedigendere Lösung als der derzeitige § 233: „Hat sich der Täter in begreiflicher Gemütserregung über ein rechtswidriges oder ungebührliches Verhalten des Verletzten, das gegen ihn, einen seiner Angehörigen oder eine andere ihm nahestehende Person gerichtet hat, zu der Tat hinreißen lassen, so kann das Gericht im Falle des § 146 (vorsätzliche einfache Körperverletzung) von Strafe absehen, in den Fällen des § 148 (gefährliche Körperverletzung) die Strafe . . . mildern."

De lege ferenda bestünde also schon nach dem Gesetzeswortlaut keine Schwierigkeit, bei V von Strafe abzusehen.

II. Zur Abwandlung des Sachverhalts:

Entgegen einer früher weit verbreiteten Ansicht (vgl. LK 6./7. Aufl. § 199 Anm. 5, Frank § 199 Anm. III) hat der rechtskräftige Freispruch der L keine Bindung für das Gericht, das mit dem Verfahren gegen V befaßt ist. Dieses hat vielmehr selbständig zu prüfen, ob das Verhalten der L strafbar war (vgl. OLG Celle NJW 59, 542; Schönke-Schröder § 233 Rn. 2; Schwarz-Dreher § 233 Anm. 1 B a). Kommt es zu der Überzeugung, daß sich auch die L strafbar gemacht hat, oder kann es eine solche Möglichkeit zugunsten des V nicht ausschließen (der Grundsatz in dubio pro reo gilt auch hier, vgl. BGH 10, 373; BayObLG NJW 59, 58; Maurach BT 159; bestr.), so steht einer Kompensation nichts im Wege.

ZU FALL 7

Vorbemerkungen

A. Der Diebstahl (§ 242)

I. Diebstahl ist die Wegnahme einer fremden beweglichen Sache in der Absicht rechtswidriger Zueignung. **Geschützt** sind sowohl das Eigentum als auch der Gewahrsam. Hieraus folgt: Ist ein Diebstahl nur auf Antrag verfolgbar (§§ 247 Abs. 1, 248 a, 370 I Nr. 5), so ist Verletzter und damit Antragsberechtigter nicht nur der Eigentümer, sondern auch der Gewahrsamsinhaber.

II. Gegenstand eines Diebstahls kann nur eine **Sache** sein, d. h. ein körperlicher Gegenstand, nicht dagegen Forderungen oder sonstige Rechte. Im einzelnen:

1. Unerheblich ist, ob die Sache einen wirtschaftlichen Wert besitzt. Bei wertlosen Sachen wird es allerdings oft am Vorsatz fehlen, wenn nämlich der Täter irrig annimmt, die Sache sei herrenlos oder der Eigentümer sei mit der Wegnahme einverstanden.

2. Unerheblich ist weiter der Aggregatzustand der Sache. Wasser kann ebenso Gegenstand eines Diebstahls sein wie Wasserdampf, Gas, Eis oder Schnee.

3. Keine körperliche Sache ist die elektrische Energie. Ihre unbefugte Nutzbarmachung ist nur unter den Voraussetzungen des § 248 c strafbar.

4. Teile des menschlichen Körpers, z. B. Haare, werden erst mit ihrer Abtrennung zu Sachen im Rechtssinn, wobei nach h. A. ihr bisheriger Träger zugleich mit der Trennung Eigentum und Gewahrsam erlangt. Wer also einen Zopf abschneidet, um ihn für Geld an einen Perückenhersteller zu verkaufen, begeht nicht nur Körperverletzung, sondern auch Diebstahl. Perücken, Prothesen usw. haben immer Sacheigenschaft.

5. Leichen und Leichenteile werden erst dann zu eigentumsfähigen Sachen, wenn sie nicht mehr zur Beisetzung oder Verbrennung bestimmt sind, etwa durch Überlassung an eine Anatomie. Bis dahin ist die menschliche Leiche keine Sache, sondern „Rückstand der Persönlichkeit". Ihrem Schutz dient § 168 (vgl. Maurach BT 188 m. weit. Nachweisen).

III. Die Sache muß **beweglich** sein. Unerheblich ist, ob sie erst durch den Täter zu einer beweglichen gemacht wird. Diebstahl begeht daher auch, wer Steine aus einem Steinbruch haut, Bäume fällt oder Bretter aus einem Zaun reißt, sofern er hierbei mit Zueignungsabsicht handelt. In diesen Fällen kommt außerdem noch Sachbeschädigung in Betracht. Bei unbefugter Grundstücksverringerung durch Abpflügen oder Abgraben ergibt sich die Strafbarkeit aus § 370 I Nr. 1. Eine weitere Sondervorschrift findet sich in § 370 I Nr. 2 (Wegnahme von Erde, Steinen usw. von Wegen oder aus Grundstücken).

IV. Die Sache muß **fremd** sein, d. h. vom Täter aus betrachtet in fremdem Eigentum stehen. Ob diese Voraussetzungen vorliegen, richtet sich ausschließlich nach zivilrechtlichen Gesichtspunkten. Im einzelnen:

1. Diebstahl wird nicht dadurch ausgeschlossen, daß der Täter sich eine Sache aneignet, an der er selbst Miteigentum hat, z. B. einen von ihm und seinem Nachbarn gemeinsam gefällten Grenzbaum (§ 923 Abs. 1 BGB).

2. Durch Verpfändung oder Beschlagnahme geht das Eigentum nicht verloren. Hier kommt jedoch je nach den Umständen Strafbarkeit gemäß §§ 136, 137, 289 in Betracht.

3. Sicherungsübereignete und unter Eigentumsvorbehalt gekaufte Sachen sind zwar fremd; hier kommt jedoch mangels Bruch fremden Gewahrsams bei rechtswidriger Zueignung durch Verkauf usw. nicht Diebstahl, sondern Unterschlagung in Betracht.

4. Die Übereignung einer Sache wird nicht dadurch unwirksam, daß der ihr zugrundeliegende Vertrag (Kaufvertrag, Werkvertrag usw.) sitten- oder gesetzwidrig ist. Diebstahl kann daher auch begehen, wer einer Dirne das zuvor für den Verkehr gegebene Geld wieder abnimmt (BGH 6, 377). Siehe hierzu ausführlich Abschn. III 2 der Lösung von Fall 13 (S. 384 f.).

5. Keine tauglichen Diebstahlsobjekte sind eigene Sachen des Täters, es sei denn, daß der Täter durch die Aneignung fremdes Miteigentum verletzt (s. o. IV 1). Siehe auch § 289.

6. Auch herrenlose Sachen können nicht Gegenstand eines Diebstahls sein. Herrenlos sind:

a) Wilde Tiere und Fische, solange sie sich in Freiheit befinden (§ 960 Absatz 1 BGB). Für sie gelten die Sonderbestimmungen der §§ 292 bis 295. Tiere in Tiergärten und Fische in Teichen oder anderen geschlossenen Privatgewässern sind dagegen nicht herrenlos. Ihre Wegnahme ist Diebstahl. Zahme Tiere (Haustiere, z. B. Hunde, Katzen, Pferde) werden, auch wenn sie entlaufen, nicht herrenlos, jedoch kann u. U. der Gewahrsam verlorengehen, so daß sich der unehrliche Finder nicht eines Diebstahls, sondern einer Unterschlagung schuldig macht. Von den zahmen Tieren zu unterscheiden sind die gezähmten Tiere, d. h. Tiere, die von Natur wild sind, aber ohne besondere Schutzmaßnahmen gehalten werden, z. B. gezähmte Falken. Diese werden herrenlos, wenn sie die Gewohnheit abgelegt haben, an den ihnen bestimmten Ort zurückzukehren (§ 960 Abs. 3 BGB). Wieder anders ist die Rechtslage bei gefangenen wilden Tieren, z. B. einem Reh im Privatgehege eines Försters. Diese werden herrenlos, wenn der Eigentümer sie nicht unverzüglich verfolgt oder wenn er die Verfolgung aufgibt (§ 960 Abs. 2 BGB). Ähnlich ist die Rechtslage bei ausgezogenen Bienenschwärmen (§ 961 BGB).

b) Sachen, an denen der Eigentümer den Besitz aufgegeben hat in der Absicht, auf das Eigentum zu verzichten (sog. derelinquierte Sachen, vgl. § 959 BGB), z. B. der in der Mülltonne befindliche Hausmüll, nicht dagegen eine nur versehentlich in die Mülltonne geratene Brieftasche mit Geld und Papieren.

c) Sachen, die einer Leiche mit ins Grab gegeben werden, können grundsätzlich nicht als derelinquiert angesehen werden. Das gilt insbesondere für solche Gegenstände, die in einem Mausoleum aufbewahrt werden. Kränze stehen im Eigentum der Hinterbliebenen, solange das Grab gepflegt wird.

V. Unter **Wegnahme** versteht man den Bruch fremden Gewahrsams unter gleichzeitiger Begründung neuen, nicht notwendig eigenen Gewahrsams (sog. Apprehensionstheorie).

1. Gewahrsam ist das von einem Herrschaftswillen getragene tatsächliche Herrschaftsverhältnis eines Menschen über eine Sache (Herrschaftswille + Herrschaftsmöglichkeit). Im einzelnen:

a) Ob jemand Gewahrsam an einer Sache hat, ist ausschließlich nach den tatsächlichen Gegebenheiten zu beurteilen, und zwar ohne Bindung an den Besitzbegriff des bürgerlichen Rechts. Die Begriffe „Besitz" i. S. des BGB und „Gewahrsam" i. S. des StGB sind nicht identisch.

Beispiele:

aa) Nach § 857 BGB geht der Besitz auf den Erben über, und zwar ohne Rücksicht darauf, ob der Erbe Kenntnis von dem Erbfall erlangt hat oder nicht. Der Erbe hat sogar selbst dann Besitz i. S. des BGB, wenn er von dem Erblasser noch nie etwas gehört hat. Gewahrsam i. S. des StGB übt der Erbe dagegen erst dann aus, wenn er in Kenntnis des Erbfalls die Möglichkeit hat, jederzeit ungehindert auf den Nachlaß einzuwirken.

bb) Nach § 855 BGB hat der Besitzdiener keinen Besitz. Es wäre jedoch abwegig, wollte man etwa einem Dienstmädchen den Gewahrsam an der Einkaufstasche absprechen, mit der es die täglichen Einkäufe zu besorgen hat. Daß möglicherweise auch die Hausfrau Gewahrsam an der Tasche hat, steht dem nicht entgegen.

cc) Der Vermieter einer Schreibmaschine hat zivilrechtlich betrachtet nach wie vor Besitz (§ 868 BGB). Gewahrsamsinhaber ist dagegen ausschließlich der Mieter.

b) Der Herrschaftswille muß nicht ständig wach sein. Durch Schlaf oder Bewußtlosigkeit wird die Fortdauer des einmal begründeten Gewahrsamswillens nicht aufgehoben, sondern nur gelockert. Wer also einem sinnlos Betrunkenen in Zueignungsabsicht die Uhr abnimmt, hat sich wegen Diebstahls, nicht etwa nur wegen Unterschlagung zu verantworten. Wird dabei Gewalt angewendet, so liegt Raub vor.

c) Ein Wissen um die einzelnen Gegenstände, die sich in den vom Herrschaftswillen allgemein umfaßten Räumen üblicherweise befinden, ist nicht erforderlich. Dies gilt z. B. für Fische im Netz, Briefe im Briefkasten, Waren im Lager, nicht dagegen für von Unbekannten im Garten versteckte Sprengkörper.

d) Bestehender Gewahrsam endet, wenn der ursprüngliche Gewahrsamsinhaber seinen Herrschaftswillen aufgegeben hat oder nicht mehr ungehindert betätigen kann.

e) Eine gelegentliche Lockerung, ja sogar vorübergehende Aufhebung des Sachherrschaftsverhältnisses schließt bestehenden Gewahrsam dann nicht aus, wenn sie nach den Gepflogenheiten des täglichen Lebens üblich ist. Das gilt z. B. für den vor dem Haus abgestellten Pkw, den Pflug auf dem Feld, den Hund während seines Abendspaziergangs, die Wohnungseinrichtung während der Urlaubsreise, auch wenn diese sich über einen längeren Zeitraum erstreckt.

2. Für die Abgrenzung von Diebstahl und Unterschlagung sehr bedeutsam sind die **Gewahrsamsverhältnisse an verlorenen, verlegten, vergessenen und versteckten Sachen.**

a) Wer eine Sache außerhalb seiner Raumgewalt (z. B. im Wald) verliert, hat keinen Gewahrsam mehr. Der unehrliche Finder macht sich wegen Unterschlagung, nicht wegen Diebstahls strafbar.

b) Wer eine Sache innerhalb seines Herrschaftsbereichs (z. B. in der Wohnung oder im Garten) verlegt, hat nach wie vor Gewahrsam. Der Gewahrsam ist lediglich gelockert. Der unehrliche Finder hat sich in diesem Fall wegen Diebstahls zu verantworten.

c) Auch bei vergessenen Sachen tritt grundsätzlich kein Verlust des Gewahrsams ein, sofern der Gewahrsamsinhaber den Aufenthalt der Sache kennt und seinen Gewahrsamswillen ohne äußere Schwierigkeiten realisieren kann. Kennt er dagegen den Aufenthaltsort nicht, so spricht man besser nicht von einer vergessenen, sondern von einer verlorenen Sache.

Der unehrliche Finder einer vergessenen Sache macht sich eines Diebstahls schuldig, wenn er die tatsächlichen Umstände, die zu der Gewahrsamslockerung geführt haben, kennt. Beispiel: A beobachtet, daß B beim Verlassen der Waldbank seine Jacke liegen läßt, aber bereits nach wenigen Minuten den Verlust entdeckt und zur Waldbank zurückeilt. Wenn A nun vor der Rückkehr des B die Jacke in Zueignungsabsicht an sich nimmt, kommt nur Diebstahl in Betracht.

Kennt der unehrliche Finder die näheren Umstände des Einzelfalls nicht, so wird er in den meisten Fällen auch eine vergessene Sache für eine verlorene halten. Das bedeutet für die rechtliche Beurteilung, daß nur eine Bestrafung wegen Unterschlagung in Betracht kommt. Eine Verurteilung wegen

Diebstahls kann nur erfolgen, wenn der Finder weiß, daß er fremden Gewahrsam bricht.

d) Bei versteckten Sachen ist zu unterscheiden, wer versteckt hat. Wird die Sache vom Berechtigten versteckt, so hat dieser nach wie vor Gewahrsam, und zwar selbst dann, wenn er sie außerhalb seiner eigenen Raumgewalt versteckt, z. B. im Wald vergräbt. Eine vom Berechtigten versteckte Sache kann jedoch zu einer verlorenen oder verlegten Sache werden, wenn der Berechtigte nicht mehr weiß, wo er seine Sache versteckt hat. Bei Sachen, die ein anderer versteckt hat, kommt es darauf an, wo die Sachen versteckt wurden. Gegenstände, die in den Räumen des Gewahrsamsinhabers versteckt werden, verbleiben nach wie vor in dessen Gewahrsam. Der Gewahrsam ist zwar gelockert, aber noch nicht gebrochen. Anders zu beurteilen sind lediglich die Fälle, bei denen der Rauminhaber nach natürlicher Anschauung nicht mit dem neuen, der Sache vom Täter zugewiesenen Aufenthaltsort rechnen kann. Beispiel: Gewahrsamsbruch und somit vollendeter Diebstahl ist anzunehmen, wenn das Dienstmädchen einen ihrer Herrschaft gehörenden silbernen Löffel in ihrem eigenen Koffer oder in einem Gebüsch des Vorgartens versteckt, um ihn beim nächsten Ausgang ganz wegzuschaffen. Der Gewahrsam der Dienstherrschaft ist dagegen noch nicht gebrochen, wenn das Dienstmädchen den Löffel unter den Küchenschrank legt, um ihn später unbeobachtet in ihr Zimmer bringen zu können.

3. Diebstahl, nicht Unterschlagung liegt vor, wenn der Täter fremden **Mitgewahrsam** bricht. Unterschlagung kommt nur dann in Betracht, wenn der Täter Alleingewahrsam oder übergeordneten Gewahrsam hat. Im einzelnen:

a) Der Mieter einer Leerwohnung hat regelmäßig Alleingewahrsam. Er begeht daher keinen Diebstahl, sondern Unterschlagung, wenn er beim Auszug Einrichtungsgegenstände des Vermieters mitnimmt. Anders bei möblierten Zimmern und Hotelzimmern. Hier wird man Mitgewahrsam des Vermieters bzw. Gastwirts annehmen müssen, so daß bei rechtswidriger Zueignung nicht Unterschlagung, sondern Diebstahl vorliegt.

b) Hausangestellte, Kellner, Lagerarbeiter und Ladenverkäufer haben höchstens Mitgewahrsam an den ihnen anvertrauten Gerätschaften, Waren, Geldern usw. Rechtswidrige Zueignung ist daher als Diebstahl zu behandeln.

c) Bei Kraftfahrern und Spediteuren kommt es auf die Umstände des Einzelfalls an. Bei Fernfahrten wird man Alleingewahrsam des Fahrers annehmen müssen. Anders jedoch im Ortsverkehr, wenn der Fahrer für seinen Geschäftsherrn jederzeit erreichbar ist. Je nach Sachlage kommt dann Unterschlagung oder Diebstahl in Betracht.

d) Bei Verwahrungsverträgen hat i. d. R. sowohl der Verwahrer Gewahrsam als auch der, für den er verwahrt. Wer seinen Mantel in der Theatergarderobe abgibt, verliert dadurch ebensowenig seinen Gewahrsam wie derjenige, der seinen Pkw in einer bewachten Sammelgarage abstellt (BGH 18, 221).

e) Der Besitzer eines verschlossenen Behältnisses hat an dem Inhalt grundsätzlich nur dann Gewahrsam, wenn er auch den Schlüssel dazu besitzt. Diebstahl begeht daher, wer eine ihm anvertraute Sammelbüchse aufbricht und Geld daraus entwendet. Ausnahme: Der Schlüsselbesitzer ist nicht ohne weiteres in der Lage, an sein Behältnis heranzukommen, oder er weiß nicht, wo sich das Behältnis befindet. Dies gilt z. B. für Frachtgüter, die der Bahn, der Post oder einem Spediteur zur Beförderung anvertraut werden. Hier hat nur die Bahn- bzw. Postverwaltung bzw. der Spediteur Gewahrsam.

4. Vollendet ist der Diebstahl, wenn es dem Täter gelungen ist, fremden Gewahrsam zu brechen und neuen Gewahrsam zu begründen. Im einzelnen:

a) Ein flüchtiges Berühren der Sache begründet noch keinen Gewahrsamsbruch. Andererseits ist es nicht erforderlich, daß die Sache aus dem Herrschaftsbereich des bisherigen Gewahrsamsinhabers entfernt oder gar vom Täter endgültig in Sicherheit gebracht wird. Entscheidend ist vielmehr, daß der Täter die tatsächliche Verfügungsgewalt erlangt hat und der Gewahrsam des Bestohlenen — sei es auch nur vorübergehend bis zur Entdeckung oder Festnahme — ausgeschlossen wird. Vollendeter Diebstahl liegt daher schon dann vor, wenn der Täter in einem Warenhaus oder Selbstbedienungsladen mit Zueignungsabsicht Waren in seine Kleidung oder in eine mitgeführte Tasche steckt. Dies gilt selbst dann, wenn das Personal den Vorgang beobachtet hat und die Entfernung der gestohlenen Ware aus den Geschäftsräumen ohne Schwierigkeiten verhindern kann (BGH 16, 271, Welzel GA 60, 257; a. A. Schönke-Schröder § 242 Rn. 35 m. weit. Nachw.). Der Diebstahl ist also nicht erst in dem Augenblick vollendet, wenn es dem Täter gelingt, ungehindert die Kasse zu passieren. (Beachte: Derselbe Vorgang ist nicht zusätzlich als vollendeter oder versuchter Betrug strafbar, wenn der Täter an der Kasse nur die ordnungsgemäß erworbene Ware zur Bezahlung vorlegt und den Besitz der verborgenen Ware verheimlicht, vgl. BGH 17, 205). Weitere Beispiele siehe oben 2 c, d.

Bei größeren Gegenständen, die man nicht ohne weiteres in der Tasche verstauen und dadurch dem unmittelbaren Zugriff des Berechtigten entziehen kann, gelten die soeben entwickelten Grundsätze nur beschränkt. So hat das OLG Celle in JR 65, 68 zu Recht Gewahrsamsbruch abgelehnt für den Fall, daß der Täter auf dem Werksgelände des Eigentümers einen Tapetenballen versteckte, um ihn später mit seinem Pkw wegzubringen, wobei er noch einen bewachten Eingang zu passieren hatte. Zum Ganzen siehe auch Otto ZStW 79, 59 ff., dessen Auffassung sich mit dem hier vertretenen Standpunkt in allen wesentlichen Punkten deckt.

b) Es ist nicht erforderlich, daß der Täter den fremden Gewahrsam selbst bricht. Er kann sich hierzu auch eines gutgläubigen Dritten bedienen. In diesem Fall liegt Diebstahl in mittelbarer Täterschaft vor. Beispiel: A beauftragt den Gepäckträger B, ihm aus dem soeben eingefahrenen D-Zug „seinen", in Wirklichkeit aber dem X gehörenden Koffer zu holen.

c) Es ist weiter nicht erforderlich, daß der Täter eigenen Gewahrsam begründet. Beispiel: A verkauft dem B für 1000,— DM ein auf „seiner", in Wirklichkeit dem X gehörenden Koppel stehendes Pferd und gibt B gleichzeitig die „Erlaubnis", sich das Pferd selbst zu holen. Holt sich der gutgläubige B das Pferd, so liegt wiederum Diebstahl in mittelbarer Täterschaft vor, außerdem (in IdK, § 73) Betrug zum Nachteil des um seine 1000,— DM geprellten B (RG 70, 212).

5. Die Beispiele unter Anm. 4 b und 4 c zeigen, daß Diebstahl auch dann möglich ist, wenn die Wegnahme dadurch bewirkt wird, daß sie von einem Dritten vorgenommen wird, den der Täter über die wahre Sach- und Rechts-

lage getäuscht hat. **Nicht Diebstahl, sondern Betrug** liegt dagegen vor, wenn der getäuschte Dritte entweder tatsächlich oder rechtlich in der Lage ist, über die bereits in seinem Gewahrsam oder Mitgewahrsam befindliche Sache zu verfügen. Unerheblich ist dabei, ob er dem Eigentümer gegenüber zu der Verfügung berechtigt ist und ob der Eigentümer die Verfügung rechtlich gegen sich gelten lassen muß.

Beispiel: A spiegelt dem Parkwächter W vor, X habe ihn beauftragt, seinen Pkw abzuholen. Wenn W dem A Vertrauen schenkt und den Wagen des X herausgibt, so liegt nach BGH 18, 221 nur Betrug, nicht auch Diebstahl vor. Der BGH verkennt nicht, daß durch die Herausgabe des Pkw durch W der bis dahin bestehende Mitgewahrsam des X gebrochen wird, weist aber darauf hin, daß es bei derartigen Gewahrsamsverhältnissen allein auf die Willensentschließung des gutgläubigen Mitgewahrsamsinhabers ankommt, der der Sache am nächsten steht und die unmittelbar räumliche Einwirkungsmöglichkeit hat. Ebenso wäre zu entscheiden, wenn es A durch Täuschung gelingt, die Garderobefrau B zu veranlassen, ihm den von ihr verwahrten Mantel des X herauszugeben (vgl. Otto a.a.O. 79, 82).

6. Schwierigkeiten bei der Abgrenzung von Diebstahl und Betrug können sich auch dann ergeben, wenn sich der Täter und der Eigentümer unmittelbar gegenüberstehen und es dem Täter gelingt, den Eigentümer durch Täuschung zur Herausgabe der Sache zu veranlassen. Es wäre verfehlt, hier in allen Fällen Betrug anzunehmen. Insbesondere kommt es nicht auf das äußere Bild (Geben — Nehmen) an. Entscheidend für die Grenzziehung zwischen Betrug und Diebstahl ist allein die innere Willensrichtung des Verletzten. Verliert der bisherige Gewahrsamsinhaber den Gewahrsam gegen seinen Willen, so liegt Diebstahl vor; erfolgt der Gewahrsamsverlust dagegen freiwillig, so kommt Betrug in Betracht (BGH 18, 223; Schröder ZStW 60, 38 ff.).

Beispiele:

a) Diebstahl, nicht Betrug liegt vor, wenn A als Kriminalbeamter auftritt und von B die Herausgabe einer Sache fordert: gibt B die Sache heraus, so tut er dies nicht freiwillig, sondern nur unter dem Druck der Verhältnisse, die für einen eigenen freien Willensentschluß keinen Raum lassen (BGH 18, 223 und Otto a.a.O. 74 m. weit. Nachweisen; einschränkend BGH GA 65, 107).

b) Ebenso ist zu entscheiden, wenn B sich von A überzeugen läßt, daß ein im Wald lagernder Holzstapel ihm (A) gehört, während es sich in Wirklichkeit um das Holz des B handelt. Führt A das Holz ab, so begeht er selbst dann Diebstahl, wenn B ihm beim Aufladen geholfen hat. Entscheidend ist auch hier, daß B seinen Gewahrsam nicht freiwillig aufgegeben hat (vgl. Schröder a.a.O. 44, Otto a.a.O. 69).

c) Diebstahl liegt ferner vor, wenn der Täter sich die erstrebte Sache zur Besichtigung vorlegen läßt, um dann in einem geeigneten Augenblick damit zu verschwinden. Auch in diesem Fall will der Verkäufer, etwa der Juwelier, der einen wertvollen Ring auf den Ladentisch legt, oder der Autohändler, der den angeblichen Kunden einmal „starten" lassen will, seinen Gewahrsam nicht aufgeben. Dasselbe gilt, wenn der Täter sich ein Fahrrad geben läßt, um damit „eine Runde ums Quadrat" zu fahren, von der er dann nicht mehr zurückkommt. In all diesen Fällen liegt zwar ein Gewahrsamsverlust, aber keine Gewahrsamsverfügung vor (vgl. Otto a.a.O. 65).

d) Betrug liegt dagegen in folgendem Fall vor: B hat an X seinen Pkw verkauft. Der Pkw soll abends um 20.00 Uhr von X abgeholt werden. A, der hiervon weiß, ruft im Laufe des Tages bei B an, stellt sich als X vor und erklärt, er wolle den Wagen schon um 19.00 Uhr durch seinen Bruder abholen lassen. B hat hiergegen nichts einzuwenden. Wenn A dann um 19.00 Uhr erscheint und den Wagen abholt, so liegt Betrug, nicht Diebstahl vor: B hat seinen Gewahrsam freiwillig aufgegeben.

VI. Der subjektive Tatbestand erfordert neben dem Vorsatz die Absicht rechtswidriger Zueignung.

1. Der **Vorsatz** muß sich auf alle Merkmale des objektiven Tatbestands erstrecken. Der Täter muß wissen, daß er fremde Eigentumsrechte verletzt und daß er fremden Gewahrsam bricht. Der Vorsatz entfällt daher, wenn der Täter irrig annimmt,

a) er sei selbst Eigentümer der Sache,

b) der Eigentümer oder sonstige Gewahrsamsinhaber sei mit der Besitzergreifung durch ihn einverstanden,

c) er habe einen Anspruch auf Übereignung der Sache.

In all diesen Fällen ist sich der Täter eines Verstoßes gegen die Eigentumsordnung nicht bewußt (vgl. BGH 17, 88). Er kann daher auch dann nicht wegen Diebstahls bestraft werden, wenn der Irrtum auf Fahrlässigkeit beruht. Unerheblich ist, ob es sich um einen Tat- oder Rechtsirrtum handelt.

Der Vorsatz bleibt dagegen bestehen, wenn der Täter weiß, daß er eine fremde Sache wegnimmt, auf deren Übereignung er keinen Anspruch hat, er vielmehr lediglich glaubt, er dürfe zu seiner Befriedigung eine andere, gleichwertige Sache wegnehmen. Ein derartiger Irrtum ist als Verbotsirrtum zu behandeln (BGH 17, 88).

2. In **Zueignungsabsicht** handelt, wer den Willen hat, über die entwendete Sache unter dauerndem Ausschluß des Berechtigten wie ein Eigentümer zu verfügen. Die Zueignungsabsicht ist somit, wie schon ihr Namen sagt, am Eigentum ausgerichtet. Im einzelnen:

a) Eine Bereicherungsabsicht ist ebensowenig erforderlich wie die Absicht, sich längere Zeit im Besitz der Sache zu halten. Zueignungsabsicht liegt daher auch dann vor, wenn der Täter die Absicht hat, die entwendete Sache unmittelbar im Anschluß an die Tat einem anderen zu überlassen. Er muß in diesem Fall aber wenigstens irgendeinen wirtschaftlichen Vorteil oder Nutzen für sich selbst erstreben. Diese Voraussetzungen sind nicht nur dann gegeben, wenn der Täter sich eine Gegenleistung gewähren läßt, sondern auch dann, wenn er freigebig erscheinen will, ohne eigene Mittel aufzuwenden (BGH 4, 236, 238), oder wenn er sich sonstige Vorteile erhalten oder sichern will (vgl. BGH 17, 88 betr. einen Kellner, dem es darum ging, von seinem Wirt nicht mit der Zeche eines Gastes, der nicht gezahlt hat, belastet zu werden). — Wieder anders zu beurteilen ist folgender Fall: Dem Soldaten A werden seine Dienststiefel entwendet. Er entwendet darauf seinerseits die Stiefel seines Kameraden B, die er, um der drohenden Ersatzpflicht zu entgehen, als die von ihm erhaltenen Stiefel beim „Kammerbullen“ abgibt. Auch hier strebt A nach einem wirtschaftlichen Vorteil. Trotzdem ist entgegen einer weitverbreiteten

Ansicht (OLG Ffm. NJW 62, 1879, OLG Hamm NJW 64, 1427 m. abl. Anm. Eser JuS 64, 477) Diebstahl abzulehnen, da sich die Handlung des A nicht gegen das Eigentum der Bundeswehr, sondern nur gegen deren Vermögensinteressen sowie gegen die Besitzrechte des Soldaten B richtet (vgl. BGH 19, 387, Schönke-Schröder § 242 Rn. 49, Westermann NJW 62, 2216; Welzel 304). Dadurch bleibt die Tat allerdings nicht schlechthin straflos. Gelingt die Täuschung des „Kammerbullen", so liegt Betrug vor, und zwar sowohl zum Nachteil der Bundeswehr, die es unterläßt, ihren Ersatzanspruch gegen A geltend zu machen, als auch zum Nachteil des B, dem die Ersatzpflicht nunmehr droht.

b) Die Absicht, eine Sache sofort nach der Wegnahme zu zerstören, beinhaltet nur dann eine Zueignungsabsicht, wenn sich die Zerstörung als die bestimmungsgemäße Verwertung darstellt. Nur dann will der Täter sich die Sache aneignen, d. h. seinem eigenen Vermögen zuführen. Die Zueignungsabsicht fehlt jedoch, wenn der Täter an der Sache überhaupt kein Interesse hat, wenn es ihm vielmehr lediglich darum geht, den Eigentümer zu schädigen, indem er ihm die Sache entzieht, sie vernichtet oder sonst unbrauchbar macht (vgl. Welzel 302 m. weit. Nachw.). Beispiel: Die Zueignungsabsicht ist gegeben, wenn A dem B Feuerwerkskörper wegnimmt, um damit ein Feuerwerk zu veranstalten. Sie fehlt jedoch, wenn A die Feuerwerkskörper in einen Bach versenken will, um den B zu ärgern. Hier kommt lediglich Sachbeschädigung in Betracht.

c) Die Absicht, die Sache nach vorübergehendem Gebrauch wieder zurückzugeben, reicht als Zueignungsabsicht nicht aus und ist nur unter den Voraussetzungen des § 248 b (unbefugte Benutzung von Kraftfahrzeugen und Fahrrädern) strafbar. Fraglich kann nur sein, wie lange man noch von einem „vorübergehenden Gebrauch" sprechen kann. Wenn A beispielsweise dem B ein Leghuhn wegnimmt in der Absicht, das Tier nach 2 Jahren, wenn es keine Eier mehr legen kann, wieder zurückzugeben, so kann er sich nicht mehr auf fehlende Zueignungsabsicht berufen; das Huhn ist inzwischen als Leghuhn wertlos geworden.

d) Zueignungsabsicht ist auch dann gegeben, wenn der Täter die Sache zunächst für sich verwenden und später vernichten oder ihrem Schicksal überlassen will. Beispiel: A entwendet einen Pkw in Heidelberg, um damit nach Hamburg zu fahren und den Pkw dort irgendwo stehen zu lassen. Hier kommt nicht § 248 b, sondern Diebstahl in Betracht. Ebenso ist zu entscheiden, wenn ein aus dem Gefängnis ausbrechender Gefangener die Gefängnisschlüssel entwendet, um sie nach Gebrauch irgendwo außerhalb des Anstaltsbereichs wegzuwerfen (BGH MDR 60, 689). Weitere Beispiele, bei denen nicht nur straflose Gebrauchsabsicht, sondern strafbare Zueignungsabsicht vorliegt: Entzug von Heizungsdampf zur Gewinnung von Wärme (RG 44, 335), Benutzung von Batterien, Transistoren oder Reifen über eine nicht nur unerhebliche Zeit hinaus, Bemalen einer Zeichenleinwand, Benutzung einer Tageszeitung über den Tag ihres Erscheinens hinaus. In all diesen Fällen kann man nicht mehr von einem reinen „Gebrauch" sprechen. Es liegt vielmehr ein ganzer oder teilweiser „Verbrauch" vor. Die Sache hat nach ihrer Rückgabe an den Eigentümer ihren Wert ganz oder teilweise verloren. Die Wegnahme eines Buchs zum Lesen ist dagegen entgegen OLG Celle NJW 67, 1921 (= JR 67, 389) zumindest dann noch als straflose Gebrauchsentwendung zu behandeln, wenn der Täter bei der Wegnahme die Absicht hat, das Buch innerhalb kürzester Zeit zurückzugeben und in der Zwischenzeit so schonend zu behandeln, daß es seinen bisherigen wirtschaftlichen Zweck nach wie vor erfüllen, z. B. als neues Buch verkauft werden kann (vgl. Deubner NJW 67, 1921, Schröder JR 67, 391). Zum Ganzen siehe auch Rudolphi GA 65, 33, 46.

e) Mit Zueignungsabsicht handelt der Täter auch dann, wenn er bei der Wegnahme die Absicht hat, die entwendete Sache später wieder an den ahnungslosen Eigentümer zu verkaufen (RG 57, 199; BayObLG JR 65, 26 m. abl. Anm. Schröder; Welzel 304; Wessels NJW 65, 1152; a. A. Schönke-Schröder Rn. 49). Auch in diesem Fall liegt ein „se ut dominum gerere" vor. Der Täter strebt danach, die entwendete Sache — wenn auch nur vorübergehend — seinem Vermögen einzuverleiben. Der Eigentümer erhält lediglich die Möglichkeit, die Sache durch einen neuen Erwerbsakt wieder in seine Verfügungsgewalt zu bekommen. Kommt der bei der Wegnahme beabsichtigte Verkauf an den Eigentümer zustande, so liegt außerdem (realkonkurrierend) Betrug vor.

f) Zueignungsabsicht liegt schließlich auch dann vor, wenn der Täter sogenannte Legitimationspapiere (Sparbücher, Gepäckscheine, Garderobemarken usw.) entwendet. Hier will der Täter die an den Besitz geknüpfte, nur dem Eigentümer zustehende Rechtsposition ausüben. Wenn A das Sparbuch des B entwendet, um es nach Abhebung des Geldbetrages dem B zurückzugeben, so erfolgt auch hier die Wegnahme in der Absicht, den B völlig und auf Dauer aus der ihm zustehenden Eigentümerstellung zu verdrängen. Das Sparbuch ist nach Abhebung des Geldbetrags praktisch wertlos.

g) Die erstrebte Zueignung ist rechtswidrig, wenn der Täter keinen Anspruch auf Herausgabe hat. Ein Anspruch auf Übereignung einer Sache schließt die Rechtswidrigkeit der Zueignung auch dann aus, wenn die Voraussetzungen des Selbsthilferechts nicht gegeben sind (vgl. BGH 17, 88, Schröder DRiZ 56, 69 und JR 62, 347). Hierbei ist im einzelnen folgendes zu beachten:

aa) Wer seinem Schuldner eine ihm geschuldete bestimmte Sache, z. B. einen gebrauchten Pkw wegnimmt, handelt nicht rechtswidrig i. S. der Eigentumsordnung, weil er den von ihr gewollten Zustand herbeiführt. Auf das Vorliegen eines Selbsthilferechts kann es daher insoweit nicht ankommen. Andererseits darf nicht verkannt werden, daß selbst bei „an sich" rechtmäßiger Zueignung die Art und Weise der Zueignung gegen den Willen des Schuldners rechtswidrig und strafbar sein kann, da auch der Gläubiger eines Herausgabeanspruchs — abgesehen von den Fällen des Selbsthilferechts — kein Faustrecht hat, sondern grundsätzlich auf den Rechtsweg zu verweisen ist. So bestehen keine Bedenken, den Gläubiger, der seinen Herausgabeanspruch dadurch erzwingt, daß er in die Geschäftsräume seines Schuldners eindringt und diesem die geschuldete Sache mit Gewalt wegnimmt, wegen Nötigung (§ 240) und Hausfriedensbruchs (§ 123) zu bestrafen. Diebstahl oder Raub liegen dagegen nicht vor, da die Zueignung als solche nicht der Eigentumsordnung widerspricht, ein Verstoß gegen die Eigentumsordnung aber zum Tatbestand aller Zueignungsdelikte gehört (BGH 17, 88).

bb) Anders ist die Rechtslage bei einer Gattungsschuld, z. B. einer Geldschuld: Hier hat der Schuldner das Recht, seinerseits aus der Gattung die zur Erfüllung seiner Schuld erforderlichen Sachen auszuwählen und zu leisten (vgl. § 243 BGB). Der Gläubiger einer Gattungsschuld handelt demnach rechtswidrig, wenn er zu seiner Befriedigung seinem Schuldner einfach eine beliebige Sache der geschuldeten Art wegnimmt, Auch hier kann es nicht darauf ankommen, ob die Voraussetzungen erlaubter Selbsthilfe vorliegen oder nicht. Der Gläubiger handelt auf jeden Fall rechtswidrig.

cc) Über die Behandlung der Irrtumsprobleme s. o. VI 1.

VII. Strafbarer **Versuch** liegt vor,

1. wenn die Wegnahme mißlingt,

2. wenn der Täter eine eigene oder eine herrenlose Sache wegnimmt in der irrigen Meinung, es handle sich um eine fremde Sache,

3. wenn der Täter nicht weiß, daß der Gewahrsamsinhaber mit der Wegnahme einverstanden ist oder daß er einen Anspruch auf Übereignung hat,

4. bei vergeblicher Einwirkung auf einen gutgläubigen Dritten, der die Sache wegnehmen soll (versuchte mittelbare Täterschaft, vgl. Vorbem. AT, Abschn. H II 5, S. 49).

VIII. Konkurrenzen: Über das Verhältnis zum Betrug s. o. V 5, 6. Qualifizierungen und Privilegierungen gehen nach allgemeinen Grundsätzen (Spezialität) vor. IdK ist möglich mit §§ 132—137, 146, 245 a, 266 sowie mit Urkundenfälschung und Fahren ohne Führerschein (BGH 18, 66).

B. Die Vermögensverfügung beim Betrug (§ 263)

Die Vermögensverfügung ist als notwendiges Bindeglied zwischen Irrtum und Schaden ein **ungeschriebenes Merkmal des objektiven Tatbestands,** dessen besondere Bedeutung darin besteht, den Betrug von anderen Tatbeständen (z. B. Diebstahl, Erpressung und Untreue) abzugrenzen. Im einzelnen:

1. **Definition:** Unter Vermögensverfügung versteht man jedes Handeln, Dulden oder Unterlassen, das unmittelbar zu einem Schaden führt.

2. Eine **bewußte Vermögensverfügung** ist **nicht erforderlich** (BGH 14, 170). Es genügt z. B., wenn A einen ihm vorgelegten Kaufvertrag unterschreibt in der irrigen Vorstellung, er unterschreibe nur eine Empfangsbestätigung (vgl. OLG Hamm NJW 65, 702, wo weiter ausgeführt wird, daß der Betrug in diesem Fall schon mit der Erlangung der Unterschrift vollendet ist, da von diesem Zeitpunkt an die einem Vermögensschaden gleichkommende Gefahr besteht, daß der Getäuschte auf Grund seiner Unterschrift auf Erfüllung oder Schadensersatz in Anspruch genommen wird).

3. **Der Geschädigte und der Getäuschte müssen nicht identisch sein.** Es ist demnach nicht erforderlich, daß der Getäuschte über eigenes Vermögen verfügt. Hieraus ergibt sich die Möglichkeit des sog. Prozeßbetrugs. Beispiel: Schuldner A täuscht im Rechtsstreit gegen seinen Gläubiger B den Richter R durch Vorlage einer gefälschten Quittung und erreicht auf diese Weise, daß R die Klage des B abweist. — Nicht Betrug, sondern Diebstahl in mittelbarer Täterschaft liegt dagegen vor, wenn der getäuschte Dritte weder rechtlich noch tatsächlich über fremdes Vermögen verfügen kann, sondern selbst nur dadurch an die vom Täter erstrebte Sache herankommt, daß er fremden Gewahrsam bricht. Beispiel: A beauftragt den Gepäckträger B, ihm aus dem soeben eingefahrenen D-Zug „seinen", in Wirklichkeit aber dem X gehörenden Koffer zu holen. B nimmt hier keine Vermögensverfügung vor. Siehe hierzu ausführlich oben A V 4 b, c und V 5.

4. Keine Vermögensverfügung liegt vor, wenn die von dem Getäuschten vorgenommene Handlung den späteren Schaden nicht unmittelbar herbeiführt, dieser vielmehr erst durch eine weitere Handlung des Täters ein-

tritt. Hierher gehören vor allem die Fälle, in denen der Täter durch raffinierte Täuschung einen Diebstahl vorbereitet. Beispiel: A lockt den B durch einen fingierten Telefonanruf aus dem Haus, um dann die Abwesenheit des B dazu zu benutzen, dessen Wohnung in aller Ruhe auszuräumen. — Oder: A verschafft sich unter der bewußt wahrheitswidrigen Behauptung, er komme vom E-Werk, um den Zähler zu reparieren, Zutritt zu den Geschäftsräumen des B. Während dieser wieder seiner Arbeit nachgeht, begeht A einen Diebstahl. — Wegen weiterer Beispiele siehe oben A V 6.

5. Eine Vermögensverfügung kann auch in einem **Unterlassen** liegen. Beispiele: A täuscht dem B vor, er habe das ihm gewährte Darlehen bereits zurückgezahlt. B verzichtet hierauf auf die Geltendmachung seiner Ansprüche. — Oder: Ein Gläubiger wird durch Täuschung davon abgehalten, rechtzeitig die Zwangsvollstreckung zu betreiben, z. B. Antrag auf Leistung des Offenbarungseids zu stellen (OLG Stgt. NJW 63, 825). — Oder: Der Buchhalter A hat seinem Geschäftsherrn B im Laufe des Jahres 10 000 DM unterschlagen (§§ 246, 266, 73). Am Jahresende legt er B eine „frisierte" Abrechnung vor. Da B glaubt, alles sei in Ordnung, verzichtet er auf die Rückforderung des unterschlagenen Betrags. Auch hier kommt Betrug in Betracht. Daß B seine Ansprüche nicht kennt, steht der Annahme einer Vermögensverfügung nicht entgegen (s. o. 2). Man kann auch nicht sagen, B habe sich „keine Gedanken gemacht". Es genügt, daß er gedacht hat, alles sei „in Ordnung". Betrug ist also tatbestandsmäßig gegeben; die Tat hat jedoch als sogenannter Sicherungsbetrug gegenüber der Unterschlagung keine rechtlich selbständige Bedeutung, sondern stellt sich als straflose Nachtat dar (vgl. Vorbem. AT, Abschn. J III 2 e, S. 64).

C. Die natürliche Handlungseinheit

1. Allg. Ausführungen zur Lehre von den Konkurrenzen siehe Vorbem. AT, Abschn. J, S. 58 ff.

2. Die natürliche Handlungseinheit ist eine besondere Erscheinungsform der Tateinheit. Sie darf terminologisch nicht mit der fortgesetzten Tat verwechselt werden. (siehe hierzu Vorbem. AT, Abschn. J IV, S. 65 ff.)

3. Eine natürliche Handlungseinheit liegt dann vor, wenn mehrere Handlungen von einem gleichgearteten Handlungswillen getragen werden und aufgrund eines engen örtlichen und zeitlichen Zusammenhangs derart zusammen gehören, daß sie bei natürlicher Betrachtungsweise eine einheitliche Handlung bilden (vgl. BGH 10, 230; NJW 67, 61). Beispiel: A hat die Absicht, den Kirschbaum seines Nachbarn zu plündern. Da der Baum voll hängt, muß er die Leiter mehrfach umstellen, bis er schließlich mehrere Körbe gefüllt hat. Hier stellt sich das Abernten des Baums, auch wenn es sich über Stunden erstrecken sollte, bei natürlicher Betrachtungsweise als eine einheitliche Handlung dar, ohne daß auf die Konstruktion einer fortgesetzten Tat zurückgegriffen werden müßte.

4. Eine natürliche Handlungseinheit kann auch dann vorliegen, wenn der Täter seinen Tatplan mit dem zunächst gewählten Mittel nicht verwirklichen kann und er deshalb im unmittelbaren Anschluß an den zunächst mißglückten Versuch zu einem anderen Mittel greift. Dies gilt selbst dann, wenn durch die verschiedenen Anstrengungen zur Verwirklichung desselben Tatplans verschiedene Straftatbestände verwirklicht werden. Kommt das Delikt schließlich zur

Vollendung, so sind diejenigen Betätigungen, die sich lediglich als Versuchshandlungen darstellen, in der Regel nicht selbständig strafbar (BGH a.a.O.). Beispiel: A fordert den B auf, ihm die Brieftasche herauszugeben. Zur Unterstützung seiner Forderung schlägt er ihm mit der Faust ins Gesicht. Als B trotz dieser massiven Einwirkung sich immer noch weigert, die Brieftasche herauszugeben, schlägt A ihn nieder und zieht ihm die Brieftasche aus der Rocktasche. Hier stellen sich die versuchte räuberische Erpressung und der vollendete Raub bei natürlicher Betrachtungsweise als einheitliche Handlung dar. A ist daher nur wegen vollendeten Raubs zu bestrafen. Die versuchte räuberische Erpressung, die sich gegen die gleichen Rechtsgüter richtet, geht in der Bestrafung auf (vgl. BGH NJW 67, 60 f.).

Lösung des Falles

I. Die Zueignung der Gepäckstücke

1. Betrug (§ 263)

a) Der Tatbestand des § 263 erfordert zunächst eine Täuschungshandlung. Diese kann im vorliegenden Fall darin gesehen werden, daß A dem X vorspiegelte, das Gepäck dürfe nicht mit in den Wartesaal genommen werden, sondern sei in den Schließfächern zu verwahren. Eine weitere Täuschungshandlung liegt darin, daß A dem X gegenüber durch Übergabe der alten, zu den neuen Schlössern nicht mehr passenden Schlüssel konkludent (also durch positives Tun, nicht durch Unterlassen) zum Ausdruck brachte, diese Schlüssel seien für die Schließfächer passend.

b) Der Tb. des § 263 setzt weiter voraus, daß in dem Getäuschten ein Irrtum erregt worden ist. Auch diese Voraussetzung ist gegeben. X glaubte der Versicherung des A, er müsse das Gepäck in den Schließfächern unterbringen. Er war auch der irrigen Überzeugung, die ihm von A übergebenen Schlüssel würden zu den Schließfächern passen, was jedoch objektiv nicht der Fall war.

c) Infolge seiner Gutgläubigkeit hat A im weiteren Verlauf des Geschehens durch den Verlust seines Gepäcks einen Vermögensschaden erlitten. Es liegt daher nahe, den obj. Tb. des § 263 als erfüllt anzusehen. Subjektiv würde der Tatbestand keine Schwierigkeiten bieten. Daß A sowohl vorsätzlich als auch in der Absicht handelte, sich zu Unrecht zu bereichern, bedarf keiner weiteren Erörterung.

Trotzdem bestehen erhebliche Bedenken gegen die Annahme eines Betrugs. Wie nämlich bereits in der Vorbem. B näher ausgeführt, setzt der Betrugstatbestand weiter voraus, daß der eingetretene Vermögensschaden — hier der Verlust der Gepäckstücke — unmittelbar auf eine V e r m ö g e n s v e r f ü g u n g des Getäuschten zurückzuführen ist. Diese Vermögensverfügung ist als notwendiges Bindeglied zwischen Irrtum und Schaden ein ungeschriebenes Merkmal des objektiven Tatbestands. Als Vermögensverfügung in diesem Sinn gilt jedes Handeln, Dulden oder Unterlassen, das u n m i t t e l b a r zu einem Schaden führt (vgl. Vorbem. B 4 sowie BGH 7, 252, 255: 14, 170 f.; 18, 221, 223; GA 66, 212 f.). Nur wenn diese Voraussetzungen erfüllt sind, ist das typische Bild des Betrugs gegeben, durch das dieser sich von den anderen Vermögensdelikten unterscheidet: Der Täter schädigt sein Opfer dadurch, daß er es durch Täuschung veranlaßt, Vermögenswerte ohne entsprechenden Ausgleich preiszugeben. Hieran fehlt es aber, wenn durch die Täuschung lediglich eine Lage herbeigeführt wird, die es dem Täter ermöglicht, durch eine weitere, eigene Handlung den Gewahrsam des bisherigen Inhabers ohne dessen Kenntnis und Mitwirkung eigenmächtig zu brechen (vgl. Vorbem. A V 5 sowie BGH GA 66, 212 f. mit weit. Nachw.).

Die Täuschung über die Notwendigkeit, das Gepäck in den Schließfächern unterzubringen, diente aus der Sicht des A lediglich dem Zweck, die spätere Wegnahme zu ermöglichen, Dasselbe gilt für die Aushändigung der nicht passenden Schlüssel. Umgekehrt wollte X seinen Gewahrsam an den Gepäckstücken nicht aufgeben. Er hat das Verhalten des A nur geduldet, ohne sich bewußt zu sein, daß er damit seinen Gewahrsam lockerte und diese Handlung bereits zu dem auf die spätere Wegnahme abgestellten Tatplan des A gehörte. Eine solche ungewollte Gewahrsamslockerung reicht aber als Vermögensverfügung i. S. des § 263 nicht aus (vgl. BGH GA 66, 212 f., wo der hier zu lösende Fall entschieden wurde). Betrug ist daher abzulehnen.

d) Dieses Ergebnis wird auch dann nicht beeinträchtigt, wenn man sich auf den Standpunkt stellt, daß durch die Verwahrung des Gepäcks in den Schließfächern das Vermögen des X so intensiv gefährdet war, daß man bereits hierin einen Schaden sehen kann. Für eine solche Gleichstellung von Gefährdung und Schaden würde vor allem der Umstand sprechen, daß A dem X die falschen Schlüssel ausgehändigt hatte, X also nur noch mit erheblichen Schwierigkeiten seinen Gewahrsamswillen realisieren konnte. Andererseits ist aber daran festzuhalten, daß eine klare Abgrenzung zwischen Diebstahl und Betrug nur in der Weise möglich ist, daß man entscheidend auf die W i l l e n s r i c h t u n g d e s O p f e r s abstellt. Verliert der bisherige Gewahrsamsinhaber seinen Gewahrsam unfreiwillig, so liegt Diebstahl vor; gibt er ihn zwar durch Irrtum bedingt, sonst aber freiwillig auf, so liegt Betrug vor (vgl. Vorbem. A V 5 m. weit. Nachw.). Im vorliegenden Fall wollte X seinen Gewahrsam nicht aufgeben. Betrug kommt daher nicht in Betracht.

2. **Diebstahl** (§ 242)

a) Allgemeine Ausführungen zum Diebstahl siehe Vorbem. A.

b) Die Gepäckstücke standen im Eigentum des X. Sie waren damit für A fremde bewegliche Sachen.

c) Es ist weiter zu prüfen, of sich A die Gepäckstücke durch eine Wegnahme i. S. des § 242 zugeeignet hat. Dies setzt voraus, daß er den Gewahrsam des X gebrochen und eigenen Gewahrsam begründet hat. Wie bereits oben unter I 1 c) und d) dargelegt, liegt Gewahrsamsbruch und damit Diebstahl immer dann vor, wenn der bisherige Gewahrsamsinhaber die tatsächliche Verfügungsgewalt über die Sache ohne seinen Willen verliert. So aber liegt der Fall hier. X wollte den Gewahrsam an seinem Gepäck zu keinem Zeitpunkt aufgeben. Hätte A ihm die richtigen Schlüssel zu den Schließfächern ausgehändigt, so hätte X ungeachtet der räumlichen Trennung, die dadurch eintrat, daß er sich in den Wartesaal begab, die tatsächliche Herrschaftsgewalt über sein Gepäck nicht verloren. Sein Gewahrsam wäre nicht gebrochen, sondern nur gelockert gewesen. Dadurch aber, daß A ihm nach dem Einschließen des Gepäcks die falschen Schlüssel aushändigte und die richtigen für sich behielt, wurde der Gewahrsam des X gebrochen. Er hatte von diesem Zeitpunkt an die Möglichkeit, jederzeit über sein Gepäck frei zu verfügen, verloren. Sein Gewahrsam war bereits zu diesem Zeitpunkt gebrochen. Andererseits hat A dadurch, daß er die richtigen Schlüssel für sich behielt, im gleichen Zeitpunkt eigenen Gewahrsam begründet. Damit war der Tatbestand des § 242 bereits zu diesem Zeitpunkt verwirklicht, nicht etwa erst später, als A die Gepäckstücke aus den Schließfächern herausholte (vgl. BGH GA 66, 212 f. sowie Otto ZStW 79, 83 Anm. 62). Dem steht nicht entgegen, daß X mit Hilfe der Bahnverwaltung rein theoretisch wieder in den Besitz seines Gepäcks hätte kommen können, solange A die Schließfächer noch nicht ausgeräumt hatte. Eine solche Möglichkeit schließt vollendeten Diebstahl nicht aus (vgl. BGH a.a.O.). Entscheidend ist, daß X seine bis dahin bestehende ungehinderte Einwirkungsmöglichkeit, durch die sich der Gewahrsam wesensmäßig auszeichnet, verloren hatte (vgl. Otto a.a.O.). Damit ist, wie festgestellt, der obj. Tb. des Diebstahls erfüllt.

d) Der subj. Tb. erfordert Vorsatz sowie die Absicht rechtswidriger Zueignung. Beide Tatbestandsmerkmale sind gegeben, ohne daß es hierzu weiterer Feststellungen bedürfte. Die Tat war auch rechtswidrig und schuldhaft.

II. Die Zueignung des Mantels

Auch hier geht es um die Frage, ob sich A des Betrugs oder des Diebstahls schuldig gemacht hat.

1. A versuchte zunächst, sich unbemerkt in den Besitz des Mantels zu setzen. Wäre ihm dies gelungen, so hätte er sich eines Diebstahls schuldig gemacht, ohne daß sich rechtlich irgendwelche Schwierigkeiten ergeben würden. Da er jedoch von X beobachtet wurde und es ihm infolgedessen nicht gelang, den Mantel unbemerkt zu entwenden, stellt sich dieser **erste Griff nach dem Mantel** nur als **versuchter Diebstahl (§§ 242, 43)** dar. Vollendet war der Diebstahl zu diesem Zeitpunkt noch nicht, daß A den Mantel zwar berührt haben mag, eine bloße Berührung aber noch keine Wegname bedeutet (vgl. Vorbem. A V 4 a).

2. Nachdem es A schließlich gelungen war, X davon zu überzeugen, daß der Mantel ihm (A) gehöre, ist zunächst wieder zu prüfen, ob sich A eines **Betrugs (§ 263)** schuldig gemacht hat.

a) A ist es gelungen, X über die tatsächlichen Eigentumsverhältnisse an dem von ihm ergriffenen Mantel zu täuschen. X war aufgrund der Beteuerungen des A der irrigen Vorstellung, sein eigener Mantel hänge nach wie vor an einem benachbarten Garderobenständer. Aufgrund dieses Irrtums unternahm er nichts, um sein Eigentum vor dem drohenden Zugriff des A zu schützen. Er duldete es, daß A sich mit seinem (des X) Mantel entfernte.

b) Damit sind prima facie alle objektiven Merkmale des Betrugs gegeben. Dennoch ergeben sich auch hier — ähnlich wie bei der oben abgehandelten Zueignung des Gepäcks — erhebliche Bedenken, ob der eingetretene Vermögensschaden (Verlust des Mantels) auf eine *Vermögensverfügung* zurückzuführen ist. Wie bereits unter I 1 c) und d) dargelegt, kommt Betrug nur dann in Betracht, wenn das Opfer der Täuschung zwar aufgrund des in ihm erregten Irrtums, sonst aber *freiwillig* über sein Vermögen verfügt. Für eine solche Verfügung spricht im vorliegenden Fall, daß X damit einverstanden war, daß A sich mit dem Mantel entfernte. Er hat also den Gewahrsam an seinem Mantel — so gesehen — freiwillig aufgegeben. Gegen die Annahme einer freiwilligen Vermögensverfügung spricht jedoch folgender Gedanke: Wie mehrfach betont, kommt es für die Abgrenzung von Diebstahl und Betrug entscheidend auf die *Willensrichtung des Opfers* an. Verliert das Opfer den Gewahrsam unfreiwillig, so liegt Diebstahl vor; verliert es ihn zwar aufgrund einer Täuschung, sonst aber freiwillig, so liegt Betrug vor. Es wirft sich daher die Frage auf, ob X wirklich freiwillig den Gewahrsam an seinem Mantel aufgeben wollte. Der Umstand, daß X infolge der Täuschung durch A gegen dessen Zugriff nicht einschritt, begründet für sich allein noch keine Zustimmung. Da X gar nicht wußte, daß es sich um seinen eigenen Mantel handelte, wollte er auch keinen Gewahrsam übertragen. So gesehen erfolgte der Gewahrsamsverlust — entgegen dem prima facie-Ergebnis — nicht freiwillig, sondern unfreiwillig. Damit ist Betrug im Endergebnis abzulehnen (a.A. OLG Köln MDR 66, 253 = VRS 66, 180).

3. Nachdem Betrug abgelehnt wurde, ist **Diebstahl** (§ 242) zu prüfen.

a) Der Mantel gehörte dem X. Er war somit für A eine fremde bewegliche Sache.

b) Die tatbestandsmäßige W e g n a h m e h a n d l u n g ist darin zu sehen, daß A sich mit dem Mantel entfernte und X hierdurch jede Möglichkeit nahm, über den Mantel weiter zu verfügen. Daß der Gewahrsamsverlust unfreiwillig erfolgte, wurde bereits oben unter II 2 dargelegt. Der obj. Tb. des § 242 ist damit erfüllt.

c) Der subj. Tb. ist ebenfalls gegeben. A handelte vorsätzlich sowie in der Absicht, sich den Mantel rechtswidrig zuzueignen. Rechtfertigungs- oder Schuldausschließungsgründe sind nicht ersichtlich.

d) E r g e b n i s : A hat sich auch, was die Zueignung des Mantels betrifft, eines Diebstahls schuldig gemacht.

(**Beachte:** Der hier zur Entscheidung stehende Sachverhalt entspricht in seiner Problematik folgendem Fall von Schröder in seinem grundlegenden Aufsatz in der ZStW 60, 33 ff: A und B haben Holz im Wald liegen. A überzeugt den B, ein bestimmter Holzstapel gehöre ihm, während er in Wirklichkeit dem B gehört. B läßt es daraufhin zu, daß A das Holz abfährt. Schröder lehnt a.a.O. 44 Betrug ab mit der Begründung, der Gewahrsamsverlust sei nicht freiwillig erfolgt; B habe nicht über s e i n Holz verfügen wollen. Da das äußere Tatbild nicht entscheidend ist, liegt nach Schröder Diebstahl selbst dann vor, wenn B dem A noch beim Aufladen behilflich ist. Auf unseren Fall übertragen würde dies bedeuten: Diebstahl selbst dann, wenn X dem A noch in den Mantel geholfen hätte. Ebenso Otto a.a.O. 68 f.)

III. Konkurrenzen

1. Der erste, erfolglose Griff nach dem Mantel und die schließlich durch Täuschung ermöglichte Wegnahme des Mantels stellen sich „bei natürlicher Betrachtungsweise" als eine einheitliche Handlung dar. Beide Handlungen waren von einem einheitlichen, auf die Zueignung des Mantels gerichteten Willen getragen. (Zur sog. natürlichen Handlungseinheit siehe ausführlich Vorbem. C vor diesem Fall.) Der ver-

suchte Diebstahl hat daher gegenüber dem vollendeten Diebstahl keine rechtlich selbständige Bedeutung.

2. Zum gleichen Ergebnis müßte man auch dann kommen, wenn man die durch Täuschung bewirkte Wegnahme des Mantels — entgegen der hier vertretenen Ansicht — nicht als Diebstahl, sondern als Betrug qualifizieren wollte. Auch in diesem Fall läge eine sog. natürliche Handlungseinheit vor. Dies hätte zur Folge, daß der im Versuch zurückgebliebene Teil der Handlung (§§ 242, 43) gegenüber der schließlich bewirkten Tatplanverwirklichung, die sich als Betrug darstellt, keine rechtlich selbständige Bedeutung hat. Daß A hierbei gegen verschiedene Strafgesetze verstoßen hat, ist unerheblich, da die jeweils geschützten Rechtsgüter (Eigentum, Vermögen) zwar nicht gleich, aber doch immerhin verwandt sind (a.A. OLG Köln, das in einem ähnlich gelagerten Fall IdK zwischen versuchtem Diebstahl und vollendetem Betrug angenommen hat, vgl. MDR 66, 253 = VRS 66, 180).

3. Der durch die Entwendung des Gepäcks begangene Diebstahl und der durch die Entwendung des Mantels begangene Diebstahl beruhen auf jeweils selbständigen Willensentschließungen. Eine natürliche Handlungseinheit ist daher ebenso abzulehnen wie eine rechtliche Handlungseinheit nach den Grundsätzen des Fortsetzungszusammenhangs. (Zum Fortsetzungszusammenhang siehe ausführlich Vorbem. AT, Abschn. J IV, S. 65). Beide Komplexe stehen daher in Realkonkurrenz gemäß § 74.

ZU FALL 8

Vorbemerkungen

A. Die Unterschlagung (§ 246)

1. Die Unterschlagung gehört, ebenso wie der Diebstahl, zu den Eigentumsdelikten. Der **Unterschied zum Diebstahl** besteht darin, daß der Dieb zum Zwecke der Zueignung fremden Gewahrsam brechen muß, während sich der Täter der Unterschlagung die Sache ohne Bruch fremden Gewahrsams zueignet. Bricht der Täter fremden Mitgewahrsam, so kommt Diebstahl, nicht Unterschlagung in Betracht. Die sich in diesem Zusammenhang ergebenden Zweifelsfragen wurden bereits ausführlich bei der Erörterung des Diebstahls behandelt (vgl. Vorbem. A V 3 vor Fall 7, S. 219).

2. Über die Tatbestandsmerkmale „fremd", „beweglich" und „Sache" siehe ausführlich Vorbem. A II—IV vor Fall 7 (S. 215 ff.).

3. Der Täter muß die Sache im Zeitpunkt der Zueignungshandlung im **Besitz** oder **Gewahrsam** haben.

a) Es besteht Einigkeit darüber, daß beide Begriffe identisch sind und unter Besitz nichts anderes zu verstehen ist als Gewahrsam in dem oben dargelegten Sinn (vgl. Vorbem. A V 1 vor Fall 7, S. 217). Besitz bedeutet also nicht Besitz i. S. der bürgerlichrechtlichen Bestimmungen. Täter einer Unterschlagung kann demnach nur sein, wer im Zeitpunkt der Zueignung die alleinige tatsächliche Herrschaftsgewalt über die Sache ausüben kann und will.

b) Üben mehrere die tatsächliche Herrschaftsgewalt aus, so kommt Unterschlagung nur in Betracht, wenn entweder alle Gewahrsamsinhaber sich die Sache gemeinsam zueignen, oder wenn zwar nur einer sie sich zueignet, die übrigen aber nicht widersprechen, so daß Bruch von Mitgewahrsam ausscheidet.

c) Es genügt, wenn Besitzerlangung und Zueignung zeitlich zusammenfallen. Nicht erforderlich ist, daß der Täter bereits vor der Zueignung den Gewahrsam ausüben konnte. Beispiel: A findet einen Fotoapparat, den ein anderer kurz zuvor verloren hat. Nimmt er den Apparat mit Zueignungsabsicht an sich, so stellt sich bereits die Besitzergreifung als vollendete Unterschlagung dar, nicht erst das spätere Verhalten (Nichtabliefern, Benutzung).

d) Unterschlagung entfällt, wenn der Täter im Zeitpunkt der Zueignung keinen Gewahrsam an der Sache hat. Beispiel: A leiht B ein Buch, das dieser an C weiterverleiht, ohne zu sagen, daß das Buch nicht ihm, sondern A gehört. Verkauft B das Buch später an C, so kommt nur Betrug zum Nachteil des C in Betracht (vgl. BGH 15, 83), nicht jedoch Unterschlagung. (Anders nur die Vertreter der sog. berichtigenden Auslegung des § 246, derzufolge als Unterschlagung jede Zueignung ohne Gewahrsamsbruch gilt. Diese im Schrifttum vor allem von Welzel 306 und JZ 52, 617, Maurach BT 225 und Schönke-Schröder Rn. 1 vertretene Ansicht läßt sich jedoch mit dem Gesetz nicht vereinbaren, vgl. Bockelmann MDR 53, 3; sie wurde auch von der Rspr. bisher nicht übernommen, vgl. BGH 2, 317). — Abwandlung: Wenn B das Buch an C verschenkt, so entfällt auch Betrug, da C keinen Schaden erleidet. B geht daher straflos aus. Diese Lücke im Gesetz muß hingenommen werden. Sie zu schließen, ist Aufgabe des Gesetzgebers, nicht des Richters (vgl. BGH 2, 319). — Weitere Abwandlung: Wußte C über die Eigentumsverhältnisse Bescheid, so begeht er Unterschlagung; B ist Gehilfe (§§ 246, 49).

4. Die tatbestandsmäßige Handlung besteht in der **Zueignung.** Der Begriff Zueignung ist hier ebenso auszulegen wie in § 242 (siehe Vorbem. A VI 2 vor Fall 7, S. 222).

a) Eine typische Zueignungshandlung ist der Verkauf einer gemieteten, geliehenen, zur Sicherung übereigneten oder unter Eigentumsvorbehalt gekauften Sache. Die Verpfändung ist nur dann Zueignung, wenn der Täter unter Umständen handelt, die eine rechtzeitigeWiedereinlösung des Pfandes ausschließen. Die Einlösung ist dabei immer dann verspätet, wenn sie nicht mit Sicherheit sofort erfolgen kann, sobald der Eigentümer die verpfändete Sache benötigt (BGH 12, 299). Weiter kommen als Zueignungshandlungen in Betracht: die Sicherungsübereignung, soweit der Täter sie als wirksam ansieht (sonst Betrug!), die widerspruchslose Duldung der Pfändung durch den Gerichtsvollzieher (OLG Oldenburg NJW 52, 1267, Maurach BT 231; str.), Ableugnen oder Verschweigen des Besitzes gegenüber dem Eigentümer (BayObLG JR

55, 271) und schließlich die Vermischung fremder Sachen mit eigenen gemäß §§ 947 ff. BGB.

b) Die Zueignung muß in einer nach außen erkennbaren Handlung betätigt werden. Der bloße Wille, die Sache für sich zu behalten, genügt nicht (BayObLG JR 55, 271; h. L.). Beispiel: A hat von B auf unbestimmte Zeit ein Buch geliehen. Da das Buch ihm gefällt, beschließt er es zu behalten. Er hofft, daß B die Rückforderung vergißt. Diese inneren Vorgänge erfüllen noch nicht den Tb. der Unterschlagung. Dieser ist vielmehr erst dann erfüllt, wenn A dem B gegenüber die Herausgabe des Buchs verweigert oder den Besitz leugnet oder das Buch verkauft, verpfändet, verschenkt, zur Sicherung übereignet usw. Beim Verkauf ist zu beachten, daß nicht erst die Übergabe den Tb. verwirklicht, sondern bereits das Verkaufsangebot bzw. die Erklärung, zum Verkauf bereit zu sein. Ob der Verkauf zustande kommt, ist unerheblich. Entsprechendes gilt für die Schenkung, die Verpfändung und die Sicherungsübereignung.

c) Wer eine Sache bereits durch strafbare Handlung, z. B. durch Diebstahl, Raub, Erpressung oder Betrug, in seinen Besitz gebracht hat, kann sie sich nicht nochmals zueignen. Dies ergibt sich aus der Erwägung, daß Zueignung schon nach dem Wortsinn nur die Herstellung der Herrschaft über die Sache, nicht dagegen die bloße Ausnutzung der Herrschaftsstellung ist (BGH 14, 38 — Beschl. d. Gr. Sen. vom 7. 12. 1959 — str.). Dies gilt jedoch uneingeschränkt nur dann, wenn der Täter bereits bei Besitzerlangung in Zueignungsabsicht gehandelt hat. Anders jedoch, wenn der Täter sich zunächst durch die strafbare Handlung, etwa durch Betrug, nur den Fremdbesitz verschafft und dann aufgrund eines neuen Tatentschlusses die ihm überlassene Sache verkauft (BGH 16, 280). Beispiel: A kauft unter Vortäuschung seiner in Wirklichkeit nicht vorhandenen Zahlungsfähigkeit eine Sache unter Eigentumsvorbehalt und verkauft sie dann später aufgrund eines neuen, bei Vertragsabschluß noch nicht gefaßten Tatentschlusses. Hier treffen Betrug und Unterschlagung als rechtlich selbständige Handlungen zusammen (BGH 16, 280).

d) Unterschlagung wird nicht dadurch ausgeschlossen, daß sich zuvor schon ein anderer die Sache zugeeignet hat. Wer daher in Kenntnis des Sachverhalts ein bereits gestohlenes und vom Dieb aufgegebenes Kraftfahrzeug an sich bringt, um es zu benutzen und später an beliebiger Stelle stehen zu lassen, begeht Unterschlagung (BGH 13, 43).

5. Die **Rechtswidrigkeit** kann vor allem durch Einwilligung oder mutmaßliche Einwilligung entfallen, ferner dann, wenn ein fälliger Anspruch auf Übereignung besteht, z. B. wenn ein Schuldner, der zur Sicherung eines Darlehens eine Sicherungsübereignung vorgenommen hat, seine Schuld dem Sicherungsnehmer gegenüber getilgt hat. Die Ersatzbereitschaft kann die Zueignung nach den Grundsätzen der mutmaßlichen Einwilligung nur dann beseitigen, wenn es sich um vertretbare Sachen handelt, die der Täter jederzeit ersetzen kann und will (vgl. Schönke-Schröder § 246 Rn. 17, Maurach BT 232; gegen Ausschluß der Rechtswidrigkeit auch in diesen Fällen Welzel 306).

6. Subjektiv ist **Vorsatz** erforderlich. Hier gelten die gleichen Grundsätze wie beim Diebstahl. Insbesondere muß sich auch bei der Unterschlagung der

Täter eines Verstoßes gegen die Eigentumsordnung bewußt sein. Wer also irrig annimmt, er habe ein Recht auf Zueignung, handelt nicht vorsätzlich (vgl. BGH 17, 88). Beispiel: Ein Baustellenleiter verbraucht die ihm anvertraute Baukasse zu eigenen Zwecken, wozu er sich seiner Firma gegenüber mit Rücksicht auf die seiner Meinung nach unbegründeten Lohnabzüge für berechtigt hält. Auf die Ausführungen zum Diebstahl (Vorbem. A VI 1 vor Fall 7, S. 222) wird im übrigen verwiesen.

7. Einen erschwerten Fall der Unterschlagung enthält die sog. **Veruntreuung,** d. h. die Unterschlagung anvertrauter Sachen.

a) Anvertraut ist eine Sache, wenn der Täter den Besitz erlangt hat mit der Verpflichtung, die Sache entweder nach bestimmter Zeit zurückzugeben oder gut zu verwahren. Eine Rückgabepflicht besteht z. B. bei geliehenen und gemieteten Sachen; eine Verwahrungspflicht kann z. B. bei unter Eigentumsvorbehalt gekauften oder zur Sicherung übereigneten Sachen angenommen werden.

b) Eine Sache ist auch dann anvertraut, wenn die Pflicht zur Rückgabe oder Verwahrung auf einem sittenwidrigen Rechtsgeschäft beruht, z. B. wenn ein Dieb die gestohlene Sache einem Hehler anvertraut (Maurach BT 234; a. A. Schönke-Schröder Anm. 25 m. weit. Nachweisen).

c) Teilnehmer, denen die Sache selbst nicht anvertraut ist, werden nur aus dem Grundtatbestand bestraft (§ 50 Abs. 2).

8. Über privilegierte Fälle siehe §§ 247, 248 a, 370 Nr. 5. — Eine weitere Qualifizierung findet sich in §§ 350, 351 (Unterschlagung im Amt). Siehe hierzu Vorbem. C VI vor Fall 16, S. 439.

9. IdK kommt vor allem mit §§ 263, 266 in Betracht. — **RK** mit Diebstahl kommt nur dann in Betracht, wenn sich die Zueignungsabsicht des Täters bei mehreren gleichzeitig weggenommenen Sachen zunächst nicht auf alle erstreckt hat. Wer z. B. einen fremden Kraftwagen wegnimmt, um ihn zu benutzen und dann irgendwo stehen zu lassen, jedoch an den im Wagen vorgefundenen Sachen zunächst kein Interesse hat, begeht nur Diebstahl am Wagen. Eignet er sich dann später beim Verlassen des Wagens doch noch den Inhalt zu, so begeht er insoweit eine rechtlich selbständige Unterschlagung (BGH 16, 190).

B. Die Tatbestände der Begünstigung (§§ 257, 257 a, 258, 346)

I. Die einfache Begünstigung (§ 257)

1. § 257 enthält **zwei Tatbestände:** die persönliche Begünstigung und die sachliche Begünstigung. Persönliche Begünstigung verübt, wer nach Begehung eines Verbrechens oder Vergehens dem Täter oder Teilnehmer vorsätzlich Beistand leistet, um ihn der Bestrafung zu entziehen (§ 257 Abs. 1, 1. Alt.). Sachliche Begünstigung liegt vor, wenn die Beistandsleistung zu dem Zweck erfolgt, dem Täter oder Teilnehmer der Vortat die Vorteile der Tat zu sichern. In beiden Fällen geht es dem Täter darum, der staatlichen Rechtspflege in den Arm zu fallen. Bei der persönlichen Begünstigung verletzt er die Interessen der Strafrechtspflege; bei der sachlichen Begünstigung geht es ihm darum, die Wiederherstellung des von der Zivilrechtspflege angestrebten rechtmäßigen Zustands zu verhindern. Ge-

schütztes Rechtsgut ist daher in beiden Fällen die **staatliche Rechtspflege** (RG 54, 134; BGH 2, 363 sowie h. L.; a. A. für die sachliche Begünstigung Welzel 351 m. weit. Nachw.).

2. Im Gegensatz zu Anstiftung und Beihilfe kommt Begünstigung erst **nach vollendetem Delikt in Betracht.** Andererseits wird Begünstigung nicht dadurch ausgeschlossen, daß die Vortat zwar rechtlich vollendet, aber noch nicht tatsächlich abgeschlossen ist. Begünstigung, nicht Beihilfe liegt z. B. vor, wenn A dem B hilft, das von B in unmittelbarer Nähe des Tatorts versteckte Diebesgut in Sicherheit zu bringen (vgl. BGH 4, 133). IdK zwischen Beihilfe und Begünstigung ist nur ausnahmsweise möglich, z. B. bei Dauerdelikten, wenn es dem Täter sowohl darum geht, die weitere Tatausführung zu ermöglichen, als auch darum, den Täter hinsichtlich der bis dahin verwirklichten Tat zu begünstigen. Beispiel: A bewacht den Raum, in dem B den X gefangenhält. Als der Polizeibeamte P erscheint, um X zu befreien, schlägt A den P nieder. — Zum Ganzen siehe auch Isenbeck NJW 65, 2326 und Furtner MDR 65, 431.

3. Die Begünstigung ist nur bei **Verbrechen und Vergehen** strafbar, nicht auch bei Übertretungen. Die Rechtslage entspricht somit der für die Beihilfe getroffenen Regelung (vgl. § 49 Abs. 1), während Anstiftung und Hehlerei auch bei Übertretungen strafbar sind. Anders als bei der Hehlerei kommen als Vortaten nicht nur Vermögensdelikte, sondern Delikte jeder Art in Betracht.

4. Welche Anforderungen im einzelnen an die **Vortat** zu richten sind, richtet sich nach dem unterschiedlichen Zweck beider Tatbestände.

a) Bei der **persönlichen Begünstigung** geht es dem Täter darum, den Vortäter der Bestrafung zu entziehen. Hieraus folgt, daß die Vortat bei der persönlichen Begünstigung tatbestandsmäßig, rechtswidrig und schuldhaft begangen sein muß. Sie muß außerdem verfolgbar sein. Eine persönliche Begünstigung ist z. B. nicht mehr möglich, wenn die Vortat bereits verjährt ist oder wenn der Täter sich auf einen persönlichen Strafausschließungs- oder Strafaufhebungsgrund (z. B. Rücktritt oder tätige Reue) berufen kann. Persönliche Begünstigung wird andererseits nicht schon dadurch ausgeschlossen, daß die Vortat ein Antragsdelikt ist und der Antrag noch nicht gestellt ist, aber noch gestellt werden kann. Verfolgbar ist die Begünstigung in diesem Fall allerdings erst nach Stellung des Strafantrags gegen den Vortäter. (Die Begünstigung selbst ist dagegen kein Antragsdelikt!) Wird ein Strafantrag in zulässiger Weise zurückgenommen (siehe hierzu § 64 sowie Vorbem. C 10 vor Fall 3, S. 127), so kann auch die Begünstigung nicht mehr verfolgt werden. Nach BGH 14, 156 ist weiter zu beachten, daß die Vortat nicht nur zur Zeit der Begünstigungshandlung, sondern auch noch im Zeitpunkt deren Aburteilung verfolgbar sein muß. Nach Auffassung des BGB geht es nicht an, daß jemand wegen Begünstigung bestraft wird, obwohl der Täter selbst nicht mehr zur Verantwortung gezogen werden kann, etwa weil seine Tat bereits verjährt ist.

b) Bei der **sachlichen Begünstigung** genügt es, daß die Vortat tatbestandsmäßig und rechtswidrig ist. Nicht erforderlich ist dagegen, daß der Vortäter schuldhaft gehandelt hat und daß die Vortat verfolgbar ist. Es besteht nämlich auch in diesen Fällen ein Interesse daran, daß der rechtmäßige Zustand wiederhergestellt wird. Andererseits kann auf den Vorsatz des Vortäters auch hier nicht verzichtet werden.

Fahrlässigkeit genügt nur, wenn diese im Einzelfall mit Strafe bedroht ist. Ohne diese subjektiven Grundvoraussetzungen kann von einem Verbrechen oder Vergehen nicht gesprochen werden.

c) Sowohl bei der persönlichen als auch bei der sachlichen Begünstigung hat das mit der Sache befaßte Gericht selbständig zu prüfen, ob die Vortat den unter a) und b) dargelegten Anforderungen entspricht (RG 58, 290). Eine Ausnahme ist nur in den Fällen zu machen, in denen der Vortäter im Zeitpunkt der Begünstigungshandlung bereits rechtskräftig verurteilt ist. Hier darf das Urteil nicht nochmals überprüft werden (RG 73, 333).

5. Die Tathandlung besteht im **Leisten von Beistand.** Hierzu genügt jede Handlung, die nach der Vorstellung des Täters geeignet ist, die Lage des Vortäters im Hinblick auf die erstrebte Strafvereitelung bzw. Vorteilssicherung unmittelbar zu verbessern. Nicht erforderlich ist, daß die Handlung hierzu objektiv geeignet ist oder gar ihr Ziel erreicht. Diese Gleichstellung des Versuchs mit der Vollendung nach Art der Unternehmensdelikte (siehe hierzu § 87) ist erforderlich, um den Tatbestand der in § 257 a getroffenen Regelung anzupassen (vgl. Schröder NJW 62, 1039, Schönke-Schröder Rn. 20, Schwarz-Dreher § 257 Anm. 1 A; ebenso im Ergebnis RG 50, 364 sowie Welzel 469; str.). Nicht hierher gehören Handlungen, die noch keine unmittelbare Besserstellung des Täters erstreben, sondern eine solche nur vorbereiten sollen. Strafbare Begünstigung liegt z. B. noch nicht vor, wenn A mit seiner Frau erörtert, ob und wie man den zur Festnahme ausgeschriebenen X auf seiner Flucht vor der Polizei verbergen könne. Dagegen vollendete Begünstigung, wenn A den X zu sich in die Wohnung nimmt, ohne zu wissen, daß die Wohnung bereits von starken Polizeieinheiten umstellt ist.

6. Beispiele und Sonderfälle:

a) In der Praxis häufig vorkommende Fälle der persönlichen Begünstigung sind: Verbergen des Täters, Fluchthilfe, Einwirkung auf einen Polizeibeamten, keine Anzeige zu erstatten, Verbüßung einer Freiheitsstrafe für einen anderen, falsche Aussagen vor Polizei oder Gericht. Die Zeugnisverweigerung ist nur dann als Begünstigung strafbar, wenn eine Pflicht zur Aussage besteht, also nur vor Gericht, nicht gegenüber Polizei und Staatsanwaltschaft. Die wahrheitswidrige Behauptung, nichts zu wissen, geht über eine Zeugnisverweigerung hinaus und kann daher als Begünstigung strafbar sein (RG 54, 41, BayObLG NJW 66, 2177).

Die Einwirkung auf einen Angehörigen, vor Gericht von seinem Zeugnisverweigerungsrecht gemäß § 52 StPO Gebrauch zu machen, ist nur dann als Begünstigung strafbar, wenn dabei unerlaubte Mittel, z. B. Täuschung, Drohung oder Bestechung, angewandt werden (BGH 10, 393). Entsprechendes gilt für die Einwirkung auf den Geschädigten, von einer Strafanzeige abzusehen. Zur Frage, ob auch die Zahlung einer Geldstrafe Begünstigung ist, siehe ausführlich Abschn. I 4 der Lösung von Fall 10 (S. 307).

b) Als Beispiele sachlicher Begünstigung sind zu nennen: Aufbewahrung der Beute für den flüchtigen oder inhaftierten Täter, Abheben eines Geldbetrags von dem gestohlenen oder unterschlagenen Sparbuch, Verbergen der Beute vor dem drohenden Zugriff der Polizei oder des Eigentümers, nicht dagegen Bergung der Beute, um sie vor Naturgewalten (Regen, Schnee, Sturm, Hochwasser) zu schützen, oder die Versorgung eines gestohlenen Tieres, damit es nicht verhungert.

c) Auch durch Unterlassen kann der Tb. verwirklicht werden, sofern eine Rechtspflicht zum Handeln besteht, z. B. bei einem Haushaltsvorstand, der duldet, daß Haushaltsmitglieder in seiner Wohnung gestohlene oder gehehlte Ware lagern, oder bei Polizeibeamten, die pflichtwidrig keine Strafanzeige vorlegen (siehe hierzu unten IV 5). Keine allgemeinen Anzeigepflicht besteht dagegen für Dienstvorgesetzte hinsichtlich strafbarer Handlungen ihrer Untergebenen. Hier kommt Begünstigung nur in Betracht, wenn der Amtsvorgesetzte sein Ermessen, ob er Anzeige erstatten soll oder nicht, mißbraucht (BGH 4, 170).

d) Keine Anzeigepflicht besteht für einen Arzt, der von einem flüchtigen Verbrecher konsultiert wird. Im Falle einer Anzeige könnte sich der Arzt u. U. sogar eines Vergehens gemäß § 300 (Verletzung des Berufsgeheimnisses) schuldig machen. Die Behandlung eines flüchtigen Verbrechers ist ein Gebot der Menschlichkeit. Sie kann selbst dann nicht als Begünstigung angesehen werden, wenn nur durch sie die Flucht gelingt.

e) Ein Rechtsanwalt macht sich nicht schon dadurch der Begünstigung schuldig, daß er für seinen Mandanten auf Freispruch plädiert, obwohl er von dessen Schuld überzeugt ist (vgl. BGH bei Dallinger MDR 57, 267). Anders jedoch, wenn der Verteidiger Zeugen zu falschen Angaben verleitet, Kassiber aus der Haftanstalt herausschmuggelt, bewußt das Beweisergebnis verzerrt, belastende Dokumente aus den Akten verschwinden läßt usw. Über die Einwirkung auf Zeugen und Geschädigte siehe oben a).

7. Der **subjektive Tatbestand** erfordert neben dem Vorsatz die Absicht, den Vortäter der Strafe zu entziehen oder ihm die Vorteile der Tat zu sichern.

a) Der Vorsatz muß vor allem die Kenntnis der Vortat umfassen. Nicht erforderlich ist allerdings, daß der Täter alle Einzelheiten der Vortat kennt und diese richtig wertet. Es genügt, daß er sich Tatumstände vorstellt, bei deren Vorliegen der Tb. eines Verbrechens oder Vergehens erfüllt wäre (vgl. BGH 4, 224); anders jedoch, wenn er sich Umstände vorstellt, bei deren Vorliegen sein Handeln keine Begünstigung darstellen würde (BGH a.a.O.). Beispiel: A glaubt, der zu ihm geflüchtete B habe lediglich eine als Übertretung gemäß § 370 Nr. 5 strafbare Nahrungsmittelentwendung begangen, während B in Wirklichkeit, entgegen seiner Darstellung, nicht nur eine Flasche, sondern eine ganze Kiste Kognak entwendet hat. Anders jedoch, wenn A zwar weiß, daß es sich um eine ganze Kiste handelt, aber irrig glaubt, auch dieser Fall sei noch als sogenannter Mundraub zu beurteilen. Ein derartiger Irrtum könnte ihn nicht entlasten.

Bei der persönlichen Begünstigung entfällt der Vorsatz auch dann, wenn der Täter sich irrig Tatumstände vorstellt, bei deren Vorliegen der Vortäter gerechtfertigt oder entschuldigt wäre, zumindest aber nicht verfolgt werden könnte (s. o. 4 a).

b) Die Absicht der Strafvereitelung oder Vorteilssicherung muß nicht der Beweggrund sein. Es genügt, daß es dem Täter auf diesen Erfolg zur Erreichung eines anderen Zieles ankommt (BGH 4, 107). Ein Taxifahrer kann sich daher nicht darauf berufen, er habe den Dieb und seine Beute nur befördert, um den üblichen Fahrlohn zu verdienen (BGH a.a.O.).

8. Die reine **Selbstbegünstigung** ist nicht strafbar. Sie erfüllt nicht einmal den Tatbestand. Dies gilt sowohl für die persönliche als auch für die sachliche Begünstigung. Anders jedoch, wenn der Vortäter nicht nur sich selbst, sondern zugleich einen anderen, z. B. einen Mittäter oder Gehilfen, begünstigt. In diesem Fall ist zwar der Tb. erfüllt, der Vortäter bleibt aber aus notstandsähnlichen Gründen straflos, wenn die Fremdbegünstigung von der Absicht getragen ist, sich selbst der Bestrafung zu entziehen (BGH NJW 61, 1827, Welzel 470). Straffreiheit tritt jedoch nicht ein, wenn der Vortäter seinen Komplizen nur deshalb deckt, um sich die Vorteile der Tat zu sichern (BGH a.a.O., Welzel a.a.O.). Will er sich sowohl der Bestrafung entziehen als auch die Vorteile der Tat sichern, so ist er nur dann straffrei, wenn die persönliche Selbstbegünstigung im Vordergrund steht und die sachliche Selbstbegünstigung nur als notwendige Folge in Kauf genommen wird (BGH a.a.O.).

Die Straflosigkeit der Selbstbegünstigung erstreckt sich nicht auch auf andere Tatbestände, die jemand verwirklicht, um sich der Strafverfolgung zu entziehen. Beispiel: A begeht eine Urkundenfälschung, um eine Unterschlagung zu verdecken. Siehe auch Vorbem. AT, Abschn. H VI 3, S. 57.

9. **Teilnahme** ist nach allgemeinen Grundsätzen strafbar. Über die bestrittene Frage, ob auch der Begünstigte selbst Teilnehmer an der zu seinen Gunsten begangenen Begünstigung sein kann, siehe ausführlich BGH 17, 236 sowie Vorbem. AT, Abschn. H VI 3, S. 57.

10. Einen erschwerten Fall (Gefängnis bis zu 5 Jahren) stellt die **eigennützige Begünstigung** dar. Der eigene Vorteil muß hier Beweggrund sein, wenngleich nicht der einzige. Ein Vermögensvorteil ist nicht erforderlich.

11. **Abs. 1 Satz 2** schränkt den Strafrahmen dahin ein, daß die Strafe nach Art und Maß keine schwerere sein darf als die für die Vortat angedrohte. Diese Einschränkung gilt jedoch nicht für die Fälle des Abs. 3 und des § 258 (h. L.).

12. Das **Angehörigenprivileg** des Abs. 2 ist ein persönlicher Strafausschließungsgrund und bezieht sich nur auf die persönliche Begünstigung. Bei gleichzeitiger persönlicher und sachlicher Angehörigenbegünstigung bleibt diese nur dann straflos, wenn die Absicht der Strafvereitelung im Vordergrund steht und nach Vorstellung des Täters ohne gleichzeitige Vorteilssicherung nicht erreicht werden kann (BGH 11, 343). Nach BGH 14, 172 (in BGH 17, 236 in Frage gestellt) ist der Angehörige auch dann straflos, wenn er die Begünstigung nicht selbst vornimmt, sondern einen Dritten dazu anstiftet.

13. **Konkurrenzen:** Über das Verhältnis von Begünstigung und Beihilfe s. o. 2. — IdK ist möglich mit §§ 120 f., 153 ff., 164, 257 a, 259, 267, 271. — Über das Verhältnis zu § 145 d siehe Vorbem. A 5 vor Fall 15 (S. 408). — §§ 257 Abs. 3, 258, 346 gehen vor.

14. **Die vor der Tat zugesagte Begünstigung** ist gemäß **Abs. 3** als Beihilfe zu behandeln. Die einschränkende Strafbestimmung des Abs. 1 Satz 2 findet ebensowenig Anwendung wie das Angehörigenprivileg des Abs. 2. Im einzelnen ist folgendes zu beachten:

a) Die Tat ist auch dann als Beihilfe zu behandeln, wenn die Zusage der Begünstigung den Vortäter in seinem verbrecherischen Entschluß nicht bestärkt hat (BGH 11, 317).

b) Mit der schweren eigennützigen Begünstigung des § 258 ist Idealkonkurrenz möglich. Dies folgt aus der Erwägung, daß sowohl § 257 Abs. 3 als auch § 258 den Zweck verfolgen, die normale Strafdrohung des § 257 Abs. 1 zu verschärfen. Dieser Zweck kann nur dadurch erreicht werden, daß bei entsprechenden Voraussetzungen beide Tatbestände nebeneinander angewandt werden (BGH 11, 316). Auch mit Hehlerei ist IdK möglich (BGH 11, 318).

c) Straferschwerende Umstände der Haupttat sind dem Begünstiger nur dann anzurechnen, wenn er sie spätestens vor der Begünstigungshandlung erkannt hat (BGH 4, 132). Beispiel: A plant einen Diebstahl; B verspricht, ihn nach der Tat bei sich aufzunehmen und zu verbergen. Bei Ausführung der Tat stößt A überraschend auf Widerstand, den er mit Gewalt bricht. Nach der Tat flieht er zu B, der ihn wie vereinbart aufnimmt. Weiß B nichts von der Gewaltanwendung, so ist er nur wegen Beihilfe zum Diebstahl zu bestrafen; der Exzeß des A belastet ihn nicht (§ 59). Anders jedoch, wenn A ihm alles gesteht und B ihn dennoch bei sich aufnimmt. In diesem Fall kommt — je nach Sachlage — Beihilfe zum Raub oder zum räuberischen Diebstahl in Betracht.

d) Ist die Haupttat nur auf Antrag verfolgbar, so gilt dies auch für die als Beihilfe zu behandelnde, vorher zugesagte Begünstigung.

e) Wird die Begünstigung nur versprochen, aber nicht gewährt, so kommt Beihilfe nach allgemeinen Grundsätzen (§ 49) nur dann in Betracht, wenn der Täter durch die Zusage in seinem Entschluß, die Tat zu begehen, bestärkt worden ist (sog. psychische Beihilfe). Die Sonderregelung des § 257 Abs. 3 scheidet dagegen aus.

f) Da § 257 in allen Belangen als Beihilfe gilt, kommt auch § 50 Abs. 2 zur Anwendung. Ist der Begünstiger beispielsweise ein rückfällig vorbestrafter Dieb, so ist die Strafe aus § 244 zu entnehmen.

g) Sind neben § 257 Abs. 3 auch die Voraussetzungen strafbarer Anstiftung gegeben, so ist § 257 Abs. 3 als die schwächere Teilnahmeform subsidiär.

II. Schwere eigennützige Begünstigung (§ 258)

1. Die verschiedentlich auch als Personenhehlerei bezeichnete Vorschrift enthält einen durch die Art der Vortat begrenzten **Sonderfall der eigennützigen Begünstigung** (BGH 11, 318). Sie verfolgt den Zweck, die Bestrafung des Begünstigers als Hehler und damit die Anwendung der §§ 260, 261 über die Gewerbsmäßigkeit und den Rückfall zu ermöglichen (BGH a.a.O.).

2. Als **Vortaten** kommen in Betracht:

a) bei Nr. 1 Diebstahl und Unterschlagung (§§ 242, 246, 350, nicht jedoch §§ 248 a, 370 Nr. 5);

b) bei Nr. 2 schwerer Diebstahl, Raub, räuberischer Diebstahl und räuberische Erpressung (§§ 249—251, 252, 255).

3. Der **subjektive Tatbestand** erfordert über die subjektiven Elemente des § 257 hinaus (siehe hierzu oben I 7) die Kenntnis von der besonderen Art der Vortat. Der Täter muß also wissen, daß der Vortäter einen Diebstahl usw. begangen hat. Unerheblich ist allerdings, wenn er irrig ein gleichwertiges Delikt annimmt, z. B. eine Unterschlagung, während objektiv ein Diebstahl begangen wurde.

4. Da § 258 einen eigenen Strafrahmen enthält und es das Anliegen der Vorschrift ist, den normalen Strafrahmen des § 257 zu erweitern, findet die einschränkende Bestimmung des **§ 257 Abs. 1 Satz 2 keine Anwendung.** Das Angehörigenprivileg des § 257 Abs. 2 bei der persönlichen Begünstigung entfällt ebenfalls (Abs. 3). Die Straflosigkeit der **Selbstbegünstigung** bleibt dagegen unberührt. Die Ausführungen zu § 257 (s. o. I 8) gelten auch hier.

5. Der **Versuch** ist nach der hier vertretenen Auffassung (Begünstigung als Unternehmensdelikt, s. o. I 5) immer strafbar, nicht nur unter den Voraussetzungen der Nr. 2, die aufgrund ihrer Strafdrohung ein Verbrechen enthält.

6. Teilnehmer, die die besondere Art der Vortat nicht gekannt haben, sind nur aus § 257 zu bestrafen. Unerheblich ist, ob auch der Teilnehmer einen Vorteil erstrebte. § 50 Abs. 2 findet wegen der Sonderrechtsnatur keine Anwendung.

7. Wegen der **Konkurrenzen** s. o. I 13.

III. Vereitelung von Maßregeln der Sicherung und Besserung (§ 257 a)

1. § 257 a bestraft die vorsätzliche Vereitelung von Maßregeln der Sicherung und Besserung als **Vergehen** mit Gefängnis bis zu 2 Jahren oder mit Geldstrafe.

2. Die Vorschrift bringt eine Ergänzung des § 257, der sich nur auf Strafen bezieht. Im Gegensatz zu § 257 setzt § 257 a voraus, daß die Maßregel bereits **rechtskräftig** angeordnet worden ist und durch die Tat mindestens teilweise vereitelt wird. Außerdem bringt sie eine Ergänzung der §§ 120, 121, 122 a, 122 b.

3. Beispiel: A versteckt seine wegen gewohnheitsmäßiger Gewerbsunzucht gemäß § 361 Nr. 6 rechtskräftig zu 4 Wochen Haft und anschließendem Arbeitshaus verurteilte Freundin F bei sich in der Wohnung, um sie sowohl ihrer Strafe als auch ihrer Verbringung in das Arbeitshaus zu entziehen. Hier kommt nur § 257 a in Betracht, da § 257 wegen der Art der Vortat (Übertretung!) entfällt. Wäre die Vortat ein Vergehen gewesen, so stünde § 257 a mit § 257 in IdK. Befreit A die F aus dem Arbeitshaus, so findet neben § 257 a auch die schwerere Strafbestimmung des § 120 Anwendung (vgl. 122 a).

4. §§ 346, 347 III gehen vor. **Ergänzend** zu beachten sind §§ 145 c, 330 b StGB sowie § 76 JWG (betr. Fürsorgeerziehung).

IV. Die Begünstigung im Amt (§ 346)

1. Begünstigung im Amt begeht ein Beamter, der aufgrund seiner Amtsstellung zur Mitwirkung an einem Strafverfahren oder an der Vollstreckung einer Strafe oder Sicherungsmaßregel berufen ist und dabei pflichtwidrig jemanden der Strafe oder Maßregel wissentlich entzieht. Die Vorschrift enthält einerseits einen Sonderfall der §§ 257, 257 a, unterscheidet sich aber andererseits von diesen Tatbeständen in so wesentlichen Punkten, daß sie heute überwiegend als **echtes Amtsdelikt** angesehen wird (vgl. BGH 5, 76; Schwarz-Dreher Anm. 1 B, Maurach BT 718).

2. Der **Unterschied gegenüber der einfachen Begünstigung** gemäß § 257 zeigt sich in folgenden Punkten:

a) Als Vortaten kommen nicht nur Verbrechen und Vergehen, sondern auch Übertretungen in Betracht, nicht dagegen Disziplinarverstöße und Ordnungswidrigkeiten (str.).

b) Täter können nur ganz bestimmte Beamte sein (s. u. 3).

c) Die Vorschrift ist als Erfolgsdelikt, nicht als Unternehmenstatbestand aufgebaut.

d) Die Strafrahmenbeschränkung des § 257 Abs. 1 Satz 2 findet ebensowenig Anwendung wie das Angehörigenprivileg des § 257 Abs. 2.

3. Als **Täter** kommen nur Beamte in Betracht, die aufgrund ihres Amtes zur Mitwirkung an einem Strafverfahren oder bei der Vollstreckung einer Maßregel der Sicherung und Besserung berufen sind. Zur ersten Gruppe gehören vor allem Richter, Staatsanwälte, Polizei-, Finanz- und Zollbeamte, Beamte der Bahnpolizei sowie die Bürgermeister, soweit sie nach Landesrecht (z. B. in Baden-Württemberg, vgl. BGH 12, 277) als Ortspolizeibehörde tätig sind. Zu der zweiten Gruppe gehören ebenfalls Richter und Staatsanwälte, ferner Rechtspfleger und die Beamten der Vollzugsanstalten. Unerheblich ist, ob es sich um einen Beamten in verantwortlicher Stellung handelt und ob der Beamte im konkreten Fall zuständig war.

4. Die **Handlung** besteht darin, daß der Begünstigte ganz oder teilweise einer Strafe oder Maßregel entzogen wird.

a) Ist eine Strafe noch nicht verhängt worden, so genügt zur Tatbestandsverwirklichung jedes Verhalten, das die Strafverfolgung für mindestens geraume Zeit entweder vereitelt oder zu einer gesetzwidrig milderen Bestrafung führt. Beispiele: Der Polizeibeamte P unterläßt es, gegen seinen Freund Strafanzeige wegen Trunkenheit am Steuer vorzulegen. — Oder: P legt zwar Anzeige vor, aber unter einem milderen rechtlichen Gesichtspunkt, z. B. nur als Übertretung anstatt als Straßenverkehrsgefährdung. — Oder: Staatsanwalt S stellt das Verfahren gegen seinen Freund F pflichtwidrig ein. — Oder: S beantragt zwar den Erlaß eines Strafbefehls, setzt aber eine so niedrige Strafe ein, daß von einer pflichtgemäßen Ermessensentscheidung nicht mehr gesprochen werden kann.

b) Ist eine Strafe oder Maßregel bereits rechtskräftig ausgesprochen, so ergeben sich folgende Tatmodalitäten:

aa) Die Strafe oder Maßregel wird überhaupt nicht vollstreckt, ohne daß hierfür ein rechtfertigender Grund vorliegt.

bb) Der Vollzug wird in ungesetzlicher Weise verzögert.

cc) Der Vollzug wird in ungesetzlicher Weise verkürzt.

dd) Der Vollzug wird in ungesetzlicher Weise erleichtert, z. B. wenn eine Zuchthausstrafe in der Form einer Gefängnisstrafe vollzogen wird oder wenn einem Gefangenen unzulässiger „Wochenendurlaub" gewährt wird. Nicht ausreichend sind dagegen sonstige unzulässige Vergünstigungen, die das Leben in der Anstalt erleichtern, z. B. bessere Verpflegung, leichtere Arbeit, bequemere Zelleneinrichtung, großzügige Regelung der Besuchserlaubnis. Derartige Vergünstigungen können nur disziplinarrechtlich geahndet werden.

5. Der Tb. kann auch durch **Unterlassen** verwirklicht werden, sofern eine Rechtspflicht zum Handeln besteht. So ist ein Polizeibeamter gemäß § 163 StPO verpflichtet, strafbare Handlungen zu erforschen und alle Anordnungen zu treffen, um die Verdunkelung der Sache zu verhüten (Abs. 1). Alsdann hat er die Akten unverzüglich der StA oder dem Amtsrichter vorzulegen (Abs. 2). Für den Staatsanwalt ergeben sich entsprechende Pflichten aus §§ 152 Abs. 2, 160 Abs. 1 StPO. Diese Bestimmungen gelten jedoch uneingeschränkt nur dann, wenn der Beamte dienstlich von einer Straftat Kenntnis erlangt. Erlangt er privat Kenntnis, so ist er zum Einschreiten bzw. zu einer Anzeige nur dann verpflichtet, wenn es sich um eine schwere, die Öffentlichkeit besonders berührende Straftat handelt (BGH 5, 225, 229; 12, 280). Hierher wird man alle in § 138 genannten Kapitalverbrechen rechnen müssen, darüberhinaus nur solche Verbrechen und Vergehen, die sich durch besondere Brutalität oder durch das Ausmaß des Schadens auszeichnen.

6. War die Begünstigung schon **vor der Tat zugesagt,** so ist die Tat gemäß **§ 257 Abs. 3** als Beihilfe zu bestrafen. Siehe hierzu BGH 6, 20 sowie oben I 14. Die Beihilfe steht in diesem Fall mit dem Verbrechen der Amtsbegünstigung in Idealkonkurrenz (vgl. Schönke-Schröder Rn. 14). An der abw. Entscheidung BGH 6, 20 kann nicht festgehalten werden, da diese bei Vergehen oder Übertretungen zu einer unbilligen Schlechterstellung des Beamten führt, der die Begünstigung nicht schon vor der Tat zugesagt hat, also weniger gefährlich ist und trotzdem immer aus dem Verbrechenstatbestand des § 346 zu bestrafen ist. (Siehe auch BGH 11, 316 betr. das ähnlich gelagerte Verhältnis von § 257 Abs. 3 zu § 258.)

7. Die **Selbstbegünstigung** ist auch hier straflos. Dies gilt uneingeschränkt für die Fälle, in denen der Beamte nur sich selbst begünstigt. Bei gleichzeitiger Fremdbegünstigung bleibt diese — unbeschadet der Ausführungen zu § 257, die auch hier gelten — in folgenden Fällen strafbar:

a) Der Beamte hat keine Strafverfolgung, sondern nur ein Disziplinarverfahren zu befürchten.

b) Der Beamte hat sich erst nach Kenntnis der anzuzeigenden Straftat schuldhaft in eine Zwangslage versetzt, z. B. dadurch, daß er sich von der anzuzeigenden Person bestechen ließ (BGH 4, 167; 5, 156).

c) Der Beamte hat die Begünstigung vorher zugesagt (bestr. — s. o. 6).

8. Subjektiv ist **Vorsatz** erforderlich. Hinsichtlich der Entziehung vor Strafe usw. ist der unbedingte Vorsatz erforderlich („wissentlich"), hinsichtlich der Vortat genügt bedingter Vorsatz. Zum Ganzen siehe auch BGH 19, 79.

9. Der **Versuch** ist auch ohne besondere Strafandrohung strafbar (Verbrechen!). Beispiel: Ein Polizeibeamter unterläßt eine Anzeige gegen einen guten Bekannten, von dem er nur irrig annimmt, er habe sich strafbar gemacht. Hier liegt ein strafbarer untauglicher Versuch, nicht etwa ein Wahndelikt vor, und zwar ohne Rücksicht darauf, ob der Irrtum auf unzutreffenden tatsächlichen oder rechtlichen Erwägungen beruht (BGH 15, 210). Ein Wahndelikt liegt dagegen vor, wenn ein Polizeibeamter irrig glaubt, er sei auch zur Anzeige von Bagatelldelikten verpflichtet, von denen er nur privat Kenntnis erlangt (s. o. 5) .

10. IdK ist möglich mit §§ 257 Abs. 3 (s. o. 6), 258, 259—261, 267, 347, 348 Abs. 2.

C. Die Hehlerei (§ 259)

I. Tatbestand und Wesen der Hehlerei

1. Den **Tatbestand** erfüllt, wer seines Vorteils wegen Sachen, von denen er weiß oder den Umständen nach annehmen muß, daß sie mittels einer strafbaren Handlung erlangt sind, verheimlicht, ankauft, als Pfand annimmt oder sonst an sich bringt oder zu ihrem Absatz bei anderen mitwirkt.

2. Das **Wesen der Hehlerei** besteht in der Aufrechterhaltung der durch die Vortat geschaffenen rechtswidrigen Vermögenslage in einverständlichem Zusammenwirken mit dem Vortäter (BGH [GrSen.] 7, 134, 137). Geschütztes Rechtsgut ist somit das Vermögen. Im Gegensatz zur Beihilfe setzt die Hehlerei eine bereits abgeschlossene Vortat voraus. Der Unterschied zur Begünstigung liegt dagegen auf subjektivem Gebiet: Während es bei der Begünstigung dem Täter darum geht, die Interessen des Vortäters zu fördern, und der eigene Vorteil nur straferhöhende Bedeutung hat, steht bei der Hehlerei der eigene Vorteil im Vordergrund. Überschneiden sich die Motive und Tendenzen, so ist, wenn auch die objektiven Voraussetzungen beider Tatbestände erfüllt sind, IdK möglich (BGH 11, 316).

II. Gegenstand der Hehlerei können nur **Sachen** sein. Die Eigentumsverhältnisse sind — anders als bei Diebstahl, Unterschlagung und Raub — unerheblich. Eigene Sachen kommen natürlich nur ausnahmsweise in Betracht, z. B. unter den Voraussetzungen des § 289 (Pfandkehr).

III. Die Sache muß mittels einer strafbaren Handlung erlangt sein.

1. Als **Vortat** kommen im Gegensatz zur Begünstigung nicht nur Verbrechen und Vergehen, sondern auch Übertretungen in Betracht, z. B. eine Genußmittelentwendung gemäß § 370 Nr. 5. Im einzelnen sind an die Vortat folgende Anforderungen zu stellen:

a) Die Vortat muß fremde Vermögensinteressen verletzt haben. Nicht erforderlich ist jedoch, daß es sich um ein Vermögens- oder Eigentumsdelikt i. e. S. handelt. Als Vortaten kommen daher nicht nur Diebstahl, Unterschlagung, Betrug, Untreue, Raub und Erpressung in Betracht, sondern schlechthin alle Straftaten, durch die eine widerrechtliche Besitzposition geschaffen wurde und bei denen die Rechtsordnung eine Entziehung der Deliktsbeute fordert (vgl. Schönke-Schröder Rn. 9). Hierher gehören z. B. Gewahrsams- und Verstrickungsbruch (§§ 133, 137), Wilderei (§§ 292 ff.) und Pfandkehr (§ 289). Auch Hehlerei kann Vortat einer weiteren Hehlerei sein (sog. Kettenhehlerei). Nicht hierher gehören dagegen Bestechung und Verstöße gegen Bewirtschaftungsvorschriften.

b) Nicht erforderlich ist, daß der Vortäter schuldhaft gehandelt hat. Es gelten hier dieselben Grundsätze wie für das Verhältnis von Täterschaft und Teilnahme (vgl. Vorbem. AT, Abschn. H V 2, S. 50 ff.). Hehlerei ist daher auch hinsichtlich solcher Sachen möglich, die ein 13-jähriger Junge durch Diebstahl erlangt hat (vgl. OLG Neustadt NJW 62, 2312). Unerheblich ist dabei, ob der Hehler den Jungen schon für deliktsfähig hält (vgl. OLG Neustadt a.a.O.; str.). Auf eine vorsätzliche und mit Unrechtsbewußtsein begangene Vortat kann jedoch auch hier nicht verzichtet werden, da ohne diese Voraussetzungen ein einverständliches („kollusives") Zusammenwirken mit dem Täter nicht denkbar ist (Maurach BT 351 f., Bokkelmann NJW 50, 852; str.). In diesen Fällen kommt nicht Hehlerei, sondern Unterschlagung in Betracht. Unerheblich ist schließlich, ob die Vortat verfolgbar ist. Hehlerei kommt daher auch dann in Betracht, wenn die Vortat bereits verjährt ist oder mangels Strafantrag nicht verfolgt werden kann.

2. Die Sache muß **durch eine strafbare Handlung erlangt** sein. Hieran fehlt es,

a) wenn die Vortat im Zeitpunkt des Ansichbringens usw. noch nicht abgeschlossen ist. In diesen Fällen kommt, je nach Sachlage, Mittäterschaft oder Beihilfe in Betracht. Ist die Vortat eine Unterschlagung, so ist zu beachten, daß tatbestandsmäßige Zueignung nicht erst die Übergabe der Sache ist, sondern jede Willensäußerung, durch die der Zueignungswille nach außen in Erscheinung tritt (s. o. A 4 b). So ist z. B. bei einer rechtswidrigen Veräußerung von Kraftstoff durch einen ungetreuen Lagerverwalter der Tb. spätestens in dem Augenblick verwirklicht, in dem der Lagerverwalter den Kraftstoff aus dem Behälter pumpt (BGH NJW 59, 1377; noch weitergehend OLG Stgt. JR 60, 108 und Schönke-Schröder Rn. 18, wonach es für die Annahme von Hehlerei genügt, daß die Vortat erst durch die Übergabe der Sache an den Hehler vollendet wird).

b) wenn die Sache nicht unmittelbar durch eine strafbare Handlung erlangt ist. Dieses Problem taucht vor allem dann auf, wenn der Täter den durch strafbare Handlung erlangten Gegenstand in einen anderen umgetauscht hat. In diesen Fällen kommt Hehlerei nur dann in Betracht, wenn auch das Tauschgeschäft eine strafbare Handlung darstellt. Im übrigen ist die sogenannte Ersatzhehlerei (besser: Hehlerei an Ersatzsachen oder „Surrogaten") nicht strafbar.

Beispiele: Verkauft A den gestohlenen Ring an einen gutgläubigen Juwelier für 100,— DM, so begeht er diesem gegenüber einen Betrug, da J kein Eigentum erwerben kann. Verschenkt er anschließend das von J erhaltene Geld an B, so begeht dieser, wenn er die strafbare Herkunft kennt, Hehlerei. — Keine Hehlerei dagegen, wenn A den gestohlenen Geldschein auf der Bank einwechselt und das Wechselgeld an seine Freunde verteilt. Das Wechselgeld stammt in diesem Fall nicht aus einer strafbaren Handlung. Eine solche wäre nur dann gegeben, wenn der entwendete Schein falsch war; dann hätte die Bank durch das Einwechseln einen Schaden erlitten, so daß als strafbare Vortat, wie im ersten Beispiel, Betrug in Betracht kommt.

IV. Die **Handlung** besteht im Verheimlichen, Ansichbringen oder Mitwirken zum Absatz bei anderen. Die Alternativen Ankaufen und Zum-Pfand-Nehmen sind nur Unterformen des Ansichbringens.

1. Das **Verheimlichen** setzt im Gegensatz zum Ansichbringen nicht voraus, daß der Täter die Verfügungsgewalt über die Sache hat (BGH 10, 153). Es genügt jedes Handeln, das darauf abzielt, die Wiederauffindung einer Sache durch den Berechtigten oder die Strafverfolgungsbehörden zu verhindern, z. B. durch Verstecken oder Ableugnen des Besitzes. Nicht hierher gehören der Verbrauch und die Vernichtung der Sache, da hierdurch die rechtswidrige Vermögenslage nicht aufrechterhalten wird (OLG Tübingen DRZ 48, 257; h. L.).

2. Ansichbringen ist jede Handlung, durch die der Hehler die Verfügungsgewalt über die Sache in der Weise erlangt, daß er mit Zustimmung des Vortäters über sie wie über eine eigene Sache verfügen kann (BGH 15, 56). Das

Ansichbringen entspricht somit dem Begriff der Zueignung bei Diebstahl, Unterschlagung und Raub, jedoch mit dem Unterschied, daß der Hehler die Verfügungsgewalt im Zusammenwirken mit dem Vortäter erlangt. Handelt er gegen dessen Interessen, so kommt nur Diebstahl, Unterschlagung oder Raub in Betracht. Diebstahl, nicht Hehlerei liegt z. B. vor, wenn A dem B die von diesem entwendete Uhr des X entwendet. Ebenso entfällt Hehlerei, wenn jemand eine Sache nur zu dem Zweck in seine Verfügungsgewalt bringt, sie vor dem drohenden Zugriff der Polizei zu vernichten (BGH 15, 56). Siehe hierzu die Lösung des folgenden Falles. Weitere Sonderfälle und Beispiele:

a) Ein Ansichbringen kann auch darin gesehen werden, daß jemand Geld, das durch strafbare Handlung erlangt ist, als Darlehen annimmt; auch in diesem Fall hat er die freie Verfügungsgewalt (BGH NJW 58, 1244).

b) Der bloße Mitgenuß der Beute in der Form des unmittelbaren Verbrauchs ist kein Ansichbringen (BGH 9, 137). Wenn beispielsweise Frau A ein von ihrem Mann entwendetes Huhn zubereitet und selbst am gemeinsamen Mahl teilnimmt, so liegt keine Hehlerei vor, da Frau A keine eigene Verfügungsgewalt erlangt hat. Anders jedoch, wenn sie eine größere Anzahl Hühner erhält, über deren Verwendung sie frei entscheiden kann.

c) Die Alternativen Ankaufen und Zum-Pfand-Nehmen sind, wie erwähnt, nur Unterfälle des Ansichbringens. Erforderlich ist daher auch hier, daß der Hehler die tatsächliche Verfügungsgewalt erlangt hat. Der bloße Vertragsabschluß genügt noch nicht.

d) Ein Gewerbegehilfe, der für seinen Geschäftsherrn gestohlene Ware ankauft, bringt diese nur dann an sich, wenn er eine selbständige, von den Weisungen seines Geschäftsherrn unabhängige Tätigkeit entfaltet (BGH 2, 262, 355; 6, 60). Andernfalls kommt entweder Beihilfe zur Hehlerei des Geschäftsherrn in Betracht (was jedoch vorausestzt, daß dieser Bescheid weiß), oder aber Hehlerei in der Form des Mitwirkens zum Absatz.

3. Als **Mitwirken zum Absatz** ist jede im einverständlichen Zusammenwirken mit dem Vortäter entfaltete Tätigkeit anzusehen, die zur wirtschaftlichen Verwertung führen soll. Hierher gehören vor allem Verkauf, Vermietung und Verpfändung. Weitere Beispiele und Sonderfälle:

a) Nicht erforderlich ist, daß es zum Absatz kommt. Es genügt, daß Handlungen vorgenommen werden, die auf den Absatz hinzielen. Andererseits ist die bloße Aufbewahrung der Sache mit dem Ziel, sie später irgendwo abzusetzen, nur eine Vorbereitung des späteren Absatzes und noch kein Mitwirken zum Absatz (BGH 2, 137). Ausreichend wäre jedoch eine Übernahme in Verkaufskommission, auch wenn der Täter später keine Tätigkeit als Verkaufskommissionär entfaltet (BGH a.a.O.; RG 55, 58).

b) Kein Mitwirken zum Absatz liegt vor, wenn jemand für den Vortäter von dem gestohlenen Sparbuch Geld abhebt oder einen gefundenen Pfand- oder Gepäckschein einlöst oder andere Handlungen vornimmt, die die Sache für die Zwecke des Täters nutzbar machen. Hier kommt jedoch sachliche Begünstigung in Betracht. Auch das Umlackieren eines gestohlenen Pkw kann nicht schlechthin als Mitwirken zum Absatz angesehen werden, sondern nur dann, wenn der Wagen verkauft werden soll, nicht dagegen, wenn der Täter den Wagen selbst benutzen möchte.

c) Das bloße Mitverprassen des durch die Vortat erbeuteten Geldes ist kein Mitwirken zum Absatz. Wer sich vom Täter einladen läßt, hilft zwar mit, das Geld unter die Leute zu bringen. Er fördert hierdurch aber noch nicht den Absatz des Geldes im Interesse des Vortäters (BGH 9, 137). Anders jedoch, wenn jemand dem Täter Hinweise gibt, wo und wie er das erbeutete Geld schnell und möglichst unauffällig ausgeben oder anlegen kann (BGH 9, 139; BGH 10, 1).

V. Der subjektive Tatbestand erfordert neben dem Vorsatz das Streben nach eigenem Vorteil.

1. Der **Vorsatz** muß das Bewußtsein umfassen, daß die Sache mittels einer strafbaren Handlung erlangt ist, und daß durch die eigene Tätigkeit die rechtswidrige Vermögenslage aufrechterhalten wird.

a) Nicht erforderlich ist, daß der Täter die Einzelheiten der Vortat kennt. Es genügt, wenn er sich eine Tat vorstellt, die fremde Vermögensinteressen beeinträchtigt (s. o. III 1 a). Der Vorsatz entfällt z. B. nicht dadurch, daß die Vortat entgegen der Vorstellung des Hehlers kein Diebstahl, sondern ein Betrug oder ein Raub war.

b) Der Vorsatz muß im Zeitpunkt des Ansichbringens, Verheimlichens oder Mitwirkens zum Absatz vorliegen. Beispiel: Nicht Hehlerei, sondern Unterschlagung liegt vor, wenn der Täter eine fremde Sache zunächst gutgläubig erwirbt und später, nachdem er die strafbare Herkunft erfahren hat, auf eigene Rechnung verkauft (BGH 10, 151). Verkauft er sie in einverständlichem Zusammenwirken mit dem Vortäter, so kommt Hehlerei nur in der Form des Mitwirkens zum Absatz in Betracht.

c) Bestreitet der Hehler, die strafbare Herkunft der Sache gekannt zu haben, so wird — ähnlich wie bei § 245 a — der Nachweis des Vorsatzes durch die gesetzliche Beweisregel erleichtert, wonach bei besonders belastenden Umständen, die jedem unbefangenen Dritten an der Stelle des Täters die strafbare Herkunft der Sache hätten aufdrängen müssen, von diesen Umständen auf den Vorsatz geschlossen werden kann (BGH 2, 146). Jene Umstände müssen so auffällig auf die strafbare Herkunft der Sache hinweisen, daß ein verständiger und ehrlicher Mensch die strafbare Herkunft erkannt und nicht nur mit deren Möglichkeit gerechnet hätte (BGH LM § 259 Nr. 19). Liegt nur das letztere vor, so handelt es sich um eine nach § 259 nicht strafbare bewußte Fahrlässigkeit, sofern der Täter gehofft hat, sein Verdacht sei unbegründet; wird dagegen zusätzlich festgestellt, daß der Täter die Möglichkeit strafbarer Herkunft in Kauf nahm, so liegt bedingter Vorsatz vor, der für eine Bestrafung gemäß § 259 ausreicht (BGH a.a.O.). Beispiel: Der Bauhilfsarbeiter A bietet dem B einen Sack Zement zum Preis von 2,— DM an. Kennt B den üblichen Preis, der mehr als das Doppelte beträgt, so muß seine Einlassung, er habe geglaubt, A habe den Zement von seinem Arbeitgeber „billig" erworben, als unglaubwürdige Schutzbehauptung behandelt werden. Jeder verständige Dritte hätte nämlich an Stelle des B die Überzeugung gewonnen, daß A nur durch Diebstahl in den Besitz des Zements gekommen sein konnte.

2. Das **Streben nach Vorteil** muß der eigentliche Beweggrund sein. Der erstrebte Vorteil muß jedoch kein Vermögensvorteil sein. So genügt z. B. die Absicht, eine drohende Strafverfolgung abzuwenden (BGH 15, 55), desgleichen die Absicht, sich die Gunst des Vortäters zu erhalten. Auch das

Streben nach einem nur mittelbaren Vorteil kann den Tb. erfüllen. So genügt es, wenn ein Gewerbegehilfe die Absicht verfolgt, sein Arbeitsverhältnis günstiger zu gestalten, z. B. eine Aufbesserung seiner Bezüge zu erreichen oder eine drohende Entlastung zu verhindern (BGH 6, 60).

VI. **Täter** kann jeder sein mit Ausnahme des Vortäters. Dies ergibt sich aus der Erwägung, daß die Hehlerei wesensmäßig die Anschlußtat an die Tat eines anderen ist und kollusives Zusammenwirken mit dem Vortäter voraussetzt. Anstifter und Gehilfen können dagegen auch dann Hehler sein, wenn sie bereits im Zeitpunkt der Teilnahme darauf abzielten, später Teile der Beute in ihren Besitz zu bringen (BGH 7, 134; 13, 403). Für sie ist die Vortat immer eine fremde Tat, d. h. die Tat eines anderen. Für den Mittäter der Vortat ist die Tat zunächst eine eigene, so daß Hehlerei ausscheidet. Dieser Grundsatz gilt aber nach BGH 3, 193 nur bis zur Verteilung der Beute. Siehe hierzu Abschn. C b der Lösung von Fall 9 (S. 286).

VII. **Teilnahme** ist nach allgemeinen Gesichtspunkten strafbar. Auch der Vortäter selbst kann an der Hehlerei beteiligt sein. Für ihn ist die Teilnahme jedoch straflose Nachtat (BayObLG NJW 58, 1597).

VIII. **Konkurrenzen:** Im Verhältnis zur Teilnahme an der Vortat kommt je nach Sachlage IdK oder RK in Betracht (BGH 13, 404). Bei Anstiftung dürfte i. d. R. Realkonkurrenz, bei Beihilfe Idealkonkurrenz mit Hehlerei vorliegen, letzteres vor allem dann, wenn ein enger zeitlicher Zusammenhang gegeben ist. — Mit Begünstigung kommt ebenfalls je nach Sachlage IdK oder RK in Betracht. Siehe auch oben I. — Die in jedem Ansichbringen enthaltene Unterschlagung (s. o. IV 2) wird von der Hehlerei konsumiert. — Fehlt das kollusive Zusammenwirken mit dem Vortäter (z. B. bei Diebstahl, Raub und Unterschlagung), so entfällt Hehlerei. Mit Betrug und Erpressung ist jedoch IdK möglich (vgl. Schönke-Schröder Rn. 45).

IX. Wegen Wahlfeststellung siehe Vorbem. A vor Fall 11 (S. 312).

X. Erschwerte Fälle der Hehlerei finden sich in §§ 260, 261. — Ergänzend zu beachten sind § 5 EdelMetG und § 18 UnedelMetG.

IX. **Abschließende Beispiele:**

1. A stiehlt ein neuwertiges Fahrrad und versetzt es im Pfandhaus. Den Pfandschein verkauft er für 10,— DM an B. Hier sind objektiv und subjektiv alle Voraussetzungen der Hehlerei gegeben. Der Pfandschein stammt zwar selbst nicht unmittelbar aus dem Diebstahl. Mit seinem Erwerb hat B jedoch zugleich auch das Fahrrad in seine Verfügungsgewalt gebracht (RG 70, 37). Subjektiv kann sich B nicht auf fehlenden Vorsatz berufen. Jeder weiß, daß der Berechtigte ein neuwertiges Fahrrad nicht für 10,— DM verkauft.

2. A schenkt dem B einen gewilderten Hasen. B erfährt den wahren Sachverhalt erst am nächsten Tag. Als kurz darauf der Jagdberechtigte C bei B anfrägt, ob er etwas von dem Hasen wisse, verneint B, um sich im Besitz des Hasen zu halten. Hier entfällt Hehlerei: Im Zeitpunkt des Erwerbs war B gutgläubig; als er den Besitz ableugnete, hatte er bereits unanfechtbares Eigentum erworben (§ 935 BGB gilt hier nicht!).

Lösung des Falles

Zu Frage 1)

I. Die Annahme der Uhr

A ließ sich von Max und Moritz eine Uhr schenken, von der er wußte, daß sie aus einem Einbruch stammte. Der Tb. der **Hehlerei** (§ 259) ist damit objektiv und subjektiv erfüllt, ohne daß es weiterer Feststellungen bedürfte. Das Verhalten war auch rechtswidrig und schuldhaft.

II. Die Übernahme des Kästchens

Die W hatte dem A das Kästchen mit dem Auftrag übergeben, es irgendwo im Hafen verschwinden zu lassen. In Betracht kommen folgende Tatbestände:

1. Begünstigung (§ 257)

a) Allgemeine Ausführungen zur Begünstigung siehe Vorbem. B.

b) Der Inhalt des Kästchens stammte aus einem Verbrechen, nämlich einem Einbruch.

c) Es ist weiter zu prüfen, ob A den Tätern der Vortat (Max und Moritz) durch die Übernahme des Kästchens Beistand geleistet hat. Hierzu genügt, wie in der Vorbem. B unter I 5 näher ausgeführt, jede Handlung, die nach der Vorstellung des Täters geeignet ist, die Lage des Täters hinsichtlich der erstrebten Strafvereitelung oder Vorteilssicherung zu verbessern. A wußte, daß der Inhalt des Kästchens aus einem Einbruch stammte und die Polizei bei Max und Moritz bereits zweimal vergeblich eine Haussuchung durchgeführt hatte. Er wußte auch, daß die Witwe X eine Einbestellung zur Polizei erhalten hatte und es offensichtlich für angebracht hielt, das Kästchen im Interesse von Max und Moritz aus dem Haus zu schaffen. Trotzdem entschloß er sich, das Kästchen in Verwahrung zu nehmen. Schon diese Handlung zielt darauf ab, die Stellung von Max und Moritz zu verbessern. Solange es gelingt, das Kästchen vor dem Zugriff der Polizei zu sichern, besteht keine Gefahr, daß Max und Moritz durch den Besitz des Diebesguts belastet oder gar überführt werden; außerdem ist die Verwahrung des Diebesguts durch unverdächtige Dritte generell geeignet, den Tätern die Vorteile der Tat zu sichern. Die Übernahme des Kästchens durch A stellt sich daher als Beistandsleistung i. S. des § 257 dar.

d) Der subjektive Tb. erfordert zunächst Vorsatz. Hierbei genügt im vorliegenden Fall die Feststellung, daß A die strafbare Herkunft des

Kästchens kannte und sich darüber im klaren war, daß die durch ihn vorgenommene Verwahrung geeignet war, die Lage von Max und Moritz in der unter c) beschriebenen Weise zu verbessern.

e) Der subj. Tb. erfordert weiter die Absicht, den Vortäter der Strafe zu entziehen oder ihm die Vorteile der Tat zu sichern. Nach Sachverhalt wollte A verhindern, daß Max und Moritz durch das Kästchen belastet würden. Deshalb nahm er davon Abstand, das Kästchen zur Polizei zu bringen. Unerheblich ist dabei, ob das Streben, Max und Moritz vor Strafe zu schützen, das ausschließliche oder hauptsächliche Tatmotiv war. Wie in der Vorbemerkung B unter I 7 b bereits dargelegt, muß die Absicht der Strafvereitelung nicht der Beweggrund zur Beistandsleistung sein. Es genügt vielmehr, daß es dem Täter auf diesen Erfolg zur Erreichung eines anderen Zieles ankommt (BGH 4, 107). Begünstigung kann also — tatbestandsmäßig — nicht mit der Begründung abgelehnt werden, A sei Max und Moritz nur deshalb entgegengekommen, um nicht selbst wegen der ihm geschenkten gestohlenen Uhr Schwierigkeiten zu bekommen.

f) Der Tb. des § 257 ist damit in der Form der persönlichen Begünstigung erfüllt. Ob auch eine sachliche Begünstigung vorliegt, läßt sich aus dem Sachverhalt nicht entnehmen. Gegen eine sachliche Begünstigung spricht die Erwägung, daß A zunächst mit dem Gedanken umging, das Kästchen in den Hafen zu werfen.

g) Rechtfertigungsgründe sind nicht ersichtlich. Das Verhalten war somit rechtswidrig.

h) Im Rahmen der Schuld ist zu prüfen, ob A sich auf Selbstbegünstigung berufen kann. Wie bereits in der Vorbemerkung B unter I 8 dargelegt, bleibt eine Begünstigung aus notstandsähnlichen Gründen straflos, wenn sie von der Absicht getragen ist, sich selbst der Bestrafung zu entziehen. Dieser notstandsähnliche Gedanke führt aber nur dann zum Schuldausschluß, wenn der Begünstigende an der gleichen Tat als Mittäter, Anstifter, Gehilfe oder Hehler beteiligt war (vgl. BGH 4, 168; 5, 167; 6, 21). Diese Voraussetzung würde im vorliegenden Fall unzweifelhaft dann vorliegen, wenn eines der in dem Kästchen verwahrten Schmuckstücke aus dem gleichen Einbruch stammte wie die von A gehehlte Uhr. Das gleiche würde gelten, wenn die verschiedenen Einbrüche untereinander in Fortsetzungszusammenhang standen. Liegen diese Voraussetzungen jedoch nicht vor, so könnte sich A nur dann auf straflose Selbstbegünstigung berufen, wenn er wenigstens glaubte, daß die Uhr aus einem der Einbrüche stammte, aus denen auch die in dem Kästchen verwahrten Schmuckstücke stammten. Der Sachverhalt läßt eine solche Interpretation zugunsten des A ohne weiteres zu. Im Ergebnis kann daher festgestellt werden, daß eine strafbare Begünstigung nicht vorliegt. Der Bundesgerichtshof, der den vorliegenden Fall in BGH 15, 53 zu entscheiden hatte, hat die Frage nicht erörtert.

2. Hehlerei (§ 259)

a) Allgemeine Ausführungen zur Hehlerei siehe Vorbem. C.

b) Der Inhalt des Kästchens stammte, wie A wußte, aus einem Verbrechen, nämlich aus mehreren Einbruchsdiebstählen.

c) Es ist weiter zu prüfen, ob A das Kästchen „an sich gebracht" hat. Wie in der Vorbem. C unter IV 2 näher dargelegt, gilt als Ansichbringen jede Handlung, durch die der Hehler die Verfügungsgewalt über die Sache in der Weise erlangt, daß er über sie wie über eine eigene Sache verfügen kann. Diese Voraussetzung ist auf den ersten Blick gegeben. Die X hatte A das Kästchen mit der Bitte übergeben, es „irgendwo im Hafen verschwinden zu lassen". Diese Formulierung läßt eindeutig darauf schließen, daß die X den A veranlassen wollte, das Kästchen mit dem gefährlichen Inhalt sofort zu vernichten. Es kann auch davon ausgegangen werden, daß A die Bitte der X in diesem Sinne verstand. Seine spätere Erwägung, es sei zu gefährlich, das Kästchen einfach in den Hafen zu werfen, zwingt zu dem Schluß, daß A das Ansinnen der X richtig verstanden hatte. Bei dieser Sachlage aber erscheint es bei genauerer Betrachtung zweifelhaft, ob man im vorliegenden Fall von einem Ansichbringen i. S. von § 259 sprechen kann. Die Hehlerei ist nämlich — unbestritten — ein reines Vermögensdelikt. Der abgeleitete Erwerb der Verfügungsgewalt mit der Folge, daß man mit der Sache wie ein Eigentümer verfahren kann, genügt für das Merkmal des Ansichbringens noch nicht. Es muß vielmehr eine Verfügungsgewalt „zu eigenen Zwecken" in dem Sinn gewollt sein, daß die Sache ihrem wirtschaftlichen Wert nach übernommen wird (vgl. BGH 15, 53, 56, wo der hier erörterte Sachverhalt entschieden wurde). Das Tb-Merkmal Ansichbringen enthält insoweit die gleichen Elemente wie das Tb.-Merkmal der Zueignung beim Diebstahl und bei der Unterschlagung (vgl. BGH a.a.O.). Von einem Ansichbringen kann daher nicht gesprochen werden, wenn der Täter — wie im vorliegenden Fall — die Verfügungsgewalt nur zu dem Zweck erlangt, die Sache zweckentfremdet zu vernichten (BGH a.a.O.). Hehlerei ist daher abzulehnen.

3. Ergebnis

Durch die Übernahme des Kästchen hat sich A nicht strafbar gemacht. Hehlerei entfällt schon tatbestandsmäßig. Die tatbestandsmäßige und rechtswidrige Begünstigung bleibt unter dem Gesichtspunkt der Selbsbegünstigung straflos.

III. Die Veräußerung des Kästchens an den Holländer

1. Auch hier ist zunächst wieder **Hehlerei** (§ 259) zu prüfen.

a) Im Gegensatz zu dem Zeitpunkt, als A das Kästchen von der X übernahm, ging es ihm beim Verkauf an den Holländer darum, das Kästchen wirtschaftlich zu verwerten. Hierzu war er aber aus der Sicht der X nicht befugt. A sollte das Kästchen nicht wirtschaftlich verwerten, sondern verschwinden lassen. Es fehlt daher an dem sog. kollusiven Zusammenwirken zwischen dem Hehler und dem Vortäter bzw. dessen Mittelsmann. Hehlerei in der Form des Ansichbringens käme im vorliegenden Fall nur dann in Betracht, wenn die X dem A das Kästchen zu eigenen Zwecken hätte übertragen wollen und A dieses Angebot angenommen hätte. So aber liegt der Sachverhalt der Frage 1 nicht. Es fehlt auf jeden Fall an der ersten Voraussetzung. Hehlerei in der Form des Ansichbringens ist daher abzulehnen (vgl. BGH a.a.O.).

b) Es ist weiter zu prüfen, ob ein Mitwirken zum Absatz i. S. von § 259 vorliegt. Hierher gehört jede Tätigkeit, die im einverständlichen Zusammenwirken mit dem Vortäter zur wirtschaftlichen Verwertung der Sache führen soll. Diese Voraussetzungen liegen hier ebenfalls nicht vor, da A den Schmuck zwar wirtschaftlich verwertete, dabei aber nicht im einverständlichen („kollusiven) Zusammenwirken mit den Vortätern, sondern gerade gegen deren Interessen vorging. § 259 ist daher auch in dieser Tatbestandsalternative abzulehnen.

2. **Begünstigung** (§ 257) entfällt schon deshalb, weil es A beim Verkauf des Kästchens weder darum ging, Max und Moritz vor Strafe zu schützen, noch ihnen die Vorteile ihrer Tat zu sichern. Er sah zu diesem Zeitpunkt nur den eigenen Vorteil.

3. **Unterschlagung** (§ 246)

a) Das Kästchen mit dem Schmuck stand nach wie vor im Eigentum der von Max und Moritz Bestohlenen. Es war somit eine für A fremde bewegliche Sache.

b) Der Verkauf an den Holländer stellt sich als typische Zueignungshandlung dar. A hat den Schmuck zu eigenen Zwecken verwertet und damit eine Verfügung vorgenommen, die ihm nicht zustand.

c) Fremder Gewahrsam wurde nicht gebrochen. A hatte im Zeitpunkt des Verkaufs alleinigen Gewahrsam. Damit sind alle objektiven Tatbestandsmerkmale der Unterschlagung gegeben.

d) Der auf der subj. Tatseite erforderliche Vorsatz ist ebenfalls gegeben. A wußte, daß er, ohne hierzu berechtigt zu sein, über fremde Sachen wie ein Eigentümer verfügte.

e) Das Verhalten war rechtswidrig und schuldhaft. Rechtfertigungs- oder Schuldausschließungsgründe sind nicht ersichtlich. Ein erschwerter Fall der Unterschlagung, nämlich eine sog. Veruntreuung, liegt dagegen nicht vor. A hatte in dieser Alternative des Sachverhalts weder eine Pflicht zur Rückgabe, noch eine Pflicht zur Verwahrung (vgl. Vorbem. A 7).

4. Ergebnis: A hat sich einer einfachen Unterschlagung (Vergehen gemäß § 246) schuldig gemacht.

Zu Frage 2)

I. Die Übernahme des Kästchens

Die W hatte dem A das Kästchen übergeben mit dem Auftrag, es für einen ihrer Söhne aufzubewahren.

1. Begünstigung (§ 257) entfällt aus den gleichen Gründen wie in Frage 1.

2. Hehlerei (§ 259)

a) Das Tatbestandsmerkmal Ansichbringen würde wiederum voraussetzen, daß A nach der Vorstellung der X über das Kästchen zu eigenen Zwecken verfügen sollte. Das sollte er aber gerade nicht. Er sollte vielmehr das Kästchen aufbewahren.

b) Hätte A sich an die Weisung der X gehalten und das Kästchen irgendwo versteckt, um es dem Zugriff des Berechtigten weiter zu entziehen, so wäre ein Verheimlichen i. S. des § 259 gegeben. (Siehe hierzu Vorbem. C Abschn. IV 1.) A hat jedoch keine Handlung vorgenommen, die als Verheimlichen angesehen werden könnte. § 259 ist daher auch in dieser Form abzulehnen.

II. Der Verkauf des Kästchens an den Holländer stellt sich wie in Frage 1 als **Unterschlagung** (§ 246) dar. Hehlerei ist mit der gleichen Begründung wie in Frage 1 abzulehnen (vgl. BGH a.a.O. 57). Abweichungen gegenüber der Lösung zu Frage 1 ergeben sich nur insoweit, als A diesmal eine Sache unterschlagen hat, die er nach den getroffenen Vereinbarungen für Max aufbewahren sollte. Es handelt sich daher um die Unterschlagung einer anvertrauten Sache, d. h. um eine sog. Veruntreuung. Hierbei ist es unerheblich, daß die Pflicht zur Verwahrung auf einer sittenwidrigen Vereinbarung beruht (vgl. Vorbem. A 7 b m. weit. Nachweisen).

Zu Frage 3)

I. Die Übernahme des Kästchens

Bei der 3. Fallgestaltung konnte A mit dem Kästchen verfahren wie er wollte. Es stand ihm also frei, ob er das Kästchen vernichten, für Max aufbewahren oder zu eigenen Zwecken verwerten wollte.

1. Begünstigung (§ 257) entfällt wie bisher.

2. Hehlerei (§ 259)

a) Hatte A zunächst den festen Entschluß gefaßt, das Kästchen im Hafen verschwinden zu lassen, so fehlte ihm bei Erlangung der Verfügungsgewalt der Wille, über den Schmuck zu eigenen Zwecken zu verfügen. Der Fall wäre wie in Frage 1 zu entscheiden. Ein Ansichbringen i. S. von § 259 würde nicht vorliegen. Die nachträgliche Änderung des Entschlusses wäre unerheblich (BGH a.a.O. 59).

b) Hätte A sich s o f o r t entschlossen, das Angebot der X anzunehmen und das Kästchen zu eigenen Zwecken zu übernehmen, so bestünden keine Bedenken, die Voraussetzungen des Merkmals Ansichbringen als gegeben anzusehen. Nichts anderes gilt, wenn A sich zunächst noch nicht entscheiden konnte, ob er das dahin gehende Angebot der X annehmen sollte. Das Ansichbringen muß nämlich mit der Gewahrsamserlangung nicht notwendig zusammenfallen, sondern kann dieser — ähnlich wie bei der Unterschlagung — auch zeitlich nachfolgen (vgl. BGH a.a.O. 58). Ein Ansichbringen liegt daher auch dann vor, wenn die X dem A die Verfügungsgewalt über das Kästchen zu eigenen Zwecken übertragen wollte und A ihr Angebot — ohne es zuvor eindeutig abgelehnt zu haben — spätestens durch den Verkauf an den Holländer angenommen hat (vgl. BGH a.a.O. 58, 59).

c) Geht man von dieser letztgenannten Möglichkeit aus, so hat A den obj. Tb. des § 259 in der Form des Ansichbringens verwirklicht.

d) Der subj. Tb. fordert neben dem Vorsatz eine Vorteilsabsicht. Der Vorsatz bietet keine Schwierigkeiten. A kannte die strafbare Herkunft der Schmuckstücke. Fraglich ist jedoch, ob er auch s e i n e s V o r t e i l s w e g e n gehandelt hat. Wie schon in der Vorbem. C unter V 2 dargelegt, muß der erstrebte Vorteil kein Vermögensvorteil sein. A kann sich daher nicht darauf berufen, er habe das Kästchen nur verkauft, um sich vor Strafe zu schützen. Nach feststehender Rechtsprechung (vgl. RG 54, 338, BGH 15, 55) kann Hehlerei auch dann vorliegen, wenn der Beweggrund zur Tat darin besteht, eine drohende strafgerichtliche Untersuchung abzuwenden.

e) Das Verhalten war rechtswidrig und schuldhaft. Die Hehlerei bleibt insbesondere nicht unter dem Gesichtspunkt der Selbstbegünstigung straflos. Wie schon in der Vorbem. B unter I 8 dargelegt, bleibt die Selbstbegünstigung nur dann straflos, wenn sie sich auf Handlungen beschränkt, die allein die Bestimmung des § 257 Abs. 1, nicht auch andere Strafvorschriften verletzen (siehe auch BGH 15, 54).

f) Ergebnis: A hat sich im Sachverhalt der Frage 3 b) der Hehlerei schuldig gemacht.

II. Der Verkauf des Kästchens stellt sich wie in Frage 1 und Frage 2 ohne Rücksicht darauf, wann sich A zum Verkauf entschlossen hat, tatbestandsmäßig als **Unterschlagung** (§ 246) dar. Eine rechtlich selbständige Bedeutung erhält diese Unterschlagung aber nur dann, wenn man Hehlerei in der Form des Ansichbringens ablehnt. Dies trifft — wie unter I dargelegt — nur dann zu, wenn A das Angebot der X, das Kästchen für sich zu verwerten, zunächst abgelehnt hatte (vgl. I 2 a). Nimmt man dagegen Hehlerei in der Form des Ansichbringens an, so wird die Unterschlagung von der Hehlerei konsumiert. Dies ergibt sich aus der Erwägung, daß das Ansichbringen, wie bereits oben zu Frage 1 unter I 2 c dargelegt, eine besondere Form der Zueignung darstellt.

III. Ergebnis: Frage 3 muß alternativ entschieden werden. Hatte A zunächst den festen Entschluß gefaßt, den Schmuck im Hafen zu versenken, so ist der Fall wie in Frage 1 und Frage 2 als Unterschlagung zu lösen. Hatte er sich dagegen noch nicht festgelegt, so liegt Hehlerei vor. (Diese Lösung entspricht in allen Punkten der mehrfach zitierten Entscheidung BGH 15, 53 ff.)

ZU FALL 9

Vorbemerkungen

A. Die Mittäterschaft (§ 47)

1. Die Mittäterschaft ist die einzige im Gesetz selbst geregelte Form der Täterschaft. Nach § 47 ist Mittäter, wer eine strafbare Handlung gemeinschaftlich mit anderen ausführt. Für die **Abgrenzung gegenüber der Teilnahme,** insbesondere der Beihilfe, gelten die oben (Vorbem. AT, Abschn. H I, S. 41 ff.) entwickelten Grundsätze. Wie bereits ausführlich dargelegt, steht der Bundesgerichtshof nach anfänglichem Schwanken auf dem Boden eines im wesentlichen subjektiv bestimmten Täterbegriffs

(vgl. insbesondere BGH 16, 22 und 18, 87). Mittäterschaft liegt demzufolge immer dann vor, wenn mehrere Personen mit dem Willen zur Tatherrschaft im bewußten und gewollten Zusammenwirken arbeitsteilig auf die Tatbestandsverwirklichung hinwirken.

Beispiel: A, B und C begehen gemeinsam einen Einbruchsdiebstahl, wobei dem gemeinsamen Tatplan entsprechend A in das Gebäude eindringt, B die herausgereichten Sachen entgegennimmt und C auf der Straße Schmiere steht. Hier sind auch B und C wegen gemeinschaftlichen schweren Diebstahls gemäß §§ 243 Abs. 1 Ziff. 2, 47 zu bestrafen, obwohl sie selbst nicht in das Gebäude eingedrungen waren.

2. **Mittäterschaft ist echte Täterschaft.** Der Mittäter muß daher alle Voraussetzungen erfüllen, die auch der Alleintäter erfüllen muß. Im einzelnen ist zu beachten:

a) Bei eigenhändigen Delikten (vgl. Vorbem. AT, Abschn. B I 6, S. 7) ist Mittäterschaft begrifflich ausgeschlossen. Leisten mehrere Zeugen in einem Strafverfahren einen Meineid, so sind sie auch dann als Alleintäter zu bestrafen, wenn sie ihre Falschaussage vorher abgesprochen haben.

b) Bei den sog. Sonderdelikten (z. B. Amtsdelikte, unechte Unterlassungsdelikte, vgl. Vorbem. AT, Abschn. B I 7, S. 7) kommt als Mittäter nur in Betracht, wer auch als Alleintäter in Betracht kommen könnte. Außenstehende können — ebenso wie bei den eigenhändigen Delikten — nur Anstifter oder Gehilfen sein. Wenn z. B. ein Nichtbeamter gemeinsam mit einem Beamten eine diesem amtlich anvertraute Urkunde fälscht, so kommt für den Nichtbeamten nur Bestrafung aus § 267 in Betracht. Die darüberhinaus vorliegende Beihilfe zur Urkundenfälschung im Amt (§§ 348 II/49) wird, da die Strafe gemäß § 50 II aus § 267 zu entnehmen wäre, durch die eigene Täterschaft konsumiert.

c) Der Mittäter muß die Tat als eigene wollen, d. h. den Willen zur Tatherrschaft haben. Die Tatherrschaft selbst ist nur Indiz für das Vorliegen von Mittäterschaft und im Einzelfall verzichtbar (BGH 16, 12).

3. Erforderlich ist eine **gemeinschaftliche Tatausführung.** Dies setzt nicht notwendig voraus, daß alle Mittäter eigenhändig die eigentliche Tatausführung vornehmen. So kann Mittäter eines Diebstahls auch der sein, der in der Hoffnung auf einen Anteil an der Beute Schmiere steht. Nach BGH 16, 12 genügt es sogar, wenn ein Komplize den anderen durch die Zusage, später für das erforderliche Benzin aufzukommen, dazu überredet, zwecks Vornahme einer gemeinsamen Autofahrt einen PKW zu entwenden.

4. Geht einer der Mittäter weiter, als die anderen wußten und wollten, so spricht man von einem **Exzeß des Mittäters.** Für diesen sind die übrigen Mittäter nicht verantwortlich.

Beispiel: A und B verabreden, aus einem unverschlossenen Stall ein Schwein zu stehlen und für sich zu verwerten. B steht Schmiere, während A sich zu dem Stall begibt und feststellt, daß die Tür wider Erwarten verschlossen ist. Er bricht sie auf und holt das Schwein heraus. B kann nur wegen gemeinschaftlichen einfachen Diebstahls (§§ 242, 47) bestraft werden, während A sich nach §§ 243 Abs. 1 Nr. 2, 47 (Einbruchsdiebstahl) strafbar gemacht hat.

5. Wer sich erst im Laufe der Tat einem anderen als Mittäter anschließt (**sukzessive Mittäterschaft**), muß sich die bis dahin verwirklichten Tatbestandsmerkmale zurechnen lassen, soweit sie ihm bekannt waren (BGH 2, 344).

Beispiel: A sieht, wie B in die Wohnung des X einbricht, um dort einen Diebstahl zu begehen. Wenn er sich nunmehr die günstige Situation zunutze macht und gemeinsam mit B die Wohnung ausräumt, so ist er nicht nur wegen eines gemeinschaftlichen einfachen Diebstahls, sondern wegen eines in Mittäterschaft begangenen Einbruchsdiebstahls (§§ 243 Abs. 1 Nr. 2, 47) zu bestrafen.

6. Zur Frage, unter welchen Voraussetzungen sich ein Mittäter durch **Rücktritt** oder **tätige Reue** Straffreiheit verdienen kann, siehe Vorbem. B I vor Fall 2 (S. 100).

7. In einigen, vom Gesetz besonders hervorgehobenen Fällen wirkt sich die Mittäterschaft strafschärfend aus. Siehe hierzu §§ 119, 123 Abs. 2, 223 a, 243 Abs. 1 Nr. 6 und 250 Abs. 1 Nr. 2.

B. Die Aussagedelikte (§§ 153—163)

I. Übersicht

1. Der 9. Abschnitt des StGB enthält insgesamt **5 Tatbestände:** die uneidliche Falschaussage (§ 153), den Meineid (§ 154), die falsche Versicherung an Eides Statt (§ 156), die Verleitung zur Falschaussage (§ 160) sowie den fahrlässigen Falscheid (§ 163). In § 155 wird klargestellt, daß bestimmte Erklärungen und Versicherungen als Ersatz für die Eidesleistung dieser strafrechtlich gleichstehen. § 157 befaßt sich mit dem sog. Eidesnotstand, § 158 mit der tätigen Reue und § 159 mit der erfolglosen Anstiftung. § 161 schließlich sieht die Möglichkeit bestimmter Nebenstrafen vor.

2. Geschütztes Rechtsgut aller Tatbestände des 9. Abschnitts ist die **staatliche Rechtspflege.** Dies gilt auch für die eigentlichen Eidesdelikte, nämlich den Meineid (§ 154), die falsche Versicherung an Eides Statt (§§ 156, 163) und den fahrlässigen Falscheid (§ 163). Siehe hierzu vor allem BGH 8, 301, 309.

3. Da die staatliche Rechtspflege nur durch solche Aussagen beeinträchtigt werden kann, die objektiv der Wirklichkeit widersprechen, ist die Frage, ob eine Aussage **falsch** ist, objektiv zu beurteilen. Auf die innere Einstellung des Täters kommt es für die Frage, ob eine Aussage falsch ist, nur dort an, wo gerade die Überzeugung oder Erinnerung den Gegenstand der Aussage bildet. Hieraus folgt:

a) Beschwört jemand eine Aussage, die objektiv falsch ist, die er aber für richtig hält, so kommt kein Meineid gemäß § 154, sondern nur fahrlässiger Falscheid (§ 163) in Betracht, sofern der Irrtum auf Fahrlässigkeit beruht.

b) Beschwört jemand eine objektiv richtige Aussage in der Meinung, sie sei falsch, so kommt nur versuchter, nicht vollendeter Meineid in Betracht. Vollendeter Meineid jedoch, wenn der Täter ausdrücklich über seine Überzeugung oder Erinnerung auszusagen hatte.

4. Nur der Meineid gemäß § 154 ist ein Verbrechen i.S. von § 1. Alle übrigen Straftatbestände des Abschnitts (§§ 153, 156, 160, 163) enthalten nur Vergehen.

5. Der **Versuch** ist nur beim Meineid und im Falle des § 160 strafbar. Immer strafbar ist die versuchte Anstiftung (vgl. § 159). § 160 enthält einen Ersatz für die fehlende Möglichkeit, mittelbare Täterschaft anzunehmen. § 161 befaßt sich mit möglichen Nebenstrafen und Nebenfolgen.

II. Die uneidliche Falschaussage (§ 153)

Gemäß § 153 macht sich strafbar, wer vor Gericht oder einer anderen zur eidlichen Vernehmung von Zeugen oder Sachverständigen zuständigen Stelle als Zeuge oder Sachverständiger uneidlich vorsätzlich falsch aussagt. Im einzelnen:

1. Als Täter kommen nur **Zeugen und Sachverständige** in Betracht, nicht die Partei im Zivilprozeß (siehe jedoch § 154), ferner nicht der Beschuldigte im Strafprozeß.

2. Die Aussage muß **falsch** sein. Siehe hierzu oben I 3.

3. Die Aussage muß erfolgen vor **Gericht** oder einer anderen zur **eidlichen Vernehmung von Zeugen und Sachverständigen zuständigen Stelle.** Nicht zuständig sind Polizei und Staatsanwaltschaft, wohl aber die Untersuchungsausschüsse des Bundestages gemäß Art. 44 GG.

4. Subjektiv ist **Vorsatz** erforderlich. Der Täter muß wissen, daß er als Zeuge oder Sachverständiger vernommen wird, daß seine Aussage falsch ist und daß die ihn vernehmende Stelle zur Abnahme von Eiden zuständig ist. Bedingter Vorsatz genügt hinsichtlich aller Tatbestandsmerkmale.

5. Teilnahme ist nach allgemeinen Grundsätzen strafbar. Beihilfe kann auch durch Unterlassen begangen werden, sofern eine besondere Rechtspflicht zur Verhinderung der Falschaussage besteht. (Siehe hierzu ausführlich unten III 6.) Sagt der zum Meineid Angestiftete entgegen der Vorstellung des Anstifters nur uneidlich falsch aus, so ist der Anstifter wegen erfolgloser Anstiftung zum Meineid (§§ 154, 49 a) in IdK. mit Anstiftung zur vorsätzlichen uneidlichen Falschaussage (§§ 153, 48) zu bestrafen (vgl. BGH 9, 131).

6. Mittelbare Täterschaft ist begrifflich ausgeschlossen, da § 153 — wie alle übrigen Tatbestände dieses Abschnitts — ein eigenhändiges Delikt enthält (vgl. Vorbem. AT, Abschn. B I 6, S. 7 f.). Die fehlende Möglichkeit, mittelbare Täterschaft anzunehmen, wird jedoch durch § 160 ersetzt.

7. Der **Versuch** ist mangels ausdrücklicher Strafdrohung nicht strafbar, wohl aber die **versuchte Anstiftung** (vgl. § 159).

8. Konkurrenzen

a) Mehrere falsche Aussagen können untereinander in Fortsetzungszusammenhang stehen, und zwar auch dann, wenn sie in verschiedenen Instanzen erfolgen. Die Annahme von Fortsetzungszusammenhang wird auch nicht dadurch ausgeschlossen, daß die eine Aussage beschworen wurde, die andere nicht (BGH 8, 301).

b) IdK. ist möglich mit §§ 164, 186, 187, 257, 258, 263, mit fahrlässigem Falscheid (§ 163) dagegen nur ausnahmsweise, nämlich dann, wenn jemand vorsätzlich falsch aussagt und dabei fahrlässig der irrigen Auffassung ist, diese Aussage werde vom Eid nicht umfaßt, z. B. wenn ein Zeuge in der irrigen

Meinung, der Eid beziehe sich nicht auf die Angaben zur Person, bewußt der Wahrheit zuwider aussagt, er sei ledig, während er in Wirklichkeit geschieden ist.

9. Siehe auch §§ 157, 158.

III. Der Meineid (§ 154)

1. Meineid ist die vorsätzliche, unter Eid gemachte Falschaussage vor Gericht oder einer anderen zur Eidesabnahme zuständigen Stelle (vgl. § 154 Abs. 1).

Im Gegensatz zur uneidlichen Falschaussage gemäß § 153 kommen als Täter nicht nur Zeugen und Sachverständige in Betracht, sondern auch die Partei im Zivilprozeß und der Schuldner im Offenbarungseidsverfahren (§ 807 ZPO; siehe auch §§ 260, 261, 2028 BGB, 883 Abs. 2 ZPO, 125 KO, 69 VerglO).

Wegen Eidesunfähigen und Eidesunmündigen siehe unten 7.

2. Die Aussage muß **falsch** sein (s. o. I 3). Im Offenbarungseidsverfahren gemäß § 807 ZPO ist hierbei folgendes zu beachten: Nach § 807 Abs. 2 ZPO hat der Schuldner den Offenbarungseid (OE) dahin zu leisten, daß er die von ihm verlangten Angaben nach bestem Wissen und Gewissen richtig und vollständig gemacht hat. Das beschworene Vermögensverzeichnis kann daher auch dann „falsch" sein, wenn es unvollständig ist. Im einzelnen:

a) Der OE erfaßt Angaben des Schuldners über seine persönlichen Verhältnisse (Personalien) nur, soweit sie für den Gläubiger von Interesse sind, z. B. wenn jemand ein Arbeitsverhältnis verschweigt und dadurch den Zugriff des Gläubigers erschwert (BGH 11, 223). Der Tatbestand des § 154 ist dagegen nicht erfüllt, wenn ein arbeitsloser Eisenanstreicher sich der Wahrheit zuwider als Malermeister bezeichnet (vgl. BGH a.a.O.). Wenn der Schuldner irrig glaubt, er müsse auch insoweit wahre Angaben machen, so liegt kein strafbarer Versuch, sondern lediglich ein strafloses Wahndelikt vor (str; vgl. BGH 14, 345; a. A. BGH 11, 226).

b) Auch unpfändbare Sachen müssen angegeben werden. Dies ergibt sich aus der Erwägung, daß in der Regel keineswegs alles, was der Schuldner für unpfändbar hält, wirklich unpfändbar ist und in manchen Fällen auch die Möglichkeit einer sogenannten Austauschpfändung besteht, vgl. § 811 a ZPO. Der Gläubiger hat also ein berechtigtes Interesse daran, daß auch die unpfändbaren Gegenstände des Schuldners im Vermögensverzeichnis aufgeführt werden. (Siehe hierzu RG 71, 300; BGH NJW 56, 756; BGH 13, 345, 349; 14, 345, 348.)

c) Auch unter Eigentumsvorbehalt gekaufte Gegenstände müssen angegeben werden. Dies ergibt sich aus der Erwägung, daß der Abschluß eines Kaufvertrags unter Eigentumsvorbehalt dem Käufer ein Anwartschaftsrecht verschafft, das als Bestandteil seines Vermögens anzusehen ist. Das Anwartschaftsrecht ist auch dann anzugeben, wenn zu seiner Ausübung mehr aufgewendet werden muß, als das Recht selbst oder die hinter ihm stehende Sache wert ist. Dies ergibt sich aus der Erwägung, daß die wirtschaftliche Verwertbarkeit eines solchen Rechts Wandlungen unterworfen ist (BGH 13, 345). Entsprechendes gilt für Sachen, die zur Sicherung übereignet sind.

d) Völlig wertlose Sachen, z. B. ein alter, unbrauchbarer Ofen, müssen nicht angegeben werden.

e) Forderungen unterliegen auch dann der Offenbarungspflicht, wenn sie zweifelhaft, bestritten oder mit Rechten Dritter belastet sind und daher z. Z. der Eidesleistung nicht oder nur mit Schwierigkeiten geltend gemacht werden können (vgl. BGH 13, 345, 350).

f) Falsche Angaben zu Fragen, die gemäß § 807 ZPO nicht beantwortet werden müssen, begründen keinen Meineid (BGH 19, 126 m. weit. Nachw.) Beispiel: Hat der Schuldner ein früher in seinem Besitz befindliches Radio vor der Eidesleistung an einen Freund veräußert, so ist er gemäß § 807 Abs. 1 Nr. 1 ZPO nicht verpflichtet, hierüber Angaben zu machen. Gibt er bei Leistung des OE der Wahrheit zuwider an, er habe das Radio verloren oder vernichtet, so liegt weder ein vollendeter noch ein versuchter Meineid, sondern lediglich ein strafloses Wahndelikt vor (vgl. BGH 14, 345).

g) Nach BGH 7, 375 liegt ein Meineid auch dann vor, wenn der Schuldner Sachen als sein Eigentum angibt, die ihm gar nicht gehören. Hier läuft der Gläubiger nämlich Gefahr, daß er Pfändungen vornehmen läßt, die der Gefahr einer Drittwiderspruchsklage gemäß § 771 ZPO ausgesetzt sind, während gleichzeitig wertvolle Zeit für den Zugriff auf schuldnereigene Gegenstände verloren geht.

3. Für die **Eidesleistung** genügt, daß der Täter die Worte spricht: „Ich schwöre". Nicht erforderlich ist, daß er dabei die Hand zum Schwur erhebt. Auch die religiöse Beteuerungsformel ist verzichtbar (vgl. §§ 66 c II/III StPO; 481 II/III ZPO).

4. Der Eid muß vor **Gericht oder einer anderen zuständigen Stelle** geleistet werden. Siehe hierzu oben II 3.

5. Subjektiv ist **Vorsatz erforderlich.** Siehe hierzu oben II 4, ferner: Der Täter muß wissen, daß die falsche Aussage von seinem Eid umfaßt wird. Der Vorsatz entfällt daher, wenn ein Zeuge falsche Personalien angibt und später den Eid leistet in der irrigen Annahme, dieser beziehe sich nur auf die Angaben zur Sache, nicht auch auf die Angaben zur Person. Hier kommt nur fahrlässiger Falscheid in Idealkonkurrenz mit vorsätzlicher uneidlicher Falschaussage in Betracht (§§ 153, 163, 73).

6. Teilnahme ist nach allgemeinen Grundsätzen strafbar. Beihilfe kann auch durch Unterlassen geleistet werden, sofern eine besondere Rechtspflicht besteht, die Aussageperson vom Meineid abzuhalten. Eine derartige Rechtspflicht kann jedoch nur ausnahmsweise angenommen werden. So können für eine Partei im Zivilprozeß weder die sich aus § 138 ZPO ergebende Wahrheitspflicht noch die Benennung eines Zeugen für eine unwahre Behauptung noch das wahrheitswidrige Bestreiten des gegnerischen Vorbringens für sich allein die Rechtspflicht begründen, die Falschaussage bzw. den Meineid eines Zeugen zu verhindern (vgl. BGH 4, 327; 5, 322; 17, 321). Vielmehr müssen noch besondere Umstände hinzukommen, die die Gefahr einer Falschaussage bzw. eines Meineids begründen oder verstärken, z. B. wenn die Partei einem zum Meineid entschlossenen Zeugen zu verstehen gegeben hat, daß sie keine Erklärung abgegeben habe oder abgeben werde, die der beabsichtigten Aussage entgegensteht (BGH 2, 129), oder wenn eine Partei noch während des Scheidungsverfahrens ihre ehewidrigen Beziehungen mit dem Zeugen fortsetzt, nachdem dieser von der Gegenpartei als Ehebruchszeuge benannt worden ist

(BGH 14, 229). Beihilfe durch positives Tun liegt dagegen vor, wenn eine Partei im Zivilprozeß oder ein Beschuldigter im Strafprozeß vor der Vereidigung des Zeugen auf Frage des Gerichts ausdrücklich erklärt, er habe zu der Aussage des Zeugen keine Erklärung abzugeben (vgl. BGH NJW 58, 956). Die Beihilfe ist hier darin zu sehen, daß der Zeuge in seinem Entschluß, die falsche Aussage auch auf seinen Eid zu nehmen, bestärkt wird.

7. Die **Strafbarkeit** eines Meineids wird nicht dadurch berührt, daß die Vereidigung prozessual unzulässig war, z. B. wenn ein Zeuge wegen Eidesunmündigkeit, Eidesunfähigkeit oder Verdachts der Tatbeteiligung nicht hätte vereidigt werden dürfen (vgl. § 60 StPO). Bei Eidesunmündigen ist jedoch entsprechend § 3 JGG genau zu prüfen, ob sie schon in der Lage waren, die Bedeutung des Eides und den Unrechtsgehalt der Tat zu erkennen und nach dieser Einsicht zu handeln (vgl. RG [GrSen] 36, 284, 295; K.-L. Vorbem. V vor § 153; Maurach BT 640; a. A. Schönke-Schröder Rn. 30 vor § 153 m. weit. Nachweisen: bei eidesunmündigen Personen hat das Verständnis vom Wesen des Eides kraft unwiderlegbarer Vermutung als ausgeschlossen zu gelten).

8. Die **Strafe** ist Zuchthaus (Abs. 1), bei mildernden Umständen Gefängnis nicht unter 6 Monaten (Abs. 2).

Eine Strafmilderung gemäß § 154 Abs. 2 kommt vor allem in Betracht, wenn der Meineid von einer Person geleistet wird, die sich in einem Gewissenskonflikt befindet, z. B. wenn der Meineid zugunsten eines Angehörigen geleistet wird oder wenn der Täter im Falle einer wahrheitsgemäßen Aussage berechtigte Interessen hätte aufs Spiel setzen müssen. Hierher gehören auch die Fälle, in denen ein Zeuge, dem ein Zeugnisverweigerungsrecht gemäß §§ 52 StPO, 383 ZPO zustand, hierüber versehentlich nicht belehrt wurde, ferner der Fall, daß die Belehrung gemäß § 55 StPO unterblieben ist oder ein Tatverdächtiger entgegen der zwingenden Vorschrift des § 60 Nr. 3 StPO vereidigt worden ist (vgl. BGH NJW 58, 1832; BGH 8, 186; 19, 115). Siehe auch § 157.

9. **Konkurrenzen**

a) Mehrere Eidesverletzungen können untereinander in Fortsetzungszusammenhang stehen. Beispiel: A bekundet als Zeuge vorgefaßtem Tatentschluß zufolge sowohl in erster als auch in zweiter Instanz bewußt der Wahrheit zuwider, sein Bruder B sei zur fraglichen Zeit zusammen mit ihm im Kino gewesen. Fortsetzungszusammenhang wäre hier auch dann möglich, wenn A in einer der beiden Verhandlungen als Angehöriger des A gmäß § 61 Nr. 2 StPO unvereidigt geblieben wäre. Dies ergibt sich aus der Erwägung, daß der Meineid kein eigenständiges Delikt mit selbständigem Unrechtsgehalt, sondern lediglich eine erschwerte Form der uneidlichen Falschaussage darstellt (vgl. BGH [GrSen] 8, 301 unter Aufgabe der früheren Rspr.).

b) IdK. ist möglich mit §§ 164, 186 f., 257 f., 263 f. Gegenüber § 145 d geht § 154 vor.

10. **Wahlfeststellung**

a) Kann das Gericht nicht feststellen, welche von mehreren eidlichen Aussagen desselben Täters falsch ist, so hindert dies eine Verurteilung wegen Meineids nicht. In den Urteilsgründen ist dann lediglich festzustellen, daß entweder diese oder jene Aussage falsch ist (vgl. Vorbem. A 3 vor Fall 11, S. 313).

b) Ist von zwei Aussagen entweder die eidliche oder die uneidliche falsch, so ist auch hier eine Verurteilung nach den Grundsätzen der Wahlfeststellung zulässig. Die Strafe ist in diesem Fall dem milderen Gesetz, normalerweise also dem Tatbestand des § 153 zu entnehmen (vgl. BGH NJW 57, 1886). Ausnahmsweise ist jedoch die eidliche Aussage als falsch zu unterstellen, wenn dies zu einer milderen Bestrafung führen kann, z. B. wenn sich der Angeklagte zwar hinsichtlich der eidlichen Aussage, nicht aber hinsichtlich der uneidlichen auf den Eidesnotstand des § 157 berufen könnte (vgl. BGH 13, 70).

c) Bleibt unklar, ob jemand einen Falscheid vorsätzlich oder fahrlässig geleistet hat, so ist zu seinen Gunsten davon auszugehen, daß er nur fahrlässig gehandelt hat (vgl. BGH 4, 340; 17, 210). Siehe hierzu auch Vorbem. A 4 vor Fall 11 (S. 313).

d) Wahlfeststellung ist schließlich auch dann möglich, wenn sich nicht mehr feststellen läßt, ob jemand einen anderen zunächst wissentlich falsch angeschuldigt oder bei einer späteren richterlichen Vernehmung als Zeuge die Unwahrheit gesagt hat (vgl. OLG Braunschweig NJW 59, 1144). Beispiel: Die A erstattet Anzeige bei der Polizei unter der Behauptung, ihr Vater habe sie vergewaltigt. Später bekundet sie vor Gericht, alles sei gelogen.

IV. Falsche Versicherung an Eides Statt (§ 156)

1. Die **Form** der eidesstattlichen Versicherung ist unerheblich. Die Abgabe kann mündlich oder schriftlich erfolgen. Der Tatbestand ist dagegen noch nicht erfüllt, wenn jemand die eidesstattliche Versicherung seinem Anwalt vorlegt und dieser vorsichthalber die Erklärung noch nicht an das Gericht oder die sonst zuständige Stelle weiterleitet, sondern lediglich erklärt, er besitze eine eidesstattliche Versicherung mit einem bestimmten Inhalt. Dies gilt selbst dann, wenn der Anwalt eine Abschrift der in seinen Händen befindlichen eidesstattlichen Versicherung vorlegt (vgl. RG 70, 133).

2. Die **Zuständigkeit** der Behörde ist ein objektives Tatbestandsmerkmal, auf das sich der Vorsatz beziehen muß. Im einzelnen:

a) Die Behörde muß zunächst allgemein zur Abnahme von eidesstattlichen Versicherungen zuständig sein. Diese Voraussetzung ist auch ohne besondere gesetzliche Bestimmungen dann gegeben, wenn eine Behörde auf Grund eines förmlichen Beweisverfahrens selbständige Entscheidungen zu treffen hat. Allgemein zuständig in diesem Sinn sind insbesondere die Gerichte der Zivil- und Strafgerichtsbarkeit, die Verwaltungs-, Sozial- und Arbeitsgerichte, Finanzämter und Finanzgerichte, Notare, Landratsämter, Landesversicherungsanstalten, nicht jedoch Polizei und Staatsanwaltschaft, Krankenkassen, Wohnungs- und Fürsorgeämter.

b) Darüber hinaus ist erforderlich, daß die eidesstattliche Versicherung rechtlich nicht völlig wirkungslos ist (vgl. BGH 5, 69; 13, 154; 17, 303; BGH JR 62, 464). Wirkungslos ist die eidesstattliche Versicherung dann, wenn sie in dem Verfahren, zu dem sie eingereicht wird, oder über den Gegenstand, auf den sie sich bezieht, nicht abgegeben werden darf, z. B. wenn ein Angeklagter im Strafprozeß zum Beweis seiner Unschuld dem Gericht eine eidesstattliche Versicherung vorlegt oder wenn eine Partei im Zivilprozeß ihre Klagebehauptung durch eine eidesstattliche Versicherung erhärten will.

c) Weitere Beispiele: Im Bereich der **ZPO** ist die Abgabe einer eidesstattlichen Versicherung überall dort zulässig, wo es genügt, eine tatsächliche Behauptung glaubhaft zu machen (vgl. § 294 ZPO), z. B. wenn es darum geht, ein Zeugnisverweigerungsrecht glaubhaft zu machen (vgl. §§ 386, 44 ZPO), vor allem aber im Armenrechtsverfahren (vgl. § 118 a ZPO), im Zwangsvollstreckungsverfahren (vgl. §§ 707, 719, 769, 771, 813 a ZPO) und bei der einstweiligen Verfügung (vgl. § 936 i V. mit § 920 Abs. 2 ZPO). Ausnahmen: §§ 44 Abs. 2, 406 Abs. 3, 511 a Abs. 3, 546 Abs. 3 ZPO. Siehe auch BGH 13, 154: Das Gericht ist nicht zuständig, im Offenbarungseidsverfahren dem Schuldner eine eidesstattliche Versicherung darüber abzunehmen, daß er gegen die Entscheidung, durch die sein Widerspruch gegen die Pflicht zur Eidesleistung verworfen worden ist, ein Rechtsmittel eingelegt habe (vgl. § 900 Abs. 5 ZPO).

Im Bereich der **StPO** gibt es eine dem § 294 ZPO entsprechende Bestimmung für die Zulässigkeit von eidesstattlichen Versicherungen zur Glauhaftmachung nicht. Dies bedeutet nun allerdings nicht, daß eidesstattliche Versicherungen im Bereich der StPO generell unzulässig und wirkungslos sind. So ist es zulässig, daß ein Zeuge zur Glaubhaftmachung seines Zeugnisverweigerungsrechts (vgl. § 56 StPO) eine eidesstattliche Versicherung abgibt (vgl. RG 58, 147). Geht es um die Glaubhaftmachung eines Wiedereinsetzungsgrunds (vgl. § 45 StPO) oder eines Gesuchs um Ablehnung eines Richters, so wird in der Rechtsprechung zwar die eidesstattliche Versicherung von Zeugen, nicht aber eine solche des Beschuldigten als zulässig angesehen (vgl. RG 57, 53; 70, 268; BayObLG NJW 54, 204). Unzulässig sind eidesstattliche Versicherungen im Wiederaufnahmeverfahren (vgl. BGH 17, 303).

3. Subjektiv ist **Vorsatz** erforderlich. Der Täter muß wissen, daß seine Erklärung falsch oder unvollständig ist und daß er sie vor einer zuständigen Stelle abgibt. Bedingter Vorsatz genügt. Bei fahrlässiger Begehungsweise siehe § 163 Abs. 1.

4. Der **Versuch** ist nicht strafbar, wohl aber die versuchte Anstiftung (vgl. § 159).

5. Teilnahme ist nach allgemeinen Grundsätzen strafbar. Beihilfe liegt z. B. dann vor, wenn A für B eine Dissertation anfertigt, obwohl er weiß, daß B bei Abgabe der Arbeit der Fakultät gegenüber eidesstattlich versichern muß, daß er die Arbeit ohne fremde Hilfe gefertigt habe (vgl. RG 75, 112). Wegen versuchter Anstiftung siehe § 159; die Verleitung eines Gutgläubigen oder Geisteskranken ist gemäß § 160 strafbar.

6. Konkurrenzen: IdK ist vor allem denkbar mit §§ 169, 271, 263. — Wegen Nebenfolgen siehe § 161.

7. Siehe auch §§ 157, 158.

V. Verleitung zur Falschaussage (§ 160)

1. Gemäß § 160 macht sich strafbar, wer einen anderen zur Leistung eines falschen Eides, einer falschen Versicherung an Eides Statt oder einer falschen uneidlichen Aussage verleitet. Die Vorschrift ersetzt die fehlende Möglichkeit, mittelbare Täterschaft anzunehmen (vgl. Vorbem. AT, Abschn. B I 6, S. 7), und setzt im Normalfall voraus, daß die **Aussageperson gutgläubig** ist und derjenige, der sie zur Aussage verleitet, dies auch weiß. Der Begriff des Ver-

leitens ist also — ähnlich wie in § 144 — in aller Regel mit einer Täuschung verbunden.

Beispiel: A bittet B, ihm als Zeuge vor Gericht zu bestätigen, er sei am 10. 1. mit ihm im Kino gewesen. B kann sich zwar nicht mehr recht erinnern, läßt sich aber von A überzeugen und sagt vor Gericht dementsprechend aus. In Wirklichkeit waren A und B nicht am 10. 1., sondern erst am 11. 1. im Kino, wie A genau wußte. Wird B auf seine in gutem Glauben gemachte, objektiv falsche Aussage vereidigt, so kommt für ihn Strafbarkeit wegen fahrlässigen Falscheids (§ 163 Abs. 1) in Betracht; A ist gemäß § 160 zu bestrafen.

2. § 160 kommt ferner dann in Betracht, wenn die Aussageperson zwar nicht gutgläubig, dafür aber **geisteskrank** ist und der Hintermann dies weiß. Hier käme normalerweise mittelbare Täterschaft in Betracht. Da aber alle Aussagedelikte eigenhändige Delikte sind, mittelbare Täterschaft somit ausscheidet, kann auch dieser Fall nur durch § 160 erfaßt werden (vgl. Schönke-Schröder Rn. 1).

3. Der **Versuch** ist gemäß Abs. 2 unter Strafe gestellt. Versuch kommt vor allem dann in Betracht, wenn die Aussageperson, die zu einer Falschaussage verleitet werden soll, entweder überhaupt nicht vernommen wird oder entgegen der Vorstellung des Hintermanns richtig aussagt.

4. Behandlung der **Irrtumsprobleme:**

a) § 160 kommt auch dann zur Anwendung, wenn die Aussageperson entgegen der Vorstellung des Hintermannes nicht gutgläubig, sondern vorsätzlich falsch aussagt, z. B. einen Meineid schwört. Siehe hierzu ausführlich Abschn. D II 2 (S. 288) der Lösung des folgenden Falles.

b) § 160 kommt schließlich auch dann zur Anwendung, wenn die Aussageperson entgegen der Vorstellung des Hintermanns gutgläubig ist. Auch hier scheidet Anstiftung aus, da Anstiftung ohne vorsätzliche Haupttat begrifflich nicht denkbar ist (vgl. Vorbem. AT, Abschn. H V 2 c, S. 51). Die Bestrafung nur gemäß § 160 ist in diesem Fall jedoch nicht geeignet, auch den subjektiven Unrechtsgehalt der Tat zu erfassen. Der Hintermann wollte mehr erreichen, als er erreicht hat: er wollte einen Meineid, nicht nur einen fahrlässigen oder gar schuldlosen Falscheid. Bei dieser Sachlage erscheint es geboten, neben § 160 idealkonkurrierend noch wegen versuchter Anstiftung zum Meineid (§§ 154, 49 a) zu bestrafen. Nur so können sowohl der objektive als auch der subjektive Unrechtsgehalt der Tat erfaßt werden. (Siehe hierzu auch BGH 9, 131.)

VI. Der Aussagenotstand (§ 157)

Hat ein Zeuge oder Sachverständiger in den Fällen der §§ 153—156 unwahre Erklärungen abgegeben, um von sich oder einem Angehörigen die Gefahr einer gerichtlichen Bestrafung abzuwenden, so kann das Gericht gemäß § 157 Abs. 1 die Strafe mildern oder sogar — dies allerdings nur bei uneidlicher Falschaussage — ganz von Strafe absehen. Im einzelnen:

1. Die Vorschrift gilt nur für **Zeugen und Sachverständige,** nicht auch für die Partei im Zivilprozeß und den Schuldner im Offenbarungseidsverfahren. Auch Anstifter und Gehilfen können die Vergünstigungen des Eidesnotstands nicht für sich in Anspruch nehmen.

2. Im Falle einer uneidlichen Falschaussage (§ 153) kann das Gericht von Strafe absehen (persönl. Strafausschließungsgrund); bei einer Eidesverletzung gemäß §§ 154, 156 kann die Strafe nur gemildert werden. Eine weitere Strafmilderung besteht darin, daß **§ 161 unanwendbar** ist, und zwar auch dann, wenn das Gericht im Einzelfall eine Strafmilderung gemäß § 157 nicht vornimmt (BGH NJW 57, 550).

3. Der Täter muß in der Absicht handeln, die **Gefahr einer gerichtlichen Bestrafung** wegen einer früher begangenen Straftat von sich oder einem Angehörigen abzuwenden. Unerheblich ist, ob tatsächlich die Gefahr einer gerichtlichen Bestrafung besteht. Entscheidend ist die Vorstellung des Täters. Der Begriff des Angehörigen ist § 52 Abs. 2 zu entnehmen.

4. Als **Vortaten** kommen alle strafbaren Handlungen in Betracht, auch Aussagedelikte gemäß § 153 ff. Auf § 157 kann sich daher auch der berufen, der in 2. Instanz nur deshalb an seiner schon in 1. Instanz gemachten falschen Aussage festhält, weil er fürchtet, im Falle einer wahrheitsgemäßen Aussage wegen seiner falschen Aussage in 1. Instanz zur Verantwortung gezogen zu werden. Dies gilt allerdings nicht, wenn die Voraussetzungen des Fortsetzungszusammenhangs gegeben sind. In diesem Fall müßten die Aussagen in 1. und 2. Instanz als einheitliche Falschaussage gewertet werden, so daß für § 157 kein Raum bleibt (vgl. BGH [GrSen.] 8, 319). Ebensowenig kann sich auf § 157 berufen, wer in derselben Instanz eine zunächst uneidlich gemachte Falschaussage nur deshalb beschwört, weil er fürchtet, wegen der uneidlichen Falschaussage bestraft zu werden. Dies ergibt sich aus der Erwägung, daß die Falschaussage ihre eigenständige Bedeutung verliert, sobald der Täter sie auf seinen Eid nimmt (vgl. BGH a.a.O.).

5. Die Vorschrift findet auch dann Anwendung, wenn der Täter die **Zwangslage verschuldet** hat. Beispiel: A sagt als Zeuge falsch aus, weil er befürchtet, bei wahrheitsgemäßen Angaben wegen falscher Anschuldigung zur Verantwortung gezogen zu werden (vgl. BGH 7, 332).

6. Die Möglichkeit, die Strafe zu mildern oder ganz von Strafe abzusehen, besteht gemäß **Abs. 2** auch für uneidliche Falschaussagen von **Eidesunmündigen,** d. h. Personen, die zwar das 14., aber noch nicht das 16. Lebensjahr vollendet haben (vgl. § 60 Nr. 1 StPO). § 157 ist hier aber nur zu prüfen, wenn sich nicht bereits aus § 3 JGG ergibt, daß der Jugendliche mangels Reife für die Tat strafrechtlich nicht verantwortlich ist. Wegen einer eidlichen Falschaussage eines Eidesunmündigen s. o. III 7.

7. Andere Straftaten, die mit einer unter den Voraussetzungen des § 157 begangenen Falschaussage tateinheitlich zusammentreffen, z. B. Betrug, Begünstigung, falsche Anschuldigung, behalten ihre eigenständige Bedeutung. Die Strafe kann natürlich auch hier nach allgemeinen Grundsätzen gemildert werden. Die Möglichkeit, von Strafe ganz abzusehen, besteht dagegen nicht.

VII. Tätige Reue (§ 158)

Wird ein Meineid, eine falsche Versicherung an Eides Statt oder eine falsche uneidliche Aussage rechtzeitig berichtigt, so kann der Richter — ähnlich wie beim oben behandelten Aussagenotstand — die Strafe mildern oder ganz von Strafe absehen. Im einzelnen:

1. Die Vorschrift enthält einen **persönlichen Strafaufhebungs- bzw. Strafmilderungsgrund.** Sie bezieht sich auf alle Fälle der §§ 153, 154, 156. Ihre Besonderheit besteht darin, daß der Täter sich durch tätige Reue ausnahmsweise auch noch nach Vollendung des Delikts Straffreiheit verschaffen kann. Blieb die Tat im Versuchsstadium, so ist — wie auch sonst — zu prüfen, ob der Täter sich mit strafbefreiender Wirkung auf § 46 berufen kann.

Beispiel: A bekundet als Zeuge vor dem Schöffengericht bewußt der Wahrheit zuwider, der Angeklagte X habe sich zur Tatzeit in seiner Wohnung aufgehalten, könne also die ihm zur Last gelegte Tat nicht begangen haben. Nachdem er auf seine Aussage vereidigt werden soll und bereits die ersten Worte der Eidesformel nachgesprochen hat, kommen ihm Bedenken. Wenn er nun seine Aussage freiwillig berichtigt, so ist zunächst festzustellen, daß er sich eines versuchten Meineids schuldig gemacht hat, dieser aber gemäß § 46 Nr. 1 straflos bleibt. Damit ist aber noch nicht entschieden, ob A nicht wegen vollendeter uneidlicher Falschaussage gemäß § 153 zu bestrafen ist. § 46 hilft hier nicht weiter, da die Falschaussage im Zeitpunkt der Berichtigung bereits vollendet war. In dieser Stelle ist dann zu prüfen, ob gemäß § 158 von Strafe abgesehen oder wenigstens die Strafe gemildert werden kann.

2. Auch **Teilnehmer** (Anstifter und Gehilfen) können sich auf die Vergünstigungen des § 158 berufen, allerdings nur dann, wenn sie selbst mit Erfolg auf eine rechtzeitige Berichtigung hingewirkt haben. Die Tatsache, daß der Täter die Aussage rechtzeitig berichtigt hat, genügt für sich allein noch nicht, um auch dem Teilnehmer Straffreiheit oder Strafmilderung zu verschaffen (vgl. § 50 II). Einzelheiten siehe BGH NJW 51, 727 und BGH 4, 172.

3. Auf die **versuchte Tat** ist § 158 nur dann anwendbar, wenn sich die Straffreiheit nicht schon aus § 46 ergibt (BGH 4, 173). Dies wäre etwa dann der Fall, wenn die Aussage zwar rechtzeitig, aber nicht freiwillig berichtigt worden ist (vgl. BGH a.a.O.).

4. Die **Berichtigung** verlangt eine eindeutige und ausdrückliche Erklärung. Die unrichtige Darstellung muß in allen nicht völlig nebensächlichen Punkten durch Mitteilung der Wahrheit ersetzt werden. Es genügt daher nicht, daß der Täter seine unrichtige Darstellung nur widerruft oder bei einer späteren Vernehmung sich darauf beschränkt, nach Belehrung gemäß § 55 StPO die weitere Aussage zu verweigern (vgl. BGH 18, 348). Da die Berichtigung mehr ist als ein Widerruf, genügt es auch nicht, daß der Täter sich darauf beschränkt, nunmehr eine richtige Darstellung zu geben; dies wäre lediglich ein Widerspruch zur früheren Aussage. Er muß vielmehr eindeutig zu erkennen geben, daß die frühere Aussage falsch war (BGH 21, 115).

5. Die Berichtigung ist **verspätet** (vgl. Abs. 2), wenn sie

a) bei der Entscheidung nicht mehr verwertet werden kann oder

b) bereits ein Nachteil für einen anderen entstanden ist oder

c) bereits Anzeige erstattet oder eine Untersuchung eingeleitet worden ist.

Zu a): Eine rechtskräftige Entscheidung ist nicht erforderlich; es muß aber eine Entscheidung ergangen sein, die die jeweilige Instanz abschließt.

Zu b): Als Nachteil gilt jede Beeinträchtigung der Rechtsstellung, die über die bloße Verschlechterung der Beweislage hinausgeht (vgl. BGH NJW 62, 2164 mit weit. Nachweisen und Beispielen).

Zu c): Ob der Täter weiß, daß bereits eine Anzeige gegen ihn vorliegt bzw. daß ein Verfahren gegen ihn eingeleitet ist, ist unerheblich, da es bei § 158 — anders als bei §§ 46, 49 a Abs. 3 und 4 — nicht auf die Freiwilligkeit, sondern nur auf die Rechtzeitigkeit ankommt (vgl. BGH 4, 172, 175).

6. Ob das Gericht die Strafe mildert oder ganz von Strafe absieht, steht in seinem pflichtgemäßen **Ermessen.**

7. Prozessual zu beachten sind §§ 153 a, 465 Abs. 1 Satz 2 StPO.

VIII. Die versuchte Anstiftung im Rahmen der Aussagedelikte (§ 159)

1. § 159 dehnt die Vorschriften über die erfolglose Anstiftung zu Verbrechen (§ 49 a) auch auf die Vergehenstatbestände der §§ 153, 156 aus. Die Strafbarkeit der versuchten Anstiftung zum Meineid ergibt sich dagegen unmittelbar aus § 49 a, da es sich beim Meineid im Gegensatz zu den Tatbeständen der §§ 153, 156 um ein Verbrechen handelt.

2. Wie bei § 49 a muß auch bei § 159 der Vorsatz des Anstifters darauf gerichtet sein, daß der von ihm Aufgeforderte vorsätzlich falsch aussagt bzw. vorsätzlich eine falsche Versicherung an Eides Statt abgibt. Hält er die Aussageperson für gutgläubig, so kommt nicht § 159, sondern § 160 in Betracht.

3. Beispiel: Der Angeklagte A fordert seinen Bruder B auf, ihm als Zeuge vor Gericht der Wahrheit zuwider zu bestätigen, er sei zur fraglichen Tatzeit zu Hause gewesen, könne also den ihm zur Last gelegten Diebstahl nicht begangen haben. A weiß, daß B als Angehöriger nicht vereidigt werden wird (vgl. § 61 Nr. 2 StPO). Sagt B tatsächlich falsch aus, so ist A wegen Anstiftung zur vorsätzlichen uneidlichen Falschaussage gemäß §§ 153, 48 zu bestrafen. § 159 ist ohne Bedeutung. § 159 kommt jedoch dann in Betracht, wenn B sich entweder weigert, Angaben zu machen (vgl. § 52 StPO), oder wenn er entgegen der Erwartung des A wahre Angaben macht.

C. Der schwere Diebstahl (§ 243)

In § 243 werden bestimmte, als besonders strafwürdig anzusehende Formen des Diebstahls zu **Verbrechen** erhoben und unter eine erhöhte Strafdrohung gestellt (Zuchthaus bis zu 10 Jahren, bei mildernden Umständen Gefängnis nicht unter 3 Monaten). Die Gründe, die zu dieser Qualifizierung geführt haben, sind verschiedenster Natur. Sie sind teils in der durch die Tat in Erscheinung getretenen besonderen Intensität des verbrecherischen Willens zu suchen, teils in der besonderen Gefährlichkeit der Tat, teils in der besonderen Schutzwürdigkeit des Tatorts. Die kasuistische Aufzählung ist nicht sehr glücklich und daher oft auf Kritik gestoßen.

Die einzelnen Fälle:

I. Der **Kirchendiebstahl (§ 243 Nr. 1)** erfaßt den Diebstahl sog. „res sacrae" aus Gebäuden, die dem Gottesdienst gewidmet sind.

1. Zum Gottesdienst bestimmt ist das Gebäude erst dann, wenn es tatsächlich gottesdienstlichen Zwecken überwiesen ist.

2. Dem Gottesdienst gewidmet sind alle Gegenstände, die unmittelbar dazu dienen, daß an oder mit ihnen gottesdienstliche Handlungen vorgenommen werden (BGH 21, 64 m. weit. Nachw.). Hierher gehören nicht nur die im kirchenrechtlichen Sinn geweihten und für gottesdienstliche Verrichtungen bestimmten Gegenstände (z. B. Abendmahlsgerätschaften, Monstranzen, Kruzifixe, Altäre nebst Schmuck und Zubehör), sondern auch die in der Kirche aufgestellten, angebrachten oder aufbewahrten Gegenstände der religiösen Verehrung (vgl. BGH 21, 64 betr. Votivtafeln in einer Wallfahrtskirche). Nicht hierher gehören dagegen das Inventar des Gebäudes, die Opferstöcke und der Klingelbeutel.

II. Der in der Praxis wichtigste Fall ist der **Einbruchsdiebstahl (§ 243 Nr. 2)**. Einbruchsdiebstahl ist der Diebstahl aus einem Gebäude oder umschlossenen Raum, sofern er durch Einbruch, Einsteigen oder Erbrechen von Behältnissen begangen wurde. Im einzelnen:

1. Die in Rechtsprechung und Schrifttum von jeher umstrittenen Begriffe „Gebäude", „umschlossener Raum" und „Behältnis" sind vom Bundesgerichtshof in teilweiser Abweichung von der reichsgerichtlichen Rechtsprechung neu formuliert worden (BGH 1, 158).

a) Ein **Gebäude** ist ein durch Wände und Dach begrenztes, mit dem Erdboden fest (wenn auch nur durch die eigene Schwere, z. B. Ausstellungs- und Zirkuszelt) verbundenes Bauwerk, das den Eintritt von Menschen gestattet und Unbefugte abhalten soll.

b) Ein **Behältnis** ist ein zur Aufnahme von Sachen dienendes und sie umschließendes Raumgebilde, das nicht dazu bestimmt ist, von Menschen betreten zu werden. Ein Briefumschlag ist noch kein Behältnis (OLG Köln JR 56, 469, OLG Celle NJW 64, 738), wohl aber ein Schmuckkästchen.

c) Ein **umschlossener Raum** ist jedes Raumgebilde, das — ohne Gebäude oder Behältnis in dem oben erörterten Sinne zu sein — dazu bestimmt ist, von Menschen betreten zu werden, und das mit Vorrichtungen versehen ist, die das Eindringen von Unbefugten abwehren sollen, z. B. Zimmer, Kellerräume und Dachböden eines Gebäudes, ebenso Schiffe und Wohnwagen. Auch der Fond eines Personenkraftwagens ist als umschlossener Raum anzusehen, nicht dagegen der Kofferraum (BGH 2, 214; 4, 16; 13, 81). Einen Einbruchsdiebstahl begeht demnach, wer einen PKW aufbricht, um eine auf dem Rücksitz liegende Aktentasche zu entwenden. § 243 Nr. 2 entfällt jedoch, wenn der Täter den PKW nur zu dem Zweck aufbricht, vom Wageninnern aus den Verschluß des Kofferraums zu lösen und dann von außen her aus dem so geöffneten Kofferraum das Ersatzrad zu entwenden (BGH 13, 81).

2. Der Diebstahl muß mittels Einbruchs, Einsteigens oder Erbrechens von Behältnissen begangen werden.

a) Das Tatbestandsmerkmal **Einbruch** setzt weder eine Substanzbeschädigung noch einen erhöhten Kraftaufwand voraus. Nach BGH NJW 56, 389 genügt vielmehr eine körperliche Anstrengung nicht unerheblicher Art, durch die das Hindernis überwunden wird. Der Tb. ist daher schon dann erfüllt, wenn der Täter das nicht gesicherte, aber schwer bewegliche Lüftungsfenster eines Pkw aufdrückt, um von innen die Tür öffnen zu können (BGH NJW 56, 389). Nicht erforderlich ist, daß der Täter selbst in den gewaltsam geöffneten Raum eindringt. Es genügt, daß er den erstrebten Gegenstand mit der Hand oder einem Gerät herausholt oder ein in dem Raum befindliches Tier durch die Öffnung herauslockt (RG 54, 211; 56, 48).

b) **Einsteigen** ist das Eindringen in ein Gebäude oder einen umschlossenen Raum unter Überwindung von Hindernissen oder Schwierigkeiten, die sich aus der Eigenart des Gebäudes oder der Umfriedung des umschlossenen Raumes ergeben (BGH 10, 132). Ein Einsteigen liegt z. B. vor, wenn der Täter über einen Zaun oder eine Mauer klettert, um in einen Hof zu gelangen, oder wenn er durch ein offenstehendes Fenster in das Innere des Gebäudes eindringt. Der Tb. ist dagegen nicht erfüllt, wenn sich der Täter lediglich durch ein Fenster oder eine andere, von ihm nicht geschaffene Öffnung (sonst Einbruch!) in das Innere hineinbeugt und auf diese Weise eine Sache herausholt (BGH 10, 132).

c) Das **Erbrechen von Behältnissen** erfüllt nach dem eindeutigen Wortlaut des Gesetzes nur dann den Tb. des schweren Diebstahls, wenn sich das Behältnis in dem Gebäude oder umschlossenen Raum befindet (daher nicht ein an der Außenfront angebrachter Zigarettenautomat, BGH 9, 173), und wenn der Täter das Behältnis in dem Gebäude oder umschlossenen Raum aufbricht (BGH 14, 291). Nicht erforderlich ist dagegen, daß der Täter das Behältnis in demselben Zimmer aufbricht, in dem er es entwendet hat. Es genügt, daß er es in einem anderen Raum des Anwesens aufbricht. Ist diese Voraussetzung gegeben, so ist es unerheblich, ob der Täter sich befugt oder unbefugt in dem Gebäude aufhält. Beispiel: A entwendet als Gast einer Fremdenpension aus dem Zimmer der Wirtin eine Geldkassette und bringt diese auf sein Zimmer, wo er sie in aller Ruhe aufbricht (BGH NJW 60, 1357). Nicht erforderlich ist schließlich, daß der Täter sich erst von außen Zugang verschaffen muß. Täter kann auch ein Mitbewohner sein, z. B. ein Bauarbeiter, der in der Gemeinschaftsunterkunft den Spind eines Arbeitskollegen aufbricht (BGH 15, 146), oder ein Untermieter, der einen in seinem Zimmer stehenden verschlossenen Schrank seiner Wirtin aufbricht (BGH Urt. vom 6. 7. 1956 — 5 StR 220/56), oder ein Soldat, der den Spind eines Stubenkameraden aufbricht (OLG Ffm NJW 62, 1879). Schwerer Diebstahl liegt auch dann vor, wenn jemand einen in seiner Wohnung angebrachten Gasmünzautomaten der Stadtwerke aufbricht, um daraus Gasmarken zu entwenden (RG 45, 249; OLG Stgt. DJ 63, 211).

3. Subjektiv ist erforderlich, daß der Täter bereits beim Einbrechen, Einsteigen oder Erbrechen von Behältnissen mit **Diebstahlsvorsatz** gehandelt hat. Nur einfacher Diebstahl liegt daher vor, wenn der Täter den Diebstahlsvorsatz erst in dem Gebäude faßt, in das er aus anderen Gründen, etwa um darin zu übernachten, eingedrungen ist. § 243 wird dagegen nicht dadurch ausgeschlossen, daß jemand eine andere Sache mitnimmt, als er ursprünglich beabsichtigt hat. Dies gilt nach BGH 9, 253 selbst dann, wenn sich der ursprüngliche Tatplan auf ein unter § 370 Nr. 5 fallendes Nahrungs- oder Genußmittel erstreckt hat, der Täter es sich dann aber anders überlegt und beispielsweise nicht nur Brot und Wurst, sondern auch Geld und Wertsachen mitgehen läßt (sehr bestr.; Einzelheiten s. u. E III 3).

III. Der **Nachschlüsseldiebstahl (§ 243 Nr. 3)** richtet sich wie der Einbruchsdiebstahl gegen Sachen, die durch Gebäude, umschlossene Räume oder Behältnisse besonders gesichert waren. Der hauptsächliche Unterschied zum Einbruchsdiebstahl besteht darin, daß der Täter nicht willkürlich mit Gewalt vorgeht, sondern sein Ziel in der Weise erreicht, daß er durch falsche Schlüssel oder andere nicht ordnungsgemäße Werkzeuge den zur Sicherung der Sache angebrachten Verschluß ausschaltet. Im einzelnen:

1. Im Gegensatz zu § 243 Nr. 2 ist beim Nachschlüsseldiebstahl nicht erforderlich, daß der Täter „aus" einem Gebäude oder umschlossenen Raum stiehlt. Dieser Unterschied wirkt sich vor allem bei Kfz-Diebstählen aus. Wer einen PKW dadurch entwendet, daß er sich durch Einbruch Zugang in das Innere verschafft und dann den Wagen kurzschließt, begeht nur einen einfachen Diebstahl, da er nicht „aus" einem umschlossenen Raum gestohlen hat. Anders jedoch, wer einen Pkw mittels Nachschlüssels entwendet. Hier kommt schwerer Diebstahl gemäß § 243 Nr. 3 in Betracht (BGH 5, 205).

2. Der Diebstahl muß mit Hilfe von falschen Schlüsseln oder anderen, zur ordnungsgemäßen Öffnung nicht bestimmten Werkzeugen begangen werden.

a) Ob ein **Schlüssel** falsch ist, richtet sich ausschließlich nach dem Willen desjenigen, dem die Verfügungsgewalt über das Gebäude, den Raum oder das Behältnis zusteht (BGH 14, 292 m. weit. Nachweisen). **Falsch** sind daher nicht nur solche Schlüssel, die sich der Täter ohne Wissen des Berechtigten selbst gefertigt hat, sondern auch solche, die ursprünglich einmal zur ordnungsgemäßen Öffnung gedient haben, diese Bestimmung aber z. Z. der Tat nach dem Willen des Berechtigten verloren haben, z. B. der Schlüssel, den der Mieter nach seinem Auszug nicht zurückgegeben hat (BGH 13, 15), oder der verlorene Schlüssel, für den ein anderer in Benutzung genommen wurde, aber auch der in dem Behältnis selbst eingeschlossene Ersatzschlüssel (BGH 14, 291). Ein gestohlener Schlüssel wird erst dadurch zu einem falschen Schlüssel, daß ihm der Berechtigte die Bestimmung zur ordnungsgemäßen Eröffnung entzieht (BGH 21, 189). Dies ist in der Regel bereits dann der Fall, wenn der Berechtigte den Diebstahl bemerkt hat.

b) Ob ein **Werkzeug** zur ordnungsgemäßen Eröffnung bestimmt ist, richtet sich ebenfalls nach dem Willen des Berechtigten. Wer also zur Öffnung einer Kellertür dieselbe Bauklammer verwendet, die auch der Berechtigte benutzt, begeht keinen schweren Diebstahl. Weiter ist darauf zu achten, daß das Werkzeug gegen den Schließmechanismus angewandt werden muß. Hieran fehlt es z. B., wenn der Täter mit einem Schraubenzieher das Lüftungsfenster eines Pkw eindrückt, um die Tür von innen öffnen zu können.

3. Über den Vorsatz s. o. II 3. Ergänzend: Handelt es sich um einen Nachschlüsseldiebstahl mit Hilfe eines entwendeten oder abhandengekommenen Schlüssels, so muß der Täter wissen, zumindest aber damit rechnen und in Kauf nehmen, daß der Berechtigte den Verlust bereits bemerkt hat (BGH 21, 189).

4. Über das Verhältnis zu § 370 Nr. 5 siehe oben II 3.

IV. Der **Transportdiebstahl** (**§ 243 Nr. 4**) ist in seiner derzeitigen Fassung ziemlich überholt und läßt deutlich erkennen, daß er noch aus der alten Postkutschenzeit stammt. Die Vorschrift wird in ihrer Kasuistik den Anforderungen des modernen Straßenverkehrs nicht immer gerecht. Die Ergebnisse sind oft unbefriedigend.

1. Tatort kann nur ein öffentlicher Weg oder Platz sein. Dem gleichgestellt ist der Diebstahl auf einer Wasserstraße, in einer Eisenbahn, einem Bahnhof oder einem Postgebäude.

a) Öffentlich kann auch ein Privatweg sein, sofern er tatsächlich für den Verkehr freigegeben ist (BGH 14, 384).

b) Zu den Wasserstraßen gehören Flüsse, Kanäle, Seen, nicht dagegen das offene Meer (RG 33, 58).

c) Zu den Eisenbahnen gehören auch Privatbahnen, sofern es sich nicht nur um rein interne Werkbahnen handelt, ferner Straßenbahnen, Drahtseil- und Schwebebahnen.

d) Zu den Postgebäuden gehören auch Nebenräume, vor allem der ausdrücklich erwähnte Hofraum.

e) Zu den Bahnhöfen gehört nicht nur das eigentliche Stationsgebäude mit der Schalterhalle und den Warteräumen, sondern auch Güterschuppen und Lagerhallen, vor allem aber die Bahnsteige.

2. **Gegenstand des Diebstahls** sind das Reisegepäck sowie sonstige Gegenstände der Beförderung.

a) Zum Reisegepäck gehört alles, was ein Reisender auf der Fahrt mit sich führt, ohne Rücksicht darauf, ob es verpackt ist oder nicht, z. B. Koffer, Schirme, Hüte, Mäntel. Nicht hierher gehört jedoch die Kleidung, die der Reisende gerade trägt, sowie der Inhalt seiner Hosen- oder Rocktaschen (RG 67, 263).

b) Zum Gegenstand der Beförderung gehört nicht das Beförderungsmittel selbst, z. B. der Pkw, wohl aber das in dem Pkw beförderte Zubehör, z. B. Ersatzreifen, Benzinkanister, Wagenheber (BGH 3, 312; 5, 205; 13, 81), ferner das Autoradio (BGH GA 57, 54), nicht dagegen die auf die Achse montierten Räder, die Radkappen, die Stoßstangen und anderen Teile, die fest mit dem Pkw als Beförderungsmittel verbunden sind. Wer also einen Pkw aufbockt und die auf die Achse montierten Räder entwendet, macht sich nur eines einfachen Diebstahls schuldig; schwerer Diebstahl jedoch, wenn der Täter das Ersatzrad eines Motorrollers abmontiert. Diese Differenzierung ist zwar wenig einleuchtend, aber auf Grund der Kasuistik des Gesetzes nicht zu umgehen.

3. Als **Tatmittel** kommen in Betracht:

a) Abschneiden oder Ablösen der Befestigungs- oder Verwahrungsmittel. Beispiel: A entwendet Frachtgut aus einem Güterwagen, nachdem er zuvor den mit einer Bleiplombe versehenen Draht, durch den die Wagentür verschlossen war, entfernt hat (BGH 5, 60). — Oder: Diebstahl eines auf dem Dach eines Pkw festgeschnallten Kinderwagens. — Oder: Zurückbiegen der Klammer eines Fahrradgepäckträgers, mit der ein Sack festgehalten wird (BGH 4, 40). Auch hier ergeben sich teilweise unbefriedigende Ergebnisse, die jedoch nicht zu vermeiden sind. Hätte der Täter z. B. in dem zuletzt erwähnten Fall nicht nur den auf dem Gepäckträger festgeschnallten Sack, sondern das ganze Fahrrad mitsamt dem Sack entwendet, so käme nur einfacher Diebstahl in Betracht.

b) Anwendung falscher Schlüssel oder anderer, zur ordnungsgemäßen Eröffnung nicht bestimmter Werkzeuge. Über Schlüssel und Werkzeuge s. o. III 2. Sowohl die Schlüssel als auch die Werkzeuge müssen gegen die Befestigungs- oder Verwahrungsmittel angesetzt werden. Bei Kraftfahrzeugen ist hierbei zu beachten, daß nur der Kofferraum, nicht auch der Pkw als ganzer als Verwahrungsmittel angesehen werden kann. Wird der Personenraum des Pkw aufgebrochen oder mit einem Nachschlüssel geöffnet, so kommen nur die Erschwerungsgründe der Nr. 2 bzw. Nr. 3 in Betracht, nicht dagegen Nr. 4, es sei denn, daß der Täter den Personenraum aufbricht und von dort aus den Kofferraum öffnet (BGH 13, 81).

V. Ein **Diebstahl mit Waffen** (§ 243 Nr. 5) liegt vor, wenn ein Täter oder Teilnehmer bei Ausführung der Tat Waffen bei sich führt. Die Vorschrift setzt keine Waffe im technischen Sinn (z. B. Pistole, Gaspistole) voraus. Auch wer mit einem Knüppel bewaffnet einen Diebstahl begeht, macht sich gemäß § 243 Nr. 5 strafbar. Bei den Waffen im nichttechnischen Sinn (Knüppel, Eisenstange usw.) ist allerdings erforderlich, daß der Täter die Absicht hat, die Waffe bei etwaigem Widerstand notfalls zu gebrauchen (BGH 3, 230). Bei den Waffen im technischen Sinn genügt dagegen das Bewußtsein der sofortigen Einsatzbereitschaft. Es genügt also nicht, wenn bei einem Autodieb nachher tief im Koffer verstaut eine Pistole gefunden wird.

VI. Ein **Bandendiebstahl** (§ 243 Nr. 6) liegt dann vor, wenn an der Tat mehrere mitwirken, die sich zur fortgesetzten Begehung von Raub oder Diebstahl verbunden haben. Diese Erscheinungsform des Diebstahls gehört vor allem deshalb zu den schweren Fällen des Diebstahls, weil die Ausführung durch mehrere der Tat eine erhöhte Gefährlichkeit verleiht (BGH 8, 209). Jedenfalls kann der Grund der Strafschärfung nicht nur in der erhöhten Tatschuld gesehen werden, so daß auf Teilnehmer, die selbst nicht Mitglieder der Bande sind und an den einzelnen Diebstählen nicht unmittelbar beteiligt sind, § 50 Abs. 2 keine Anwendung findet (BGH a.a.O. betr. einen Angeklagten, der der Bande nur seinen Wagen zur Verfügung stellte).

1. Eine Verbindung zur fortgesetzten Begehung von Raub oder Diebstahl liegt nicht schon dann vor, wenn mehrere Täter mehrfach die sich ihnen bietende Gelegenheit zur Begehung von Diebstählen ausnutzen. Die Begehung von Raub oder Diebstahl muß vielmehr gerade der Zweck der Verbindung sein.

2. Nicht ausreichend ist die Planung eines fortgesetzten Diebstahls, z. B. die Absicht, an drei Wochenenden den Weinkeller einer Gastwirtschaft auszuräumen. Die einzelnen Taten müssen vielmehr nach Ort, Zahl und Zeit unbestimmt sein.

3. Beispiel: A, B und C beschließen gemeinsam, jedes Wochenende an beliebigen Stellen des Stadtgebiets geeignete Kraftfahrzeuge aufzubrechen und die Autoradios zu entwenden. Diesen Plan setzen sie in 10 Fällen in die Tat um. Ergebnis: Strafbarkeit gemäß §§ 243 Nr. 6, 47 in 10 rechtlich selbständigen Fällen (kein Fortsetzungszusammenhang).

VII. Der **nächtliche Diebstahl** (§ 243 Nr. 7) ist der Diebstahl zur Nachtzeit aus einem bewohnten Gebäude, in das sich der Täter in diebischer Absicht eingeschlichen oder in dem er sich verborgen hatte. Den Gebäuden gleichgestellt sind umschlossene Räume, die zu einem bewohnten Gebäude gehören, Nebengebäude innerhalb eines solchen Raums, außerdem bewohnte Schiffe.

1. Der Grund für die härtere Bestrafung des nächtlichen Diebstahls ist ein doppelter: Einmal sind Diebstähle zur Nachtzeit besonders dazu angetan, die Sicherheit des Besitzes und Eigentums zu gefährden, da sie die Anwendung von Gegenmaßnahmen unmöglich machen oder mindestens sehr erschweren. Sodann bedürfen die Personen, die durch solche Diebstähle in Mitleidenschaft gezogen werden, eines erhöhten Strafschutzes, weil sie bei einem Zusammentreffen mit dem Dieb ernstlichen Gefahren für Leben oder Gesundheit ausgesetzt sind.

2. **Nachtzeit** ist die Zeit vom Eintritt der Dunkelheit bis zur Morgendämmerung.

3. Als **Tatort** kommen in Betracht:

a) bewohnte Gebäude. Es genügt, daß das Gebäude wenigstens einem Menschen zur ordnungsgemäßen Nachtruhe dient, auch wenn dieser gerade nicht anwesend ist. Beispiel: Ein Bürohaus, in dem sich eine Hausmeisterwohnung befindet.

b) die zu einem bewohnten Gebäude gehörenden umschlossenen Räume, z. B. Lagerhallen, die an ein Wohnhaus angebaut sind, oder umfriedete Höfe und Hausgärten;

c) die in einem umschlossenen Raum der in b) bezeichneten Art befindlichen Gebäude, und zwar auch wenn sie nicht bewohnt sind, z. B. Stallungen;

d) bewohnte Schiffe.

4. Die besondere **Tatausführung** besteht im Einschleichen oder Sichverbergen des Täters in diebischer Absicht. Beides muß nicht zur Nachtzeit begangen werden. Es genügt, daß der Diebstahl zur Nachtzeit begangen wird.

a) Einschleichen ist jedes heimliche Eindringen, bei dem der Täter sich der Wahrnehmung durch besondere Vorsichtsmaßnahmen entzieht. Ein bloß geräuschloses Betreten des Anwesens genügt dagegen noch nicht (BGH 9, 253, 255; 14, 199). Beispiel: A zieht die Schuhe aus oder bindet sich Lumpen um die Schuhe, um nicht gehört zu werden. Der Tb. kann auch dadurch verwirklicht werden, daß der Täter nicht den üblichen Weg wählt, um in das Haus zu gelangen, z. B. indem er lautlos durch ein offenstehendes Fenster einsteigt (BGH 14, 198). In diesem Fall sind außerdem noch die Voraussetzungen der Nr. 2 (Einsteigen) gegeben. Nach BGH 10, 135 soll ein Einschleichen auch dann vorliegen, wenn der Täter in eine verschlossene Wohnung unter bewußter Ausnutzung der Abwesenheit ihrer Inhaber und unter Verwendung ihm nicht zustehender Schlüssel eindringt (zw.). Nicht ausreichend sind Vorsichtsmaßnahmen, die der Täter erst nach dem Eindringen ergreift, z. B. Zuziehen der Vorhänge (vgl. OLG Stgt NJW 66, 1931).

b) Ein Verbergen liegt z. B. vor, wenn sich der Täter in einem Warenhaus einschließen läßt, um dann nachts in aller Ruhe stehlen zu können.

VIII. Weitere schwere Fälle des Diebstahls finden sich in § 4 EdelMetG und § 17 UnedelMetG.

IX. Strafbarer Versuch liegt immer schon dann vor, wenn der Täter mit der Ausführung eines erschwerenden Merkmals begonnen hat, z. B. wenn er den falschen Schlüssel in das Schloß gesteckt hat.

X. Konkurrenzen: Die Diebstahlsprivilegierungen (§§ 248 a, 370 Nr. 5) gehen vor (Sperrwirkung des milderen Gesetzes). Siehe auch unten E III 3. — Hausfriedensbruch (§ 123) wird in den Fällen der Nr. 2, 3, 7 konsumiert, Sachbeschädigung (§ 303) nur im Fall der Nr. 2 (vgl. Vorbem. AT, Abschn. J III 2 b, S. 61). — Bei § 243 Nr. 5 kann IdK mit § 26 WaffenGes. in Betracht kommen.

XI. Wegen Nebenstrafen siehe § 248.

D. Der Rückfalldiebstahl (§§ 244, 245)

Der Diebstahl wird auch ohne die sachlichen Erschwerungsgründe des § 243 zum Verbrechen (Regelstrafe Zuchthaus, bei mildernden Umständen Gefängnis nicht unter 3 Monaten bzw. nicht unter 1 Jahr, vgl. Abs. 2), wenn der Täter im Inland bereits zweimal als Dieb, Räuber oder gleich einem Räuber (§§ 252, 255) oder als Hehler vorbestraft ist. Im einzelnen:

1. Die Strafschärfung bezieht sich nach dem eindeutigen Gesetzeswortlaut nur auf den einfachen und den schweren Diebstahl i. S. der §§ 242, 243, nicht auch auf die Diebstahlsprivilegierungen gemäß § 248 a (Notdiebstahl) und § 370 Ziff. 5 (Nahrungs- und Genußmittelentwendung).

2. Als **rückfallbegründende Vorstrafen** gelten Bestrafungen wegen Diebstahls (§§ 242, 243), Raubs (§§ 249—251), räuberischen Diebstahls (§ 252), räuberischer Erpressung (§ 255) und Hehlerei (§§ 259—261). Wahlweise Verurteilung wegen Diebstahls oder Hehlerei genügt, da beide Delikte rückfallbegründend sind. Entsprechendes gilt für wahlweise Verurteilung wegen Raubs oder räuberischer Erpressung. Nicht rückfallbegründend sind Bestrafungen wegen Notdiebstahls (§ 248 a) und Nahrungs- oder Genußmittelentwendung (§ 370 Ziff. 5).

3. Ein unter den Rückfallsvoraussetzungen des § 244 begangener Diebstahl ist immer ein **Verbrechen** (abstrakte Betrachtungsweise, vgl. Vorbem. AT, Abschn. B I 1, S. 5). Hieraus folgt: Eine Umwandlung der wegen Rückfalldiebstahls ausgesprochenen Gefängnisstrafe in eine Geldstrafe gemäß § 27 b ist auch dann unzulässig, wenn das Gericht die bei Annahme mildernder Umstände vorgesehene Mindeststrafe von 3 Monaten (Abs. 2) noch unterschreitet (möglich bei §§ 44 II, 49 II, 51 II sowie beim verschuldeten Verbotsirrtum).

4. Erst die **3. Tat** kann die Rückfallsvoraussetzungen erfüllen. Im einzelnen ist folgende **Reihenfolge** zu beachten: Die 2. Tat muß nach der 1. Tat begangen sein. Außerdem muß die wegen der 1. Tat ausgesprochene Strafe bereits ganz oder teilweise (§ 245) verbüßt sein. Im Zeitpunkt der 3. Tat wiederum muß die wegen der 2. Tat ausgesprochene Strafe ganz oder teilweise verbüßt sein. Der Täter muß also schon zweimal die Härte des Gesetzes an sich verspürt haben.

5. Als **Verbüßung** gilt nicht nur die Verbüßung einer Freiheitsstrafe, sondern auch die Bezahlung einer Geldstrafe. Die erlittene U-Haft gilt dann als Verbüßung, wenn sie auf die erkannte Strafe gemäß § 60 angerechnet worden ist (BGH NJW 60, 158). Bei einer gemäß § 74 oder § 79 gebildeten Gesamtstrafe kann dies allerdings nur dann angenommen werden, wenn sich der die U-Haft rechtfertigende Haftbefehl gerade auf den rückfallbegründenden Diebstahl bezog (vgl. OLG Karlsruhe DJ 64, 171 gegen RG 77, 152). Der Erlaß der Strafe ist der Verbüßung gleichgestellt (§ 245).

6. Die Rückfallsvoraussetzungen sind nach h. M. objektive Tatbestandsmerkmale und müssen als solche vom **Vorsatz** des Täters umfaßt sein (BGH NJW 52, 230). Der Täter muß also wissen, daß er schon zweimal einschlägig vorbestraft ist. Diese Voraussetzungen fehlen, wenn er seine früheren Verurteilungen gar nicht kennt, z. B. wenn er durch Strafbefehl oder in Abwesenheit verurteilt wurde und die seine Verurteilung aussprechenden Erkenntnisse im Wege der Ersatzzustellung zugestellt worden sind. Der Vorsatz entfällt aber auch dann, wenn der Täter zwar seine Verurteilung als solche kennt, aber nicht weiß, daß er auch bestraft worden ist, z. B. wenn ohne sein Wissen ein Dritter eine Geldstrafe bezahlt hat, oder wenn er nicht weiß, daß ihm bei der früheren Verurteilung die U-Haft angerechnet worden ist (s. o. 5 sowie BayObLG NJW 63, 1559). Wurde die frühere Strafe erlassen, so muß der Täter auch diesen Umstand gekannt haben (BGH NJW 57, 32).

Nicht erforderlich ist, daß der Täter die ihm an sich bekannten Rückfallsvoraussetzungen richtig bewertet hat. Ein Irrtum über die Rechtskraft der früheren Verurteilung ist daher ebenso unerheblich wie die irrige Annahme, die frühere Verurteilung sei bereits im Strafregister gelöscht (vgl. BGH NJW 52, 230, OLG Celle MDR 51, 630, BayObLG NJW 63, 1559).

7. Die **Teilnahmeform** ist unerheblich. Die Strafe ist gemäß § 244 auch dann zu schärfen, wenn derjenige, in dessen Person die Rückfallsvoraussetzungen vorliegen, sich nur als Anstifter oder Gehilfe an der Tat beteiligt (vgl. § 50 Abs. 2).

8. Wegen der **versuchten Anstiftung** siehe ausführlich Vorbem. B 2 b vor Fall 3, S. 124.

9. **§ 245** ergänzt den § 244 in zwei Punkten: Es werden positiv der vollen Verbüßung der Vorstrafen, die § 244 verlangt, die teilweise Verbüßung und der Erlaß gleichgesetzt, während negativ der zweite Rückfall nach einer gewissen Dauer ausgeschlossen wird (sog. **Rückfallverjährung**). Siehe hierzu ausführlich Abschn. A I 3 der Lösung des folgenden Falles (S. 282 f.).

10. **Getilgte Strafen** sind nicht mehr rückfallbegründend (§ 5 II StraftilgG). Dies gilt schon von der Tilgungsreife ab (RG 64, 147). Die Tilgung ist ein Verwaltungsakt der Justizverwaltung, an den der Tatrichter gebunden ist (BGH 20, 205, 207).

11. **Prozessual** ist folgendes zu beachten:

a) Die Rückfallsvoraussetzungen müssen sich unmittelbar aus dem Urteil ergeben. Die Urteilsgründe dürfen nicht auf Anklage, Eröffnungsbeschluß, Strafliste oder Vorstrafakten verweisen, sondern müssen eigene Feststellungen über Tatzeit, Verurteilung und Verbüßung enthalten.

b) Ergeben sich die Rückfallsvoraussetzungen erst in der Hauptverhandlung, so ist der Angeklagte gemäß § 265 StPO auf die Veränderung des rechtlichen Gesichtspunktes hinzuweisen.

c) Da die Rückfallsvoraussetzungen auf Grund der ausdrücklichen Regelung des § 263 Abs. 3 StPO nicht zur Schuldfrage gehören, besteht die Möglichkeit, etwaige Rechtsmittel (Berufung oder Revision) auf die Frage der Rückfallsvoraussetzungen zu beschränken.

E. Privilegierte Fälle des Diebstahls und der Unterschlagung (§§ 247, 248 a, 370 Nr. 5)

I. Diebstahl und Unterschlagung in Haus und Familie (§ 247)

1. Wird ein Diebstahl oder eine Unterschlagung gegenüber Abkömmlingen (sog. Deszendenten) oder unter Ehegatten begangen, so bleibt die Tat straflos. Richtet sich die Tat gegen sonstige Angehörige, Vormünder oder Erzieher, so wird sie nur auf Antrag verfolgt (Abs. 1). Dasselbe gilt für Diebstahl und Unterschlagung geringwertiger Sachen seitens eines Lehrlings gegenüber seinem Lehrherrn oder seitens

des in die Hausgemeinschaft aufgenommenen Personals gegenüber der Familie des Dienstherrn (Abs. 1, letzte Alternative).

2. Sowohl Abs. 1 als auch Abs. 2 beruhen auf der Erwägung, daß Eigentumsdelikte innerhalb enger häuslicher oder familiärer Gemeinschaften im Interesse des durch die Tat ohnehin schon gestörten Hausfriedens entweder überhaupt nicht (Abs. 2), zumindest aber nicht ohne den ausdrücklichen Willen des Geschädigten (Abs. 1) verfolgt werden sollen. Privilegiert werden alle Fälle des Diebstahls und der Unterschlagung, also auch der schwere Diebstahl (§ 243), der Rückfalldiebstahl (§ 244) und die sog. Veruntreuung (§ 246, 2. Alternative).

3. Handelt es sich um einen Diebstahl, so findet § 247 nur dann Anwendung, wenn der Täter sowohl zu dem Eigentümer als auch zu dem Gewahrsamsinhaber in einem privilegierenden Verhältnis steht. Wenn A beispielsweise aus der Schmuckkassette seiner Frau einen seiner Schwägerin gehörenden Ring entwendet, so bleibt er nicht gemäß § 247 Abs. 2 straflos. Die Tat kann allerdings nur auf Antrag seiner Schwägerin verfolgt werden (vgl. Abs. 1 i. V. mit § 52 Abs. 2).

4. Innerhalb des **Abs. 1** sind zwei Personengruppen zu unterscheiden:

a) Richtet sich die Tat gegen Angehörige, Vormünder oder Erzieher, so ist sie nur auf Antrag verfolgbar, und zwar ohne Rücksicht auf den Wert der Sache. Über den Begriff des Angehörigen siehe § 52 Abs. 2.

b) Der sog. Gesindediebstahl und die Tat des Lehrlings gegen den Lehrherrn sind dagegen nur dann privilegiert, wenn die gestohlene oder unterschlagene Sache eine solche von unbedeutendem Wert ist. Ob eine Sache geringwertig ist, richtet sich nach ihrem objektiven Verkehrswert, wobei die Vermögensverhältnisse sowohl des Täters als auch des Geschädigten zu berücksichtigen sind (vgl. BGH 6, 41). Zum Ganzen siehe auch unten E III 5.

5. Nach **Abs. 2** bleibt die Tat straflos, wenn sie von einem Verwandten aufsteigender Linie gegen einen Verwandten absteigender Linie begangen wird, z. B. wenn der Vater den Sohn bestiehlt. Dieselbe Privilegierung kommt auch Ehegatten zugute, solange diese in einer formell gültigen Ehe leben (vgl. BGH 7, 383). In beiden Fällen handelt es sich um einen persönlichen Strafausschließungsgrund (siehe hierzu Vorbem. AT, Abschn. D, S. 35 f.).

6. Auftretende **Irrtumsprobleme** sind wie folgt zu behandeln:

a) Ein Irrtum über die Eigentumsverhältnisse ist unbeachtlich. Dies gilt sowohl für Abs. 1 als auch für Abs. 2. (Einzelheiten und Beispiele siehe Vorbem. AT, Abschn. D 4, 36 f. sowie BGH 18, 123.)

b) Kommt es auf die Geringwertigkeit an (Abs. 1, 2. Alt.), so greift die Privilegierung nur dann ein, wenn der Täter sich des geringen Werts der von ihm entwendeten oder unterschlagenen Sache bewußt ist. Umgekehrt kann der Täter sich auch dann auf das Privileg berufen, wenn er nur irrig annimmt, es handle sich um eine Sache von geringem Wert (str.; so wie hier Kohlhaas ZStW 70, 225; a. A. die h. L.; in BGH 18, 123 wird die Frage offen gelassen).

7. In **Abs. 3** weist der Gesetzgeber ausdrücklich darauf hin, daß die Bestimmungen des Abs. 1 und 2 keine Anwendung finden auf Teilnehmer oder Begünstiger, die zu dem Geschädigten in keiner der in Abs. 1 oder Abs. 2 privilegierten persönlichen Beziehungen stehen.

II. Diebstahl und Unterschlagung aus Not (§ 248 a)

§ 248 a bringt eine weitere Privilegierung für den Fall, daß ein Diebstahl oder eine Unterschlagung aus Not begangen wird und der Täter sich darauf beschränkt, geringwertige Sachen zu entwenden bzw. zu unterschlagen. Im einzelnen:

1. Die Vorschrift findet Anwendung auf **alle Fälle des Diebstahls und der Unterschlagung,** also auch auf den schweren Diebstahl (§ 243), den Rückfalldiebstahl (§ 244) und die sogenannte Veruntreuung (§ 246, 2. Alt.), nicht dagegen auf Raub (§ 249) und räuberischen Diebstahl (§ 252), ferner nicht auf die Amtsunterschlagung (§ 350). § 370 Nr. 5 geht vor.

2. Not ist jede ernste wirtschaftliche Bedrängnis. Unerheblich ist, ob der Täter die Notlage verschuldet hat. Keine Notlage liegt vor, wenn der Täter die Möglichkeit hat, seinen Lebensunterhalt durch ehrliche Arbeit zu verdienen. Faulenzer und Tagediebe werden nicht privilegiert.

3. Über **„geringwertig“** s. o. I 4 b.

4. Der **subjektive Tatbestand** setzt zunächst alle subjektiven Tatbestandsmerkmale des Diebstahls bzw. der Unterschlagung voraus. Außerdem muß der Täter wissen, daß die von ihm entwendete bzw. unterschlagene Sache nur geringwertig ist. Fehlt ihm dieses Bewußtsein, so besteht kein Anlaß zur Privilegierung. Der Täter ist in diesem Fall wegen vollendeten Diebstahls bzw. vollendeter Unterschlagung zu bestrafen. Umgekehrt kommt er auch dann in den Genuß des Privilegs, wenn er eine wertvolle Sache irrig für geringwertig hält, z. B. Gold für Messing oder Kupfer.

Der subjektive Tatbestand setzt weiter voraus, daß der Täter aus Not gehandelt hat. Die Not muß die Triebfeder zur Tat gewesen sein. Diese Voraussetzung kann auch dann vorliegen, wenn der Täter nur vermeintlich in Not ist, z. B. wenn er noch nichts von seinem großen Totogewinn weiß.

5. Folgen der Privilegierung

a) Die Tat ist nur auf Antrag verfolgbar (Abs. 2 Satz 1). Dieser kann zurückgenommen werden (Abs. 2 Satz 2).

b) Die Tat kann nur mit Geldstrafe oder mit Gefängnis bis zu 3 Monaten bestraft werden, und zwar auch dann, wenn es sich um einen schweren Diebstahl i. S. von § 243 oder einen Rückfalldiebstahl handelt.

c) Mangels ausdrücklicher Strafdrohung ist der Versuch nicht strafbar.

d) Die Verurteilung gemäß § 248 a ist nicht rückfallbegründend.

e) Die Tat verjährt bereits nach 3 Jahren (§ 67 Abs. 2).

6. Da es sich nach h. L. um ein Sonderdelikt, d. h. um einen Tatbestand mit eigenem Unrechtsgehalt handelt, kommt die Vorschrift auch dem

Teilnehmer (Anstifter und Gehilfen) zugute, und zwar auch dann, wenn dieser nicht selbst aus Not handelt. § 50 Abs. 2 findet keine Anwendung (vgl. Schwarz-Dreher § 248 a Anm. 1 D, Maurach BT 218).

7. Die Regelung in **Abs. 3** entspricht der des § 247 Abs. 2 (persönlicher Strafausschließungsgrund).

III. Diebstahl und Unterschlagung von Nahrungs- und Genußmitteln etc. (§ 370 Nr. 5)

§ 370 Nr. 5 erfaßt den sog. **Mundraub,** d. h. die Entwendung oder Unterschlagung von Nahrungs- oder Genußmitteln oder sonstigen Gegenständen des hauswirtschaftlichen Verbrauchs, sofern der Täter sich darauf beschränkt, solche Sachen in geringer Menge oder von unbedeutendem Wert zum alsbaldigen Verbrauch zu entwenden bzw. zu unterschlagen. Im einzelnen:

1. Die Vorschrift enthält einen **privilegierten Fall des Diebstahls und der Unterschlagung.** Sie muß daher objektiv wie subjektiv alle Tatbestandsmerkmale des Diebstahls bzw. der Unterschlagung enthalten.

2. Beschränkt sich der Täter auf eine Übertretung i. S. der Vorschrift, so verdrängt diese unter dem Gesichtspunkt der **Sperrwirkung des milderen Gesetzes** nicht nur die §§ 242, 246, sondern auch die qualifizierten Fälle des Diebstahls (§§ 243, 244), ferner den Notdiebstahl (§ 248 a), nicht dagegen Raub und räuberischen Diebstahl (§§ 249, 252), ferner nicht die Amtsunterschlagung (§ 350). Die Ablehnung des § 370 Ziff. 5 in den letztgenannten Bestimmungen ergibt sich aus der Erwägung, daß für eine Privilegierung kein Raum mehr ist, wenn der Täter sich nicht nur über Eigentum und Gewahrsam hinwegsetzt, sondern darüber hinaus noch weitere Rechtsgüter (Freiheit der Willensentschließung, Reinheit der Amtsführung) verletzt.

3. Für das **Verhältnis zu § 243 Nr. 2** gilt folgendes:

a) Steigt der Täter ein, um Nahrungs- oder Genußmittel i. S. von § 370 Nr. 5 zu entwenden (z. B. einen Ring Wurst im Wert von 3,— DM), und beschränkt er sich auf solche Gegenstände, so kommt wegen der Sperrwirkung des milderen Gesetzes nur § 370 Nr. 5 in Betracht (BGH NJW 58, 1244; siehe auch Vorbem. AT, Abschn. J III 2 a, S. 60 f.).

Abwandlung: Beschränkt sich der Täter nicht darauf, die ursprünglich beim Einsteigen erstrebte Wurst zu entwenden, sondern nimmt er neben oder anstatt dieser noch andere, nicht unter § 370 Nr. 5 fallende Gegenstände mit, z. B. Geld, so hat die Bestrafung wegen schweren Diebstahls zu erfolgen (vgl. BGH 9, 253; Schwarz-Dreher Anm. 5 B zu § 370; str.). Im Schrifttum wird hiergegen verschiedentlich eingewandt, der Täter sei ohne Diebstahlsvorsatz eingestiegen; er könne daher nur wegen einfachen Diebstahls bestraft werden, wenn er sich erst in dem Haus entschlossen habe, Geld zu entwenden (vgl. Schönke-Schröder § 243 Rn. 72 mit weiteren Nachweisen). Dem ist jedoch entgegenzuhalten, daß auch derjenige, der nur eine Wurst oder eine Flasche Wein entwenden will, mit Diebstahlsvorsatz einsteigt. Wie das Reichsgericht schon in RG 14, 313 ausgesprochen hat, ist für den Diebstahlsvorsatz die Beschränkung der Vorstellung des Täters auf bestimmte Gegenstände unwesentlich (vgl. BGH a.a.O. 254).

b) Steigt der Täter ein, um nicht unter § 370 Nr. 5 fallende Gegenstände (z. B. Geld) zu entwenden, so kommt § 370 Nr. 5 nur dann in Betracht, wenn er seinen ursprünglichen Tatplan freiwillig aufgibt und sich auf solche Gegenstände beschränkt, die unter § 370 Nr. 5 fallen, z. B. eine Flasche Wein.

Abwandlung: Nimmt der Täter die Flasche Wein nur deshalb mit, weil er kein Geld gefunden hat, so ist hinsichtlich des erstrebten, aber nicht gefundenen Geldes versuchter schwerer Diebstahl (§§ 243 Abs. 1 Nr. 2, 43), hinsichtlich der Flasche Wein eine Übertretung gemäß § 370 Nr. 5 gegeben. Beide Delikte stehen zueinander in IdK (vgl. BGH 21, 244 sowie Schwarz-Dreher a.a.O.; a. A. Schmitt JZ 60, 448, der zu RK neigt).

4. **Als Tatobjekte** kommen in Betracht: Nahrungs- und Genußmittel sowie Gegenstände des hauswirtschaftlichen Verbrauchs.

a) Zu den Genußmitteln gehören insbesondere Tabakwaren, Wein und Spirituosen.

b) Zu den Gegenständen des hauswirtschaftlichen Verbrauchs gehören Seife und sonstige Waschmittel, Brennmaterial, aber auch Benzin zur täglichen Fahrt an die Arbeitsstelle (vgl. BGH NJW 60, 265) oder zur Reinigung des Fahrzeugs (OLG Celle NJW 66, 1931), nicht jedoch Sachen, die zwar „gebraucht", aber nicht „verbraucht" werden, z. B. Kleider, Feuerzeuge, Taschenlampen, Zeitungen, Taschenmesser, Weihnachtsbäume.

5. Nur Sachen von geringer Menge oder unbedeutendem Wert fallen unter den Anwendungsbereich der Vorschrift. Es genügt, daß die eine oder die andere Voraussetzung gegeben ist.

a) Ob man im Einzelfall noch von einer geringen Menge sprechen kann, ist Tatfrage und hängt vom Verwendungszweck des Gegenstands ab. So wird man zwar einen Sack Sand noch als geringe Menge ansehen können; auch ein Sack Zement oder Kalk wird noch hierher zu rechnen sein, keinesfalls aber ein Sack Reis, Zucker, Salz oder Mehl.

b) Ob eine Sache nur unbedeutenden Wert hat, richtet sich nach ihrem objektiven Verkehrswert, wobei sowohl die Vermögensverhältnisse des Täters als auch die des Opfers zu berücksichtigen sind (BGH 6, 41). Gegenstände unter 20,— DM dürften wohl auf jeden Fall noch als Sachen von unbedeutendem Wert angesehen werden. Mit 30,— DM dürfte andererseits aber auch die obere Grenze erreicht sein. Bei fortgesetzter Tat sowie bei Mittäterschaft entscheidet auch hier der Wert der Gesamtmenge.

6. Bei fortgesetzter Tat sowie bei Mittäterschaft kommt es auf die Gesamtmenge an (vgl. OLG Stuttgart NJW 63, 1415; BGH NJW 64, 117). Wer beispielsweise zwei Monate lang seinem Arbeitgeber vorgefaßtem Tatentschluß entsprechend täglich eine Zigarre entwendet, ist wegen fortgesetzten Diebstahls gemäß § 242 zu bestrafen, da 60 Zigarren nicht mehr als geringe Menge angesehen werden können. Wird er bereits nach der 1. Zigarre gefaßt, so liegt ein versuchter Diebstahl in Idealkonkurrenz mit einer vollendeten Übertretung gemäß § 370 Nr. 5 vor (vgl. OLG Stgt. a.a.O.; Schönke-Schröder Rn. 19; str.).

7. **Der subjektive Tatbestand** erfordert:

a) Vorsatz. Dieser muß sich zunächst auf alle Tatbestandsmerkmale erstrecken, die auch bei Diebstahl (§ 242) und Unterschlagung (§ 246) vom Vorsatz umfaßt sein müssen. Außerdem muß der Täter das Bewußtsein haben, Sachen von geringer Menge oder unbedeutendem Wert zu entwenden oder zu unterschlagen. Wegen der Irrtumsprobleme s. o. II 4.

b) Die Absicht des alsbaldigen Verbrauchs. Nicht erforderlich ist, daß der Täter die Sache selbst verbrauchen will. Es genügt, wenn er sie seiner Familie oder Freunden zum alsbaldigen Verbrauch zukommen lassen will. Ob es dann dazu kommt, ist unerheblich. Entscheidend ist allein die Einstellung des Täters im Zeitpunkt der Tat. Die Entwendung von Lebensmitteln, die erst 2 Tage danach verzehrt werden sollen, geschieht nicht mehr zum „alsbaldigen" Verbrauch (BGH GA 66, 245).

8. Nach Abs. 2 ist die Tat nur auf Antrag verfolgbar. Antragsberechtigt ist insbesondere der Eigentümer, u. U. aber auch der Gewahrsamsinhaber (wenn Eigentum und Besitz auseinanderfallen), ferner der Käufer der entwendeten Sache, wenn die Gefahrtragung bereits auf ihn übergegangen ist (BayObLG NJW 63, 1464).

Verwandte aufsteigender Linie und Ehegatten bleiben entsprechend der in § 247 getroffenen Regelung straflos (persönlicher Strafausschließungsgrund).

9. Abschließende Beispiele aus der jüngeren Rspr.

a) § 370 Nr. 5 wurde abgelehnt: für 9 Packungen Zigaretten (BGH NJW 64, 117), für 2 Tuben „Badedas" zu je 5 Vollbädern (OLG Celle Nds-RPfl. 64, 208), 3 Würste im Wert von 23,— DM (BGH bei Dallinger MDR 54, 336).

b) § 370 Nr. 5 wurde dagegen noch angenommen: für 15 l Benzin, die zur Reinigung eines Kfz verwendet werden sollen (OLG Celle NJW 66, 1931), 1 Huhn im Wert von 5,— DM (BGH bei Dallinger MDR 54, 336), 1 Flasche Wein und 3 Fl. Bier (OLG Hbg. NJW 53, 396), Pralinen im Wert von 20,— DM (BGH 21, 244).

Lösung des Falles

A. Die Entwendung des Koffers

I. Strafbarkeit des B

1. Einbruchsdiebstahl (§ 243 Abs. 1 Nr. 2)

Durch die Entwendung des Koffers aus dem verschlossen auf der Straße abgestellten Pkw hat sich B, ohne daß weitere Feststellungen erforderlich wären, eines Diebstahls schuldig gemacht. Es ist weiter zu prüfen, ob dieser Diebstahl unter den qualifizierten Umständen des § 243 Abs. 1 Nr. 2 begangen wurde.

a) Allgemeine Ausführungen zu § 243 Abs. 1 Nr. 2 siehe Vorbem. C Abschn. II.

b) In Betracht kommt zunächst die Alternative Einbruch aus einem umschlossenen Raum. Als umschlossener Raum gilt jedes

Raumgebilde, das — ohne Gebäude oder Behältnis zu sein — dazu bestimmt ist, von Menschen betreten zu werden, und das mit Vorrichtungen versehen ist, die das Eindringen Unbefugter verhindern sollen (vgl. BGH 1, 158). Geht man von dieser heute allgemein anerkannten Definition aus, so bestehen keine Bedenken, einen Pkw als umschlossenen Raum i. S. der Vorschrift anzusehen (vgl. BGH 2, 214; 4, 16; 13, 82).

Unter das Tatbestandsmerkmal Einbruch fällt jedes Öffnen der den Zutritt verwehrenden Umschließung, sofern der Täter hierzu eine körperliche Anstrengung nicht unerheblicher Art benötigte. Diese Voraussetzungen sind im vorliegenden Fall gegeben. B hat nach Sachverhalt seine ganze Körperkraft aufbieten müssen, um die Wagentür aufreißen zu können.

Der 2. Alternativtatbestand des § 243 Abs. 1 Nr. 2 ist damit erfüllt. Das Verhalten war rechtswidrig und schuldhaft.

c) Es ist weiter zu prüfen, ob auch der 3. Alternativtatbestand (Erbrechen eines Behältnisses in einem Gebäude oder umschlossenen Raum) erfüllt ist. Als Behältnis i. S. der Vorschrift gilt jedes der Aufnahme von Sachen dienende und sie umschließende Raumgebilde, das nicht zum Betreten von Menschen geeignet ist. Der von B entwendete Koffer ist ein typisches Beispiel für ein Behältnis im Sinne dieser Definition. Durch das gewaltsame Öffnen des Koffers haben A und B den Koffer erbrochen. Das Erbrechen eines Behältnisses erfüllt aber nach dem eindeutigen Wortlaut des Gesetzes den Tb. des § 243 Abs. 1 Nr. 2 nur dann, wenn der Täter das in einem Gebäude oder umschlossenen Raum verwahrte Behältnis an Ort und Stelle aufbricht (vgl. BGH 14, 291; bestr.). Diese Voraussetzungen liegen hier nicht vor. A und B haben den Koffer nicht schon im Pkw, sondern erst zu Hause aufgebrochen. Der 3. Alternativtatbestand des § 243 Abs. 1 Nr. 2 ist daher nicht erfüllt.

2. Beförderungsdiebstahl (§ 243 Abs. 1 Nr. 4)

a) Allgemeine Ausführungen zu § 243 Abs. 1 Nr. 4 siehe Vorbem. C Abschn. IV.

b) Zunächst ist zu prüfen, wo die Tat begangen wurde. § 243 I 4 erfaßt nur solche Diebstähle, die auf öffentlichen Wegen, Plätzen usw. begangen wurden. Diese Frage bietet im vorliegenden Fall (unbeschadet der sonst so gefürchteten Kasuistik der Vorschrift) keine Schwierigkeiten. Der Pkw stand nach Sachverhalt auf einem Parkplatz. Es kann davon ausgegangen werden, daß es sich um einen öffentlichen Platz handelte.

c) Die nächste Frage richtet sich nach dem Tatobjekt. Der erhöhte Strafschutz der Vorschrift bezieht sich nur auf Reisegepäck sowie sonstige Gegenstände der Beförderung. Auch insoweit ergeben sich keine Schwierigkeiten. Der Koffer gehörte zum Reisegepäck.

d) Die letzte Frage, die bei jedem Beförderungsdiebstahl gemäß § 243 I 4 zu stellen ist, bezieht sich auf das Tatmittel. Hier wird am deutlichsten erkennbar, daß die Vorschrift noch aus der Postkutschenzeit stammt. Der Tb. ist nur dann verwirklicht, wenn der Täter die Wegnahme dadurch bewirkt, daß er Befestigungs- oder Verwahrungsmittel abschneidet oder ablöst (1. Alternativtatbestand), oder wenn er falsche Schlüssel oder andere, zur ordnungsgemäßen Öffnung nicht bestimmte Werkzeuge verwendet, um die Befestigungs- bzw. Verwahrungsmittel ihrer Sicherungsfunktion zu berauben (2. Alternativtatbestand). Im vorliegenden Fall ist hierzu folgendes festzustellen:

aa) Unter Befestigungsmittel versteht man Vorrichtungen, die das Reisegepäck bzw. Transportgut mit dem Beförderungsmittel verbinden (vgl. Lackner-Maassen, § 243 Anm. 4 c). Solche Vorrichtungen waren im vorliegenden Fall nicht vorhanden.

bb) Unter Verwahrungsmitteln versteht man Vorrichtungen, die das Auseinanderfallen des Reisgepäcks verhindern oder gegen äußere Einwirkungen schützen sollen (vgl. Lackner-Maassen a.a.O.). Zu den Verwahrungsmitteln gehört z. B. der Kofferraum eines Pkw, nicht dagegen der hier in Frage stehende Personenteil (vgl. Vorbem. C IV 3 b sowie Lackner-Maassen a.a.O.). § 243 Abs. 1 Nr. 4 ist daher nicht erfüllt.

3. Rückfalldiebstahl (§ 244)

a) Allgem. Ausführungen zu §§ 244, 245 siehe Vorbem. D vor diesem Fall. Wie dort unter Abschn. 4 näher dargelegt, muß der Täter schon zweimal die Härte des Gesetzes an sich verspürt haben. Vor allem aber ist die gesetzlich festgelegte Reihenfolge von Straftat, Verurteilung und Verbüßung genau zu beachten. Der 2. Diebstahl ist nur dann rückfallbegründend, wenn er begangen wurde, nachdem die wegen der 1. Tat ausgesprochene Strafe ganz oder teilweise verbüßt oder erlassen ist. Ein Rückfalldiebstahl gemäß § 244 wiederum liegt erst dann vor, wenn auch die wegen der 2. Tat ausgesprochene Strafe ganz oder teilweise verbüßt oder erlassen ist.

b) Für den vorliegenden Fall ergibt sich hinsichtlich der einzelnen Vorstrafen folgendes:

aa) Die Verurteilung vom 10. 10. 1950 durch das Schöffengericht Heidelberg ist geeignet, die Rückfallsvoraussetzungen zu begründen. Daß B nicht wegen Diebstahls verurteilt wurde, ist unschädlich, da auch eine Verurteilung wegen Hehlerei rückfallbegründend i. S. von § 244 ist.

bb) Die Verurteilung vom 5. 5. 1963 durch das Schöffengericht Mannheim betrifft zwar einen schweren Diebstahl und damit eine rückfallbegründende Straftat; die ausgesprochene Gefängnisstrafe ist aber zur Bewährung ausgesetzt worden. Sie war also noch nicht verbüßt. Da die Bewährungszeit noch nicht abgelaufen war, lag auch noch kein Erlaß vor, der der Verbüßung gemäß § 245 gleichgestellt werden könnte. Die Strafaussetzung als solche ist kein Erlaß. Die Vorstrafe c) ist daher nicht rückfallbegründend.

cc) Die Verurteilung vom 8. 8. 1966 durch das Landgericht Karlsruhe betrifft wiederum einen schweren Diebstahl und damit ein rückfallbegründendes Delikt. Die Tat wurde begangen, nachdem die Strafe wegen der 1. rückfallbegründenden Tat durch das Schöffengericht Heidelberg längst verbüßt war. Gewisse Bedenken gegen die rückfallbegründende Wirkung der Karlsruher Verurteilung könnten sich dadurch ergeben, daß die Strafe noch nicht voll verbüßt war, bevor B am 10. 1. 1967 die jetzt in Frage stehende 3. Tat begangen hat. Diese Bedenken sind aber bei näherer Betrachtung unbegründet, da nach § 245 die Strafschärfung des § 244 auch dann eingreift, wenn die früheren Strafen nur teilweise verbüßt sind. So liegt der Fall hier. Da das Landgericht Karlsruhe die vom 10. 7. — 15. 7. 1966 erlittene U-Haft gemäß § 60 auf die erkannte Strafe angerechnet hat, war diese am 10. 1. 1967 bereits teilweise verbüßt (vgl. BGH NJW 60, 158).

Aus den vorstehenden Ausführungen folgt, daß die Vorstrafen a) und c) vorbehaltlich der weiteren, bisher noch nicht geprüften Frage der Rückfallverjährung (vgl. § 245) strafschärfende Wirkung i. S. von § 244 haben.

c) Zur Rückfallverjährung:

Gemäß § 245 entfällt die strafschärfende Wirkung des § 244, wenn seit der Verbüßung oder dem Erlaß der letzten Strafe bis zur Begehung des neuen Diebstahls 10 Jahre verflossen sind. Diese Bestimmung wird ihrem Wortlaut entspr. von der h. L. und der Rspr. dahin ausgelegt, daß es nur auf die zeitliche Differenz zwischen der 2. und der 3. Tat ankommt, nicht aber auf die zeitliche Differenz zwischen der 1. und 2. Tat. § 244 wird also nicht dadurch ausgeschlossen, daß — wie im vorliegenden Fall — zwischen der Verbüßung der 1. rückfallbegründenden Vorstrafe (10. 8. 1951) und der Begehung der 2. rückfallbegründenden Vorstrafe (1. 2. 1966) mehr als 10 Jahre liegen.

d) Sind die Probleme der Rückfallverjährung gemäß § 245 überwunden, so ist weiter zu prüfen, ob die 1. rückfallbegründende Vorstrafe nicht wegen Tilgungsreife die Anwendung von § 244 entfallen läßt. Wie bereits in der Vorbem. D unter Abschn. 10 erwähnt, sind getilgte oder tilgungsreife Vorsrafen nicht mehr rückfallbegründend.

Da die Vorstrafe a) offensichtlich nicht getilgt war, ist zu prüfen, ob sie tilgungsreif gewesen wäre. Über die Tilgungsfrist bestimmt § 7 StraftilgungsG für unseren Fall folgendes: Verurteilungen zu Gefängnisstrafen von mehr als 1 Woche sind in 10 Jahren zu tilgen (Abs. 1 Nr. 2). Die Frist beginnt an dem Tage, von dem ab nur noch beschränkt Auskunft zu erteilen ist (Abs. 2).

Über die beschränkte Auskunft aus dem Strafregister gilt nach § 6 StraftilgungsG folgendes: Über Freiheitsstrafen von höchstens 3 Monaten ist 5 Jahre unbeschränkt Auskunft zu erteilen (Abs. 1 Nr. 2). Von diesem Zeitpunkt an wird nur noch beschränkt Auskunft erteilt. Die Frist beginnt mit dem Tage der Verurteilung (Abs. 2).

Aus dem bisher Ausgeführten folgt für den vorliegenden Fall: Die am 10. 10. 1950 erfolgte Verurteilung zu 8 Wochen Gefängnis wäre normalerweise nach Ablauf von 5 + 10 = 15 Jahren, d. h. also am 10. 10. 1965, zu tilgen gewesen. Hierzu konnte es jedoch nicht kommen, da am 5. 5. 1963 die erneute Verurteilung durch das Schöffengericht Mannheim erfolgte. Nach § 2 StraftilgungsG aber ist bei mehreren Verurteilungen über alle Verurteilungen unbeschränkt Auskunft zu erteilen, solange über eine Verurteilung unbeschränkt Auskunft erteilt werden muß. Ergebnis somit: keine Tilgungsreife. §§ 244 findet Anwendung.

4. Sachbeschädigung (§ 303)

Sofern der Pkw durch das gewaltsame Aufreißen der Tür beschädigt wurde, liegt eine Sachbeschädigung vor, die aber als typische Begleiterscheinung eines Einbruchsdiebstahls von diesem konsumiert wird (vgl. Vorbem. AT Abschn. J III 2 b S. 61).

II. Strafbarkeit des A

1. Durch den Hinweis, in der Nähe sei ein unverschlossener Pkw mit lohnendem Gepäck abgestellt, durch das man sich sanieren könne, hat A sich der **Anstiftung** zu dem von B begangenen Diebstahl schuldig gemacht (**§§ 242, 48**). Daß B den Diebstahl unter qualifizierenden Umständen begangen hat, kann den A nicht belasten. Hierzu im einzelnen:

a) Der zur Tatbestandsverwirklichung des **§ 243 I 2** führende Umstand, daß der Pkw verschlossen war und B die Tür gewaltsam öffnen mußte, um die Wegnahme zu ermöglichen, war dem A nicht bekannt. Als er den B zur Tat anstiftete, nahm er an, der Pkw sei nicht verschlossen. Dieser Irrtum läßt nach § 59 den Vorsatz entfallen.

b) Daß B die Tat unter den qualifizierenden Voraussetzungen des wiederholten Rückfalls (**§ 244**) beging, war dem A wohl bekannt, kann ihm aber dennoch nicht zugerechnet werden, da die Rückfallsvoraussetzungen zu den besonderen persönlichen Merkmalen gehören, die gemäß § 50 Abs. 2 nur den Täter oder Teilnehmer belasten, bei dem sie vorliegen. Ob die übrigen Teilnehmer das Vorliegen solcher täterbezogenen, strafschärfenden Merkmalen der Person des Täters kannten, ist unerheblich.

2. Dadurch, daß A sich von B dazu überreden ließ, bei der von ihm angeregten Tat Schmiere zu stehen, hat er einen weiteren Tatbeitrag zu dem von B begangenen Diebstahl geleistet, Daß B bei der Tatausführung unter den strafschärfenden Umständen der §§ 243 I 2, 244 handelte, kann den A aus den bereits oben unter 1 a) und b) dargelegten Gründen nicht belasten. Fraglich ist nur, ob A als **Mittäter oder Gehilfe** zu beurteilen ist.

a) Allgemeine Ausführungen zur Abgrenzung von Täterschaft und Teilnahme siehe Vorbem. AT, Abschn. H I, S. 41 ff., über die Mittäterschaft siehe Vorbem. A vor diesem Fall.

b) Wie in Vorbem. A 1 dargelegt, setzt die Annahme von Mittäterschaft zunächst voraus, daß mehrere Personen in bewußtem und gewolltem Zusammenwirken auf die Tatbestandsverwirklichung hinwirken. Diese Voraussetzungen liegen vor allem dann vor, wenn mehrere Beteiligte sich in die zur Tatbestandsverwirklichung erforderlich werdenden Maßnahmen teilen. So aber liegt der Fall hier. B unternahm die eigentliche Tatausführung, A sicherte sein Vorgehen ab. Dieses äußere Bild, das durch eine gemeinschaftliche, arbeitsteilige Tatausführung gekennzeichnet ist, entspricht durchaus dem der Mittäterschaft. Daß A nicht selbst alle Tatbestandsmerkmale eigenhändig verwirklichte, ist dabei unschädlich (vgl. Vorbem. A 3). Etwas anderes würde nur bei eigenhändigen Delikten gelten. Ein solches steht hier aber nicht in Frage.

c) Das äußere Bild ist nach dem hier im Anschluß an die Rspr. und die h. L. im Schrifttum vertretenen subjektiven Täterbegriff nicht allein entscheidend. Es ist vielmehr weiter erforderlich, daß A auch alle subjektiven Tatbestandsmerkmale verwirklichte und den

Willen zur Tatherrschaft hatte. Der Wille zur Tatherrschaft kann unbedenklich bejaht werden. A wollte in maßgeblicher Weise an der Tat mitwirken. Er hat sich mit der Tat identifiziert und auch — schon in Hinblick auf den versprochenen Beuteanteil — ein Interesse an ihrer Durchführung. Das Vorliegen der subjektiven Tatbestandsmerkmale könnte dann fraglich erscheinen, wenn A ohne Aussicht auf einen Beuteanteil mitgegangen wäre, nur um dem B einen Gefallen zu erweisen. In diesem Fall müßte der subj. Tb. des § 242 und damit auch die Möglichkeit einer Mittäterschaft abgelehnt werden. So aber liegt der Fall gerade nicht.

3. **Ergebnis:** A hat sich wegen eines in Mittäterschaft begangenen Diebstahls (§§ 242, 47) zu verantworten. Die unter Ziff. 1 festgestellte Anstiftung ist als schwächere Teilnahmeform gegenüber der festgestellten Mittäterschaft subsidiär. Sie hat gegenüber dieser keine rechtlich selbständige Bedeutung.

B. Die Teilung der Beute

Durch die Teilung der Beute in der Wohnung des A haben A und B — abgesehen von der Sachbeschädigung beim Aufbrechen des Koffers — keine weiteren Straftatbestände verwirklicht. Insbesondere liegt keine Unterschlagung vor, da A und B sich die Beute bereits zuvor durch eine andere strafbare Handlung, nämlich durch den gemeinsam begangenen Diebstahl, in rechtswidriger Weise zugeeignet hatten (vgl. BGH 14, 38). Siehe hierzu ausführlich Vorbem. A 4 c vor Fall 8 (S. 234).

C. Der Ankauf des Fotoapparates durch A

Zu prüfen ist **Hehlerei (§ 259)**

a) Allgemeine Ausführungen zu § 259 siehe Vorbem. C vor Fall 8 (S. 244 ff.).

b) Der Fotoapparat stammte aus einer strafbaren Handlung, nämlich aus dem von A und B gemeinschaftlich begangenen Diebstahl. Fraglich ist aber, ob A als Mittäter der Vortat überhaupt tatbestandsmäßig Hehler sein kann.

aa) Wie bereits in der Vorbem. C VI vor Fall 8 (S. 248) dargelegt, ist die Hehlerei wesensmäßig die Anschlußtat an die Tat eines anderen. Anders als für Anstifter und Gehilfen ist aber für den Täter und Mittäter die Vortat keine fremde, sondern die eigene Tat. Täter und Mittäter der Vortat können daher grundsätzlich nicht zugleich auch Hehlerei an den von ihnen deliktisch erlangten Sachen begehen.

bb) Dieser Grundsatz gilt uneingeschränkt nur bis zur Verteilung der Beute. Von diesem Zeitpunkt an haben die Mittäter eine Verfügungsgewalt nur noch über die Beutestücke, die ihnen bei der Verteilung zugefallen sind. Hinsichtlich der übrigen Beutestücke ist jedoch Hehlerei dann möglich, wenn sie einer der Mittäter im einverständlichen Zusammenwirken mit seinen früheren Komplizen erneut in seine Verfügungsgewalt bringt (vgl. BGH 3, 193 = JZ 53, 86 m. zust. Anm. v. H. Mayer, Maurach BT 360). So aber liegt der Fall hier.

c) A kannte die strafbare Herkunft des Fotoapparats. Er handelte auch seines Vorteils wegen, da er glaubte, ein günstiges Geschäft machen zu können. Der Tb. des § 259 ist damit obj. und subj. erfüllt.

d) Rechtfertigungs- oder Schuldausschließungsgründe sind nicht ersichtlich. A hat sich somit der Hehlerei schuldig gemacht.

D. Die Zeugenaussage des F

I. Strafbarkeit des F

1. Meineid (§ 154)

a) Allgemeine Ausführungen zu den §§ 153 ff siehe Vorbem. B vor diesem Fall.

b) F bekundete unter Eid als Zeuge vor Gericht, er sei in der Nacht vom 10./11. 1. mit B in Karlsruhe gewesen. Diese Aussage war objektiv unwahr, d. h. falsch, denn in Wirklichkeit waren F und B erst eine Woche später in Karlsruhe. Der obj. Tb. ist damit erfüllt.

c) Da F wider besseres Wissen falsch aussagte, ist auch der subj. Tb. erfüllt. Rechtfertigungs- oder Schuldausschließungsgründe fehlen. Ergebnis: Strafbarkeit gemäß § 154.

2. Begünstigung (§ 257)

a) Allgemeine Ausführungen zur Begünstigung siehe Vorbem. B vor Fall 8 (S. 235 ff.).

b) B hatte ein Verbrechen, nämlich einen Einbruchsdiebstahl, begangen. Die wahrheitswidrige Aussage des F vor Gericht sollte dem B für die Tatnacht ein Alibi verschaffen. Hierin kann ein Beistandleisten i. S. von § 257 gesehen werden. Ob die Aussage des F ausreichte, um B zu entlasten, ist unerheblich. Wie in Vorbem. B I 5 vor Fall 8 (S. 237) dargelegt, genügt als Beistandshandlung i. S. von § 257 jede Handlung, die nach der Vorstellung des Täters geeignet ist, die Lage des Vortäters zu verbessern. So aber liegt der Fall hier. Der obj. Tb. des § 257 ist damit erfüllt.

c) F handelte in der Absicht, B vor Strafe zu bewahren. Damit ist auch der subj. Tb. erfüllt, und zwar in der Form der sog. persönlichen Begünstigung.

d) Rechtfertigungs- oder Schuldausschließungsgründe fehlen. Ergebnis: Strafbarkeit gemäß § 257.

e) Eine schwere Begünstigung gemäß § 258 liegt nicht vor, da F — soweit ersichtlich — nicht seines Vorteils wegen handelte.

3. Konkurrenzen: Der Meineid und die Begünstigung wurden durch eine Handlung verwirklicht. Ein Fall der Gesetzeskonkurrenz liegt nicht vor. Es ist daher IdK anzunehmen (§§ 154, 257, 73).

II. Strafbarkeit des B

1. Anstiftung zum Meineid (§§ 154, 48)

scheidet aus, da B in F keinen Tatvorsatz hervorrufen wollte. F sollte nach der Vorstellung des B nicht vorsätzlich, sondern gutgläubig falsch aussagen. B handelte daher ohne den erforderlichen Anstiftervorsatz. Die vorsätzliche Tatbegehung durch F ist für B außerdem, wie sich durch den Vergleich des Strafrahmens von § 160 mit dem von § 154 klar ergibt, ein Tatumstand, der die Strafbarkeit erhöht und für den er nach allgemeinen Grundsätzen (§ 59) nicht verantwortlich gemacht werden kann.

2. Verleitung zum Falscheid (§ 160)

a) F hat objektiv einen falschen Eid geleistet. Subjektiv entsprach die Einstellung des F jedoch nicht der Situation, die in § 160 normalerweise erfaßt wird. F war entgegen der Vorstellung des B nicht gutgläubig, sondern sagte vorsätzlich falsch aus. Es wäre jedoch verfehlt, wollte man B nur deshalb, weil F mehr getan hat, als B ihm zumuten wollte, nur wegen eines versuchten Vergehens gemäß § 160 bestrafen und damit besser stellen, als er gestanden hätte, wenn F nur gutgläubig falsch ausgesagt hätte. Der Exzeß des F kann ihn einerseits nicht belasten (daher keine Anstiftung zum Meineid), andererseits aber auch nicht entlasten. (So wie hier im Ergebnis übereinstimmend BGH 21, 116, Schönke-Schröder § 160 Anm. 12; a. A. Maurach BT 659 und Schwarz-Dreher § 160 Anm. 1 B, die nur Versuch annehmen.)

b) Das Verhalten war rechtswidrig und schuldhaft. Auf sog. Eidesnotstand (§ 157) kann B sich nicht berufen, da er selbst nicht in der Zwangslage eines Zeugen war.

3. Anstiftung zur Begünstigung (§§ 257, 48)

entfällt schon deshalb, weil B in F keinen entsprechenden Tatentschluß (Vorsatz) hervorrufen wollte.

E. Zusammenfassung, Konkurrenzen

I. B hat sich wie folgt strafbar gemacht:

1. durch den Einbruch in den Pkw wegen gemeinschaftlichen schweren Diebstahls unter den strafschärfenden Voraussetzungen des wiederholten Rückfalls (§§ 243 I 2, 244, 47);

2. durch das Aufbrechen des Koffers wegen gemeinschaftlicher Sachbeschädigung (§§ 303, 47);

3. durch die Einwirkung auf F wegen Verleitung zum Falscheid (§ 160).

4. Die Taten Ziff. 1—3 stehen untereinander in Realkonkurrenz (§ 74).

II. A hat sich wie folgt strafbar gemacht:

1. durch die Mitwirkung an dem Pkw-Diebstahl wegen gemeinschaftlichen (einfachen) Diebstahls (§§ 242, 47);

2. durch das Aufbrechen des Koffers wegen gemeinschaftlicher Sachbeschädigung (§§ 303, 47);

3. durch den Ankauf des Fotoapparats wegen Hehlerei (§ 259).

4. Die Taten 1, 2 und 3 stehen untereinander in Realkonkurrenz (§ 74).

III. F hat sich des Meineids in Idealkonkurrenz mit Begünstigung schuldig gemacht.

ZU FALL 10

Vorbemerkungen

A. Die Münzdelikte (§§ 146—152)

I. Allgemeines

1. Geschütztes Rechtsgut ist die Sicherheit des Zahlungsverkehrs.

2. Alle Verbrechen und Vergehen dieses Abschnitts unterliegen dem sogenannten Weltrechtsprinzip, d. h. das deutsche Strafrecht gilt auch für Taten, die ein Ausländer im Ausland begeht (vgl. § 4 Abs. 3 Nr. 7).

3. Die Münzverbrechen (nicht auch die Münzvergehen) unterliegen der Anzeigepflicht des § 138.

4. Ergänzend zu beachten neben den Straftatbeständen dieses Abschnitts sind die §§ 275, 276, 360 Abs. 1 Nr. 4—6, 364 sowie die VO zur Herstellung von Medaillen und Marken v. 27. 12. 1928 (RGBl 1929 I 2).

II. Falschmünzerei und Münzfälschung (§ 146)

§ 146 enthält zwei Alternativtatbestände: die Falschmünzerei und die Münzfälschung. Im einzelnen:

1. Geld ist jedes vom Staat oder einer von ihm ermächtigten Stelle als Wertträger beglaubigte und zum Umlauf im öffentlichen Verkehr bestimmte Zahlungsmittel. Auch ausländisches Geld unterliegt dem Anwendungsbereich der Vorschrift.

2. Die 1. Alternative des Tatbestands stellt die eigentliche **Falschmünzerei,** d. h. das **Nachmachen** von Geld, unter Strafe, und zwar als Verbrechen. Das nachgemachte Geld muß dem echten zum Verwechseln ähnlich sein. Unter Berücksichtigung der Erfahrungstatsache, daß im täglichen Leben kaum jemand das erhaltene Geld näher auf seine Echtheit untersucht, sind an die Verwechslungsfähigkeit keine allzu strengen Anforderungen zu stellen (vgl. BGH NJW 54, 564). Lediglich plumpe Fälschungen scheiden aus dem Anwendungsbereich der Vorschrift aus. Hier kommt jedoch Versuch in Betracht, wenn der Täter möglichst vorbildgetreue Stücke herstellen wollte.

3. Die 2. Alternative des Tatbestands stellt die **Münzverfälschung** unter Strafe. Unter verrufenem Geld versteht man nicht mehr gültige Zahlungsmittel. Wird verrufenes Geld ohne Veränderung als echtes in Verkehr gebracht, so liegt Betrug vor.

4. Subjektiv ist neben dem Vorsatz die **Absicht** erforderlich, das nachgemachte oder verfälschte Geld **als echtes zu gebrauchen oder sonst in Verkehr zu bringen.** Nicht strafbar ist demnach, wer zunächst nur einige Probestücke herstellen will (siehe jedoch § 151), oder wer nur seine Kunst zeigen will, etwa um eine Wette zu gewinnen. Der Tatbestand ist dagegen erfüllt, wenn der Täter die Absicht hat, das Falschgeld zu Einkäufen zu benutzen, bei der Bank einzuwechseln oder für den Einwurf in Warenautomaten zu verwenden (sehr häufiger Fall!).
Nicht erforderlich ist, daß der Täter einen rechtswidrigen Vermögensvorteil erstrebt. Der Tatbestand ist daher auch dann erfüllt, wenn die Tat in der Absicht begangen wird, das Falschgeld zu verschenken oder gemeinnützigen Zwecken zukommen zu lassen. Auch in diesem Fall ist das Falschgeld in Verkehr gebracht.

5. Da die Tat bereits mit der Herstellung des Falschgelds vollendet ist, stellt sich die **spätere Ausgabe,** sofern sie schon bei der Herstellung des Falschgelds beabsichtigt war, als straflose Nachtat dar. War die spätere Ausgabe zunächst nicht beabsichtigt, so kommt § 147 in Betracht.

6. Mit Betrug ist IdK möglich (vgl. BGH MDR 52, 573). Gegenüber § 267 geht § 146 vor.

III. Verbreitung von Falschgeld (§ 147)

§ 147 enthält drei weitere Alternativtatbestände, die sowohl hinsichtlich ihres Unrechtsgehalts als auch hinsichtlich der Strafdrohung (Regelstrafe Zuchthaus, bei mildernden Umständen Gefängnis) der Falschmünzerei des § 146 gleichgestellt sind. Im einzelnen:

1. Der 1. Alternativtatbestand erfaßt den Fall, daß jemand Falschgeld verbreitet, das er **ohne Verbreitungsabsicht hergestellt hat** (seltener Fall).

2. Häufiger sind die Fälle, in denen jemand Falschgeld in Verkehr bringt, das er sich zuvor **von dritter Seite verschafft** hat (2. Alternativtatbestand). Diese Voraussetzungen können auch dann gegeben sein, wenn der Täter das Falschgeld *gefunden* oder durch eine *strafbare Handlung*, z. B. durch Diebstahl, Raub oder Betrug in seine Verfügungsgewalt gebracht hat.
In Verkehr gebracht ist das Geld auch dann, wenn es an einen *Eingeweihten* weitergegeben wird, der es seinerseits wieder unter die Leute bringen will (BGH 1, 143).
Subjektiv ist erforderlich, daß der Täter spätestens bei der Besitzerlangung die *Fälschung als solche erkannt hat*, wobei bedingter Vorsatz genügt. Erkennt er die Fälschung erst später, so kommt nur die mildere Bestimmung des § 148 (Vergehen) in Betracht.

3. Der 3. Alternativtatbestand stellt die Einfuhr von Falschgeld unter Strafe. Sie muß in der Absicht erfolgen, das Falschgeld zu verbreiten. Daß diese Absicht verwirklicht wird, ist nicht erforderlich. Der Tatbestand ist daher schon dann erfüllt, wenn der Täter an der Grenze festgenommen werden kann.

4. **Konkurrenzen:** Da ein Verstoß gegen § 147 nicht notwendig mit einem Betrug verbunden ist (auch die Weitergabe an einen Eingeweihten erfüllt den Tatbestand, s. o. 2), ist IdK. mit Betrug möglich. Ist bereits die Besitzerlangung strafbar (etwa als Diebstahl, Unterschlagung oder Raub), so ist auch IdK. mit §§ 242, 246, 249 denkbar.

IV. Abschieben von Falschgeld (§ 148)

§ 148 bringt eine Privilegierung für den Fall, daß jemand Falschgeld als echtes empfangen hat und es nach erkannter Unechtheit wieder als echtes in Verkehr bringt. Die Strafdrohung ist wesentlich niedriger als in den Fällen der §§ 146, 147, nämlich Gefängnis bis zu 3 Monaten oder Geldstrafe. Im einzelnen:

1. Die Vorschrift setzt voraus, daß der Täter das Geld **als echtes empfangen** hat. Sie will vor allem die Situation desjenigen strafmildernd berücksichtigen, der im täglichen Zahlungsverkehr — sei es böswillig, sei es versehentlich — mit Falschgeld bedient worden ist und dann, nachdem er die Situation erkannt hat, den *Schaden auf andere abwälzen* möchte. § 148 findet aber auch dann Anwendung, wenn jemand Falschgeld durch strafbare Handlung, etwa durch Diebstahl, Unterschlagung oder Raub in seine Verfügungsgewalt gebracht hat, ohne zu wissen, daß es sich um Falschgeld handelt (vgl. RG 67, 294).

2. Das Falschgeld muß **als echtes in Verkehr gebracht** werden. Wie bei § 147 genügt auch hier die *Weitergabe an einen Eingeweihten*, sofern zu erwarten ist, daß dieser das Geld wieder als echtes in Umlauf setzen wird.

Nicht hierher gehört jedoch der Fall, daß jemand das Falschgeld an einen Sammler weitergibt.

3. **Teilnahme** ist nach allgemeinen Grundsätzen strafbar. Wer einem Geprellten den Rat gibt, das Falschgeld wieder unter die Leute zu bringen, um sich auf diese Weise schadlos zu halten, macht sich der Anstiftung zu § 148 schuldig. Ist er ihm beim Abschieben behilflich, so liegt Beihilfe vor. Beihilfe zu § 148 und nicht Täterschaft gemäß § 147 liegt aber auch dann vor, wenn jemand ohne eigenes Interesse es für einen schuldlos Geprellten übernimmt, das Falschgeld selbst unter die Leute zu bringen.

4. **Beispiel:** Frau A klagt ihrem Sohn S, sie sei beim Einkauf mit einem falschen 10,— DM-Schein geprellt worden. Wenn S es nun für seine Mutter übernimmt, das Falschgeld wieder unter die Leute zu bringen, und die A dem zustimmt, so hat sich Frau A gemäß § 148, S wegen Beihilfe hierzu strafbar gemacht. Es wäre unbefriedigend, wollte man hier S als Täter gemäß § 147 und seine Mutter wegen Beihilfe hierzu bestrafen. Es darf für die A im Ergebnis keinen Unterschied machen, ob sie das Geld selbst oder über ihren Sohn wieder unter die Leute bringt. Anders zu beurteilen wäre der Fall, wenn S sich vorgefaßtem Tatentschluß entsprechend von seiner Mutter die Hälfte des Erlöses geben läßt. In diesem Fall will er nämlich die Tat als eigene. Es bestehen dann keine Bedenken, S gemäß § 147 zu bestrafen. Für die A müßte es jedoch auch hier dem Gesetzeszweck entsprechend bei einer Bestrafung gemäß § 148 bleiben. Sie darf nicht dadurch schlechter gestellt werden, daß S sich von ihr noch eine Belohnung geben läßt. (Beachte: Die Einzelheiten sind in diesem Zusammenhang äußerst bestritten. So wie hier in allen Punkten Maurach BT 479; siehe auch OLG Hamm DRZ 49, 477.)

5. IdK ist vor allem mit Betrug denkbar. Siehe auch oben III 4.

V. Weitere Tatbestände (§§ 149—151)

1. **§ 149** erfaßt die **Fälschung von Wertpapieren.** Die §§ 146—148 finden auf die in § 149 erwähnten Inhaberpapiere (Schuldverschreibungen, Aktien u.a.) nebst Zins-, Gewinnanteil- und Erneuerungsscheine entsprechende Anwendung. Die sog. Namenspapiere (z. B. Wechsel, Namensaktien) unterliegen dagegen der Regelung der §§ 267 ff.

2. **§ 150** erfaßt zunächst die sog. **Münzverringerung,** die in der Fachsprache als „Kippen“ bezeichnet wird. Der 2. Alternativtatbestand stellt das **Inverkehrbringen verringerter Münzen** unter gleiche Strafdrohung. Die letztgenannte Begehungsform ist auch unter der Bezeichnung „Wippen“ bekannt. Die Vorschrift ist praktisch nur bei wertvollen Gold- und Silbermünzen von Bedeutung.

3. In § 151 werden bestimmte **Vorbereitungshandlungen** wegen ihrer besonderen Gefährlichkeit selbständig unter Strafe gestellt. Kommt es zu einer vollendeten oder versuchten Falschmünzerei i. S. von § 146, so tritt die Vorschrift subsidiär zurück. Bleibt die Falschmünzerei im Stadium des Versuchs, so lebt § 151 wieder auf, sobald der Täter den Versuch freiwillig aufgibt (sog. qualifizierter Versuch, vgl. Vorbem. B II 5 vor Fall 2, S. 102 f.).
Siehe ergänzend § 360 Nr. 4.

VI. In **§ 152** wird zwingend die **Einziehung** des nachgemachten oder verfälschten Geldes sowie der in § 151 erwähnten Stempel, Siegel usw. vorgeschrieben. Die Eigentumsverhältnisse sind unerheblich. Soweit täterfremde Gegenstände von der Einziehung erfaßt werden, hat diese den Charakter einer Sicherungsmaßregel. Ist der Täter nicht bekannt oder kann er aus anderen Gründen nicht verfolgt werden, so erfolgt die Einziehung im sog. objektiven Verfahren. (Siehe hierzu §§ 430 ff. StPO.)

B. Der Betrug (§ 263)

Betrug ist die in Bereicherungsabsicht erfolgte, durch Täuschung bewirkte Schädigung fremden Vermögens. Im einzelnen:

I. **Geschütztes Rechtsgut** ist das Vermögen, nicht etwa die Freiheit der Willensentschließung. Unter Vermögen versteht man die Gesamtheit aller wirtschaftlichen Güter, die der Verfügungsgewalt einer Person unterstehen (sog. wirtschaftlicher Vermögensbegriff, st. Rspr. seit RG 16, 1; h. L.). Die Besonderheit des Betrugs gegenüber anderen Vermögensdelikten besteht darin, daß der Täter die vermögensschädigende Handlung nicht selbst vornimmt, sondern einen anderen veranlaßt, sich selbst oder einen Dritten, auf dessen Vermögen er einwirken kann, zu schädigen. Damit weist der Betrug dieselbe Struktur auf wie die Erpressung, mit deren Tatbestand sich der Betrug auch subjektiv deckt. In beiden Fällen geht es dem Täter darum, sich oder einen Dritten zu Unrecht zu bereichern. Der Unterschied beider Tatbestände besteht darin, daß die Vermögensverfügung beim Betrug zwar durch Irrtum bedingt, im übrigen aber innerlich frei getroffen wird; der Täter steht beim Betrug nicht unter Druck. Auch mit der Untreue weist der Tatbestand verwandte Züge auf. In beiden Fällen schädigt der Täter fremdes Vermögen; in beiden Fällen mißbraucht er das ihm entgegengebrachte Vertrauen. Der Unterschied zwischen beiden Tatbeständen ist auch hier bei der Vermögensverfügung zu suchen: Während bei der Untreue der Täter die schädigende Handlung vornimmt, veranlaßt der Betrüger sein Opfer, sich selbst zu schädigen. Die Abgrenzung zwischen Betrug und Diebstahl wurde bereits ausführlich bei der Erörterung des Diebstahls dargelegt (vgl. Vorbem. A V 5, 6 vor Fall 7, S. 221 f.). Auch dort ist klar erkennbar, welche Bedeutung der Vermögensverfügung, die selbst nur ein ungeschriebenes (aber allgemein anerkanntes) Tatbestandsmerkmal ist, bei der Abgrenzung des Betrugs von verwandten Tatbeständen zukommt.

II. Die **Täuschungshandlung** besteht in der Vorspiegelung falscher oder in der Entstellung oder Unterdrückung wahrer Tatsachen.

1. Zu den **Tatsachen** gehören nicht nur alle objektiv feststellbaren Geschehnisse und Zustände in Vergangenheit und Gegenwart, z. B. Wert und Beschaffenheit einer Sache oder die Zahlungsfähigkeit eines Schuldners, sondern auch sog. innere Tatsachen, z. B. eine vorhandene bzw. fehlende Zahlungsbereitschaft, die sich auch auf die Zukunft beziehen kann.

Keine Tatsachen sind reine Werturteile, z. B. die Erklärung eines Autoverkäufers, er sei mit dem Wagen immer zufrieden gewesen und der Wagen sei bestimmt sehr preisgünstig. Hier liegt selbst dann kein Betrug vor, wenn der Verkäufer verschweigt, daß er ab und zu auch Ärger mit dem Wagen gehabt hat und den Preis an sich gar nicht so günstig findet.

Keine Tatsachen sind ferner Zukunftsprognosen, z. B. die Erklärung, ein bestimmtes Wertpapier werde bald im Kurs steigen oder der Käufer eines PKW werde mit diesem bestimmt zufrieden sein. In derartigen Fällen kommt Betrug nur dann in Betracht, wenn es dem Getäuschten gerade auf die Überzeugung des Erklärenden ankommt. Diese wäre dann als innere Tatsache zu behandeln.

Nicht hierher gehören schließlich Rechtsausführungen einer Partei im Zivilprozeß (vgl. BGH JR 58, 106 m. Anm. Schröder). Es liegt daher kein Betrug vor, wenn jemand mit einer Forderung aufrechnet, von der er weiß, daß sie gar nicht wirksam zustande gekommen ist, oder wenn jemand entgegen seiner eigenen Überzeugung behauptet, ein bestimmter Vertrag sei gar nicht wirksam zustande gekommen.

2. Das **Vorspiegeln einer falschen Tatsache** kann sowohl durch ausdrückliche Erklärung als auch durch schlüssiges („konkludentes") Verhalten erfolgen.

a) Eine ausdrückliche Erklärung liegt z. B. vor, wenn jemand bewußt der Wahrheit zuwider erklärt, der von ihm verkaufte Pkw habe noch nie einen Unfall gehabt. Hierher gehört auch die Behauptung eines insolventen Kaufmanns, er werde den ihm gewährten Kredit für neue Investitionen verwenden, während er in Wirklichkeit die Absicht hat, alte Schulden zu begleichen.

b) Eine Tatsache kann auch durch schlüssiges Verhalten vorgespiegelt werden. Wer z. B. in einem Gasthaus Platz nimmt und Speisen und Getränke bestellt, bringt damit schlüssig zum Ausdruck, daß er zur Begleichung seiner Zeche nicht nur willens, sondern auch in der Lage ist. — Oder: Wer eine Sache zum Verkauf anbietet, bringt damit schlüssig zum Ausdruck, daß er zum Verkauf berechtigt ist. — Oder: Wer eine vertragliche Verpflichtung übernimmt, behauptet damit ohne weiteres, er sei ernstlich und unbedingt gewillt, sie zu erfüllen; wird ihm hierzu eine Frist gewährt, insbesondere Kredit eingeräumt, so liegt in dem Versprechen, den Vertrag zu erfüllen, zwar nicht immer die Behauptung gegenwärtiger Zahlungsfähigkeit, wohl aber die Erklärung, die gegenwärtigen Verhältnisse stünden der vereinbarten Erfüllung des Vertrags nicht im Weg (BGH NJW 54, 1414). — Oder: Wer eine Lotterie veranstaltet, bringt damit schlüssig zum Ausdruck, daß er alle Gewinnlose unter die Lose gemischt hat. Betrug begeht daher, wer zur Steigerung des Losverkaufs das Gewinnlos für den Hauptgewinn zurückhält, um zu verhindern, daß dieser vorzeitig gezogen und damit der Lotterie der Anreiz genommen wird (BGH 8, 289). — Oder: Wer einen Spielautomaten aufstellt, erklärt dadurch schlüssig, daß der Apparat den üblichen Bedingungen entspricht. Betrug begeht daher, wer heimlich eine die Gewinnchancen erhöhende Bremsvorrichtung ausschaltet und dadurch die Gewinnchancen eines geschickten Spielers mindert (OLG Hamm NJW 57, 1162). — Oder: Wer mit einem Scheck bezahlt, bringt damit schlüssig zum Ausdruck, daß der Scheck im Zeitpunkt der Einlösung (nicht schon der Hingabe) gedeckt ist (BGH 3, 69).

3. Eine **Entstellung wahrer Tatsachen** liegt vor, wenn durch Zusätze oder Weglassungen die wirkliche Sachlage nicht mehr richtig erkannt werden kann. Hierher gehört z. B. der Fall, daß ein Gesellschafter seinem Mitgesellschafter gegenüber den derzeitigen schlechten Geschäftsgang so stark übertreibt, daß dieser sich zu einem überstürzten Verkauf seiner Anteile entschließt.

4. Die **Unterdrückung wahrer Tatsachen** kann sowohl durch positives Tun als auch durch Unterlassen erfolgen.

a) Hebt ein Bankkunde von seinem Konto Geld ab, das ihm — wie er weiß — versehentlich gutgeschrieben worden ist, so liegt hierin die schlüssige Erklärung, daß er Geld von dem ihm zustehenden Guthaben abheben wolle. Er unterdrückt also durch positives Tun die wahre Tatsache, daß die Bank den Betrag nicht schuldig ist, und unterhält dadurch bei der Bank den dort bereits bestehenden Irrtum (OLG Köln NJW 61, 1735).

b) Durch Verschweigen wahrer Tatsachen kann der Tb. nur dann erfüllt werden, wenn eine Rechtspflicht zur Offenbarung besteht. Eine solche Pflicht kann sich nicht nur aus Gesetz oder Vertrag, sondern auch aus Treu und Glauben ergeben.

aa) Ein Zeuge ist gesetzlich verpflichtet, die reine Wahrheit zu sagen und nichts zu verschweigen (vgl. §§ 392 ZPO, 66 c StPO). Die Kindesmutter begeht daher vollendeten oder versuchten Betrug, wenn sie in dem Prozeß ihres unehelichen Kindes gegen den mutmaßlichen Erzeuger bewußt der Wahrheit zuwider verschweigt, daß sie auch mit anderen Männern Verkehr gehabt hat. (Beachte: Hier kommt außerdem noch Bestrafung gemäß §§ 153, 169 in Betracht.) — Oder: Der Empfänger von Arbeitslosenunterstützung ist gemäß § 183 Nr. 2 AVAVG verpflichtet, jeden Verdienst anzuzeigen. Er begeht daher Betrug, wenn er sich weiter Unterstützung zahlen läßt und dabei verschweigt, daß er inzwischen Arbeit gefunden hat. Hier könnte man auch Betrug durch positives Tun annehmen: Wer den Antrag auf Fortzahlung von Arbeitslosenunterstützung, Fürsorgeunterstützung, Krankengeld usw. stellt, bringt damit schlüssig zum Ausdruck, daß die materiellen Voraussetzungen hierfür nach wie vor gegeben sind. — Oder: Im Versicherungsrecht ergeben sich bestimmte Offenbarungspflichten aus §§ 16, 27 VVG.

bb) Fehlen gesetzliche Bestimmungen oder besondere vertragliche Vereinbarungen, so kann sich die Rechtspflicht zur Offenbarung bestimmter, für das Vertragsverhältnis wesentlicher Tatsachen mit Rücksicht auf die Verkehrssitte aus Treu und Glauben ergeben. Wer z. B. unter Hinweis auf ein Gutachten ein Bild als Werk eines bekannten Meisters anbietet, darf nicht verschweigen, daß die Echtheit äußerst bestritten ist (RG 68, 213). — Oder: Wer noch keinen Fahrschein besitzt, ist verpflichtet, sich auf die Frage des Schaffners, ob noch jemand ohne Fahrschein ist, zu melden. — Oder: Wer nach Abschluß eines Vertrags erkennt, daß sich seine Vermögensverhältnisse so sehr verschlechtert haben, daß er den Vertrag nicht mehr erfüllen kann, ist verpflichtet, seinen vorleistungspflichtigen Vertragspartner hierauf hinzuweisen (vgl. BGH 6, 198). — Oder: Ein gemäß § 140 StPO vom Gericht bestellter Offizialverteidiger ist verpflichtet, seinen Mandanten darauf hinzuweisen, daß das Honorar vom Staat übernommen wird (BGH LM Nr. 40). — Oder: Ein Versicherungsnehmer, der von dem Versicherer für einen Diebstahl entschädigt worden ist, ist verpflichtet, diesem das Wiederauffinden der entwendeten Gegenstände zu melden (vgl. RG 70, 225). — Oder: Wer einen Kredit aufnimmt oder eine Sache unter Eigentumsvorbehalt kauft, ist verpflichtet, alle an ihn mündlich oder schriftlich gestellten Fragen, die sich auf seine Kreditwürdigkeit beziehen, wahrheitsgemäß zu beantworten. Er ist dagegen nicht verpflichtet, von sich aus darauf hinzuweisen, daß er bereits den Offenbarungseid geleistet und erhebliche anderweitige Verpflichtungen hat. Anders nur im Rahmen länger bestehender Geschäftsbeziehungen, die bereits ein besonderes Vertrauensverhältnis begründet haben. — Oder: Ein Gebrauchtwagenhändler, der einen durch einen Unfall schwer geschädigten, jedoch wiederhergestellten Kraftwagen verkauft, hat dem Kaufinteressenten auch ungefragt zu offenbaren, daß es sich bei dem Fahrzeug um ein „Unfallfahrzeug" handelt (OLG Nürnberg, MDR 64, 693).

cc) Keine Rechtspflicht zur Aufklärung eines Irrtums besteht, wenn sich jemand durch eigenes Verschulden selbst in den Irrtum versetzt hat. Beispiel: A kauft bei B eine Flasche Wein zum Preis von 4,80 DM und zahlt mit einem 10,— DM-Schein. B paßt nicht auf und gibt nicht 5,20 DM, sondern 15,20 DM zurück. Klärt A den Irrtum nicht auf, so mag dies zwar moralisch verwerflich sein, ist aber nicht strafbar. A ist nicht verpflichtet, dafür zu sorgen, daß B auf sein Geld aufpaßt. Er hat weder einen Irrtum erregt noch einen Irrtum „unterhalten", sondern lediglich einen Irrtum ausgenutzt. Anders jedoch, wenn B nicht mehr weiß, ob A ihm 10,— oder 20,— DM gegeben hat, und A auf entsprechende Frage erklärt, er habe 20,— DM gegeben, oder er wisse selbst nicht mehr, welchen Schein er hingegeben habe. Hier käme Betrug durch positives Tun in Betracht.

III. Durch die Täuschungshandlung muß in dem Getäuschten ein Irrtum erregt oder unterhalten werden.

1. Als **Irrtum** gilt jede Unkenntnis von Tatsachen, die für die Entscheidung von maßgeblicher Bedeutung sind. Diese Voraussetzungen können auch dann vorliegen, wenn sich jemand ganz allgemein falsche Vorstellungen macht, z. B. der Zugschaffner, der glaubt, alles sei „in Ordnung" (vgl. Schönke-Schröder Rn. 29; noch weitergehend OLG Celle MDR 57, 436). Kein Irrrum liegt dagegen vor, wenn sich jemand überhaupt keine Gedanken macht.

2. Einen Irrtum **erregt,** wer selbst die falsche Vorstellung hervorruft, sei es durch positives Tun, sei es durch pflichtwidriges Unterlassen (s. o. II 2—4). Betrug, nicht nur ein Vergehen gemäß § 265 a liegt daher vor, wenn ein Fahrgast auf die Frage des Schaffners: „Wer noch ohne Fahrschein?" pflichtwidrig schweigt. Nur § 265 a dagegen, wenn der Schaffner in der Vorstellung, alles sei in Ordnung, auf seinen Rundgang verzichtet. Er befindet sich zwar auch hier in einem Irrtum; dieser wurde aber nicht durch eine Täuschung des Fahrgasts erregt (vgl. Schönke-Schröder Rn. 33).

3. Einen Irrtum **unterhält,** wer verhindert, daß die falsche Vorstellung aufhört. Auch hier kommt sowohl positives Tun als auch Unterlassen in Betracht (s. o. II 2—4). Ein Unterhalten durch positives Tun liegt z. B. vor, wenn A dem B eine Quittung über 10,— DM ausstellt, obwohl B ihm versehentlich 20,— DM anstatt 10,— DM gegeben hat. Keinen Betrug begeht dagegen, wer lediglich einen fremden Irrtum ausnutzt, zu dessen Aufklärung er nicht verpflichtet ist. Siehe hierzu oben II 4 b.

IV. Rechtlich beachtlich ist ein Irrtum nur dann, wenn er zu einer **Vermögensverfügung** des Getäuschten führt. Siehe hierzu ausführlich Vorbem. B vor Fall 7 (S. 225 f.).

V. Als Folge der Verfügung muß ein **Vermögensschaden** eintreten.

1. Vermögen ist die Gesamtheit aller wirtschaftlichen Güter, die der Verfügungsgewalt einer Person unterstehen (s. o. I). Hierher gehören vor allem

a) das Eigentum;

b) der Besitz, auch wenn er nicht rechtmäßig erworben ist, z. B. der Besitz des Diebes an seiner Beute;

c) Forderungen, auch wenn sie nicht einklagbar, da gesetz- oder sittenwidrig sind, z. B. die Forderung aus einem Schwarzmarktgeschäft;

d) die menschliche Arbeitskraft (nicht jedoch der von einer Dirne gewährte Geschlechtsverkehr, BGH 4, 373; str.);

e) Anwartschaftsrechte, z. B. das Recht des Vorbehaltskäufers auf Übereignung der Sache nach Zahlung des Restkaufpreises;

f) der Kundenstamm eines Geschäftsmanns (RG 71, 334).

2. Ein **Schaden** tritt ein, wenn das Vermögen durch die Verfügung in seinem wirtschaftlichen Wert vermindert worden ist. Ob dies zutrifft, ist durch einen Vergleich der Vermögenslage vor und nach der Verfügung zu ermitteln. Hierbei sind alle Aktiva und Passiva vor und nach der Verfügung zu berücksichtigen und einander gegenüberzustellen (sog. Saldierungstheorie). Beispiel: Wenn A in Erfüllung einer Verbindlichkeit 1000,— DM zahlt, so erleidet er hierdurch keinen Schaden. Er hat zwar die 1000,— DM verloren, andererseits ist er von seiner Verbindlichkeit befreit. Bei der Saldierung außer Betracht bleiben Schadensersatz- und Rückgewähransprüche, die erst durch die Tat selbst entstehen. Wenn A z. B. an B für 10 000,— DM ein wertloses Bild verkauft unter der Vorspiegelung, es handle sich um einen „unbekannten" Rubens, so kann A nachher nicht sagen, dem B sei gar kein Schaden entstanden, da er sein Geld jederzeit zurückverlangen könne.

3. Trotz scheinbar gleichwertiger Gegenleistung kann in **Sonderfällen** ein Schaden und damit Betrug vorliegen, wenn die Gegenleistung nicht dem entspricht, was der Getäuschte aufgrund Vereinbarung oder Treu und Glauben nach der Verkehrssitte erwarten durfte. Es kann nicht Aufgabe dieser Darstellung sein, alle in diesem Zusammenhang auftretenden Grenzfälle und Streitfragen kritisch zu erörtern. Andererseits kann auch nicht darauf verzichtet werden, die wichtigsten Problemkreise anhand der neueren Rechtsprechung des Bundesgerichtshofs und der Oberlandesgerichte wenigstens kurz zu skizzieren.

a) Ein Schaden kann z. B. darin liegen, daß **zweckgebundene staatliche Mittel fehlgeleitet** werden, so daß der erstrebte sozialpolitische Zweck nicht erreicht wird. Betrug begeht daher, wer sich durch falsche Angaben ein zinsverbilligtes Darlehen aus öffentlichen Mitteln erschleicht, auf das er nach den bestehenden Richtlinien aufgrund seiner persönlichen Verhältnisse keinen Anspruch hat (vgl. BGH 19, 37, 45; KG JR 62, 26). Dies gilt selbst dann, wenn der Rückzahlungsanspruch nicht gefährdet ist und die verfügbaren Mittel so groß sind, daß trotz ihrer teilweisen Fehlleistung allen anderen Kreditanträgen entsprochen werden kann. Es genügt, daß überhaupt öffentliche Mittel „zweck- und sinnlos" fehlgeleitet werden (KG a.a.O.). Auf der Grundlage dieser Rspr. hat es der BGH in der 2. VW-Aktien-Entscheidung (BGH 19, 37) als versuchten Betrug angesehen, wenn jemand unter Umgehung der geltenden Bestimmungen bei mehreren Banken Anträge auf Zuteilung von je 5 Aktien stellte, obwohl er mit Rücksicht auf die übrigen Bewerber nur einen Antrag einreichen durfte. Die abweichende Ansicht des OLG Hamburg (NJW 62, 1407) wurde ausdrücklich abgelehnt.

b) Auch die **Fehlleitung privater Mittel** kann sich als Schaden darstellen. Hierher gehört vor allem der Bettelbetrug (vgl. BGH 19, 45). Wer einem blinden Bettler eine Spende gibt, verfolgt damit einen bestimmten sozialen Zweck. Dieser wird verfehlt, wenn der Spender der Täuschung eines weder blinden noch bedürftigen Asozialen zum Opfer fällt, dem er bei Kenntnis der wahren Sachlage keinen Pfennig gegeben hätte. Ebenso ist geschädigt, wer einem angeblichen Studenten oder Blinden eine Hausierware (z. B. Postkarten oder Rasierklingen), für die er an sich gar keine Verwendung hat oder die er sonst viel billiger kaufen könnte, nur deshalb abkauft, weil er dadurch einen sozialen Zweck anstrebt (vgl. Schönke-Schröder Rn. 75 m. weit. Nachweisen). Dasselbe gilt schließlich auch für den Fall, daß jemand nur deshalb eine Zeitschrift bestellt, weil ihm vorgespiegelt wird, er unterstütze dadurch eine soziale Einrichtung (AG Mannheim MDR 60, 945).

c) Ist eine Ware objektiv ihren Preis wert, so kann ein Schaden darin liegen, daß ihr besonders **zugesicherte Eigenschaften fehlen,** auf deren Vorliegen es dem Käufer ankommt und ohne die er die Ware nicht gekauft hätte. Auch wenn der Schaden objektiv, nach wirtschaftlichen Gesichtspunkten zu beurteilen ist, so sind doch immer die persönlichen Bedürfnisse und Verhältnisse des Einzelnen zu berücksichtigen. Dieselbe Sache kann bei gleichem Preis für den einen brauchbar, für den anderen unbrauchbar sein (BGH 16, 325). Geschädigt ist z. B., wer ein Buch kauft, weil ihm vorgetäuscht wird, es werde an seiner Schule verwendet, für das er aber sonst weder Interesse noch Verwendung hat (OLG Köln JR 57, 351). Auch beim Verkauf von Gebrauchtwagen kommt es nicht nur auf den objektiven Marktwert, sondern auch auf die besonderen Verhältnisse des Käufers an (BayObLG JR 62, 65). Wer z. B. weiß, daß der Käufer nur an einem neuwertigen, unfallfreien Fahrzeug interessiert ist, ihm aber trotzdem einen Unfallwagen mit falschem Tachometerstand „andreht", begeht demnach auch dann Betrug, wenn der Preis an sich nicht übersetzt ist (vgl. BayObLG a.a.O., OLG Stgt. DJ 67, 56). — Ebenso begeht Betrug, wer einem Landwirt eine Melkmaschine für 2—3 Kühe verkauft, obwohl er genau weiß, daß dem Landwirt nur mit einer Maschine für mindestens 10—15 Kühe gedient ist (BGH 16, 321). Hierher gehören auch die Fälle, in denen unsolide Automatenvertreter kleine Gewerbetreibende durch Täuschung veranlassen, ihre Unterschrift unter einen Kaufvertrag über einen kostspieligen Warenautomaten zu setzen, der zwar objektiv den Kaufpreis wert ist, für den sie aber mit Rücksicht auf ihren geringen Umsatz und die Lage ihres Geschäfts keine Verwendung haben (vgl. KG JR 66, 391 m. zust. Anm. Schröder).

Es wäre andererseits verfehlt, Betrug bei jedem Fehlen einer zugesicherten Eigenschaft anzunehmen. Betrug entfällt jedenfalls dann, wenn die Sache auch ohne die zugesicherte Eigenschaft ihr Geld wert ist und die Zwecke des Käufers erfüllt (vgl. BGH 16, 220 gegen OLG Köln NJW 59, 1980). So muß der Kauf eines Teppichs, der anstatt 100 % nur 70 % Wolle enthält, nicht ohne weiteres zu einem Schaden führen; ebensowenig der Kauf einer Hose aus Zellwolle, die als wollene Gabardinehose angepriesen wird, aber nur 26,— DM kostet (BGH a.a.O.). Auch beim Kauf eines Gebrauchtwagens muß nicht jedes Fehlen einer zugesicherten Eigenschaft zu einem Schaden führen.

d) Ein Vermögensschaden liegt nicht schon dann vor, wenn der Erwerber einer Sache, die ihren Kaufpreis objektiv wert ist, durch die Anschaffung in seiner **wirtschaftlichen Bewegungsfreiheit beeinträchtigt** wird. In solchen

Fällen kommt nach BGH 16, 321 (ebenso KG JR 66, 391 m. zust. Anm. Schröder) Betrug nur in Betracht, wenn

aa) die erworbene Sache für die Zwecke des Käufers entgegen der Behauptung des Verkäufers nicht brauchbar ist (siehe oben c), oder

bb) der Käufer durch die Verpflichtung, die er bei Kenntnis der wahren Sachlage nicht eingegangen wäre, zu vermögensschädigenden Maßnahmen genötigt wird (Beispiel: A muß ungünstig Wertpapiere verkaufen, um die Mittel zur Anschaffung einer angeblich besonders preisgünstigen Maschine flüssig zu machen), oder

cc) der Käufer nicht mehr über die Mittel verfügen kann, die zur ordnungsgemäßen Erfüllung seiner sonstigen Verbindlichkeiten oder für eine angemessene Wirtschafts- oder Lebensführung unerläßlich sind.

e) Beim **Erwerb einer gestohlenen Sache** besteht der Schaden des Erwerbers darin, daß dieser, auch wenn er gutgläubig ist, an der Sache kein Eigentum erwerben kann (§ 935 BGB). Nach BGH 15, 83 kann Betrug aber auch durch Veräußerung einer **unterschlagenen Sache** begangen werden. Der Schaden des Erwerbers besteht in diesem Fall in der Gefahr, vom ursprünglichen Eigentümer des bösgläubigen Erwerbs oder gar der Hehlerei bezichtigt zu werden. Kommt es zu einem Rechtsstreit, so ist die Rechtsposition des Erwerbers besonders durch § 932 Abs. 2 BGB gefährdet, da er immer befürchten muß, daß ihm beim Erwerb grobe Fahrlässigkeit nachgewiesen wird (vgl. OLG Hamburg NJW 56, 392). Es können aber auch wirtschaftliche Erwägungen sein, die ihn veranlassen, dem Herausgabeverlangen des ursprünglichen Eigentümers zu entsprechen (BGH 15, 83, 87). Für die Veräußerung einer **mittels Betrugs erlangten Sache** gelten nach OLG Köln MDR 66, 253 (= VRS 66, 180) die gleichen Grundsätze.

f) Ein Schaden kann auch darin liegen, daß einer an sich brauchbaren Sache die vom Verkäufer vorgespiegelten **marktpreiserhöhenden Eigenschaften** fehlen, auf die es dem Käufer ankommt und ohne die er die Sache entweder gar nicht oder nur zu einem geringeren Preis gekauft hätte. Beispiele: Ein Eierimporteur verkauft unter Verwendung falscher Kontrollmarken 4—6 Wochen alte holländische Eier als Frischeier zu einem Preis, den er ohne die Täuschung nicht hätte erzielen können (BGH JR 55, 229). Richtet sich der Marktpreis einer Ware, z. B. Hopfen, nach der Herkunft aus einem bestimmten Anbaugebiet, so begeht Betrug, wer vorspiegelt, die von ihm verkaufte Ware stamme aus dem Anbaugebiet mit dem höheren Marktpreis. Dies gilt auch dann, wenn ein wirklicher Güterunterschied nicht besteht (BGH 8, 46).

g) Bei **Kreditgeschäften** liegt ein Schaden nicht nur bei Zahlungsunfähigkeit, sondern auch dann vor, wenn ein zahlungsfähiger Schuldner zahlungsunwillig ist. Fehlt nämlich der Zahlungswille, so ist die Darlehensforderung gefährdet, weil der rechtzeitige und vollständige Eingang der Darlehenssumme fast immer durch den schlechten Willen des Schuldners beeinträchtigt wird (BGH 15, 24, 27). Dies gilt auch dann, wenn die Forderung zwar wertmäßig gesichert ist, die Verwertung der Sicherheit aber von der Mitwirkung des zahlungsunwilligen Schuldners abhängt, z. B. wenn die zur Sicherung übereignete Sache im Besitz des Schuldners verblieben ist (BGH a.a.O.).

h) Nicht einheitlich beurteilt werden kann der sog. **Anstellungsbetrug.** Erschleicht sich der Täter durch falsche Angaben über seine Ausbildung, seinen Werdegang usw. eine Stellung, der er leistungsmäßig nicht gewachsen ist, so liegt ein Schaden immer vor. Auf die Art des Anstellungsverhältnisses kommt es in diesen Fällen nicht an. Anders jedoch, wenn der Täter seine Aufgaben zur allgemeinen Zufriedenheit erfüllen kann und der Schwindel nur durch Zufall an den Tag kommt. Hier muß auf die besondere Eigenart des jeweiligen Anstellungsverhältnisses abgestellt werden.

aa) Wer sich eine Beamtenstelle erschleicht, obwohl seiner beruflichen Vorbildung nach nicht die Voraussetzungen erfüllt sind, die das jeweilige Besoldungsgesetz verlangt, fügt der Anstellungsbehörde auch dann einen Vermögensschaden zu, wenn seine Leistungen an sich befriedigend sind. Der Schaden ist in diesem Fall darin zu sehen, daß der Täter Bezüge und Versorgungsleistungen erhält, auf die er nach dem allein maßgeblichen Standpunkt der Behörde keinen Anspruch hat. Auf die fachlichen Leistungen allein kommt es bei Anstellung und Besoldung nicht an (BGH 5, 358).

bb) Auf Angestellte des öffentlichen Dienstes sind diese Grundsätze nur dann anwendbar, wenn die gestellten Aufgaben besondere Vertrauenswürdigkeit und Zuverlässigkeit erfordern oder wenn Anstellung und Höhe der Bezüge — ähnlich wie bei Beamten — eine abgeschlossene Ausbildung voraussetzen oder von der Art und Dauer früherer Beschäftigungen abhängen (BGH 17, 254 und NJW 61, 2027).

cc) Die für Angestellte des öffentlichen Dienstes entwickelten Grundsätze gelten auch für Angestellte der Privatwirtschaft, sofern es dem Arbeitgeber erkennbar auf eine besonders zuverlässige und vertrauenswürdige Persönlichkeit ankommt (OLG Celle BB 60, 627).

i) Als Schaden gilt auch der Verlust von **Erwerbs- und Gewinnaussichten,** sofern ihnen der Geschäftsverkehr bereits wirtschaftlichen Wert beimißt, weil sie mit Wahrscheinlichkeit einen Vermögenszuwachs erwarten lassen (BGH 17, 147; 19, 42). So zählen zum Vermögen der feste Kundenkreis eines Kaufmanns, die gesicherte Anwartschaft auf Verleihung einer Stelle oder auf Zuteilung einer Ware, oder einer Aktie im Rahmen der Privatisierung des Bundesvermögens (BGH 19, 37, 42), aber auch die Aussicht, im Wettbewerb um einen Auftrag in einem geordneten Verfahren nach bestimmten Regeln den Zuschlag zu erlangen (BGH 17, 147). — (Beachte: Der Teilnehmer einer Ausschreibung, der ein angemessenes Angebot abgibt, begeht nicht schon dadurch einen Betrug oder Betrugsversuch, daß er Mitbewerber veranlaßt, nicht ernst gemeinte höhere Angebote einzureichen, vgl. BGH 16, 367.)

k) Ein Schaden kann schließlich auch dann vorliegen, wenn der Getäuschte **keinen Rechtsanspruch auf die Gegenleistung** hat, weil das abgeschlossene Rechtsgeschäft gesetz- oder sittenwidrig ist. Betrug begeht daher, wer z. B. ein untaugliches Abtreibungsmittel liefert (RG 44, 230) oder wer als Hehler den Dieb um den Erlös der Beute prellt (BGH 2, 364), nicht dagegen, wer die Dirne um den Dirnenlohn prellt (vgl. BGH 4, 373 m. abl. Anm. Kohlhaas JR 54, 97).

l) Aus dem **neueren Schrifttum** sei abschließend auf folgende Aufsätze hingewiesen: Bockelmann, Zum Begriff des Vermögensschadens beim Betrug, JZ 52, 461; Gallas, Der Betrug als Vermögensdelikt, Eb. Schmidt-Festschrift 1961, S. 401; Gutmann, Der Vermögensschaden beim Betrug im Licht der neueren höchstrichterlichen Rechtsprechung, MDR 63, 3ff.; 91ff.; Schröder, Grenzen des Vermögensschadens beim Betrug, NJW 62, 721.

VI. Der **subjektive Tatbestand** erfordert neben dem Vorsatz die Absicht, sich oder einem Dritten einen rechtswidrigen Vermögensvorteil zu verschaffen.

1. Der **Vorsatz** muß sich auf alle Merkmale des objektiven Tatbestands erstrecken. Der Täter muß also wissen, daß er einen Irrtum erregt bzw. unterhält und daß der Getäuschte aufgrund dieses Irrtums eine vermögensschädigende Verfügung trifft. Darüber hinaus muß der Täter wissen, daß der von ihm für sich oder einen Dritten erstrebte Vermögensvorteil rechtswidrig ist. Hinsichtlich aller Tb.-Merkmale genügt bedingter Vorsatz. Dies ist von besonderer Bedeutung für den Vorsatz der Vermögensschädigung, da in den meisten Fällen der Einwand des Täters, er habe nicht die Absicht gehabt, jemanden zu schädigen, nicht widerlegt werden kann. Es genügt hier der Nachweis, daß der Täter mindestens mit der Möglichkeit gerechnet hat, daß jemand einen Schaden erleiden könne, und daß er diesen für den Fall seines Entritts in Kauf genommen hat.

2. Die **Absicht,** sich oder einem Dritten einen rechtswidrigen Vermögensvorteil zu verschaffen, muß nicht die eigentliche Triebfeder oder das in erster Linie erstrebte Ziel des Täters sein; es genügt, daß es dem Täter auf den rechtswidrigen Vermögensvorteil als sichere oder erwünschte Folge seines Handelns ankommt, um ein anderes Ziel zu erreichen (BGH 16, 1). Ein Schwarzfahrer bei der Bundesbahn kann sich daher nicht darauf berufen, er habe die Bundesbahn nur deshalb um den Fahrpreis geprellt, weil er seine „Sechserkarte" vergessen hatte und auf jeden Fall noch rechtzeitig einen Abendkurs erreichen wollte (BGH a.a.O.).

3. Vermögensvorteil ist jede günstigere Gestaltung der Vermögenslage. Eine solche liegt z. B. schon dann vor, wenn sich der Täter in einem Rechtsstreit eine bessere Beweislage verschafft (BGH 3, 162). Auch der Besitz einer Sache ist schlechthin als Vermögensvorteil anzusehen, wie umgekehrt jeder — auch nur vorübergehende — Besitzverlust einen Schaden darstellt (BGH 14, 389).

4. Rechtswidrig ist der erstrebte Vermögensvorteil, wenn der Täter keinen Anspruch darauf hat. Ob dies der Fall ist, richtet sich allein nach dem sachlichen Recht, vor allem nach den Vorschriften des BGB und des HGB. Besteht ein Rechtsanspruch auf den erstrebten Vorteil, so wird dieser nicht dadurch rechtswidrig, daß der Berechtigte sich zu seiner Durchsetzung unlauterer Mittel bedient, z. B. den Richter durch falsche Angaben täuscht, um die Beweislage zu verbessern (BGH 3, 160, 162; 20, 136). Keinen Betrug begeht daher der Bestohlene, der den Dieb durch Täuschung zur Herausgabe der gestohlenen Sache veranlaßt, oder ein Gläubiger, der seinen säumigen Schuldner durch Täuschung zur Rückzahlung des Darlehens veranlaßt.

5. Der vom Täter erstrebte Vermögensvorteil und der verursachte Vermögensschaden müssen einander entsprechen (sog. **Stoffgleichheit,** vgl. BGH 6, 115; OLG Braunschweig NJW 61, 1273). Diese Frage ist vor allem bei Provisionsgeschäften von Bedeutung. Wenn z. B. ein Provisionsvertreter einen Kunden durch Täuschung zu einer Bestellung veranlaßt, um alsdann den Vertrag seiner Firma zur Provisionierung einzureichen, so kommt es ihm zunächst darauf an, einen Vermögensvorteil für seine Firma zu erlangen, da dieser Voraussetzung für seinen eigenen Vorteil ist. Der für die Firma erstrebte Vorteil entspricht dann dem Schaden, den der Besteller erlitten hat. Der eigene Vorteil des Vertreters wird erst dann von Bedeutung, wenn der Vertreter den Vertrag zur Provisionierung einreicht und hierbei damit rechnet, daß der Vertrag von seiten des Bestellers wegen arglistiger Täuschung angefochten wird. Trifft dies zu, so hat sich der Vertreter insgesamt in zwei Fällen des Betrugs schuldig gemacht: zunächst gegenüber dem Besteller, dann gegenüber der eigenen Firma (OLG Braunschweig NJW 61, 1273, ähnlich OLG Oldenburg NJW 60, 2205).

VII. Vollendet ist der Betrug mit Eintritt des Vermögensschadens, und zwar ohne Rücksicht darauf, ob auch der erstrebte Vermögensvorteil eingetreten ist. In gewissen Fällen wird von der Rspr. bereits die Gefahr eines Schadens selbst als Schaden angesehen. Dies gilt vor allem für die Gefahr, aufgrund einer Verpflichtungserklärung auf Erfüllung oder Schadensersatz in Anspruch genommen zu werden (vgl. OLG Hamm NJW 65, 702). So liegt vollendeter Betrug schon dann vor, wenn ein Vertreter sich durch Täuschung die Unterschrift unter einen für den Kunden nachteiligen Vertrag erschleicht (OLG Hamm a.a.O. — Zum Vertreterbetrug siehe auch oben V 3 c und VI 5). Versucht ist der Betrug mit dem Beginn der Täuschungshandlung. Beispiel: A schreibt bewußt der Wahrheit zuwider an seine Versicherungsgesellschaft, sein gegen Diebstahl versichertes Fahrrad sei ihm gestohlen worden. In Wirklichkeit hat A das Fahrrad auf dem Leihhaus versetzt. Deckt die Versicherungsgesellschaft den Schwindel auf und verweigert die Auszahlung der Versicherungssumme, so hat A sich wegen versuchten Betrugs zu verantworten. Die Verpfändung des Fahrrads wäre dagegen nur straflose Vorbereitungshandlung (BGH NJW 52, 430). — Die Gutschrift einer Provision, auf die der Vertreter keinen Anspruch hat, stellt nur dann einen vollendeten Betrug dar, wenn sie den Vertreter in die Lage versetzt, über den gutgeschriebenen Betrag sofort zu verfügen (BGH 6, 115). Ohne diese Voraussetzungen ist die dolose Veranlassung der Gutschrift nur ein versuchter Betrug.

VIII. Konkurrenzen: Über das Verhältnis zum Diebstahl siehe Vorbem. A V 5, 6 vor Fall 7 (S. 221). Straflose Nachtat liegt vor, wenn der Betrug nur begangen wird, um eine andere Straftat, z. B. einen Diebstahl, zu verdecken (sog. Sicherungsbetrug, vgl. Vorbem. AT, Abschnitt J III 2 e, S. 64 f.). Realkonkurrenz kommt jedoch dann in Betracht, wenn der Täter bei der vorausgegangenen Schädigung noch keine Bereicherungsabsicht gehabt hat (BGH NJW 55, 588; zw.). — **IdK** ist u. a. möglich mit §§ 146 ff., 153 ff., 246, 253, 266.

C. Sonderfälle des Betrugs (§§ 264, 264 a, 265, 265 a)

I. Der Rückfallbetrug (**§ 264**) entspricht strukturell dem Rückfalldiebstahl. Auf die Ausführungen zu §§ 244, 245 in Vorbem. D vor Fall 9 (S. 273 ff.) kann daher verwiesen werden.

II. Der in **§ 264 a** behandelte **Notbetrug** bringt eine Privilegierung für denjenigen, der sich oder einem anderen aus Not durch Täuschung geringwertige Gegenstände verschafft. Im einzelnen:

1. Die Vorschrift entspricht der für Diebstahl und Unterschlagung in § 248 a getroffenen Regelung. Ihre besondere Bedeutung besteht darin, daß die Tat **nur auf Antrag verfolgbar** und **nicht rückfallbegründend** ist.

2. Als **„Gegenstände"** i. S. der Vorschrift kommen entgegen dem Wortlaut nicht nur körperliche Sachen, sondern alle in § 263 gegen Betrug geschützten Vermögenswerte in Betracht (BGH 5, 263 gegen RG 63, 153). In den Genuß

der durch § 264 a geschaffenen Vergünstigungen kommt daher auch, wer sich aus Not Unterkunft oder Dienstleistungen geringerer Art erschleicht. Es wäre unbefriedigend, diese Fälle aus dem Anwendungsbereich der Vorschrift herauszunehmen.

3. Wegen **„Not"** und **„geringwertig"** siehe Vorbem. E I 4 b (S. 276) und E II 4 (S. 277) vor Fall 9.

4. Anders als bei § 248 a ist der **Versuch** strafbar (Abs. 2).

5. Abs. 4 enthält einen persönlichen Strafausschließungsgrund und entspricht der für den Diebstahl in § 247 Abs. 2 getroffenen Regelung, die jedoch nicht auf geringwertige Objekte beschränkt ist.

III. Über den sog. **Versicherungsbetrug** (§ 265) siehe später ausführlich Vorbem. C vor Fall 15 (S. 411).

IV. Automatenmißbrauch und Erschleichung freien Eintritts (§ 265 a)

1. Die 1935 eingefügte Vorschrift enthält eine **Ergänzung des Betrugstatbestands,** deren Notwendigkeit sich daraus ergibt, daß die hier aufgeführten Fälle nur dann als Betrug erfaßt werden können, wenn der Täter bei einer Aufsichtsperson usw. einen Irrtum erregt hat. Hieran fehlt es aber, wenn sich jemand unbemerkt in ein Stadion oder ein Verkehrsmittel einschleicht. Auch ein Automat kann sich nicht irren.

2. Die 1. Alt. des Tb. enthält den sogenannten **Automatenmißbrauch.** Sie bezieht sich nach h. M. nur auf sogenannte Leistungsautomaten, z. B. Wiegeautomaten, Münzfernsprecher, Musikboxen, aber auch auf Fernsehapparate, die auf Abzahlung gekauft sind und in der Weise abbezahlt werden, daß bei jeder Benutzung in bestimmten Abständen eine Münze einzuwerfen ist (OLG Stgt. MDR 63, 236). Bei sogenannten Warenautomaten, z. B. Zigaretten-, Strumpf-, Benzinautomaten, kommt je nach Sachlage Diebstahl, schwerer Diebstahl oder § 370 Nr. 5 in Betracht (BGH MDR 52, 563 m. abl. Anm. Dreher).

3. Die 2. Alt. bezieht sich auf den **blinden Passagier,** dem es gelingt, ohne Täuschung einer bestimmten Person unbemerkt ein Beförderungsmittel (Bahn, Straßenbahn, Omnibus usw.) zu benutzen. Über die oft schwierige Abgrenzung gegenüber dem Betrug siehe oben B III, 1, 2.

4. Nach der 3. Alt. wird bestraft, wer den Zutritt zu einer **Veranstaltung** oder **Einrichtung** erschleicht, z. B. wer unbemerkt über den Zaun in das Sport-Stadion klettert, um den Eintrittspreis zu sparen, oder wer aus gleichem Grund durch die Toilette in das Museum einsteigt.

5. Zu beachten ist die **Subsidiaritätsklausel,** die sich vor allem gegenüber dem Betrug auswirkt. Wer den freien Eintritt usw. durch Täuschung bewirkt, z. B. durch Vorzeigen einer gefälschten, verfallenen oder auf einen anderen ausgestellten Eintrittskarte, begeht Betrug; § 265 a tritt subsidiär zurück. IdK ist dagegen mit § 148 (Abschieben von Falschgeld) möglich, ferner mit § 123 (Hausfriedensbruch). — Ergänzend zu beachten ist § 15 Fernmeldeanlagengesetz vom 14. 1. 1928 (RGBl. I 8) betr. Schwarzhörer bei Rundfunk und Fernsehen.

6. Der **Versuch** ist strafbar (Abs. 2). — Wegen **Strafantrag** siehe Abs. 3.

Lösung des Falles

I. Strafbarkeit des A

1. **Die Herstellung der Münzen** kann unter den Tatbestand der **Falschmünzerei** (§ 146) fallen.

a) Allgemeine Ausführungen zur Falschmünzerei siehe Vorbem. A II vor diesem Fall.

b) Nach § 146 macht sich strafbar, wer Geld nachmacht, um es als echtes zu gebrauchen oder sonst in Verkehr zu bringen. Das nachgemachte Geld muß objektiv geeignet sein, einen Arglosen über die Echtheit zu täuschen. Das ist bei Münzen bereits dann der Fall, wenn die Fälschung in Format, Farbe und Münzbild einigermaßen echtem Geld nahekommt. Der ratio legis entsprechend (Schutz der Sicherheit im Zahlungsverkehr) dürfen keine allzu hohen Anforderungen an die Verwechslungsfähigkeit gestellt werden (BGH NJW 54, 564). Plumpe Fälschungen allerdings erfüllen nicht den Tatbestand des § 146, sondern begründen allenfalls Versuch, sofern der Täter möglichst vorbildgetreue Stücke herstellen wollte.

Im vorliegenden Fall konnte man die Mängel im Münzbild und Glanz sowie am Münzrand „bei näherer Betrachtung ohne weiteres erkennen". Damit ist noch nicht gesagt, daß es sich um plumpe Fälschungen handelte. Wie bereits dargelegt, ist nämlich zu berücksichtigen, daß im täglichen Zahlungsverkehr kaum jemand das erhaltene Geld näher auf seine Echtheit untersucht. An die Verwechslungsfähigkeit dürfen daher keine allzu strengen Anforderungen gestellt werden (vgl. BGH a.a.O.). So gesehen bestehen keine Bedenken, die von A hergestellten Münzen als nachgemachtes Geld i. S. von § 146 zu betrachten. Der obj. Tb. ist daher in seiner 1. Alternative erfüllt.

c) Der subj. Tb. erfordert neben dem Vorsatz die Absicht, das nachgemachte Geld als echtes zu gebrauchen oder sonst in Verkehr zu bringen. In Verkehr gebracht ist das Falschgeld, sobald ein anderer die Möglichkeit erhält, nach Belieben darüber zu verfügen. Nicht entscheidend ist dabei, ob der Täter das Falschgeld dem anderen persönlich übergibt oder ob er es in ein von diesem für den Empfang bereitgestelltes Behältnis legt. Es genügt, daß es dem Empfänger möglich ist, frei über die Verwendung zu bestimmen. Die Herstellung von Falschgeld, um damit Waren aus einem Automaten zu holen, schließt daher bei verwechslungsfähigen Stücken die Absicht des Inverkehrbringens ohne weiteres in sich. Der Tb. des § 146 ist daher auch subjektiv verwirklicht.

d) Rechtfertigungs- oder Schuldausschließungsgründe sind nicht ersichtlich.

e) Da A sich nicht auf eine einmalige Aktion beschränkte, sondern seinen Falschgeldbestand immer wieder auffrischte, hat er sich einer fortgesetzten Falschmünzerei schuldig gemacht. (Über die Voraussetzungen des Fortsetzungszusammenhangs siehe Vorbem. AT, Abschn. J IV, S. 65 ff.)

2. Die Beschaffung der Zigaretten

a) Diebstahl (§ 242)

aa) Allgemeine Ausführungen zu § 242 siehe Vorbem. A vor Fall 7.

bb) Die Zigaretten waren für A fremde bewegliche Sachen. Sie befanden sich, solange sie in den Automaten verwahrt wurden, im Gewahrsam des jeweiligen Automatenaufstellers. Diesen Gewahrsam hat A dadurch gebrochen, daß er durch Einwerfen des Falschgelds den Mechanismus des Automaten auslöste und die freigegebenen Zigaretten an sich nahm. Der obj. Tb. des § 242 ist damit erfüllt.

(Beachte: Hätte A echtes Geld eingeworfen, so wäre keine Wegnahme i. S. des § 242 gegeben. Der Automatenaufsteller hätte nämlich in diesem Fall seinen Gewahrsam nicht unfreiwillig, d. h. gegen seinen Willen verloren.)

cc) Der subj. Tb. erfordert neben dem Vorsatz die Absicht rechtswidriger Zueignung. Das Vorliegen dieser Tatbestandsmerkmale kann unbedenklich bejaht werden. Die von A erstrebte Zueignung wäre nur dann nicht rechtswidrig gewesen, wenn er den Mechanismus des Automaten mit echtem Geld ausgelöst hätte.

dd) Rechtfertigungs- und Schuldausschließungsgründe sind nicht ersichtlich. A hat sich somit eines fortgesetzten Diebstahls schuldig gemacht.

b) Genußmittelentwendung (§ 370 Nr. 5)

Allgemeine Ausführungen zu § 370 Nr. 5 siehe Vorbem. E III vor Fall 9 (S. 278 ff.).

Zigaretten gehören zu den typischen Genußmitteln i. S. der Vorschrift. Hätte A sich darauf beschränkt, nur einige oder wenige Schachteln Zigaretten auf die beschriebene Weise zu beschaffen, so könnte er sich auf die in § 370 Nr. 5 geschaffene Privilegierung berufen. Die Tat wäre in diesem Fall nur als Übertretung strafbar. Nach Sachverhalt hat A jedoch über längere Zeit nicht nur seinen eigenen Zigarettenbedarf gedeckt, sondern sich sogar so viele Zigaretten beschafft, daß er Zigaretten verkaufen und verschenken konnte. Damit aber ist der Rahmen des § 370 Nr. 5 gesprengt. Wie in der Vorbem. E III vor Fall 9 unter 6 näher dargelegt, kommt es für die Frage, ob Sachen von geringer Menge oder unbedeutendem Wert entwendet wurden, bei einer fortgesetzten Tat auf die Gesamtmenge an. Diese kann aber im vorliegenden Fall nicht mehr als gering angesehen werden. § 370 Nr. 5 ist daher abzulehnen.

c) Automatenmißbrauch (§ 265 a)

Wie schon in der Vorbem. C IV vor diesem Fall unter Abschn. 2 kurz erwähnt, bezieht sich § 265 a nur auf sog. Leistungsautomaten (z. B. Wiegeautomaten, Münzfernsprecher, Musikboxen), nicht dagegen auf Warenautomaten der hier in Frage stehenden Art. Diese schon vom Reichsgericht in RG 34, 45 vertretene, vom Bundesgerichtshof (MDR 52, 563 m. krit. Anm. Dreher) übernommene Einschränkung ergibt sich nicht nur aus dem Wortlaut des § 265 a („Leistung" eines Automaten), sondern auch aus der Gesetzesgeschichte. Die erst 1935 eingefügte Vorschrift will nämlich die Lücke schließen, die dadurch entsteht, daß der Mißbrauch eines Leistungsautomaten weder als Diebstahl noch als Betrug erfaßt werden kann. § 265 a ist daher abzulehnen.

3. Der Verkauf der Zigaretten an K

a) Unterschlagung (§ 246) entfällt, da A sich die Zigaretten bereits durch eine andere strafbare Handlung, nämlich durch Diebstahl, in rechtswidriger Weise zugeeignet hatte (vgl. BGH 14, 38). Siehe hierzu ausführlich Vorbem. A Abschn. 4 c vor Fall 8 (S. 234).

b) Betrug (§ 263)

aa) Allgemeine Ausführungen zu § 263 siehe Vorbem. B vor diesem Fall.

bb) A hat den ahnungslosen K veranlaßt, ihm die gestohlenen Zigaretten zum üblichen Ladenpreis abzukaufen. Aus dem Sachverhalt geht nicht hervor, ob er dabei ausdrücklich versicherte, die Zigaretten ordnungsgemäß erworben zu haben. Hierauf kommt es jedoch nicht entscheidend an. Wer nämlich eine Sache zum Verkauf anbietet, bringt damit schlüssig zum Ausdruck, daß er zum Verkauf berechtigt ist (vgl. Vorbem. B II 2 b). A hat somit durch sein Auftreten als redlicher Verkäufer in K den Irrtum erregt, es handle sich um ein ordnungsgemäßes Geschäft. Aufgrund dieses Irrtums entschloß sich K, die Zigaretten, deren strafbare Herkunft er nicht kannte, zum üblichen Ladenpreis anzukaufen (Vermögensverfügung). Hierdurch erlitt er einen Vermögensschaden, der darin zu sehen ist, daß er sein Geld für Ware hingab, an der er gemäß § 935 BGB kein Eigentum erlangen konnte. Dieser Schaden besteht ohne Rücksicht darauf, ob später tatsächlich gegen K irgendwelche Ansprüche auf Herausgabe oder Schadensersatz geltend gemacht werden. Entscheidend ist allein der Zeitpunkt der Vermögensverfügung (hier: Hingabe des Geldes).

cc) Der subj. Tb. erfordert neben dem Vorsatz die Absicht, sich zu Unrecht zu bereichern.

Zum Vorsatz gehört zunächst das Bewußtsein, durch Täuschung einen Irrtum zu erregen. Insoweit ergeben sich keine Schwierigkeiten. A wußte, daß er durch sein Auftreten als redlicher Verkäufer in K den Irrtum erregte, es handle sich um ein ordnungsgemäßes Geschäft. Er hatte auch das Bewußtsein, durch die Irrtumserregung K zur Zahlung des Kaufpreises und damit zu einer Vermögensverfügung zu veranlassen. Fraglich ist jedoch, ob er auch mit dem erforderlichen Schädigungsvorsatz handelte, der nicht einfach unterstellt werden darf, sondern in jedem Einzelfall genau zu prüfen ist (vgl. Seibert, Zum fahrlässigen Betrug, NJW 56, 1466). Es ist nun nicht erforderlich, daß A sich zutreffende rechtliche Vorstellungen über die Unmöglichkeit des Eigentumserwerbs an gestohlenen Sachen machte. Es genügt vielmehr, daß er die Möglichkeit, K werde wegen der Zigaretten irgendwann Schwierigkeiten irgendwelcher Art bekommen, erkannte und sich trotzdem zur Tat entschloß. Der Sachverhalt gibt jedoch keine Anhaltspunkte in dieser Richtung. Auch die allgemeine Lebenserfahrung drängt keineswegs den Gedanken auf, daß A mit der Möglichkeit irgendwelcher Nachteile für K rechnete. Es liegt näher, daß er darauf vertraute, K werde keine Schwierigkeiten bekommen. Hierzu hatte er um so mehr Anlaß, als bei ordnungsgemäß originalverpackten Zigaretten in kleineren Mengen normalerweise der Verdacht strafbarer Herkunft kaum aufkommen kann. Die Gefahr, daß der Erwerber vom Geschädigten oder von der Polizei ermittelt und zur Herausgabe veranlaßt wird, ist in solchen Fällen äußerst gering. Betrug ist daher mangels Schädigungsvorsatzes abzulehnen.

4. Die Unterstützung der X

Dadurch, daß A der X zur Bezahlung ihrer Geldstrafe 20,— DM aus seiner Zigarettenkasse zur Verfügung stellte, kann er sich einer **Begünstigung** (§ 257) schuldig gemacht haben.

a) Begünstigung setzt zunächst voraus, daß als Vortat ein Verbrechen oder Vergehen vorliegt. Aus dem Sachverhalt geht nicht hervor, welcher Art der Ladendiebstahl war, aufgrund dessen die X zu einer Geldstrafe verurteilt wurde. Handelte es sich um eine Nahrungs- oder Genußmittelentwendung i. S. von § 370 Nr. 5, so käme als Vortat nur eine Übertretung in Betracht, die als Vortat für § 257 nicht ausreicht. Der Tb. des § 257 wäre nicht verwirklicht. Ob Versuch vorliegt, wäre nicht zu prüfen, da der Versuch der Begünstigung nicht strafbar ist.

b) Handelte es sich bei dem von der X begangenen Ladendiebstahl um einen nicht durch § 370 Nr. 5 privilegierten Diebstahl, so ist weiter zu prüfen, ob A der X durch die finanzielle Unterstützung Beistand geleistet hat, um sie der Bestrafung zu entziehen. Diese Frage ist in Rechtsprechung und Schrifttum äußerst bestritten und wird teilweise differenziert gelöst. Nahezu unbestritten liegt keine Begünstigung dann vor, wenn der zu Strafe Verurteilte sich verpflichtet, das für ihn eingezahlte oder ihm zur Verfügung gestellte Geld wieder zurückzuzahlen, wenn es sich also nur um ein Darlehen handelt. Dagegen soll strafbare Begünstigung vorliegen, wenn eine solche Verpflichtung des Verurteilten fehlt und sein Gönner die Strafe unmittelbar bezahlt (vgl. RG 30, 232, Welzel 469, Lackner-Maassen § 257 Anm. 4 a, Maurach BT 688). Dazwischen liegt der Fall, daß der Gönner dem Verurteilten den Betrag schenkungsweise zur Verfügung stellt.

c) Diese zuletzt gebrachte Differenzierung kann nicht überzeugen. M. E. liegt in beiden Fällen eine Begünstigung, d. h. eine Unterstützung des Verurteilten mit dem Ziel, ihm die Last der Strafe zu ersparen, tatbestandsmäßig vor. Fraglich ist nur, ob eine solche Unterstützung auch rechtswidrig ist. Der Fall kann nicht ohne weiteres mit dem Parallelfall, daß jemand für einen anderen eine Freiheitsstrafe verbüßt, auf die gleiche Ebene gestellt werden. Daß eine Freiheitsstrafe nur durch den verbüßt werden kann, der sie verwirkt hat und der dazu verurteilt wurde, bedarf keiner weiteren Begründung. Andererseits kann es die Rechtsordnung weder verbieten noch verhindern, daß jemand einen straffällig Gewordenen aus Mitleid oder einem anderen Grunde finanziell unterstützt. Ein solches Verhalten ist sozial adäquat und daher nicht rechtswidrig. Begünstigung ist somit abzulehnen (ebenso Schwarz-Dreher § 257 Anm. 3 B d; zum Ganzen siehe auch Stree JZ 64, 588 sowie BGH NJW 64, 1272).

5. **Konkurrenzen:** Die fortgesetzte Falschmünzerei (§ 146) und der fortgesetzte Diebstahl (§ 242) stehen untereinander in Idealkonkurrenz. Das Inverkehrbringen des nachgemachten Geldes gehört zwar nicht zum Tb. des § 146, stellt sich jedoch für die natürliche Betrachtung als eine tatsächliche Einheit dar (BGH MDR 52, 563; h. L.).

II. Die Strafbarkeit des F

1. F leistete dadurch, daß er in A den entsprechenden Tatentschluß hervorrief, einen Tatbeitrag zu den von A begangenen Delikten nach

§§ 146, 242. Als Teilnahmeform kommt nur **Anstiftung** in Betracht. (Allgemeine Ausführungen zur Anstiftung siehe Vorbem. D vor Fall 4.)

2. Durch die **Annahme der Zigaretten,** die sich A durch strafbare Handlung (§ 242) beschafft hatte, kann sich F einer **Hehlerei (§ 259)** schuldig gemacht haben.

a) Allgemeine Ausführungen zu § 259 siehe Vorbem. C vor Fall 8.

b) Die Möglichkeit strafbarer Hehlerei wird nicht dadurch ausgeschlossen, daß F als Anstifter an der Vortat beteiligt war. Lediglich der Vortäter selbst kommt schon tatbestandsmäßig nicht als Hehler in Betracht. Da A die strafbare Herkunft der Zigaretten kannte und sich von seinem eigenen Vorteil leiten ließ, ist der Tatbestand des § 259 objektiv und subjektiv erfüllt. Das Verhalten war rechtswidrig und schuldhaft.

c) Da F nach Sachverhalt jede Woche als Dank für seinen guten Rat eine Schachtel Zigaretten erhalten hat, ist auch seine Tat unter dem Gesichtspunkt des Fortsetzungszusammenhangs zu beurteilen. Die einzelnen Hehlereihandlungen sind lediglich Teilakte einer einheitlichen Tat.

d) Es ist weiter zu prüfen, ob die festgestellte fortgesetzte Hehlerei die strafschärfenden Voraussetzungen der gewohnheitsmäßigen Hehlerei (§ 260) erfüllt. Gewohnheitsmäßig handelt, wer einen durch Übung erlangten Hang zu wiederholter Tatbegehung besitzt. Dies ist immer dann der Fall, wenn infolge wiederholter Tatbegehung alle normalerweise bestehenden Hemmungen ausgefallen sind (vgl. BGH 15, 377). Ob dies bei F schon der Fall war, läßt sich aus der kurzen Formulierung des Sachverhalts nicht mit Sicherheit entnehmen, kann aber unterstellt werden.

3. Konkurrenzen

Fraglich ist, ob die soeben festgestellte Hehlerei sich als rechtlich selbständige Handlung i. S. von § 74 darstellt oder ob sie als mitbestrafte Nachtat zu behandeln ist. Der BGH steht seit BGH [GrSen.] 7, 134 auf dem Standpunkt, daß die Grundsätze für die mitbestrafte Nachtat auf die Hehlerei zugunsten des Teilnehmers an der Vortat nicht angewandt werden können, und zwar auch dann nicht, wenn der Teilnehmer an der Vortat schon von Anfang an einen Beuteanteil erstrebt hat. Für die Ansicht des BGH sprechen u. a. folgende Gesichtspunkte: Die Hehlerei verletzt nicht nur das durch die Vortat bereits verletzte Eigentum oder Vermögen, sondern auch die Sicherheitsinteressen der Allgemeinheit. Ferner ist zu beachten, daß das Wesen der Hehlerei gerade in der Aufrechterhaltung des bereits geschaffenen rechtswidrigen Vermögenszustands besteht. Man kann also nicht sagen, die Hehlerei sei mitbestrafte Nachtat, weil sie „nur" eine Vertiefung des bereits eingetretenen Schadens bedeute. Schließlich entspricht die Ansicht des BGH auch kriminalpolitischen Bedürfnissen; sie berücksichtigt, daß der Hehler, der sich an der Vortat beteiligt, strafwürdiger ist als derjenige, der an der Vortat nicht beteiligt war. Ein praktisches Bedürfnis, Realkonkurrenz anzunehmen, besteht vor allem in den Fällen, in denen — wie hier — eine erschwerte Form der Hehlerei (§§ 260, 261) in Frage steht.

III. Strafbarkeit der X

Durch die Annahme der 20,— DM aus der Zigarettenkasse kann sich die X der **Hehlerei** (§ 259) schuldig gemacht haben.

Das Geld stammte aus den Ersparnissen, die sich A aus dem Verkauf der Zigaretten an K zurückgelegt hatte.

a) Geht man davon aus, daß die Hehlerei ein Vermögensdelikt ist, so kommen als Vortaten für § 259 nur solche Delikte in Betracht, durch die eine *rechtswidrige Vermögenslage* geschaffen wurde (vgl. Vorbem. C I, III 1 a vor Fall 8 sowie Maurach BT 347). Auf die Falschmünzerei gemäß § 146 darf daher schon aus diesem Grunde nicht zurückgegriffen werden (vgl. Maurach BT 348).

b) Auch auf den Diebstahl der Zigaretten kann nicht zurückgegriffen werden. Zwar gehört der Diebstahl zu den typischen und in der Praxis häufigsten Vortaten für eine Hehlerei. Hehlerei ist aber nur hinsichtlich solcher Sachen möglich, die *unmittelbar* durch eine strafbare Handlung erlangt wurden. Der Erwerb von sog. *Surrogaten* fällt nicht unter § 259 (sog. Perpetuierungstheorie, vgl. Maurach BT 348 m. weit. Nachweisen sowie Vorbem. C III 2 b vor Fall 8, S. 245).

c) Hehlerei kommt daher nur dann in Betracht, wenn man entgegen der hier vertretenen Ansicht bei A einen fortgesetzten Betrug z. N. des K annimmt. Da die X alle Tatumstände kannte und ihres Vorteils wegen handelte, hätte sie sich der Hehlerei schuldig gemacht und wäre gemäß § 259 zu bestrafen.

Zur Abwandlung des Sachverhalts

I. Benötigte die X das Geld entgegen ihrer Darstellung nicht zur Bezahlung einer Geldstrafe, sondern um Einkäufe zu tätigen, so ändert sich an der **Strafbarkeit des A** nach der hier vertretenen Ansicht nichts. Änderungen ergeben sich nur dann, wenn man im Ausgangsfall — entgegen der hier vertretenen Ansicht — in der finanziellen Unterstützung eine strafbare Begünstigung sieht. Diese käme bei der Abwandlung des Sachverhalts schon objektiv in Wegfall. Versuch wäre mangels Strafdrohung nicht zu prüfen.

II. Hinsichtlich der **Strafbarkeit der X** ist zu prüfen, ob neben der Hehlerei noch **Betrug** z. N. des A vorliegt.

a) Die X hat bewußt der Wahrheit zuwider behauptet, sie benötige Geld, um eine Strafe zu bezahlen. In Wirklichkeit benötigte sie das Geld für Kleider. Sie hat somit falsche Tatsachen vorgespiegelt und dadurch in A einen Irrtum hervorgerufen. Bis dahin bietet der Sachverhalt rechtlich keine Schwierigkeiten.

b) Es ist weiter zu prüfen, ob der Irrtum kausal war für die in der Hergabe der 20,— DM liegende Vermögensverfügung. Dies könnte dann fraglich sein, wenn A der X das Geld auch dann gegeben hätte, wenn sie ihm den wahren Verwendungszweck offenbart hätte. Hierzu ist folgendes zu bemerken: Ebenso wie die Täuschung für den Irrtum, so muß der Irrtum für die Vermögensverfügung kausal sein (vgl. Maurach BT 300). Die Kausalität zwischen Irrtum und Verfügung wird aber nicht schon dadurch ausgeschlossen, daß der Verfügende die gleiche Verfügung bei Kenntnis der wahren Sachlage auch aus anderen Gründen getroffen hätte (vgl. BGH 13, 14 sowie Maurach a.a.O. mit weit. Nachw.). Entscheidend ist, daß der Verfügende die Verfügung traf, weil er den Versicherungen des Täters Glauben schenkte. Der tatsächliche Verlauf der Willensbildung verliert sein Dasein und seine rechtliche Bedeutung nicht dadurch, daß an seine Stelle ein anderer getreten wäre, aber nicht getreten ist (BGH a.a.O.). Für die Frage, ob der Irrtum für die Verfügung kausal war, ist es daher unerheblich, ob A der X das Geld auch bei Kenntnis der wahren Sachlage gegeben hätte. Die effektive Kausalität des Irrtums würde hierdurch nicht berührt.

c) Der Betrug wird auch nicht dadurch in Frage gestellt, daß A das Geld selbst in rechtswidriger Weise erlangt hatte. Geht man mit der Rspr. und h. L. bei der Schadensberechnung von der wirtschaftlichen Vermögenstheorie aus, so gibt es kein gegen Betrug ungeschütztes Vermögen (vgl. Maurach BT 305 m. weit. Nachweisen). Obwohl das Geld unrechtmäßig erworben war, gehörte es wirtschaftlich gesehen doch zum Vermögen des A.

d) Fraglich ist jedoch, ob dem A durch die Hergabe der 20,— DM überhaupt ein Schaden entstand. Hätte die X das Geld tatsächlich — entsprechend ihrer Behauptung — zur Bezahlung einer Geldstrafe verwandt, so hätte A keinen Schaden erlitten. A hätte zwar nicht mehr das Geld, er hätte dafür aber einen bestimmten Zweck erreicht, um den es ihm ging. Die Erreichung des erstrebten Zwecks wäre der Ausgleich für die Hingabe des Geldes.

Bei dieser Sachlage wirft sich die Frage auf, ob A dadurch geschädigt wurde, daß die X das Geld zu anderen Zwecken benötigte als angegeben. Wie in der Vorbem. B unter V 3 b dargelegt, kann die Fehlleitung von privaten Mitteln dann als Schaden gewertet werden, wenn ein bestimmter sozialer Zweck, der erreicht werden sollte, nicht erreicht wird. Damit aber sind die äußersten Grenzen der Annahme eines Schadens erreicht. Es darf nie übersehen werden, daß der Betrug ein Vermögensdelikt und kein Delikt gegen die Freiheit der Disposition ist. Wer z. B. einem Studenten Postkarten oder Rasierklingen abkauft, um ihn zu unterstützen (vgl. das Beispiel in der Vorbem. B V 3 b), wird nicht schon dadurch geschädigt, daß der Student seinen Verdienst nicht zur Begleichung seiner Studiengebühren, sondern zur Anschaffung neuer Bücher oder zur Finanzierung des Mopeds verwenden möchte. Ähnlich liegt der Fall auch hier. Betrug ist daher abzulehnen. Jede andere Betrachtungsweise würde den Boden des Betrugs als Vermögensdelikt verlassen.

ZU FALL 11

Vorbemerkungen

A. Die sog. Wahlfeststellung

1. Der durch das Kontrollratsgesetz Nr. 11 aufgehobene frühere § 2 b bot die Möglichkeit, auch dort zu einer Verurteilung zu gelangen, wo sich der Geschehnisablauf zwar nicht mehr eindeutig ermitteln läßt, andererseits aber feststeht, daß der Angeklagte sich auf jeden Fall strafbar gemacht hat. Waren diese Voraussetzungen gegeben, so hatte die Bestrafung aus dem jeweils mildesten der in Frage kommenden Gesetze zu erfolgen. Ob diese rechtsethisch und psychologisch vergleichbar sind, war unerheblich.

2. Nach Aufhebung des § 2 b hat die Rechtsprechung eine Wahlfeststellung (auch wahldeutige oder doppeldeutige Tatfeststellung genannt) nur noch dort zugelassen, wo die in Frage kommenden Tatbestände **rechtsethisch und psychologisch vergleichbar** sind, d. h. wenn es sich um Tatbestände handelt, die miteinander verwandt sind, dasselbe oder ein ähnliches Rechtsgut schützen und keine unterschiedliche Bewertung in der sittlichen Mißbilligung fordern (vgl. BGH 1, 127; 5, 280; 9, 390; 11, 100; 21, 152). Diese Einschränkung gegenüber dem aufgehobenen § 2 b entspricht der Rechtslage aus der Zeit vor dessen Inkrafttreten (1935). Sie ist geboten, um den Angeklagten vor einem Schuldspruch zu bewahren, der seiner Tat und seiner Persönlichkeit nicht gerecht wird.

3. Wahlfeststellung ist **zulässig**

a) innerhalb der einzelnen Modalitäten desselben Tatbestands, z. B. wenn sich nicht mehr feststellen läßt, ob ein Diebstahl mittels Einsteigens oder mittels Verwendung von Nachschlüsseln begangen wurde;

b) wenn sich nicht mehr feststellen läßt, welche von mehreren Handlungen einen bestimmten Tatbestand erfüllt hat, z. B. wenn ein Zeuge in zwei verschiedenen Prozessen über dasselbe Beweisthema abweichende Angaben gemacht hat, von denen eine zwangsläufig falsch sein muß (BGH 2, 351);

c) zwischen Täterschaft und Anstiftung (BGH 1, 127);

d) zwischen Diebstahl und Hehlerei (BGH 1, 302) sowie zwischen Diebstahl und Amtsunterschlagung (BayObLG NJW 58, 560);

e) zwischen Raub und räuberischer Erpressung (BGH 5, 280) oder räuberischem Diebstahl;

f) zwischen § 316 und § 2 StVZO, wenn sich nicht mehr feststellen läßt, ob der angetrunkene Halter eines PKW diesen selbst gesteuert hat oder ob er ihn einem anderen überlassen hat, der ebenfalls fahruntüchtig war, dessen Zustand er aber infolge seiner eigenen Trunkenheit nicht erkannt hat (OLG Celle NJW 65, 1773; a. A. OLG Koblenz NJW 65, 1928, das auf dem Standpunkt steht, die in Frage stehenden Verhaltensweisen seien rechtsethisch und psychologisch nicht vergleichbar).

4. Wahlfeststellung ist dagegen **unzulässig**

a) zwischen Raub und Hehlerei (BGH 21, 152);

b) zwischen Betrug und Abtreibung (BGH bei Dallinger MDR 58, 739);

c) zwischen Blutschande und falscher Anschuldigung;

d) zwischen § 330 a und der Rauschtat, wo sich die Ablehnung der Wahlfeststellung allerdings praktisch nicht auswirkt, da in den Fällen, bei denen unklar bleibt, ob der Angeklagte bei Tatbegehung infolge vorangegangenen Alkoholgenusses nur vermindert zurechnungsfähig war oder ob seine Zurechnungsfähigkeit ganz ausgeschlossen war, immer unmittelbar auf § 330 a zurückgegriffen werden kann. Nach BGH 9, 390 besteht nämlich die Aufgabe des § 330 a darin, alle Fälle zu erfassen, bei denen der Angeklagte sonst wegen erwiesener oder möglicher (!) Zurechnungsunfähigkeit freigesprochen werden müßte. Eine Wahlfeststellung ist also gar nicht erforderlich;

e) zwischen Vorsatz und Fahrlässigkeit (BGH 17, 210). Auch hier ist eine Wahlfeststellung gar nicht erforderlich. Die Fahrlässigkeitstatbestände haben nämlich nicht nur die Aufgabe, die Fälle zu erfassen, bei denen mit Sicherheit Fahrlässigkeit vorliegt. Sie sollen darüber hinaus auch solche Fälle erfassen, bei denen der Verdacht vorsätzlicher Tatbegehung offen bleibt, der Täter aber *zumindest fahrlässig* gehandelt hat (vgl. BGH 17, 210 unter ausdrücklicher Aufgabe von BGH 4, 340);

f) zwischen Täterschaft und Beihilfe (BayObLG NJW 67, 361). Auch hier ist bei Zweifeln immer auf die Strafvorschriften für die Beihilfe zurückzugreifen, ohne daß es einer Wahlfeststellung bedarf. Die Ausführungen über das Verhältnis von Vorsatz und Fahrlässigkeit gelten entsprechend (BayObLG a.a.O.).

5. Bei zulässiger Wahlfeststellung ist der Bestrafung das **mildeste Gesetz** zugrunde zu legen. Welches Gesetz diese Voraussetzungen erfüllt, richtet sich nach den Umständen des Einzelfalls (*konkrete Betrachtungsweise*).

6. Die Formulierung des **Urteilstenors** ist in das Ermessen des Gerichts gestellt (vgl. BGH 1, 302, 304). Es empfiehlt sich jedoch, grundsätzlich alle Tatbestände, zwischen denen die Wahlfeststellung getroffen wird, in den Urteilstenor aufzunehmen. Dies gilt insbesondere dort, wo keiner der Tatbestände als der mildere angesehen werden kann. Bei Zugrundelegung dieser Ansicht wäre beispielsweise ein Angeklagter, bei dem sich nicht klären läßt, ob er die bei ihm sichergestellte Sache durch Diebstahl oder Hehlerei in seinen Besitz gebracht hat, wegen „Diebstahls oder Hehlerei" zu verurteilen. Andererseits ist es unschädlich, wenn nur das mildere Gesetz in den Urteilstenor aufgenommen wird (vgl. BGH 1, 302, 304).

7. Rückfallbegründend ist eine Verurteilung auf Grund wahldeutiger Tatfeststellung nur dann, wenn alle in Betracht kommenden Tatbestände rückfallbegründend sind. So wird die Möglichkeit einer späteren Verurteilung wegen Rückfalldiebstahls (§ 244) nicht dadurch berührt, daß eine der Vorstrafen auf einer wahldeutigen Verurteilung wegen Diebstahls oder Hehlerei beruht. Eine Verurteilung wegen Hehlerei im Rückfall (§ 261) wäre dagegen bei gleicher Sachlage ausgeschlossen.

B. Die sog. erfolgsqualifizierten Delikte

1. Begriff: Als erfolgsqualifizierte Delikte gelten alle Tatbestände, bei denen der Grundtatbestand dadurch eine Qualifizierung erfährt, daß durch seine Begehung oder bei seiner Begehung ein weiterer, besonders straferschwerender Erfolg eintritt. Dieser qualifizierte Erfolg muß nach § 56 wenigstens fahrlässig herbeigeführt worden sein, d. h. die Schuld des Täters muß sich nicht nur auf die Verwirklichung des Grundtatbestands, sondern auch auf den qualifizierten Erfolg erstrecken. Beispiel: A gibt dem B eine leichte Ohrfeige, ohne zu wissen, daß B mit einem skrofulösen Augenleiden behaftet ist. Verliert B infolge des Schlages das Sehvermögen, so kommt nur eine Bestrafung wegen vorsätzlicher einfacher Körperverletzung (§ 223) in Betracht. § 224 entfällt, da die schwere Folge der Tat A nicht als schuldhaftes Verhalten zugerechnet werden kann.

2. Entgegen dem Wortlaut, aber entsprechend dem Sinn der Vorschrift gilt § 56 nicht nur für den Täter, sondern auch für den **Teilnehmer** (BGH 19, 339, 341). Auch dieser ist für den schweren Erfolg nur dann verantwortlich, wenn er für ihn vorhersehbar war. Beispiel: A stiftet B an, X zu verprügeln. Dieser kommt gerade aus der Klinik, in der er sich einer schweren Operation unterziehen mußte, was zwar dem B, nicht jedoch dem A bekannt war. Unter den Schlägen des B brechen bei X die kaum verheilten Operationswunden wieder auf; X stirbt. Diese Folge war nach Sachlage zwar für B, nicht jedoch für A voraussehbar. Hieraus folgt: B ist als Täter wegen Körperverletzung mit Todesfolge (§ 226) zu bestrafen; für A kommt dagegen nur Anstiftung zur Körperverletzung (§§ 223, 48) in Betracht.

Umgekehrt ist gemäß § 50 Abs. 1 der Teilnehmer auch dann wegen des erfolgsqualifizierten Delikts zu bestrafen, wenn die schwere Tatfolge zwar für ihn, nicht aber für den Täter vorhersehbar war (BGH 19, 339 m. Anm. Cramer JZ 65, 30). Dies wäre in dem oben dargelegten Beispiel dann der Fall, wenn zwar A, nicht aber B gewußt hat, daß X gerade nach schwerer Krankheit aus dem Krankenhaus entlassen wurde. (Hat A die näheren Umstände nicht nur gekannt, sondern auch den schweren Erfolg, nämlich den Tod des X, gewollt und deshalb den nichtsahnenden B zur Tat verleitet, so kommt für ihn vorsätzliche Tötung in mittelbarer Täterschaft in Betracht, während B sich nur wegen einfacher Körperverletzung zu verantworten hat.)

3. **Übersicht** über die erfolgsqualifizierten Delikte: Zu den bekanntesten gehören die Körperverletzung mit Todesfolge (§ 226), die schwere Körperverletzung (§§ 224, 225), die Notzucht mit Todesfolge (§ 178), Freiheitsberaubung mit Todesfolge (§ 239 Abs. 3) und Raub mit Todesfolge (§ 251). Siehe ferner §§ 118, 221 Abs. 3, 229 Abs. 2, 239 Abs. 2, 307 Nr. 1, 309, 312, 314, 321 Abs. 2, 324, 326, 327 Abs. 2, 328 Abs. 2, 340 Abs. 2.

4. **Konkurrenzen:** Da § 56 hinsichtlich des schweren Erfolgs mindestens Fahrlässigkeit voraussetzt, wird die fahrlässige Tötung durch die erfolgsqualifizierten Delikte immer konsumiert. Idealkonkurrenz kommt entgegen BGH 20, 269 nie in Betracht, da bereits das erfolgsqualifizierte Delikt in der Lage ist, den Unrechtsgehalt der Tat objektiv wie subjektiv voll zu erfassen (BGH 8, 54; s. a. Vorbem. AT, Abschn. J III 2 b, S. 61 f.). Anders bei vorsätzlicher Tötung: Hier kann weder eine Bestrafung nach dem erfolgsqualifizierten Delikt noch eine Bestrafung wegen Mords oder Totschlags den Unrechtsgehalt der Tat voll erfassen. Beide Delikte stehen daher in Idealkonkurrenz. Beispiel: Bei einem Raub schlägt der Täter so lange auf sein sich heftig zur Wehr setzendes Opfer ein, bis dieses tot zusammenbricht. Hier bestehen keine Bedenken, bei der Verurteilung sowohl auf § 211 als auch auf § 251 zurückzugreifen, wenn der Täter den Tod seines Opfers als sichere oder mögliche Tatfolge in Kauf genommen hat (BGH 9, 135; 19, 102, NJW 65, 2116).
Nur wegen vorsätzlicher Tötung ist jedoch zu bestrafen, wenn schon der Grundtatbestand des erfolgsqualifizierten Delikts infolge Gesetzeskonkurrenz mit dem Tötungsdelikt nicht in Idealkonkurrenz stehen könnte. Dies ist der Fall bei der Körperverletzung mit Todesfolge (§ 226), bei der Aussetzung mit Todesfolge (§ 221 Abs. 3) und bei der Giftbeibringung mit Todesfolge (§ 229 Abs. 2). In diesen Fällen kommt bei Vorliegen von Tötungsvorsatz infolge Subsidiarität schon der jeweilige Grundtatbestand (§§ 223, 221 Abs. 1, 229 Abs. 1) nicht in Betracht.
Aus dem neueren Schrifttum siehe Fuchs NJW 66, 868 sowie Widmann MDR 66, 554.

C. Gewaltunzucht und Notzucht (§§ 176 Abs. 1 Nr. 1, 177)

I. Die Gewaltunzucht (§ 176 Abs. 1 Nr. 1)

In § 176 Nr. 1 wird die gewaltsame Vornahme unzüchtiger Handlungen an einer Frau unter Strafe gestellt. Der Tatbestand enthält einen Sonderfall der Nötigung. Im einzelnen:

1. **Täter** kann sowohl ein Mann als auch eine Frau sein. Eigenhändige Tatbegehung ist nicht erforderlich. Mittäter kann daher auch sein, wer selbst an der Gewaltanwendung und an der unzüchtigen Handlung nicht körperlich, sondern nur geistig mitwirkt, etwa in der Weise, daß er andere durch Zurufe anfeuert (vgl. BGH LM Nr. 3).

2. Als **Opfer** der Tat kommen nur Frauen in Betracht. Das Alter ist unerheblich. Die gewaltsame Vornahme unzüchtiger Handlungen an Männern ist nach § 175 a Nr. 1 strafbar.

3. Als **unzüchtige Handlung** gilt wie im gesamten 13. Abschnitt des StGB jede Handlung, die objektiv das allgemeine Scham- und Sittlichkeitsgefühl verletzt und subjektiv auf Befriedigung oder Erregung eigener oder fremder Geschlechtslust abzielt. Im Gegensatz zu den §§ 174, 175, 175 a, 176 Nr. 3 ist jedoch bei § 176 Nr. 1 erforderlich, daß der Körper der Frau unmittelbar in Mitleidenschaft gezogen wird. Dies ergibt sich aus der Formulierung „an" einer Frau. Aus der jüngeren Rechtsprechung hierzu siehe BGH NJW 65, 1087.

4. Die unzüchtige Handlung muß durch **Gewalt** erzwungen werden. Gewalt ist jede körperlich empfundene Krafteinwirkung zur Beseitigung eines tatsächlich geleisteten oder erwarteten Widerstands. In aller Regel, aber nicht notwendig, geht die Gewaltanwendung der unzüchtigen Handlung voraus. Gewaltanwendung und unzüchtige Handlung können aber auch zeitlich zusammenfallen, z. B. wenn ein Arzt die entkleidet vor ihm stehende Patientin an sich preßt und versucht, ihre Oberschenkel gewaltsam auseinanderzudrücken (Sachverhalt von BGH 17, 1). Die Gewaltanwendung muß aber auch hier Mittel zum Zweck sein; ist sie Selbstzweck, z. B. bei sadistisch motivierten Züchtigungen, so kommt § 176 Nr. 1 nur dann in Betracht, wenn ihre Duldung erzwungen worden ist. Der Tb. ist daher nicht erfüllt, wenn die Frau die sadistischen Züchtigungen freiwillig duldet (vgl. BGH 17, 4).

5. Der Gewaltanwendung gleichgestellt ist die **Drohung mit gegenwärtiger Gefahr für Leib und Leben.** Siehe hierzu Vorbem. C II 1 a vor Fall 13 (S. 365). Nur die Nötigung zur Duldung unzüchtiger Handlungen fällt unter den Tb., nicht auch die Nötigung zur Vornahme unzüchtiger Handlungen an sich oder anderen. Dieser Fall kann jedoch als Nötigung (§ 240) oder Beleidigung (§ 185) strafbar sein.

6. Subjektiv ist **Vorsatz** erforderlich. Der Täter muß sich insbesondere der Gewaltanwendung bewußt sein. Der Vorsatz entfällt, wenn der Täter glaubt, der ihm entgegengesetzte Widerstand sei nicht ernst gemeint.

7. Die **Strafe** ist Zuchthaus bis zu 10 Jahren, bei mildernden Umständen Gefängnis nicht unter 6 Monaten (Abs. 2).

8. IdK ist möglich mit §§ 174, 176 Nr. 3, ferner mit §§ 223, 236, 239. Gegenüber der Notzucht (§ 177) tritt § 176 Nr. 1 selbst dann zurück, wenn die Notzucht im Versuchsstadium bleibt. Die Mindeststrafe des § 176 Nr. 1 darf aber in diesem Fall nicht unterschritten werden. § 185 wird konsumiert.

II. Die Notzucht (§ 177, 1. Alt.)

Notzucht begeht, wer durch Gewalt oder durch Drohung mit gegenwärtiger Gefahr für Leib oder Leben eine Frau zur Duldung des außerehelichen Beischlafs nötigt. Im einzelnen:

1. Der Tb. enthält einen **erschwerten Fall der Gewaltunzucht** gemäß § 176 Abs. 1 Nr. 1 und unterscheidet sich von dieser lediglich dadurch, daß der Täter den Beischlaf vollzieht.

2. Unter **Beischlaf** versteht man — wie in § 173 — eine Vereinigung der Geschlechtsteile in der Weise, daß das männliche Glied zumindest teilweise in die Scheide eingedrungen ist (BGH 16, 175). Andere unzüchtige Handlungen erfüllen den Tatbestand nicht (siehe jedoch § 176 Abs. 1 Nr. 1). Samenerguß ist für die Tatbestandsverwirklichung nicht erforderlich.

3. Wegen der übrigen Tatbestandsmerkmale s. o. I 4—6.

4. **Teilnahme** ist nach allgemeinen Grundsätzen strafbar. Da die Notzucht nicht zu den eigenhändigen Delikten gehört, kann Mittäter auch derjenige sein, der den Beischlaf zwar nicht selbst vollzieht, wohl aber durch Gewalt usw. den Beischlaf eines anderen ermöglicht. Täter kann daher sogar eine Frau sein (vgl. BGH 6, 226).

5. Die **Strafe** ist Zuchthaus (Abs. 1), bei mildernden Umständen Gefängnis nicht unter einem Jahr (Abs. 2).

6. Da die Tat ein Verbrechen ist, ist der **Versuch** immer strafbar. Über Sonderfälle von Rücktritt und tätiger Reue siehe Vorbem. B II 3 vor Fall 2 (S. 101 f.). Bei freiwilligem Rücktritt ist zu prüfen, ob sich der Täter nicht bereits wegen eines vollendeten Delikts gemäß §§ 176 Nr. 1, 185, 223 f. schuldig gemacht hat (sog. qualifizierter Versuch, vgl. Vorbem. B II 5 vor Fall 2, S. 102 f.).

7. Wegen der **Konkurrenzen** s. o. I 8.

D. Die Tatbestände der Freiheitsberaubung (§§ 239, 341)

Freiheitsberaubung begeht, wer einen anderen einsperrt oder auf andere Weise daran hindert, seinen Aufenthaltsort frei zu verändern (§ 239 Abs. 1). Qualifizierungen dieses Grundtatbestands, der seinerseits einen Sonderfall der Nötigung darstellt, finden sich in Abs. 2 und Abs. 3 (lange Dauer bzw. schwere Tatfolge) sowie in § 341 (Freiheitsberaubung im Amt). Im einzelnen:

I. Die einfache Freiheitsberaubung (§ 239 Abs. 1)

1. § 239 schützt das Recht, sich jederzeit frei bewegen zu können. Dieses Recht ist bereits dann verletzt, wenn die Bewegungsfreiheit objektiv eingeschränkt ist. Der Tb. ist demnach auch dann erfüllt, wenn der Eingeschlossene die Freiheitsberaubung gar nicht bemerkt, weil er den Raum, in dem er sich befindet, zufällig nicht verlassen will (BGH 14, 314).

Der Tb. entfällt dagegen, wenn der Eingeschlossene gar nicht den Willen fassen kann, den Raum zu verlassen, z. B. weil er sinnlos betrunken ist oder fest schläft. Dasselbe gilt, wenn ein Kleinkind, das noch nicht laufen kann, eingesperrt wird (BayObLG JZ 52, 237). Bei Körperbehinderten kann eine Freiheitsberaubung dadurch begangen werden, daß ihre Hilfsmittel (Krücken, Rollstuhl) weggenommen werden.

2. Das Mittel der Freiheitsberaubung ist unerheblich.

a) **Eingesperrt** ist, wer einen Raum nicht verlassen kann, weil die üblichen Zugangswege verschlossen sind. Diese Voraussetzungen können auch dann vorliegen, wenn das Opfer einen vorhandenen Notausgang nicht kennt oder den Sprung aus dem Fenster nicht wagt, obwohl er objektiv möglich wäre.

b) Eine **Freiheitsberaubung auf andere Weise** kann z. B. durch Narkotisierung oder Hypnotisierung bewirkt werden. Hierher gehört auch der bereits erwähnte Fall, daß einem Körperbehinderten die Krücken oder der Rollstuhl weggenommen werden. Von praktischer Bedeutung ist ferner der Fall, daß ein Kraftfahrer entgegen dem ausdrücklichen Verlangen seines Beifahrers diesen nicht aussteigen läßt (RG 25, 147). Der Tb. kann schließlich auch dadurch verwirklicht werden, daß einem nackt Badenden die am Ufer liegenden Kleider weggenommen werden, so daß er es nicht wagt, das Wasser zu verlassen.

c) Die Freiheitsberaubung kann auch durch **Unterlassen** begangen werden. Beispiel: Ein Museumsdiener unterläßt es, einen versehentlich eingeschlossenen Besucher sofort zu befreien.

d) Über einen Fall **mittelbarer Täterschaft** siehe Vorbem. AT, Abschn. H II 3 b, cc, S. 47.

3. Die **Einwilligung** schließt nach h. L. bereits den Tatbestand, nicht erst die Rechtswidrigkeit aus. Dem kann jedoch nur für die Fälle zugestimmt werden, in denen die Handlung schon ihrem sozialen Sinn nach keine Freiheitsberaubung darstellt, z. B. wenn sich jemand mit dem D-Zug von Heidelberg nach Stuttgart befördern läßt. Anders jedoch, wenn jemand sich freiwillig in einen Raum einschließen läßt, z. B. ein Student, der sich über Nacht in das Seminar einschließen läßt, um ungestört arbeiten zu können. Hier wird man den Tb. als erfüllt ansehen müssen. Die Tat ist jedoch durch Einwilligung gerechtfertigt.

4. Die **Rechtswidrigkeit** kann entfallen

a) durch Einwilligung (s. o. 3);

b) auf Grund erlaubter Selbsthilfe (vgl. §§ 229, 561 BGB);

c) auf Grund eines Erziehungsrechts, z. B. wenn ein Vater seine ungeratene Tochter abends in ihr Zimmer einschließt, damit sie nicht auf der Straße herumstreunt. Die Rechtswidrigkeit wird dagegen nicht dadurch ausgeschlossen, daß eine pflichtvergessene Mutter ihr 7jähriges Kind sonntags von 6.00—18.00 Uhr ohne ausreichende Nahrung in sein Zimmer einschließt, damit sie ungestört an einem Familientreffen teilnehmen kann (SchöffGer. Heidelberg Urt. v. 23. 1. 1964 — 1 Ms 22/63);

d) auf Grund „familiärer Fürsorge", z. B. um zu verhindern, daß ein geisteskrankes Familienmitglied, das man nicht einer Heil- oder Pflegeanstalt überantworten will, nachts auf der Straße herumirrt (BGH 13, 197). Rechtswidrig ist die Tat hier nur, wenn der Geisteskranke länger als notwendig festgehalten oder nicht ausreichend versorgt wird (BGH a.a.O. 202);

e) auf Grund einer vorläufigen Festnahme gemäß § 127 StPO oder zur Durchführung einer Blutentnahme gemäß § 81 a StPO. Die Rechtmäßigkeit der Maßnahme wird hier nicht dadurch berührt, daß der Beamte sich über die tatsächlichen Voraussetzungen seines Einschreitens geirrt hat. Siehe hierzu ausführlich Vorbem. E 2 d vor Fall 12 (S. 349);

f) auf Grund eines Haftbefehls (§ 114 StPO), eines Unterbringungsbefehls (§ 126 a StPO), eines Gerichtsbeschlusses gemäß § 81 StPO oder bei Vollstreckung einer rechtskräftig ausgesprochenen Freiheitsstrafe. Auch hier kommt es nicht darauf an, ob die Maßnahme objektiv der Rechtslage entspricht. Es genügt, daß sie auf einem ordnungsgemäß durchgeführten Verfahren beruht. Auch bei einem sog. „Justizirrtum" ist keine Notwehr zulässig. Der Rechtsstaat verschafft dem Bürger kein Faustrecht, sondern lediglich das Recht auf ein ordnungsgemäßes Verfahren (vgl. Vorbem. E 4 vor Fall 12, S. 351);

g) bei Unterbringung eines Geisteskranken in einer Anstalt. Diese ist jedoch nur aufgrund eines formellen Gesetzes zulässig (vgl. Art. 2 I, II, 104 I GG).

5. Subjektiv ist **Vorsatz** erforderlich, wobei bedingter Vorsatz genügt. Der Vorsatz kann z. B. entfallen, wenn jemand nicht weiß, daß sich in dem Raum, den er abschließt, noch eine Person befindet, oder wenn der Täter irrig annimmt, der Eingeschlossene sei mit der Einschließung einverstanden. Hier käme nur Fahrlässigkeit in Betracht, die aber nicht strafbar ist.

6. Konkurrenzen: § 239 Abs. 1 wird als Grundtatbestand konsumiert von den sog. Entführungstatbeständen (§§ 234, 234 a, 236, 239 a) und geht andererseits der Nötigung vor. IdK ist möglich mit §§ 113, 132, 164, 223 ff., 249 ff.

II. Die schwere Freiheitsberaubung (§ 239 Abs. 2)

Eine schwere Freiheitsberaubung liegt vor, wenn die Freiheitsentziehung über eine Woche gedauert hat oder wenn das Opfer durch die Freiheitsberaubung oder eine während dieser erfolgten Behandlung eine schwere Körperverletzung davongetragen hat (§ 239 Abs. 2).

1. Als schwere Körperverletzung gilt nur eine Körperverletzung mit den in § 224 aufgeführten schweren Folgen.

2. Da § 239 Abs. 2 zu den erfolgsqualifizierten Delikten gehört, ist auf der subjektiven Tatseite § 56 zu beachten. Die schweren Tatfolgen müssen daher mindestens fahrlässig verursacht worden sein.

3. Die Strafe ist Zuchthaus bis zu 10 Jahren, bei mildernden Umständen Gefängnis nicht unter 1 Monat.

4. Der Versuch ist strafbar (Verbrechen).

5. IdK ist möglich mit §§ 224, 225.

III. Freiheitsberaubung mit Todesfolge (§ 239 Abs. 3)

§ 239 Abs. 3 bringt eine weitere Qualifizierung für den Fall, daß durch die Freiheitsberaubung oder durch eine während dieser erfolgten Behandlung der Tod des Opfers verursacht wird.

1. Auch hier handelt es sich um ein erfolgsqualifiziertes Delikt, so daß auf der subj. Tatseite § 56 zu beachten ist.

2. Die Strafe ist Zuchthaus nicht unter 3 Jahren, bei mildernden Umständen Gefängnis nicht unter 3 Monaten.

3. Der Versuch ist strafbar (Verbrechen).

4. IdK ist möglich mit §§ 211, 212 sowie mit §§ 178, 251 und anderen erfolgsqualifizierten Delikten.

IV. Freiheitsberaubung im Amt (§ 341)

Freiheitsberaubung im Amt begeht ein Beamter, der vorsätzlich eine unberechtigte Verhaftung, eine vorläufige Ergreifung, Festnahme oder Zwangsgestellung vornimmt oder vornehmen läßt (1. Alt.) oder die Dauer einer Freiheitsentziehung unberechtigt verlängert. Die Strafe ist der Vorschrift des § 239 zu entnehmen, beträgt jedoch mindestens 3 Monate.

1. Die Vorschrift enthält einen erschwerten Fall des § 239. Es handelt sich daher um ein unechtes Amtsdelikt.

2. Der Verweis auf den Strafrahmen des § 239 bezieht sich auch auf § 239 Abs. 2 und 3. Begeht z. B. ein zu Unrecht Inhaftierter in der Zelle Selbstmord, so kann der Beamte, der vorsätzlich seine Festnahme bewirkt hat, bei Fehlen mildernder Umstände gemäß § 239 Abs. 3 mit Zuchthaus nicht unter 3 Jahren bestraft werden.

3. Während § 239 jede Art widerrechtlicher Freiheitsberaubung mit Strafe bedroht, beschränkt sich § 341 auf vier besondere Arten der Freiheitsberaubung:

a) Unter Verhaftung fallen vor allem die Untersuchungshaft (§§ 112 ff. StPO) und die vorläufige Unterbringung gemäß § 126 a StPO.

b) Vorläufige Ergreifung und Festnahme ist die vorübergehende Freiheitsentziehung, die in vielen Fällen der eigentlichen Verhaftung vorausgeht. Hierher gehören vor allem die Fälle des § 81 a StPO (Festnahme zwecks Entnahme einer Blutprobe) und die vorläufige Festnahme gemäß § 127 StPO. Weitere Sonderbestimmungen finden sich in den Polizeigesetzen der Länder.

c) Unter Zwangsgestellung versteht man die Vorführung, wie sie z. B. in §§ 51, 133, 134, 230, 236 StPO vorgesehen ist.

d) Eine strafbare Verlängerung der Dauer der Freiheitsentziehung kommt bei allen unter a) bis c) erwähnten Formen der Freiheitsberaubung in Betracht. Eine Sonderbestimmung enthält jedoch § 345 für die Strafhaft.

4. Der Tatbestand des § 341 ist nicht nur erfüllt, wenn der Beamte selbst die unberechtigte Freiheitsentziehung vornimmt, sondern auch dann, wenn er sie vornehmen läßt. Dieses Tatbestandsmerkmal entspricht dem „begehen lassen“ in § 340. Siehe hierzu Vorbem. B VIII 2 c vor Fall 6 (S. 204).

5. Subjektiv ist Vorsatz erforderlich. Dieser muß das Bewußtsein umfassen, zur Freiheitsberaubung nicht berechtigt zu sein.

6. Beispiele: Der Polizeibeamte A nimmt den B unter dem Verdacht des schweren Diebstahls vorläufig fest, führt ihn aber entgegen der zwingenden Vorschrift des Art. 104 Abs. 2 GG nicht unverzüglich dem Richter vor. — Oder: A nimmt den B zwecks Feststellung seiner Personalien auf die Wache. Da B frech ist, sperrt ihn A ohne rechtfertigenden Grund in den Notarrest.

E. Die Nötigung (§ 240)

Nötigung begeht, wer einen anderen rechtswidrig mit Gewalt oder durch Drohung mit einem empfindlichen Übel zu einer Handlung, Duldung oder Unterlassung zwingt. Im einzelnen:

1. Geschützt sind sowohl die Freiheit der Willensentschließung als auch die Freiheit der Willensbildung. Eine Nötigung kann daher auch dadurch begangen werden, daß der Täter sein Opfer betäubt, so daß es gar nicht mehr in der Lage ist, einen Entschluß zu fassen.

2. **Ziel der Nötigung** ist es, das Opfer zu einem Handeln, Dulden oder Unterlassen zu veranlassen, das nicht seinem freien Willen entspricht. Nur wenn dieses Ziel erreicht wird, ist das Delikt vollendet. **Versuch** liegt vor, wenn der Täter entweder sein Ziel erreicht, oder wenn sich das Opfer zu dem ihm angesonnenen Verhalten auch ohne die Nötigung entschlossen hätte. Beispiel: A fordert den B mit vorgehaltener Pistole auf, den Raum zu verlassen. B geht; er hätte den Raum aber auch ohne die Drohung verlassen.

3. Die **Mittel der Nötigung** sind Gewalt oder Drohung mit einem empfindlichen Übel.

a) **Gewalt** ist jede als körperlicher Zwang empfundene Kraftentfaltung zur Ausschaltung eines geleisteten oder erwarteten Widerstands (siehe auch Vorbem. E 3 a vor Fall 12, S. 350). Unerheblich ist, ob die Einwirkung unmittelbar oder nur mittelbar als körperlicher Zwang empfunden wird. Es macht also keinen Unterschied, ob ein Vermieter seinen unliebsamen Mieter dadurch zum Auszug zwingt, daß er ihn mit Körpergewalt vor die Tür setzt, oder ob er ihm die Möbel auf die Straße stellt (RG 61, 157), oder ob er die Zimmertür mit einem Schloß versieht, zu dem der Mieter keinen Schlüssel hat, oder ob er die Fenster aushängt, so daß ein weiteres Wohnen unmöglich wird (RG 7, 269), oder ob er die Wasser- und Stromzufuhr abschneidet (OLG Khe. MDR 59, 233). In allen Fällen liegt Nötigung vor.

Eine zunehmende Bedeutung erhält die Nötigung im Straßenverkehrsrecht. Beispiele: A fährt auf einen Fußgänger zu, der sich in eine Parklücke gestellt hat, um diese für einen anderen Pkw freizuhalten (vgl. BayObLG NJW 61, 2074 und NJW 63, 824 sowie OLG Stgt. JR 66, 228); — oder: A hindert planmäßig den ihm nachfolgenden B am Überholen, indem er absichtlich langsam fährt und die Überholfahrbahn blockiert (BGH 18, 389); — oder: Dichtes Auffahren und ständige Abgabe von Licht- oder Tonsignalen, um die Freigabe der Überholfahrbahn zu erzwingen (BGH 19, 263 m. weit. Nachw.); — oder: Beschädigung der Bereifung, so daß der Pkw nicht mehr benutzt werden kann (vgl. Schönke-Schröder Rn. 9 vor § 234); — oder: Versperren der Einfahrt eines Hofes, in dem ein Unbefugter seinen Pkw abgestellt hat, weil er keinen anderen Parkplatz finden konnte (vgl. BayObLG NJW 63, 1261).

b) Die **Drohung mit einem empfindlichen Übel** muß nicht ernst gemeint sein. Es genügt, daß sie für ernst gehalten wird und der Täter dies weiß. Empfindlich ist jedes Übel, das bei Würdigung aller Umstände geeignet ist, einen besonnenen Menschen zu beeindrucken und zum Nachgeben zu veranlassen. Beispiele: Drohung mit einer Strafanzeige, mag sie begründet sein oder nicht. — Oder: Drohung mit der Bekanntgabe peinlicher Tatsachen. — Oder: Drohung mit ungesetzlichem Streik. — Über Drohung mit einer Presseveröffentlichung oder einer Dienstaufsichtsbeschwerde siehe Vorbem. F 2 b vor Fall 12 (S. 352).

4. Der **Rechtswidrigkeit** kommt im Rahmen der Nötigung besondere Bedeutung zu. Wie bereits in Vorbem. AT, Abschn. B VI 2 b (S. 18) dargelegt, gehört die Nötigung zu den sog. offenen oder ergänzungsbedürftigen Tatbeständen, d. h. ein strafrechtlich beachtliches Verhalten liegt nicht schon dann vor, wenn jemand zu einer Handlung, Duldung oder Unterlassung genötigt wird. Zu diesen vom Gesetz hervorge-

hobenen Merkmalen müssen vielmehr noch weitere Umstände hinzutreten, die die Gewaltanwendung bzw. Androhung eines empfindlichen Übels als verwerflich erscheinen lassen. Erst bei Vorliegen solcher Umstände kann von strafrechtlich beachtlichem, d. h. tatbestandsmäßigem Verhalten gesprochen werden. Mit anderen Worten: Eine Nötigung ist erst dann tatbestandsmäßig, wenn Tatumstände vorliegen, die das Vorgehen im Einzelfall als verwerflich erscheinen lassen. Diese besonderen Tatumstände sind Merkmale des objektiven Tatbestands, auf die sich der Vorsatz des Täters erstrecken muß. Der Vorsatz bleibt dagegen bestehen, wenn der Täter in Kenntnis aller Tatumstände lediglich eine falsche rechtliche Wertung vornimmt. Ein derartiger Irrtum läßt nur das Unrechtsbewußtsein entfallen und ist nach den für den Verbotsirrtum entwickelten Grundsätzen zu behandeln (vgl. BGH 2, 194).

5. Verwerflich i. S. von § 240 Abs. 2 ist die Tat nicht schon dann, wenn der Täter sich auf keinen der anerkannten gesetzlichen oder übergesetzlichen Rechtfertigungsgründe berufen kann. Strafwürdiges Unrecht liegt vielmehr erst dann vor, wenn das Vorgehen des Täters unter Berücksichtigung aller Umstände eindeutig so anstößig ist, daß es als grober Angriff auf die Entschlußfreiheit einen erhöhten Grad sittlicher Mißbilligung aufweist (BGH 17, 329, 332).

Diese Grundsätze sind auch bei den oben unter 3 a erörterten Fällen von Nötigung im Straßenverkehr zu beachten. So hat der Bundesgerichtshof in der bereits erwähnten Entscheidung BGH 18, 389 ausgesprochen, daß nicht jede absichtliche Behinderung anderer Verkehrsteilnehmer, die nach § 1 StVO angemessen geahndet werden kann, sozial so unerträglich ist, daß sie als verwerflich angesehen werden muß. Die Entscheidung darf daher nicht dahingehend verstanden werden, daß schlechthin jedes Blokkieren der Überholfahrbahn als Nötigung strafbar ist. Wer z. B. in vorübergehender Unmutsaufwallung einen schnelleren Wagen zeitweise nicht überholen läßt, oder wer, obwohl es ihm möglich wäre, auf schmaler Straße nicht ganz rechts fährt und dadurch das Überholen zeitweise verhindert, macht sich zwar gemäß § 1 StVO, nicht aber wegen Nötigung strafbar. Anders jedoch, wer auf breiter, übersichtlicher Straße, für die keine Geschwindigkeitsbegrenzung besteht, absichtlich langsam fährt und jedesmal, wenn sein Hintermann zum Überholen ansetzt, ohne vernünftigen Grund nach links ausschert und so auf mehrere Kilometer jedes Überholen und jede zügige Fahrweise verhindert. In diesen Fällen kommt Nötigung selbst dann in Betracht, wenn eine Gefährdung anderer Verkehrsteilnehmer nicht vorliegt (BGH a.a.O. 393). Zu eng daher OLG Köln NJW 63, 2383, wonach dichtes Auffahren unter ständiger Abgabe von Signalen, um die Freigabe der Überholfahrbahn zu erzwingen, nur dann verwerflich und damit als Nötigung strafbar ist, wenn damit eine Gefahr verbunden ist. Nach BGH 19, 263 ist in diesen Fällen immer der Vorwurf verwerflichen Handelns zu erheben. Dem ist zuzustimmen. Ebenso ist es schlechthin, nicht nur bei einer Gefährdung der betreffenden Person, als verwerflich anzusehen, wenn ein Kraftfahrer sich mit seinem Pkw gewaltsam die Einfahrt in eine Parklücke erzwingt, die vom Beifahrer eines anderen Fahrzeugs freigehalten wird (vgl. Möhl JR 66, 229; a. A. OLG Stgt. JR 66, 228).

Die Drohung mit einem empfindlichen Übel kann selbst dann rechtswidrig sein, wenn ihre Realisierung für sich allein nicht rechtswidrig wäre, wohl aber gerade die willkürliche Verknüpfung von Mittel und Zweck den eigentlichen Unrechtsgehalt begründet.

Dies gilt besonders für Drohung mit Strafanzeigen. Auch hier kommt es auf die Umstände des Einzelfalls und deren Gesamtwürdigung an. Wenn A beispielsweise seiner Hausangestellten H mit Anzeige wegen Diebstahls droht, falls diese ihm nicht die gestohlene Uhr zurückgibt, so ist eine derartige Willensbeeinflussung nicht zu beanstanden. Anders jedoch, wenn A der H erklärt, er könne von einer Anzeige nur dann Abstand nehmen, wenn die H sich ihm geschlechtlich preisgebe. Weitere Beispiele aus der höchstrichterlichen Rechtsprechung: Nicht rechtswidrig ist die gegen einen Mieter ausgesprochene Drohung mit einer Strafanzeige wegen Herbeiführung einer Brandgefahr (§ 310 a), falls der Mieter sich nicht sofort nach einer anderen Wohnung umsieht und das Anwesen sobald wie möglich räumt (BGH 5, 254). Rechtswidrig ist dagegen die Drohung mit Strafanzeige, falls der Gegner nicht sofort vorbehaltlos alle gegen ihn erhobenen Ansprüche anerkennt und auf gerichtliche Prüfung verzichtet (BGH NJW 57, 596).

6. Subjektiv ist **Vorsatz** erforderlich. Der Täter muß wissen, daß sein Vorgehen als Gewalt oder als Drohung mit einem empfindlichen Übel empfunden wird. Nicht erforderlich ist, daß der Täter die Drohung ernst meint. Es genügt, wenn er weiß, daß sie von dem anderen ernst genommen wird und geeignet ist, diesen zu einem Handeln, Dulden oder Unterlassen zu nötigen, das seinem Willen nicht entspricht. Der Täter muß ferner die Tatumstände kennen, die die Tat als verwerflich i. S. von § 240 Abs. 2 erscheinen lassen. Beispiel: A droht B mit Strafanzeige wegen Diebstahls, falls B nicht sofort die gestohlene Uhr zurückgibt und außerdem eine Buße von DM 20,— an das Deutsche Rote Kreuz zahlt. Ein derartiges Verlangen wäre, wenn B tatsächlich die Uhr gestohlen hätte, nicht als rechtswidrig anzusehen. Hieraus folgt: Ergibt sich, daß B gar nicht der Dieb war, so kann sich A hinsichtlich der ihm zur Last gelegten Nötigung auf einen vorsatzausschließenden Tatbestandsirrtum gemäß § 59 berufen. Der Vorsatz bleibt jedoch bestehen, wenn der Täter in Kenntnis aller Tatumstände lediglich aufgrund einer falschen rechtlichen Wertung annimmt, sein Verhalten sei nicht verwerflich.

7. Konkurrenzen: Tatbestände, die Sonderfälle der Nötigung enthalten, gehen vor. Dies gilt vor allem für die Tatbestände der §§ 113, 114, 117, 122, 176 Nr. 1, 177, 249, 253. Auch die Freiheitsberaubung ist ein Sonderfall der Nötigung. IdK zwischen beiden Tatbeständen ist daher nur möglich, wenn die Freiheitsberaubung dazu dient, das Opfer zu einer weiteren Handlung zu nötigen. IdK ist ferner möglich mit §§ 123, 132.

Lösung des Falles

Zu Frage 1 des Sachverhalts

I. Die Fahrt zum Wald

A hat die M dadurch zur Mitfahrt veranlaßt, daß er ihr versprach, sie ein Stück auf der Landstraße mitzunehmen. Hierbei hatte er von Anfang an die dann später auch verwirklichte Absicht, die M an eine abgelegene Stelle zu fahren und dort mit ihr — notfalls mit Gewalt — geschlechtlich zu verkehren. In Frage kommen folgende Tatbestände:

1. Entführung (§ 236)

a) Eine Frau ist entführt, wenn sie gegen ihren Willen von ihrem bisherigen Aufenthaltsort an einen anderen verbracht wird, an dem der Täter glaubt, seine Ziele besser verwirklichen zu können. Die Entfernung des neuen Aufenthaltorts vom früheren ist ebenso unerheblich wie die Dauer der Entführung. Ein Entführen liegt daher schon dann vor, wenn der Täter — wie in vorliegendem Fall — gegen den Willen seines Opfers von der Straße abbiegt (vgl. BGH 18, 31; NJW 67, 1765).

b) Als Tatmittel kommt List in Betracht. Für die Annahme von List genügt bereits, daß der Täter die verfolgte Absicht geflissentlich verbirgt und das ihm entgegengebrachte Vertrauen mißbraucht (BGH 16, 62). Diese Voraussetzungen liegen insbesondere dann vor, wenn der Täter, wie hier, seiner Begleiterin verspricht, sie so schnell wie möglich an ihr Ziel zu bringen, während er in Wirklichkeit die Absicht hat, so bald wie möglich vom direkten Weg abzubiegen und sein Opfer zu mißbrauchen (BGH 18, 31). Neben dem Tatbestandsmerkmal List kommt außerdem noch das Merkmal Gewalt in Betracht. Als Gewalt gilt jeder körperlich empfundene Zwang. Dieser kann im vorliegenden Fall darin gesehen werden, daß die M während der Fahrt keine Möglichkeit hatte, das Fahrzeug zu verlassen. Der obj. Tb. ist damit erfüllt.

c) Der subj. Tb. erfordert zunächst Vorsatz. Der Täter muß das Bewußtsein haben, daß die Frau mit seinen Zielen nicht einverstanden ist und daß sie in eine Lage gebracht wird, in der sie sich besonders schutzlos fühlt. Dieses Bewußtsein hatte A spätestens, als er von der Landstraße abbog und die M diesem Abstecher nicht nur ausdrücklich widersprach, sondern sogar versuchte, von dem Motorroller abzuspringen.

d) Der subj. Tb. erfordert weiter die Absicht, die Frau zur Unzucht oder zur Ehe zu bringen. Diese Voraussetzungen sind in der Form der 1. Alternative gegeben, durch die die Tat zum Verbrechen wird.

e) Der Tb. des § 236 ist somit obj. und subj. erfüllt. Rechtfertigungs- oder Schuldausschließungsgründe sind nicht ersichtlich. Das Verhalten war daher auch rechtswidrig und schuldhaft.

f) P r o z e s s u a l ist zu beachten, daß die Tat — obwohl Verbrechen — nach der ausdrücklichen Regelung des Abs. 2 nur auf A n t r a g verfolgbar ist.

aa) Allgemeine Ausführungen über Bedeutung und Behandlung des Strafantrags siehe Vorbem. C vor Fall 3 (S. 126 ff.).

bb) Im vorliegenden Fall ist zu beachten, daß die M bei der Tatausführung getötet worden ist. Sie selbst kann daher schon aus diesem Grunde keinen Strafantrag mehr stellen. Im übrigen war die M erst 16 Jahre alt und daher noch nicht antragsmündig (vgl. § 65).

cc) Es ist daher zu prüfen, ob die E l t e r n der M einen Strafantrag stellen können. Hierzu bestimmt § 65 Abs. 2: Hat der Verletzte das 18. Lebensjahr noch nicht vollendet, so ist sein gesetzlicher Vertreter der zur Stellung des Antrags Berechtigte. Wäre die L noch am Leben, so könnten ihre Eltern als gesetzliche Vertreter ohne weiteres Strafantrag stellen. Nun ist aber wieder zu beachten, daß die M bei der Tatausführung getötet wurde. Mit ihrem Tod ist aber auch das Recht des gesetzlichen Vertreters, Strafantrag zu stellen, erloschen. Der gesetzliche Vertreter hat nämlich kein eigenes, den Tod der Minderjährigen überdauerndes Antragsrecht, sondern übt nur das Recht des Verletzten aus (vgl. RG 57, 241, Lackner-Maassen § 65 Anm. 4; bestr.). Eine Strafverfolgung wegen Entführung ist daher nicht möglich. Dieses Ergebnis ist zwar in gewisser Weise unbefriedigend, läßt sich aber auf der Grundlage der sog. Vertretungstheorie (Gegensatz: Rechtstheorie) nicht vermeiden.

2. Freiheitsberaubung (§ 239)

a) Allgemeine Ausführungen zu § 239 siehe Vorbem. D I vor diesem Fall.

b) Der Tb. des § 239 kann nicht nur durch „Einsperren" (1. Alt. des Tb.), sondern auch dadurch verwirklicht werden, daß der Täter sein Opfer „auf andere Weise des Gebrauchs der persönlichen Freiheit beraubt" (2. Alt. des Tb.). So liegt der Fall hier. Obwohl die M eindeutig zu verstehen gab, daß sie nicht weiter mitfahren wollte, und obwohl sie sogar von dem Motorroller abzuspringen versuchte, brachte A sie zu dem nahegelegenen Wald, wo er sich an ihr verging. Der objektive Tb. ist damit erfüllt. Hierbei ist zu beachten, gaß es sich bei der Freiheitsberaubung um ein D a u e r d e l i k t handelt. Die Tatbestandsverwirklichung dauert daher fort bis zur Beendigung des rechtswidrigen Zustands, im vorliegenden Fall also bis zum Tod der M. Damit aber sind gleichzeitig auch die qualifizierenden Merkmale des **§ 239 Abs. 3** gegeben, wonach die Tat als V e r b r e c h e n mit Zuchthaus nicht unter 3 Jahren (bei mildernden Umständen Gefängnis nicht unter 3 Monaten) zu bestrafen ist, wenn durch die Freiheitsentziehung oder durch eine während ihr begangene Mißhandlung der Tod des Opfers eingetreten ist. Hier kommt die 2. Alternative in Betracht.

c) Der subj. Tb. fordert zunächst V o r s a t z hinsichtlich der Merkmale des Grundtatbestands. Hierzu genügt es, daß A sich darüber im klaren war, daß die M nicht weiter mit ihm fahren, sondern absteigen wollte. Hieran besteht nach dem Sachverhalt kein Zweifel.

d) Da § 239 Abs. 3 zu den sog. e r f o l g s q u a l i f i z i e r t e n D e l i k t e n gehört, ist gemäß § 56 weiter erforderlich, daß A hinsichtlich des qualifizierten Erfolgs mindestens fahrlässig gehandelt hat. Vorsatz scheidet nach Sachlage aus. Was den Vorwurf der Fahrlässigkeit betrifft, so ist festzustellen, daß grundsätzlich jeder, der einen anderen für längere Zeit würgt, indem er ihm die Kehle zudrückt, mit dem Tod seines Opfers rechnen muß. Das objektive Element der Fahrlässigkeit ist damit gegeben.

e) Rechtfertigungsgründe sind nicht ersichtlich. Die Tat war damit rechtswidrig.

f) Anhaltspunkte dafür, daß A entgegen der allgemeinen Lebenserfahrung nicht damit rechnen konnte oder mußte, daß die M unter dem anhaltenden und kräftigen Druck seiner Hände ihr Leben lassen würde, sind ebenso wenig gegeben wie sonstige Schuldausschließungsgründe. Die Tat war somit auch schuldhaft.

g) E r g e b n i s : Strafbarkeit gemäß § 239 Abs. 3.

3. Muntbruch (§ 235)

Nach § 235 wird bestraft, wer eine minderjährige Person durch List, Drohung oder Gewalt ihren Eltern, ihrem Vormund oder ihrem Pfleger entzieht.

a) Die M war 16 Jahre alt, somit noch m i n d e r j ä h r i g.

b) Um die M in seine Gewalt zu bringen, hat A sowohl L i s t als auch G e w a l t angewandt. Siehe hierzu die Ausführungen oben zu § 236 (Abschn. I 1 b). Unerheblich ist dabei, daß sich die List bzw. Gewalt nicht gegen die Erziehungsberechtigten, sondern gegen die M selbst gerichtet haben.

c) Fraglich ist jedoch, ob man von einer E n t z i e h u n g i. S. der Vorschrift sprechen kann. Eine Entziehung liegt dann vor, wenn das Personensorgerecht der Eltern usw. auf eine gewisse Zeit unwirksam gemacht oder doch so erheblich beeinträchtigt wird, daß es nicht ausgeübt werden kann (BGH 1, 199 f.; 16, 58, 61). Welche Zeitdauer hierfür notwendig ist, hängt von den Umständen des Einzelfalls ab, wobei besonders das Alter des Minderjährigen von Bedeutung ist. So hielt es der Bundesgerichtshof für möglich, den Tb. des § 235 schon dann als erfüllt anzusehen, wenn jemand ein 4jähriges Kind für nur 10 Minuten von seinen Eltern weglockt, um unzüchtige Handlungen an ihm vornehmen zu können (BGH 16, 58). Bei einem Minderjährigen an der oberen Altersgrenze sind dagegen strengere Anforderungen zu stellen. Je lockerer die Aufsicht ist, desto strengere Anforderungen müssen an die Tatbestandsverwirklichung gestellt werden. Im vorliegenden Fall ist weiter zu beachten, daß die M im entscheidenden Zeitpunkt, während A sie in seine Gewalt brachte, ohnehin nicht dem unmittelbaren Einfluß ihrer Eltern unterstand. Hätte sich der Geschehnisablauf nach der Vorstellung des A entwickelt, so wäre die M zur üblichen Zeit oder nur unwesentlich später wieder bei ihren Eltern gewesen. Die Ausübung des Erziehungs- und Aufsichtsrechts der Eltern wäre weder in seiner Substanz noch in seinem wesentlichen Inhalt vereitelt worden. Daß die erzieherischen Ziele der Eltern in entscheidender Weise beeinträchtigt wurden, reicht zur Tatbestandsmäßigkeit nicht aus. Der Tb. ist daher abzulehnen. (Zum Ganzen siehe auch Schönke-Schröder § 235 Rn. 4 m. weit. Nachw.)

4. Konkurrenzen

Nach der bisher vorgenommenen Prüfung des Sachverhalts hat sich A eines Verbrechens der Entführung (§ 236) sowie eines Verbrechens der Freiheitsberaubung mit Todesfolge (§ 239 Abs. 3) schuldig gemacht. Für das Verhältnis der beiden Tatbestände zueinander ist folgendes zu beachten:

a) Beide Tatbestände wurden durch die gleiche Handlung verwirklicht. Beide Tatbestände sind Dauerdelikte und schützen dasselbe Rechtsgut, nämlich die Freiheit der Willensbetätigung hinsichtlich der Veränderung des Aufenthaltsorts. § 236 schützt darüber hinaus die Freiheit der Frau hinsichtlich der Selbstbestimmung ihres Geschlechtslebens. Hieraus folgt, daß § 236 gegenüber § 239 als das speziellere Delikt zu betrachten ist, somit ein Fall der Gesetzeskonkurrenz zugunsten von § 236 vorliegt. (Allgemeine Ausführungen zur Gesetzeskonkurrenz siehe Vorbem. AT, Abschn. J III, S. 60 ff.)

b) Im vorliegenden Fall ist zu beachten, daß das Verbrechen gemäß § 236 nur auf Antrag verfolgbar ist, ein Strafantrag aber infolge des Todes der M nicht mehr gestellt werden kann (siehe oben I 1 f). Es ist daher zu prüfen, ob nunmehr die durch § 236 konsumierte Freiheitsberaubung „wiederauflebt", d. h. ihre rechtlich selbständige Bedeutung wiedergewinnt. Ein solches „Wiederaufleben" des verdrängten

Gesetzes wird in der Rechtsprechung dann angenommen, wenn eine Bestrafung nach dem verdrängenden Gesetz, z. B. wegen strafbefreienden Rücktritts vom Versuch, wegen Verjährung, wegen Fehlens einer Strafbarkeitsbedingung oder mangels Strafantrag nicht möglich ist (vgl. Maurach AT 641 sowie Schönke-Schröder Rn. 81 ff. vor § 73 m. weit. Nachw.). Es liegt daher nahe, auch im vorliegenden Fall ein Wiederaufleben des § 239 anzunehmen (so RG JW 34, 2919 sowie Händel NJW 64, 1733). Demgegenüber hat der Bundesgerichtshof in einem ähnlich gelagerten Fall entschieden, daß eine Entführung bei fehlendem Strafantrag auch nicht als Nötigung (bzw. Freiheitsberaubung) bestraft werden dürfe (vgl. BGH 19, 320 m. abl. Anm. Händel NJW 64, 1733). Zur Begründung wies der BGH darauf hin, eine Bestrafung des Täters wegen Nötigung widerspräche dem Sinn des § 236 Abs. 2, wonach ausschließlich die durch die Tat verletzte Frau darüber zu entscheiden habe, ob der Täter bestraft werden soll oder nicht. Das Schrifttum hat diese Entscheidung überwiegend mit Zustimmung aufgenommen (vgl. Schönke-Schröder Rn. 81 vor § 73 sowie § 236 Rn. 16, Maurach AT 642; a.A. Händel a.a.O.).

c) Ob dieser Auffassung in Begründung und Ergebnis beizutreten ist, bedarf an dieser Stelle keiner abschließenden Beurteilung, da der vorliegende Fall anders gelagert ist als der vom Bundesgerichtshof entschiedene Fall. Der BGH hatte es nämlich nur mit einem Fall des § 239 Abs. 1 zu tun, während im vorliegenden Fall die qualifizierenden Voraussetzungen des § 239 Abs. 3 vorliegen. Es wäre verfehlt, auch zwischen § 236 und § 239 Abs. 2 oder Abs. 3 Gesetzeskonkurrenz zugunsten von § 236 anzunehmen. Eine solche Gesetzeskonkurrenz würde zu einer Privilegierung des Täters führen, die weder rechtsdogmatisch noch aus Gründen der Billigkeit geboten erscheint. Der Unrechtsgehalt der nach § 239 Abs. 2 oder Abs. 3 qualifizierten Tat könnte durch eine Bestrafung nur wegen Entführung nicht voll erfaßt werden. Es ist daher IdK anzunehmen (ebenso Schönke-Schröder § 236 Rn. 16).

d) Geht man entsprechend den vorstehenden Ausführungen davon aus, daß § 236 und § 239 Abs. 3 in IdK stehen können, so bildet der Wegfall des § 236 mangels Strafantrags kein Problem. Die Strafbarkeit gemäß § 239 Abs. 3 bleibt von dem fehlenden Strafantrag unberührt.

II. Der Versuch, die M gewaltsam zum Verkehr zu zwingen

1. Versuchte Notzucht (§§ 177, 43)

a) Vollendete Notzucht entfällt, da A den erstrebten Beischlaf nicht erreicht hat. In Betracht kommt daher nur Versuch, der auch ohne besondere Strafdrohung strafbar ist, da es sich um ein Verbrechen handelt. (Allgemeine Ausführungen zur Strafbarkeit des Versuchs siehe Vorbem. A vor Fall 2 und vor Fall 3.)

b) A hatte den Tatentschluß, die M durch Gewalt zur Duldung des außerehelichen Beischlafs zu nötigen. Diesen Entschluß hat er auch bereits in einer Ausführungshandlung betätigt, indem er nämlich die M zunächst gegen ihren Willen in den Wald entführte, sie dort auf den Boden warf und begann, sie zu entkleiden, und sie schließlich würgte.

c) Damit liegen alle Voraussetzungen einer versuchten Notzucht vor. Die Tat war rechtswidrig und schuldhaft. Auf strafbefreienden Rücktritt kann A sich nicht berufen, da er sein Unternehmen erst aufgab, als die M keine Lebenszeichen mehr zeigte. Es fehlt somit an der für § 46 Nr. 1 erforderlichen Freiwilligkeit.

(Beachte: Sollte es während des Entkleidens bereits zu einer unzüchtigen Handlung gekommen sein, so würde diese zu der versuchten Notzucht in Gesetzeskonkurrenz stehen; sie wäre daher nur für die Strafzumessung von Bedeutung, vgl. Schönke-Schröder § 177 Rn. 15.)

2. Versuchte Notzucht mit Todesfolge (§ 178)

a) § 178 enthält ein erfolgsqualifiziertes Delikt, das eine erhebliche Strafschärfung (Zuchthaus nicht unter 10 Jahren) bringt für den Fall, daß durch eine der in den §§ 176, 177 bezeichneten Handlungen der Tod der verletzten Person verursacht worden ist. Die Vorschrift kommt nach ihrem eindeutigen Wortlaut auch dann in Betracht, wenn die Tat nur zum Versuch gelangt ist.

b) Im vorliegenden Fall führte der von A angewandte Würgegriff zum Tod der M. Dieser Würgegriff gehörte zu den tatbestandsmäßigen Ausführungshandlungen i. S. des § 177 (gewaltsame Erzwingung des Beischlafs). Der obj. Tb. des § 178 ist damit erfüllt.

c) Zur subj. Tatseite gelten die Ausführungen zu § 239 Abs. 3 (siehe oben I 2 c und d) entsprechend. A handelte vorsätzlich hinsichtlich des Grundtatbestands (§ 177) und fahrlässig hinsichtlich der Qualifizierung (Todeserfolg).

d) Rechtfertigungsgründe fehlen. Die Tat war damit rechtswidrig.

e) A handelte auch schuldhaft. Die Ausführungen zu § 239 Abs. 3 (siehe oben I 2 f) gelten entsprechend.

3. Fahrlässige Tötung (§ 222)

Wie sich bereits aus den Ausführungen zu § 239 Abs. 3 und § 178 ergibt, hat A auch den Tb. des § 222 erfüllt. Sein Verhalten war rechtswidrig und schuldhaft. Wegen der Einzelheiten kann auf die Ausführungen zu § 239 Abs. 3 (s. o. I 2 c—f) verwiesen werden.

4. Gefährliche Körperverletzung (§ 223 a)

a) Allgem. Ausführungen zu § 223 a siehe Vorbem. B III vor Fall 6 (S. 199).

b) Jedes Würgen stellt sich als körperliche Mißhandlung i. S. des § 223 und damit als Körperverletzung dar. Erfolgt das Würgen — wie im vorliegenden Fall — so andauernd und intensiv, daß es zur Bewußtlosigkeit oder gar zum Tod des Opfers führt, so kann man auch von einer das Leben gefährdenden Behandlung sprechen. Der obj. Tb. des § 223 a ist damit in seiner letzten Alternative erfüllt.

5. Körperverletzung mit Todesfolge (§ 226)

a) Allgem. Ausführungen zu § 226 siehe Vorbem. B VII vor Fall 6 (S. 203).

b) Der Würgegriff hat zum Tod der M geführt. — Damit ist der Tb. des § 226 obj. erfüllt.

c) Hinsichtlich des subj. Tatbestands, der Rechtswidrigkeit und der Schuld kann — wie auch bei der Subsumtion unter § 178 — auf die Ausführungen zu § 239 Abs. 3 (s. o. I 2 c—f) verwiesen werden. § 226 ist in allen Verbrechensmerkmalen gegeben.

6. Konkurrenzen des II. Abschnitts

a) Sämtliche Tatbestände des II. Abschnitts (§§ 177/43, 178, 222, 223 a, 226) wurden durch e i n e Handlung verwirklicht, so daß nur Gesetzeskonkurrenz oder Idealkonkurrenz in Betracht kommt.

b) Die versuchte Notzucht (§§ 173, 43) wird durch § 178 als das speziellere Gesetz verdrängt.

c) Ob auch § 222 durch § 178 verdrängt wird, ist bestritten (in BGH 20, 269 verneint, siehe jedoch Vorbem. AT, Abschn. J III 2 b sowie Vorbem. B 4 vor diesem Fall). Die Frage kann jedoch auf sich beruhen, da § 222 im vorliegenden Fall unbestritten durch § 226 konsumiert wird. Es läßt sich nämlich nach Einführung des § 56 kein Fall des § 226 denken, der nicht zugleich auch einen Fall des § 222 enthält (vgl. BGH 8, 54).

d) § 223 a wird durch die speziellere Vorschrift des § 226 ebenfalls verdrängt (vgl. BGH NJW 67, 297). Zur näheren Begründung siehe Vorbem. B III 6 vor Fall 6 (S. 200).

e) Die versuchte Notzucht mit Todesfolge (§ 178) und die Körperverletzung mit Todesfolge (§ 226) stehen untereinander in Idealkonkurrenz. Ein Fall der Gesetzeskonkurrenz (Spezialität, Konsumtion, Subsidiarität) liegt nicht vor.

III. Zusammenfassung, Ergebnis

Da eine Bestrafung aus § 236 mangels Strafantrags nicht erfolgen kann, hat A sich für den I. Abschnitt des Geschehens nur wegen Freiheitsberaubung mit Todesfolge (§ 239 Abs. 3) zu verantworten. Diese steht mit den Tatbeständen des II. Abschnitts (§§ 178, 226) in Idealkonkurrenz, da die mit der Entführung verbundene Freiheitsberaubung — ebenso wie der spätere Würgegriff — der Erzwingung des Beischlafs dienen sollte. Die Freiheitsberaubung ging im vorliegenden Fall auch über das mit einer Notzucht notwendig verbundene Maß weit hinaus. Ergebnis: §§ 178, 226, 239 III, 73.

Zu Frage 2 des Sachverhalts

Es ist zu prüfen, welche Abweichungen sich ergeben, wenn der Tod nicht schon durch das Würgen, sondern erst später durch Ertrinken eingetreten ist.

I. Die Fahrt zum Wald

1. Wie im Ausgangsfall hat sich A zunächst einer **Entführung (§ 236)** schuldig gemacht, die aber mangels Strafantrags nicht verfolgt werden kann.

2. Auch die im Ausgangsfall festgestellte **Freiheitsberaubung mit Todesfolge (§ 239 Abs. 3)** bleibt unberührt.

a) Da die Freiheitsberaubung ein Dauerdelikt ist, dauerte sie — objektiv gesehen — fort bis zum Tod der M. Der Tod ist daher auch dann durch eine während der Freiheitsberaubung widerfahrene Behandlung verursacht worden, wenn man davon ausgeht, daß er erst dadurch eintrat, daß A die M nach Eintritt der Bewußtlosigkeit mit dem Kopf voraus in tiefes Wasser legte.

b) Auf der subj. Tatseite ist zunächst wieder der Vorsatz des Grundtatbestands zu prüfen. Hier bietet der Sachverhalt insofern ein Problem, als A zu dem Zeitpunkt, als er die M in das Wasser legte, davon ausging, sie sei bereits tot. Er hatte also zu diesem Zeitpunkt nicht mehr das Bewußtsein, einen Menschen seiner Freiheit zu berauben. Dieser Umstand dürfte jedoch für die Anwendbarkeit des § 239 Abs. 3 unschädlich sein. Es genügt, daß A überhaupt den Vorsatz der Freiheitsberaubung gehabt hat. Hinsichtlich der Qualifikation genügt gemäß § 56 wie bei allen erfolgsqualifizierten Delikten Fahrlässigkeit. So hat der BGH in BGH 10, 306 ff. zu dem ähnlich gelagerten Fall des § 239 Abs. 2 ausgesprochen, daß die 1. Alternative dieses Tatbestands auch dann zur Anwendung kommt, wenn der Täter bei Bewirkung der Freiheitsberaubung (z. B. bei einer falschen Denunziation) zwar nicht damit gerechnet hat, wohl aber damit rechnen konnte und mußte, daß die Freiheitsberaubung über eine Woche dauern werde. Es ist also nicht zu fordern, daß der Täter noch bei Eintritt der Qualifikation den Vorsatz des Grundtatbestands hatte. Eine solche Auffassung würde den Anwendungsbereich der Vorschrift zu sehr einschränken.

Im vorliegenden Fall ist daher nur noch zu prüfen, ob A den Tod der M fahrlässig bewirkt hat. Hierzu ist folgendes zu bemerken: Es entspricht der allgemeinen medizinischen Erfahrung, daß das Opfer eines Würgegriffs recht bald das Bewußtsein verliert, ohne daß nun auch sofort der Tod eintreten muß. A durfte daher, obj. betrachtet, unter keinen Umständen sofort davon ausgehen, daß nichts mehr zu retten sei. Er hätte Wiederbelebungsversuche einleiten oder ärztliche Hilfe holen müssen, keineswegs aber die M mit dem Kopf voraus in tiefes Wasser legen dürfen. Das objektive Element der Fahrlässigkeit ist damit gegeben.

c) Rechtfertigungsgründe fehlen.

d) Anhaltspunkte dafür, daß A entgegen der allgemeinen Erfahrung aufgrund besonderer, in seiner Person liegender Umstände nicht fahrlässig gehandelt hat, indem er die M ohne weitere Prüfung in tiefes Wasser legte, lassen sich aus dem Sachverhalt nicht entnehmen. Daß er durch den Anblick der M bestürzt war und „kopflos" handelte, kann ihn nicht entschuldigen, sondern seine Schuld allenfalls mildern.

e) Ergebnis: wie im Ausgangsfall Strafbarkeit gemäß § 239 Abs. 3.

II. Der Versuch, die M gewaltsam zum Verkehr zu zwingen

1. Die im Ausgangsfall festgestellte **versuchte Notzucht (§§ 177, 43)** bleibt unberührt. Fraglich ist jedoch die Strafbarkeit gemäß **§ 178.** Der Notzuchtsversuch war zwar auch in dieser Alternative nach der Bedingungstheorie kausal für den später eingetretenen Erfolg: Hätte A sich nicht an der M vergriffen, so hätte er sie nicht später in das Wasser geworfen. Die Feststellung der Kausalität genügt aber nicht, um auch die Strafbarkeit gemäß § 178 zu begründen. Gemäß § 56 ist vielmehr erforderlich, daß der Täter den qualifizierten Erfolg mindestens fahrlässig

verursacht hat. Fahrlässig handelt der Täter bei § 178 aber nur dann, wenn er bei Vornahme der Gewaltunzucht den später eingetretenen Erfolg in seinen wesentlichen Entwicklungsphasen hätte vorhersehen können und müssen. Die Fragestellung lautet also: War es für A im Zeitpunkt der Gewaltanwendung vorhersehbar, daß er die M bis zur Bewußtlosigkeit würgen u n d dann später, um seine Tat zu verdecken, in noch lebendem Zustand ins Wasser werfen würde? Diese Frage muß nach Sachlage verneint werden. Hinzu kommt, daß der Tod gerade durch die Notzuchtshandlung verursacht sein muß. Es genügt daher nicht, daß der Täter sein Opfer im Anschluß an sein Sittlichkeitsdelikt, wenn auch hierdurch veranlaßt, vorsätzlich oder fahrlässig tötet. § 178 ist daher abzulehnen (vgl. BGH NJW 55, 1327, Schönke-Schröder § 178 Rn. 1, Maurach BT 421).

2. Wie sich aus den Ausführungen zu § 239 Abs. 3 ergibt, hat sich A auch in dieser Alt. des Sachverhalts dadurch, daß er die bewußtlose M in tiefes Wasser legte, einer **fahrlässigen Tötung** (§ 222) schuldig gemacht. Auf die Ausführungen in Abschn. I 2 kann insoweit verwiesen werden.

3. Die im Ausgangsfall festgestellte **gefährliche Körperverletzung** (§ 223 a) bleibt unberührt. Fraglich ist jedoch, ob auch eine **Körperverletzung mit Todesfolge** (§ 226) angenommen werden kann. Hier ergeben sich die gleichen Schwierigkeiten wie bei dem bereits geprüften und abgelehnten Tatbestand des § 178. Im Gegensatz zu dem weiter gefaßten § 239 Abs. 3 setzt § 226 voraus, daß der Tod des Opfers gerade durch die Körperverletzung bewirkt worden ist (siehe auch die Beispiele in Vorbem. B VII vor Fall 6, S. 203). So aber liegt der Fall gerade nicht. Hinzu kommt, daß der spätere Geschehnisablauf (Tod durch Ertrinken zur Vortäuschung eines Unglücksfalls) im Zeitpunkt der Körperverletzung, auf den es hier entscheidend ankommt, nicht vorhersehbar war. § 226 ist daher abzulehnen.

III. Zusammenfassung, Ergebnis

Da eine Bestrafung aus § 236 mangels Strafantrags nicht erfolgen kann und die Tatbestände der §§ 178, 226 infolge des anders gelagerten Sachverhalts ausscheiden, hat sich A nur wegen Freiheitsberaubung mit Todesfolge (§ 239 Abs. 3), gefährlicher Körperverletzung (§ 223 a), versuchter Notzucht (§§ 177, 43) und fahrlässiger Tötung (§ 222) zu verantworten. Für das Verhältnis dieser Tatbestände gilt folgendes:

1. Das Würgen erfüllt zunächst den Tatbestand der gefährlichen Körperverletzung. Es stellt aber gleichzeitig auch einen wesentlichen Bestandteil der versuchten Notzucht dar. Zwischen der versuchten Notzucht (§§ 177, 43) und der gefährlichen Körperverletzung ist daher IdK anzunehmen.

2. Die fahrlässige Tötung (§ 222) ist wesentlicher Bestandteil der Freiheitsberaubung mit Todesfolge. Ob sie durch § 239 Abs. 3 konsumiert wird, ist bestritten (vgl. Vorbem. AT, Abschn. J III 2 b sowie Vorbem. B 4 vor diesem Fall). Geht man mit dem Bundesgerichtshof (BGH 20, 269 zum Verhältnis von § 178 zu § 222) und Schönke-Schröder (§ 56 Rn. 5) davon aus, daß nur durch Annahme von IdK klargestellt werden kann, ob das erfolgsqualifizierte Delikt mit einer vorsätzlichen oder fahrlässigen Erfolgsverursachung zusammentrifft, so wäre zwischen § 239 Abs. 3 einerseits und § 222 andererseits IdK anzunehmen. Dies erscheint aber m. E. nicht erforderlich. Da bei einer weder vorsätzlichen noch fahrlässigen Erfolgsverursachung § 239 Abs. 3 ohnehin entfällt, ist ein besonderer Hinweis auf die Tötungsdelikte nur dann erforderlich, wenn diese hinsichtlich ihres Unrechts- und Schuldgehalts über eine fahrlässige Tötung hinausgehen.

3. Da die mit der Entführung verbundene Freiheitsberaubung ebenso wie der Würgegriff der Erzwingung des Beischlafs dienen sollte, steht sie mit der gefährlichen Körperverletzung einerseits und der versuchten Notzucht andererseits in IdK. Ergebnis somit: §§ 177/43, 223 a, 239 III, 73.

Zur Frage 3 des Sachverhalts

1. Läßt sich nicht feststellen, ob der Tod durch Würgen (Alt. 1) oder durch Ertrinken (Alt. 2) eingetreten ist, so kann eine Verurteilung nur auf der Grundlage einer sog. **Wahlfeststellung** oder alternativen Tatfeststellung erfolgen. Allgemeine Ausführungen hierzu siehe Vorbem. A vor diesem Fall.

2. Aus der Problematik der sog. Wahlfeststellung scheiden zunächst die Tatbestände aus, die auch bei ungeklärter Todesursache eindeutig aus dem Sachverhalt festgestellt werden können.

Es sind dies:

a) die Freiheitsberaubung gemäß § 239 Abs. 1;

b) die gefährliche Körperverletzung (§ 223 a);

c) die versuchte Notzucht.

Diese Tatbestände können der Verurteilung auf jeden Fall zugrunde gelegt werden .

3. Von der Todesursache beeinflußt werden dagegen folgende Tatbestände:

a) Freiheitsberaubung mit Todesfolge (§ 239 Abs. 3);

b) versuchte Notzucht mit Todesfolge (§ 178);

c) Körperverletzung mit Todesfolge (§ 226).

Zu a): Wie sich aus dem Vergleich der Lösungen zu Frage 1 und Frage 2 ergibt, kommt § 239 Abs. 3 sowohl dann zur Anwendung, wenn der Tod durch Würgen eingetreten ist, als auch dann, wenn die M erst später ertrunken ist. Damit aber sind die Voraussetzungen einer zulässigen Wahlfeststellung gegeben. Läßt sich zwar nicht feststellen, welche von mehreren Handlungen einen bestimmten Tb. erfüllt hat, steht aber fest, daß dieser Tb. auf jeden Fall verwirklicht ist, so ist eine unterschiedliche rechtsethische oder psychologische Beurteilung nicht geboten. Die Verurteilung kann auf eine alternative Tatfeststellung gestützt werden. § 239 Abs. 3 kommt daher auch bei dieser Alt. des Sachverhalts zur Anwendung.

Zu b) und c): Bei den Tatbeständen der §§ 178, 226 ist die Rechtslage anders. Diese Tatbestände finden nur beim Sachverhalt der Frage 1 Anwendung. Beim Sachverhalt der Frage 2 dagegen trifft die fahrlässige Tötung — unbeschadet der weiteren Konkurrenzen — realkonkurrierend zu der versuchten Notzucht bzw. zu der gefährlichen Körperverletzung hinzu. Es ist daher zu prüfen, ob das Verbrechen gemäß § 178 (bzw. § 226) einerseits und die realkonkurrierenden Delikte gemäß §§ 173/43 — 222 (bzw. §§ 223 a — 222) andererseits rechtsethisch und psychologisch vergleichbar sind. Für eine solche Annahme spricht zunächst die Tatsache, daß die jeweils geschützten Rechtsgüter die gleichen sind. Andererseits aber ist der Strafrahmen so unterschiedlich hoch, daß schon aus diesem Grunde eine Wahlfeststellung ausscheidet. Die §§ 178, 226 sind daher bei der Verurteilung völlig außer Betracht zu lassen. Unberührt bleiben natürlich die von der Todesfolge unabhängigen Tatbestände der §§ 177/43 und § 223 a. Unberührt bleibt auch die auf jeden Fall vorliegende fahrlässige Tötung. A hat — so oder so — den Tod der M durch Fahrlässigkeit verschuldet. Hier gelten hinsichtlich der Zulässigkeit einer Wahlfeststellung dieselben Erwägungen wie oben bei § 239 Abs. 3. Die fahrlässige Tötung tritt dann — im Ergebnis übereinstimmend mit der Lösung zu Frage 2 — idealkonkurrierend neben die übrigen Tatbestände (§§ 177/43, 223 a, 239 III), sofern man nicht der hier vertretenen Ansicht folgend Konsumtion durch § 239 III annimmt.

Zu Frage 4 des Sachverhalts

1. An möglichen **Nebenstrafen** kommen in Betracht:
a) Amtsunfähigkeit (§§ 31, 35);
b) Verlust der bürgerlichen Ehrenrechte (§§ 32, 33);
c) Fahrverbot (§ 37);
d) Einziehung des Motorrollers (§ 40).

2. Als **Maßregel der Sicherung und Besserung** kommt die Möglichkeit einer Fahrerlaubnisentziehung in Betracht (vgl. § 42 m). Ein Fahrverbot gem. § 37 wäre in diesem Fall gegenstandslos.

Zu Fall 12

Vorbemerkungen

A. Raub und Erpressung (§§ 249—251, 253, 255)

I. Übersicht über die Tatbestände des 20. Abschnitts

1. Der 20. Abschnitt enthält mit dem Raub (§ 249), dem räuberischen Diebstahl (§ 252) und der räuberischen Erpressung (§ 255) drei selbständige Tatbestände, die ungeachtet ihrer strukturellen Verschiedenheit auf einem gemeinsamen Grundtatbestand aufbauen, nämlich dem der Erpressung (§ 253), die ihrerseits wiederum einen Sonderfall der Nötigung darstellt.

2. Durch das einheitliche Strafmaß hat der Gesetzgeber eindeutig zum Ausdruck gebracht, daß Raub, räuberische Erpressung und räuberischer Diebstahl in rechtsethischer und psychologischer Hinsicht keine unterschiedliche Bewertung verlangen. Der Bundesgerichtshof hat es daher als zulässig angesehen, wahlweise wegen Raubs oder räuberischer Erpressung zu verurteilen (sog. Wahlfeststellung, vgl. BGH 5, 280 sowie Vorbem. A 3 vor Fall 11, S. 313). Entsprechendes muß auch für das Verhältnis von Raub und räuberischer Erpressung zum räuberischen Diebstahl gelten.

3. Die Straffolgeverweisungen in §§ 252, 255 („gleich einem Räuber") beziehen sich nicht nur auf den Strafrahmen des § 249, sondern auch auf die erhöhten Strafdrohungen der §§ 250, 251.

4. Die Diebstahlsprivilegierungen der §§ 247, 248 a, 370 Nr. 5 finden bei keinem der Tatbestände des 20. Abschnitts Anwendung. Umgekehrt kommen aber auch die Diebstahlsqualifizierungen nicht in Betracht. Diese haben gegenüber den §§ 249 ff. nur insofern Bedeutung, als die jeweiligen gesetzlichen Mindeststrafen nicht unterschritten werden dürfen (BGH 20, 235). So darf z. B. bei einem räuberischen Diebstahl gemäß § 252, der ohne die nach der Tat geleistete Gewalt als schwerer Diebstahl i. R. gemäß § 244 zu behandeln wäre, selbst bei Zubilligung mildernder Umstände eine Gefängnisstrafe von 1 Jahr nicht unterschritten werden. Nicht Gesetzeskonkurrenz, sondern IdK ist jedoch anzunehmen, wenn ein vollendeter schwe-

rer Diebstahl mit einem nur versuchten Raub zusammentrifft (BGH 21, 78). Beispiel: A bricht in die Wohnung des B ein und verstaut verschiedene Gegenstände, die er im Wohnzimmer findet, in seiner Rocktasche. Als er auch das Schlafzimmer durchsuchen will, stößt er auf B, der ihn fragt, was er will. A bedroht ihn mit einem Werkzeug und verlangt Geld. Als B um Hilfe ruft, ergreift A die Flucht. In diesem Fall könnte eine Bestrafung nur wegen versuchten Raubs den obj. Unrechtsgehalt der Tat, nämlich die Wegnahme der im Wohnzimmer gefundenen Gegenstände, nicht erfassen. Der vollendete schwere Diebstahl steht daher mit dem versuchten Raub in Idealkonkurrenz (BGH a.a.O).

II. Der Raub (§ 249)

Einen Raub begeht, wer mit Gewalt gegen eine Person oder durch Drohung mit gegenwärtiger Gefahr für Leib oder Leben eine fremde bewegliche Sache einem anderen in der Absicht rechtswidriger Zueignung wegnimmt. Im einzelnen:

1. Der Raub setzt zunächst objektiv und subjektiv alle Merkmale des Diebstahls voraus. Auf die Ausführungen zu § 242 (Vorbem. A vor Fall 7, S. 215 ff.) kann insoweit verwiesen werden. Die **Besonderheit des Raubs** besteht darin, daß der Täter die Wegnahme der in Zueignungsabsicht erstrebten Sache mit den spezifischen Mitteln der Nötigung erzwingt.

2. **Gewalt** ist wie bei der Nötigung (vgl. Vorbem. E 3 a vor Fall 11, S. 321) jede als körperlicher Zwang empfundene Einwirkung zur Ausschaltung eines geleisteten oder erwarteten Widerstands.

a) Eine besondere Kraftentfaltung seitens des Täters ist nicht erforderlich. Es genügt z. B., wenn der Täter seinem Opfer überraschend die Tasche aus der Hand schlägt (BGH 18, 329).

b) Gewalt gegen eine Sache erfüllt nur dann den Tb., wenn sie von dem Opfer als körperlicher Zwang empfunden wird, z. B. wenn der Täter sein Opfer in einen Raum einschließt, um dann die Wohnung in aller Ruhe ausräumen zu können (vgl. RG 69, 330; BGH 20, 194 f.; Schönke-Schröder Rn. 4; zu eng BGH 18, 330, wo beiläufig ausgeführt wird, daß der Zwang unmittelbar körperlich empfunden werden müsse).

c) Nach BGH 4, 210 liegt Gewaltanwendung auch dann vor, wenn der Täter einen Betrunkenen, der sich später an nichts mehr erinnern kann, zusammenschlägt und in eine Seitenstraße schleppt, um ihn dort seiner Habe zu berauben. Diese Entscheidung steht mit der bereits oben erwähnten Entscheidung BGH 18, 330 insofern in Widerspruch, als nämlich ausgeführt wird, es sei nicht erforderlich, daß das Opfer die gegen seine Person gerichtete Gewalt empfinde (a.a.O. 212). Andererseits wird auch in BGH 18, 331 der Standpunkt vertreten, daß unter § 249 jede Gewaltanwendung fällt, die der Täter von seiner Warte aus für erforderlich hält, um die Wegnahme zu ermöglichen. Im Ergebnis besteht somit zwischen beiden Entscheidungen kein Unterschied.

d) Ziel der Gewaltanwendung muß immer die Wegnahme sein. Nicht erforderlich ist jedoch, daß der Täter bereits zu Beginn der Gewaltanwendung die Absicht hat, fremde Sachen wegzunehmen. Es genügt, wenn er die Gewalt zunächst zu anderen Zwecken anwendet, z. B. um sein Opfer unsittlich zu belästigen, dann aber die noch fortdauernde Gewalteinwirkung dazu benutzt, dem Opfer eine Sache wegzunehmen (BGH 20, 32). Hierbei kommt es nicht darauf an, ob das sich wehrende Opfer die Wegnahme sofort bemerkt und sich gerade gegen die drohende Wegnahme wehrt (BGH a.a.O. unter Bestätigung der oben unter c) erwähnten Entscheidung BGH 4, 210).

3. Über **Drohung mit gegenwärtiger Gefahr für Leib und Leben** siehe Vorbem. C II 1 c—e vor Fall 13 (S. 366). Drohung mit einem empfindlichen Übel genügt hier nicht. Insoweit gehen die Mittel des Raubes über die von Nötigung und Erpressung hinaus.

4. Subjektiv ist neben dem **Vorsatz** wie beim Diebstahl die **Absicht rechtswidriger Zueignung** erforderlich. Auf die Ausführungen zur subjektiven Tatseite beim Diebstahl (Vorbem. A VI vor Fall 7, S. 222) und bei der Nötigung (Vorbem. E 6 vor Fall 11, S. 323) wird im übrigen verwiesen.

5. Bestritten ist die **Abgrenzung von Raub und räuberischer Erpressung.** Nach Auffassung des Bundesgerichtshofs kommt es hierbei entscheidend auf das äußere Bild an: Raub, wenn der Täter sich die Sache nimmt; räuberische Erpressung, wenn er das Opfer zwingt, die Sache herauszugeben (BGH 7, 252; NJW 67, 61). Diese Abgrenzung führt zwar i. d. R. zu klaren Ergebnissen, hat aber den Nachteil, daß das Tatbestandsmerkmal „wegnehmen" anders ausgelegt wird als beim Diebstahl, wo es nach einhelliger Ansicht nicht auf das äußere Bild (geben — nehmen) ankommt (vgl. Vorbem. A V 6 vor Fall 7, S. 221). Dementsprechend wird im Schrifttum überwiegend vorgeschlagen, auch bei der Abgrenzung von Raub und räuberischer Erpressung auf die innere Einstellung des Opfers abzustellen (vgl. Maurach BT 239 f. mit weit. Nachweisen). Die bei der Abgrenzung von Diebstahl und Betrug entwickelten Kriterien lassen sich jedoch nicht ohne weiteres auf Raub und räuberische Erpressung übertragen, da im Grunde weder beim Raub noch bei der räuberischen Erpressung der Besitzverlust auf eine innere Zustimmung des Opfers zurückzuführen ist. Es ist daher schon vorteilhafter, die verschiedene Auslegung des Merkmals „wegnehmen" in Kauf zu nehmen und mit dem BGH auf das äußere Bild abzustellen. Die weitere Schwierigkeit besteht darin, daß das „Dulden der Wegnahme" genau genommen nicht nur unter den Tatbestand des Raubs, sondern auch unter den der Erpressung und damit auch der räuberischen Erpressung subsumiert werden kann. Diese Schwierigkeit läßt sich jedoch gesetzestechnisch dadurch ausräumen, daß man den Raub als Sonderfall der Erpressung ansieht (BGH 14, 386). Nur so besteht auch die Möglichkeit, räuberische Erpressung anzunehmen, wenn der Täter objektiv und subjektiv alle Raubmerkmale erfüllt mit Ausnahme der Zueignungsabsicht, an deren Stelle jedoch die Absicht tritt, sich zu Unrecht zu bereichern.

(Beachtenswert ist die neuerdings von Otto in ZStW 79, 59, 86 f. vorgeschlagene Lösung: Fügt sich das Opfer der Gewalt oder Drohung, weil es keinen anderen Ausweg sieht, so ist es grundsätzlich unerheblich, ob der Täter sich die Sache nimmt oder ob das Opfer ihm die Sache gibt. Auch bei Übergabe der Sache kann man in solchen Fällen nicht von einer als Vermögensverfügung zu qualifizierenden Selbstschädigung des Opfers sprechen. Beide Fälle sind vielmehr in ihrem sozialen Sinngehalt gleich und daher einheitlich als Raub zu beurteilen. Anders jedoch, wenn das Opfer eine zur Vermögensschädigung notwendige Handlung vornimmt, z. B. wenn es gezwungen wird, den Panzerschrank zu öffnen, den der Täter nicht öffnen kann, weil er den Schlüssel nicht hat oder weil er die Geheimziffer nicht kennt. Otto kommt damit, wenngleich mit anderer Begründung, im wesentlichen zu den gleichen Ergebnissen wie die herrschende Lehre. Seine Ansicht kann für sich in Anspruch nehmen, daß sie eine unterschiedliche Auslegung des Tatbestandsmerkmals „Wegnehmen" in § 242 und § 249 vermeidet.)

6. **Idealkonkurrenz** mit räuberischer Erpressung ist dann möglich, wenn der Täter sich eine Sache selbst nimmt und gleichzeitig eine andere Sache geben läßt. IdK ist ferner möglich mit §§ 223 ff. und § 316 a. Wegen des Verhältnisses zu den Qualifizierungen und Privilegierungen des Diebstahls s. o. I 4.

III. Schwerer Raub (§ 250)

§ 250 greift, ähnlich wie die §§ 243, 244 für den Bereich des Diebstahls, einige Fälle heraus, die teils wegen ihrer besonderen Gefährlichkeit, teils wegen der besonderen Schutzwürdigkeit des Tatorts, teils aus Gründen, die in der Person des Täters liegen (Rückfälligkeit), einer erhöhten Sühne bedürfen. Im einzelnen:

1. Der **Raub mit Waffen** (§ 250 Nr. 1) entspricht der für den schweren Diebstahl in § 243 Nr. 5 getroffenen Regelung. Auf die dortigen Ausführungen (vgl. Vorbem. C V vor Fall 9, S. 272) kann daher verwiesen werden. Ergänzend sei lediglich darauf hingewiesen, daß die Erschwerung auch dann in Betracht kommt, wenn sich der Täter erst während der Tat entschließt, einen Gegenstand, den er am Tatort findet, z. B. eine leere Bierflasche, als Schlagwaffe zu gebrauchen (BGH 13, 259). Der Tb. kann schließlich noch dann verwirklicht werden, wenn die Wegnahme der Sache zwar vollendet, aber noch nicht beendet ist (BGH 20, 194 m. abl. Anm. Isenbeck NJW 65, 2326). Beispiel: A schlägt B nieder und nimmt ihm die Uhr ab. Als B wieder aufstehen will und um Hilfe ruft, schlägt A ihn mit einer am Tatort gefundenen Eisenstange erneut nieder.

2. Der **Bandenraub** (§ 250 Nr. 2) entspricht dem Bandendiebstahl (§ 243 Nr. 6). Auch hier kann auf die Ausführungen zu § 243 verwiesen werden (vgl. Vorbem. C IV vor Fall 9, S. 272).

3. Der **Straßenraub** (§ 250 Nr. 3) ist verwandt mit der im Bereich des Diebstahls in § 243 Nr. 4 getroffenen Regelung, deckt sich mit dieser aber nicht in allen Punkten.

a) Der Hauptunterschied gegenüber § 243 Nr. 4 besteht darin, daß nicht nur Transportgüter und Reisegepäck, sondern Gegenstände aller Art dem erhöhten Schutz der Vorschrift unterliegen. Gewisse Unterschiede ergeben sich auch hinsichtlich des *Tatorts*. Im Gegensatz zu § 243 Nr. 4 werden in § 250 Nr. 3 nicht genannt Postgebäude und Bahnhöfe, andererseits aber die in § 243 Nr. 4 nicht erwähnte offene See.

b) In der täglichen Strafrechtspraxis ergeben sich oft Schwierigkeiten hinsichtlich der Frage, welche *Verkehrsräume am Rande einer Straße* dieser noch rechtlich zugerechnet werden können. Die Voraussetzungen des § 250 Nr. 3 wurden bisher *bejaht* z. B. für Schaufensterpassagen (BGH 13, 12), die sich an Parkwege unmittelbar anschließende Rasenfläche (BGH NJW 56, 1807), für eine öffentlich, z. B. als Parkplatz, benutzte Baulücke (BGH GA 61, 277), *verneint* dagegen für Hausflure und abgeschrankte Einfahrten (BGH 13, 12), für Garageneinfahrten, die nur den Benutzern offenstehen (BGH 14, 383), für öffentliche Bedürfnisanstalten (BGH

13, 287), für einen Hof, der mit der Straße durch eine durch das Haus führende Toreinfahrt verbunden ist, und zwar selbst dann, wenn der Hof stark belebt ist und nicht nur von den Anwohnern, sondern auch von Kunden und Lieferanten benutzt wird (BGH NJW 67, 1238 f.).

c) Entscheidend ist allein, ob die Gewalt bzw. Drohung mit gegenwärtiger Gefahr für Leib oder Leben auf einer öffentlichen Straße usw. stattgefunden hat. Der Ort der Wegnahme ist dagegen unerheblich (BGH 14, 383; 17, 179). Beispiele: Schwerer Raub, wenn der Täter sein Opfer auf der Straße niederschlägt und dann in einen Hausflur zerrt, um es dort auszuplündern; dagegen nur einfacher Raub, wenn der Täter sein Opfer in einem Hausgang niederschlägt und dann, um die Hausbewohner nicht aufmerksam zu machen, auf die Straße zerrt. Ebenfalls nur einfacher Raub, wenn dem Opfer in einer Wirtschaft eine Droge verabfolgt wird, die erst auf der Straße zur Bewußtlosigkeit führt (BGH 21, 299).

4. Der **nächtliche Raub** (§ 250 Nr. 4) entspricht der für den Bereich des Diebstahls in § 243 Nr. 7 getroffenen Regelung. Neben die in § 243 Nr. 7 erfaßten Formen der Tatbegehung (einschleichen, sich verstecken) tritt hier noch der weitere Fall, daß der Täter sich gewaltsam Zugang verschafft.

5. Der **Raub im Rückfall** (§ 250 Nr. 5) entspricht dem Rückfalldiebstahl des § 244, jedoch genügt hier bereits der 1. Rückfall. § 245 findet entsprechende Anwendung.

6. Die Strafe ist Zuchthaus nicht unter 5 Jahren (Abs. 1), bei mildernden Umständen Gefängnis nicht unter 1 Jahr (Abs. 2).

IV. Besonders schwerer Raub (§ 251)

1. § 251 bringt eine weitere Strafschärfung (Zuchthaus nicht unter 10 Jahren oder lebenslanges Zuchthaus), wenn bei dem Raub ein Mensch gemartert, verstümmelt oder getötet wird.

2. Unter Martern versteht man eine besonders schmerzhafte Peinigung von nicht nur vorübergehender Dauer. Subjektiv ist neben dem Vorsatz eine rohe, mitleidlose Gesinnung erforderlich (vgl. RG 49, 391; BGH 21, 183, NJW 67, 1331).

3. Hinsichtlich der weiteren Erschwerungen (schwere Körperverletzung i. S. von § 224 bzw. Tod des Opfers) ist subjektiv gemäß § 56 mindestens Fahrlässigkeit erforderlich. Dies gilt auch für etwaige Teilnehmer (vgl. Vorbem. B 2 vor Fall 11, S. 314).

4. **Konkurrenzen:** Mit §§ 211, 212 besteht die Möglichkeit der Idealkonkurrenz (vgl. BGH 9, 135 sowie Vorbem. B 4 vor Fall 11, S. 315). Die Tatbestände der §§ 222, 223, 226 werden dagegen konsumiert, da sie die regelmäßigen Erscheinungsformen der in § 251 erfaßten Gewaltanwendung mit Todesfolge darstellen (vgl. BGH NJW 65, 2116 sowie Vorbem. B 4 vor Fall 11, S. 315). Ebenso wird § 250 in all seinen Erscheinungsformen konsumiert (BGH 21, 183). Das Gesamtbild der Tat wird immer von der schwersten Begehungsform bestimmt (BGH a.a.O., Welzel 214). Hat der Täter bei einem besonders schweren Raub Waffen benutzt oder liegt sonst ein Erschwerungsgrund des § 250 vor, so ist dies nicht im Urteilstenor, sondern nur bei der Strafzumessung zu berücksichtigen.

5. Beachte: § 251 entfällt, wenn der Täter das Opfer aus anderen Gründen tötet, etwa aus Eifersucht, und dann erst auf den Gedanken kommt, dem Toten die Brieftasche oder andere Gegenstände abzunehmen. In diesen Fällen kommt nur Unterschlagung (§ 246) in Betracht, die als rechtlich selbständige Handlung neben das bereits abgeschlossene Tötungsdelikt tritt.

V. Die Erpressung (§ 253)

Erpressung begeht, wer einen anderen rechtswidrig mit Gewalt oder durch Drohung mit einem empfindlichen Übel zu einer Handlung, Duldung oder Unterlassung nötigt und dadurch dem Genötigten oder einem anderen einen Vermögensnachteil zufügt. Subjektiv ist — wie beim Betrug — neben dem Vorsatz die Absicht erforderlich, sich oder einen Dritten zu Unrecht zu bereichern. Im einzelnen:

1. Die Erpressung enthält einen **Sonderfall der Nötigung** und unterscheidet sich von dieser lediglich dadurch, daß das abgenötigte Verhalten bei dem Genötigten oder einem Dritten zu einem Vermögensnachteil führen muß und subjektiv die Absicht des Täters erforderlich ist, sich oder einen Dritten zu Unrecht zu bereichern. Geschütztes Rechtsgut ist somit nicht nur die Freiheit der Willensentschließung, sondern auch das Vermögen.

2. Die **Mittel der Erpressung** sind die gleichen wie bei der Nötigung, nämlich Gewalt oder Drohung mit einem empfindlichen Übel. Siehe hierzu Vorbem. E 3 vor Fall 11 (S. 321). Bei Gewalt gegen eine Person oder Drohung mit gegenwärtiger Gefahr für Leib oder Leben kommt — je nach Sachlage, s. o. II 5 — Raub oder räuberische Erpressung in Betracht. Der Anwendungsbereich des § 253 beschränkt sich daher auf die Fälle, in denen der Täter Gewalt gegen Sachen verübt oder mit einem empfindlichen Übel droht, das mit einer Gefahr für Leib oder Leben nicht verbunden ist. Beispiele: A droht seiner ehemaligen Geliebten G mit der Enthüllung ihrer außerehelichen Beziehungen zu ihm und anderen Männern, falls sie ihm nicht sofort 1000,— DM zukommen lasse. — Oder: A droht dem B mit Strafanzeige wegen eines schon länger zurückliegenden, aber noch nicht verjährten Diebstahls, falls er ihm nicht sofort ein Darlehen gewähre. — Oder: A stellt die Möbel seines Mieter M auf die Straße, um diesen entweder zum sofortigen Auszug oder zur Zahlung einer höheren, objektiv nicht angemessenen Miete zu bewegen.

3. Folge der Nötigung muß ein **Vermögensnachteil** sein. Dieses Tatbestandsmerkmal hat dieselbe Bedeutung wie der Vermögensschaden beim Betrug (vgl. Vorbem. B V 2 vor Fall 10, S. 297). Der Tb. ist daher erst erfüllt, wenn der Gesamtwert des Vermögens vermindert ist. Hieran fehlt es z. B., wenn ein Gläubiger seinen Schuldner zur Erfüllung einer Verbindlichkeit zwingt (BGH 20, 138). In diesem Fall kommt allenfalls Nötigung in Betracht.

Nur Versuch liegt vor (strafbar nach Abs. 3), wenn der Bedrohte die schädigende Handlung ohnehin vorgenommen hätte. Beispiel: A droht seinem Gläubiger G in dessen Wohnung, er werde sich sofort erschießen, falls G ihm nicht einen Teil seiner Schulden erlasse und die restliche Forderung stunde. Gibt G unter dem Druck dieser Drohung wegen der mit einem Selbstmord des A in seiner Wohnung verbundenen Schwierigkeiten nach, so liegt vollendete Erpressung vor. Dagegen nur Versuch, wenn G ohnehin entschlossen war, dem A mit Rücksicht auf dessen Familie entgegenzukommen, oder wenn er den A unbeeindruckt durch dessen Drohung kurzerhand auf die Straße setzt.

Nicht erforderlich ist, daß der Genötigte zu einer Vermögensverfügung gezwungen wird. Es genügt, daß er sich durch die Gewalt oder die Drohung zu einem rein passiven Verhalten zwingen läßt, das dann als Folge einen Vermögensnachteil nach sich zieht. Nur so ist es möglich, die Nötigung nicht nur als Grundtatbestand der räuberischen Erpressung, sondern auch als Grundtatbestand des Raubs anzusehen (vgl. BGH 7, 252; 14, 386; str.; — siehe auch oben II 5).

4. Hinsichtlich der **Rechtswidrigkeit** gelten die zu § 240 entwickelten Grundsätze (vgl. Vorbem. E 4, 5 vor Fall 11, S. 321 f.). Nicht rechtswidrig sind insbesondere frist- und formgerechte Kündigung von Vertragsverhältnissen mit dem Ziel höherer Gehalts- oder Mietzahlungen usw. sowie der legale Streik.

5. Subjektiv ist neben dem Vorsatz die **Absicht** erforderlich, **sich oder einen Dritten zu Unrecht zu bereichern.**

a) Hinsichtlich des Vorsatzes gelten die Ausführungen zur Nötigung entsprechend. Siehe hierzu Vorbem. E 6 vor Fall 11, S. 323. Außerdem ist folgendes zu beachten: Zum Vorsatz gehört auch das Bewußtsein, daß der erstrebte Vorteil rechtswidrig ist. Hieran fehlt es, wenn der Täter irrig glaubt, er habe einen Anspruch auf die erstrebte Bereicherung (vgl. BGH 4, 105). Die Rechtslage ist hier dieselbe wie bei Diebstahl und Raub, wenn der Täter sich über die Rechtwidrigkeit der erstrebten Zueignung irrt (vgl. BGH 17, 88 sowie Vorbem. A VI 1 vor Fall 7, S. 222).

b) Für die Frage, ob die erstrebte Bereicherung der Rechtsordnung widerspricht, ist allein das mit der Handlung verfolgte Endziel maßgebend. Entspricht diese der Rechtsordnung, so wird es nicht dadurch rechtswidrig, daß zu seiner Verwirklichung rechtswidrige Mittel angewandt werden (BGH 3, 160; 20, 136 f.). Beispiel: A wird von B wegen einer nicht mehr bestehenden Forderung in Anspruch genommen. Um nicht gerichtlich belangt werden zu können, zwingt er B durch Androhung von Schlägen, ihm schriftlich zu bestätigen, daß die Forderung getilgt ist. Hier kommt keine Erpressung, sondern nur Nötigung in Betracht (BGH a.a.O.).

6. Die Strafbarkeit der **Teilnahme** richtet sich nach allgemeinen Grundsätzen. Beruht die Drohung auf einer Täuschung, so ist ein Teilnehmer, der von der Drohung nichts weiß, aber alle übrigen Tatumstände, insbesondere die Täuschung, kennt, wegen Anstiftung bzw. Beihilfe zum Betrug zu bestrafen, wenn die Tat ohne die Drohung als Betrug strafbar wäre (BGH 11, 66). Beispiel: A gibt sich dem Ganoven G gegenüber als Kriminalbeamter aus und droht ihm mit Festnahme, läßt aber durchblicken, daß er beide Augen zudrücken wolle, falls G eine bestimmte Summe zahle. Zahlt G unter dem Druck dieser Drohung den geforderten Betrag, so hat sich A der Erpressung schuldig gemacht. Für etwaige Teilnehmer, die zwar nichts von der Drohung, wohl aber darüber Bescheid wußten, daß A als Kriminalbeamter auftreten würde, kommt dagegen nur Betrug in Betracht.

7. Konkurrenzen: §§ 249, 255 gehen vor. Mit Betrug (§ 263) ist IdK nur dann möglich, wenn die Drohung selbständig neben die Täuschung tritt, z. B.

wenn A den B zur Gewährung eines Darlehens bewegt, indem er ihm bewußt der Wahrheit zuwider die Absicht baldiger Rückzahlung vorspiegelt und gleichzeitig verspricht, eine strafbare Handlung des B nicht zur Anzeige zu bringen (vgl. BGH 9, 245). Dagegen liegt nur Erpressung vor, wenn die Täuschung die Drohung nur verstärken soll, wie dies etwa bei dem unter 6. erörterten Beispiel zutrifft, so daß für eine innerlich freie Entscheidung kein Raum mehr bleibt. — IdK ist auch mit schwerer passiver Bestechung (§ 332) möglich (BGH 9, 245). — Zum Ganzen siehe auch Otto, Zur Abgrenzung von Diebstahl, Betrug und Erpressung, ZStW 79, 59 ff., 85 ff.

8. Für das Opfer der Erpressung siehe § 154 c StPO (Absehen von Strafe).

VI. Die räuberische Erpressung (§ 255)

Eine sog. räuberische Erpressung liegt vor, wenn die Erpressung durch Gewalt gegen eine Person oder durch Drohung mit gegenwärtiger Gefahr für Leib oder Leben begangen wird. Im einzelnen:

1. § 255 enthält einen erschwerten Fall der Erpressung und geht dieser vor. Andererseits liegt nicht räuberische Erpressung, sondern Raub vor, wenn der Täter mit Zueignungsabsicht sein Opfer zwingt, die Wegnahme einer für ihn fremden Sache zu dulden. Siehe hierzu ausführlich oben II 5 m. weit. Nachweisen.

2. Die Mittel der räuberischen Erpressung entsprechen denen des Raubs. Nicht erforderlich ist, daß die Gewalt mit gegenwärtiger Gefahr für Leib oder Leben des Opfers verbunden ist (BGH 18, 75). Wie beim Raub genügt jede Gewalt gegen eine Person.

3. Ebenso wie der räuberische Diebstahl enthält § 255 keine eigene Strafdrohung, sondern verweist auf die Strafdrohung des Raubs (§§ 249—251).

4. Wegen der Konkurrenzen s. o. I 4 und II 6.

B. Der räuberische Diebstahl (§ 252)

Ein sog. räuberischer Diebstahl liegt vor, wenn der bei einem Diebstahl auf frischer Tat betroffene Täter gegen eine Person Gewalt anwendet oder mit gegenwärtiger Gefahr für Leib oder Leben droht, um sich im Besitz des gestohlenen Gutes zu erhalten. Im einzelnen:

1. § 252 bringt ein **raubähnliches Sonderdelikt,** das wie der Raub alle Elemente des Diebstahls und der Nötigung enthält, sich vom Raub jedoch darin unterscheidet, daß die spezifischen Mittel der Nötigung die Wegnahme nicht ermöglichen, sondern sichern sollen.

Aus der Gleichstellung mit dem Raub ergibt sich im einzelnen folgendes:

a) Der Täter ist gleich einem Räuber zu bestrafen. § 252 enthält keinen eigenen Strafrahmen, sondern verweist auf die Strafdrohung des Raubs (§§ 249 bis 251).

b) Die Qualifizierungen und Privilegierungen des Diebstahls (§§ 243, 244, 247, 248 a, 370 Nr. 5) finden keine Anwendung. Die Mindeststrafen der §§ 243, 244 dürfen jedoch nicht unterschritten werden, wenn sich die Tat ohne Gewaltanwendung als schwerer Diebstahl i. R. darstellen würde (s. o. I 4 und BGH 20, 235, 238).

2. Der Täter muß bei einem Diebstahl auf frischer Tat betroffen werden.

a) Als **Diebstahl** gilt jede Wegnahme einer fremden beweglichen Sache in der Absicht rechtswidriger Zueignung. Unerheblich ist, ob der Diebstahl unter qualifizierenden oder privilegierenden Umständen erfolgt.

b) **Auf frischer Tat betroffen** ist der Täter auch dann noch, wenn er alsbald nach der Tat in der Nähe des Tatorts wahrgenommen wird. Es genügt, daß ein enger örtlicher und zeitlicher Zusammenhang mit der Tat besteht (BGH 9, 255). Nicht erforderlich ist, daß der Täter erst nach Vollendung der Tat überrascht oder entdeckt wird. § 252 kommt auch dann in Betracht, wenn der Täter schon bei der Tat beobachtet worden ist und alsdann, nach Vollendung der Tat, Widerstand leistet, um sich im Besitz der Beute zu halten (BGH NJW 58, 1547).

3. Die **Mittel zur Sicherung der Diebesbeute** sind dieselben wie beim Raub, nämlich Gewalt gegen eine Person oder Drohung mit gegenwärtiger Gefahr für Leib oder Leben.

4. Subjektiv ist neben dem Vorsatz die **Absicht** erforderlich, **sich im Besitz der Beute zu halten.** Diese Absicht fehlt, wenn es dem Täter nur darum geht, die Feststellung seiner Person und den späteren (also nicht sofortigen) Verlust des Diebesguts zu verhindern, z. B. wenn er einen Tatzeugen niederschlägt, der nur das polizeiliche Kennzeichen seines Kraftfahrzeugs notieren will (BGH 9, 162). Andererseits braucht die Absicht, sich im Besitz des gestohlenen Guts zu halten, nicht der einzige Beweggrund für die Gewaltanwendung zu sein (BGH 13, 64).

5. Als **Täter** kommt nicht nur der Dieb selbst, sondern auch der Diebesgehilfe in Betracht, sofern dieser sich im Besitz des Diebesguts befindet (BGH 6, 248). Andererseits ist der Täter des Diebstahls auch dann gemäß § 252 zu bestrafen, wenn nicht er selbst, sondern einer seiner Gehilfen mit seinem Wissen und Wollen Gewalt anwendet, um ihm die Flucht mit der Beute zu ermöglichen. Der gewalttätige Gehilfe ist in diesem Fall wegen Beihilfe zum räuberischen Diebstahl zu bestrafen (BGH a.a.O.).

6. **IdK** ist möglich mit §§ 113, 117 ff., 211, 212. Über das Verhältnis zum Diebstahl s. o. 1.

7. **Abschließendes Beispiel:** A entwendet auf dem Marktplatz einem Händler (H) aus dessen Stand 2 Apfelsinen zum Preis von 1,— DM. Als H ihn verfolgt, schlägt er ihn auf offener Straße nieder, um sich im Besitz der Apfelsinen zu halten. Hätte A sich nur auf den Diebstahl beschränkt und auf die spätere Gewalt verzichtet, so müßte er sich nur wegen einer Übertretung gemäß § 370 Nr. 5 verantworten. So aber kommt ein Verbrechen des räuberischen Diebstahls in Betracht, dessen Strafbarkeit sich aus § 250 Nr. 3 ergibt, da A auf einer Straße gewalttätig geworden ist. Er ist also — selbst bei Zubilligung mildernder Umstände (§ 250 Abs. 2) — mit Gefängnis nicht unter einem Jahr zu bestrafen.

C. Der sog. Autostraßenraub (§ 316 a)

Ein Verbrechen gemäß § 316 a begeht, wer zur Durchführung eines Raubes (§§ 249—251) oder einer räuberischen Erpressung (§ 255) unter Ausnutzung der besonderen Verhältnisse des Straßenverkehrs einen Angriff auf Leib, Leben oder Entschlußfreiheit des Fahrers oder Beifahrers eines Kraftfahrzeugs unternimmt. Im einzelnen:

1. Die durch das 1. Verkehrssicherungsgesetz vom 19. 12. 1952 eingeführte Bestimmung enthält ein **raubähnliches Sonderdelikt** und bringt gegenüber Raub und räuberischer Erpressung eine wesentliche Erhöhung des Strafrahmens.

2. **Täter** kann jeder sein, der einen Angriff auf den Fahrer oder Beifahrer eines Kraftfahrzeugs unternimmt. Hierbei ist es ohne Bedeutung, ob der Angriff von außen erfolgt (z. B. durch Errichten einer Autofalle) oder ob er von einem Mitfahrer ausgeht (z. B. durch Überfall auf einen Taxifahrer); auch der Fahrer selbst, der einen seiner Mitfahrer angreift, fällt unter den Anwendungsbereich der Vorschrift (vgl. BGH 13, 27; 15, 322).

3. Da es sich um ein **Unternehmensdelikt** handelt, ist der Versuch der Vollendung gleichgestellt (vgl. § 87). Es ist also nicht erforderlich, daß der geplante Raub bzw. die geplante räuberische Erpressung zur Ausführung kommt. Es ist sogar nicht einmal erforderlich, daß der Angriff als solcher ausgeführt wird. Der Tatbestand ist vielmehr schon dann erfüllt, wenn der Täter in der Absicht, den Fahrer unterwegs zu überfallen, vor Antritt der Fahrt die Kraftstoffleitung beschädigt. Nach BGH 6, 82 liegt ein vollendetes Delikt sogar schon dann vor, wenn der Täter in räuberischer Absicht das Fahrzeug besteigt (str.).

4. **Angriff** ist jede physische oder psychische Einwirkung auf die Verteidigungsfähigkeit des Kraftfahrers oder eines seiner Mitfahrer mit den Mitteln des Raubs.

5. Die Tat muß unter **Ausnutzung der besonderen Verhältnisse des Straßenverkehrs** begangen sein. Dies ist insbesondere dann der Fall, wenn der Täter sein Opfer während der Fahrt überfällt oder wenn er es in eine abgelegene Gegend fährt, wo er hilflos seinem Einfluß ausgesetzt ist (BGH 15, 322; 18, 170). Das Fahrzeug muß aber immer im Tatplan des Täters gerade als Transportmittel eine Rolle spielen (BGH 18, 192). Hieran fehlt es z. B., wenn der Täter den Überfall nicht schon vor oder während der Fahrt plant, sondern erst bei einer zufällig eingelegten Rast (vgl. BGH a.a.O.).

6. Der **subjektive Tatbestand** erfordert Vorsatz sowie die Absicht, einen Raub oder eine räuberische Erpressung zu begehen.

7. **Nach § 316 a** Abs. 2 kann der Täter sich durch tätige Reue Straflosigkeit oder Strafmilderung verschaffen, wenn er freiwillig seine Tätigkeit aufgibt und den Erfolg abwendet.

Als Erfolg gilt hierbei nur der Angriff, nicht der beabsichtigte Raub bzw. die beabsichtigte räuberische Erpressung (vgl. BGH 10, 320; str.). Es bleibt also bei der Strafe des Abs. 1, wenn der Täter sein Opfer niedergeschlagen hat, dann aber entgegen seiner ursprünglichen Absicht aus freien Stücken nicht beraubt.

8. Strafe: Zuchthaus nicht unter 5 Jahren (ohne die Möglichkeit der Zubilligung mildernder Umstände!), bei besonders schweren Fällen lebenslanges Zuchthaus; mögliche Nebenstrafen: § 40 (Einziehung der Angriffswerkzeuge, gegebenenfalls auch des Pkw); § 31 (Unfähigkeit zur Bekleidung öffentlicher Ämter); § 32 (Verlust der bürgerlichen Ehrenrechte). Als Maßregel der Sicherung und Besserung kommt § 42 m (Entzug der Fahrerlaubnis) in Betracht.

9. Konkurrenzen: Mit Raub und räuberischer Erpressung ist Idealkonkurrenz möglich (vgl. BGH 15, 322), desgleichen mit §§ 211 ff. und 239.

D. Unbefugte Benutzung fremder Fahrzeuge (§ 248 b)

Nach § 248 b macht sich strafbar (Gefängnis bis zu 3 Jahren, sofern die Tat nicht nach anderen Vorschriften mit schwererer Strafe bedroht ist), wer ein Kraftfahrzeug oder ein Fahrrad gegen den Willen des Berechtigten in Gebrauch nimmt.

Unter den Anwendungsbereich der Vorschrift fallen alle **Schwarzfahrten,** die mit einem Kraftfahrzeug oder einem Fahrrad unternommen werden. Im einzelnen:

1. Tatobjekt muß ein Kraftfahrzeug oder ein Fahrrad sein. Als **Kraftfahrzeug** gelten nach der Legaldefinition des Abs. 5 alle Fahrzeuge, die durch Maschinenkraft betrieben werden, sofern sie nicht an Bahngleise gebunden sind. Geschützt sind also nicht nur Automobile, Motorräder usw., sondern auch Flugzeuge und Motorboote.

2. Als Tathandlung genügt jede Benutzung des Fahrzeugs gegen den Willen des Berechtigten (BGH 11, 47). Ein **Ingebrauchnehmen** liegt also nicht nur dann vor, wenn jemand ein fremdes Fahrzeug gegen den Willen des Berechtigten wegnimmt. Der Tatbestand ist vielmehr auch dann erfüllt, wenn der Täter das Fahrzeug vor Antritt der Fahrt bereits in Besitz hatte, aber nicht berechtigt war, es zu einer Fahrt zu benutzen. Beispiele:

a) Ein Mechaniker benutzt einen Wagen, der ihm zur Reparatur anvertraut war, zu einer Wochenendfahrt ins Gebirge.

b) A leiht sich einen Wagen. Während der Fahrt erfährt er, daß der Verleiher gar nicht berechtigt war, über den Wagen zu verfügen. In diesem Fall ist A verpflichtet, den Wagen stehen zu lassen oder sofort zurückzubringen. Benutzt er ihn weiter zu eigenen Zwecken, so macht er sich gemäß § 248 b strafbar. Das Beispiel zeigt, daß es unerheblich ist, ob der Täter seine mangelnde Berechtigung schon bei der ersten Inbetriebnahme des Fahrzeugs kennt oder ob sie ihm erst während der Fahrt ins Bewußtsein kommt (BGH 11, 47, 50).

c) Ein Taxifahrer benutzt den ihm anvertrauten Wagen heimlich, gegen den Willen seines Arbeitgebers, zu Privatfahrten (BGH 11, 47, 50; str.).

d) Der Mieter eines Mietwagens benutzt diesen vorsätzlich über die vereinbarte Mietzeit hinaus.

3. Da die Vorschrift nur dazu dient, Schwarzfahrten zu bekämpfen, ist der Tatbestand nicht erfüllt, wenn der Täter das Fahrzeug auf andere Weise rechtswidrig benutzt, z. B. wenn er

a) in einem parkenden Fahrzeug unbefugt nächtigt, oder

b) in einem Autobus als blinder Passagier mitfährt (siehe jedoch § 265 a), oder

c) sein eigenes Fahrzeug unbefugt an ein fremdes Fahrzeug anhängt.

4. Nicht erforderlich ist, daß der Täter bei der Fahrt die dem Fahrzeug eigentümlichen Triebkräfte benutzt (vgl. BGH 11, 44). Der Tatbestand ist daher auch dann erfüllt, wenn der Täter unbefugt mit einem Pkw eine abfallende Straße hinunterfährt, ohne den Motor in Gang zu setzen.

5. **Berechtigter** i. S. der Vorschrift ist nicht nur der Eigentümer, sondern jeder Gebrauchsberechtigte, d. h. jeder, der das Recht hat, das Kraftfahrzeug als Fortbewegungsmittel zu benutzen, z.B. der Mieter oder Entleiher eines Fahrzeugs, aber auch der angestellte Fahrer, solange er sich im Rahmen seiner eigenen Befugnisse hält. Aus dem Gesagten folgt, daß u. U. sich auch der Eigentümer selbst nach § 248 b strafbar machen kann, z. B. wenn er das Fahrzeug vermietet hat und nunmehr ohne Wissen und Wollen des Mieters zu eigenen Zwecken benutzt.

6. Der subjektive Tatbestand erfordert **Vorsatz.** Der Täter muß insbesondere wissen, daß er zur Benutzung nicht berechtigt ist. Bedingter Vorsatz genügt.

7. Der **Versuch** ist strafbar (Abs. 2).

8. **Mittäter** kann auch sein, wer an der Schwarzfahrt nur als Fahrgast teilnimmt, diese aber dadurch fördert, daß er das Benzin bezahlt oder auf andere Weise sein enges Verhältnis zur Tat bekundet (vgl. BGH 16, 12).

9. Die Strafverfolgung tritt nur auf **Antrag** ein. Dieser kann zurückgenommen werden (Abs. 3). Straflos bleibt, wer die Tat gegen einen Verwandten absteigender Linie (z. B. Vater gegenüber Sohn) oder gegen seinen Ehegatten begeht (persönlicher Strafausschließungsgrund).

10. **Konkurrenzen:** Infolge der Subsidiaritätsklausel tritt § 248 b zurück, wenn der Täter sich durch Diebstahl, Betrug, Raub oder Erpressung in den Besitz des Fahrzeugs gesetzt hat. Diese Delikte sind mit einer schwereren Strafdrohung ausgestattet. Gegenüber § 246 ist § 248 b nur dann subsidiär, wenn das unterschlagene Fahrzeug dem Täter anvertraut war. Andernfalls können beide Tatbestände in Idealkonkurrenz stehen. Auch mit Fahren ohne Führerschein (§ 24 StVG) besteht die Möglichkeit der Idealkonkurrenz. Dagegen ist Realkonkurrenz (§ 74) anzunehmen, wenn der Täter das unbefugt benutzte Fahrzeug vorsätzlich beschädigt (§ 303), oder wenn er mit dem Fahrzeug einen Unfall verschuldet (§§ 222, 230 StGB, 21 StVG i. V. mit den einschlägigen Bestimmungen der StVO); begeht er anschließend Unfallflucht (§ 142), so steht auch diese in Realkonkurrenz.

E. Widerstand gegen die Staatsgewalt (§ 113)

Ein Vergehen gemäß § 113 begeht, wer einem staatlichen Vollstreckungsbeamten oder einer gleichgestellten Person (vgl. Abs. 3) bei der rechtmäßigen Amtsausübung Widerstand leistet (1. Alternativtatbestand) oder eine der geschützten Personen bei der rechtmäßigen Ausübung ihres Amtes tätlich angreift (2. Alternativtatbestand). Im einzelnen:

1. **Vollstreckungsbeamter** ist jeder Beamte, der durch sein Amt zur Vollstreckung des Staatswillens berufen ist und zu diesem Zweck tätig wird (RG 41, 85; 61, 298).

a) Zu den Vollstreckungsbeamten gehören insbesondere die Beamten des Polizeidienstes, Zollbeamte, Feldhüter, Gerichtsvollzieher und Vollzugsbeamte der Finanzverwaltung. Nicht erforderlich ist, daß es sich um einen Beamten im staatsrechtlichen Sinn handelt. Geschützt sind vielmehr alle Personen, deren Tätigkeit aus der Staatsgewalt abgeleitet ist und staatlichen Zwecken dient (Beamte im strafrechtlichen Sinn, vgl. § 359).

b) Die Amtshandlung, bei deren Vornahme dem Beamten Widerstand geleistet wird, kann keine beliebige sein. Nur typische Vollstreckungshandlungen unterliegen dem besonderen Schutz der Vorschrift. Hierher gehören nur solche Handlungen, die auch gegen den Willen des durch sie Betroffenen erzwungen werden können, z. B. Beschlagnahmen, Durchsuchungen, die Entnahme von Blutproben und Pfändungen, nicht dagegen die polizeiliche Vernehmung von Beschuldigten und Zeugen (vgl. BayObLG NJW 62, 2072 = JR 63, 68 m. zust. Anm. Dünnebier) und sonstige Ermittlungstätigkeiten (OLG Zweibrücken NJW 66, 1068). Auch die Dienstfahrt eines Polizeistreifenwagens ist keine Vollstreckungshandlung (OLG Hamm JMBlNRW 65, 44).

c) Den eigentlichen Vollzugsbeamten sind gemäß Abs. 3 gleichgestellt:

aa) Personen, die zur Unterstützung der Vollzugspersonen zugezogen waren, z. B. Passanten, die ein Polizeibeamter bei der Verfolgung eines flüchtigen Verbrechers um ihre Unterstützung ersucht hat,

bb) Mannschaften der bewaffneten Macht, einer Gemeinde-, Schutz- oder Bürgerwehr. Hierher gehören z. B. Soldaten der Bundeswehr und Beamte des Bundesgrenzschutzes.

2. Die **Rechtmäßigkeit der Amtsausübung** ist eine objektive Bedingung der Strafbarkeit, auf die sich der Vorsatz nicht zu erstrecken braucht (vgl. BGH 4, 161; BayObLG MDR 65, 66). Gegen rechtswidrige Amtshandlungen ist Widerstand zulässig. Zu den wesentlichen Voraussetzungen einer rechtmäßigen Amtsausübung gehören:

a) die **örtliche Zuständigkeit** (vgl. BGH 4, 110; OLG Hamm NJW 54, 206). So kann ein Beamter eines Wohnungsamtes nicht außerhalb seines Amtsbezirks rechtmäßig eine Wohnung beschlagnahmen; die Bahnpolizei hat polizeiliche Befugnisse nur auf dem Bahngebiet (vgl. BGH a.a.O., 112 sowie OLG Celle NdsRpfl. 64, 258). Andererseits ist die polizeiliche Aufgabe, Verbrechen zu verhüten, allgemeiner Art. Ein Polizeibeamter handelt daher auch dann rechtmäßig, wenn er außerhalb seines eigentlichen Amtsbezirks gegen eine strafbare Handlung einschreitet. Über die Landesgrenzen hinaus darf er jedoch nur unter den Voraussetzungen des § 167 GVG einschreiten, d. h. wenn es darum geht, die Verfolgung eines Flüchtigen auf das Gebiet eines anderen Bundeslandes fortzusetzen und den Flüchtigen dort zu ergreifen. Weitere Ausnahmen können nur durch Landesgesetze oder Staatsverträge zwischen den einzelnen Bundesländern geschaffen werden (vgl. OLG Hamm a.a.O.).

b) die **sachliche Zuständigkeit,** d. h. die Amtshandlung muß in den Kreis der Amtsgeschäfte des Beamten gehören. Diese Voraussetzungen fehlen z. B. bei einem Polizeibeamten, der sich in rein privatrechtliche Auseinandersetzungen einmischt, ebenso bei einem Richter, der selbst einmal eine Pfändung vornehmen möchte. Andererseits wird die Rechtmäßigkeit der Amtsausübung nicht dadurch beeinträchtigt, daß der Beamte gerade nicht im Dienst ist und daher auch keine Dienstkleidung trägt (vgl. BGH 4, 110, 111; OLG Neustadt JR 59, 28).

c) die **Beachtung der wesentlichen Förmlichkeiten,** z. B. die Einhaltung von § 759 ZPO, wonach der Gerichtsvollzieher, wenn er auf Widerstand trifft oder weder den Schuldner noch ein Familienmitglied vorfindet, zwei erwachsene Personen oder einen Gemeinde- oder Polizeibeamten als Zeugen hinzuzuziehen hat (vgl BGH 5, 93; siehe jedoch OLG Hamburg: § 759 ZPO steht der Rechtmäßigkeit einer Taschenpfändung auch ohne Zeugen nicht entgegen, wenn zu befürchten ist, daß der Schuldner bis zum Eintreffen der Zeugen den Erfolg der Taschenpfändung vereiteln könnte). Nach OLG Ddf. JMBlNRW 65, 271 gehört auch das Vorzeigen des Haftbefehls gemäß § 909 S. 2 ZPO zu den wesentlichen Förmlichkeiten für die Rechtmäßigkeit der Verhaftung des Schuldners im Verfahren zur Erzwingung des Offenbarungseids.

d) **pflichtgemäße Ausübung des Ermessens,** wenn die Amtshandlung in das Ermessen des Beamten gestellt ist. So ist die Anordnung einer Blutentnahme auch dann rechtmäßig, wenn sich nachher ergibt, daß der Alkoholgehalt nur unwesentlich war, der durch die Anordnung betroffene Kraftfahrer aber durch seine Fahrweise, durch sein Auftreten oder auf sonstige Weise den Verdacht einer stärkeren Alkoholeinwirkung hat aufkommen lassen. Hieraus ergibt sich ganz allgemein: Irrt sich der Beamte über die tatsächlichen Voraussetzungen seines Einschreitens, z. B. nimmt er infolge einer Personenverwechslung oder eines sich später nicht bestätigenden Tatverdachts einen Unschuldigen fest, so wird die Amtshandlung hierdurch grundsätzlich nicht rechtswidrig. Anders nur dann, wenn der Beamte sein pflichtgemäßes Ermessen überschreitet, z. B. wenn er eine Person festnimmt, die ein einwandfreies Alibi nachweisen kann und für jeden vernünftigen Betrachter als Täter ausscheiden muß. Liegt dagegen ein Rechtsirrtum vor, d. h. irrt sich der Beamte über die rechtlichen Voraussetzungen seiner Amtsbefugnisse, so kann ein solcher Irrtum die fragliche Handlung niemals zu einer rechtmäßigen machen; sie ist vielmehr rechtswidrig, und ein Widerstand gegen sie ist nicht nach § 113 strafbar, sondern wird im allgemeinen durch Notwehr gerechtfertigt (vgl. OLG Hamm BA 64, 558 betr. Widerstand gegen eine dem § 81 a StPO nicht entsprechende Blutentnahme durch einen Medizinalassistenten).

e) Schwierigkeiten können auftreten, wenn der Beamte einen für ihn **bindenden Befehl** ausführt, der der materiellen Rechtslage nicht entspricht. Hier gelten im wesentlichen die unter a) bis d) entwickelten Grundsätze, d. h. die Rechtmäßigkeit der Vollzugshandlung wird nicht dadurch berührt, daß der ihr zugrundeliegende Auftrag (z. B. Haftbefehl, Vorführungsbefehl, Beschlagnahmebeschluß, Pfändungsbefehl) von falschen Voraussetzungen ausging. Wenn z. B. A auf Grund eines Haftbefehls zur Festnahme ausgeschrieben ist, so ist seine Festnahme auch dann eine rechtmäßige Amtshandlung, wenn A die ihm zur Last gelegte Tat gar nicht begangen hat oder kein Haftgrund vorliegt. Der Polizeibeamte, der mit der Festnahme beauftragt wird, ist nicht befugt, eigenmächtig die Rechtmäßigkeit des Haftbefehls zu prüfen. Anders natürlich dann, wenn A behauptet, daß der Haftbefehl inzwischen aufgehoben ist. In diesem Fall ist der Polizeibeamte verpflichtet (unbeschadet der Pflicht, den Festgenommenen unverzüglich dem nächsten Amtsrichter vorzuführen), sich so schnell wie möglich (fernschriftlich oder fernmündlich) über die tatsächlichen Verhältnisse zu erkundigen. Noch eindeutiger liegt der Fall, wenn A durch Vorlage einer beglaubigten Abschrift des entsprechenden Gerichtsbeschlusses nachweisen kann, daß der Haftbefehl aufgehoben ist. Hier wäre die Festnahme auf Grund der Ausschreibung eine rechtswidrige Amtshandlung (es sei denn, daß der Verdacht der Fälschung besteht).

Grundsätzlich anders ist die Rechtslage, wenn der bindende Befehl nicht nur auf einer Verkennung der Sachlage beruht, sondern bereits formell rechtswidrig ist, insbesondere wenn er von einer unzuständigen Stelle erlassen ist und die wesentlichen Förmlichkeiten nicht beachtet wurden (siehe oben a bis c). Beispiel: Der Polizeibeamte P erhält von seinem Vorgesetzten den Auftrag, die Wohnung des X zur Nachtzeit zu durchsuchen, obwohl die Voraussetzungen des § 104 StPO offensichtlich nicht vorliegen. Hier ist die Durchsuchung ungeachtet der für P bindenden Wirkung des Auftrags rechtswidrig. Hieraus folgt: Setzt X sich gegen die rechtswidrige Durchsuchung zur Wehr, so handelt er nicht rechtswidrig. Eine andere Frage ist, ob P sich seinerseits eines Hausfriedensbruchs im Amt (§ 342) schuldig gemacht hat. Hierzu ist folgendes zu sagen: P hat zwar tatbestandsmäßig i. S. von § 342 gehandelt; sein Verhalten ist auch rechtswidrig. Eine Schuld trifft ihn aber nur dann, wenn er die Rechtswidrigkeit seines Auftrags und damit seiner eigenen Tat entweder erkannt hat oder hätte erkennen können. Siehe hierzu auch die für den militärischen Bereich geltende Sondervorschrift des § 5 WehrStG.

3. Die **Tathandlung** besteht entweder im Leisten von Widerstand oder in einem tätlichen Angriff.

a) **Widerstand** ist jede gegen den Beamten gerichtete Tätigkeit, die nach der Vorstellung des Täters geeignet ist, die Durchführung der Vollzugshandlung zu verhindern oder zu erschweren. Der Widerstand muß durch Anwendung von Gewalt oder durch Drohung mit Gewalt geleistet werden.

aa) Als **Gewalt** ist jede gegen den Beamten gerichtete, von diesem körperlich empfundene Kraftentfaltung anzusehen. Rein passiver Widerstand genügt nicht. Andererseits ist nicht erforderlich, daß die unter Aufwendung von Körperkraft vorgenommene, gegen den Beamten gerichtete Handlung unmittelbar gegen dessen Person gerichtet ist, z. B. daß der Täter gegen den Beamten schlägt oder tritt oder sich loszureißen versucht. Auch eine nur mittelbar gegen die Person des Beamten gerichtete Einwirkung kann den Tatbestand verwirklichen, wenn sie körperlich empfunden wird (vgl. BGH NJW 63, 769 m. weit. Nachweisen). Beispiele: Ein Schuldner A verbarrikadiert die Tür, um den Gerichtsvollzieher am Betreten der Wohnung zu hindern (vgl. BGH a.a.O.). — Oder: A fährt mit seinem Pkw in schneller Fahrt durch die Stadt, um auf diese Weise den auf das Trittbrett seines Wagens gesprungenen Polizeibeamten abzuschütteln (vgl. BGH VRS 19, 188). — Oder: A fährt bei einer Verkehrskontrolle in voller Fahrt auf einen Beamten zu, so daß dieser sich nur durch einen Sprung zur Seite retten kann (vgl. BGH 14, 395; 15, 138, 145). — Oder: A klammert sich an seinem Wagen fest, so daß er nur mit Gewalt zwecks Entnahme einer Blutprobe zur Wache gebracht werden kann.

bb) **Bedrohung mit Gewalt** erfüllt nur dann den Tatbestand, wenn sie von dem Beamten ernst genommen wird und der Täter dies auch will.

b) **Tätlicher Angriff** ist jede unmittelbar gegen den Körper des Beamten gerichtete Kraftentfaltung, wobei es auf den Erfolg nicht ankommt. Beispiel: A hetzt seinen Hund auf den sich seinem Haus nähernden Polizeibeamten oder Gerichtsvollzieher. — Oder: A wirft einen Stein gegen den sich ihm nähernden Vollzugsbeamten. In vielen Fällen wird dieselbe Handlung sowohl die Voraussetzungen des gewaltsamen Widerstands als auch die des tätlichen Angriffs erfüllen.

4. Subjektiv ist **Vorsatz** erforderlich, wobei bedingter Vorsatz genügt. Der Täter muß insbesondere wissen, daß er es mit einem Vollzugsbeamten zu tun hat und daß dieser beabsichtigt, eine Vollzugshandlung vorzunehmen. Auf die Rechtmäßigkeit der Amtshandlung muß sich der Vorsatz dagegen nicht erstrecken. Die Rechtmäßigkeit der Amtshandlung ist, wie bereits oben (Anm. 2) erwähnt, kein Tatbestandsmerkmal, sondern eine objektive Bedingung der Strafbarkeit (vgl. BGH 4, 161, 163; 5, 93, 95; OLG Hamburg JR 55, 272; OLG Neustadt NJW 62, 167). Es kann nun andererseits nicht ernsthaft bestritten werden, daß der Täter, der die Amtshandlung als rechtswidrig ansieht, ohne Unrechtsbewußtsein handelt, d. h. sich in einem Verbotsirrtum befindet. Dieser muß jedoch im Rahmen des § 113 als allgemein unbeachtlich angesehen werden (vgl. Maurach BT 599 f.). Wer gegen einen Vollzugsbeamten Widerstand leistet, trägt damit das Risiko, daß nicht er, sondern der Beamte im Recht ist. Allein diese Auslegung entspricht der Entstehungsgeschichte des § 113 und dem rechtsstaatlichen Ordnungsbedürfnis, das ein Bedürfnis der Allgemeinheit ist. Sie schützt die Vollzugsbeamten in ihrer Entschlußkraft bei der Amtsausübung, die sonst in unheilvoller Weise gelähmt würde (vgl. BGH 4, 161, 164). Der einzelne Staatsbürger wird durch diese Auslegung keineswegs entrechtet. Der Rechtsstaat verschafft ihm kein Faustrecht, sondern lediglich das Recht auf ein ordnungsmäßiges Verfahren. (Beachte: Der **Entwurf 1962** schränkt die hier im Anschluß an die derzeitige Rechtsprechung vertretene Ansicht wesentlich ein. Nach § 419 Abs. 5 E. 1962 kann das Gericht bei einem Irrtum des Täters über die Rechtmäßigkeit der Amtshandlung die Strafe mildern und, wenn der Irrtum entschuldbar ist, sogar von Strafe absehen. Ebenso bereits auf der Grundlage des geltenden Rechts Dreher JR 65, 349. Aus dem neueren Schrifttum siehe auch Stöckel JR 67, 281 ff.)

5. **Konkurrenzen:** IdK ist vor allem mit §§ 185, 223 ff., 303 möglich; gegenüber §§ 240, 114 geht § 113 vor. Bei staatsgefährdender Absicht siehe § 94.

F. Beamtennötigung (§ 114)

Nach § 114 macht sich strafbar, wer es unternimmt, durch Gewalt oder Drohung eine Behörde, einen Beamten oder einen Soldaten der Bundeswehr zur Vornahme oder Unterlassung einer Amts- oder Diensthandlung zu nötigen. Im einzelnen:

1. Im Gegensatz zu § 113 schützt § 114 nicht nur Vollstreckungsbeamte, sondern Beamte aller Art, ferner Behörden und Soldaten.

2. Als **Tathandlung** kommen Gewalt und Drohung in Betracht. Da es sich um ein sogenanntes Unternehmensdelikt handelt, ist der Versuch der Vollendung gleichgestellt (vgl. § 87).

a) Wegen **Gewalt** siehe oben E 3 a aa).

b) Als **Drohung** gilt jede Ankündigung eines nicht verkehrsmäßigen Übels, dessen Verwirklichung für den Bedrohten eine Einbuße an Rechtsgütern oder eine sonstige Beeinträchtigung von rechtlich anerkannten Interessen bedeutet. Diese Voraussetzungen sind regelmäßig dann gegeben, wenn dem Beamten mit Gewalt oder mit der Begehung einer strafbaren Handlung gedroht wird. Im einzelnen:

aa) Der Täter muß bei der Drohung zum Ausdruck bringen, daß er das in Aussicht gestellte Übel entweder selbst herbeiführen wird oder daß es durch einen Dritten geschehen soll, den er, der Täter, in dieser Richtung zu beeinflussen vermag. Bei einer Äußerung wie: „Wenn die Russen kommen, werdet Ihr alle aufgehängt", kann dies nicht ohne weiteres angenommen werden (vgl. BGH NJW 62, 596).

bb) Nicht erforderlich ist, daß das angekündigte Übel als unmittelbar bevorstehend hingestellt wird. Auch die Ankündigung eines Übels, das erst später oder gar erst nach dem Eintritt einer Bedingung (z. B. die Äußerung: „wenn wir einmal an die Macht kommen, ...") kann eine Drohung i. S. von § 114 sein (vgl. BGH NJW 62, 596). Je ungewisser allerdings der Eintritt der Bedingung ist, um so mehr können Zweifel an der Ernstlichkeit der Drohung angebracht sein (vgl. BGH a.a.O.).

cc) Die Drohung mit einer Presseveröffentlichung kann nur dann als unangemessenes Übel angesehen werden, wenn eine Form der Veröffentlichung angekündigt wird, die die Vorgänge entstellt wiedergibt oder abfällige Beurteilungen und persönliche Angriffe enthalten soll (vgl. RG 39, 266; OLG Bremen NJW 57, 151). Entsprechendes gilt für die Drohung mit einer Dienstaufsichtsbeschwerde (vgl. OLG Celle NJW 57, 1847).

3. Die Handlung muß nach der Vorstellung des Täters den **Zweck** verfolgen, den Beamten — je nach Sachlage — von einer Amtshandlung abzuhalten oder ihn dazu zu nötigen. Geht es darum, einen Vollstreckungsbeamten an der Vornahme einer bereits eingeleiteten Vollzugshandlung zu hindern, so kommt nicht § 114, sondern die Sonderbestimmung des § 113 zur Anwendung. IdK zwischen beiden Bestimmungen ist nur dann möglich, wenn der Täter durch eine einheitliche Handlung den Beamten sowohl von einer bereits eingeleiteten oder unmittelbar bevorstehenden als auch von einer zukünftigen Handlung abhalten will. Beispiel: A bedroht den Gerichtsvollzieher, der bei ihm pfänden will, mit den Worten: „Hau ab, sonst schlag ich Dir den Ranzen voll, und wenn Du wiederkommst, wird es Dir noch schlimmer ergehen!"

4. Subjektiv ist **Vorsatz** erforderlich, wobei bedingter Vorsatz genügt. Der Täter muß das Bewußtsein haben, daß seine Handlung geeignet ist, den Beamten in seiner freien Entschließung zu beeinträchtigen. Reine Unmutsbekundungen genügen nicht.

5. IdK ist möglich mit §§ 185, 223 ff. Gegenüber § 240 geht § 114 vor. Andererseits tritt § 114 hinter § 113 zurück (siehe jedoch oben 3.). — Bei staatsgefährdender Absicht beachte § 94.

Lösung des Falles

I. Der Überfall auf X

1. Raub (§ 249)

a) Allgem. Ausführungen zu § 249 siehe Vorbem. A vor diesem Fall.

b) Wie der Diebstahl setzt auch der Raub zunächst die Wegnahme einer fremden beweglichen Sache voraus. Das Taxi war eine fremde bewegliche Sache. Fraglich ist jedoch, ob eine Wegnahmehandlung i. S. des § 249 vorliegt. Wie in der Vorbem. A näher dargelegt, ist die Abgrenzung zwischen Raub und räuberischer Erpressung äußerst bestritten. Während der Bundesgerichtshof in st. Rspr. auf das äußere Bild abstellt (Raub, wenn der Täter sich die Sache nimmt; räuberische Erpressung, wenn er das Opfer zwingt, die Sache herauszugeben, vgl. BGH 7, 252; NJW 67, 61), stellt das Schrifttum überwiegend wie bei der Abgrenzung von Diebstahl und Betrug auf die innere Einstellung des Opfers ab. Diese in der Vorbem. a.a.O. zugunsten der Ansicht des Bundesgerichtshofs entschiedene Frage bedarf indes in diesem Zusammenhang keiner abschließenden Erörterung. Im vorliegenden Fall führen nämlich beide Auffassungen zum gleichen Ergebnis (vgl. BGH 14, 390): Dadurch, daß X unter der Wirkung des durch den Schuß bewirkten Schocks der Forderung des A folgend den Wagen verließ, gab er weder freiwillig seinen Gewahrsam auf, noch bekundete er damit seinen Willen, das Fahrzeug dem A zu überlassen. Sein Gewahrsam wurde vielmehr dadurch gebrochen, daß A sich schließlich ans Steuer setzte und wegfuhr. Damit aber sind alle Voraussetzungen für eine Wegnahmehandlung erfüllt (vgl. BGH a.a.O., Otto ZStW 79, 87).

A bewirkte die Wegnahme durch den Schuß aus der Gaspistole, somit durch Gewalt. Damit ist der obj. Tatbestand des § 249 in all seinen Merkmalen erfüllt.

c) Der subj. Tb. erfordert neben dem Vorsatz, der hier ohne besondere Feststellungen bejaht werden kann, die Absicht rechtswidriger Zueignung. Der Begriff der Zueignungsabsicht ist derselbe wie beim Diebstahl.

Wie in der Vorbem. A VI 2 vor Fall 7 näher dargelegt, handelt mit Zueignungsabsicht, wer den Willen hat, über die entwendete Sache unter dauerndem Ausschluß des Berechtigten wie ein Eigentümer zu verfügen. Hieran fehlt es, wenn der Täter die Sache nach vorübergehendem Gebrauch wieder zurückgeben will. Im vorliegenden Fall wollte sich A mit dem Opel Admiral nur einen schönen Tag machen und dann den Wagen wieder in der Nähe des Taxihalteplatzes abstellen. Er wollte also den Taxiunternehmer nicht auf längere Dauer von seinen Rechten als Eigentümer ausschließen. Damit aber ist der subjektive Tatbestand des Raubs abzulehnen.

Beachte: Keinesfalls darf die Zueignungsabsicht mit der Begründung bejaht werden, A habe sich den noch im Tank vorhandenen Kraftstoff zugeeignet. Der Kraftstoffverbrauch ist nur eine zwangsläufige Folge der auf die Benutzung des Fahrzeugs abzielenden Tat. Sie ist als solche nicht Ziel der vom Täter erstrebten Zueignung, vgl. BGH 14, 386, 388 sowie GA 60, 182 f.

2. Unbefugte Ingebrauchnahme eines Kraftfahrzeugs (§ 248 b)

a) Allgem. Ausführungen zu § 248 b siehe Vorbem. D vor diesem Fall. Wie dort unter Abschn. I dargelegt, fallen unter den Anwendungsbereich schlechthin alle Fahrten, die jemand gegen den erklärten oder mutmaßlichen Willen des Berechtigten unternimmt.

b) Als Berechtigte i. S. der Vorschrift können im vorliegenden Fall sowohl X als auch der im Sachverhalt nicht näher erwähnte Taxiunternehmer angesehen werden.

c) Daß A den Pkw gegen den Willen des X bzw. des Taxiunternehmers in Gebrauch nahm, bedarf keiner weiteren Erörterung. Damit ist der obj. Tb. des § 248 b erfüllt.

d) Der subj. Tb. erfordert Vorsatz. Hierbei ergeben sich keine Schwierigkeiten. A wußte, daß er den Pkw gegen den Willen des Berechtigten in Gebrauch nahm. Eine darüber hinaus gehende Zueignungsabsicht ist nicht erforderlich.

e) Rechtfertigungs- oder Schuldausschließungsgründe fehlen. Ergebnis: Strafbarkeit gemäß § 248 b.

f) Prozessual ist zu beachten, daß die Strafverfolgung nur auf Antrag zulässig ist (Abs. 3).

3. Schwere räuberische Erpressung (§§ 255, 249, 250)

a) Wollte man sich mit den bisher gewonnenen Erkenntnissen begnügen, so hätte sich A mangels Zueignungsabsicht nur einer Nötigung in Tateinheit mit unbefugter Benutzung eines Kraftfahrzeugs schuldig gemacht (§§ 240, 248 b, 73). Mit diesem Zwischenergebnis dürfen die Betrachtungen jedoch noch nicht abgeschlossen werden. Es ist vielmehr weiter zu prüfen, ob A sich nicht dadurch, daß er den X nötigte, ihm den Pkw zum unbefugten Gebrauch zu überlassen, einer räuberischen Erpressung schuldig gemacht hat.

b) § 255 setzt zunächst alle Merkmale einer Erpressung i. S. von § 253 voraus. Der Tb. der Erpressung wiederum ist ein Sonderfall der Nötigung. Daß eine Nötigung vorliegt, wurde bereits oben erwähnt. A zwang den Taxifahrer mit Gewalt, das Fahrzeug zu verlassen und dessen Wegnahme zu dulden. Damit sind alle Merkmale des § 240 gegeben (vgl. BGH 14, 386, 388). Vorsatz, Rechtswidrigkeit und Schuld können unbedenklich bejaht werden.

c) Die Besonderheit der Erpressung gegenüber der Nötigung besteht zunächst objektiv darin, daß Folge der Nötigung ein Vermögensnachteil sein muß. Dieses Tb.-Merkmal hat die gleiche Bedeutung wie der Vermögensschaden beim Betrug (BGH 20, 138). Der Verlust des Besitzes ist für den bisherigen Besitzer grundsätzlich ein Vermögensnachteil. Dies gilt i. d. R. auch dann, wenn es sich nur um einen vorübergehenden Besitzverlust handelt. Im vorliegenden Fall ist dabei noch besonders zu beachten, daß gerade der — wenn auch nur vorübergehende — Besitzverlust eines Mietwagens der allgemeinen Lebenserfahrung entsprechend mit einem Verdienstausfall verbunden ist (BGH 14, 386, 389). Der obj. Tb. des § 253 ist damit erfüllt.

d) Der subj. Tb. des § 253 verlangt neben dem Vorsatz der Nötigung den Vorsatz der Vermögensschädigung. A wußte, daß er durch die unbefugte Fahrt dem Taxiunternehmer den Besitz des Taxis entzog und daß damit zwangsläufig auch ein Verdienstausfall verbunden war. Diese Feststellung genügt, um den Vorsatz auch insoweit zu bejahen.

e) § 253 verlangt auf der subj. Tatseite weiter die Absicht, sich oder einen Dritten zu Unrecht zu bereichern. Hier gelten die gleichen Erwägungen wie hinsichtlich des Vermögensschadens. Wie einerseits der Besitzverlust für den bisherigen Besitzer einen Vermögensnachteil darstellt, so erfüllt andererseits das Streben nach — wenn auch nur vorübergehendem — unentgeltlichen Besitz alle Merkmale der Bereicherungsabsicht.

f) Daß die erstrebte Bereicherung rechtswidrig und A sich dessen bewußt war, bedarf keiner weiteren Erörterung. Damit sind alle obj. und subj. Merkmale der Erpressung gegeben (BGH a.a.O. 389).

g) Die räuberische Erpressung des § 255 enthält einen erschwerten Fall der Erpressung unter der Voraussetzung, daß der Täter die Erpressung durch Gewalt gegen eine Person oder unter Anwendung von Drohungen mit gegenwärtiger Gefahr für Leib oder Leben begeht. Die Mittel der räuberischen Erpressung sind also die gleichen wie beim Raub. Die Gleichartigkeit der Tatmittel bringt, wie bereits eingangs (I 1 b) gezeigt wurde, nicht unerhebliche Abgrenzungsschwierigkeiten mit sich. Entscheidend ist dabei immer, ob eine Wegnahmehandlung i. S. des § 249 vorliegt und was man hierunter versteht. Nachdem wir uns oben in Abschn. I 1 b entschieden haben, im vorliegenden Fall eine Wegnahmehandlung i. S. von § 249 zu bejahen, liegt es nahe, § 255 abzulehnen mit der Begründung, daß Raub und räuberische Erpressung sich gegenseitig ausschließen (so z. B. Otto ZStW 79, 87).

Diese Argumentation erweist sich jedoch bei näherer Betrachtung nicht als stichhaltig. Eine Alternativität zwischen Raub und räuberischer Erpressung, wie sie allgemein zu Recht angenommen wird, besteht nämlich nur dann, wenn nicht nur alle Merkmale der räuberischen Erpressung, sondern auch alle Merkmale des Raubs gegeben sind. Nur dann ergeben sich die erwähnten Abgrenzungsschwierigkeiten. Diese wiederum sind nur dadurch begründet, daß das Dulden der Wegnahme, durch das sich der Raub wesensmäßig von der räuberischen Erpressung unterscheidet, genau genommen auch unter den Tb. des § 255 fällt. Die Alternativität der beiden Tatbestände darf also nur so verstanden werden, daß der Raub — konstruktiv gesehen — einen Sonderfall der räuberischen Erpressung darstellt (so schon RG 4, 429, 432, neuerdings BGH 14, 386, 390). Wollte man den Tb. des § 249 ersatzlos streichen, so würde hierdurch keine Gesetzeslücke entstehen; der Räuber wäre vielmehr zwanglos aus § 255 zu bestrafen. Hieraus folgt: Echte Abgrenzungsschwierigkeiten entstehen nur dann, wenn beide Tatbestände verwirklicht sind.

Dies bedeutet für den vorliegenden Fall: § 255 wird nicht dadurch ausgeschlossen, daß A den X genötigt hat, die Wegnahme des Wagens zu dulden. § 255 entfiele zugunsten des § 249 nur dann, wenn A mit Zueignungsabsicht gehandelt hätte. Dies war jedoch nicht der Fall.

h) Ergebnis: A hat den X mit Gewalt gegen die Person (Schuß mit Gaspistole) genötigt, ihm den Wagen zu überlassen. Damit sind alle Tb.-Merkmale der räuberischen Erpressung gegeben. Rechtfertigungs- oder Schuldausschließungsgründe sind nicht ersichtlich.

So wie hier in allen Punkten die bereits mehrfach zitierte Entscheidung BGH 14, 386; a.A. Otto a.a.O. 87: Raub und räuberische Erpressung schließen sich wesensmäßig aus. Die Erpressung und damit auch die räuberische Erpressung setzen — ähnlich wie der Betrug — als ungeschriebenes Tatbestandsmerkmal eine Vermögensverfügung des Opfers voraus, während der Raub — ähnlich wie der Diebstahl — durch die Wegnahmehandlung des Täters gekennzeichnet ist. Das Dulden der Wegnahme kann daher niemals den Tb. der räuberischen Erpressung begründen. Otto kommt damit — konsequent — zu dem bereits oben als unbefriedigend abgelehnten Ergebnis, daß A sich nur einer Nötigung sowie eines unbefugten Fahrzeuggebrauchs schuldig gemacht hat.

i) § 255 enthält keinen eigenen Strafrahmen, sondern verweist auf die für den Raub geltenden Bestimmungen. Hierbei ist zu beachten, daß sich der Straffolgeverweis nicht nur auf den Grundtatbestand des Raubs (§ 249), sondern auch auf die Qualifizierungen (§§ 250, 251) bezieht. Im vorliegenden Fall kommen in Betracht:

aa) **§ 250 Nr. 1:** A führte bei Begehung der Tat eine Gaspistole mit sich. Diese ist nach der höchstrichterlichen Rechtsprechung eine Waffe im technischen Sinn (BGH 4, 127; BGH GA 62, 145, 337; Schönke-Schröder § 250 Rn. 2). Als Waffe im technischen Sinn gilt jedes Werkzeug, das nach seiner Art nicht nur geeignet, sondern auch allgemein bestimmt ist, Menschen auf mechanischem oder chemischem Weg körperlich zu verletzen (BGH 4, 127). Eine Gaspistole erfüllt diese Anforderungen ohne weiteres. Im übrigen wäre der Tb. auch dann erfüllt, wenn man die Gaspistole nur als gefährliches Werkzeug qualifizieren wollte. Als Waffe i. S. des § 250 Abs. 1 Nr. 1 gilt nämlich jedes Werkzeug, das im körperlichen Kampf zum Angriff oder zur Verteidigung dienen und eine erhebliche Verletzung des Gegners hervorrufen kann (BGH a.a.O.).

bb) **§ 250 Nr. 3:** Nach Sachverhalt spielte sich der Vorfall auf einer öffentlichen Straße ab.

Damit sind auch die Voraussetzungen der schweren räuberischen Erpressung gegeben.

4. Sog. Autostraßenraub (§ 316 a)

a) Allgem. Ausführungen zu § 316 a siehe Vorbem. C vor diesem Fall.

b) Der Überfall auf X stellt sich als Angriff auf die körperliche Integrität und die Entschlußfreiheit eines Kraftfahrers dar. Da der Tatbestand zu den Unternehmensdelikten gehört, der Versuch daher gemäß § 87 der Vollendung gleichgestellt ist, war der Tb. bereits in dem Augenblick erfüllt, als A in der Absicht, sich gewaltsam in den Besitz des Wagens zu setzen, das Taxi bestieg (vgl. BGH 6, 82).

c) Zum obj. Tb. gehört weiter, daß der Täter unter Ausnutzung der besonderen Verhältnisse des Straßenverkehrs handelt. Dieses Tb.-Merkmal wird von der Rspr. sehr weit ausgelegt. Insbesondere ist nicht erforderlich, daß der Überfall während der Fahrt erfolgt, das Opfer also nicht aussteigen kann und dadurch besonders gefährdet ist. Auch in einem abseits des fließenden Verkehrs stehenden Pkw ist das Opfer besonders schutzlos fremden Angriffen ausgesetzt, da sich bei der gewaltigen Zunahme der Motorisierung praktisch niemand mehr um die Vorgänge in einem am Straßenrand oder gar abseits der Straße geparkten Pkw kümmert (BGH 15, 322, 324). Der Tb. kann daher auch in der Weise erfüllt werden, daß jemand — wie im vorliegenden Fall — sein Opfer mit dem Wagen in eine abgelegene Gegend lockt, um es dort zu überfallen. (Zum Ganzen siehe auch BGH 19, 192 und Vorbem. C 5.)

d) Der subj. Tb. ist ebenfalls gegeben. A handelte vorsätzlich sowie in der bereits oben (I 3) festgestellten Absicht, eine räuberische Erpressung zu begehen.

e) Die Tat war rechtswidrig und schuldhaft. Ergebnis: Strafbarkeit gem. § 316 a.

5. Gefährliche Körperverletzung (§ 223 a)

a) Allgemeine Ausführungen zu § 223 a siehe Vorbem. B III vor Fall 6 (S. 199 ff.).

b) A hat dem X mit der Gaspistole aus kürzester Entfernung ins Gesicht geschossen. Aus dem Sachverhalt ist zwar nicht zu entnehmen, daß X einen dauernden Gesundheitsschaden davontrug. Er war aber vorübergehend so benommen, daß er keinen Widerstand mehr leisten konnte. Hierin liegt ein nicht unerheblicher Eingriff in die körperliche Integrität und damit eine tatbestandsmäßige Körperverletzung.

c) Die Gaspistole ist, wie bereits oben zu § 250 Abs. 1 Nr. 1 ausgeführt, eine Waffe im technischen Sinn. Der obj. Tb. des § 223 a ist daher in seiner 1. Alt. erfüllt.

d) Der auf der subj. Tatseite erforderliche Vorsatz ist gegeben, ohne daß es weiterer Feststellungen bedürfte.

e) Das Verhalten war rechtswidrig und schuldhaft. Ergebnis: Strafbarkeit gemäß § 223 a.

6. Konkurrenzen:

a) Die festgestellte Nötigung (§ 240) und die Erpressung (§ 253) werden durch die räuberische Erpressung (§ 255) nach den Grundsätzen der Spezialität verdrängt.

b) Der Autostraßenraub (§ 316 a) und die schwere räuberische Erpressung (§§ 255, 249, 250) stehen in Idealkonkurrenz. Im Schrifttum wird demgegenüber teilweise die Ansicht vertreten, § 316 a schließe als lex specialis die §§ 249 ff. aus (vgl. Schönke-Schröder § 316 a Rn. 15). Diese Ansicht kann jedoch nicht überzeugen. § 316 a setzt nämlich als Unternehmensdelikt nicht voraus, daß der durch den Angriff bezweckte Raub bzw. die räuberische Erpressung tatsächlich zur Ausführung gekommen sind. Der Unrechtsgehalt der Tat kann also nur durch Bestrafung aus beiden Tatbeständen erfaßt werden (vgl. BGH 14, 391; 15, 322).

c) Die gefährliche Körperverletzung (§ 223 a) steht mit der räuberischen Erpressung und dem Autostraßenraub in Idealkonkurrenz. Gesetzeskonkurrenz in der Form der Konsumtion ist zwar denkbar, käme aber nur dann in Betracht, wenn jede räuberische Erpressung notwendig, zumindest aber regelmäßig mit einer gefährlichen Körperverletzung verbunden wäre. Dies ist jedoch nicht der Fall.

d) § 248 b ist mit Rücksicht auf die Subsidiaritätsklausel, die nicht übersehen werden darf, gegenüber dem Verbrechen gemäß § 255 subsidiär.

II. Das Auswechseln der Kennzeichen

Urkundenfälschung (§ 267)

a) Allgem. Ausführungen zu § 267 siehe Vorbem. B vor Fall 14.

b) Da das Goggomobil des A noch zugelassen war, ist davon auszugehen, daß das Kennzeichen mit einer amtlichen Zulassungsplakette versehen war. Hieraus ergeben sich rechtlich folgende Konsequenzen: Wenn ein Beamter der Kfz.-Zulassungsstelle die Stempelplakette seiner Behörde an dem amtlichen Kennzeichen anbringt, so wird dadurch rechtsverbindlich erklärt, daß dieser Pkw unter diesem Kennzeichen für den im Zulassungsregister eingetragenen Eigentümer zum Verkehr zugelassen ist (vgl. OLG Hbg. NJW 66, 1827). Damit aber erfüllt die Stempelplakette i. V. mit dem Kennzeichen und dem dazugehörigen Pkw alle Merkmale einer zusammengesetzten Urkunde. Hieraus folgt für den vorliegenden Fall: Durch das Auswechseln der Kennzeichen an dem Opel Admiral entsteht der Eindruck, als ob der Opel Admiral unter der Nummer des Goggomobils auf A als Eigentümer zugelassen sei. Eine solche Erklärung aber wurde von der Zulassungsbehörde nicht abgegeben. Die mit der Stempelung des Kennzeichens verbundene Zulassungserklärung bezog sich auf das Goggomobil, nicht auf den Opel Admiral. Damit hat A den Tb. des § 267 in der Form der Verfälschung einer echten Urkunde erfüllt.

c) Der subj. Tb. erfordert neben dem Vorsatz die Absicht, im Rechtsverkehr zu täuschen. Beide Merkmale können als gegeben angesehen werden, ohne daß es besonderer Feststellungen bedürfte.

d) Rechtfertigungs- oder Schuldausschließungsgründe sind nicht ersichtlich. Ergebnis: Strafbarkeit gemäß § 267.

III. Der Schuß auf den Polizeibeamten

1. **Körperverletzung (§§ 223, 223 a)** entfällt, da A nicht getroffen hat. Versuch ist mangels besonderer Strafdrohung nicht strafbar.

2. Widerstand gegen die Staatsgewalt (§ 113)

a) Allgemeine Ausführungen zu § 113 siehe Vorbem. E vor diesem Fall.

b) In Betracht kommt die 2. Alternative des Tatbestands, derzufolge sich strafbar macht, wer einen Vollstreckungsbeamten während der rechtmäßigen Ausübung seines Amtes tätlich angreift.

aa) P gehörte als Beamter des Polizeivollzugsdienstes zu dem durch § 113 besonders geschützten Personenkreis. Er befand sich auch in Ausübung seines Amtes. Er war nämlich im Begriff, den von dem Taxifahrer auf frischer Tat gefaßten A hinsichtlich seiner Person zu überprüfen und gegebenenfalls vorläufig festzunehmen. Sowohl die Personenkontrolle als auch die vorläufige Festnahme gehören zu den typischen Vollstreckungshandlungen, die in § 113 geschützt werden. Unerheblich ist dabei, daß die Vollstreckungshandlung noch nicht unmittelbar begonnen hatte. Entsprechend der Formulierung „während der Ausübung seines Amtes" ist zwar davon auszugehen, daß § 113 grundsätzlich erst dann anwendbar ist, wenn die Vollstreckungshandlung bereits begonnen hat, während der Versuch, zukünftige Amtshandlungen zu verhindern, unter § 114 fällt. Es ist jedoch allgemein anerkannt, daß § 113 auch dann Anwendung findet, wenn die Vollstreckungshandlung zwar noch nicht tatsächlich begonnen hat, jedoch — wie im vorliegenden Fall — unmittelbar bevorsteht (vgl. Schönke-Schröder § 113 Rn. 8 m. weit. Nachw.). Der Täter wird durch diese extensive Auslegung keineswegs in unbilliger Weise benachteiligt. Wollte man nämlich § 113 ablehnen, so wäre die Tat unter den mit schwererer Strafdrohung versehenen Tatbestand des § 114 zu subsumieren.

bb) Die Tathandlung ist darin zu sehen, daß A, um seiner Festnahme zu entgehen, aus seiner Gaspistole einen Schuß auf den gegen ihn einschreitenden P abgab. Dieser Schuß hat den P zwar nach Sachverhalt nicht getroffen. Dies ist jedoch unerheblich. Wie bereits in der Vorbem. E unter 3 b) erwähnt, gilt als tätlicher Angriff jede unmittelbar gegen den Körper des Beamten zielende Einwirkung, und zwar ohne Rücksicht auf den Erfolg (vgl. RG 59, 265; 66, 353; Schönke-Schröder § 113 Rn. 12). Der obj. Tb. des § 113 ist somit in der Form eines tätlichen Angriffs gegen einen Vollstreckungsbeamten erfüllt.

c) Als obj. Strafbarkeitsbedingung ist erforderlich, daß P sich in rechtmäßiger Ausübung seines Amtes befand. (Zur allgem. Bedeutung dieses Verbrechensmerkmals siehe ausführlich Vorbem. E 2.) Aufgrund der vorausgegangenen Straftaten bestand Anlaß, gemäß § 163 Abs. 1 StPO gegen A einzuschreiten, seine Personalien festzustellen und ihn gegebenenfalls gemäß § 127 StPO vorläufig festzunehmen. Anhaltspunkte dafür, daß P seine Kompetenzen überschritt oder sein Einschreiten sonst an einem wesentlichen Mangel litt, sind aus dem Sachverhalt nicht zu entnehmen.

d) Der subj. Tb. verlangt Vorsatz, der sich auf alle Tb.-Merkmale (nicht jedoch auf die Rechtmäßigkeit der Amtshandlung, vgl. Vorbem. E 4) erstrecken muß. A wußte, daß er es mit einem Vollzugsbeamten zu tun hatte, der im Begriff war, eine in sein Amt einschlagende Vollstreckungshandlung vorzunehmen. Trotzdem gab er den Schuß ab. Weitere Feststellungen sind zur Annahme von Vorsatz nicht erforderlich.

e) Rechtfertigungs- oder Schuldausschließungsgründe fehlen. Ergebnis: Strafbarkeit gemäß § 113.

IV. Zusammenfassung, Ergebnis

Durch den Überfall auf den Taxifahrer hat A sich eines Autostraßenraubs in Idealkonkurrenz mit schwerer räuberischer Erpressung und gefährlicher Körperverletzung schuldig gemacht (§§ 316 a, 255 [249, 250 I 1, 3], 223 a, 73). Zu diesem Komplex kommen realkonkurrierend (§ 74) die Urkundenfälschung (§ 267) und der tätliche Widerstand gegen einen Vollstreckungsbeamten. (Für den Fall, daß A keinen Waffenschein besaß, wäre außerdem noch ein Vergehen gegen das Waffengesetz gegeben, vgl. §§ 1, 14 I, 26 I Waffengesetz.)

ZU FALL 13

Vorbemerkungen

A. Die Notstands- und Selbsthilferechte des BGB

Wie bereits in den Vorbemerkungen zum Allgemeinen Teil dargelegt (B VI 4, S. 19), enthält das Strafgesetzbuch selbst nur wenige gesetzlich kodifizierte Rechtfertigungsgründe. Die übrigen Rechtfertigungsgründe finden sich teils in anderen Gesetzen, vor allem im BGB, in der StPO und in der ZPO, teils wurden sie gewohnheitsrechtlich entwickelt.

Alle Rechtfertigungsgründe haben gemeinsam, daß sie ein Verhalten berücksichtigen, das als das rechte Mittel zum rechten Zweck mit der Rechtsordnung in ihrer Gesamtheit nicht im Widerspruch steht. Hieraus ergibt sich zwangsläufig, daß die Frage, wann ein Verhalten rechtswidrig ist, nicht ausschließlich nach strafrechtlichen Gesichtspunkten beurteilt werden kann, sondern auf Normen zurückgegriffen werden muß, die ihre Quelle im bürgerlichen Recht und anderen Sektoren des Rechts haben.

Die nachfolgenden Ausführungen befassen sich mit den in der Praxis wichtigsten Notstands- und Selbsthilferechten des BGB.

I. Der sog. Verteidigungsnotstand (§ 228 BGB)

1. Nach § 228 BGB handelt nicht rechtswidrig, wer eine fremde Sache beschädigt oder zerstört, um eine durch sie drohende Gefahr von sich oder einem anderen abzuwenden. Da die Vorschrift auf der Erwägung beruht, daß im Konfliktfall das weniger schutzwürdige Rechtsgut weichen muß, ist der Ausschluß der Rechtswidrigkeit an folgende weitere Voraussetzungen gebunden:

a) die Beschädigung oder Zerstörung der Sache muß zur Abwendung der Gefahr erforderlich sein;

b) der durch die Beschädigung oder Zerstörung entstehende Schaden darf nicht außer Verhältnis zu der drohenden Gefahr stehen (Grundsatz der Verhältnismäßigkeit).

2. In der täglichen Gerichtspraxis wird § 228 vor allem bei der Abwehr von Tierangriffen bedeutsam. Beispiel: A wird von einem Hund angefallen. Um sich zu wehren, schlägt er mit seinem Spazierstock auf den Hund ein.

3. Handelt es sich bei der Sache um das Werkzeug eines Menschen, so richtet sich der Ausschluß der Rechtswidrigkeit nicht nach § 228 BGB, sondern nach § 53 StGB oder — zivilrechtlich gesehen — nach dem gleichlautenden § 227 BGB. Beispiele: A schlägt einen Hund tot, den B auf ihn gehetzt hat. — Oder: A zerbricht den Schirm, mit dem B auf ihn einschlägt.

4. Eine Pflicht zum Schadensersatz besteht nur, wenn der Handelnde die Gefahr verschuldet hat. Strafrechtliche Folgen hat dies allerdings nicht.

II. Der sog. Aggressivnotstand (§ 904 BGB)

1. Nach § 904 BGB ist gerechtfertigt, wer auf eine fremde Sache einwirkt, wenn

a) die Einwirkung zur Abwehr einer gegenwärtigen Gefahr notwendig und

b) der drohende Schaden gegenüber dem aus der Einwirkung entstehenden Schaden unverhältnismäßig groß ist.

2. Der hauptsächliche Unterschied gegenüber dem Verteidigungsnotstand des § 228 BGB besteht darin, daß der Täter zur Abwehr der Gefahr auf eine unbeteiligte Sache einwirkt, die zu der drohenden Gefahr in keinerlei Beziehung stehen muß. Beispiel: A reißt am Zaun des X eine Latte los, um den Hund des Y abwehren zu können. Schlägt er den Hund tot, so ist die Tötung des Hundes durch § 228 BGB und die Beschädigung des Zaunes gemäß § 904 BGB gerechtfertigt.

3. Ein weiterer Unterschied gegen § 228 BGB ist darin zu sehen, daß an den Grundsatz der Verhältnismäßigkeit strengere Anforderungen zu stellen sind. Dies ergibt sich aus der Erwägung, daß im Falle des

§ 904 BGB — anders als im Falle des § 228 BGB — unbeteiligte Sachen in Mitleidenschaft gezogen werden.

4. Zivilrechtlich ist schließlich zu beachten, daß Handlungen, bei denen sich der Einwirkende nur auf § 904 BGB berufen kann, auch dann zum Schadensersatz verpflichten, wenn die abzuwehrende Gefahr nicht verschuldet war. Handelte der Einwirkende im Interesse eines Dritten, so kann er gegen diesen im Innenverhältnis Ansprüche gemäß §§ 677 ff., 812 ff. BGB geltend machen.

III. Erlaubte Selbsthilfe (§ 229 BGB)

1. § 229 BGB gibt bei Fehlen obrigkeitlicher Hilfe folgende Selbsthilferechte:

a) Wegnahme, Zerstörung oder Beschädigung fremder Sachen;

b) Festnahme eines fluchtverdächtigen Schuldners;

c) Brechung von Widerstand gegen eine Handlung, die der andere zu dulden hat.

2. § 229 enthält eine Ausnahme von dem Grundsatz, daß der Einzelne kein Faustrecht hat, sondern seine Rechte in der gesetzlich vorgesehenen Weise, notfalls vor Gericht, geltend machen muß. Ein Selbsthilferecht besteht daher nur, wenn obrigkeitliche Hilfe fehlt und die Gefahr besteht, daß ohne Selbsthilfe der Anspruch gefährdet ist. Selbsthilfe ist daher auch zur Sicherung von Beweismitteln zulässig, nicht jedoch schlechthin wegen der Gefahr von Beweisschwierigkeiten (vgl. BGH 17, 328 sowie Abschn. I 2 e der Lösung des folgendes Falles).

3. Grenzen und Umfang der Selbsthilferechte ergeben sich aus § 230 BGB. Hierbei ist insbesondere zu beachten, daß § 229 BGB nur die Sicherung eines gefährdeten Anspruchs ermöglichen will, nicht jedoch die Realisierung. Der zur Selbsthilfe schreitende Gläubiger ist daher im Falle einer Wegnahme oder Festnahme verpflichtet, unverzüglich einen dinglichen bzw. persönlichen Arrest zu bewirken. Wegen der Einzelheiten siehe § 230 Abs. 2 bis Abs. 4 BGB.

4. Eine Verpflichtung zum Schadenersatz besteht gemäß § 231 BGB nur, wenn die Voraussetzungen für eine Selbsthilfe objektiv nicht vorlagen. Auf das Verschulden kommt es dagegen nicht an.

5. Abschließende Beispiele: Gastwirt G hält einen Zechpreller fest. — Oder: Ein Arzt, dessen eigener Wagen streikt und der auch keinen Mietwagen erreichen kann, nimmt gewaltsam den Wagen des X weg, um damit einen Schwerverletzten in die nächste Klinik zu bringen. In diesem Falle wäre die Wegnahme des Pkw gemäß § 904 BGB, die gegen X angewandte Gewalt gemäß § 229 BGB gerechtfertigt.

IV. Weitere Selbsthilferechte siehe §§ 561, 859, 860 BGB.

B. Einwilligung und mutmaßliche Einwilligung

I. Die **Einwilligung des Verletzten** wird unter folgenden Voraussetzungen als Rechtfertigungsgrund anerkannt:

a) Der Einwilligende muß Träger des angegriffenen Rechtsguts und zur Verfügung über dieses befugt sein. Beachtlich ist die Einwilligung demnach vor allem bei den Vermögens- und Eigentumsdelikten (z. B. bei Unterschlagung und Sachbeschädigung), aber auch bei der Beleidigung und bei der Körperverletzung, für die § 226 a eine ausdrückliche Regelung enthält. Unbeachtlich dagegen ist die Einwilligung bei Tötungen (vgl. § 216), ferner bei der falschen Anschuldigung, da diese sich rechtsgutmäßig nicht nur gegen den Denunzierten, sondern auch gegen die staatliche Rechtspflege richtet (vgl. BGH 5, 66).

b) Der Einwilligende muß die erforderliche geistige Reife und Urteilskraft besitzen, um sich der Bedeutung des Angriffs und seiner Einwilligung bewußt zu sein. Diese Voraussetzungen werden bei Geisteskranken, Geistesschwachen, Betrunkenen und Jugendlichen unter 18 Jahren in der Regel fehlen (vgl. BGH 8, 357, 358).

c) Die Tat darf nicht gegen die guten Sitten verstoßen. Diese in § 226 a ausdrücklich getroffene Regelung gilt auch für alle übrigen Fälle, in denen eine Rechtfertigung durch Einwilligung in Betracht kommt. Die Tat ist sittenwidrig, wenn sie dem Anstandsgefühl aller billig und gerecht Denkenden zuwiderläuft (vgl. BGH 4, 88, 91). Eine Rechtfertigung kommt daher nicht in Betracht bei Verletzungen auf sadistisch-masochistischer Grundlage, zur Vorbereitung eines Versicherungsbetrugs oder im Rahmen einer Abtreibung.

d) Auch bei fahrlässigen Delikten kann sich die Einwilligung des Verletzten als Rechtfertigungsgrund auswirken. In diesen Fällen will der Einwilligende zwar nicht den Erfolg, aber er nimmt das Risiko seines Eintritts in Kauf. Einzelheiten siehe Vorbem. E 3 c vor Fall 6 (S. 208).

e) Die Einwilligung muß dem Täter bekannt sein. Dies ergibt sich aus dem für alle Rechtfertigungsgründe geltenden Grundsatz, wonach nur der gerechtfertigt ist, der auch recht handeln will (vgl. Vorbem. AT, Abschn. B VI 5 c, S. 20). Kennt der Täter die Einwilligung nicht, so kommt eine Rechtfertigung nicht in Betracht. Die Bestrafung erfolgt allerdings nur wegen eines versuchten Delikts, da sich die Tat lediglich durch ihren Handlungsunwert auszeichnet (vgl. Vorbem. AT Abschn. B VI 5 e, S. 21).

f) Ein Irrtum über die Einwilligung ist ein Tb.-Irrtum i. S. von § 59. wenn der Täter irrig Tatumstände annimmt, bei deren Vorliegen er gerechtfertigt wäre. Siehe hierzu BGH 8, 357, 358: Nimmt der Täter irrig an, ein von ihm geschlechtlich mißbrauchtes 14jähriges Mädchen habe nach seinen Erfahrungen die Bedeutung der Geschlechtsehre erfaßt und auch erkannt, daß es sich durch den geschlechtlichen Verkehr preisgebe, so ist eine vorsätzliche Beleidigung nicht gegeben; der Vorsatz bleibt dagegen bestehen, wenn der Täter irrig glaubt, die Einwilligung des Mädchens rechtfertige sein Verhalten schlechthin. In diesem Fall würde lediglich ein Verbotsirrtum vorliegen.

g) Bereits der Tatbestand, nicht erst die Rechtswidrigkeit, entfällt in den Fällen, in denen der entgegenstehende Wille des Verletzten geschriebenes oder ungeschriebenes Merkmal des objektiven Tatbestands ist. So ist schon der Tatbestand des Hausfriedensbruchs nicht erfüllt, wenn A den B zu sich in die Wohnung bittet und B dieser Einladung folgt. Von einem „Eindringen" kann hier mit Rücksicht auf die ausgesprochene Einladung nicht gesprochen werden. Entsprechendes gilt bei der Nötigung (§ 240), bei der Erpressung (§ 253), bei der Notzucht (§ 177), beim Diebstahl (§ 242) und bei der Wilderei (§ 292).

II. Der Einwilligung gleichgestellt ist die **mutmaßliche Einwilligung.** Diese bewirkt einen Ausschluß der Rechtswidrigkeit, wenn der Verletzte wegen Krankheit, Abwesenheit oder aus sonstigen Gründen die Einwilligung nicht erteilen kann, bei objektiver Beurteilung aber seine Einwilligung zu erwarten gewesen wäre.

B e i s p i e l e : Wird das Opfer eines Verkehrsunfalls bewußtlos in die Klinik eingeliefert, so kann die erforderliche Operation auch ohne vorherige ausdrückliche Einwilligung durchgeführt werden; die Einwilligung gilt als erteilt. — Oder: Wenn ein Vertreter, dem sein gesamtes Bargeld entwendet worden ist und der keine Möglichkeit hat, sich mit seinem Geschäftsherrn in Verbindung zu setzen, die ihm anvertraute, an sich unverkäufliche Musterkollektion verkauft, um die Hotelkosten für sich und seine Untervertreter bezahlen zu können, so ist zwar der Tatbestand der Unterschlagung erfüllt; das Verhalten ist aber nicht rechtswidrig, da jeder vernünftige Geschäftsherr mit einer derartigen Maßnahme einverstanden gewesen wäre.

III. Das **Handeln im Interesse des Verletzten** stellt einen Unterfall der mutmaßlichen Einwilligung dar. B e i s p i e l e : A schlägt die Wohnungstür des B ein, um diesen vor dem drohenden Gastod zu befreien. — Oder: A dringt bei einem Rohrbruch in das Haus des auf Reisen befindlichen B ein, um zu verhindern, daß dessen Kellergeschoß überflutet wird. Auch in diesen Fällen tritt eine Rechtfertigung nur ein, wenn man bei objektiver Beurteilung die Einwilligung des Verletzten unterstellen kann. Im Gegensatz zu den oben erörterten Beispielen handelt der Täter aber nicht im eigenen Interesse, sondern zum Nutzen des Verletzten.

C. Der Nötigungsnotstand (§ 52)

I. Gemäß § 52 ist eine strafbare Handlung nicht vorhanden, wenn der Täter eine rechtswidrige Handlung begeht, zu der er durch unwiderstehliche Gewalt oder durch Drohung mit einer gegenwärtigen, auf andere Weise nicht abwendbaren Gefahr für Leib oder Leben seiner selbst oder eines Angehörigen genötigt worden ist. Die Vorschrift enthält nach h. L. einen S c h u l d a u s s c h l i e ß u n g s g r u n d. Sie beruht auf dem Gedanken, daß die Rechtsordnung von einem Menschen, der sich oder einen nahen Angehörigen in einer unmittelbaren Gefahr für Leib oder Leben sieht, keine heldenhafte Haltung und Selbstaufopferung verlangen kann.

II. Die **Voraussetzungen** im einzelnen:

1. Der Täter muß unter dem Druck einer unwiderstehlichen Gewalt oder einer Drohung stehen, die für ihn oder einen nahen Angehörigen mit einer unmittelbaren, auf andere Weise nicht abwendbaren Gefahr für Leib oder Leben verbunden ist.

a) Als **Gewalt** kommen nur solche E i n w i r k u n g e n in Betracht, die den W i l l e n d e s G e n ö t i g t e n b e e i n f l u s s e n (sog. vis compulsiva). B e i s p i e l : A prügelt den B solange, bis dieser sich dazu hergibt, einen Wechsel zu fälschen.

N i c h t hierher gehören die Fälle, in denen jemand unter einem unmittelbar körperlich wirkenden Druck zu einem Verhalten gezwungen wird, das schon gar nicht als Handlung im Rechtssinn angesehen werden kann, etwa wenn in dem oben gebrachten Beispiel A gewaltsam die Hand des B zur Unterschrift unter den Wechsel führt (sog. vis absoluta, vgl. Vorbem. AT Abschn. B III 2, S. 10 f.). In diesen Fällen fehlt es schon an einer tatbestandsmäßigen Handlung, so daß nach Schuldausschließungsgründen nicht gesucht werden muß.

b) **Unwiderstehlich** ist die Gewalt, wenn der Genötigte nicht in der Lage ist, ihr mit Aussicht auf Erfolg Widerstand entgegenzusetzen.

c) Unter **Drohung** versteht man die Ankündigung eines Übels. Dieses muß hier mit einer gegenwärtigen Gefahr für Leib und Leben des Täters oder eines nahen Angehörigen verbunden sein. Unerheblich ist, ob die Drohung ernst gemeint war. Es genügt, daß sie für ernst gehalten werden konnte und vom Täter für ernst gehalten wurde.

d) Nur bei **Gefahr für Leib oder Leben** entfällt die Schuld. Geringfügige Gefahren genügen nicht. Bei Gefahren für andere Rechtsgüter, z. B. Ehre, Freiheit, Vermögen, kommt ein Schuldausschluß gemäß § 52 nie in Betracht.

e) **Gegenwärtig** ist eine Gefahr, wenn sie nach menschlicher Erfahrung ohne alsbaldige Abwehrmaßnahmen den Eintritt eines Schadens als sicher, zumindest aber als höchstwahrscheinlich erscheinen läßt (vgl. BGH NJW 1951, 769). Auch eine Dauergefahr kann gegenwärtig sein, wenn sie jederzeit in einen Schaden umschlagen kann, z. B. wenn A zugunsten des B einen Meineid leistet, weil dieser ihm mit Totschlag droht, falls er richtig aussage. Die Gefahr könnte in diesem Fall sogar dann als gegenwärtig angesehen werden, wenn B zwar noch in Haft ist, aber jederzeit mit seiner Entlassung gerechnet werden muß (vgl. BGH 5, 371, 373).

2. Die Gefahr darf **auf andere Weise nicht abwendbar** sein. Wenn auch das Gesetz von einem schuldlos in Gefahr geratenen Menschen keine heldenhafte Haltung und Selbstaufopferung verlangen kann, so läßt es andererseits die als Ausweg aus der Gefahr gewählte Verletzung fremder Rechtsgüter nicht deshalb zu, weil sie für den Täter die einfachste und bequemste Lösung darstellt. Je schwerer die Verletzung eines fremden Rechtsguts wiegt, um so mehr muß verlangt werden, daß der Genötigte gewissenhaft prüft, ob sein Verhalten wirklich der einzige Ausweg aus der Gefahr ist (vgl. BGH NJW 52, 111, 113; BGH 18, 311).

3. Im Gegensatz zum Notstand gemäß § 54 kommt ein Schuldausschluß gemäß § 52 auch dann in Betracht, wenn die **Zwangslage verschuldet** ist. Allerdings sind auch hier — wie bei § 51 — die Grundsätze der actio libera in causa zu beachten (siehe hierzu Vorbem. A 3 vor Fall 1, S. 73). Wer sich freiwillig in eine Lage begibt, von der er weiß, daß ihm eine Nötigung zu einer bestimmten strafbaren Handlung durch unwiderstehliche Gewalt oder Drohung mit Gefahr für Leib oder Leben bevorsteht, kann nachher nicht zur Entschuldigung vorbringen, er sei seiner Entschlußfreiheit beraubt worden (vgl. BayObLG MDR 55, 247).

4. Subjektiv ist erforderlich, daß der Täter die Zwangslage kennt (vgl. Vorbem. AT, Abschn. B VII 3 b, S. 23). Nimmt der Täter umgekehrt nur irrig Tatumstände an, bei deren Vorliegen er gemäß § 52 entschuldigt wäre, so entfällt nach Auffassung des Bundesgerichtshofs der Vorsatz (vgl. BGH 5, 374; 18, 311, 312; sehr zweifelhaft, vgl. Vorbem. AT, Abschn. B VII 3 c, S. 23 f.). Dies gilt insbesondere für die Fälle, in denen der Täter nicht erkennt, daß die Gefahr auch auf andere Weise als durch Verletzung fremder Interessen abgewendet werden kann, z. B. durch Flucht oder durch Mitteilung an die Polizei.

Wieder anders zu beurteilen sind die Fälle, in denen der Täter über die rechtlichen Voraussetzungen des Nötigungsnotstands irrt, z. B. wenn er glaubt, eine Flucht aus der Zwangslage sei ihm nicht zumutbar, oder wenn er glaubt, er sei auch dann entschuldigt, wenn nur eine Gefahr für sein Vermögen oder seine Freiheit besteht. Beispiel: A droht dem B, er werde ihn wegen eines früher begangenen Diebstahls anzeigen, wenn er sich nicht an einem neuen Diebstahl beteilige. Hier liegen objektiv die Voraussetzungen des § 52 nicht vor (keine Gefahr für Leib oder Leben); B kann sich auch nicht auf fehlenden Vorsatz berufen (siehe jedoch § 154 c StPO).

III. In Abs. 2 wird festgelegt, wer unter den **Begriff der Angehörigen** fällt. Diese Begriffsbestimmung gilt für das gesamte Strafgesetzbuch. Im einzelnen:

1. Zu den Verwandten auf- und absteigender Linie gehören insbesondere Eltern, Großeltern, Kinder und Enkelkinder, und zwar auch dann, wenn die Verwandtschaft auf einer unehelichen Abstammung beruht. Entscheidend ist die Blutsverwandtschaft. Verwandte in der Seitenlinie (Onkel, Tante, Nichte, Neffe) gehören nicht hierher.

2. Zu den Verschwägerten auf- und absteigender Linie gehören insbesondere Schwiegereltern und Schwiegerkinder, aber auch Stiefeltern und Stiefkinder. Unerheblich ist, ob die Ehe, auf der die Schwägerschaft beruht, zur Zeit der Tat noch besteht oder ob sie nichtig oder anfechtbar ist. Es genügt, daß eine formell gültige Ehe vorliegt. Die Schwägerschaft wird auch nicht durch den Tod eines Ehegatten berührt (BGH 7, 385).

3. Ob ein Adoptivverhältnis vorliegt, richtet sich nach dem bürgerlichen Recht (§ 1741 ff. BGB).

4. Das Verhältnis der Pflegeeltern zu den Pflegekindern wird charakterisiert durch die engen Beziehungen, die denen zwischen natürlichen Eltern und Kindern sittlich gleichwertig sind. Es muß auf Dauer berechnet sein und ein gewisses Unterordnungsverhältnis schaffen. Sind diese Voraussetzungen einmal gegeben, so bleibt die Rechtslage unberührt, auch wenn das Pflegekind selbständig wird.

5. Ehegatten und deren Geschwister gelten nur dann als Angehörige, wenn die Ehe formell gültig ist, also nicht, wenn sie geschieden, aufgehoben oder für nichtig erklärt ist.

6. Als Geschwister gelten alle Personen, die mindestens einen Elternteil gemeinsam haben, also auch Halbgeschwister. Als Angehörige gelten ferner die Ehegatten der Geschwister. So ist A nicht nur ein Angehöriger des Bruders seiner Frau, sondern auch ein Angehöriger der Frau seines Bruders. In beiden Fällen handelt es sich um echte Schwägerschaft. Der Bruder der Frau und die Frau des Bruders sind dagegen in ihrem Verhältnis untereinander keine Angehörige i. S. von § 52 Abs. 2 (sog. Schwippschwägerschaft).

7. Verlobte sind Personen, die sich ein ernstgemeintes, nicht sittenwidriges Eheversprechen gegeben haben. Sittenwidrig ist das Eheversprechen insbesondere dann, wenn einer der Partner noch in einer gültigen Ehe lebt. Auch das Eheversprechen eines Heiratsschwindlers kann ein Verlöbnis i. S. der Vorschrift nicht begründen (BGH 3, 215).

D. Der Notstand (§ 54)

1. Ein sog. strafrechtlicher Notstand liegt vor, wenn der Täter eine rechtswidrige Handlung begeht, um sich aus einer unverschuldeten, auf andere Weise nicht zu beseitigenden gegenwärtigen Gefahr für Leib oder Leben zu retten. Auch hier handelt es sich um einen **Schuldausschließungsgrund.** Die Vorschrift beruht auf dem Gedanken, daß die Rechtsordnung von einem Menschen, der sich oder einen nahen Angehörigen in einer unmittelbaren Gefahr für Leib oder Leben sieht, kein rechtmäßiges Verhalten bis zur Selbstaufopferung verlangen kann.

2. Die **Voraussetzungen** sind im wesentlichen dieselben wie bei dem in § 52 geregelten Nötigungsnotstand. Hier wie dort muß sich der Täter oder ein naher Angehöriger in einer **gegenwärtigen Gefahr für Leib oder Leben** befinden. Hier wie dort darf die Gefahr **auf andere Weise nicht abwendbar** sein. Auf die Anmerkungen oben unter C II wird insoweit verwiesen.

Im Gegensatz zu § 52 darf der **Notstand nicht verschuldet** sein. Beispiel: A und B treiben nach einem Schiffbruch in einem Boot im Ozean. A wird lebensmüde und wirft seine letzten Lebensmittel über Bord. Wenn er nun wenig später seinen Entschluß bereut und seinem Leidensgenossen B dessen eiserne Ration mit Gewalt wegnimmt, so daß dieser elend umkommt, so kann A sich, wenn er schließlich gerettet wird, gegenüber dem Vorwurf des Raubs mit Todesfolge (§§ 249, 251) nicht auf § 54 berufen.

§ 54 wird dagegen nicht schon dadurch ausgeschlossen, daß die Gefahr, aus der sich der Notstand entwickelt hat, verschuldet wurde (vgl. Maurach AT 334, Schönke-Schröder Rn. 8). Beispiel: A und B unternehmen eine riskante Bergtour, in deren Verlauf sich A nur dadurch retten kann, daß er das Seil, an dem auch B hängt, kappt und dadurch B zum Absturz bringt.

Geht es um die Rettung eines Angehörigen, so kommt es darauf an, ob dieser die Notlage selbst verschuldet hat (vgl. Schönke-Schröder Rn. 9 m. weit. Nachw.; bestr.).

Eine unverschuldete, auf andere Weise nicht zu beseitigende Notstandslage kann auch dann vorliegen, wenn die angerufenen Behörden gegen ein tyrannisches Familienoberhaupt nicht energisch genug einschreiten (BGH NJW 66, 1824).

3. Die **Rettungshandlung** muß objektiv geeignet und erforderlich sein, um die Gefahrenlage zu beseitigen. Subjektiv ist erforderlich, daß der Täter die Gefahrenlage kennt und die rechtswidrige Handlung in der Absicht vornimmt, der Gefahr zu entgehen (siehe auch oben C II 4 und Vorbem. AT, Abschn. B VII 3 b, S. 23).

4. § 54 wird eingeschränkt für Personen, die kraft ihres Berufes oder aus sonstigen Gründen eine **erhöhte Gefahrtragungspflicht** haben. Dies gilt insbesondere

a) für Soldaten, die beispielsweise den Befehl zu einem Angriff oder einen sonstigen Befehl nicht mit der Begründung verweigern können, im Falle einer Ausführung des Befehls drohe ihnen Gefahr für Leib oder Leben (vgl. § 6 WehrStG);

b) für Seeleute, die ihre Dienstpflichten auch dann erfüllen müssen, wenn ihnen hierdurch Gefahr droht (vgl. § 29 Abs. 2—4 Seemannsgesetz vom 26. 7. 1957, BGBl. II 713);

c) für Polizeibeamte, die z. B. einen flüchtigen Verbrecher auch dann verfolgen müssen, wenn dieser bewaffnet ist (sinnlose Selbstaufopferung kann natürlich auch hier nicht verlangt werden);

d) für Feuerwehrleute, Ärzte, Angehörige von Berg- und Seenotdiensten, die durch ihre haupt- oder nebenberufliche Tätigkeit zwangsläufig gewissen Gefahren ausgesetzt sind;

e) bei rechtmäßigen Amtshandlungen, gegen die Widerstand auch dann verboten ist, wenn die Amtshandlung auf einem Irrtum beruht. So darf ein auf Grund ordnungsgemäß ergangenen Haftbefehls Inhaftierter die Beamten der Haftanstalt auch dann nicht niederschlagen, wenn er objektiv unschuldig ist. Im Interesse der Aufrechterhaltung der Staatsordnung muß der Betroffene auch in diesen Fällen auf die gesetzlich vorgesehenen Rechtsmittel und Rechtsbehelfe verwiesen werden. Siehe hierzu ausführlich Vorbem. E 2 vor Fall 12 (S. 348 f.).

5. Auftretende **Irrtumsprobleme** werden ebenso wie beim Nötigungsnotstand behandelt (s. o. C II 4 sowie Vorbem. AT, Abschn. B VII 3 c, S. 23 f.).

6. Teilnehmer können sich gemäß § 50 Abs. 1 nur dann auf § 54 berufen, wenn dessen Voraussetzungen auch in ihrer Person gegeben sind (vgl. Vorbem. AT, Abschn. B VII 3 f, S. 24). Ist dies nicht der Fall, so kommt je nach Sachlage Anstiftung, Beihilfe oder mittelbare Täterschaft in Betracht. Mittelbare Täterschaft liegt vor, wenn der Hintermann in Kenntnis aller Tatumstände und mit dem Willen zur Tatherrschaft die Notstandslage eines anderes entscheidend beeinflußt. Nutzt er dagegen eine fremde Notstandslage nur aus, ohne sie entscheidend zu beeinflussen, so kommt Anstiftung oder Beihilfe in Betracht (siehe hierzu die Beispiele in Vorbem. AT, Abschn. H II, 3 c, S. 47).

E. Kuppelei und Zuhälterei (§§ 180—181 a)

I. Die einfache Kuppelei (§ 180)

Kuppelei begeht, wer gewohnheitsmäßig oder aus Eigennutz durch Vermittlung oder durch Gewährung oder Verschaffung von Gelegenheit der Unzucht Vorschub leistet. Im einzelnen:

1. Ihrem Wesen nach ist die Kuppelei eine selbständig unter Strafe gestellte **Teilnahme an fremder Unzucht.** Strafbar ist sie nur, wenn der Täter gewohnheitsmäßig oder aus Eigennutz handelt (§ 180) oder wenn die besonderen Voraussetzungen des § 181 vorliegen.

2. Als **Unzucht** gilt jede unzüchtige Handlung, also nicht nur der außereheliche Geschlechtsverkehr. (Siehe hierzu auch Vorbem. C I 3 vor Fall 11, S. 316.) Auch der Geschlechtsverkehr zwischen Verlobten muß grundsätzlich als Unzucht i. S. der Vorschrift angesehen werden (vgl. BGH 6, 46; 17, 230). Etwas anderes gilt nur dann, wenn die Verlobten ernsthaft zur Ehe entschlossen und sich ihrer Verantwortung bewußt sind, der Eheschließung aber zwingende Hindernisse entgegenstehen, die von den Verlobten nicht zu verantworten sind und in absehbarer Zeit nicht behoben werden können. Der unzüchtige Charakter entfällt aber nicht schon dadurch, daß der Bräutigam erst 19 Jahre alt ist und das Vormundschaftsgericht es abgelehnt hat, Befreiung vom Erfordernis der Ehemündigkeit zu erteilen bzw.

ein entsprechender Antrag aus Unkenntnis nicht gestellt worden ist (BGH 17, 230).

3. Ein **Vorschubleisten** ist jede Verbesserung der objektiven Bedingungen für die Unzucht. Nicht erforderlich ist, daß es tatsächlich zu unzüchtigen Handlungen kommt. Es genügt, daß die Möglichkeit hierzu geschaffen wird. Nur die Förderung fremder Unzucht kann den Tatbestand verwirklichen. Der Tb. ist auch dann erfüllt, wenn der Kuppler an der Unzucht, der er Vorschub leistet, selbst teilnimmt (BGH 11, 94; — wichtig für den sog. Triolenverkehr).

4. Das Vorschubleisten muß entweder durch die **Vermittlung** des Täters oder durch **Gewährung oder Verschaffung von Gelegenheit** erfolgen. In vielen Fällen werden beide Begehungsformen gleichzeitig vorliegen.

a) Ein Vermitteln liegt z. B. vor, wenn ein Taxifahrer seinen Fahrgast, der sich in der Stadt nicht auskennt, in eine Dirnenunterkunft fährt. — Oder: A überredet seine Schwester, sich seinem Arbeitgeber hinzugeben. Er weiß, daß sein Arbeitgeber Gefallen an dem Mädchen gefunden hat, und hofft, sich auf diese Weise einen guten Posten im Betrieb zu sichern.

b) Ein Gewähren oder Verschaffen von Gelegenheit liegt z. B. vor, wenn ein Gastwirt Doppelzimmer an unverheiratete Personen vermietet.

5. Gewähren von Gelegenheit kann auch durch **Unterlassen** begangen werden. Dieses ist allerdings nur dann strafbar, wenn der Täter rechtlich verpflichtet und tatsächlich in der Lage ist, der Unzucht Einhalt zu gebieten. Außerdem muß ihm das Einschreiten zumutbar gewesen sein.

a) Eine **Rechtspflicht zum Einschreiten** besteht z. B. für Eltern gegenüber Kindern, auch wenn diese bereits volljährig sind (BGH FamRZ 56, 81), sowie für einen Gastwirt, wenn dieser bemerkt, daß seine Gäste, die zunächst einzeln untergebracht waren, „zusammenziehen". Desgleichen ist ein Haushaltsvorstand zum Einschreiten verpflichtet, wenn er erkennt, daß seine Hausangestellte oder seine Untermieterin nachts ständig Herrenbesuche empfängt.

b) Das Einschreiten muß **zumutbar** sein. Bei Unzumutbarkeit entfällt die Schuld (vgl. BGH 6, 46; siehe auch Vorbem. AT, Abschn. C I 5 c, S. 32). Diese Voraussetzungen sind z. B. gegeben, wenn die Eltern nicht einschreiten, weil sie die baldige Eheschließung ihrer bereits schwangeren Tochter sicherstellen wollen und die Aufhebung des Verlöbnisses fürchten. Den Eltern kann auch nicht zugemutet werden, das Jugendamt oder die Polizei in Anspruch zu nehmen und auf diese Weise das Verhältnis der Tochter an die Öffentlichkeit zu zerren (vgl. BGH a.a.O.). Siehe auch BGH FamRZ 56, 81: Es ist Tatfrage, welche Mittel einer Ehefrau zuzumuten sind, um gegen unzüchtige Handlungen des Ehemannes mit ihrer Tochter aus erster Ehe einzuschreiten; der Richter muß die Pflichten und Interessen aller Beteiligten gegeneinander abwägen.

6. Nur die gewohnheitsmäßige oder eigennützige Kuppelei erfüllt den Tatbestand des § 180.

a) **Gewohnheitsmäßig** handelt, wer einen durch wiederholte Tatbegehung erlangten Hang zur Förderung fremder Unzucht besitzt. Diese Voraussetzungen liegen schon dann vor, wenn der Täter sich an das Fördern fremder Unzucht so gewöhnt hat, daß er bei weiteren Förderungshandlungen durch den Ausfall aller sittlichen Hemmungen gar nichts mehr denkt (vgl. BGH 15, 377, 379).

b) **Aus Eigennutz** handelt der Täter vor allem dann, wenn er einen materiellen Vorteil erstrebt. Beispiel: Ein Taxifahrer fordert von seinem Fahrgast, dem er eine Dirne ausfindig macht, eine besondere Belohnung. — Oder: Ein Vermieter läßt sich von seiner Untermieterin dafür, daß er deren ständige Herrenbesuche duldet, einen Mietaufschlag zahlen. Es ist allerdings nicht erforderlich, daß der Täter einen den normalen Gewinn übersteigenden Vorteil erstrebt (RG 41, 225). Ein Gastwirt macht sich daher wegen Kuppelei auch dann strafbar, wenn er ein offensichtlich unverheiratetes Paar nur deshalb nicht abweist, weil er befürchtet, daß sein Zimmer sonst leersteht. Entsprechendes gilt für das Beispiel mit dem Taxifahrer. Dieser macht sich auch dann der Kuppelei schuldig, wenn er nur den normalen Fahrlohn fordert, sich aber darüber im klaren ist, daß er ohne die kupplerische Tätigkeit die lohnende Fahrt nicht unternehmen könnte und vielleicht noch lange auf einen anderen Fahrgast warten müßte.

Auch das Streben nach anderen Vorteilen kann als Eigennutz angesehen werden. Hierher gehört vor allem der Fall, daß der Täter hofft, selbst an den unzüchtigen Handlungen teilnehmen zu dürfen (sog. Triolenverkehr; siehe auch BGH 11, 94). Nicht ausreichend ist dagegen die Absicht, sich durch die kupplerische Tätigkeit die Gunst der verkuppelten Personen zu erhalten (vgl. BGH 11, 97, OLG Köln NJW 67, 455).

7. Als besondere Erscheinungsform der Kuppelei wird in Abs. 2 die **Unterhaltung eines Bordells oder eines bordellartigen Betriebs** erwähnt. Nicht hierher gehören die sogenannten Dirnenunterkünfte, d. h. Häuser, in denen Dirnen die Möglichkeit gegeben wird, zu wohnen und auch ihrer unzüchtigen Tätigkeit nachzugehen. Diese Häuser mögen zwar als bordellartige Betriebe angesehen werden; ein „Unterhalten" liegt aber nur dann vor, wenn der Täter in wirtschaftlicher und organisatorischer Beziehung Einfluß auf den Unzuchtsbetrieb nimmt (vgl. Schönke-Schröder Rn. 23).

8. Besonderheiten gelten für die **Vermietung von Wohnraum,** vor allem an Dirnen. Diese ist nach Abs. 3 nur strafbar, wenn die Dirne entweder ausgebeutet wird, oder wenn der Vermieter die Dirne zur Unzucht anwirbt oder anhält, oder wenn die Dirne das 18. Lebensjahr noch nicht vollendet hat. Durch diese Bestimmung soll verhindert werden, daß die Dirnen auf die Straße, in die Familie oder in nicht überwachbare Schlupfwinkel getrieben werden (BGH 9, 71). Die Privilegierung wird nicht dadurch ausgeschlossen, daß den Dirnen über das bloße Gewähren von Wohnung hinaus Gelegenheit zur Einnahme von Mahlzeiten und Getränken geboten wird (vgl. BGH NJW 64, 2023 m. Anm. Rutkowsky; Schönke-Schröder Rn. 13).

a) Ein Ausbeuten kann nicht schon darin gesehen werden, daß der Vermieter sich einen sog. Unbequemlichkeitszuschlag zahlen läßt. Es liegt auf der Hand, daß die ständig ein- und ausgehenden Besuche Lärm und Unruhe mit sich bringen und oft auch den Ruf des Hauses schädigen. Ein höherer Mietpreis als üblich ist daher nicht unangemessen. Er muß aber im Rahmen bleiben, was jeweils nach den besonderen Umständen des Einzelfalls zu beurteilen ist. Liegt ein Ausbeuten, d. h. ein Ausnützen in gewinnsüchtiger Absicht vor, so ist es unerheblich, wer den Mietvertrag abgeschlossen hat und die Miete zahlt. Dies kann auch der „Verlobte" der Dirne oder ein sonstiger Zuhälter sein (vgl. BGH 10, 192).

b) Ein Anhalten kommt vor allem dann in Betracht, wenn der Vermieter die Dirne zu fleißigerer Tätigkeit ansporn, damit sie die Miete bezahlen kann.

c) § 180 Abs. 3 findet auch dann Anwendung, wenn die Wohnung an Personen vermietet wird, die nicht gewerbsmäßig der Unzucht nachgehen (RG 71, 293; BayObLG NJW 55, 1199). Der bei Dirnen zu berücksichtigende „Unbequemlichkeitszuschlag" darf dann allerdings nicht erhoben werden (RG a.a.O.).

d) Unter Gewährung einer Wohnung ist nur die Bereitstellung der Möglichkeit eines auf Dauer bestimmten Aufenthalts zu verstehen, nicht dagegen das Vermieten eines Zimmers für Stunden oder einige Tage (RG 62, 221 betr. sog. Absteigequartiere).

9. **Teilnahme** ist nach allgemeinen Grundsätzen strafbar. Auch der Verkuppelte selbst kann sich der Anstiftung schuldig machen (BGH 10, 386; 15, 377; str.). Beispiel: A veranlaßt seinen Freund B, ihm gegen entsprechende Belohnung ein Mädchen zu besorgen, das zum Geschlechtsverkehr bereit ist. A geht in diesem Fall über den Rahmen der sogenannten notwendigen Teilnahme hinaus (vgl. Vorbem. AT, Abschn. H VI, S. 55 f.).

10. Subjektiv ist **Vorsatz** erforderlich, wobei bedingter Vorsatz genügt. Da zur Verwirklichung des Tatbestandes nicht erforderlich ist, daß es zu unzüchtigen Handlungen kommt, kann der Täter sich zu seiner Entlastung nicht darauf berufen, er habe darauf vertraut, die Verkuppelten würden sich jeder unzüchtigen Handlung enthalten. Es genügt vielmehr, wenn der Täter weiß, daß er für die etwaige Verübung der Unzucht günstigere Bedingungen schafft. — Die irrige Annahme, der Geschlechtsverkehr zwischen Verlobten sei keine Unzucht, ist kein Tatbestands-, sondern ein Verbotsirrtum.

11. **Konkurrenzen:** Da § 180 kein höchstpersönliches Rechtsgut, sondern die Interessen der Allgemeinheit schützt, ist Fortsetzungszusammenhang auch dann möglich, wenn mehrere Personen verkuppelt werden. — IdK ist möglich mit Beihilfe zu §§ 173, 174, 175, 175 a, 176, 177. Nimmt der Kuppler an den unzüchtigen Handlungen selbst teil, so können die letztgenannten Tatbestände auch in täterschaftlicher Begehungsweise mit § 180 idealkonkurrierend zusammentreffen. Da § 181 weder gewohnheitsmäßiges noch eigennütziges Handeln voraussetzt, ist bei Vorliegen dieser Merkmale auch IdK zwischen §§ 180, 181 möglich (BGH NJW 56, 312).

II. Die schwere Kuppelei (§ 181)

1. § 181 enthält gegenüber § 180 zwei selbständige Tatbestände und kann deshalb, wenn die Tat gewohnheitsmäßig und aus Eigennutz begangen wird, mit § 180 in IdK stehen (s. o. I 11).

2. Von einer Anwendung **hinterlistiger Kunstgriffe** (Nr. 1) kann vor allem gesprochen werden, wenn der Täter unter Verdeckung seiner eigentlichen Absichten vorgeht und die verkuppelte Person erst zu spät erkennt, was eigentlich gespielt wird, z. B. wenn junge Schülerinnen zu einer seriös erscheinenden „Party" eingeladen werden, in der es ausschließlich darum geht, die Mädchen, wenn sie genug getrunken haben, zu unzüchtigen Handlungen zu gewinnen.

3. Unter die Strafdrohung der Nr. 2 fallen

a) der **Ehemann,** der seine Frau verkuppelt. Die Rechtsgültigkeit dieser Bestimmung ist durch den Grundsatz der Gleichberechtigung von Mann und Frau nicht berührt worden (vgl. BGH 6, 168). Die Tat kann auch durch Unterlassen begangen werden. Siehe hierzu oben I 5.

b) **Eltern**, die ihre Kinder verkuppeln. Zu den Eltern gehören auch Adoptiveltern, Pflegeeltern und Stiefeltern (vgl. BGH 17, 230, 235). Ein Autoritätsverhältnis ist nicht erforderlich. Der Tatbestand kommt daher auch gegenüber volljährigen Kindern in Betracht (BGH 5, 185; 17, 230, 235; str.). Wird die Tat durch Unterlassen begangen (häufiger Fall), so ist bei volljährigen Kindern besonders sorgfältig zu prüfen, ob den Eltern ein Einschreiten zur Verhinderung der Unzucht möglich und zumutbar war (s. o. I 5 b).

c) **Vormünder, Geistliche, Lehrer und Erzieher.** Hier kommt es im Gegensatz zu den unter a) und b) behandelten Fällen auf das Vorliegen eines Unterordnungsverhältnisses an (BGH 5, 186). Erzieher i. S. der Vorschrift ist nur, wer berufsmäßig Erziehungsaufgaben wahrzunehmen hat (BGH 6, 369). Der Begriff ist hier enger als bei § 174 (vgl. BGH a.a.O., str.).

4. **Teilnahme** ist nach allgemeinen Grundsätzen strafbar. Da § 181 nicht nur einen erschwerten Fall des § 180, sondern einen Sondertatbestand mit eigenem Unrechtsgehalt darstellt, sind alle Tatbestandsmerkmale strafbegründend. § 50 Abs. 2 findet also keine Anwendung (vgl. Vorbem. AT, Abschn. H V 3, S. 52 f.).

Wie bei § 180 kommen als Teilnehmer auch solche Personen in Betracht, die an der Unzucht selbst teilnehmen (s. o. I 9). Dies gilt jedoch nicht für die in § 181 Nr. 2 geschützten Personen (vgl. Vorbem. AT, Abschn. H VI 2, S. 56). Beispiel: A duldet, daß seine 18jährige Tochter T ihren Freund F zu sich in die gemeinsame Wohnung aufnimmt und mit F geschlechtsvertrauliche Beziehungen unterhält. Hat A diesem Vorhaben erst auf Drängen des F nachgegeben, so hat sich A als Täter, F als Anstifter gemäß § 181 zu verantworten. Die T bleibt dagegen auf jeden Fall straflos.

III. Die Zuhälterei (§ 181 a)

Zuhälterei begeht ein Mann, der von einer Frau, die gewerbsmäßig Unzucht treibt, unter Ausbeutung ihres unsittlichen Erwerbs ganz oder teilweise seinen Lebensunterhalt bezieht (sog. ausbeuterische Zuhälterei) oder der einer solchen Frau gewohnheitsmäßig oder aus Eigennutz bei der Ausübung ihres unzüchtigen Gewerbes Schutz gewährt oder sonst förderlich ist (sog. kupplerische Zuhälterei).

1. **Zweck der Bestimmung** ist es, das Zuhältertum als eine Brutstätte für Verbrechen und Vergehen aller Art zu bekämpfen, nicht dagegen, die Dirne in ihrem unsittlichen Erwerb zu schützen (BGH 19, 107).

2. Die **ausbeuterische Zuhälterei** besteht darin, daß ein Mann von einer Frau, die gewerbsmäßig der Unzucht nachgeht, unter Ausbeutung ihres unsittlichen Erwerbs ganz oder teilweise seinen Lebensunterhalt bezieht. Bei gemeinschaftlicher Wirtschaftsführung, zu der beide Teile Geld oder Sachwerte beisteuern, liegt ein Ausbeuten nur dann vor, wenn die Beiträge des Mannes hinter dem Nutzen zurückbleiben, den er selbst aus der gemeinschaftlichen Wirtschaftsführung zieht (BGH 4, 316; 15, 5). Der Tatbestand ist ferner dann gegeben, wenn der Täter sich mit den Einkünften der Dirne einen höheren Lebensstandard leisten kann, z. B. wenn er sich einen luxuriösen Wagen halten kann, zu dessen Anschaffung und Unterhaltung seine eigenen Einkünfte nicht ausreichen würden. Diese Beispiele zeigen, daß der Zuhälter in jedem Fall ein wirtschaftliches Interesse an dem unzüchtigen Gewerbe der Frau haben muß.

Gelegentliche kleinere Zuwendungen seitens der Frau erfüllen diese Voraussetzungen noch nicht. Andererseits wird der Tatbestand nicht dadurch ausgeschlossen, daß der Täter mit der Dirne auch noch durch andere Interessen, insbesondere durch eine Geschlechtsgemeinschaft, verbunden ist (BGH 15, 37). Es genügt, wenn die Einkünfte der Dirne, aus der Sicht des Mannes gesehen, einen nicht unerheblichen Zweck des Verhältnisses darstellen.

3. Die **kupplerische Zuhälterei** ist eine erschwerte Form der Kuppelei. Der Täter muß also objektiv und subjektiv alle Tatbestandmerkmale des § 180 erfüllen. Die in § 181 a hervorgehobenen Tatbestandmerkmale „Schutz gewähren" und „förderlich sein" sind lediglich besondere Erscheinungsformen des Vorschubleistens.

a) Als „Schutz gewähren" genügt jedes Verhalten, das der Dirne das Gefühl erhöhter Sicherheit bei Ausübung ihres Gewerbes gibt. Beispiel: A begleitet die Dirne D zu ihrem Standplatz und stellt sich dort in der Nähe auf, um bei etwaigen Streitigkeiten mit „Freiern" oder „Kolleginnen" eingreifen zu können.

b) „Förderlich" ist jede Tätigkeit, die dem unzüchtigen Gewerbe der Dirne zugute kommt (BGH LM § 181 a Nr. 6 = MDR 55, 307). Beispiel: A fährt die Dirne D täglich von ihrem Wohnort in das Dirnenviertel einer 20 km entfernten Großstadt. — Auch das Bereitstellen von Wohnraum kann den Tatbestand erfüllen. In diesem Fall ist jedoch § 180 Abs. 3 zu beachten. Weiter ist zu beachten, daß auch die kupplerische Tätigkeit ein engeres, auf gewisse Dauer berechnetes persönliches Verhältnis des Täters zu der Dirne voraussetzt. Die Dirne muß sich an den Zuhälter „anlehnen"; dieser muß zu ihr halten. Beschränkt sich die Unterstützung der Dirne nur auf einzelne Handlungen, so kommt — wenn die übrigen Voraussetzungen des § 180 vorliegen — zwar Strafbarkeit wegen Kuppelei, nicht aber wegen kupplerischer Zuhälterei in Betracht. Diese Einschränkung ist erforderlich, um einer zu weiten Ausdehnung des Tatbestands zu begegnen (vgl. BGH LM § 181 a Nr. 6; OLG Köln NJW 67, 455 f.).

4. Der **Versuch** ist strafbar (Verbrechen), liegt aber noch nicht dann vor, wenn der Täter die Frau erst zur Gewerbsunzucht bringen muß (BGH 6, 98).

5. **Teilnahme** ist nach allgemeinen Grundsätzen strafbar. Da die Vorschrift nicht dem Schutz der Dirne dient (s. o. 1), kann auch die Dirne selbst wegen Anstiftung bestraft werden, wenn sie von sich aus den Anstoß zu dem strafbaren Verhältnis gegeben und damit den Rahmen der notwendigen Teilnahme überschritten hat (BGH 19, 107).

6. **IdK** mit § 180 ist nur bei der ausbeuterischen, nicht auch bei der kupplerischen Zuhälterei möglich. Diese geht vor. Siehe ferner oben I 11.

Lösung des Falles

I. Strafbarkeit des A

A hat die D dadurch, daß er sie an den Haaren hin und her zog, dazu veranlaßt, sich seinem nachdrücklichen Verlangen zu beugen und den ihr zuvor für den vereinbarten Geschlechtsverkehr überreichten

10,— DM-Schein wieder herauszugeben. Dieses Verhalten ist unter folgenden rechtlichen Gesichtspunkten zu prüfen:

1. Räuberische Erpressung (§§ 253, 255)

a) Allgemeine Ausführungen über Raub und Erpressung siehe Vorbem. A II 5 vor Fall 12 (S. 338) sowie Abschn. I 3 der Lösung von Fall 12 (S. 354 f.), wo auch der Aufbau des obj. Tb. der räuberischen Erpressung und das Verhältnis der räuberischen Erpressung zum Raub näher untersucht werden.

b) Folgt man der hier im Anschluß an die st. Rspr. des BGH vertretenen Abgrenzung von Raub und räuberischer Erpressung, so scheidet Raub schon deshalb aus, weil A sich das Geld nicht selbst genommen hat, sondern sich von der D geben ließ. Damit kommt nur räuberische Erpressung in Betracht. Der obj. Tb. bietet keine Schwierigkeiten. A zwang die D durch Gewalt gegen ihre Person, indem er sie an den Haaren hin- und herzog, das ihr zuvor gegebene Geld wieder herauszugeben. Der obj. Tb. des § 255 ist damit erfüllt.

c) Der subj. Tb. erfordert neben dem Vorsatz die Absicht, sich oder einen Dritten zu Unrecht zu bereichern. Es ist daher zunächst zu untersuchen, ob A einen R e c h t s a n s p r u c h a u f R ü c k g a b e der 10,— DM hatte. Dies richtet sich ausschließlich nach zivilrechtlichen Gesichtspunkten. Es bedarf keiner weiteren Ausführung, daß die zwischen A und D getroffene Vereinbarung über die entgeltliche Ausführung des Geschlechtsverkehrs ein nach § 138 BGB sittenwidriges und deshalb nichtiges Rechtsgeschäft war. Hieraus folgt, daß A gemäß § 817 Satz 2 BGB keinen Rückgabeanspruch aus ungerechtfertigter Bereicherung hatte. Damit werden jedoch andere Anspruchsgrundlagen nicht ausgeschlossen. So könnte A gemäß § 823 Abs. BGB i. V. mit § 263 StGB dann Schadensersatzansprüche geltend machen, wenn die D von Anfang an darauf ausgegangen wäre, A durch Täuschung zur Hingabe der 10,— DM zu veranlassen (vgl. BGH 17, 330).

Diese zuletzt angeschnittene Frage, die später nochmals für die Strafbarkeit der D von Bedeutung sein wird, bedarf hier keiner abschließenden Erörterung, da eine Strafbarkeit gemäß § 255 auf jeden Fall aus subj. Gründen entfällt. Wie nämlich bereits in der Vorbem. A zu Fall 12 (Abschn. V 5 a, S. 338) dargelegt, gehört zum Vorsatz der Erpressung das Bewußtsein, daß der erstrebte Vorteil rechtswidrig ist. Dies gilt auch für die hier in Frage stehende räuberische Erpressung. Aus dem Sachverhalt ist jedoch zu entnehmen, daß A sich unter den gegebenen Umständen zu den von ihm vorgenommenen Zwangsmaßnahmen berechtigt hielt. Es fehlte ihm also das Bewußtsein, daß der von ihm erstrebte Vermögensvorteil rechtswidrig war. Damit aber fehlte zugleich der Vorsatz. § 255 ist daher abzulehnen.

2. Nötigung (§ 240)

a) Allgemeine Ausführungen zu § 240 siehe Vorbem. E vor Fall 11 (S. 320 ff.).

b) Wie bereits zu § 255 ausgeführt, hat A die D durch Gewalt gezwungen, das ihr zuvor gegebene Geld wieder herauszugeben. Damit aber ist der Tb. des § 240 noch nicht erfüllt. Wie bereits in der Vorbem. E vor Fall 12 unter Abschn. 4 (S. 321) näher ausgeführt, gehört die Nötigung (ebenso wie die Erpressung) zu den sog. offenen oder ergänzungsbedürftigen Tatbeständen. Ein strafrechtlich erhebliches, d. h. tatbestandsmäßiges Verhalten liegt erst dann vor, wenn noch weitere Umstände hinzutreten, die das Vorgehen im Einzelfall als verwerflich erscheinen lassen (vgl. Schönke-Schröder § 240 Rn. 16, Maurach BT 112, Bockelmann ZStW 69, 272).

c) Bei der Prüfung, ob das Vorgehen des A verwerflich i. S. von § 240 Abs. 2 war, kommt es wiederum nicht entscheidend darauf an, ob A einen zivilrechtlichen Rückgabeanspruch hatte. Wie bereits oben unter 1 c) dargelegt, kann sich ein Rückgabeanspruch u. U. aus §§ 823 II, 826 BGB ergeben. § 817 Satz 2 BGB stünde einem solchen Anspruch nicht entgegen. Aber selbst wenn man zugunsten des A vom Bestehen eines Anspruchs aus unerlaubter Handlung ausgehen wollte, so entfiele damit noch nicht ohne weitere Prüfung die Rechtswidrigkeit der Nötigung. Dies kann vielmehr auch dann gegeben sein, wenn ein an sich berechtigtes Ziel in verwerflicher Weise verfolgt wird (vgl. BGH 17, 330, Schönke-Schröder § 240 Rn. 15 a, 21 ff). Die Verwerflichkeit der Nötigung kann sich sowohl aus der Verwerflichkeit des Zwecks als auch aus der Verwerflichkeit des Mittels ergeben. Allerdings ist einzuräumen, daß bei einer Gesamtwürdigung aller Tatumstände die rechtswidrige Durchsetzung eines rechtlich anerkannten Zwecks eher zu tolerieren ist, als wenn auch der erstrebte Zweck rechtswidrig ist (vgl. Schönke-Schröder § 240 Rn. 18).

d) Aus der sprachlichen Verschiedenheit der Begriffe „rechtswidrig" und „verwerflich" folgt, daß eine Tat nicht schon dann verwerflich ist, wenn allgemeine (gesetzliche oder übergesetzliche) Rechtfertigungsgründe fehlen. Der Begriff der Rechtswidrigkeit i. S. von § 240 unterliegt eigenen Regeln. Er darf nicht mit dem Fehlen von allgemeinen Rechtfertigungsgründen identifiziert werden. Die Rechtswidrigkeit der Nötigung ist vielmehr positiv zu bestimmen, wobei es entscheidend auf das Verhältnis von Mittel und Zweck und die damit verbundenen Gesamtumstände des Einzelfalls ankommt. Aus diesen Erwägungen ergibt sich folgende Definition (vgl. BGH 17, 329, 332): Verwerflich und damit rechtswidrig ist die Tat dann, wenn das Vorgehen des Täters als grober Angriff auf die Entschlußfreiheit einen erhöhten Grad sittlicher Mißbilligung enthält. (Siehe auch Vorbem. E 5 vor Fall 12 und die dort erwähnten Beispiele.)

e) Die allgemeinen Rechtfertigungsgründe werden durch diese positive Bestimmung der Rechtswidrigkeit im Rahmen der Nötigung nicht schlechthin bedeutungslos. Sie behalten ihre Bedeutung insofern, als bei ihrem Vorliegen von einem verwerflichen Vorgehen nicht gesprochen werden kann (vgl. Schönke-Schröder § 240 Rn. 25; bestr.). Im vorliegenden Fall ist daher zu prüfen, ob A sich auf erlaubte Selbsthilfe gemäß § 229 BGB berufen kann. (Allgem. Ausführungen zu § 229 siehe Vorbem. A 3 vor diesem Fall.)

Nach § 229 BGB ist u. a. gerechtfertigt, wer zum Zwecke der Selbsthilfe eine Sache wegnimmt, wenn obrigkeitliche Hilfe nicht rechtzeitig zu erlangen ist und ohne sofortiges Eingreifen die Gefahr besteht, daß die Verwirklichung eines Anspruchs vereitelt oder wesentlich erschwert wird. Die Vorschrift schafft einen Ersatz für das Fehlen obrigkeitlicher Hilfe. Hieraus sowie aus § 230 BGB folgt, daß die Selbsthilfe nicht über das hinausgehen darf, was durch das Eingreifen der Obrigkeit hätte erreicht werden können, sofern diese erreichbar gewesen wäre (BGH 17, 330). Wäre obrigkeitliche Hilfe erreichbar gewesen, so hätte A allenfalls die vorläufige Sicherstellung des Geldes erreichen können. Die endgültige Rückgabe hätte im Falle eines Rechtsstreits vorausgesetzt, daß A den von ihm geltend gemachten Anspruch aus unerlaubter Handlung mit Erfolg unter Beweis gestellt hätte. Außerdem hätte er nach § 230 Abs. 2 und 4 BGB den dinglichen Arrest in das weggenommene Geld beantragen müssen. Gerade diese Schwierigkeiten aber wollte er vermeiden. Es ging ihm nicht nur darum, das Geld sicherzustellen; er wollte vielmehr unter Vermeidung des nicht nur umständlichen, sondern auch peinlichen Rechtswegs möglichst schnell wieder zu seinem Geld kommen. Dafür aber ist das Selbsthilferecht des § 229 BGB nicht geschaffen. Eine Rechtfertigung gemäß § 229 BGB ist daher abzulehnen (vgl. BGH 17, 331).

f) Weitere allgemeine Rechtfertigungsgründe sind nicht ersichtlich. Dies bedeutet, daß A der D gegenüber verbotene Eigenmacht i. S. von § 858 Abs. 1 BGB begangen hat. Dieser Vorschrift zufolge handelt rechtswidrig, wer den Besitzer einer Sache ohne dessen Willen den Besitz entzieht oder ihn im Besitz stört, sofern nicht das Gesetz die Entziehung oder Störung gestattet. Eine Besitzentziehung ohne Willen des Besitzers setzt nicht voraus, daß der Täter sich die Sache gegen den Willen des Besitzers selbst nimmt. § 858 Abs. 1 BGB kommt vielmehr auch dann in Betracht, wenn der Besitzer durch Gewalt oder eine der Gewalt gleichzustellenden Drohung genötigt wird, die Sache herauszugeben (vgl. Staudinger, 11. Aufl. Anm. 7 c zu § 858 BGB sowie Anm. 5 zu § 935 BGB; zum Ganzen siehe auch BGH 4, 34 und NJW 53, 1506 m. Anm. Hoche).

Daß die Besitzergreifung durch A nicht durch erlaubte Selbsthilfe oder andere Rechtfertigungsgründe gerechtfertigt war, wurde bereits oben dargelegt.

g) Das Fehlen von Rechtfertigungsgründen bedeutet nach der besonderen Struktur des § 240 noch nicht, daß die Tat ohne weitere Prüfung als rechtswidrig i. S. von § 240 Abs. 2 anzusehen ist. Wie bereits oben unter d) dargelegt, ist vielmehr unter Berücksichtigung aller Umstände des Einzelfalls zu prüfen, ob das Vorgehen des A als grober Angriff auf die Entschlußfreiheit der D zu werten ist und ob man von einem besonderen Grad sittlicher Mißbilligung sprechen kann. Der Bundesgerichtshof hat diese Frage in der bereits mehrfach zitierten Entscheidung BGH 17, 328 ff. verneint mit der Begründung, daß auch die D ihrerseits verwerflich gehandelt habe, indem sie versuchte, A unter Ausnutzung der von ihr herbeigeführten sinnlichen Erregung unter Druck zu setzen. Dem kann unbedenklich beigepflichtet werden. A hatte aus verständlicher Wut über das Verhalten der D gehandelt. Zu seinen Gunsten ist weiter zu berücksichtigen, daß er einen Rückgabeanspruch zu haben glaubte und seine Befürchtung, seinen Anspruch später infolge von Beweisschwierigkeiten nicht mehr durchsetzen zu können, nicht unbegründet war (BGH a.a.O. 332). Die Rechtswidrigkeit der Nötigung ist daher abzulehnen.

3. Ergebnis: A hat sich nicht strafbar gemacht.

II. Strafbarkeit des Louis (L)

L schlug den A im Treppenhaus nieder und nahm ihm den Geldbeutel ab, den er dann anschließend der D übergab. In Betracht kommen folgende Tatbestände:

1. Körperverletzung (§ 223)

a) Allgem. Ausführungen zu § 223 siehe Vorbem. B II vor Fall 6 (S. 198 f.).

b) Der mit erheblicher Kraft geführte Faustschlag, durch den A zu Boden gestreckt wurde, stellt sich als körperliche Mißhandlung dar, ohne daß es weiterer Feststellungen bedarf. L handelte auch vorsätzlich.

c) Es ist weiter zu prüfen, ob L sich auf einen Rechtfertigungsgrund berufen kann. In Betracht kommen:

aa) Notwehr (§ 53). Allgemeine Ausführungen zu § 53 siehe Vorbem. A vor Fall 6 (S. 192 ff.).

Notwehr setzt zunächst einen gegenwärtigen rechtswidrigen Angriff voraus. Wie oben unter I 2 e) und f) dargelegt, war das Verhalten des A wegen verbotener Eigenmacht selbst dann rechtswidrig, wenn er im Falle einer vorausgegangenen Täuschung seitens der D gegen diese gemäß §§ 823, 826 BGB einen Anspruch aus unerlaubter Handlung hatte.

Nach Bejahung der Rechtswidrigkeit ist weiter zu prüfen, ob man noch von einem gegenwärtigen Angriff sprechen kann. Hierbei ist folgendes zu beachten (siehe auch Vorbem. A I 1 c vor Fall 6): Die Wegnahme war zwar bereits rechtlich vollendet. Tatsächlich beendet war die Aktion jedoch noch nicht. Hierzu wäre erforderlich gewesen, daß es A gelungen wäre, den Herrschaftsbereich der D zu verlassen und den Gewahrsam des Geldes zu sichern. Soweit kam es jedoch durch das Dazwischentreten des L nicht mehr. Der Angriff muß daher noch als gegenwärtig angesehen werden.

Es bleibt noch zu prüfen, ob das von L gewählte Vorgehen erforderlich war, um die Flucht des A zu verhindern. Hier ergeben sich erhebliche Bedenken. Wie in der Vorbem. A I 2 vor Fall 6 (S. 193) näher dargelegt, richtet sich die Erforderlichkeit der Abwehrhandlung nach der Intensität des Angriffs, wobei alle Umstände des Einzelfalls zu berücksichtigen sind. Bei mehreren möglichen Mitteln ist dabei immer das jeweils mildeste zu wählen. L hätte daher nicht ohne weiteres A niederschlagen dürfen, sondern erst versuchen müssen, ihn ohne weitergehende Gewalteinwirkung bis zur Klärung des Sachverhalts festzuhalten. Hierzu bestand um so mehr Anlaß, als L dem A nach Sachverhalt körperlich überlegen war. Der Faustschlag war daher nicht durch Notwehr gerechtfertigt.

bb) Erlaubte Selbsthilfe gemäß § 229 BGB ist auch in der Form zulässig, daß zur Sicherung eines Anspruchs eine flüchtige oder fluchtverdächtige Person festgenommen wird, wenn obrigkeitliche Hilfe nicht rechtzeitig zu erlangen ist. § 229 BGB setzt aber zunächst voraus, daß ein Anspruch überhaupt besteht. Geht man davon aus, daß A einen Rückgabeanspruch hatte, so entfällt eine Rechtfertigung des L gemäß § 229 BGB schon aus diesem Grunde. Ein nur vermeintlicher Anspruch genügt nicht. Aber selbst wenn A keinen

Rückgabeanspruch hatte, greift § 229 BGB zugunsten des L nicht ein, da gemäß § 230 Abs. 1 BGB die Selbsthilfe nicht weiter gehen darf, als zur Abwendung der Gefahr erforderlich ist. Entsprechend den Ausführungen zur Notwehr wäre es aber bei der körperlichen Überlegenheit des L ausreichend gewesen, A bis zur Klärung des Sachverhalts festzuhalten. Es war nicht erforderlich, ihn brutal niederzuschlagen. Aus den gleichen Gründen ist auch ein Selbsthilferecht aus § 859 BGB abzulehnen (vgl. Palandt, Bürgerliches Gesetzbuch, 26. Aufl. § 859 Anm. 2 m. w. Nachw.).

cc) Vorläufige Festnahme gemäß § 127 Abs. 1 StPO. Diese Vorschrift gibt jedermann — also nicht nur der Polizei — das Recht, einen auf frischer Tat betroffenen Täter festzunehmen, wenn Fluchtverdacht besteht oder seine Identität nicht sofort festgestellt werden kann. Diese Voraussetzungen liegen hier an sich vor. § 127 StPO rechtfertigt aber grundsätzlich nur die mit der Festnahme verbundene Freiheitsberaubung. Eine bei der Festnahme begangene Körperverletzung ist nur insoweit gerechtfertigt, als sie zur Festnahme unbedingt erforderlich war. So aber liegt der Fall hier nicht. L ist daher auch nicht durch § 127 StPO gerechtfertigt.

d) Im Rahmen der Schuld ist zunächst zu prüfen, ob L sich auf einen Irrtum über die tatsächlichen Voraussetzungen eines Rechtfertigungsgrundes berufen kann. Ein solcher Irrtum wäre als Tatbestandsirrtum i. S. von § 59 zu behandeln und würde — selbst bei Vermeidbarkeit — die Strafbarkeit wegen vorsätzlicher Körperverletzung ausschließen (vgl. Vorbem. C VII 3 a vor Fall 4 [S. 156 f.] sowie Lösung von Fall 4, Abschn. I 5 [S. 165]. Ein solcher Irrtum läge dann vor, wenn L zur Sicherung der vermeintlichen Ansprüche der D keine andere Möglichkeit gesehen hätte, als den A in der beschriebenen Weise niederzuschlagen. In diesem Fall könnte gegen L allenfalls der Vorwurf der Fahrlässigkeit erhoben werden, was dann gemäß § 59 Abs. 2 zu einer fahrlässigen Körperverletzung (§ 230) führen würde. Dieser Gedanke soll jedoch mangels näherer Anhaltspunkte im Sachverhalt nicht weiter verfolgt werden.

Sollte L der irrigen Auffassung gewesen sein, er sei bei den gegebenen Umständen auch ohne Prüfung der Möglichkeit milderer Mittel berechtigt gewesen, A einfach niederzuschlagen, so hätte er über Grenzen und Umfang der in Frage kommenden Rechtfertigungsgründe geirrt. Ein solcher Irrtum wäre nach der hier vertretenen eingeschränkten Schuldtheorie als Verbotsirrtum zu behandeln, durch den der Vorsatz nicht berührt würde. Mangels näherer Anhaltspunkte soll aber auch dieser Gedanke nicht weiter verfolgt werden.

e) Ergebnis: Vorbehaltlich eines etwa relevanten Tatbestands- oder Verbotsirrtums (vgl. d) hat L sich einer vorsätzlichen Körperverletzung schuldig gemacht.

2. Raub (§ 249)

a) Allgem. Ausführungen zu § 249 siehe Vorbem. A II vor Fall 12 (S. 337 ff.).

b) L hat den Geldbeutel des A, somit eine für ihn fremde bewegliche Sache, weggenommen. Da er die Wegnahme durch Gewalt bewirkte, sind alle Merkmale des obj. Tb. erfüllt.

c) Der subj. Tb. erfordert neben dem Vorsatz die Absicht rechtswidriger Zueignung. Hierbei ist im vorliegenden Fall folgendes zu beachten: Nachdem die D laut um Hilfe gerufen hatte („Hilfe! Haltet ihn! Der Kerl hat mein Geld!"), ging L offensichtlich davon aus, A habe die D ihres Geldes beraubt. Die Einzelheiten waren ihm nicht bekannt. Durch die Wegnahme des Geldbeutels wollte er der D lediglich die Möglichkeit geben, sich ihr Geld wieder zu nehmen. Er handelte daher nicht in der Absicht, sich das Geld des A rechtswidrig zuzueignen. § 249 entfällt.

3. Nötigung (§ 240)

a) Allgem. Ausführungen zu § 240 siehe Vorbem. E vor Fall 11 (S. 320 ff.) sowie oben I 2.

b) L hat den A durch Gewalt (Festhalten, Niederschlagen) genötigt, die Wegnahme des Geldbeutels zu dulden. Es ist allerdings auch hier wieder zu prüfen, ob das Vorgehen als verwerflich und damit als rechtswidrig i. S. von § 240 Abs. 2 angesehen werden kann.

aa) Wie schon die Ausführungen zu § 223 (s. o. II 1) zeigen, kann sich L auf keinen Rechtfertigungsgrund berufen. Sein Verhalten war infolge Überschreitung der gesetzlichen Notwehr- und Selbsthilferechte rechtswidrig, und zwar ohne Rücksicht darauf, ob A gegen die D gemäß §§ 823, 826 BGB einen Rückgabeanspruch hatte oder nicht.

bb) Der Faustschlag, durch den L den A zu Boden streckte, muß als „grober Angriff gegen die Entschlußfreiheit" des A gewertet werden. In Hinblick auf die Brutalität des Schlages muß man auch von einem „erhöhten Grad sittlicher Mißbilligung" sprechen. Der Umstand, daß sich A selbst nicht korrekt verhalten hatte, hat demgegenüber keine entscheidende Bedeutung.

cc) Nach Sachverhalt kann zugunsten des L, der die Einzelheiten der Vorgeschichte nicht kannte, davon ausgegangen werden, daß er annahm, A habe der D einen größeren Geldbetrag entwendet. Aber selbst unter diesen Voraussetzungen wäre L nicht berechtigt gewesen, A auf so brutale Weise seine Beute wieder abzunehmen. Sein Vorgehen wäre auf jeden Fall als verwerflich anzusehen. Ein etwaiger Irrtum des L über den Umfang des von A entwendeten Geldes kann daher nicht als vorsatzausschließender Tatbestandsirrtum behandelt werden.

c) Schuldausschließungsgründe sind nicht ersichtlich. Ein etwaiger Verbotsirrtum (Irrtum über die Verwerflichkeit des Vorgehens) müßte als vermeidbar angesehen werden und könnte allenfalls in analoger Anwendung der §§ 51 II, 44 zu einer Schuldmilderung führen (vgl. BGH 2, 194 ff.).

d) Ergebnis: Strafbarkeit gemäß § 240.

4. Kuppelei (§ 180)

a) Allgemeine Ausführungen zu § 180 siehe Vorbem. E I.

b) Aus dem Sachverhalt ist nicht zu entnehmen, daß L dem unzüchtigen Treiben der D „durch Vermittlung oder durch Gewährung oder Verschaffung von Gelegenheit Vorschub geleistet" hat. Der Umstand, daß er ihr bei der Auseinandersetzung mit A Beistand geleistet hat, ist in diesem Zusammenhang unerheblich. § 180 ist daher abzulehnen.

5. Zuhälterei (§ 181 a)

a) Allgemeine Ausführungen zu § 181 a siehe Vorbem. E III.

b) Es ist zunächst zu prüfen, ob eine sog. ausbeuterische Zuhälterei vorliegt (1. Alternativtatbestand). Nach Sachverhalt lebte L, der arbeitslos war, mit der D zusammen und erhielt von ihr gelegentliche Zuwendungen. Diese Feststellungen reichen für eine Tatbestandverwirklichung noch nicht aus. Wie schon in der Vorbem. E III unter Abschn. 2 näher dargelegt, setzt der Tb. voraus, daß der Täter seinen Lebensunterhalt ganz oder teilweise aus den Einkünften der Dirne bestreitet. Wann man von einem „teilweisen Bestreiten" sprechen kann, ist in der Praxis oft nicht einfach festzustellen. Aus dem Tatbestandsmerkmal „Ausbeuten" kann jedoch entnommen werden, daß nur eine verhältnismäßig intensive, auf Dauer abgestellte Bestreitung des eigenen Lebensunterhalts den Tb. zu erfüllen vermag. Im Schrifttum wird teilweise auch die Auffassung vertreten, ein „Ausbeuten" liege nur dann vor, wenn der Täter sich eine gewisse Zwangslage der Dirne zunutze macht, z. B. wenn die Dirne von ihm sexuell abhängig oder sonst auf seinen Schutz angewiesen ist (vgl. Schönke-Schröder § 181 a Rn. 6; a.A. BGH NJW 64, 116). Gelegentliche Zuwendungen reichen jedenfalls nicht aus. (Zum Ganzen siehe auch Elster, Handwörterbuch der Kriminologie Bd. II (1936), S. 1151 sowie Oehler JZ 64, 383.)

c) Es ist weiter zu prüfen, ob eine sog. kupplerische Zuhälterei (2. Alternativtatbestand) vorliegt. Dieser Tatbestand enthält eine besondere Form der Kuppelei. Nachdem die D laut um Hilfe gerufen hatte, hat L es ihr durch sein Eingreifen ermöglicht, ihre tatsächlichen oder vermeintlichen Rechte gegen ihren „Kunden" A durchzusetzen. Hierin kann unbedenklich ein „Schutz gewähren" i. S. der Vorschrift gesehen werden. Diese einmalige Hilfeleistung genügt jedoch für sich allein noch nicht, um den Tb. zu verwirklichen. Dieser erfordert nämlich — ebenso wie die in § 180 unter Strafe gestellte einfache Kuppelei—, daß der Täter gewohnheitsmäßig oder aus Eigennutz gehandelt hat. Hierfür gibt der Sachverhalt keine hinreichenden Anhaltspunkte. § 181 a ist daher auch in der 2. Alt. des Tb. abzulehnen.

6. Zusammenfassung, Konkurrenzen

L hat sich einer leichten vorsätzlichen Körperverletzung (§ 223) sowie einer Nötigung (§ 240) schuldig gemacht. Beide Tatbestände wurden durch eine Handlung verwirklicht. Da ein Fall der Gesetzeskonkurrenz nicht ersichtlich ist, stehen beide Tatbestände in Idealkonkurrenz (§ 73).

III. Strafbarkeit der D

1. Betrug (§ 263)

Die D kann sich dann eines Betrugs schuldig gemacht haben, wenn sie — entgegen ihrer Einlassung im Ermittlungsverfahren — von Anfang an darauf aus war, über die vereinbarten 10,— DM hinaus noch weiteres Geld zu verlangen. Für diesen Fall wären folgende Erwägungen anzustellen:

a) Die D täuschte dem A vor, sie sei bereit, mit ihm für 10,— DM den Geschlechtsverkehr auszuüben.

b) A vertraute auf die Richtigkeit dieser Zusicherung; er befand sich somit in einem Irrtum über die wahren Absichten der D.

c) Aufgrund dieses Irrtums liegt eine Vermögensverfügung vor (ungeschriebenes Tb.-Merkmal des Betrugs, siehe hierzu ausführlich Vorbem. B vor Fall 7, S. 225).

d) Fraglich ist, ob bereits in der Hingabe des Geldes ein Schaden gesehen werden kann. Bei sonstigen Bargeschäften des täglichen Lebens könnte dies nicht ohne weiteres angenommen werden. Wenn z. B. ein Kaufmann nicht bereit ist, eine Ware zu dem von ihm angegebenen Preis abzugeben, so kann der Kunde normalerweise ohne besondere Schwierigkeiten den etwa vorgeleisteten Kaufpreis zurückfordern. Er wird seinen Anspruch auf Rückerstattung i. d. R. auch ohne weiteres realisieren können. Bei einem Bordellbetrieb liegen die Verhältnisse jedoch anders. Wie gerade der vorliegende Fall zeigt, kommt der durch abredewidrige Nachforderungen unter Druck gesetzte Freier in eine äußerst schwierige Zwangslage, die eine für ihn befriedigende Lösung kaum zuläßt. Gibt er der weiteren Forderung nach, so zahlt er mehr, als vereinbart wurde, und ist schon aus diesem Grunde geschädigt. Fordert er — wie im vorliegenden Fall — das Geld zurück, so gibt es Geschrei und peinliches Aufsehen. Hieraus folgt, daß das Vermögen des A bereits bei Hingabe der 10,— DM so gefährdet war, daß man von einem Vermögensschaden sprechen kann. (Zum Vermögensschaden beim Betrug siehe ausführlich Vorbem. B V vor Fall 10, S. 296 ff.)

Völlig unerheblich ist dabei, daß A wegen der Sittenwidrigkeit des von ihm vereinbarten Geschäfts keinen Rechtsanspruch darauf hatte, daß die D für 10,— DM mit ihm verkehrte. Es ist heute allgemein anerkannt, daß es kein gegen Betrug ungeschütztes Vermögen gibt (vgl. Schönke-Schröder § 263 Rn. 103 ff.). Entscheidend ist, daß A durch die Hingabe der 10,— DM eine Leistung erbracht hat, für die er nicht die Gegenleistung erhielt, die er nach allgemeiner Verkehrsanschauung erwarten durfte.

(Beachte: Während der hier zu entscheidende Fall heute nahezu unbestritten ist, wird der umgekehrte Fall, nämlich daß die Dirne um ihren Lohn geprellt wird, unterschiedlich behandelt. So hat der BGH bei einem Freier, der die Dirne mit Falschgeld entlohnte, Betrug abgelehnt mit der Begründung, dem Geschlechtsverkehr komme „für das Recht kein in Geld zu veranschlagender Wert zu". Diese Auffassung mag zwar „rechtlich gesehen" zutreffen, geht aber an den tatsächlichen Verhältnissen vorbei. Sie ist daher zu Recht auf Kritik gestoßen, vgl. Kohlhaas JR 54, 97.)

e) Der obj. Tb. ist damit erfüllt. Der Vorsatz und die Absicht, sich zu Unrecht zu bereichern, bedürfen bei dem unterstellten Sachverhalt keiner weiteren Ausführungen.

f) Rechtfertigungs- oder Schuldausschließungsgründe sind nicht ersichtlich. Ergebnis: Strafbarkeit gemäß § 263.

(Beachte: Geht man davon aus, daß die D — entsprechend ihrer Einlassung im Ermittlungsverfahren — den Gedanken, weitere 10,— DM zu fordern, erst faßte, als sie die ersten 10,— DM schon hatte, so fehlte ihr bei Vertragsabschluß die betrügerische Absicht ebenso wie der Schädigungsvorsatz. Betrug wäre abzulehnen, da der sog. dolus subsequens nicht ausreicht. Die Nichterfüllung einer vertraglichen Vereinbarung ist für sich allein nicht strafbar.)

2. Raub (§ 249)

a) Da die D an den Gewalttätigkeiten des L selbst nicht unmittelbar beteiligt war, kommt nur mittelbare Täterschaft in Betracht. (Anstiftung müßte schon deshalb entfallen, weil L — wie unter II 2 c dargelegt — ohne Zueignungsabsicht gehandelt hat.)

b) L hat, wie oben unter II 2 b dargelegt, alle obj. Merkmale des Raubs verwirklicht. Diese Feststellung belastet die D aber nur dann, wenn das Vorgehen des L von ihrem Vorsatz gedeckt war. Ein Exzeß des L kann die D strafrechtlich nicht belasten (vgl. § 59).

c) Aus dem Ruf „Hilfe! Haltet ihn!" kann zwanglos geschlossen werden, daß die D hoffte und wohl auch damit rechnete, A würde — notfalls unter Gewaltanwendung — von L oder einem sonstigen Hausbewohner festgehalten werden. Ihr späteres Verhalten zeigt jedoch, daß es ihr nur darum ging, „ihr" Geld wieder zurückzuerhalten. Geht man davon aus, daß sie bei Vertragsabschluß ohne betrügerische Absicht handelte, so war sie tatsächlich — unanfechtbar — Eigentümerin des ihr von A gegebenen 10,— DM-Scheines geworden. Damit entfiele der Tb. des § 249 schon objektiv. Geht man dagegen davon aus, daß sie in betrügerischer Absicht gehandelt hatte, so ist in der Rückforderung des Geldscheins durch A eine Anfechtung des Übereignungsvertrags zu sehen.

Zivilrechtlich ist dabei im einzelnen folgendes zu beachten: Die sich aus § 138 BGB ergebende Nichtigkeit des Grundgeschäfts (Vereinbarung des Geschlechtsverkehrs für 10,— DM) wegen Sittenwidrigkeit erstreckt sich nach dem das Zivilrecht beherrschenden Abstraktionsprinzip zwar nicht auf die Übereignung des Geldscheins. Diese ist aber ebenfalls ein Rechtsgeschäft, das wegen Irrtum oder arglistiger Täuschung angefochten werden kann. Hatte die D den A bei Vertragsabschluß über ihre wahren Absichten getäuscht, so war A gemäß § 123 Abs. 1 BGB unbeschadet der sich aus § 138 BGB ergebenden Nichtigkeit des Grundgeschäfts berechtigt, die Übereignung des der D übergebenen Geldes anzufechten. Als Anfechtung ist dabei jede Willensäußerung zu sehen, die unzweideutig erkennen läßt, daß das Geschäft rückwirkend beseitigt werden soll (vgl. RGZ 158, 168). Diese Voraussetzungen liegen hier vor. A hat das Geld nachdrücklich zurückverlangt. Aus der ex-tunc-Wirkung des § 142 BGB folgt aber, daß die Übereignung von Anfang an nichtig war.

Dies bedeutet für den vorliegenden Fall: A hatte das Eigentum an dem 10,— DM-Schein nicht verloren. Der Geldschein war daher eine für die D fremde bewegliche Sache. Aus ihrer Einlassung kann jedoch entnommen werden, daß sie sich dieser Konsequenz nicht bewußt war. Fehlte ihr aber das Bewußtsein, eine fremde Sache zurückzufordern, so fehlte es ihr damit an dem für § 249 erforderlichen Vorsatz.

d) Ergebnis: Raub entfällt ohne Rücksicht darauf, ob die D von Anfang an darauf aus war, die spätere Nachforderung geltend zu machen, oder ob sie diesen Entschluß erst während der Präliminarien faßte. Die Begründung der Ablehnung ist jedoch verschieden: im ersten Fall entfällt Raub nur aus subj. Gründen, im zweiten Fall dagegen schon mangels Fremdheit, d. h. aus objektiven Gründen.

3. Nötigung (§ 240)

a) Bereits bei der Prüfung des § 249 wurde festgestellt, daß die D hoffte und wohl auch erwartete, A werde — notfalls mit Gewalt — von L oder einem sonstigen Hausbewohner festgehalten werden. Durch ihren Zuruf „Hilfe! Haltet ihn!" erreichte sie dieses Ziel dann auch.

b) Eine Bestrafung wegen Nötigung in mittelbarer Täterschaft setzt aber subjektiv weiter voraus, daß die D alle Tatumstände kannte, die die Strafbarkeit der Nötigung begründen. Hierzu gehört vor allem auch die Kenntnis der Tatumstände, die bei L die Nötigung als verwerflich und damit als rechtswidrig i. S. von § 240 Abs. 2 erscheinen lassen. Für die Annahme von Vorsatz kommt es also entscheidend darauf an, ob die D damit rechnete, daß L den A nicht nur einfach festhalten, sondern brutal niederschlagen werde. Läßt sich dieser Nachweis nicht führen, so entfällt Nötigung aus subj. Gründen.

4. Körperverletzung (§ 223)

Auch eine Bestrafung wegen vorsätzlicher Körperverletzung setzt voraus, daß die D mit einem so brutalen Vorgehen des L rechnete. Andernfalls kommt nur f a h r l ä s s i g e Körperverletzung (§ 230) in Betracht, sofern die D die Brutalität des von L gezeigten Vorgehens wenigstens hätte voraussehen können und müssen. Dieser Gedanke soll jedoch mangels näherer Anhaltspunkte aus dem Sachverhalt nicht weiter verfolgt werden.

5. Hehlerei (§ 259)

Nachdem die D in dem Geldbeutel des A den ihr zuvor von A abgenommenen Geldschein nicht fand, nahm sie sich zwei 5,— DM-Scheine. Da der Geldbeutel durch eine strafbare Handlung (Körperverletzung in Tateinheit mit Nötigung) in die Hand des L gekommen war, liegt es nahe, an Hehlerei zu denken. Hierbei ergeben sich jedoch folgende Bedenken:

a) Wie schon in der Vorbem. C Abschn. III 1 a vor Fall 8 (S. 244) erwähnt, muß die V o r t a t f r e m d e V e r m ö g e n s i n t e r e s s e n verletzt haben. Diese Voraussetzungen liegen nicht nur dann vor, wenn es sich bei der Vortat um ein typisches Eigentums- oder Vermögensdelikt handelt. Hehlerei kann vielmehr schon dann vorliegen, wenn durch die Vortat eine widerrechtliche Besitzposition geschaffen wurde und die Rechtsordnung eine Entziehung der Deliktsbeute fordert (vgl. Schönke-Schröder § 259 Rn. 9).

b) Im vorliegenden Fall wurde durch die von L begangene Nötigung lediglich dann eine rechtswidrige Besitzposition geschaffen, wenn die D wegen vorausgegangenen Betrugs keinerlei Ansprüche gegen A geltend machen konnte. Für diesen Fall war L — wie oben unter II dargelegt — unter keinem Gesichtspunkt berechtigt, A den Geldbeutel abzunehmen und für die D sicherzustellen.

Anders ist die Lage zu beurteilen, wenn die D entsprechend ihrer Vorstellung Eigentümerin des 10,— DM-Scheins geworden wäre und daher gegen A einen Anspruch auf Rückgabe gehabt hätte. In diesem Fall wäre die vorübergehende Sicherstellung nur in der Art und Weise ihres Zustandekommens, nicht aber als solche rechtswidrig gewesen.

c) Die unter b) angeschnittenen Fragen bedürfen indes keiner abschließenden Klärung, da ein für die Hehlerei tatbestandsmäßiges Ansichbringen seitens der D nicht für den gesamten Geldbeutel, sondern nur für das Geld gedacht war, das A der D abgenommen hatte. Als L der D den Geldbeutel übergab, ging er davon aus, daß die D sich das Geld nehmen sollte, das A ihr zuvor abgenommen hatte. Weder L noch die D wollten hierdurch eine rechtswidrige Vermögenslage aufrechterhalten. Ein Ansichbringen liegt aber nur dann vor, wenn der Hehler in sachlicher Übereinstimmung mit dem Vortäter über die ihm von diesem überlassene Sache in rechtswidriger Weise wie ein Eigentümer verfügen soll (vgl. Vorbem. C IV 2 vor Fall 8 sowie Abschn. II 2c der Lösung zu Fall 8, S. 251). So aber liegt der Fall, wie dargelegt, nicht. Bei Entgegennahme des Geldbeutels wollte die D nur „ihr" Geld. Hiervon ging auch L aus. Hehlerei ist daher abzulehnen.

6. Unterschlagung (§ 246)

a) Allgem. Ausführungen zu § 246 siehe Vorbem. A vor Fall 8 (S. 232 ff.).

b) Nachdem die D von L den Geldbeutel des A erhalten, den gesuchten 10,— DM-Schein aber nicht gefunden hatte, entnahm sie dem Geldbeutel kurzerhand zwei 5,— DM-Scheine. Diese beiden Geldscheine standen unbestreitbar im Eigentum des A. Auf die Frage, ob die D einen Rückgabeanspruch hinsichtlich des 10,— DM-Scheines hatte, kommt es insoweit nicht an.

c) Es ist weiter zu prüfen, ob sich die D die beiden Scheine rechtswidrig zugeeignet hat.

aa) Der Zueignungsbegriff ist der gleiche wie bei § 242. Die D hat die beiden Scheine dem Geldbeutel des A entnommen und eingesteckt. Damit hat sie nach außen klar zu verstehen gegeben, daß sie über die Scheine wie über eigene verfügen wollte. Diese Feststellungen reichen aus, um eine Zueignungshandlung objektiv zu bejahen.

bb) Die Zueignung war auch rechtswidrig. Dies gilt selbstverständlich dann, wenn die D dem A ursprünglich mit betrügerischer Absicht entgegengetreten war. Aber selbst wenn dies nicht der Fall war, wenn sie also selbst Eigentümerin des 10,— DM-Scheines war, durfte sie sich nicht in der vorgenommenen Weise befriedigen. Sie hätte dann zwar den 10,— DM-Schein, wenn sie ihn gefunden hätte, an sich nehmen können, ohne gegen die Eigentumsordnung zu verstoßen. Sie hatte neben dem sich aus § 985 BGB ergebenden Herausgabeanspruch auch noch einen Schadensersatzanspruch aus unerlaubter Handlung (§ 823 BGB). Dieser begründete aber nur eine sog. Geldsummenschuld, auf die die Vorschriften über die Gattungsschuld entsprechende Anwendung finden. Die Geldschuld bezieht sich zwar nicht auf Gattungssachen, sondern auf den Wert einer bestimmten Summe; sie ist aber durch Gattungssachen, nämlich durch Geld, zu erfüllen (vgl. Palandt a.a.O. § 245 Anm. 2). Der Schuldner hat daher gemäß § 243 BGB das Recht, seinerseits aus der Gattung die zur Erfüllung seiner Schuld erforderlichen Sachen auszuwählen und zu leisten. Der Gläubiger darf sich nicht einfach nehmen, was er will. Tut er es doch, so handelt er gegen die Eigentumsordnung und daher rechtswidrig (vgl. BGH 17, 88).

d) Zum Vorsatz des § 246 gehört das Bewußtsein, gegen die Eigentumsordnung zu verstoßen. Ist der Täter der irrigen Vorstellung, er habe als Gläubiger einer Geldforderung einen unmittelbaren Anspruch auf die jeweils gerade im Besitz des Schuldners befindlichen Geldmittel, so befindet er sich in einem vorsatzausschließenden Tatbestandsirrtum gemäß § 59 (vgl. BGH 17, 88). So aber liegt der Fall hier. Unterschlagung ist daher aus subj. Gründen abzulehnen.

7. Zusammenfassung, Ergebnis

Sofern die D von Anfang an darauf aus war, A vor Gewährung des Geschlechtsverkehrs noch weiteres Geld abzuverlangen, hat sie sich eines Betrugs schuldig gemacht. Alle übrigen Tatbestände sind aus subj. Gründen abzulehnen.

Zu Fall 14

Vorbemerkungen

A. Der Gewahrsamsbruch (§ 133)

Gewahrsamsbruch i. S. von § 133 begeht, wer eine Urkunde, ein Register, Akten oder einen sonstigen Gegenstand, der sich zur amtlichen Aufbewahrung an einem hierzu bestimmten Ort befindet, oder Sachen, die einem Beamten oder einem Dritten amtlich übergeben wurden, vernichtet, beiseiteschafft oder beschädigt. Im einzelnen:

1. **Tatobjekt** können alle Gegenstände sein, die sich in amtlicher Aufbewahrung befinden oder einem Beamten bzw. einem Dritten amtlich übergeben worden sind. Nicht hierher gehören Gegenstände des allgemeinen Amtsbesitzes, insbesondere Sachen, die einer Behörde zum Gebrauch oder Verbrauch zugewiesen sind, z. B. Brennstoffe, Formulare, Schreibmaterial, aber auch Geld in einer öffentlichen Kasse, das zur Auszahlung bestimmt ist (vgl. BGH 18, 312). Hier kommt jedoch Diebstahl oder Unterschlagung in Betracht.

2. Die **Tathandlung** besteht im Vernichten, Beschädigen oder Beiseiteschaffen

a) **Vernichtet** ist eine Sache, wenn sie aufhört zu bestehen, z. B. Verbrennen von Akten.

b) Als **Beschädigen** genügt jede Handlung, durch die die Brauchbarkeit der Sache beeinträchtigt wird, und zwar ohne Rücksicht darauf, ob dieses mit einer Verletzung oder Veränderung der Substanz verbunden ist. Beispiele: Der Tatbestand ist erfüllt, wenn jemand an einer Urkunde Radierungen oder Streichungen vornimmt und dadurch den Inhalt der Urkunde verändert. — Der Tatbestand ist dagegen nicht erfüllt, wenn jemand in einer Gerichtsakte Notizen macht oder den unbeschriebenen Teil eines Schriftsatzes herausreißt, um diesen zu Notizen oder als Lesezeichen zu verwenden, oder wenn jemand aus alten, abgelegten Akten interessante Briefmarken ablöst.

c) **Beiseitegeschafft** ist ein Gegenstand, wenn er von der Stelle entfernt wird, an der er sich zur amtlichen Verwahrung befand. Auch eine nur vorübergehende Entfernung kann genügen, z. B. wenn ein Anwalt, dem nach dem Stand des Ermittlungsverfahrens noch keine Akteneinsicht gewährt werden kann, die Akten heimlich für ein paar Stunden entwendet, um sie einzusehen oder zu fotokopieren. Nicht erforderlich ist ferner, daß die Sache aus den Amtsräumen entfernt wird. Der Tatbestand wäre daher in dem zuletzt gebrachten Beispiel selbst dann erfüllt, wenn der Anwalt die in der Geschäftsstelle der Staatsanwaltschaft verwahrten Akten nur auf das im selben Gebäude gelegene Anwaltszimmer nimmt. Der Tatbestand kann schließlich auch dadurch verwirklicht werden, daß ein Beamter oder Angestellter einen bei seiner Behörde eingehenden Schriftsatz absichtlich falsch einordnet, so daß er nicht mehr rechtzeitig verwertet werden kann.

3. **Täter** kann jeder sein, auch der Beamte selbst, der die Sachen in amtlicher Verwahrung hat oder dem sie amtlich übergeben wurden (vgl. BGH 5, 155). Eine Ausnahme hiervon ist nur dann zu machen, wenn es im Ermessen des Beamten steht, ob er die Sache weiter in amtlichem Gewahrsam halten oder freigeben soll, und wenn er sie dann — wenngleich

pflichtwidrig — an den berechtigten Empfänger freigibt (vgl. BGH a.a.O. 161). Beispiel: Der Polizeibeamte A beschlagnahmt den Führerschein des Kraftfahrers X unter dem Verdacht der Trunkenheit am Steuer. Als X jammert, läßt A sich schließlich erweichen und gibt den Führerschein wieder zurück. Hier käme zwar eine Strafbarkeit wegen Begünstigung im Amt (§ 346), aber kein Gewahrsamsbruch in Betracht. Anders wäre nur dann zu entscheiden, wenn bereits ein richterlicher Beschlagnahmebeschluß vorgelegen hätte. In diesem Fall hätte A schon formell keinen Ermessensspielraum gehabt.

4. Zu Abs. 2: **Gewinnsüchtige Absicht** ist nur dann gegeben, wenn die Handlung auf einer ungewöhnlichen, sittlich besonders anstößigen Steigerung des Erwerbssinns beruht (BGH 1, 388). Siehe auch §§ 27 a, 169.

5. IdK ist möglich mit §§ 242, 246, 350, 370 Nr. 5, ferner mit §§ 136, 137, 267, 274 Nr. 1, 303. — § 348 Abs. 2 geht gegenüber § 133 Abs. 1 vor, nicht jedoch gegenüber § 133 Abs. 2 (BGH 9, 4).

B. Die Urkundenfälschung (§ 267)

I. **Geschütztes Rechtsgut** aller Urkundsdelikte ist die Sicherheit des Rechtsverkehrs, also ein Rechtsgut der Allgemeinheit, die ein Interesse daran hat, daß die im Umlauf befindlichen Urkunden echte und zuverlässige Beweismittel sind (BGH 2, 52). Der strafrechtliche Schutz erstreckt sich teils auf die Echtheit der Urkunde (§§ 267, 348 II), teils auf die Wahrheit ihres Inhalts (§§ 271—273, 278 ff., 348 I), teils auf ihre Unversehrtheit (§§ 133, 274 Ziff. 1, 348 II).

II. Urkundenfälschung gemäß **§ 267** begeht, wer zur Täuschung im Rechtsverkehr eine unechte Urkunde herstellt (1. Alternativtatbestand) oder eine echte Urkunde verfälscht (2. Alternativtatbestand) oder eine unechte oder gefälschte Urkunde gebraucht (3. Alternativtatbestand).

III. **Urkunde** ist jede verkörperte Gedankenerklärung, die den Aussteller erkennen läßt, sowie geeignet und bestimmt ist, eine rechtserhebliche Tatsache zu beweisen (RG 61, 161; BGH 3, 84; 4, 284).

1. Als Urkunden kommen vor allem Schriftstücke in Betracht, z. B. Verträge, Quittungen, Ausweispapiere, aber auch Klassenarbeiten (BGH 17, 297).

2. Keine Urkunden sind sog. Augenscheinsobjekte, die zwar zum Beweis einer Tatsache dienen können, aber keine verkörperte Gedankenerklärung enthalten, z. B. Fußspuren, ein abgerissener Knopf, das Loch in einer Schießscheibe, ein Blutfleck, Aufzeichnungen eines Fahrtenschreibers (OLG Stgt. NJW 59, 1379; OLG Hamm NJW 59, 1380).

3. Keine Urkunden sind auch die sog. Kennzeichen, d. h. Gegenstände, die nur zur Sicherung, zur Unterscheidung oder zum Verschluß von Sachen dienen, ohne daß sie zugleich dazu geeignet und bestimmt sind, konkrete Tatsachen oder Rechtsverhältnisse zu beweisen. Hierher gehören z. B. Spielmarken, Biermarken und Garderobemarken, Wäschezeichen sowie Herkunfts- und Warenbezeichnungen. Die letztgenannten Fälle werden teilweise durch Sondervorschriften erfaßt. Wer z. B. einen Kopierstift unbefugt mit dem

Warenzeichen der Fa. A. W. Faber-Castell versieht, macht sich zwar eines Verstoßes gegen § 24 WarenzeichenG, nicht aber einer Urkundenfälschung schuldig (BGH 2, 370).

4. Von den Kennzeichen nicht immer leicht zu unterscheiden sind die sog. Beweiszeichen. Diese gelten als Urkunden, wenn sie in Verbindung mit dem Gegenstand, an dem sie angebracht sind, nach Gesetz, Vereinbarung oder Herkommen geeignet und bestimmt sind, für bestimmte rechtliche Beziehungen Beweis zu erbringen. Hierher gehören z. B. die Plomben an den Stromzählern (RG 50, 191), das Künstlerzeichen des Malers auf seinem Bild (RG 76, 29), der Poststempel auf der Briefmarke (RG 62, 12), der Korkbrand des Weinguts (RG 76, 186), die Striche der Kellnerin auf dem Bierdeckel, Fahrgestellnummer, Motornummer, Typenschild und amtliche Kennzeichen eines Kraftfahrzeugs (BGH 9, 235; 16, 94) sowie die farbige TÜV-Prüfplakette (BayObLG NJW 66, 748 = JR 66, 108).

5. Für Geldscheine, Wertzeichen und Beitragsmarken gelten die Sonderbestimmungen der §§ 146 ff. bzw. §§ 275, 276, 364.

6. Von einer Absichtsurkunde spricht man, wenn eine Urkunde bereits bei ihrer Errichtung zu Beweiszwecken bestimmt ist (Normalfall). Erhält eine Gedankenäußerung erst später eine Beweisbestimmung, so spricht man von einer Zufallsurkunde. Hierher gehören z. B. die im Scheidungsprozeß dem Gericht vorgelegten Liebesbriefe. Umgekehrt ist denkbar, daß eine Gedankenerklärung ihren Urkundencharakter nachträglich wieder verliert, z. B. Fahrkarten, die am Zielbahnhof abgegeben wurden und nur zum Einstampfen gesammelt werden (BGH 4, 285). Anders jedoch, wenn sich der Beweiszweck nur ändert, z. B. wenn die Fahrkarten für Zwecke der Überwachung des inneren Dienstes aufbewahrt werden (BGH a.a.O.).

7. Von einer Gesamturkunde spricht man, wenn mehrere Einzelurkunden dergestalt miteinander verbunden werden, daß sie eine einheitliche und umfassende Übersicht über gewisse fortdauernde oder wiederkehrende Geschäftsbeziehungen geben (BGH 4, 61). Als Gesamturkunden gelten z. B. die Handelsbücher eines Kaufmanns (RG 50, 421; 69, 398), das Trödlerbuch (BGH MDR 54, 309), eine Kartei (OLG Hamburg NJW 51, 813), Sparbücher (BGH 19, 21), Quittungsblöcke usw., nicht dagegen die Handakten eines Anwalts (BGH 3, 399) und Postanweisungen (BGH 4, 60).

8. Von den Gesamturkunden zu unterscheiden sind die zusammengesetzten Urkunden. Von einer zusammengesetzten Urkunde spricht man, wenn mehrere Gegenstände, die für sich allein keine Urkunden sein müssen, dergestalt miteinander verbunden werden, daß sie in ihrer Verbindung den Aussteller erkennen lassen und eine rechtserhebliche Erklärung abgeben. Gerade hierauf muß der Zweck der Verbindung gerichtet sein. Hieran fehlt es z. B. bei einer Blutprobe, die zusammen mit dem ärztlichen Untersuchungsbericht in ein Kästchen verpackt wird (BGH 5, 76). Eine zusammengesetzte Urkunde ist dagegen der Stempel einer Kfz-Zulassungsstelle i. V. mit einem bestimmten amtlichen Kennzeichen und dem dazugehörigen Pkw. Hier wird rechtsverbindlich erklärt, daß dieser Pkw unter diesem Kennzeichen für den im Zulassungsregister eingetragenen Eigentümer zum Verkehr zugelassen ist (OLG Hbg NJW 66, 1827). Entsprechendes gilt für die vom Werk angebrachte Rahmen- und Motornummer sowie für das Typenschild (BGH 9, 235; 16, 94), nicht dagegen für die an der Windschutzscheibe angebrachte schriftliche Aufforderung, wegen verbotswidrigen Parkens bei der nächsten Polizei-

wache vorzusprechen (vgl. OLG Hbg NJW 64, 736). Weitere Beispiele aus der Rspr., in denen das Vorliegen einer zusammengesetzten Urkunde angenommen wurde: Lichtbildausweise (RG 46, 412), Verschlußplomben an Versandbehältern (RG 75, 306), Korkbrände i. V. mit der gefüllten Flasche (RG 76, 186). Zum Ganzen siehe auch Lampe NJW 65, 1746 und GA 64, 321.

9. Abschriften, Durchschläge und Fotokopien sind nur Urkunden, wenn sie nach Gesetz, Vereinbarung oder Herkommen dem Original gleichstehen oder dieses ersetzen sollen. Fehlt diese besondere Beweisbestimmung, so ist Urkundeneigenschaft abzulehnen. Keine Urkundenfälschung begeht daher, wer eine „Abschrift" eines nie vorhanden gewesenen Originals herstellt und in Verkehr bringt (BGH 1, 117; 2, 51). Für die Fotokopie gilt grundsätzlich nichts anderes. Auch sie ist keine Urkunde, sondern nur deren Abbild, das lediglich besagt, daß ein Original dieses Aussehens vorhanden ist (BGH 5, 291). Eine Urkundenfälschung i. d. Form des Gebrauchmachens kann jedoch darin gesehen werden, daß von einer unechten oder gefälschten Urkunde eine Fotokopie gefertigt und vorgelegt wird (BGH a.a.O.). Hierbei kommt es nicht darauf an, ob die vorgelegte Abschrift beglaubigt ist oder nicht (BGH NJW 65, 642).

Wird eine Abschrift usw. mit einem Beglaubigungsvermerk versehen, so ist dieser als Urkunde anzusehen. Die maßgebliche Erklärung liegt in diesem Fall in der Erklärung der beglaubigenden Person, daß Original und Abschrift (Durchschlag, Fotokopie) übereinstimmen. Auf den Urkundencharakter des Originals kommt es dagegen nicht an.

Nach Gesetz, Vereinbarung oder Verkehrssitte als Urkunden anzusehen sind z. B. die Kopien von Handelsbriefen (RG 35, 145; 43, 52), die von allen Partnern unterschriebenen Ausfertigungen eines Vertrags, die Durchschriften von Lieferscheinen und Quittungsblöcken (vgl. BGH 2, 35, wo jedoch ausgeführt wird, daß keine Urkundenfälschung begeht, wer eine „Durchschrift" nur vortäuscht).

IV. Die 1. Alternative des Tatbestands stellt die **Herstellung einer unechten Urkunde** unter Strafe. Eine Urkunde ist unecht, wenn sie nicht von dem stammt, der als ihr Aussteller erscheint. Unerheblich ist dagegen, ob ihr Inhalt unzutreffende Erklärungen enthält. Auch eine inhaltlich unrichtige Urkunde kann echt sein, wie umgekehrt auch eine inhaltlich richtige Urkunde unecht sein kann. § 267 schützt nicht den Inhalt, sondern die Echtheit der Urkunde. Schriftliche Lügen werden durch § 267 nicht erfaßt. Im einzelnen:

1. Die Verwendung eines fremden Namens erfüllt den Tb. nur dann, wenn der Täter über die Identität des Ausstellers täuschen will (BGH 1, 118). Keine Urkundenfälschung begeht daher,

a) wer nur über seinen Namen und seinen Personenstand täuschen will, aber im übrigen zu der von ihm abgegebenen Erklärung steht. Beispiele: Ein bekannter Filmschauspieler unterschreibt den Meldezettel eines Hotels mit falschem Namen, um während seines Urlaubs von Reportern unbehelligt zu bleiben. — Oder: Frl. F trägt sich in einem Hotel als Frau A ein, um mit A zusammen ein Doppelzimmer beziehen zu können. — Anders jedoch, wenn ein flüchtiger Verbrecher sich unter falschem Namen in einem Hotel einträgt, um der Polizei nicht in die Hände zu fallen oder um das Hotel unter Hinterlassung der Mietschuld verlassen zu können, ohne daß der Hotelier weiß, mit wem er es zu tun hat und wie er zu seinem Geld kommen soll.

b) wer einen anderen mit dessen Vollmacht in der Abgabe der Erklärung vertreten will, z. B. wenn Frau A für ihren Mann mit dessen Vollmacht den

Empfang der Miete quittiert. Hier kommt Urkundenfälschung nur dann in Betracht, wenn die Unterschrift mit fremdem Namen nach Gesetz, Vereinbarung oder Verkehrssitte unzulässig ist, z. B. bei testamentarischen Erklärungen (vgl. § 2247 Abs. 1 BGB), bei der Abgabe eidesstattlicher Versicherungen, bei Prüfungsarbeiten sowie bei eigenhändigen Lebensläufen (vgl. OLG Oldenburg JR 52, 410).

Bei testamentarischen Erklärungen kann eine Urkundenfälschung auch dann vorliegen, wenn der Täter im Einverständnis mit dem Erblasser nur den Text der letztwilligen Verfügung niederschreibt und der Erblasser die Erklärung selbst unterschreibt (OLG Ddf NJW 66, 749). Hier wird jedoch oft die Täuschungsabsicht fehlen, wenn der Täter irrig glaubt, nur die Unterschrift müsse vom Erblasser eigenhändig vollzogen werden. Zum Ganzen siehe auch Mohrbotter NJW 66, 1421: Das Testament ist nicht unecht, sondern nur unwirksam (vgl. RG 57, 235).

c) wer nur falsche Angaben über Zeit und Ort der Urkundenerrichtung macht, ohne gleichzeitig über die Person des Ausstellers zu täuschen. In diesen Fällen ist die Urkunde zwar unwahr, aber nicht unecht (BGH 9, 44).

2. Handelt der Täter unter Umständen, die auf eine andere Person gleichen Namens hinweisen, so kann ausnahmsweise auch die *Unterschrift mit eigenem Namen* zu einer unechten Urkunde führen, z. B. wenn sich jemand, um eine nicht vorhandene Kreditwürdigkeit vorzutäuschen, als Sohn eines bekannten Industriellen ausgibt, der zufällig den gleichen Namen hat, oder wenn der Täter bestimmte charakteristische Schriftzüge seines „Namensvetters" nachahmt oder durch Zusätze besonders auf diesen hinweist.

3. Eine Urkundenfälschung kommt weiter dann in Betracht, wenn der Täter zwar nicht über seine Identität, aber über seine *Vertretungsbefugnis* täuscht und dadurch den Anschein erweckt, eine andere, zur Vertretung berechtigte Person habe die Urkunde ausgestellt (vgl. BGH 17, 11 m. weit. Nachweisen). *Beispiele:* A akzeptiert Wechsel, indem er zwar seinen eigenen Namen verwendet, aber durch Verwendung eines bestimmten Firmenstempels den Anschein erweckt, er handle im Auftrag dieser Firma. Unerheblich ist, ob es diese Firma überhaupt gibt (BGH 1, 121; 5, 151). — *Oder:* Wer seinem Namen unbefugt einen Behördenstempel beifügt, stellt dadurch nicht nur die unwahre Behauptung auf, die Behörde vertreten zu dürfen, sondern täuscht vor, es handle sich um eine Erklärung dieser Behörde (BGH 7, 150).

4. Keine unechte Urkunde stellt her, wer sich — befugt oder unbefugt — eine *fremde Erklärung zu eigen macht*. Siehe hierzu Abschn. II 2 c der Lösung des folgenden Falles.

5. Als Urkundenfälschung strafbar ist auch die früher in § 269 selbständig unter Strafe gestellte *Blankettfälschung* (BGH 5, 295). *Beispiele:* A befindet sich im Besitz einer Blankounterschrift des B. Ohne dessen Willen schreibt er über die Unterschrift ein Schuldanerkenntnis. — *Oder:* A soll für B einen gebrauchten Pkw kaufen. Da der Preis noch nicht bekannt ist, gibt B ihm einen Blankoscheck mit. A kauft schließlich einen Pkw zum Preis von 1500,— DM, setzt aber auf den Scheck abredewidrig nicht 1500,— DM, sondern 2000,— DM ein und läßt sich vom Verkäufer die Differenz von 500,— DM auszahlen.

V. Die 2. Alternative des Tatbestands stellt das **Verfälschen einer echten Urkunde** unter Strafe. Eine Urkunde ist *verfälscht*, wenn die ursprüngliche Erklärung des Ausstellers so geändert oder ergänzt wird, daß sie etwas anderes zum Ausdruck bringt, als der Aussteller ursprünglich zum Ausdruck bringen wollte. Im einzelnen:

1. Keine Verfälschung i. S. des § 267 liegt vor, wenn die Urkunde nur beschädigt oder unleserlich gemacht wird, ohne daß es dem Täter darauf ankommt, die ursprüngliche Erklärung durch eine andere zu ersetzen. Beispiel: A macht in seinem Führerschein der Klasse 4 die Klassenbezeichnung durch Radieren unleserlich, um bei etwaigen Kontrollen behaupten zu können, er besitze den Führerschein der Klasse 3, die Klassenbezeichnung sei aber durch das Alter des Führerscheins schlecht leserlich geworden. Hier kommt weder Urkundenfälschung noch Urkundenvernichtung, sondern nur ein Vergehen gemäß § 24 StVG in Betracht (OLG Braunschweig NJW 60, 1120).

2. Wer sich eine fremde Erklärung dadurch zu eigen macht, daß er die fremde Unterschrift durch seine eigene ersetzt, verfälscht nicht, sondern stellt eine neue echte Urkunde her (s. o. IV 4).

3. Täter kann auch der Aussteller selbst sein, sofern er die Verfügungsgewalt über die Urkunde verloren hat. Beispiel: A dringt in die Wohnung seines Gläubigers B ein und nimmt an dem ihm unterschriebenen Schuldschein eigenmächtig eine Änderung vor. Sonderbestimmungen gelten für Handelsbücher eines Kaufmanns. Gemäß § 43 Abs. 3 HGB darf der ursprüngliche Inhalt einer Eintragung nicht unleserlich gemacht oder ausradiert werden; unzulässig sind ferner alle Änderungen, deren Beschaffenheit es ungewiß läßt, ob sie bei der ursprünglichen Eintragung oder erst später gemacht worden sind.

4. Gesamturkunden (s. o. III 7) können dadurch verfälscht werden, daß sie durch Änderungen, Streichungen oder Hinzufügungen einen falschen Überblick über die in Frage stehenden Geschäftsbeziehungen geben. Beispiel: Ein Kaufmann entfernt aus seinem Kassabuch einige Blätter, um dem Finanzamt gegenüber seinen tatsächlichen Umsatz zu verschleiern. (Hier kommt außerdem noch § 274 Nr. 1 in Betracht.)

5. Eine zusammengesetzte Urkunde (s. o. II 8) kann dadurch verfälscht werden, daß die wesentlichen Einzelteile vertauscht werden, so daß ein falscher Eindruck entsteht. Siehe hierzu das Beispiel in Abschn. II der Lösung von Fall 12 (S. 359). Hierher gehört vor allem auch der Austausch des Fahrgestellrahmens bei Kraftfahrzeugen. Dagegen begeht keine Urkundenfälschung, wer ohne Veränderung der Motornummer nur den Motor eines Fahrzeugs austauscht. Der Motor ist für die Identität eines Fahrzeugs nicht so wesentlich wie Kennzeichen, Typenschild und Rahmen (vgl. BGH 16, 94 unter Berufung auf die einschlägigen Bestimmungen der StVZO).

6. Sonderfälle: Die als Beweiszeichen und damit als Urkunde anerkannte TÜV-Prüfplakette ist auch dann verfälscht, wenn lediglich die Farbe verändert wird, um dadurch eine längere Gültigkeit vorzutäuschen (BayObLG NJW 66, 748 = JR 66, 108).

VI. Die 3. Alternative des Tatbestands stellt den **Gebrauch einer unechten oder verfälschten Urkunde** unter Strafe. Gebraucht ist eine Urkunde, wenn ein Dritter in die Lage versetzt wird, ohne weiteres vom Inhalt der Urkunde Kenntnis zu nehmen. Beispiel: A legt die gefälschte Urkunde dem Gericht zur Einsichtnahme vor. Gebrauchmachen in diesem Sinn liegt auch dann vor, wenn jemand mit einem Pkw, dessen pol. Kennzeichen, Typenschild oder Rahmen ausgetauscht worden ist (s. o V 5), am öffentlichen Verkehr teilnimmt, oder wer von einer unechten Urkunde eine Fotokopie anfertigt und vorlegt (BGH 5, 293). Unerheblich ist, wer die Urkunde hergestellt oder verfälscht hat.

VII. Der **subjektive Tatbestand** erfordert neben dem Vorsatz die Absicht, im Rechtsverkehr zu täuschen.

1. Der **Vorsatz** muß sich insbesondere auf die Tatumstände erstrecken, aus denen sich die Urkundeneigenschaft ergibt. Der Täter muß wissen, daß er einen Gegenstand vor sich hat, der nach Gesetz, Vereinbarung oder Verkehrssitte dazu geeignet und bestimmt ist, eine Gedankenäußerung seines Urhebers darzustellen und für bestimmte rechtliche Beziehungen Beweis zu erbringen. Kennt der Täter diese Umstände, so kann er sich nicht mit vorsatzausschließender Wirkung darauf berufen, er habe diesen Gegenstand, etwa eine Fahrkarte, ein abgestempeltes polizeiliches Kennzeichen oder die von ihm geänderte Motornummer, nicht für eine Urkunde gehalten, sondern sich unter einer Urkunde immer „etwas ganz anderes" vorgestellt, z. B. ein Schriftstück mit Unterschrift, Stempel und Siegel. Umgekehrt liegt kein nach Abs. 2 strafbarer Versuch, sondern ein straflose Wahndelikt vor, wenn der Täter in Kenntnis aller Tatumstände einen Gegenstand, der objektiv keine Urkunde darstellt, z. B. weil der Aussteller nicht ersichtlich ist oder die Beweisbestimmung fehlt, lediglich auf Grund falscher Wertung für eine Urkunde hält (BGH 13, 235).

2. Zur Täuschung im Rechtsverkehr handelt, wer erreichen will, daß ein anderer die Urkunde für echt hält und durch diese irrige Annahme zu einem rechtserheblichen Verhalten bewogen wird (BGH 5, 149, 152; BayObLG MDR 58, 264). Diese Voraussetzungen sind vor allem dann gegeben, wenn der Täter eine Behörde oder einen Gläubiger von Zwangsmaßnahmen abhalten will. Ausreichend ist auch die Absicht, ein drohendes Strafverfahren abzuwehren (BGH LM. § 267 Nr. 18).

Der erstrebte Erfolg muß keineswegs rechtswidrig sein. Zur Täuschung im Rechtsverkehr handelt auch, wer die echte Quittung verloren hat und, um den Prozeß doch noch zu gewinnen, eine gefälschte Quittung vorlegt.

Die Täuschungsabsicht fehlt, wenn der Täter nur „angeben" will, oder wenn eine Frau sich in ihrem Paß um 10 Jahre jünger macht, um ihre Reisebekanntschaft nicht abzuschrecken (BayObLG MDR 58, 264). Sie macht sich in dem letztgenannten Fall auch dann nicht strafbar, wenn sie den gefälschten Paß der Grenzpolizei vorlegt. Wer nämlich von einer nur teilweise verfälschten Urkunde Gebrauch macht, handelt nur dann zur Täuschung im Rechtsverkehr, wenn gerade der verfälschte Teil für das Verhalten desjenigen, dem die Urkunde vorgelegt wird, von Bedeutung ist (BayObLG a.a.O.).

VIII. Konkurrenzen: Wer zur Täuschung im Rechtsverkehr eine unechte Urkunde hergestellt oder eine echte Urkunde verfälscht hat, kann sich durch einen Gebrauch, der nicht auf seinem ursprünglichen Plan, sondern auf einen neuen, andersartigen Tatentschluß beruht, erneut nach § 267 strafbar machen (BGH 5, 291). Dagegen liegt eine einheitliche Handlung im Rechtssinn vor, wenn der Täter die Urkunde so gebraucht, wie er dies bereits bei ihrer Herstellung oder Verfälschung geplant hat. Gebraucht er sie dann mehrmals zu dem ursprünglich geplanten Zweck, so liegt eine fortgesetzte Tat vor (BGH 17, 97). Dagegen genügt nicht, daß er die spätere Verwendung bei der Fälschungshandlung nur in allgemeinen Umrissen kennt. Wenn beispielsweise

A seinen Paß fälscht, um sich mit diesem bei Kontrollen ausweisen, vor allem aber bei der Anmietung von Kraftfahrzeugen über seine Identität täuschen zu können, so liegen nach Auffassung des BGH mehrere rechtlich selbständige Handlungen vor (BGH 17, 99). — IdK ist möglich mit Wahlfälschung (§ 107a), Betrug (§ 263), ferner mit Diebstahl (§ 242) und Fahren ohne Führerschein (§ 24 StVG). Beispiel: A entwendet ein Fahrzeug, bringt an diesem das Kennzeichen eines anderen Kfz. an und fährt dann ohne Führerschein (vgl. BGH 18, 66).

C. Die mittelbare Falschbeurkundung (§ 271)

Mittelbare Falschbeurkundung begeht, wer vorsätzlich bewirkt, daß Erklärungen, Verhandlungen oder Tatsachen, die von rechtserheblicher Bedeutung sind, in öffentlichen Urkunden als abgegeben oder geschehen beurkundet werden, obwohl sie überhaupt nicht oder in anderer Weise oder von einer Person in einer ihr nicht zustehenden Eigenschaft oder von einer anderen Person abgegeben oder geschehen sind. Im einzelnen:

1. § 271 schützt die Beweiskraft öffentlicher Urkunden. Die Vorschrift will verhindern, daß unwahre Tatsachen in einer öffentlichen Urkunde aufgenommen werden, auf deren Richtigkeit sich jedermann verläßt.

2. Ist der Beamte bösgläubig, d. h. weiß er, daß er eine unrichtige Eintragung vornimmt, so macht er selbst sich eines Vergehens gemäß § 348 Abs. 1 schuldig. Derjenige, der ihn vorsätzlich zur Tat bestimmt hat, ist wegen Anstiftung zu bestrafen (§§ 348 I/48). Eines Rückgriffs auf § 271 bedarf es nicht. § 271 will vielmehr in erster Linie die Fälle erfassen, in denen jemand einen **gutgläubigen Beamten** zu einer objektiv unrichtigen Eintragung durch Täuschung veranlaßt oder wenn der Beamte zwar nicht gutgläubig, aber **geisteskrank** ist und der Hintermann, der ihn zur Tat bestimmt, dies weiß. In beiden Fällen käme normalerweise mittelbare Täterschaft in Betracht. Da aber ein Amtsdelikt in mittelbarer Täterschaft nicht begangen werden kann (vgl. Vorbem. AT, Abschn. H II 4 b, S. 48), bedurfte es der Sonderbestimmung des § 271, um auch diese Fälle zu erfassen. Die Vorschrift erfüllt somit dieselbe Funktion wie § 160 für den Bereich der Aussagedelikte.

3. Wegen **Urkunde** s. o. III. Die im Gesetzestext weiterhin erwähnten Bücher und Register sind lediglich besondere Erscheinungsformen einer Urkunde.

4. **Öffentlich** ist eine Urkunde, wenn sie von einer öffentlichen Behörde (z. B. Gericht, Staatsanwaltschaft, Universität, Polizeipräsidium, Stadtverwaltung) oder einer mit öffentlichem Glauben versehenen Person (z. B. Notar, Gerichtsvollzieher, Standesbeamter) innerhalb ihrer Zuständigkeit in der vorgeschriebenen Form aufgenommen wird (vgl. § 415 Abs. 1 ZPO). Aus dem Zweck der Vorschrift, gerade die Beweiskraft öffentlicher Urkunden zu schützen, folgt weiter, daß nur solche Urkunden dem Schutz der Vorschrift unterliegen, die **Beweiskraft für und wider jedermann** haben. Diese Eigenschaft fehlt solchen Erklärungen einer Behörde, die entweder

a) nur für den innerdienstlichen Betrieb von Bedeutung sind, z. B. das Melderegister der Polizei (RG 74, 292; BGH JR 54, 308), das Dienstregister des Gerichtsvollziehers (RG 68, 201), das Strafregister (BGH GA 65, 92), polizeiliche Anzeigen und Vernehmungsprotokolle (OLG Stgt. NJW 56, 1082), die bei der Staatsanwaltschaft geführte Liste der Überführungsstücke, die Zustellvermerke auf Paketkarten (RG 53, 224) und Postanweisungen (RG 67, 256), oder

b) in keinem inneren Zusammenhang mit der eigentlichen Amtstätigkeit stehen, z. B. Mietverträge, Materialbestellungen, Quittungen über Materiallieferungen, oder

c) schlichte Mitteilungen und Auskünfte enthalten.

Als öffentliche Urkunden mit Beweiskraft für und wider jedermann werden dagegen anerkannt: gerichtliche Sitzungsprotokolle und Urteile, das Gefangenenbuch einer Strafanstalt, Steuerkarten (RG 60, 162), die Standesregister und ihre Auszüge, Fahrkarten, Gepäckscheine und Frachtbriefe, das Abiturzeugnis (nicht dagegen das Schuljahrzeugnis, vgl. RG 43, 274; 60, 375), Pfandscheine städtischer Leihhäuser (RG 36, 363), amtliche Wiegebescheinigungen (RG 74, 370), Eingangsstempel, soweit sie zur Wahrung von Fristen von Bedeutung sind (RG 42, 162), Beglaubigungsvermerke, der Kfz-Schein (BGH 20, 188), nicht dagegen der Kfz.-Brief (BGH LM § 271 Nr. 2).

5. Die Handlung besteht darin, daß eine **unrichtige Eintragung** bewirkt wird, **auf die sich der öffentliche Glaube der Urkunde bezieht.** Nicht jede in einer öffentlichen Urkunde enthaltene Erklärung hat Beweiskraft für und gegen jedermann (BGH 17, 66 m. weit. Nachw.). Dies gilt insbesondere für Angaben über eine bestimmte Person hinsichtlich deren Identität. Von einem Gesetz, das — stillschweigend — den öffentlichen Glauben einer Urkunde auf Angaben über eine bestimmte Person erstrecken will, muß erwartet werden, daß es die Eintragung von Angaben vorschreibt, die eine Verwechslung mit einer anderen Person weitgehend ausschließen (BGH 20, 294, 296).

Beispiele:

a) Nach § 60 PStG beweisen die Eintragungen im ersten Teil des Familienbuchs bei dessen ordnungsgemäßer Führung die Heirat und die darüber gemachten näheren Angaben, über deren Inhalt § 11 PStG einzelne Bestimmungen enthält. So erstreckt sich die Beweiskraft des Familienbuchs gemäß §§ 60, 11 PStG u. a. auch auf die Vor- und Familiennamen der Eheschließenden. Hieraus folgt: Wer eine Ehe unter falschem Namen schließt und den Standesbeamten durch Täuschung veranlaßt, den falschen Namen in das Familienbuch einzutragen, macht sich einer mittelbaren Falschbeurkundung gemäß § 271 schuldig. Dagegen entfällt der Tb., wenn jemand bewußt der Wahrheit zuwider erklärt, er sei geschieden und wolle eine 2. Ehe eingehen. Diese Erklärungen sind in § 11 PStG zur Eintragung nicht vorgesehen und werden daher vom öffentlichen Glauben des Familienbuchs nicht erfaßt (BGH 6, 380). Entsprechendes gilt für das Geburten- und Sterbebuch.

b) Ein Sitzungsprotokoll beweist lediglich, daß die unter einem bestimmten Namen erschienene Person wegen einer bestimmten Straftat zu einer bestimmten Strafe verurteilt worden ist. Es beweist dagegen nicht, daß der Erschienene mit dem eigentlichen Angeklagten identisch ist und den Namen trägt, unter dem er auftritt. Wer sich also für einen anderen verurteilen läßt oder wer sich wegen seiner Vorstrafen unter falschem Namen verurteilen läßt, macht sich nur einer Übertretung gemäß § 360 Nr. 8, nicht aber eines Vergehens gemäß § 271 schuldig (RG 11, 188). Entsprechendes gilt für das Urteil (RG 11, 126; 41, 201).

c) Der notarielle Kaufvertrag ist zwar eine öffentliche Urkunde, beweist aber nicht, daß der von den Parteien angegebene Kaufpreis auch der richtige ist (BayObLG NJW 55, 1567). Hier kommt also, wenn der Kaufpreis zu niedrig angegeben wird, um Steuern zu sparen, nur Steuerhinterziehung, nicht aber § 271 in Betracht.

d) Die von einer als Anstalt des öffentlichen Rechts betriebenen Sparkasse ausgestellten Sparbücher sind öffentliche Urkunden. Ihre erhöhte Beweiskraft bezieht sich aber gemäß § 418 ZPO nur auf die im Rahmen des Sparverkehrs vorgenommenen Eintragungen der Sparkasse, insbesondere auf die bescheinigten Ein- und Auszahlungen. Sie beweisen dagegen nicht die Identität des Sparers mit der im Sparbuch als verfügungsberechtigt bezeichneten Person (BGH 19, 19).

e) Der öffentliche Glaube des Kraftfahrzeugscheins beweist lediglich, daß das nach seinen der Verwaltungsbehörde erkennbaren Merkmale beschriebene Fahrzeug unter Zuteilung eines bestimmten amtlichen Kennzeichens zum öffentlichen Verkehr zugelassen worden ist. Der Kfz-Schein hat dagegen nicht die Aufgabe, zu öffentl. Glauben mit Wirkung für und wider jedermann zu beurkunden, daß die angegebenen Fahrgestell- und Motornummern nicht verändert wurden, seit das Fahrzeug das Werk verlassen hat (BGH 20, 186). Er beweist auch nicht, daß die Eintragungen über die Person des Zulassungsinhabers richtig sind (BGH 20, 294).

6. Der subjektive Tb. erfordert **Vorsatz.** Der Täter muß wissen, daß er eine unrichtige Beurkundung von rechtserheblicher Bedeutung bewirkt. Außerdem ist erforderlich, daß er den Beamten für gutgläubig oder geisteskrank hält und sich infolgedessen im Besitz der Tatherrschaft wähnt (s. o. 2). Für Irrtümer in dieser Hinsicht gelten die Ausführungen zu § 160 (Vorbem. B V 4 vor Fall 9, S. 264) entsprechend, jedoch mit der Maßgabe, daß eine versuchte Anstiftung zu dem Vergehen des § 348 Abs. 1 nicht strafbar ist. — Bei Bereicherungsabsicht und Schädigungsvorsatz siehe § 272.

7. IdK kommt vor allem mit §§ 169, 257, 267 in Betracht.

D. Die Urkundenvernichtung (§ 274 Abs. 1 Nr. 1)

Ein Vergehen gemäß § 274 Abs. 1 Nr. 1 begeht, wer eine Urkunde, die ihm nicht oder nicht ausschließlich gehört, in der Absicht, einem anderen Nachteile zuzufügen, vernichtet, beschädigt oder unterdrückt.

1. Geschützt wird die Brauchbarkeit der Urkunde als Beweismittel im Rechtsverkehr.

2. Für die Frage, wem die Urkunde **gehört,** sind nicht die Eigentumsverhältnisse des bürgerlichen Rechts entscheidend, sondern das Beweisinteresse. Täter kann demnach auch der Eigentümer sein, soweit er durch die Tat die Interessen eines anderen verletzt, der die Urkunde benutzen oder einsehen darf. Beispiel: Ein Kaufmann vernichtet sein Kassabuch, um es der Einsicht des Finanzamts zu entziehen.

3. Die **Tathandlung** besteht im Vernichten, Beschädigen oder Unterdrücken. Über Vernichten und Beschädigen s. o. A 2. Ein Unterdrükken liegt vor, wenn eine Urkunde der Benutzung des Berechtigten entzogen wird.

4. **Subjektiv** ist neben dem Vorsatz die Absicht erforderlich, einem anderen Nachteil zuzufügen. Als Absicht genügt dabei das Bewußtsein, daß der Nachteil die notwendige Folge der Tat ist.

5. Der **Versuch** ist strafbar (Abs. 2). Kein Versuch, sondern ein strafloses Wahndelikt ist gegeben, wenn der Täter eine Urkunde unkenntlich macht in der irrigen Meinung, er beeinträchtige die Beweisinteressen eines anderen, während er in Wirklichkeit nur seinen eigenen Interessen schadet. Siehe hierzu das Beispiel oben unter B V 1.

6. **Konkurrenzen:** IdK mit Diebstahl und Unterschlagung, wenn das Unterdrücken gleichzeitig eine Zueignung enthält. Folgt die Zueignung dem Unterdrücken zeitlich nach, so ist RK anzunehmen. Auch mit § 133 kommt IdK in Betracht. Wird die Tat von einem Beamten begangen, so ist § 348 II zu beachten. Diese Bestimmung geht vor.

7. **Abschließendes Beispiel** (vgl. BayObLG NJW 66, 557; OLG Celle JR 66, 110): Frau A hat mit dem Pkw ihres Ehemanns beim Verlassen eines Parkplatzes den Pkw des X leicht gestreift und beschädigt. Nach Feststellung des Schadens bringt sie unter dem Scheibenwischer des beschädigten Pkw einen Notizzettel mit einem kurzen Hinweis auf ihre Person, ihr Fahrzeug und ihr Verschulden an. Als sie wenig später hiervon ihrem Ehemann berichtet, zeigt sich dieser wegen des drohenden Verlusts seines Anspruchs auf Prämienrückgewähr für unfallfreies Fahren äußerst verärgert. Im Einverständnis mit seiner Frau, die nicht zu widersprechen wagt, begibt er sich unverzüglich zur Unfallstelle und entfernt dort den Zettel. Hierbei wird er jedoch beobachtet. A kann sich in diesem Falle nicht auf das Einverständnis seiner Frau berufen. Auch diese wäre nämlich nicht mehr berechtigt gewesen, den von ihr angebrachten Zettel zu entfernen. Durch das Anbringen des Zettels am Pkw des X hatte sie dem X das Recht eingeräumt, den Zettel als Beweismittel zu benutzen. Dieses Recht konnte sie ihm nicht mehr einseitig entziehen, wobei es unerheblich ist, daß X von der Existenz des Zettels noch nichts wußte. Es genügt, daß der Zettel objektiv in seinen Machtbereich gelangt war. Auch subjektiv ist der Tb. des § 274 erfüllt. Die Schädigung des X war zwar nicht das Motiv. Dies ist aber auch nicht erforderlich. Es genügt, daß A, um seinen Anspruch auf Prämienrückgewähr nicht zu verlieren, die Schädigung des X als notwendige Tatfolge erkannte.

E. Falschbeurkundung und Urkundenfälschung im Amt (§ 348)

I. **Falschbeurkundung im Amt (§ 348 Abs. 1)** begeht ein Beamter, der im Rahmen seiner Zuständigkeit vorsätzlich rechtserhebliche Tatsachen falsch beurkundet oder in öffentliche Register oder Bücher falsch einträgt. Da die Tat nur von bestimmten Beamten begangen werden kann, handelt es sich um ein echtes Amtsdelikt. Im einzelnen:

1. Täter kann nur ein Beamter sein, der zur Aufnahme (= Ausstellung) einer öffentlichen Urkunde befugt ist. Hierher gehören nicht nur die eigentlichen Urkundsbeamten (Richter, Notare, Standesbeamte), sondern auch Zustellungs- und Vollstreckungsbeamte (z. B. Gerichtsvollzieher), ferner Postbeamte, Polizeibeamte und Fleischbeschauer.

2. Gegenstand der Tat kann nur eine öffentliche Urkunde sein. Siehe hierzu oben C 4.

3. Die Handlung besteht darin, daß der Beamte innerhalb seiner Zuständigkeit eine rechtlich erhebliche Tatsache, auf die sich der öffentliche Glaube der Urkunde erstreckt (s. o. C 5), falsch beurkundet oder in öffentliche Register oder Bücher falsch einträgt.

4. Subjektiv ist Vorsatz erforderlich. Der Beamte muß wissen, daß er im Rahmen seiner Zuständigkeit eine rechtserhebliche Tatsache, auf die sich der öffentliche Glaube der Urkunde usw. erstreckt, falsch beurkundet bzw. falsch einträgt. Bedingter Vorsatz genügt.

5. Anstiftung und Beihilfe sind nach allgemeinen Grundsätzen (§§ 48—50) strafbar. Die fehlende Möglichkeit der mittelbaren Täterschaft durch einen Nichtbeamten wird durch die Sonderbestimmung des § 271 ersetzt.

6. Beispiele: A stellt als Angestellter einer Führerscheinbehörde seinem Freund F einen Führerschein aus, obwohl F die Prüfung weder abgelegt, geschweige bestanden hat (BGH 12, 85). — Oder: Ein Gerichtsvollzieher macht in dem Protokoll über die Verhaftung des Schuldners zur Erzwingung des Offenbarungseids (vgl. § 762 ZPO) unrichtige Angaben über Ort, Zeit und besondere Umstände der Verhaftung (vgl. OLG Hamm NJW 59, 1333). — Oder: Ein Polizeibeamter nimmt in einem zurückdatierten Protokoll die Anzeige eines angeblichen, in Wirklichkeit jedoch fingierten Einbruchs auf (vgl. RG 57, 56). — Oder: A beurkundet als Angestellter einer öffentlichen Sparkasse im Sparbuch eines Kunden eine in Wirklichkeit nicht vorgenommene Ein- oder Auszahlung. Dagegen erstreckt sich der öffentliche Glaube des Sparbuchs nicht darauf, daß die eingetragene Person der wirkliche Verfügungsberechtigte ist (sog. schwarze Konten, vgl. BGH 19, 19). — Nicht zu den öffentlichen Urkunden gehören polizeiliche Ermittlungsberichte, da diese im Gegensatz zur Aufnahme einer Anzeige (vgl. § 158 Abs. 1 StPO) an keine bestimmte Form gebunden sind (vgl. OLG Stgt. NJW 56, 1082 betr. einen Polizeibeamten, der ein Protokoll über eine angeblich von ihm durchgeführte Zeugenvernehmung mit dem Schlußvermerk „im Entwurf gez. F. M." hergestellt hatte, obwohl er die Zeugin gar nicht gehört hatte). — Nicht hierher gehören auch die Zustellbücher der Bundespost, da diese ausschließlich zur Kontrolle der Zusteller, somit dem inneren Dienst der Post dienen (BGH 7, 94). — Zum Ganzen siehe auch die Ausführungen und Beispiele zu § 271 (oben C).

II. Das in Abs. 2 unter Strafe gestellte **Vernichten, Beiseiteschaffen, Beschädigen oder Verfälschen amtlich anvertrauter Urkunden** kann auch von Nichtbeamten in strafbarer Weise verwirklicht werden (vgl. §§ 133, 267, 274 Nr. 1). Es handelt sich daher um ein unechtes Amtsdelikt (vgl. Vorbem. C I 4 vor Fall 16, S. 434).

1. Täter kann jeder Beamte sein.

2. Gegenstand der Tat können Urkunden jeder Art sein, also nicht nur öffentliche Urkunden.

3. Amtlich anvertraut ist die Urkunde, wenn sie sich aufgrund allgemeiner oder besonderer amtlicher Anordnung in der Verfügungsmacht des Beamten befindet und dieser aufgrund des besonderen Vertrauensverhältnisses verpflichtet ist, für die Erhaltung des Bestands, der Gebrauchsfähigkeit und der Richtigkeit des Inhalts zu sorgen (BGH 3, 306).

4. Amtlich zugänglich ist die Urkunde, wenn der Beamte aufgrund seiner amtlichen Eigenschaft die tatsächliche Möglichkeit hat, an die Urkunde heranzukommen. Hieran fehlt es jedoch, wenn er sich erst durch pflichtwidrige oder gar strafbare Weise, z. B. mittels Einbruchs oder mit Hilfe falscher Schlüssel, Zugang verschaffen muß.

5. Die Handlung besteht im Vernichten (s. o. A 2 a), Beiseiteschaffen (s. o. A 2 c), Beschädigen (s. o. A 2 b) oder Verfälschen der Urkunde (s. o. B V).

6. Subjektiv ist Vorsatz erforderlich.

7. Konkurrenzen: Gegenüber §§ 133 I, 136, 267, 303 geht § 348 II als das speziellere Gesetz vor. — IdK ist möglich mit §§ 133 II, 263, 274 Nr. 1, 351.

8. Abschließendes Beispiel: Ein Justizwachtmeister (W) nimmt beim täglichen Aktenabtrag aus dem Dienstzimmer eines Staatsanwalts die seinen Freund (F) betreffenden Akten heimlich an sich und bringt sie in seine im selben Gebäude gelegene Privatwohnung, um dort dem F Einsicht zu gewähren: W hat sich gemäß § 348 Abs. 2 strafbar gemacht. Er hat nämlich eine ihm amtlich zugängliche Urkunde beiseitegeschafft. Hatte F ihn hierzu angestiftet, so kommt für F Bestrafung gemäß §§ 133, 48 (50 II) in Betracht.

Lösung des Falles

I. Die Wegnahme der Arbeit des B

1. Diebstahl (§ 242)

a) Allgem. Ausführungen zu § 242 siehe Vorbem. A vor Fall 7 (S. 215 ff.).

b) Die von B verfaßte und beim Aufsichtsbeamten abgegebene Arbeit war eine für A fremde bewegliche Sache.

c) Dadurch, daß A die Arbeit vom Pult entfernte und zu seinem Arbeitsplatz im Saal brachte, hat er den Gewahrsam des Aufsichtsbeamten gebrochen. Zugleich hat er neuen, eigenen Gewahrsam begründet. Der Umstand, daß A mit der Arbeit den Saal nicht verließ und die Arbeit nur für verhältnismäßig kurze Zeit vom Pult entfernte, steht der Annahme eines Gewahrsamsbruchs nicht entgegen. Entscheidend ist, daß der Aufsichtsbeamte während dieser Zeit seinen Herrschaftswillen nicht jederzeit ungehindert realisieren konnte.

d) Zweifelhaft ist, ob A in Zueignungsabsicht gehandelt hat. Wie in der Vorbem. A vor Fall 7 unter Abschn. VI 2 (S. 222) näher dargelegt, handelt in Zueignungsabsicht, wer den Willen hat, über die entwendete Sache unter dauerndem Ausschluß des Berechtigten wie ein Eigentümer zu verfügen. Als Eigentümer und damit Berechtigter ist im vorliegenden Fall nicht etwa der Mitkandidat B anzusehen, sondern — je nachdem, ob es sich um ein Universitätsexamen oder um ein Staatsexamen handelte — die Universitätsverwaltung bzw. das Landesjustizprüfungsamt. Dem A lag jedoch nichts ferner, als diese Stellen auf Dauer aus ihrer Eigentümerrolle zu verdrängen. Sein Bestreben ging vielmehr dahin, die Arbeit so schnell wie möglich wieder dorthin zurückzubringen, woher er sie geholt hatte. Diebstahl ist daher abzulehnen.

2. Gewahrsamsbruch (§ 133)

a) Allgem. Ausführungen zu § 133 siehe Vorbem. A.

b) Ob die Aufsichtsarbeit eine Urkunde ist, kann vorläufig auf sich beruhen, da § 133 nicht nur Urkunden, sondern schlechthin alle Gegenstände schützt, die sich in amtlicher Aufbewahrung befinden oder einem Beamten übergeben worden sind.

c) Die Aufsichtsarbeit befand sich, nachdem B sie abgegeben hatte, zur amtlichen Aufbewahrung an dem hierzu bestimmten Ort, nämlich auf dem Pult des Aufsichtsbeamten. Sie befand sich somit in amtlichem Gewahrsam.

d) Diesen amtlichen Gewahrsam hat A dadurch gebrochen, daß er die Aufsichtsarbeit vom Pult des Aufsichtsbeamten entfernte und mit an seinen Arbeitsplatz im Saal nahm. Damit wurde die Arbeit beiseitegeschafft. Unerheblich ist dabei, daß die Arbeit nur für kurze Zeit entfernt und nicht aus dem Saal geschafft wurde. Der ratio legis entsprechend genügt es zur Tatbestandsverwirklichung, daß der Zweck der amtlichen Aufbewahrung durch das Verhalten des A entscheidend beeinträchtigt wurde. Der Aufsichtsbeamte hatte die Arbeit nicht mehr ständig unter Kontrolle.

e) A handelte vorsätzlich, rechtswidrig und schuldhaft. Ergebnis: Strafbarkeit gemäß § 133.

II. Die Änderungen an der Arbeit des B

1. Auch hier ist zunächst wieder **§ 133** zu prüfen, und zwar in der Alternative des Beschädigens eines amtlich verwahrten Gegenstands.

Wie bereits in der Vorbem. A unter Abschn. 2 b dargelegt, gilt als Beschädigen jede Handlung, durch welche der Gebrauchswert der Sache beeinträchtigt wird. Bei Urkunden und sonstigen Schriftstücken ist dies immer dann der Fall, wenn der gedankliche Inhalt durch Radieren,

Streichen, Überkleben usw. in Mitleidenschaft gezogen wird. So aber liegt der Fall hier. Der Tb. des § 133 ist daher auch in der Alternative „Beschädigen“ eines amtlich verwahrten Gegenstands verwirklicht. Rechtfertigungs- oder Schuldausschließungsgründe sind nicht ersichtlich.

2. Urkundenfälschung (§ 267)

a) Allgem. Ausführungen zu § 267 siehe Vorbem. B.

b) Es ist zunächst zu prüfen, ob die Aufsichtsarbeit eine Urkunde ist. Als Urkunde gilt jede verkörperte Gedankenerklärung, die den Aussteller erkennen läßt, sowie geeignet und bestimmt ist, rechtserhebliche Tatsachen zu beweisen. (Einzelheiten siehe Vorbem. B III.) Aus dieser Definition ergibt sich für den vorliegenden Fall:

aa) Die Aufsichtsarbeit ließ erkennen, wie sich ihr Verfasser die Lösung der in der Arbeit auftretenden Rechtsprobleme vorstellt. Es handelt sich somit um eine verkörperte Gedankenerklärung.

bb) Der Aussteller war erkennbar. B hat zwar nicht mit seinem Namen, sondern mit einer Kennziffer gezeichnet. Hierauf kommt es jedoch nicht an. Entscheidend ist, daß die für die Beurteilung zuständige Prüfungskommission wußte, wer der Verfasser war.

cc) Die Arbeit diente zur Feststellung der Rechtskenntnisse des Verfassers. Sie war daher geeignet und bestimmt, rechtserhebliche Tatsachen zu beweisen. Damit sind alle Merkmale einer Urkunde gegeben (ebenso RG 68, 240 für eine Referendarklausur und BGH 17, 297 für eine Klassenarbeit).

c) Es ist weiter zu prüfen, ob A dadurch, daß er die Kennziffer des B ausradierte und durch seine eigene Kennziffer ersetzte, eine unechte Urkunde hergestellt hat (1. Alternativtatbestand des § 267). Wie bereits in der Vorbem. B unter Abschn. IV näher ausgeführt, ist eine Urkunde unecht, wenn sie nicht von dem stammt, der als ihr Aussteller erscheint. Als Aussteller erscheint jetzt A. Dadurch wird die Arbeit aber nicht zu einer unechten Urkunde. A erscheint nämlich nicht nur als Aussteller, er ist es auch. Diese Feststellung mag zunächst überraschen. Ihre Berechtigung ergibt sich jedoch aus der Erwägung, daß A sich durch seine Manipulation die Erklärung des B zu eigen gemacht hat. Er hat nicht über seine Eigenschaft als Aussteller, sondern darüber getäuscht, daß er selbst sich diese Lösung ausgedacht und niedergeschrieben hat (vgl. BGH NJW 54, 1375; Schönke-Schröder § 267 Rn. 72). Die 1. Alt. des Tb. entfällt daher.

d) Es ist weiter zu prüfen, ob A durch die Veränderung der Kennziffer eine echte Urkunde verfälscht hat (2. Alternativtatbestand). Wie bereits in der Vorbem. B unter Abschn. V näher ausgeführt, ist eine echte Urkunde verfälscht, wenn die ursprüngliche Erklärung des Ausstellers so geändert oder ergänzt wird, daß sie etwas anderes zum Ausdruck bringt, als der Aussteller ursprünglich zum Ausdruck bringen wollte. Die Erklärung muß aber — wenngleich mit anderem Inhalt — auf den ursprünglichen Aussteller hinweisen. Hieran fehlt es im vorliegenden Fall. Die von B gefertigte Arbeit läßt nicht mehr ihn, sondern A als Aussteller erscheinen. Damit ist auch der 2. Alternativtatbestand abzulehnen (vgl. BGH a.a.O., Schönke-Schröder a.a.O.).

e) Ergebnis: § 267 entfällt.

3. Urkundenbeschädigung (§ 274 I Nr. 1)

a) Allgem. Ausführungen zu § 274 I Nr. 1 siehe Vorbem. D.

b) Daß die Aufsichtsarbeit eine Urkunde ist, wurde bereits oben unter II 2 geprüft und bejaht.

c) Für die Frage, wem die Urkunde gehört, sind nicht die bürgerlich-rechtlichen Eigentumsverhältnisse entscheidend. Entsprechend dem Anliegen der Vorschrift, die Integrität der Urkunde als Beweismittel zu schützen, ist vielmehr ausschließlich auf das Beweisinteresse abzustellen. Die Urkunde gehört daher dem, der das Recht hat, mit der Urkunde im Rechtsverkehr Beweis zu erbringen (vgl. Schönke-Schröder § 274 Rn. 5 sowie Vorbem. D 2). Dies war im vorliegenden Fall B.

d) Es ist weiter zu prüfen, ob A die Aufsichtsarbeit beschädigt hat. Wie bei § 133 gilt als Beschädigen jede Handlung, durch die der Gebrauchswert der Urkunde für den Berechtigten beeinträchtigt wird. Dies bedeutet für den vorliegenden Fall: Dadurch, daß A die Kennziffer des B ausradierte und durch seine eigene Kennziffer ersetzte, wurde ihre Beweisfunktion aus der Sicht des B in entscheidender Weise beeinträchtigt. Der obj. Tb. des § 274 I Nr. 1 ist daher erfüllt.

e) Zur Frage, ob § 274 I Nr. 1 auch in der Form des Unterdrückens einer Urkunde verwirklicht wurde, s. u. IV.

f) Subjektiv ist zunächst Vorsatz erforderlich. A wußte, daß er an einer Urkunde, an der ein anderer ein Beweisinteresse hatte, Änderungen vornahm, die den Beweiswert der Urkunde nachteilig beeinträchtigten. Er handelte damit vorsätzlich.

g) Neben dem Vorsatz ist die Absicht erforderlich, einem anderen Nachteil zuzufügen. Als Nachteil genügt jeder

Beweisnachteil. Das Tb.-Merkmal Absicht darf entgegen einem Teil des Schrifttums nicht i. S. von Motiv verstanden werden. Es genügt vielmehr das Bewußtsein, daß der Beweisnachteil eine notwendige Tatfolge ist (vgl. Schönke-Schröder § 274 Rn. 15, BGH NJW 53, 1924; OLG Hbg. JR 64, 228 m. Anm. Schröder). Im vorliegenden Fall wußte A genau, daß dem B durch den Austausch der Arbeiten bzw. der Kennziffern bei der Examensbenotung erhebliche Nachteile erwachsen würden. Der Tb. des § 274 Abs. 1 Nr. 1 ist daher auch subj. erfüllt.

h) Rechtfertigungs- oder Schuldausschließungsgründe sind nicht ersichtlich. Ergebnis: Strafbarkeit gemäß § 274 Abs. 1 Nr. 1.

III. Die Zeichnung der eigenen Arbeit mit der Kennziffer des B

Auch hier kommt wieder **Urkundenfälschung (§ 267)** in Betracht, und zwar in der 1. Alt. des Tatbestands (Herstellen einer unechten Urkunde).

a) Die Arbeit war eine Urkunde (s. o. II 2 b). Durch die Zeichnung mit der Kennziffer des B wurde sie zu einer unechten Urkunde, da sie den B als Aussteller erscheinen ließ, während in Wirklichkeit A der Aussteller war. Der obj. Tb. ist damit erfüllt.

b) Der subj. Tb. erfordert neben dem Vorsatz die Absicht, im Rechtsverkehr zu täuschen. Beide Tb.-Merkmale sind gegeben, ohne daß es weiterer Feststellungen bedürfte.

c) Rechtfertigungs- oder Schuldausschließungsgründe sind nicht ersichtlich. Ergebnis: Strafbarkeit gemäß § 267.

IV. Die Abgabe der beiden Arbeiten

1. Dadurch, daß A die Arbeit des B, die jetzt mit seiner eigenen Kennziffer versehen war, zu den übrigen Arbeiten auf das Pult legte, kann er den Tb des **§ 274 Abs. 1 Nr. 1** erneut erfüllt haben, und zwar in der Form des Unterdrückens einer Urkunde.

a) Eine Urkunde ist unterdrückt, wenn sie der Benutzung des Berechtigten entzogen wird. Dies bedeutet für den vorliegenden Fall: Die von B verfaßte Arbeit war zwar vorhanden, konnte aber infolge des Austauschs der Kennziffern nicht für ihn gewertet werden. Sie war ihm daher entzogen. Der obj. Tb. ist damit erfüllt.

b) Hinsichtlich des subj. Tb. gelten die Ausführungen oben unter II 3 f) und g) entsprechend.

c) Rechtfertigungs- oder Schuldausschließungsgründe fehlen. Ergebnis: Strafbarkeit gem. § 274 Abs. 1 Nr. 1.

2. Durch die Abgabe der eigenen, jetzt mit der Kennziffer des B versehenen Arbeit hat sich A eines erneuten Vergehens gemäß § 267 schuldig gemacht, indem er nämlich von einer unechten Urkunde Gebrauch gemacht hat. Nähere Ausführungen erübrigen sich.

3. Es ist weiter zu prüfen, ob sich A einer **mittelbaren Falschbeurkundung** (§ 271) schuldig gemacht hat. Aus dem Sachverhalt ergibt sich nämlich, daß A infolge seiner Täuschung ein Prüfungszeugnis erlangt hat, in dem ihm ausreichende Leistungen bescheinigt wurden, während er sonst die Prüfung nicht bestanden hätte.

a) Allgemeine Ausführungen zu § 271 siehe Vorbem. C.

b) Der Urkundencharakter des Prüfungszeugnisses steht außer Frage. Es ist weiter zu prüfen, ob das Prüfungszeugnis eine öffentliche Urkunde ist. Öffentlich ist eine Urkunde, wenn sie von einer öffentlichen Behörde innerhalb ihrer Zuständigkeit in der vorgeschriebenen Form aufgenommen wurde (vgl. § 415 ZPO sowie Vorbem. C 4). Im vorliegenden Fall wurde das Zeugnis entweder von der Universität (bei Universitätsexamen) oder vom Landesjustizprüfungsamt (Staatsexamen) ausgestellt, auf jeden Fall von einer öffentlichen Behörde. Diese wurde auch im Rahmen ihrer Zuständigkeit tätig. Über einen Formmangel ist nichts bekannt. Damit sind alle Merkmale einer öffentlichen Urkunde gegeben (siehe auch RG 60, 375 für ein Reifezeugnis).

c) Die Tathandlung besteht darin, daß eine unrichtige Eintragung bewirkt wird, auf die sich der öffentliche Glaube der Urkunde bezieht. Im vorliegenden Fall enthält das Prüfungszeugnis jedoch keine unrichtigen Angaben. Es bescheinigt nämlich nicht mehr und nicht weniger, als daß die Prüfungskommission die Leistungen des A als ausreichend beurteilt hat. Dies war tatsächlich — wenngleich aufgrund einer Täuschung — der Fall. Die Leistungen des A waren zwar nicht ausreichend, aber sie wurden als ausreichend beurteilt. Die Prüfung galt damit als bestanden. Einen weiteren Aussagewert hat das Zeugnis nicht. § 271 ist daher abzulehnen.

V. Zusammenfassung, Konkurrenzen

1. Durch die Entwendung der Arbeit des B hat A sich eines Vergehens gemäß § 133 in der Form des Beiseiteschaffens einer Urkunde schuldig gemacht.

2. Durch die Veränderung der Arbeit des B hat sich A eines erneuten Verstoßes gegen § 133 schuldig gemacht, diesmal i. d. F. des Beschädigens einer Urkunde. Außerdem hat er den Tb. des § 274 Abs. 1 Nr. 1 i. d. F. des Beschädigens verwirklicht.

3. Durch die Zeichnung der eigenen Arbeit mit der Kennziffer des B hat A sich einer Urkundenfälschung i. d. F. des Herstellens einer unechten Urkunde schuldig gemacht.

4. Durch die Abgabe der Arbeit des B mit seiner eigenen Kennziffer hat A einen erneuten Verstoß gegen § 274 Abs. 1 Nr. 1 begangen, diesmal i. d. F. des Unterdrückens einer Urkunde. Die Abgabe der eigenen Arbeit mit der Kennziffer des B stellt sich als Gebrauch einer unechten Urkunde dar (§ 267, 3. Alt.).

5. Sämtliche Vergehen dienten demselben Zweck und stehen in einem engen örtlichen und zeitlichen Zusammenhang. Sie bilden daher eine sog. natürliche Handlungseinheit. (Siehe hierzu ausführlich Vorbem. C vor Fall 7.)

Ergebnis: §§ 133, 267, 274 I 1, 73 StGB.

Zu Fall 15

Vorbemerkungen

A. Irreführung der Rechtspflege (§ 145 d)

Gemäß § 145 d macht sich strafbar, wer einer staatlichen Dienststelle wider besseres Wissen entweder eine Straftat vortäuscht (1. Alternativtatbestand) oder über die Person eines an einer Straftat Beteiligten zu täuschen sucht (2. Alternativtatbestand). Im einzelnen:

1. Geschütztes Rechtsgut ist die **staatliche Rechtspflege.** Die Vorschrift will verhindern, daß der Strafverfolgungsapparat sinnlos in Anspruch genommen oder in falsche Richtung gelenkt wird.

2. Die 1. Alternative des Tatbestands stellt die **Vortäuschung einer Straftat** unter Strafe, die objektiv nicht begangen wurde. Beispiele: A täuscht einen Einbruch vor, um eigene Unterschlagungen zu verdecken oder um einen Versicherungsbetrug vorzubereiten. — Oder: A meldet einen Raubüberfall, nur um zu sehen, wie lange die Polizei braucht, um den Tatort zu erreichen. Oder: A bringt bewußt der Wahrheit zuwider vor, er habe einen Totschlag begangen, dabei aber in Notwehr gehandelt (vgl. OLG Oldenburg NJW 52, 1225). Auch hier sind die Strafverfolgungsbehörden verpflichtet, sich um eine Klärung der Vorgänge zu bemühen.
Nicht hierher gehört der Fall, daß jemand zur Verdeckung einer eigenen Tat, etwa einer fahrlässigen Tötung oder einer Körperverletzung mit Todesfolge, einen Selbstmord vortäuscht. Dies ergibt sich aus der Erwägung,

daß der Selbstmord keine Straftat darstellt und daher auch keine weiteren polizeilichen Ermittlungen mit dem Ziel einer Strafverfolgung auslöst. Der Täter will hier gerade verhindern, daß polizeiliche Ermittlungen eingeleitet werden. Nicht hierher gehört ferner jede Sachdarstellung, die absolut ungeeignet ist, ein Einschreiten der Strafverfolgungsbehörden nach sich zu ziehen, z. B. wenn jemand anzeigt, er habe vor 15 Jahren, also in längst verjährter Zeit, eine Sachbeschädigung oder einen Diebstahl begangen. (Siehe auch unten B 5 sowie Maurach BT 665, 669.)

Nicht erforderlich ist, daß es tatsächlich gelingt, die Behörde zu täuschen. Es genügt, daß die Sachdarstellung bei wahrem Vortrag des Anzeigers geeignet gewesen wäre, ein Einschreiten zwecks Strafverfolgung auszulösen (vgl. Maurach a.a.O.).

3. Die 2. Alternative des Tatbestands stellt die **Täuschung über die Person eines Tatbeteiligten** unter Strafe. Während die 1. Alternative jede grundlose Inanspruchnahme der Strafverfolgungsbehörden verhindern will, geht es in der 2. Alternative darum zu verhindern, daß die Ermittlungen in falsche Richtung gelenkt werden. Beispiel: A behauptet bewußt der Wahrheit zuwider, nicht X, sondern Y komme für einen bestimmten Diebstahl in Betracht. Auch die falsche Selbstbezichtigung gehört hierher, ferner die Anzeige gegen Unbekannt, wenn der Täter tatsächlich bekannt ist.

Nicht hierher gehört der Fall, daß jemand lediglich den Verdacht von dem eigentlichen Täter ablenkt, ohne positiv auf andere Fährten hinzuweisen, z. B. durch die bewußt wahrheitswidrige Angabe, von nichts zu wissen oder den Täter nicht zu kennen oder durch Verschaffen eines falschen Alibis. (Hier kommt jedoch Begünstigung in Betracht.)

Auch der Täter der Straftat selbst kann sich eines Vergehens gemäß § 145 d, 2. Alt. schuldig machen, wenn er bestimmte positive Handlungen vornimmt, um die Polizei auf falsche Spuren zu hetzen, z. B. wenn er selbst zur Polizei geht und dort Anzeige gegen Unbekannt erstattet (vgl. BGH 6, 255). Nicht ausreichend ist jedoch, wenn der Täter lediglich die ihm zur Last gelegte Tat bestreitet. In diesem Fall macht er nur von einem prozessualen Recht Gebrauch. Auch die Berufung auf den berühmten „Unbekannten" geht nicht über die straflose Selbstbegünstigung hinaus.

Nicht hierher gehört schließlich der Fall, daß der Täter einer Straftat den Sachverhalt wahrheitswidrig so darstellt, daß der Verdacht auf eine andere Person fällt, für die sich derselbe Sachverhalt aber nicht als strafbare Handlung darstellt (BGH 19, 305). Beispiel: Nach einem unverschuldet erlittenen Verkehrsunfall behauptet A, der keine Fahrerlaubnis besitzt, nicht er, sondern sein Beifahrer B, der im Besitz einer Fahrerlaubnis ist, habe den Wagen geführt.

4. Der **subjektive Tatbestand** verlangt hinsichtlich der Täuschung in beiden Alternativen unbedingten Vorsatz („wider besseres Wissen"). Im übrigen genügt bedingter Vorsatz.

5. **Konkurrenzen:** Infolge der Subsidiaritätsklausel tritt § 145 d hinter allen Delikten mit einer schwereren Strafdrohung zurück. Dies gilt vor allem für das Verhältnis zur falschen Anschuldigung (§ 164), zur uneidlichen Falschaussage (§ 153) und zum Meineid (§ 154). Im Verhältnis zur Begünstigung (§ 257) kommt es darauf an, ob ein Fall eigennütziger Begünstigung vorliegt, denn nur diese enthält gegenüber § 145 d die schwerere Strafdrohung. Die einfache Begünstigung kann demgegenüber mit § 145 d in IdK treten.

B. Die falsche Anschuldigung (§ 164)

I. Nach **§ 164 Abs. 1** wird bestraft, wer einen anderen bei einer Behörde oder einem zur Entgegennahme von Anzeigen zuständigen Beamten oder militärischen Vorgesetzten oder öffentlich wider besseres Wissen einer strafbaren Handlung oder einer Amtspflichtverletzung verdächtigt in der Absicht, ein behördliches Verfahren (insbesondere Strafverfahren) oder andere behördliche Maßnahmen (z. B. Entzug der Fahrerlaubnis) herbeizuführen oder fortdauern zu lassen. Im einzelnen:

1. **Verdächtigen** in Abs. 1 bedeutet nach BGH 14, 240 soviel wie „behaupten" in Abs. 2. Eine Gleichstellung mit dem Begriff „verbreiten", wie sie das Gesetz in § 186 vornimmt, ist im Rahmen der falschen Anschuldigung nicht zulässig. Behaupten ist enger als verbreiten und bedeutet soviel wie als wahr hinstellen. Hieraus folgt: Wer nicht selbst verdächtigt, sondern nur eine fremde Verdächtigung, deren Unrichtigkeit er nicht kennt, an die für die Prüfung zuständige Behörde weiterleitet, erfüllt nicht den Tatbestand der falschen Anschuldigung (vgl. BGH a.a.O. 244).
Ein Verdächtigen kann auch dann vorliegen, wenn der Täter einer Behörde Belastungsmaterial in die Hände spielt, z. B. durch anonyme Zuleitung gefälschter Urkunden.

2. Die Verdächtigung muß objektiv unwahr sein. Diese Voraussetzung liegt nicht nur vor, wenn die behauptete Tat überhaupt nicht begangen wurde, sondern auch dann, wenn sie zwar begangen wurde, aber nicht von dem, auf den der Verdacht gelenkt wird.
Entscheidend ist immer, ob sich das tatsächliche Vorbringen des Anzeigers als falsch erweist. Keine falsche Anschuldigung liegt daher vor, wenn das tatsächliche Vorbringen richtig ist, der Anzeiger nur einen falschen rechtlichen Schluß aus dem ihm vorliegenden Tatsachenmaterial gezogen hat.

3. Die Verdächtigung muß sich gegen einen anderen richten. Diese Voraussetzung kann auch dann vorliegen, wenn der Verdacht auf eine andere Person fällt als auf diejenige, die der Täter an sich verdächtigen wollte (BGH 9, 240). Die falsche Selbstbezichtigung fällt dagegen nicht unter den Anwendungsbereich der Vorschrift (siehe jedoch § 145 d).

4. Erforderlich ist weiter, daß die Verdächtigung öffentlich, bei einer Behörde oder einem zur Entgegennahme von Anzeigen zuständigen Beamten (z. B. einem Polizeibeamten oder einem Staatsanwalt, vgl. § 158 StPO) erhoben wird. Bei Soldaten genügt es, wenn die gegen sie erhobenen Vorwürfe bei einem ihrer militärischen Vorgesetzten vorgebracht werden.

5. Ist Gegenstand der Verdächtigung eine **strafbare Handlung,** so ist folgendes zu beachten: Da das in § 164 geschützte Rechtsgut die staatliche Rechtspflege ist, genügt es nicht, daß die behauptete Straftat objektiv und subjektiv den Tatbestand eines bestimmten Strafgesetzes erfüllt. Erforderlich ist vielmehr, daß die von dem Anzeiger behauptete Tat — unterstellt, sein Vortrag wäre richtig — nicht nur tatbestandsmäßig, sondern auch rechtswidrig, schuldhaft und verfolgbar ist. Diese Voraussetzungen fehlen, wenn schon nach dem Vortrag des Anzeigers der Verdächtigte sich auf einen Rechtfertigungsgrund, einen Schuldausschließungsgrund oder einen persönlichen Strafausschließungsgrund berufen könnte oder die behauptete Tat längst verjährt oder amnestiert wäre (vgl. Maurach BT 669). In diesem Fall würden die Strafverfolgungsbehörden überhaupt nicht

tätig werden, so daß begrifflich nur Versuch in Betracht kommt, der aber bei § 164 nicht unter Strafe gestellt ist.

6. Die Verdächtigung kann auch darin bestehen, daß jemand zwar keiner strafbaren Handlung, wohl aber einer **Verletzung seiner Amts- oder Dienstpflicht** beschuldigt wird. Beispiel: Einem Staatsanwalt wird vorgeworfen, er stelle leichtfertig Verfahren ein. — Oder: Einem Polizeibeamten wird vorgeworfen, er sei im Dienst betrunken gewesen.

7. Der **subjektive Tatbestand** erfordert, daß der Täter

a) die falsche Anschuldigung wider besseres Wissen erhoben hat; er muß also von der Unwahrheit der aufgestellten Behauptung überzeugt gewesen sein;

b) die Absicht verfolgt hat, ein behördliches Verfahren oder andere behördliche Maßnahmen gegen den Verdächtigen herbeizuführen oder fortdauern zu lassen. Diese Absicht muß nicht das Motiv gewesen sein. Dolus directus genügt (BGH 5, 66; 13, 219; str.).

II. § 164 Abs. 2 erfaßt die Aufstellung von sonstigen Behauptungen tatsächlicher Art, d.h. Verdächtigungen, die sich nicht auf strafbare Handlungen oder Amtspflichtverletzungen beziehen, jedoch das gleiche Ziel verfolgen, nämlich die Einleitung oder Fortdauer eines behördlichen Verfahrens oder anderer behördlicher Maßnahmen. Hierunter fallen insbesondere politische Verdächtigungen, sofern hier im Hinblick auf § 90a nicht bereits § 164 Abs. 1 in Betracht kommt. Die subjektiven Voraussetzungen sind dieselben wie in Abs. 1.

III. § 164 Abs. 3 bringt eine Strafschärfung für den Fall, daß der Täter sich von seinem oder eines Dritten Vorteil leiten ließ. Der erstrebte Vorteil muß kein Vermögensvorteil gewesen sein. Nicht ausreichend ist jedoch die Absicht, den Tatverdacht von sich selbst abzulenken (vgl. Welzel 445, Maurach BT 671, OLG Stuttgart JZ 54, 612; str.).

IV. Nach § 164 Abs. 5 wird bestraft, wer einen anderen vorsätzlich oder leichtfertig verdächtigt.

1. Da die mit direktem Vorsatz erhobene falsche Anschuldigung bereits in Abs. 1 und Abs. 2 erfaßt wird, kann Abs. 5 sich nur auf den **bedingten Vorsatz** beziehen. Dieser ist hier allerdings gegenüber der sonst üblichen Definition einschränkend auszulegen (vgl. BGH 14, 240, 256): Wer eine Anzeige erstattet, obwohl gewisse Zweifel an der Richtigkeit bestehen (z. B. Anzeige gegen den flüchtigen Fahrer eines Pkw, dessen polizeiliches Kennzeichen in der Dunkelheit nicht mit letzter Sicherheit abgelesen werden konnte), nimmt damit, selbst wenn ihm dies unerwünscht ist, billigend in Kauf, daß er einen möglicherweise Unschuldigen verdächtigt; er würde also nach allgemeinen Grundsätzen mit bedingtem Vorsatz gehandelt haben. Dies kann aber nicht i. S. des Gesetzes sein; denn es ist gerade die Aufgabe der Behörde, einen bestimmten Verdacht zu überprüfen. Zweifel an der Wahrheit der Verdächtigung können daher für sich allein ein tatbestandsmäßiges Verhalten noch nicht begründen. Es muß vielmehr noch etwas hinzukommen, was über die Billigung des Verfahrens gegen einen möglicherweise Unschuldigen hinausgeht. Vorsätzlich i.S. von § 164 Abs. 5 handelt daher nur, wer die Verdächtigung auch bei Kenntnis der Unrichtigkeit ausgesprochen hätte (vgl. BGH a.a.O., OLG Krhe. DJ 66, 158). Zum Ganzen siehe auch Bockelmann NJW 59, 1850.

2. Leichtfertig, d. h. grob fahrlässig, handelt, wer bei gewissenhafter, ihm möglicher und zumutbarer Prüfung hätte erkennen können, daß die Unterlagen für seine Behauptung unzuverlässig oder unzulänglich sind (RG 71, 176; BGH 14, 240, 255).

3. Im gesamten Bereich des Abs. 5 erfordert der subjektive Tatbestand weiter, daß der Täter — ebenso wie in Abs. 1 und Abs. 2 — in der Absicht gehandelt hat, ein behördliches Verfahren oder andere behördliche Maßnahmen gegen den Verdächtigten einleiten oder fortdauern zu lassen.

V. Da § 164 nicht nur die Interessen des zu Unrecht Angeschuldigten, sondern vor allem auch die staatliche Rechtspflege schützt, ist die Einwilligung des Angeschuldigten unerheblich (BGH 5, 66). Dieser kann gegebenenfalls sogar wegen Anstiftung belangt werden.

VI. Die **Strafe** ist in den Fällen der Abs. 1 und 2 Gefängnis nicht unter 1 Monat, bei Abs. 3 Gefängnis nicht unter 3 Monaten (daher keine Umwandlung nach § 27 b möglich), im Falle des Abs. 5 Gefängnis bis zu 1 Jahr oder Geldstrafe.

Bei einer Verurteilung gemäß Abs. 1 bis Abs. 3 können gemäß Abs. 4 die bürgerlichen Ehrenrechte aberkannt werden (allerdings nur, wenn auf eine Gefängnisstrafe von mindestens 3 Monaten erkannt wurde, vgl. § 32 Abs. 1).

Neben der Strafe ist zugleich dem Verletzten die Befugnis zuzusprechen, die Verurteilung auf Kosten des Verurteilten öffentlich bekanntzumachen (§ 165). Die Vorschrift enthält zwingendes Recht. Sie findet nur dann keine Anwendung, wenn der zu Unrecht Angeschuldigte in die Verdächtigung eingewilligt hat (BGH 5, 66).

VII. Konkurrenzen: Abs. 1, Abs. 2 und Abs. 3 können mit §§ 153 ff., 239, 257 ff, und §§ 185, 187 in Idealkonkurrenz stehen. Bei Abs. 5 ist vor allem an Idealkonkurrenz mit § 186 zu denken. § 145 d tritt subsidiär hinter § 164 zurück.

VIII. Abs. 6 schafft ein von Amts wegen zu berücksichtigendes, zwingendes Verfahrenshindernis (BGH 8, 133). Verfahren i. S. der Vorschrift ist nicht erst das gerichtliche Verfahren, sondern bereits das staatsanwaltschaftliche Ermittlungsverfahren (BGH 8, 151).

C. Der Versicherungsbetrug (§ 265)

1. § 265 stellt bestimmte Vorbereitungshandlungen des Betrugs als Verbrechen selbständig unter Strafe. Es handelt sich um einen **Sondertatbestand,** der nicht rückfallbegründend ist.

2. Die Vorschrift enthält zwei Tatbestände: den Brandversicherungsbetrug und den Seeversicherungsbetrug. In beiden Fällen kann nur eine **versicherte Sache** Gegenstand der Handlung sein. „Versichert" i. S. von § 265 ist eine Sache auch dann, wenn der Versicherungsvertrag nichtig (etwa wegen betrügerischer Überversicherung, vgl. § 51 Abs. 3 VVG) oder anfechtbar ist (BGH 8, 343). Es genügt, daß ein förmlicher Versicherungsvertrag zustande gekommen und rechtsgeschäftlich nicht wieder aufgehoben worden ist (BGH a.a.O.).

3. Beim **Brandversicherungsbetrug** besteht die tatbestandsmäßige Handlung darin, daß der Täter die versicherte Sache in Brand setzt. Eine Zerstörung durch andere Weise genügt nicht. (Siehe hierzu Abschnitt I 2 a der Lösung des folgenden Falles.) § 265 entfällt auch, wenn die versicherte Sache bereits bei der Vorbereitung des Brandes durch eine vom Täter nicht gewollte Explosion des Zündstoffs vernichtet wird, wobei es unerheblich ist, ob die Sache nach den Feuerversicherungsbedingungen auch gegen Explosionsschäden versichert war (BGH NJW 65, 1923).

4. Beim **Seeversicherungsbetrug** besteht die Handlung darin, daß der Täter das Schiff sinken oder stranden läßt.

5. **Betrügerische Absicht** ist wie in § 263 die Absicht, sich oder einem Dritten einen rechtswidrigen Vermögensvorteil zu verschaffen (BGH 1, 209). Die Rechtswidrigkeit des erstrebten Vorteils entfällt, wenn der Versicherungsnehmer einen Anspruch auf Auszahlung der Versicherungssumme hat. Ob dies der Fall ist, richtet sich nach bürgerlichem Recht, insbesondere nach den Bestimmungen des VVG. So entfällt gemäß § 61 VVG der Anspruch auf die Versicherungssumme, wenn der Versicherungsnehmer den Versicherungsfall vorsätzlich oder grob fahrlässig herbeigeführt hat. Wer Versicherungsnehmer ist, bestimmt sich nach dem jeweiligen Versicherungsvertrag. Ist der Versicherungsnehmer gutgläubig, so kommt für den Dritten, der die Tat begeht, um dem Versicherungsnehmer den Genuß der Versicherungssumme zu verschaffen, eine Bestrafung gemäß § 265 nicht in Betracht. Dies gilt selbst dann, wenn der Dritte in einem engen Verhältnis zu dem Versicherungsnehmer steht und selbst wirtschaftlich an der Tat interessiert ist (BGH 1, 209; st.). Es genügt also nicht, wenn der Sohn das Haus seiner nichtsahnenden Mutter anzündet, um diese mit Hilfe der Versicherungssumme von ihrer Schuldenlast zu befreien (BGH a.a.O.). Anders nur, wenn der Täter ein „Repräsentant" des Versicherungsnehmers ist, z. B. wenn ein Gesellschafter einer GmbH deren Geschäftsräume in Brand setzt.

6. **Vollendet** ist die Tat bereits mit dem Inbrandsetzen bzw. Sinkenlassen. Nicht erforderlich ist, daß der Täter den Schaden auch anmeldet oder gar die Versicherungssumme ausbezahlt bekommt. Ist letzteres der Fall, so liegt Realkonkurrenz mit Betrug vor (BGH 11, 398; bestr., vgl. letzter Abschnitt der Lösung des folgenden Falles).

7. Die Strafe ist Zuchthaus bis zu 10 Jahren, bei mildernden Umständen Gefängnis nicht unter 6 Monaten. Daneben ist im Regelfall obligatorisch auf eine Geldstrafe zu erkennen; bei mildernden Umständen ist die Geldstrafe fakultativ.

8. Mit §§ 306 ff. ist IdK möglich.

D. Die Tatbestände der Sachbeschädigung (§§ 303 ff.)

I. Die einfache Sachbeschädigung (§ 303)

Sachbeschädigung begeht, wer vorsätzlich eine fremde Sache beschädigt oder zerstört. Im einzelnen:

1. **Gegenstand** einer Sachbeschädigung kann jede in fremdem Eigentum stehende Sache sein. Wegen Sache siehe Vorbem. A II vor Fall 7 (S. 215),

wegen f r e m d Vorbem. A IV vor Fall 7 (S. 216). Im Gegensatz zu §§ 242, 246, 249 muß die Sache nicht beweglich sein.

2. Die Sache ist **beschädigt,** wenn sie infolge der Einwirkung des Täters nicht mehr bestimmungsgemäß verwendet werden kann. Die Art der Einwirkung ist unerheblich. Insbesondere ist nicht erforderlich, daß die Substanz verletzt wird. So ist z. B. ein Kaftfahrzeug nicht nur beschädigt, wenn die Antenne abgerissen oder die Scheibe eingeschlagen wird, sondern auch dann, wenn der Täter das Benzin verunreinigt oder „zum Scherz" den Motor auseinandernimmt oder die Luft aus den Reifen läßt (BGH 13, 207). Auch das Beschmutzen einer Sache kann Sachbeschädigung sein, wenn ein Denkmal oder eine Hausfassade mit Ölfarbe beschmiert wird, die sich nicht oder nur mit erheblichem Aufwand entfernen läßt (vgl. RG 43, 204; OLG Hbg JZ 51, 727; LG Bamberg NJW 53, 997). Der bloße S a c h e n t z u g erfüllt nur dann den Tatbestand, wenn die Sache hierdurch Schaden leidet, z. B. wenn jemand bei eisiger Kälte einen Vogel fliegen läßt, der nur unter Zimmertemperatur leben kann, nicht dagegen, wenn es sich um einen Vogel handelt, der sich im Freien wohler fühlt, etwa eine Amsel (h. L.; a. A. Maurach BT 182 m. weit. Nachw.).

3. **Zerstören** ist die intensivste Form der Sachbeschädigung, indem nämlich die Gebrauchsfähigkeit nicht nur beeinträchtigt, sondern völlig aufgehoben wird. B e i s p i e l : A vergiftet den Hund des B.

4. Die **Rechtswidrigkeit** kann vor allem durch die N o t s t a n d s r e c h t e des BGB (§§ 228, 904) entfallen, ferner durch die E i n w i l l i g u n g des Eigentümers.

5. S u b j e k t i v ist **Vorsatz** erforderlich, wobei bedingter Vorsatz genügt. Die fahrlässige Sachbeschädigung ist dagegen nicht strafbar. Nicht hierher gehört daher der Fall, daß bei einem Widerstand die Dienstkleidung oder Uhr eines Polizeibeamten beschädigt wird, ohne daß der Täter dies gewollt oder billigend in Kauf genommen hat. Der Schadensersatzanpruch gegen den Täter wird dadurch natürlich nicht ausgeschlossen.

6. **Strafantragsberechtigt** ist jeder, der durch die Tat unmittelbar verletzt ist, vor allem der Eigentümer, aber auch der Mieter, Pächter usw., nicht dagegen die Versicherungsgesellschaft, bei der die Sache versichert war. Richtet sich die Tat gegen einen Angehörigen (vgl. § 52 Abs. 2), so kann der Strafantrag zurückgenommen werden, sonst nicht (vgl. Abs. 4 i. V. mit § 64). — B e a c h t e ferner § 374 Abs. 1 Nr. 6 StPO (P r i v a t k l a g e d e l i k t) sowie § 94 (Strafschärfung bei staatsgefährdender Absicht).

7. An **Sonderbestimmungen,** die dem § 303 vorgehen, sind zu beachten §§ 96 II, 104 (Beschädigung von Flaggen und Hoheitszeichen), §§ 133, 267, 274, 348 II (Beschädigung von Urkunden), § 134 (Beschädigung amtlicher Anschläge); siehe auch §§ 136, 137, 168, 368 Nr. 9, 370 Nr. 1 und 2 sowie die Tatbestände des 27. Abschnitts, die alle, soweit sie mit einer Sachbeschädigung verbunden sind, dem § 303 vorgehen.

II. Die erschwerte Sachbeschädigung (§ 304)

1. § 304 stellt die Beschädigung bestimmter, b e s o n d e r s s c h u t z w ü r d i g e r S a c h e n unter eine **erhöhte Strafdrohung.** Im Gegensatz zu § 303 ist bei den unter § 304 fallenden Sachen nicht erforderlich, daß sie in fremdem Eigentum stehen; auch ein Strafantrag ist nicht erforderlich. Die Tat ist vielmehr ohne Rücksicht auf die Eigentumsverhältnisse immer von Amts wegen zu verfolgen.

2. **Geschützt** sind

a) Gegenstände der Verehrung einer im Staat bestehenden Religionsgesellschaft, z. B. Reliquien, Marienstatuen;

b) Sachen, die dem Gottesdienst gewidmet sind; siehe hierzu Vorbem. C I vor Fall 9 (S. 267)

c) Grabmäler. Hierher gehören nicht nur die üblichen Grabsteine (Gedenksteine mit Namensaufschrift), sondern auch sonstige dauerhafte Teile des Grabes, die — auch ohne Beschriftung — nach Art, Gestalt und Ausführung in enger Verbindung mit sonstigen Anhaltspunkten auf den Toten hinweisen und damit nach der Lebensauffassung selbst den Charakter eines Erinnerungszeichens tragen (BGH 20, 286 betr. einer Kreuzigungsgruppe). Mit §§ 168, 242, 243 kommt IdK in Betracht.

d) öffentliche Denkmäler, z. B Kriegerdenkmäler oder Statuen berühmter Männer, die öffentlich, d. h. allgemein zugänglich, aufgestellt sind; ferner Kulturdenkmäler, z. B. Hünengräber, Bildstöcke, Burgruinen.

e) Gegenstände der Kunst, der Wissenschaft oder des Gewerbes, soweit in öffentlichen Sammlungen aufbewahrt oder öffentlich aufgestellt. Hierher gehören z. B. Bilder in Gemäldegalerien, Bücher in Bibliotheken, zu denen jeder Zutritt hat, nicht dagegen in Behördenbibliotheken, die nur den Bediensteten der Behörde zur Verfügung stehen (BGH 10, 285), ferner öffentlich aufgestellte Plastiken, nicht dagegen gewerbliche Erzeugnisse, die vor einem Gewerbebetrieb zum Verkauf ausgestellt sind.

f) Gegenstände, die zum öffentlichen Nutzen oder zur Verschönerung öffentlicher Wege, Plätze oder Anlagen dienen. Hierher gehören z. B. Feuermelder, Feuerlöschgeräte, Fahrzeuge und Einrichtungen des Seenotdienstes, der Feuerwehr und der Polizei, Briefkästen der Post, Wegweiser, Verkehrszeichen, Verkehrsampeln, Parkuhren, Litfaßsäulen, öffentliche Ruhebänke, die Blumen, Sträucher und Bäume eines Stadtparks.

3. Die **Handlung** besteht wie im § 303 im Beschädigen oder Zerstören. Hierbei ist jedoch zu beachten, daß § 304 nur dann in Betracht kommt, wenn Zweck oder Bedeutung der Sache beinträchtigt wurden. Ist dies nicht der Fall, so kommt nur § 303 in Betracht. Wer z. B. seinen Namen in die Parkbank schnitzt oder eine einzelne Tulpe aus dem Park reißt, verstößt zwar gegen § 303, aber nicht gegen § 304; anders jedoch, wenn die ganze Bank aus der Halterung gerissen oder zertrümmert wird, oder wenn jemand ein ganzes Tulpenfeld mutwillig durchwühlt. Eine Sachbeschädigung begeht auch, wer „zum Scherz" ein Verkehrszeichen herausreißt (BGH DAR 60, 265) oder wer einen Wegweiser so verstellt, daß er in die falsche Richtung weist.

4. Siehe ergänzend oben I 2—5, 7 sowie § 21 NaturschutzG, der als Sonderregelung vorgeht.

5. Abschließendes Beispiel: A entwendet Kupferdraht einer öffentlichen Fernsprechleitung und verkauft diesen an einen gutgläubigen Althändler. Hier sind folgende Tatbestände erfüllt: § 17 UnedelMetG, §§ 304, 317 StGB, außerdem Betrug zum Nachteil des Althändlers. In IdK stehen aber nur § 17 UnedelMetG und § 317; das Vergehen gemäß § 304 wird dagegen durch die speziellere Bestimmung des § 317 verdrängt. Der Betrug steht hierzu in RK.

III. Die Zerstörung von Bauwerken (§ 305)

Gemäß § 305 wird bestraft, wer vorsätzlich ein Gebäude, ein Schiff, eine Brücke, einen Damm, eine Straße, eine Eisenbahn oder anderes, in fremden Eigentum stehendes Bauwerk ganz oder teilweise zerstört. Im einzelnen:

1. Die Vorschrift enthält einen erschwerten Fall des § 303. Wie dort sind nur fremde Sachen vor Zerstörung geschützt.

2. Über Zerstören s. o. I 3. — Teilweises Zerstören ist mehr als nur Beschädigen und setzt voraus, daß durch die Beschädigung entweder einzelne Bestandteile unbrauchbar geworden sind (z. B. ein Brückengeländer) oder daß die Sache für einzelne ihrer Zweckbestimmungen untauglich geworden ist, z. B. eine Brücke kann nur noch zum Begehen, aber nicht mehr zum Befahren benützt werden (vgl. Frank Anm. II 2).

3. Geschützt sind Gebäude (auch Rohbauten, BGH 6, 107), Schiffe (nicht: Nachen, Paddelboote usw., sondern nur größere Schiffe), Brücken (nicht: unbedeutende Stege), Dämme, gebaute Straßen (zu denen auch Kanäle gehören), Eisenbahnen (nicht die einzelnen Wagen, sondern die Gleisanlagen), andere Bauwerke (z. B. Grenzmauern, Fischzuchtanlagen, Festungsanlagen, Kläranlagen).

4. Die Strafe ist Gefängnis nicht unter 1 Monat. Der Versuch ist strafbar.

5. IdK ist möglich mit §§ 304, 306; § 303 wird dagegen konsumiert. — Beachte § 94 (Strafschärfend bei staatsgefährdender Absicht) und Abs. 2 (Versuch).

E. Die Tatbestände der Brandstiftung (§§ 306 ff.)

I. Übersicht

1. **Grundtatbestand** der ganzen Gruppe ist die in § 308, 2. Alt. geregelte einfache Brandstiftung, während die 1. Alt. des § 308 einen Sonderfall der Sachbeschädigung enthält. Die §§ 306, 307 enthalten tatbestandsmäßige Qualifizierungen dieses Grundtatbestands. § 309 befaßt sich mit der fahrlässigen Brandstiftung, § 310 mit der tätigen Reue. § 310 a schließlich enthält einen Gefährdungstatbestand.

2. **In Brand gesetzt** ist ein Gebäude oder sonstiges Objekt, wenn es vom Feuer in einer Weise erfaßt ist, die ein Fortbrennen aus eigener Kraft ermöglicht. Wer z. B. in einem Wohnhaus die Lattentür eines Kellerraums in Brand setzt, verwirklicht den Tb. des § 306 Nr. 2 nur, wenn sich das Feuer auf weitere Gebäudeteile ausbreiten kann (BGH 7, 37; 16, 109; 18, 363). Nicht erforderlich ist natürlich, daß ein Niederbrennen des ganzen Gebäudes droht. Es genügt vielmehr, daß der Brand sich auf Teile des Gebäudes ausbreiten kann, die für dessen bestimmungsgemäßen Gebrauch von wesentlicher Bedeutung sind, z. B. Treppe, Fußboden, Wohnungstüren und Fenster (BGH a.a.O.).

3. Alle Tatbestände können auch durch **Unterlassen** verwirklicht werden, sofern eine Rechtspflicht zur Erfolgsabwendung besteht, z. B. wenn die Feuerwehr nicht eingreift, um das Übergreifen des Feuers auf andere Gebäude oder die vom Feuer noch nicht erfaßten Teile eines bereits brennenden Gebäudes zu schützen.

II. Die einfache Brandstiftung (§ 308)

1. Die 1. Alternative des Tatbestands, die sog. **unmittelbare Brandstiftung,** kommt nur dann in Betracht, wenn der Täter unmittelbar fremdes Eigentum (Gebäude, Schiffe usw.) in Brand setzt. Diese Alternative ist ein Sonderfall der Sachbeschädigung und gehört an sich nicht zu den gemeingefährlichen Verbrechen, sondern zu den Tatbeständen des 26. Abschnitts. Anders die sog. **mittelbare Brandstiftung** der 2. Alt. des Tatbestands. Hier macht sich auch der strafbar, der eine unter § 308 fallende eigene (oder herrenlose) Sache in Brand setzt, die nach ihrer Beschaffenheit und Lage geeignet ist, das Feuer einer der in § 306 Nr. 1—3 bezeichneten Räumlichkeiten oder einer durch § 308 geschützten fremden Sache mitzuteilen. Die mittelbare Brandstiftung ist somit ein echtes (abstraktes) Gefährdungsdelikt (BGH NJW 51, 726).

2. **Geschützt** sind

a) Gebäude, Schiffe (s. o. D III 3), Hütten, Bergwerke und Magazine, d. h. Räumlichkeiten, die dazu bestimmt sind, erhebliche Vorräte an Waren oder sonstigen Gebrauchsgegenständen für längere Zeit aufzubewahren;

b) Warenvorräte, die auf dazu bestimmten öffentlichen Plätzen lagern, Vorräte von landwirtschaftlichen Erzeugnissen, von Bau- oder Brennmaterialien (hier kommen immer nur größere Mengen in Betracht, z. B. das Kohlen- oder Holzlager eines Händlers oder der Holzvorrat eines Landwirts für den gesamten Winter);

c) Früchte auf dem Felde, d. h. alle landwirtschaftlichen Erzeugnisse vor der Aberntung, z. B. ein Getreidefeld oder eine Obstplantage;

d) Waldungen, d. h. größere Baumbestände;

e) Torfmoore.

3. Subjektiv ist **Vorsatz** erforderlich. Bei der mittelbaren Brandstiftung (2. Alt. des Tb.) muß der Täter vor allem wissen, daß die von ihm in Brand gesetzte Sache ihrer Beschaffenheit und Lage nach geeignet ist, das Feuer weiterzuverbreiten. Bedingter Vorsatz genügt. Bei Fahrlässigkeit siehe § 309.

4. Die **Strafe** ist Zuchthaus bis zu 10 Jahren, bei mildernden Umständen Gefängnis nicht unter 6 Monaten. Siehe auch § 325 (Polizeiaufsicht).

5. **IdK** ist möglich mit Versicherungsbetrug (§ 265). Gegenüber §§ 303—305 geht § 308 als das speziellere Delikt vor. IdK mit § 303 liegt jedoch vor, wenn auch Einrichtungsgegenstände, Tiere usw. in Mitleidenschaft gezogen werden.

6. **Abschließende Beispiele:**

a) Zündet A die Scheune des B an, um diesem zu schaden, so ist § 308 in der 1. Alt. erfüllt. Greift das Feuer auch auf das Wohnhaus des B über, ohne das A dies gewollt hat, so steht § 308 in IdK mit § 309.

b) Zündet A seine eigene, gegen Feuersgefahr versicherte Scheune an, um sich die Versicherungssumme zu verschaffen, so ist § 308 nur dann gegeben, wenn die Gefahr besteht, daß das Feuer auf eine in § 306 geschützte, nicht notwendig fremde Sache, z. B. das eigene Wohnhaus, oder auf eine fremde, in § 308 geschützte Sache übergreift, z. B. auf die Scheune des B. Auf jeden Fall aber liegt ein Verbrechen gemäß § 265 vor.

c) A brennt auf seinem Grundstück abgestandenes Gras nieder, obwohl die Gefahr besteht, daß das Feuer auf eine nahe Waldung übergreift; A kennt die Gefahr, vertraut aber darauf, daß er ein Übergreifen schon rechtzeitig verhindern werde. Trotzdem greift das Feuer auf den Wald über. Hier liegt § 308 in der 2. Alt. vor. Das Gras ist, auch wenn es wild gewachsen ist, eine Frucht auf dem Feld (vgl. OLG Celle NdsRpfl. 52, 57), und auch der gefährdete Wald ist durch § 308 geschützt. Subjektiv genügte das Wissen um die Gefahr. Die Hoffnung, einen Brand vermeiden zu können, schließt den Gefährdungsvorsatz nicht aus. Wäre es dem A gelungen, sein Grasfeuer rechtzeitig und unentdeckt wieder zu löschen, so könnte er sich auf § 310 berufen. In diesem Fall käme § 310 a in Betracht.

III. Schwere Brandstiftung (§ 306)

§ 306 bringt eine Qualifizierung für den Fall, daß bestimmte, besonders wichtige oder sonst schutzwürdige Gebäude in Brand gesteckt werden. Im einzelnen:

1. **Gegenstand** einer schweren Brandstiftung i. S. von § 306 können sein:

a) Gebäude, die zu gottesdienstlichen Versammlungen bestimmt sind (**Nr. 1**), z. B. Kirchen, Kapellen, Gemeindesäle. Unerheblich ist, ob diese Gebäude ständig oder nur in unregelmäßigen Abständen zu gottesdienstlichen Versammlungen benutzt werden und ob gerade zur Tatzeit eine gottesdienstliche Versammlung abgehalten wird. Unerheblich ist auch, ob es sich um das Gebäude einer christlichen Religionsgemeinschaft handelt. Geschützt sind daher auch Synagogen und Moscheen.

b) Gebäude, Schiffe und Hütten, die zur Wohnung von Menschen dienen (**Nr. 2**). Die Eigentumsverhältnisse sind unerheblich. Täter kann daher auch der Eigentümer selbst sein, der sein Haus anzündet, weil er den dauernden Ärger mit seinen Mietern leid ist. Anders nur, wenn der Eigentümer das Gebäude allein bewohnt hat, aber in Zukunft nicht mehr als Wohnung verwenden will. Ob und in welchem Umfang er seine Habe vorher entfernt hat, ist unerheblich (BGH 10, 208; 16, 394). Wochenendhäuser, Gartenlauben usw., die nur zeitweise bewohnt werden, fallen nicht unter Nr. 2, sondern unter Nr. 3.

c) Räumlichkeiten, die zeitweise zum Aufenthalt von Menschen dienen (**Nr. 3**), z. B. Ferien- und Wochenendhäuser, Filmtheater, Scheunen, Ställe, Büroräume, Sporthallen, Theater und Museen, nicht jedoch ein Pkw (BGH 10, 208). Im Gegensatz zu § 306 Nr. 1 und Nr. 2 ist bei Nr. 3 erforderlich, daß die Tat zu einer Zeit begangen wird, zu der sich Menschen in den Räumlichkeiten aufzuhalten pflegen. Andererseits wird auch hier nicht vorausgesetzt, daß sich zur Tatzeit tatsächlich Menschen in dem Raum aufhalten und gefährdet werden.

2. Subjektiv ist **Vorsatz** erforderlich. Der Täter muß wissen, daß er ein Gebäude usw. in Brand setzt, und daß der Gegenstand der Brandstiftung die vom Gesetz hervorgehobenen Eigenschaften besitzt. Im Fall der Nr. 3 muß der Täter z. B. wissen, daß der von ihm in Brand gesetzte Raum zeitweise zum Aufenthalt von Menschen dient und er die Tat zu einer Zeit begeht, zu der sich Menschen in dem Raum aufzuhalten pflegen. Bedingter Vorsatz genügt. Bei Fahrlässigkeit siehe § 309.

3. Die **Strafe** ist Zuchthaus, und zwar ohne besondere Berücksichtigung mildernder Umstände.

4. **IdK** ist vor allem möglich mit Versicherungsbetrug (§ 265). Gegenüber §§ 303—305 sowie gegenüber § 308 geht § 306 als das speziellere Delikt vor. IdK mit § 303 liegt jedoch vor, wenn auch Einrichtungsgegenstände, Tiere usw. in Mitleidenschaft gezogen werden. Wird ein Mensch verletzt, so ist IdK mit §§ 223, 230 gegeben. Wird ein Mensch getötet, so liegt i. d. R. der erschwerte Fall des § 307 vor.

5. **Beachte** § 310 (tätige Reue), § 325 (Polizeiaufsicht), § 138 (Anzeigepflicht).

IV. Besonders schwere Brandstiftung (§ 307)

1. **§ 307 Nr. 1** bringt eine weitere Strafschärfung für den Fall, daß der Brand den Tod eines Menschen dadurch verursacht hat, daß dieser sich z. Z. der Tat in einer der in Brand gesetzten Räumlichkeiten aufgehalten hat. Unerheblich ist, auf welche Weise der Tod eintritt, ob durch Verbrennen oder Ersticken oder dadurch, daß ein Bewohner beim Sprung aus einem oberen Stockwerk das Sprungtuch verfehlt. Nicht hierher gehört jedoch der Fall, daß ein Feuerwehrmann oder Nachbar, der sich im Zeitpunkt der Brandlegung noch nicht im Haus befunden hat, bei der Rettungsaktion ums Leben kommt. Hier liegt nur § 306 in IdK mit fahrlässiger Tötung vor. Dasselbe gilt, wenn eine bereits gerettete Person nochmals in das brennende Gebäude zurückkehrt und dann erst umkommt. § 307 Nr. 1 entfällt schließlich auch dann, wenn der Tod eines Menschen dadurch eintritt, daß es bei der Vorbereitung des Brandes zu einer vom Täter nicht gewollten Explosion des Zündstoffs kommt (BGH 20, 230).

Da § 307 Nr. 1 zu den sog. erfolgsqualifizierten Delikten gehört, muß der Tod mindestens fahrlässig verursacht worden sein. Dies gilt auch für Teilnehmer. Wegen der Konkurrenzen siehe ausführlich Vorbem. B 4 vor Fall 11 (S. 315).

2. **§ 307 Nr. 2** bringt eine Strafschärfung für den Fall, daß der Täter die durch den Brand entstehende allgemeine Verwirrung dazu benutzen will, einen Mord oder Raub zu begehen oder einen Aufruhr (vgl. § 115) zu erregen. Kommt es zu diesen Delikten, so stehen diese mit § 307 Nr. 2 in IdK. Mit Mord besteht auch dann IdK, wenn die Brandstiftung in der Absicht ausgeführt wird, einen Menschen in den Flammen umkommen zu lassen (BGH 20, 246; Schönke-Schröder § 307 Rn. 9).

3. **§ 307 Nr. 3** bringt eine Strafschärfung für den Fall, daß der Täter die Löschgerätschaften entfernt oder unbrauchbar macht. Unerheblich ist, wann er dies tut, ob vor, während oder nach der eigentlichen Brandstiftung. Unbrauchbar gemacht sind die Löschgeräte auch dann, wenn der Brandstifter das Wasser abstellt.

4. Die **Strafe** ist in allen Fällen Zuchthaus nicht unter 10 Jahren oder lebenslanges Zuchthaus. Mildernde Umstände sind nicht vorgesehen.

5. **Beachte** § 138 (Anzeigepflicht), § 310 (tätige Reue) und § 325 (Polizeiaufsicht).

V. Die fahrlässige Brandstiftung (§ 309) erfaßt alle Handlungen, die bei vorsätzlicher Begehung unter die §§ 306—308 fallen würden.

Die Strafe ist Gefängnis und Geldstrafe oder eine dieser Strafen. Ist durch den Brand der Tod eines Menschen verursacht worden, so beträgt die Gefängnisstrafe mindestens einen Monat.

VI. Tätige Reue (§ 310)

Hat der Täter den Brand vor dessen Entdeckung und bevor weiterer Schaden entstanden ist, wieder gelöscht, so wird er nicht wegen Brandstiftung bestraft.

1. Während tätige Reue regelmäßig nur bei einer versuchten Straftat in Frage kommt (siehe § 46 Nr. 2), hat der Gesetzgeber diesen Strafaufhebungsgrund bei der Brandstiftung auch gegenüber der vollendeten Tat zugelassen. § 310 gilt sowohl für die vorsätzliche als auch für die fahrlässige Brandstiftung.

2. Erste Voraussetzung für die Straflosigkeit ist, daß der Brand noch nicht entdeckt war. Entdeckt ist der Brand, wenn ein unbeteiligter Dritter ihn wahrgenommen hat, bevor der Täter oder eine herbeigerufene Hilfsperson mit dem Löschen begonnen hat (Schönke-Schröder Rn. 3). Die Ausführungen zu § 46 gelten im übrigen entsprechend (vgl. Maurach BT 502, Schönke-Schröder Rn. 3, 5).

3. Ein „weiterer Schaden" als der durch die bloße Inbrandsetzung bewirkte ist entstanden, wenn das Feuer sich bereits räumlich weiter ausgebreitet hat, als auf den Ort, wo es unmittelbar gelegt wurde.

4. Die tätige Reue hat lediglich die Wirkung, daß der Täter nicht wegen Brandstiftung bestraft werden kann. Dagegen bleibt die Möglichkeit unberührt, daß Bestrafung wegen Versicherungsbetrugs oder Sachbeschädigung erfolgt.

VII. Herbeiführung einer Brandgefahr (§ 310 a)

1. Die Vorschrift hat nur subsidiäre Bedeutung für den Fall, daß es zu keinem Brand kommt.

2. Geschützt sind feuergefährdete Betriebe und Anlagen sowie gewisse Anlagen der Land- und Ernährungswirtschaft (Nr. 1), ferner Wald, Heide, Moor, bestellte Felder sowie Felder, auf denen Getreide, Heu oder Stroh lagert (Nr. 2).

3. Die Tathandlung besteht in der Herbeiführung einer konkreten Brandgefahr. Die abstrakte Möglichkeit einer Brandgefahr genügt nicht. Entscheidend sind daher immer die Umstände des Einzelfalls (Jahreszeit, Wetter, Windrichtung, Stärke des Feuers, Entfernung usw.).

4. Täter kann auch der Eigentümer selbst sein.

5. Subjektiv genügt Fahrlässigkeit.

6. Die Strafe ist Gefängnis und Geldstrafe oder eine dieser Strafen.

Lösung des Falles

I. Strafbarkeit des B

1. Die Entwendung der Geschäftsbücher

a) Diebstahl (§ 242)

aa) Allgem. Ausführungen zu § 242 siehe Vorbem. A vor Fall 7 (S. 215 ff.).

bb) Die Geschäftsbücher standen im Eigentum der GmbH. Sie waren somit für B fremde bewegliche Sachen.

cc) Dadurch, daß B gewaltsam in die Geschäftsräume der GmbH eindrang und die Bücher aus den Geschäftsräumen entfernte, hat er den Gewahrsam der Gesellschafter und Geschäftsführer gebrochen und zugleich neuen Gewahrsam begründet. Damit sind alle Voraussetzungen einer Wegnahmehandlung i. S. der Vorschrift gegeben. Die Einwilligung des A könnte den obj. Tb. des Diebstahls nur dann entfallen lassen, wenn A alleiniger Geschäftsführer und Gesellschafter der GmbH gewesen wäre. A war jedoch nur Mitgesellschafter. Die übrigen Gesellschafter wußten von seinen Machenschaften nichts. Seine Einwilligung ist daher unbeachtlich.

dd) Der subj. Tb. erfordert neben dem Vorsatz die Absicht rechtswidriger Zueignung. Wie in der Vorbem. A vor Fall 7 unter Abschn. VI 2 näher dargelegt, handelt in Zueignungsabsicht, wer den Willen hat, über die von ihm entwendete Sache unter dauerndem Ausschluß des Berechtigten wie ein Eigentümer zu verfügen. Hieran fehlt es jedoch, wenn es dem Täter — wie im vorliegenden Fall — ausschließlich darum geht, die Sache nur ihrem Eigentümer zu entziehen, ohne sie gleichzeitig irgendwie wirtschaftlich für sich zu verwerten (vgl. Vorbem. A VI 2 b vor Fall 7, S. 223). Diebstahl ist daher mangels Zueignungsabsicht abzulehnen. (Zum Ganzen siehe auch Schönke-Schröder § 212 Rn. 56, Maurach BT 198 ff., Welzel 302.)

b) Urkundenunterdrückung (§ 274 Abs. 1 Nr. 1)

aa) Allgem. Ausführungen zu § 274 siehe Vorbem. D vor Fall 14 (S. 398 ff.).

bb) Daß die von B entwendeten und anschließend vernichteten Geschäftspapiere, Geschäftsbücher usw. Urkunden sind, bedarf keiner weiteren Ausführung.

cc) Wie in Fall 14 (Vorbem. D 2 und Abschn. II 3 c der Lösung) näher dargelegt, gehört eine Urkunde dem, der das Recht hat, die Urkunde im Rechtsverkehr als Beweismittel zu benutzen. B war weder Eigentümer der von ihm entwendeten und vernichteten Papiere, noch hatte er ein rechtlich geschütztes Beweisinteresse. Die Papiere gehörten ihm daher nicht. Der obj. Tb. ist damit erfüllt.

dd) Der subj. Tb. erfordert zunächst Vorsatz. B wußte, daß die von ihm entwendeten und vernichteten Papiere rechtserhebliche Bedeutung hatten, somit Urkunden waren. Er wußte auch, daß diese Papiere ihm nicht gehörten. Damit sind alle Voraussetzungen des Vorsatzes gegeben.

ee) Der subj. Tb. erfordert weiter die *Absicht*, einem anderen Nachteile zuzufügen, wobei nicht erforderlich ist, daß derjenige, demgegenüber die Urkunde unterdrückt wird, identisch ist mit dem, dem der Nachteil zugefügt werden soll (vgl. RG 39, 81). Als Nachteil genügt jeder Beweisnachteil. Ein solcher ist im vorliegenden Fall darin zu sehen, daß bei der später beabsichtigten Brandstiftung die Versicherungsgesellschaft keine Möglichkeit mehr hat, an Hand der Geschäftsunterlagen die Höhe des geltend gemachten Schadens zu prüfen. Das Tb.-Merkmal Absicht darf — wie bereits in Abschn. II 3 g der Lösung von Fall 14 (S. 404) näher dargelegt — nicht i. S. von Motiv verstanden werden. Es genügt vielmehr das Bewußtsein, daß der Beweisnachteil eine notwendige Tatfolge ist. B wußte und wollte, daß der Versicherungsgesellschaft durch die Vernichtung der schriftlichen Geschäftsunterlagen bei der Berechnung des geltend gemachten Schadens erhebliche Beweisnachteile entstehen würden. Der Tb. des § 274 Abs. 1 Nr. 1 ist daher objektiv und subjektiv erfüllt.

ff) *Rechtfertigungsgründe* fehlen. Insbesondere kann sich B nicht auf die *Einwilligung* des A berufen. Die Unterlagen standen, zivilrechtlich gesehen, im Eigentum der GmbH. A war zwar als Mitgesellschafter und Geschäftsführer berechtigt, die Gesellschaft nach außen zu vertreten und auch intern alle zur Geschäftsführung erforderlichen Maßnahmen zu ergreifen. Die Vernichtung der Geschäftsbücher diente jedoch ausschließlich dem Zweck, die Begehung des später geplanten Versicherungsbetrugs zu erleichtern. Bei dieser Sachlage ist die von A erteilte Einwilligung in die Vernichtung der Urkunden ein *offensichtlich sittenwidriger Mißbrauch* seiner Befugnis, die GmbH zu vertreten. Eine Rechtswirksamkeit kommt ihr daher — selbst wenn man nur auf die zivilrechtliche Seite abstellen wollte — nicht zu (vgl. BGH 6, 251, 254 m weit. Nachweisen).

Im übrigen kommt es im Rahmen des § 274 Abs. 1 Nr. 1 der ratio legis entsprechend weniger auf die bürgerlichrechtlichen Eigentumsverhältnisse als vielmehr auf das durch den Tatbestand geschützte *Beweisinteresse* an (vgl. Abschn. II 3 c der Lösung von Fall 14, S. 404). Die Einwilligung des A ist daher schon deshalb rechtlich unbeachtlich, weil durch die Tat die durch § 34 Abs. 2 VVG geschützten Rechte der Versicherungsgesellschaft auf Vorlage der Belege vereitelt wurden (siehe auch § 44 HGB). B handelte daher rechtswidrig.

gg) *Schuldausschließungsgründe* sind nicht ersichtlich. Insbesondere bietet der Sachverhalt keinen Anlaß, irgendwelche Irrtumsprobleme zu erörtern.

(Lediglich der Vollständigkeit halber sei folgendes bemerkt: Nahm B irrig an, außer A habe niemand ein rechtlich geschütztes Beweisinteresse an den Urkunden, so irrte er über die tatsächlichen Voraussetzungen eines Rechtfertigungsgrundes. Ein derartiger Irrtum wäre nach der hier vertretenen eingeschränkten Schuldtheorie als Tatbestandsirrtum i. S. von § 59 zu behandeln und ließe die Schuld ohne Rücksicht darauf entfallen, ob der Irrtum vermeidbar war oder nicht. Nahm B bei Kenntnis aller Tatumstände irrig an, die Einwilligung des A habe auch dann rechtfertigende Wirkung, wenn durch die Tat fremde Beweisinteressen verletzt werden, so befand er sich in einem Verbotsirrtum. Dieser ließe die Schuld nur dann entfallen, wenn er bei Würdigung aller Umstände des Einzelfalls für B unvermeidbar gewesen wäre. Zum Ganzen siehe Vorbem. C IV, VII vor Fall 4.)

hh) Ergebnis: Strafbarkeit gemäß § 274 Abs. 1 Nr. 1.

c) Sachbeschädigung (§ 303)

aa) B hat die im Eigentum der GmbH stehenden Urkunden, somit für ihn fremde Sachen, vorsätzlich vernichtet. Der Tb. ist obj. und subj. erfüllt.

bb) Rechtfertigungsgründe fehlen. Die Einwilligung des A ist rechtlich unbeachtlich. A war zwar als Mitgesellschafter und Geschäftsführer berechtigt, die Gesellschaft zu vertreten und alle zur Geschäftsführung erforderlichen Maßnahmen zu treffen. Im vorliegenden Fall hat er jedoch, wie bereits oben unter b) ff) erwähnt, seine Befugnisse in offensichtlich sittenwidriger Weise mißbraucht.

cc) Schuldausschließungsgründe sind ebenfalls nicht ersichtlich. Wegen etwaiger Irrtumsprobleme kann auf die Ausführungen oben unter b) gg) verwiesen werden.

dd) Prozessual ist zu beachten, daß die Tat nur auf Antrag verfolgbar ist (vgl. § 303 Abs. 3). Antragsberechtigt sind nur die Organe der GmbH, nicht auch die Versicherungsgesellschaft. Anders als bei § 274 Abs. 1 Nr. 1 sind bei der Sachbeschädigung nur die zivilrechtlichen Eigentumsverhältnisse entscheidend.

d) Irreführung der Rechtspflege (§ 145 d)

aa) Allgem. Ausführungen zu § 145 d siehe Vorbem. A vor diesem Fall.

bb) B hat — ebenso wie A — vorausgesehen und gewollt, daß ein Angestellter der GmbH wegen des vermeintlichen Einbruchsdiebstahls Anzeige gegen Unbekannt erstatten werde. Der 1. Alternativtatbestand des § 145 d (Vortäuschung einer Straftat) entfällt jedoch schon deshalb, weil die angezeigte Straftat tatsächlich begangen wurde. Es wurde zwar, wie dargelegt, kein Einbruchsdiebstahl, sondern ein

Vergehen gemäß § 274 Abs. 1 Nr. 1 begangen; die falsche Bezeichnung des rechtlichen Gesichtspunkts kann jedoch für sich allein noch nicht zur Verwirklichung des Tatbestands des § 145 d führen (vgl. BGH 6, 251, 255).

cc) In Betracht kommt daher nur der 2. Alternativtatbestand, demzufolge strafbar ist, wer über die Person eines Tatbeteiligten zu täuschen sucht. Hierher gehört auch der Fall, daß jemand eine Anzeige gegen Unbekannt erstattet oder veranlaßt, obwohl er weiß, wer der Täter ist (vgl. BGH a.a.O.). B hat jedoch die Anzeige weder selbst erstattet noch sie irgendwie durch positives (aktives) Tun veranlaßt. Er beschränkte sich lediglich darauf — wie jeder Täter, der unerkannt bleiben will —, abzuwarten und zu hoffen, daß die Tat nicht aufgedeckt würde. Eine Rechtspflicht, den wahren Sachverhalt von sich aus aufzudecken, hatte er nicht. § 145 d ist daher abzulehnen.

2. Die Brandstiftung

a) Versicherungsbetrug (§ 265)

aa) Allgem. Ausführungen zu § 265 siehe Vorbem. C vor diesem Fall.

bb) § 265 setzt zunächst voraus, daß eine gegen Feuersgefahr versicherte Sache in Brand gesetzt wird. Eine Zerstörung oder Beschädigung auf andere Weise genügt nicht. Die Vorschrift entfällt daher, wenn jemand eine nicht versicherte Sache in Brand setzt, um anschließend durch Löschmaßnahmen eine versicherte Sache zu zerstören und von dem Versicherer Ersatz für den Löschschaden zu fordern (vgl. BGH 6, 252, 255). So aber liegt der Fall hier. Das von B in Brand gesetzte Stroh war nicht gegen Feuersgefahr versichert, und die gegen Feuersgefahr versicherten Tonerzeugnisse wurden nicht in Brand gesetzt. Letzteres war weder möglich noch beabsichtigt, so daß auch kein strafbarer Versuch in Betracht kommt.

cc) Nach § 83 Abs. 1 Satz 2 VVG hat der Versicherer auch den Löschschaden zu ersetzen. Diese Feststellung führt aber im Rahmen des § 265 nicht weiter. Der Tb. ist seinem eindeutigen Wortlaut zufolge nur dann anwendbar, wenn die versicherte Sache selbst in Brand gesetzt wird. Es genügt nicht, daß sie beim Löschen auf andere Weise vernichtet wird. § 265 ist daher abzulehnen (vgl. BGH a.a.O. 256).

b) Brandstiftung (§ 308)

aa) Allgem. Ausführungen zu § 308 siehe Vorbem. E II vor diesem Fall.

bb) Die Fabrikhalle gehört zu den in § 308 geschützten Gebäuden. Sie stand auch in fremdem Eigentum, nämlich im Eigentum der GmbH.

cc) Fraglich ist jedoch, ob das Gebäude schon in Brand gesetzt war. Hierzu ist erforderlich, daß es vom Feuer in einer Weise erfaßt wird, die ein Fortbrennen aus eigener Kraft ermöglicht (siehe hierzu BGH 7, 37; 16, 109; 18, 363). Im vorliegenden Fall hatte lediglich eine Holzsäule zu glimmen begonnen. Eine konkrete Gefahr in der Richtung, daß das Feuer sich ausbreiten konnte, bestand nicht. § 308 ist daher abzulehnen (BGH 6, 252, 256). Auch von einer ganzen oder teilweisen Zerstörung eines Gebäudes i. S. von § 305 kann keine Rede sein. Es liegt somit lediglich eine Sachbeschädigung vor, die nur auf Antrag verfolgbar ist (§ 303 Abs. 3). Die Ausführungen oben unter 1 c) gelten im übrigen entsprechend.

dd) Die in der Halle lagernden Tonerzeugnisse gehören schon deshalb nicht zu den in § 308 geschützten Warenvorräten, weil sie nicht auf „hierzu bestimmten öffentlichen Plätzen" lagerten. Außerdem wurden sie nicht in Brand gesetzt, sondern erst bei den folgenden Löschmaßnahmen zerstört. § 308 ist daher auch insoweit abzulehnen.

c) **Beihilfe zum versuchten Betrug (§§ 263, 43, 49)** gegenüber der Versicherungsgesellschaft wird erst geprüft, nachdem die Strafbarkeit des A geklärt ist, der den Schaden bei der Versicherungsgesellschaft angemeldet hat. Auch die Konkurrenzen werden vorläufig zurückgestellt.

II. Strafbarkeit des A

1. Der Auftrag, die Geschäftspapiere zu entwenden und zu vernichten.

a) Urkundenunterdrückung (§ 274 Abs. 1 Nr. 1)

aa) A hat dadurch, daß er den B veranlaßte, in die Geschäftsräume der GmbH einzubrechen, dort die Geschäftspapiere etc. zu entwenden und zu vernichten, einen Tatbeitrag zu dem von B begangenen, oben unter I b) festgestellten Vergehen gemäß § 274 Abs. 1 Nr. 1 geleistet. Er handelte dabei vorsätzlich, rechtswidrig und schuldhaft.

bb) Fraglich ist, ob A als Täter (Mittäter, mittelbarer Täter) oder als Anstifter zu beurteilen ist. Der Bundesgerichtshof, der den Sachverhalt in dem bereits mehrfach zitierten Urteil BGH 6, 251 ff. zu entscheiden hatte, neigte zur Annahme von mittelbarer Täterschaft, ohne die Frage jedoch abschließend zu entscheiden. Diese Auffassung läßt sich jedoch nur auf der Grundlage eines ausschließlich an der Interessenlage ausgerichteten, extrem subjektiven Täterbegriffs vertreten, wie er selbst vom Bundesgerichtshof wenig später in der Entscheidung BGH 8, 393 abgelehnt wurde. Allgemeine Ausführungen zu

Täterschaft und Teilnahme siehe Vorbem. AT, Abschn. H I 2, 3 (S. 41 ff.). Wer Täterschaft und Teilnahme im Anschluß an einen Teil des Schrifttums (siehe insbesondere Maurach AT 557 m. weit. Nachweisen) objektiv abgrenzt und als Täter den ansieht, der den Tatbestand im Besitz der Tatherrschaft verwirklicht, wird im vorliegenden Fall eindeutig zu dem Ergebnis kommen, daß nur B als Täter in Betracht kommt, während A als Anstifter anzusehen ist. Zum gleichen Ergebnis kommt aber auch, wer im Anschluß an die hier vertretene Ansicht auf den Willen zur Tatherrschaft abstellt. B verwirklichte eigenhändig alle Tatbestandsmerkmale in Kenntnis aller Tatumstände. Er kann sich daher nicht darauf berufen, er habe die Tat nur als fremde gewollt (vgl. Schönke-Schröder Rn. 5 vor § 47 m. weit. Nachweisen). Er ist unmittelbar handelnder Täter. Diese Feststellung steht der Annahme von mittelbarer Täterschaft für den Hintermann, der die Tat veranlaßt hat, grundsätzlich entgegen. Dieser ist vielmehr regelmäßig als Anstifter zu behandeln (vgl. Schönke-Schröder Rn. 8, 22 vor § 47). Ein Ausnahmefall, wie er in der Abwandlung 1 von Fall 4 (S. 168 f.) erörtert wurde, liegt hier nicht vor.

cc) Ergebnis: A hat sich wegen Anstiftung zu einem Vergehen gemäß § 274 Abs. 1 Nr. 1 zu verantworten.

b) Wie oben in Abschn. I 1 c näher ausgeführt, hat B sich durch die Vernichtung der im Eigentum der GmbH stehenden Geschäftsbücher auch einer **Sachbeschädigung** (**§ 303**) schuldig gemacht. A hat ihn hierzu angestiftet. Die Ausführungen oben unter a) bb) zur Abgrenzung von Täterschaft und Teilnahme gelten entsprechend. Ergebnis: §§ 303, 48.

2. **Die Veranlassung der Anzeige gegen Unbekannt** ist wie auch bei B (s. o. I 1 d) unter dem Gesichtspunkt des **§ 145 d zu prüfen.**

a) A hat — ebenso wie B — vorausgesehen und gewollt, daß in seiner Abwesenheit ein Angestellter der GmbH wegen des vermeintlichen Einbruchsdiebstahls Anzeige gegen Unbekannt erstatten würde. Diese Anzeige erfüllt — wie oben unter I 1 d näher dargelegt — zwar nicht den 1. Alternativtatbestand, wohl aber kommt der 2. Alternativtatbestand in Betracht.

b) Nach dem 2. Alternativtatbestand des § 145 d macht sich strafbar, wer eine staatliche Dienststelle über die Person eines an einer Straftat Beteiligten zu täuschen sucht. Hierher gehört auch der Fall, daß jemand Anzeige gegen Unbekannt erstattet, obwohl er den Täter kennt (BGH 6, 252, 255). A hat die Anzeige zwar nicht selbst erstattet; er hat sie aber dadurch veranlaßt, daß er sich im entscheidenden Zeitpunkt, als B seiner Weisung folgend den Einbruch beging, auf Reisen begab und sich hierbei darüber im klaren war, daß einer seiner Leute nach Bekanntwerden des Einbruchs Anzeige gegen Unbekannt erstatten würde. Er hat damit den Tatbestand des § 145 d in mittelbarer Täterschaft verwirklicht (vgl. BGH a.a.O.).

c) Rechtfertigungsgründe sind nicht ersichtlich.

d) Im Rahmen der Schuld ist zu prüfen, ob A sich auf straflose Selbstbegünstigung berufen kann. Es ist zwar inzwischen nahezu allgemein anerkannt, daß der Täter einer Straftat dann unter dem Gesichtspunkt der Selbstbegünstigung straflos bleibt, wenn er sich darauf beschränkt, auf entsprechende Fragen der Strafverfolgungsorgane die ihm zur Last gelegte Tat zu leugnen (vgl. Schönke-Schröder § 145 d Rn. 11, Maurach BT 666). Dies gilt jedoch nicht mehr, wenn der Täter über die Rolle des Leugnens hinausgeht und selbst die Initiative ergreift, indem er entweder persönlich Anzeige gegen Unbekannt erstattet oder — wie im vorliegenden Fall — durch Dritte erstatten läßt (vgl. BGH 6, 255, Maurach a.a.O.).

e) Ergebnis: A hat sich eines Vergehens gemäß § 145 d, 2. Alt. schuldig gemacht.

3. Der an B gerichtete **Auftrag, das Stroh in Brand zu setzen,** kann nur als **Anstiftung zur Sachbeschädigung** (**§§ 303, 48**) bestraft werden. Die Tatbestände der **§§ 265, 305, 308** kommen dagegen nicht in Betracht. Auf die Ausführungen oben unter I 2 kann insoweit verwiesen werden.

4. **Die Anmeldung des Schadens** kann als **versuchter Betrug (§§ 263, 43) strafbar sein.**

a) Allgemeine Ausführungen zu § 263 siehe Vorbem. B vor Fall 10 (S. 293 ff.).

b) Da die Versicherungsgesellschaft den wahren Sachverhalt aufdekken konnte, ein Vermögensschaden somit nicht eingetreten ist, kommt nur Versuch in Betracht. (Allgem. Ausführungen zum Versuch siehe Vorbem. A vor Fall 2 und Vorbem. A vor Fall 3.)

c) A hatte den Entschluß, die Versicherungsgesellschaft durch Vortäuschung eines in Wirklichkeit nicht existenten Versicherungsfalls zur Auszahlung der Versicherungssumme zu veranlassen. Hätte die Versicherungsgesellschaft gezahlt, so hätte sie einen Vermögensschaden erlitten. Dieser hätte darin bestanden, daß sie eine Leistung erbracht hätte, zu der sie gemäß § 61 VVG nicht verpflichtet war. Nach dieser Vorschrift entfällt die Erstattungspflicht des Versicherers, wenn der Versicherungsnehmer den Schaden vorsätzlich oder grob fahrlässig herbeigeführt hat. A hat den Schaden vorsätzlich herbeigeführt. Daß nicht er selbst, sondern die GmbH Versicherungsnehmer war, steht der Anwendung von § 61 VVG nicht entgegen. Es genügt, daß A als Mitgesellschafter und Geschäftsführer der GmbH Repräsentant der GmbH war und die GmbH sich sein Verschulden zurechnen lassen muß (vgl. BGH 6, 257 m. weit. Nachw.).

d) Dem Schaden auf Seiten der Versicherungsgesellschaft hätte im Falle einer Schadensregulierung auf der anderen Seite ein Vermögensvorteil der GmbH gegenübergestanden. Dieser wäre — wie A wußte — wegen § 61 VVG rechtswidrig gewesen.

e) Rechtfertigungs- oder Schuldausschließungsgründe sind nicht ersichtlich. Ergebnis: A hat sich durch die Anmeldung des Schadens eines versuchten Betrugs schuldig gemacht (§§ 263, 43).

f) **Teilnahme des B:** B hat den versuchten Betrug des A dadurch ermöglicht, daß er in Kenntnis der Pläne des A zunächst die Geschäftspapiere etc. entfernte und alsdann den Brand legte. Damit sind alle Voraussetzungen der Beihilfe gegeben. Ergebnis: Strafbarkeit wegen Beihilfe zum versuchten Betrug (§§ 263, 43, 49).

III. Zusammenfassung, Konkurrenzen

1. Durch die Entwendung und Vernichtung der Geschäftspapiere etc. hat B sich eines Vergehens gemäß § 274 Abs. 1 Nr. 1 sowie einer Sachbeschädigung (§ 303) schuldig gemacht. Da jede Urkundenvernichtung zwar nicht notwendig, wohl aber regelmäßig zugleich eine Sachbeschädigung enthält, wird diese konsumiert (vgl. Schönke-Schröder § 274 Rn. 22 m. weit. Nachw.).
A hat sich wegen Anstiftung zu dem von B begangenen Vergehen gemäß § 274 Abs. 1 Nr. 1 zu verantworten.

2. Durch die von ihm veranlaßte **Anzeige gegen Unbekannt** hat A sich einer in mittelbarer Täterschaft begangenen Irreführung der Rechtspflege (§ 145 d, 2. Alternativtatbestand) schuldig gemacht. B hat hierzu keinen strafrechtlich erfaßbaren Tatbeitrag geleistet.

3. Durch die **Inbrandsetzung der Strohunterlage** hat B sich nur einer Sachbeschädigung schuldig gemacht. A hat ihn hierzu angestiftet. Die Tatbestände der §§ 265, 305, 308 waren zu prüfen, aber abzulehnen.

4. Durch die **Anmeldung des Schadens** bei der Versicherungsgesellschaft hat A einen versuchten Betrug begangen (§§ 263, 43). B hat ihm hierzu Beihilfe geleistet (§§ 263, 43, 49).

5. Konkurrenzen für B: Die in der Brandstiftung liegende Sachbeschädigung enthält zugleich den Tatbeitrag, in dem die Beihilfe zum versuchten Betrug zu sehen ist. Es liegt daher Idealkonkurrenz vor. Die vorausgegangene Urkundenvernichtung steht hierzu in Realkonkurrenz.

6. Konkurrenzen für A: Die Anstiftung zur Urkundenvernichtung, die Anstiftung zur Sachbeschädigung, die Irreführung der Rechtspflege und der versuchte Betrug stellen sich als jeweils rechtlich selbständige Handlungen i. S. einer Realkonkurrenz gemäß § 74 dar.

Zur Abwandlung des Sachverhalts:

War auch die **Strohunterlage gegen Feuersgefahr versichert,** so können sich Abweichungen gegenüber dem Ausgangsfall nur hinsichtlich des im Ausgangsfall abgelehnten **Versicherungsbetrugs (§ 265)** ergeben.

a) Im Ausgangsfall wurde § 265 mit der Begründung abgelehnt, daß die in Brand gesetzte Strohunterlage nicht versichert war und die versicherten Erzeugnisse nicht in Brand gesteckt wurden. Dieser Gesichtspunkt entfällt jetzt. Auch die Strohunterlage war versichert. Dadurch, daß sie in Brand gesetzt wurde, ist der obj. Tb. des § 265 erfüllt.

b) Auf der subj. Tatseite ist neben dem Vorsatz die Absicht erforderlich, sich oder einem Dritten einen rechtswidrigen Vermögensvorteil zu verschaffen. Hierbei ist es unerheblich, daß nicht der eigentliche Brandschaden, sondern der an anderen Gegenständen entstandene Löschschaden geltend gemacht werden sollte. Entscheidend ist allein, daß die Versicherungsgesellschaft auch für den Löschschaden hätte aufkommen sollen, obwohl sie hierzu wegen der vorsätzlichen Herbeiführung des Versicherungsfalls nicht verpflichtet war. § 265 ist daher auch subj. erfüllt (siehe auch BGH 6, 257).

c) Rechtfertigungs- oder Schuldausschließungsgründe sind nicht ersichtlich. B hat sich somit eines Verbrechens gemäß § 265 schuldig gemacht. A hat ihn hierzu angestiftet.

d) Die übrigen im Ausgangsfall gewonnenen Ergebnisse bleiben unberührt. Insbesondere wird die Sachbeschädigung nicht konsumiert, da § 265 weder notwendig noch regelmäßig als Tatobjekt eine fremde Sache voraussetzt. Wegen des Verhältnisses zu § 263 siehe ausführlich BGH 11, 398, wo der Bundesgerichtshof zu dem Ergebnis kommt, daß die in betrügerischer Absicht begangene Brandstiftung (§ 265) und der später in der Anmeldung des Schadens liegende Betrug (§ 263) in Realkonkurrenz stehen, während ein Teil des Schrifttums auf dem Standpunkt steht, daß § 265 bereits den Unrechtsgehalt des späteren Betrugs in sich einschließt, eine zusätzliche Bestrafung wegen Betrugs daher nicht mehr erforderlich sei (vgl. Schönke-Schröder § 265 Rn. 18 m. weit. Nachweisen).

Zu Fall 16

Vorbemerkungen

A. Der Verstrickungsbruch (§ 137)

Verstrickungsbruch begeht, wer eine gepfändete oder beschlagnahmte Sache vorsätzlich beiseiteschafft, zerstört oder sonst der Verstrickung ganz oder teilweise entzieht.

1. Als **Tatobjekte** kommen alle Sachen in Betracht, die durch die zuständigen Behörden oder Beamten gepfändet oder in Beschlag genommen worden sind.

a) Zu den Sachen gehören auch Bestandteile eines Grundstücks, z. B. Gebäude, nicht abgeerntete Früchte, Bäume, Maschinen usw.

b) Die Pfändung bzw. Beschlagnahme muß von einem örtlich und sachlich zuständigen Beamten vorgenommen worden sein, und zwar unter Einhaltung der wesentlichen Formvorschriften. So liegt eine ordnungsgemäße Pfändung nur dann vor, wenn der Gerichtsvollzieher die Sache in Besitz nimmt oder, wenn er sie im Gewahrsam des Schuldners beläßt, mit einem Siegel versieht (vgl. § 808 ZPO). Fällt das Siegel nachträglich ab, so bleibt die Pfändung hierdurch unberührt (vgl. OLG Hamm NJW 56, 1889). Nicht erforderlich ist, daß das Pfandsiegel sofort ins Auge fällt. Es genügt, wenn es bei Anwendung der im Verkehr erforderlichen Sorgfalt von Dritten erkannt werden kann, z. B. im Innern eines Pkw neben der Tür (vgl. OLG Oldenburg JR 54, 33).

c) Die öffentlich-rechtliche Verstrickung wird nicht dadurch berührt, daß sie materiell-rechtlich nicht gerechtfertigt ist. Es gelten hier dieselben Grundsätze wie für die Rechtmäßigkeit der Amtsausübung in § 113 (siehe Vorbem. E 2 vor Fall 12, S. 348). Eine ordnungsgemäße Pfändung kann daher auch dann vorliegen, wenn der Gerichtsvollzieher eine gemäß § 811 ZPO unpfändbare Sache pfändet oder wenn er eine Sache pfändet, die dem Schuldner nicht gehört, oder wenn er eine Pfändung vornimmt, obwohl der Schuldner inzwischen die Forderung beglichen hat. Der Schuldner darf in diesen Fällen weder Widerstand leisten noch die Siegelmarke entfernen noch eine der in § 137 unter Strafe gestellten Handlungen vornehmen. Es bleibt ihm oder dem sonst durch die Pfändung zu Unrecht Betroffenen nichts anderes übrig, als die gesetzlich vorgesehenen Rechtsmittel oder Rechtsbehelfe zu ergreifen (vgl. §§ 766, 767, 771 ZPO).

2. Die **Tathandlung** besteht darin, daß der Täter die verstrickte Sache beiseiteschafft, zerstört oder in anderer Weise ganz oder teilweise der Verstrikkung entzieht.

a) Wegen Beiseiteschaffen siehe Vorbem. A 2 c vor Fall 14 (S. 389). Beispiele: Der Schuldner verkauft die gepfändete Sache unter gleichzeitiger Übergabe an den Käufer. — Oder: Er nimmt sie beim Umzug mit, ohne den Gläubiger zu verständigen.

b) Wegen Zerstören siehe Vorbem. A 2 a vor Fall 14 (S. 389).

c) Eine Verstrickungsentziehung in anderer Weise liegt vor, wenn die Verfügungsgewalt der Behörde ganz oder teilweise, dauernd oder vorübergehend aufgehoben wird, z. B. durch Täuschung über den Verbleib oder durch Austausch mit einer anderen, minderwertigeren Sache, nicht dagegen durch Verkauf der Sache ohne gleichzeitige Besitzübertragung (vgl. OLG Hamm NJW 56, 1889).

3. **Täter** kann jeder sein, vor allem der Eigentümer der Sache, aber auch der Beamte, der die gepfändete oder beschlagnahmte Sache in seinem Besitz hat. Anders nur dann, wenn es im Ermessen des Beamten steht, ob er die Sache weiter in Beschlag halten soll (vgl. Vorbem. A 3 vor Fall 14, S. 389, sowie BGH 5, 156 ff.).

4. Subjektiv ist **Vorsatz** erforderlich. Hierzu genügt, daß der Täter weiß oder billigend in Kauf nimmt, daß die Sache von einem zuständigen Beamten in Beschlag genommen worden ist. Auf die Rechtmäßigkeit der Beschlagnahme muß sich der Vorsatz dagegen nicht erstrecken.

5. IdK ist möglich mit §§ 133, 136, 242, 246, 263, 288. Bei staatsgefährdender Absicht siehe § 94.

B. Die Untreue (§ 266)

I. Untreue i. S. von § 266 ist die vorsätzliche Schädigung fremden Vermögens durch Mißbrauch der Vertretungsmacht (sog. Mißbrauchstatbestand) oder durch Verletzung einer sich aus einem Treueverhältnis ergebenden Pflicht, fremde Vermögensinteressen wahrzunehmen (sog. Treubruchstatbestand).
Geschütztes Rechtsgut ist in beiden Fällen das Vermögen. Über den Vermögensbegriff siehe Vorbem. B V I vor Fall 10 (S. 296).

II. Der **Mißbrauchstatbestand** setzt voraus, daß dem Täter die Befugnis zusteht, über fremdes Vermögen zu verfügen oder einen anderen zu verpflichten.

1. Die **Vertretungsbefugnis** kann beruhen:

a) auf Gesetz, z. B. Eltern, Vormund, Gegenvormund, Gerichtsvollzieher (BGH 13, 275), Pfleger, Konkursverwalter;

b) auf behördlichem Auftrag, z. B. Beamte einer Beschaffungsstelle der Bundeswehr, Postbeamte, Schalterbeamte der Bundesbahn (BGH 13, 316);

c) auf Rechtsgeschäft, z. B. Prokuristen einer Bank, aber auch einfache Ladenverkäufer.

2. Die **Handlung** besteht darin, daß der Täter die ihm eingeräumte Vertretungsbefugnis zum Nachteil seines Auftraggebers mißbraucht, und zwar durch eine rechtsgeschäftliche Einwirkung; rein tatsächliche Einwirkungen genügen hier nicht, können aber den Treubruchstatbestand verwirklichen. Beispiele: Ein Schalterbeamter der Bundesbahn macht sich der Untreue in der Form des Mißbrauchstatbestands schuldig, wenn er Fahrkarten ohne Bezahlung oder unter Preis abgibt. Er miß-

braucht nämlich die ihm durch dienstlichen Auftrag eingeräumte Befugnis, über die Fahrkarten, somit über fremdes Vermögen, zu verfügen (vgl. BGH 13, 316). Daß hier auch die Voraussetzungen des Treubruchstatbestands gegeben sind, steht der Verwirklichung des Mißbrauchstatbestands nicht entgegen. Dagegen kommt nur der Treubruchstatbestand in Betracht, wenn der Schalterbeamte das vereinnahmte Geld unterschlägt; über dieses hat er nämlich nicht zu verfügen. — Oder: Wenn eine Verkäuferin die zu verkaufende Ware an ihre Freundin unter Preis abgibt, so macht sie sich der Untreue in der Form des Mißbrauchstatbestands schuldig. Dagegen liegt nur Unterschlagung (§ 246) vor, wenn sie die ihr anvertraute Ware im eigenen Haushalt verbraucht: Der Verbrauch ist keine rechtsgeschäftliche Verfügung.

Beachte: Beim Mißbrauchstatbestand ist es im Gegensatz zum Treubruchstatbestand (s. u. III 2) nicht erforderlich, daß der Täter über eine gewisse Selbständigkeit verfügt oder daß er über größere Beträge verfügen kann. Der Tatbestand kann z. B. auch dadurch verwirklicht werden, daß ein Bote einen Geldbetrag von 10,— DM, den er auf der Bank einzahlen soll, unterschlägt. — Oder: Eine Ladenverkäuferin gibt eine Ware 10% unter Preis ab.

Der Mißbrauch der Verfügungsbefugnis kann auch in einem Unterlassen bestehen. Beispiele: Ein Prokurist unterläßt es, eine Forderung geltend zu machen. — Oder: Ein Rechtsanwalt versäumt es, rechtzeitig ein Rechtsmittel einzulegen.

3. Der Mißbrauch der Vertretungsbefugnis muß zu einem **Nachteil** desjenigen führen, dessen Vermögensinteressen der Täter zu betreuen hatte. Als Nachteil gilt jeder Vermögensschaden. Siehe hierzu Vorbem. B V 2 vor Fall 10 (S. 297).

III. Der **Treubruchstatbestand** setzt voraus, daß der Täter die Pflicht hat, fremde Vermögensinteressen zu betreuen.

1. Die **Pflicht zur Wahrnehmung fremder Vermögensinteressen** kann beruhen:

a) auf Gesetz, behördlichem Auftrag oder Rechtsgeschäft; insoweit decken sich die Voraussetzungen des Treubruchstatbestands mit denen des Mißbrauchstatbestands;

b) auf einem rein tatsächlichen Treueverhältnis. Diese Alternative des Tb. kommt auch dann in Betracht, wenn die Beziehungen zwischen dem Täter und dem, dessen Vermögensinteressen er wahrzunehmen hat, auf einem gesetz- oder sittenwidrigen Rechtsgeschäft beruhen, so daß die erste Alternative des Tatbestands keine Anwendung finden kann (BGH 8, 254). Es gibt kein wegen seiner Herkunft, Entstehung oder Verwendung schlechthin ungeschütztes Vermögen. Ebenso wie es strafbar ist, den Dieb zu bestehlen, zu berauben oder zu betrügen, ist auch die dem Dieb gegenüber begangene Untreue strafbar. Die Allgemeinheit kann es nicht dulden, daß sich jemand an unrecht erworbenem Gut eigenmächtig bereichert oder daß gesetzlose Zustände einreißen, die zu Gewalttaten führen und den Nährboden weiterer Verbrechen bilden können (BGH a.a.O.). Hieraus folgt: Ein Hehler, der das ihm zum Absatz anvertraute Diebesgut veruntreut, macht sich nicht nur der Unterschlagung (§ 246), sondern auch der Untreue (§ 266) schuldig.

2. Um eine uferlose Ausweitung des äußerst weit gefaßten Tatbestands zu verhindern, verlangt dieser eine **einengende Auslegung.** Die Rechtsprechung hat hierzu folgende Grundsätze herausgearbeitet:

a) Die Pflicht, fremde Vermögensinteressen wahrzunehmen, muß den typischen und wesentlichen Inhalt des Treueverhältnisses ausmachen. Dies gilt insbesondere für Vertragsverletzungen. Es wäre verfehlt, jede mit einem Vermögensschaden verbundene Vertragsverletzung als strafbare Untreue anzusehen. § 266 will den Kampf gegen Schiebertum und Korruption verschärfen und Treu und Glauben im Verkehr sichern (RG 69, 61), aber nicht das gesamte Vertragsrecht unter Strafdrohung stellen. Einzelheiten und Beispiele:

aa) Aus dem das Arbeitsrecht beherrschenden Grundsatz gegenseitiger Treupflicht folgt zwar, daß jeder Arbeitnehmer gehalten ist, im Rahmen seiner Tätigkeit die Interessen seines Arbeitgebers zu wahren; die Verletzung dieser Pflicht ist aber für sich allein noch keine Untreue i. S. des Treubruchstatbestands (BGH 4, 170; 5, 187). Wenn z. B. ein städtischer Arbeiter A, dessen Aufgabe darin besteht, Kies zu verladen, einige Wagenladungen Kies auf eigene Rechnung verkauft oder zu eigenen Zwecken verwendet, so begeht er zwar Diebstahl oder Unterschlagung, nicht aber Untreue. Dasselbe gilt aber auch für den Vorarbeiter V, der die Arbeit des A einzuteilen und zu beaufsichtigen hat. Duldet er die Unregelmäßigkeiten des A, so kann er zwar — je nach Sachlage — wegen Mittäterschaft oder Beihilfe zum Diebstahl, wegen Hehlerei oder Konnivenz (§ 357), nicht aber wegen Untreue belangt werden. Eine andere Beurteilung könnte nur dann eingreifen, wenn V auch die Aufgabe hätte, den Verkauf des Materials (Kies, Sand usw.) zu organisieren oder abzuwickeln. Dann käme u. U. sogar der Mißbrauchstatbestand, auf jeden Fall aber der Treubruchstatbestand in Betracht. Umgekehrt macht sich auch ein Arbeitgeber nicht schon dadurch der Untreue schuldig, daß er pflichtwidrig zum Nachteil der Arbeitnehmer handelt, z. B. keine „Urlaubsmarken" klebt. Die Pflicht, „Urlaubsmarken" zu kleben, ist keine Haupt-, sondern nur eine Nebenpflicht, deren Verletzung für den Tb. der Untreue nicht ausreicht (BGH 6, 314). Dasselbe gilt, wenn ein Arbeitgeber Lohnbeträge, die er aufgrund eines gerichtlichen Pfändungs- und Überweisungsbeschlusses einbehalten hat, pflichtwidrig nicht an den Gläubiger des Arbeitnehmers abführt (BayObLG NJW 57, 1683).

bb) Pflicht eines Mieters ist es, pünktlich den Mietzins zu entrichten und die Sache nach Beendigung des Mietverhältnisses zurückzugeben. Diese Pflicht begründet aber noch keine Treupflicht im Sinne des § 266. Eignet sich der Mieter die Mietsache, z. B. eine Schreibmaschine, rechtswidrig zu, so begeht er zwar Unterschlagung, aber keine Untreue (OLG Oldenburg NJW 52, 1267). Dasselbe gilt für Unterschlagungen durch Pfandgläubiger und Vorbehaltskäufer.

cc) Auch eine Sicherungsübereignung begründet nicht ohne weiteres ein Treueverhältnis (BGH 5, 61, 63). Nur Unterschlagung, nicht auch Untreue liegt vor, wenn der Sicherungsgeber, wie dies im Normalfall zutrifft, lediglich die Pflicht hat, die in seinem Besitz verbliebene Sache, z. B. eine als Sicherheit für ein Darlehen übereignete Maschine, ordnungsgemäß zu verwahren und schonend zu behandeln. Etwas anderes gilt nur dann, wenn der Sicherungsgeber weitergehende Rechte und Pflichten hat, z. B. wenn er die übereignete Sache im Interesse des Sicherungsnehmers bestmöglich veräußern soll, um auf diese Weise den Gläubiger zu befriedigen (BGH a.a.O.).

dd) Allgemein bejaht werden die Voraussetzungen des Treubruchstatbestands bei der Verwaltung von Baukostenzuschüssen (BGH 8, 271; 13, 330; OLG Braunschweig NJW 53, 1604), bei der Verwaltung von Kassen, Mündelgeldern, Mandantengeldern eines Rechtsanwalts oder Notars, für die diese sogenannte Anderkonten anzulegen haben (RG 73, 157; BGH NJW 53, 1600, NJW 60, 1629).

ee) Auch Kommissionsverträge begründen im allgemeinen für den Kommissionär die Pflicht, fremde Vermögensinteressen wahrzunehmen (BGH 1, 189, LM § 266 Nr. 11), jedoch erfolgt in diesen Fällen die Bestrafung aus § 95 BörsG. Diese Bestimmung betrifft nicht nur die mit Börsenwerten handelnden, sondern alle Kommissionäre (BGH 11, 103, 106).

ff) Hauptaufgabe des Führers einer militärischen Einheit ist die Ausbildung und Führung seiner Truppe, nicht die Pflicht zur Verwaltung von Ausrüstungsgegenständen. Diese ist nur eine Nebenaufgabe, die keine Treuepflicht i. S. von § 266 begründet (OLG Stgt. DJ 65, 360).

b) Untergeordnete Arbeits- und Dienstverhältnisse, bei denen der Verpflichtete nur mechanische Tätigkeiten zu verrichten hat (z. B. Kanalarbeiten, BGH 4, 170), scheiden aus. Andererseits wäre es verfehlt, den Treubruchstatbestand auf Treueverhältnisse gehobener Art zu beschränken. Ob der Täter über eine gewisse Selbständigkeit, Bewegungsfreiheit und Verantwortung verfügt, ist ebenso wie Dauer und Umfang seiner Tätigkeit nur ein Anhaltspunkt für das Vorliegen eines Treueverhältnisses i. S. von § 266. Ein solches ist nach BGH 13, 315, 318 immer schon dann gegeben, wenn jemand fremde Gelder zu kassieren, zu verwalten oder abzuliefern hat, z. B. Schalterbeamte der Bundesbahn, Postbeamte, Angestellte einer Sparkasse, inkassobevollmächtigte Handelsvertreter.

3. Die **Handlung** besteht in der Verletzung der dem Täter obliegenden Pflichten. Keine Pflichtverletzung liegt vor, wenn der Verpflichtete einen Ermessensspielraum hat, innerhalb dessen er auch ein gewisses Risiko eingehen kann. Eine unglückliche, aber an sich nicht pflichtwidrige Spekulation mit fremden Wertpapieren erfüllt daher nicht ohne weiteres den Tb. der Untreue.

Im Gegensatz zum Mißbrauchstatbestand ist beim Treubruchstatbestand eine rechtsgeschäftliche Einwirkung (Verkauf, Schenkung, Belastung usw.) nicht erforderlich. Es genügen vielmehr auch Einwirkungen rein tatsächlicher Art, z. B. Verbrauch und Vernichtung. Weitere Beispiele aus der Rechtsprechung: Der Leiter eines Auslieferungslagers führt Kaufverträge, die er im Namen seiner Firma geschlossen hat, nicht auch für deren Rechnung, sondern für Rechnung einer anderen Firma aus (BGH 20, 143) oder er vereitelt den sicher bevorstehenden Abschluß mit einem Kunden, um diesen einer anderen Firma zuzuführen (BGH a.a.O.).

4. Wie beim Mißbrauchstatbestand muß die Pflichtverletzung zu einem **Vermögensschaden** geführt haben. Dieses Merkmal hat die gleiche Bedeutung wie beim Betrug (BGH 15, 343). Ergänzend ist zu beachten: die Ersatzfähigkeit des Täters schließt den Eintritt eines Nachteils auch dann aus, wenn der Ersatzwille nicht festgestellt wird (KG NJW 65, 703).

IV. Der subjektive Tatbestand erfordert **Vorsatz.** Der Täter muß wissen, daß er seine Befugnisse pflichtwidrig überschreitet bzw. daß er seine Pflicht, fremde Vermögensinteressen wahrzunehmen, verletzt. Außerdem muß sich der Vorsatz auf den Schaden erstrecken. Bedingter Vorsatz genügt in jeder Hinsicht.

V. Die **Strafe** ist Gefängnis. Daneben ist in allen Fällen (obligatorisch) auf Geldstrafe zu erkennen. Wird die Gefängnisstrafe gemäß § 27 b in eine

Geldstrafe umgewandelt, so sind insgesamt zwei Geldstrafen auszusprechen. Der Urteilstenor ist in diesem Fall etwa wie folgt zu formulieren: „Der Angeklagte A aus X wird wegen Untreue anstelle einer an sich verwirkten Gefängnisstrafe von 2 Monaten zu einer Geldstrafe von 1000,— DM, i. U. zu der verwirkten Gefängnisstrafe, sowie zu einer weiteren Geldstrafe von 2000,— DM i. U. zu 4 Monaten Gefängnis verurteilt."

VI. IdK ist möglich mit Diebstahl, Betrug und Unterschlagung (§§ 246, 350, 351). — An Sonderbestimmungen, die dem § 266 vorgehen, sind zu beachten § 95 BörsG (s. o. III 2a ee), § 81 a GmbHG, § 146 GenG.

C. Die Amtsdelikte (§§ 331 ff.)

I. Übersicht

1. Die strafrechtliche Begriffsbestimmung des Beamten deckt sich nicht mit dem Beamtenbegriff im staatsrechtlichen Sinn. Siehe hierzu § 359 sowie Vorbem. E 1 a vor Fall 12 (S. 348).

2. Der 28. Abschnitt enthält nicht alle Delikte, bei denen erst die Amtseigenschaft die Strafbarkeit begründet. In diesem Zusammenhang ist vor allem auf § 174 Nr. 2 und § 266 hinzuweisen. Andererseits enthält der Abschnitt auch strafbare Handlungen, die eine Amtseigenschaft nicht voraussetzen (vgl. §§ 333, 334 II, 353 b II, 353 c, 356).

3. Ein Amtsdelikt liegt nur dann vor, wenn der Täter im Zeitpunkt der Tat das Amt bekleidet hat. Scheidet er nach der Tat aus dem Dienst aus, so bleibt die Strafbarkeit hiervon unberührt. Umgekehrt wird die Strafbarkeit nicht dadurch begründet, daß der Täter nach seinem Ausscheiden eine Tat begeht, die mit seinem früheren Amt in innerem Zusammenhang steht.

4. Als echte Amtsdelikte werden diejenigen bezeichnet, in denen die Amtseigenschaft strafbegründend ist, die also nur von einem Beamten begangen werden können. Hierher gehören vor allem die Fälle der Bestechlichkeit (§§ 331, 332, 334 I), ferner die Tatbestände der §§ 336, 344, 346, 348 I, 352 ff. Demgegenüber wirkt sich bei den sog. unechten Amtsdelikten die Beamteneigenschaft nicht strafbegründend, sondern strafschärfend aus, so daß Teilnehmer gemäß § 50 II nicht aus dem Amtsdelikt, sondern aus dem allgemeinen Grundtatbestand zu bestrafen sind. Hierher gehören z. B. die §§ 340—343, 345, 347, 348 II, 350 f.

5. Ein Irrtum über die Amtseigenschaft läßt gemäß § 59 den Vorsatz entfallen. Umgekehrt begründet die irrige Annahme einer objektiv nicht gegebenen Beamteneigenschaft strafbaren Versuch. Siehe hierzu ausführlich Vorbem. A III 2 vor Fall 2 (S. 97 f.).

6. Wegen Nebenstrafen siehe §§ 335, 358. — Bei staatsgefährdender Absicht ist § 94 zu beachten.

II. Die einfache passive Bestechung (§ 331)

Einfache passive Bestechung (verschiedentlich auch als einfache Bestechlichkeit bezeichnet) liegt vor, wenn ein Beamter für eine an sich nicht pflichtwidrige Amtshandlung Geschenke oder andere Vorteile fordert, annimmt oder sich versprechen läßt.

1. **Anliegen der Vorschrift** ist es, die Unkäuflichkeit einer Amtshandlung zu sichern. Demgegenüber geht es in § 332 darum, pflichtwidrige Amtshandlungen zu verhindern. § 332 ist also nicht nur ein erschwerter Fall des § 331, so daß Fortsetzungszusammenhang zwischen beiden Bestimmungen nicht möglich ist (BGH 12, 146).

2. Als Amtshandlung (= in das Amt einschlagende Handlung) gilt jede Handlung, die ihrer Natur nach zu dem Amt oder Dienst des Beamten in einer inneren Beziehung steht und nicht völlig außerhalb seines Aufgabenbereichs fällt (BGH 3, 145). Die Handlung muß nicht zum ordentlichen und regelmäßigen Aufgabenkreis des Beamten gehören. Unerheblich ist auch, ob die Handlung im Einzelfall durch eine Amtspflicht geboten ist oder ob der Beamte nach freiem Belieben darüber befinden kann, ob er dienstlich tätig werden will (BGH a.a.O.).

Im Gegensatz zu den Amtshandlungen stehen private Handlungen eines Beamten. Eine Privathandlung, die ein Beamter nebenberuflich vornimmt, die aber auch jede andere sachkundige Person vornehmen könnte, wird nicht schon dadurch zu einer Amtshandlung, daß sie dem Beamten dienstrechtlich verboten ist oder gegen Entgelt ausgeführt wird. Beispiele: Ein Lehrer gibt einem Schüler seiner Klasse verbotswidrig gegen Entgelt Nachhilfestunden. — Oder: Ein Polizeibeamter erteilt seinen Nachbarn gegen Entgelt Rechtsauskünfte; hier kommt nicht Bestechung, wohl aber ein Verstoß gegen §§ 1, 8 des Gesetzes zur Verhütung von Mißbräuchen auf dem Gebiet der Rechtsberatung vom 13. 12. 1935 (RGBl. I 1478) i. d. F. vom 28. 4. 1961 (BGBl. I 481) in Betracht. — Oder: Ein Bahnbeamter besorgt einem gehbehinderten Reisenden gegen ein Trinkgeld auf dem Bahnsteig Erfrischungen und Lesestoff. — Oder: Ein Beamter einer Ortsplanungsstelle fertigt in seiner Freizeit nebenberuflich gegen entsprechende Vergütung Bebauungs- und Lagepläne an (BGH 18, 59). — Gegenbeispiele, in denen das Vorliegen einer Amtshandlung bejaht werden muß: Ein Polizeibeamter fertigt gegen Entgelt Aktenauszüge an. — Oder: Ein Bahnbeamter reserviert Plätze in einem stark besetzten Zug. — Oder: Ein Postbeamter läßt sich gegen Bezahlung dazu bestimmen, seinen täglichen Rundgang so zu ändern, daß bestimmte Familien früher ihre Post bekommen.

3. Die **Bestechungshandlung** besteht darin, daß der Beamte einen Vorteil annimmt, fordert oder sich versprechen läßt. Bei den beiden letzten Alternativen ist nicht erforderlich, daß der Vorteil auch gewährt wird. Der Tb. ist auch dann erfüllt, wenn der Beamte ein Geschenk verlangt, aber nicht bekommt. Als Vorteile kommen nicht nur Vermögensvorteile in Betracht. Beispiel: Ein Gefängnisaufseher verspricht einer Dirne Hafterleichterung, falls sie bereit ist, sich ihm geschlechtlich preiszugeben.

Nicht erforderlich ist, daß die Amtshandlung noch bevorsteht. Es genügt, daß der Beamte für eine schon vollzogene Handlung einen Vorteil annimmt, fordert oder sich versprechen läßt.

4. Zwischen Amtshandlung und Vorteil muß erkennbar ein **innerer Zusammenhang** bestehen. Nur dann wird der Vorteil „für" eine Amtshandlung angenommen, gefordert usw. Über die in Frage kommende Amtshandlung muß unter den Beteiligten eine so bestimmte Vorstellung bestehen, daß sich erken-

nen läßt, ob die Amtshandlung pflichtwidrig ist oder nicht. Es genügt daher nicht, wenn sich der Vorteilgeber mit dem Geschenk ganz allgemein das Wohlwollen und die Geneigtheit des Beamten sichern will (BGH 15, 217). Es ist weiter zu beachten, daß nicht jeder aus Anlaß oder bei Gelegenheit einer Amtshandlung gewährte Vorteil für eine Amtshandlung gegeben sein muß (BGH 15, 251 f.). Er kann vielmehr häufig seinen Grund in den Regeln des sozialen Verkehrs und der Höflichkeit haben, denen sich auch ein Beamter schwer entziehen kann, wenn er nicht gegen gesellschaftliche Formen verstoßen und damit u. U. sogar das Ansehen der Behörde schädigen will. Insbesondere kleine „Aufmerksamkeiten" können nicht ohne weiteres als Bestechung angesehen werden. Wenn z. B. ein Beamter einer amtlichen Beschaffungsstelle sich auf einer Dienstreise zum Mittagessen einladen oder mit dem Wagen abholen läßt, so ist dies nicht schon deshalb eine Bestechung (BGH a.a.O.). Dasselbe gilt, wenn sich ein Polizeibeamter anläßlich einer Vernehmung eine Zigarette oder eine Tasse Kaffee anbieten läßt oder wenn ein Briefträger sich an Weihnachten ein kleines Trinkgeld geben läßt. Auch die an Weihnachten üblichen Werbegeschenke wie Kalender, Kugelschreiber und Feuerzeuge, die von manchen Firmen routinemäßig an alle Geschäftsfreunde verschickt werden, gehören grundsätzlich nicht hierher.

5. Über die Frage, wann eine Handlung **pflichtwidrig** ist, s. u. III 1.

6. Subjektiv ist **Vorsatz** erforderlich. Der Täter muß wissen, daß der Vorteil für eine bestimmte Amtshandlung bestimmt ist bzw. mit dieser in einem nicht nur äußeren, sondern innerem Zusammenhang steht. Erkennt der Täter die Bestechungsabsicht des Vorteilgebers erst später, nach Erhalt des Vorteils, so macht er sich dadurch strafbar, daß er diesen behält (BGH 15, 88, 102). Die Erfüllung des Tatbestands wird in diesem Fall zeitlich nur hinausgeschoben. § 331 ist dagegen abzulehnen, wenn im Zeitpunkt des Erkennens der Bestechungsabsicht der Vorteil gar nicht mehr vorhanden ist. — Nimmt ein Beamter irrtümlich an, das ihm für eine Amtshandlung angebotene Weihnachtsgeschenk liege noch im Rahmen der üblichen, somit zulässigen Zuwendungen (s. o. 4), so befindet er sich in einem vorsatzausschließenden Tatbestandsirrtum (OLG Neustadt MDR 63, 699 betr. Annahme eines Tischfeuerzeugs).

7. Die **Strafe** ist Geldstrafe oder Gefängnis bis zu 6 Monaten. Wegen Nebenstrafen siehe §§ 335, 358.

8. IdK ist möglich mit § 174 Nr. 2 sowie mit §§ 253, 263. Wegen des Verhältnisses zu § 332 s. o. 1. — Ergänzend beachte § 2 BestechVO, § 12 UWG sowie § 48 WehrStG.

III. Die schwere passive Bestechung (§ 332)

1. Die schwere passive Bestechung des § 332 unterscheidet sich von § 331 dadurch, daß die fragliche Amtshandlung **pflichtwidrig** ist, wobei die Unterlassung einer pflichtgemäß gebotenen Handlung der Vornahme einer pflichtwidrigen Handlung gleichsteht, z. B. wenn ein Polizeibeamter trotz seiner Überzeugung, daß eine strafbare Handlung vorliegt, keine Anzeige vorlegt. Sonderfälle:

a) Die Verletzung der Pflicht zur Amtsverschwiegenheit ist eine in das Amt einschlagende, pflichtwidrige Handlung (BGH 4, 293 betr. einen Gefängnisbeamten, der heimlich in der Strafanstalt fotografische Aufnahmen gemacht und diese zusammen mit den dazu gehörenden mündlichen Erläuterungen an eine Illustrierte verkauft hatte. Das Vorliegen einer Privathandlung, s. o. II 2, wurde ausdrücklich abgelehnt).

b) Liegt die Vornahme oder Unterlassung einer Amtshandlung im pflichtgemäßen Ermessen des Beamten, so ist ein Fall des § 332 nur dann gegeben, wenn der Beamte sich — ausdrücklich oder stillschweigend — bereit zeigt, bei seiner künftigen Ermessensentscheidung nicht ausschließlich sachliche Gesichtspunkte walten zu lassen, sondern die ihm gewährten Vorteile zu berücksichtigen (BGH 15, 239). Beispiele: Ein Polizeibeamter ist sich bei Aufnahme eines Unfalls noch unschlüssig, ob er eine Blutentnahme veranlassen soll oder nicht. Als der Unfallbeteiligte ihm eine Schachtel Zigaretten zusteckt, verzichtet er stillschweigend auf eine Blutprobe. — Oder: A und B bewerben sich beim Wohnungsamt um die gleiche Wohnung. Beide haben hinsichtlich der Dringlichkeit ihres Wohnungsbedarfs die gleiche Bewertungsziffer. Nachdem A dem zuständigen Beamten des Wohnungsamts als „kleine Aufmerksamkeit" eine Flasche Kognak zukommen läßt, entschließt dieser sich zugunsten des A.

Nicht erforderlich ist, daß der Beamte sich durch das Geschenk bzw. den Vorteil tatsächlich beeinflussen läßt. Es genügt, daß er sich im Hinblick auf die zukünftige oder zurückliegende Amtshandlung käuflich zeigt. Beispiel: Der Beamte A weist dem wohnungssuchenden B pflichtgemäß eine Wohnung zu. Anschließend bringt er dem B gegenüber zum Ausdruck, B habe an sich keinen Anspruch auf die Wohnung gehabt und könne ihm (A) dafür jetzt auch einmal „einen Stein in den Garten werfen". Macht B dem A daraufhin eine Zuwendung, so hat A sich gemäß § 332 strafbar gemacht. Entscheidend ist auch hier die sog. **Unrechtsvereinbarung,** d. h. die Vereinbarung, daß der Vorteil für eine pflichtwidrige Amtshandlung bestimmt ist (vgl. BGH 15, 97). B geht dagegen straflos aus, da § 333 sich im Gegensatz zu § 332 nur auf zukünftige Amsthandlungen bezieht.

c) Die bevorzugt schnelle Erledigung eines Dienstgeschäfts ist nur dann pflichtwidrig, wenn hierdurch ein Nachteil für andere Personen entsteht. Dies ist z. B. nicht der Fall, wenn der Beamte das bevorzugte Geschäft in seiner Freizeit erledigt (BGH 15, 350; 16, 37). Hier kommt nur § 331 in Betracht, es sei denn, der Beamte läßt durchblicken, daß nunmehr andere Personen benachteiligt werden. In diesem Fall würde wieder eine sog. Unrechtsvereinbarung vorliegen (vgl. BGH 15, 97).

d) Die Erledigung eines Dienstgeschäfts, das nach der behördlichen Geschäftsverteilung zur Zuständigkeit eines anderen Beamten gehört, ist nur dann eine Pflichtverletzung i. S. von § 332, wenn eine gegenseitige Aushilfe oder die Übernahme von Arbeiten für einen anderen ausdrücklich verboten oder nur mit besonderer Genehmigung erlaubt ist (BGH 16, 37, 40).

2. Die **Bestechungshandlung** entspricht der des § 331. Siehe oben II 3.

3. Der subjektiv erforderliche **Vorsatz** muß sich zunächst wie bei § 331 (s. o. II 6) auf den inneren Zusammenhang zwischen Amtshandlung und Vorteil erstrecken. Außerdem muß der Täter wissen, daß die fragliche Amtshandlung pflichtwidrig i. S. von § 332 ist (s. o. 1). Der Vorsatz muß auch auf das Zustandekommen der bereits mehrfach erwähnten Unrechtsvereinbarung gerichtet sein. Nicht erforderlich ist, daß diese tatsächlich zustande kommt. § 332 kommt daher auch dann in Betracht, wenn der Vorteilgeber die Pflichtwidrigkeit der Amtshandlung nicht erkennt (BGH 15, 355). Nicht erfor-

derlich ist ferner der Wille des Beamten, die pflichtwidrige Handlung, sofern diese noch aussteht, überhaupt oder in pflichtwidriger Weise vorzunehmen (BGH 15, 353).

Glaubt der Beamte, seine Handlung falle nur deshalb nicht unter § 332, weil die Amtshandlung sachlich gerechtfertigt sei, so hat er das in § 332 enthaltene Verbot zu eng ausgelegt. Er befindet sich also nicht in einem vorsatzausschließenden Tatbestands-, sondern in einem Verbotsirrtum (BGH 15, 356 f.).

4. Die **Strafe** ist Zuchthaus bis zu 5 Jahren, bei mildernden Umständen Gefängnis. Siehe hierzu auch § 335 (Verfallserklärung).

5. Wegen der **Konkurrenzen** und ergänzenden Bestimmungen s. o. II 8.

IV. Die aktive Bestechung (§ 333)

Aktive Bestechung begeht, wer einem Beamten oder Soldaten Geschenke oder andere Vorteile bietet, verspricht oder gewährt, um ihn zu einer pflichtwidrigen Amtshandlung zu bestimmen.

1. § 333 ist das **Gegenstück zur schweren passiven Bestechung** gemäß § 332. Im Gegensatz zu § 332 bezieht sich § 333 jedoch nur auf zukünftige Amtshandlungen, nicht auch auf bereits zurückliegende.

Wegen Amtshandlung s. o. II 2, wegen Verletzung der Amts- oder Dienstpflicht s. o. III 1.

2. Die **Bestechungshandlung** besteht darin, daß der Täter dem Beamten ein Geschenk oder sonstigen Vorteil (nicht notwendig Vermögensvorteil) anbietet, verspricht oder gewährt. Nicht ausreichend ist das Versprechen, den Beamten an der Beute zu beteiligen, die durch das pflichtwidrige Handeln des Beamten erst erzielt werden soll (BGH 1, 182).

3. Der **subjektive Tatbestand** erfordert neben dem Vorsatz die Absicht, den Beamten zu einer pflichtwidrigen Amtshandlung zu bestimmen. Zum Vorsatz gehört das Bewußtsein, daß zwischen Amtshandlung und Vorteil ein innerer Zusammenhang besteht und daß die angesonnene Amtshandlung für den Beamten eine Verletzung seiner Amts- und Dienstpflicht darstellt. Bei Ermessensentscheidungen genügt entsprechend den Ausführungen zu § 332 (siehe dort 1 b) das Bewußtsein, daß der Vorteil die Entscheidung beeinflußt (BGH 15, 357).

4. Zur **Vollendung** ist — ebenso wie in § 332 — nicht erforderlich, daß der Beamte die ihm angesonnene Amtshandlung überhaupt oder in pflichtwidriger Weise vornimmt. Es genügt, wenn der Täter durch eine der im Tatbestand beschriebenen Handlungen nach außen erkennbar zum Ausdruck bringt, daß er auf eine Unrechtsvereinbarung hinzielt.

5. **Konkurrenzen:** Stellt die dem Beamten angesonnene pflichtwidrige Amtshandlung zugleich eine strafbare Handlung dar, so steht § 333 mit der Anstiftung zu dieser strafbaren Handlung in Idealkonkurrenz. Weist der Beamte das Ansinnen zurück, so ist bei Verbrechen neben § 333 versuchte Anstiftung (§ 49 a) zu prüfen. Außerdem kann Beleidigung vorliegen. — Ergänzend sind § 12 I UWG und § 4 BestechVO zu beachten.

6. Abschließendes Beispiel: Die wegen Gewerbsunzucht vorläufig festgenommene Dirne D verspricht dem Polizeibeamten P die kostenlose Gewährung des Geschlechtsverkehrs, falls er sie pflichtwidrig wieder laufen lasse. Läßt P sich auf das Angebot ein, so macht er sich zunächst der schweren passiven Bestechung (§ 332), außerdem der Begünstigung im Amt (§ 346), eines Verbrechens gemäß § 347 (Entweichenlassen von Gefangenen) und schließlich noch der Unzucht mit Abhängigen (§ 174 Nr. 2) schuldig. Die Verbrechen gemäß §§ 346, 347 stehen untereinander in IdK (§ 73) und zu den beiden anderen Verbrechen (§§ 332, 174 Nr. 2) in RK (§ 74). Die D selbst hat sich wegen aktiver Bestechung (§ 333) in IdK mit Anstiftung zu den beiden Verbrechen gemäß §§ 346, 347 zu verantworten. Anstiftung zu § 174 Nr. 2 entfällt dagegen (sog. notwendige Teilnahme, vgl. Vorbem. AT, Abschn. H VI, 2, 3, S. 56 f.). Weist P das Ansinnen der D entrüstet zurück, so bleibt deren Strafbarkeit gemäß § 333 unberührt, da § 333 nicht voraussetzt, daß es zu der pflichtwidrigen Handlung kommt. Außerdem hat sich die D tateinheitlich einer versuchten Anstiftung (§ 49 a Abs. 1) zu den Verbrechen gemäß §§ 346, 347 sowie wegen Beleidigung strafbar gemacht.

V. Bestechungen im Bereich der Rechtspflege

erhalten eine Sonderregelung in § 334. **Beispiel:** Der Angeklagte A bietet dem Schöffen S für den Fall, daß dieser sich für Strafaussetzung zur Bewährung einsetzt, einen Geldbetrag von 1000,— DM. Nimmt S das Angebot an, so hat er sich gemäß § 334 Abs. 1 und A gemäß § 334 Abs. 2 strafbar gemacht, und zwar ohne Rücksicht darauf, ob A tatsächlich Strafaussetzung bekommt und ob S sich, wie versprochen, für ihn eingesetzt hat. Wie bei §§ 332, 333 genügt auch hier die Unrechtsvereinbarung.

VI. Die Amtsunterschlagung (§§ 350, 351)

Amtsunterschlagung begeht ein Beamter, der Gelder oder andere Sachen, die er in amtlicher Eigenschaft empfangen hat, unterschlägt.

1. Die Vorschrift enthält einen erschwerten Fall der in § 246 unter Strafe gestellten Unterschlagung. Es handelt sich somit um ein **unechtes Amtsdelikt,** bei dem sich die Amtseigenschaft nicht strafbegründend, sondern strafschärfend auswirkt (BGH 14, 40).

2. Der Tb. setzt **objektiv und subjektiv alle Merkmale der Unterschlagung** i. S. von § 246 voraus. Der Tb. entfällt daher, wenn der Beamte durch die rechtswidrige Zueignung fremden Gewahrsam bricht. In diesem Fall kommt nur Diebstahl in Betracht (BGH 14, 40). Ob ein Beamter Allein- oder nur Mitgewahrsam hat, ist Tatfrage. Die allgemeine Dienstaufsicht eines Vorgesetzten begündet jedenfalls noch keinen Mitgewahrsam (OLG Bremen NJW 62, 1455). Alleingewahrsam hat z. B. ein Postbeamter, der Einschreibesendungen annimmt (OLG Oldenburg JR 50, 409) oder die Paketpost ausfährt.

3. Gegenstand der Tat können Gelder oder andere Sachen sein, die der Beamte in amtlicher Eigenschaft empfangen oder in Gewahrsam hat. In beiden Fällen genügt es, daß der Gewahrsam des Beamten mit seiner Diensttätigkeit in unmittelbarem Zusammenhang steht. Beispiele: Ein Polizeibeamter unterschlägt Gelder, die er als gebührenpflichtige Verwarnung eingezogen hat oder die ihm von einem ehrlichen Finder als Fundsache anvertraut wurden. — Oder: Ein Briefträger unterschlägt die ihm anvertrauten Postsendungen oder die einkassierten Rundfunkgebühren. — Oder: Ein Lehrer unterschlägt Spargelder der Schüler, die ihm für einen gemeinsamen Schulausflug anvertraut wurden.

4. **Nicht anvertraut** sind Gegenstände, die sich ein Beamter nur gelegentlich einer Amtshandlung zueignet, z.B. wenn ein Postbeamter einen Brief unterschlägt, den er gefälligkeitshalber für einen abseits wohnenden Gutsbesitzer in den nächsten Briefkasten werfen sollte, oder wenn sich ein Polizeibeamter, der mit den Fundsachen selbst nichts zu tun hat, aus dem Raum für Fundsachen einen abgegebenen Schirm zueignet. In diesen Fällen kommt nur einfache Unterschlagung gemäß § 246 oder — wenn Mitgewahrsam eines anderen Beamten gebrochen wird — Diebstahl in Betracht.

5. Die Tathandlung besteht wie bei der einfachen Unterschlagung in der **Zueignung.** Eine solche liegt auch dann vor, wenn der Beamte eingegangene Geldbeträge zwar in die Kasse legt, aber zur Verschleierung von Fehlbeträgen nicht bucht (BGH 9, 348).

6. Die **Rechtswidrigkeit** wird nicht dadurch ausgeschlossen, daß der Täter die Absicht hat, die zu eigenen Zwecken entnommenen Gelder usw. so bald wie möglich wieder zu ersetzen. Derartige „Zwangsanleihen" sind selbst dann unzulässig, wenn sie mit Zustimmung des Vorgesetzten erfolgen. Nicht rechtswidrig ist dagegen die Entnahme von Geld lediglich zum Umwechseln.

7. Der subjektive Tb. erfordert **Vorsatz.** Dieser wird durch eine etwaige Ersatzbereitschaft nicht ausgeschlossen. Jedoch kann bei Zustimmung des Vorgesetzten das Unrechtsbewußtsein fehlen. Wie weit dieses die Schuld entfallen läßt oder nur mildert, ist Tatfrage. Hatte der Beamte bereits von Anfang an die Absicht, die ihm anvertrauten Sachen nicht ihrer Bestimmung zuzuführen, sondern zu eigenen Zwecken zu verwenden, so kommt nur Betrug in Betracht (s. u. 11).

8. Da es sich um ein unechtes Amtsdelikt handelt (s. o. 1), werden **Teilnehmer** nur dann aus § 350 bestraft, wenn auch sie Beamte sind und zu der unterschlagenen Sache in der in § 350 vorausgesetzten Beziehung stehen (§ 50 Abs. 2). Andernfalls erfolgt die Bestrafung aus § 246. Beispiel: Frau A veranlaßt ihren Ehemann, zwecks Überbrückung eines vorübergehenden Engpasses in der Familienkasse bei der von ihm verwalteten Gemeindekasse eine „Zwangsanleihe" über 1000,— DM aufzunehmen. A macht sich wegen Amtsunterschlagung gemäß § 350 strafbar. Seine Frau ist dagegen nur aus dem Strafrahmen des § 246 zu bestrafen.

9. Die **Strafe** ist Gefängnis nicht unter 3 Monaten. Daneben kann auf Verlust der bürgerlichen Ehrenrechte erkannt werden (Abs. 1). Der Versuch ist strafbar (Abs. 2).

10. § 351 bringt eine Qualifizierung für den Fall, daß der Täter zur Verdeckung einer beabsichtigten oder vollzogenen Amtsunterschlagung Rechnungen, Register oder Bücher unrichtig führt, fälscht oder unterdrückt, falsche Belege vorlegt oder ähnliche, im Gesetz näher beschriebene Manipulationen vornimmt (**schwere Amtsunterschlagung**). Im einzelnen:

a) Die unter den erschwerenden Umständen des § 351 begangene Amtsunterschlagung ist ein Verbrechen i.S. von § 1. Der Versuch ist daher auch ohne besondere Strafdrohung strafbar.

b) Täter kann wie in § 350 nur ein Beamter sein, der in einer bestimmten amtlichen Beziehung zu der von ihm unterschlagenen Sache steht. Auch sonst müssen alle objektiven und subjektiven Voraussetzungen des § 350 und damit auch die des § 246 gegeben sein.

c) Der Grund der Strafschärfung ist darin zu sehen, daß der Täter in besonders raffinierter Weise seine geplante oder bereits begangene Unterschlagung verschleiert. Hierbei ist allerdings zu berücksichtigen, daß bei der Unterschlagung von Geldern in aller Regel nicht nur die Voraussetzungen des § 350, sondern auch die des § 351 vorliegen, da praktisch alle mit der Einziehung oder Ausgabe von Geld betrauten Beamten eine Pflicht zur Buchführung haben und schon die unterlassene Buchung als unrichtige Buchführung angesehen werden muß. Der Bundesgerichtshof hat daher in BGH 10, 6 einschränkend ausgesprochen, daß § 351 keine Anwendung findet, wenn der Beamte einen falschen Beleg ausschließlich zu dem Zweck vorlegt, den unterschlagenen Betrag zu ersetzen, ohne dabei die Unterschlagung offenbaren und sich dadurch der Gefahr strafrechtlicher Verfolgung aussetzen zu müssen. Durch ein derartiges Verhalten wird nämlich die vorangegangene Unterschlagung nicht strafwürdiger.

d) Beispiel: Polizeibeamter P verwarnt den Verkehrsteilnehmer V gebührenpflichtig mit 5,— DM, stellt aber nur eine Quittung über 3,— DM aus, was V in der Eile nicht bemerkt; den Differenzbetrag von 2,— DM behält P für sich. Hier kommt nicht nur § 350, sondern § 351 in Betracht, wenn er auch auf seinem Block nur den Betrag von 3,— DM einträgt.

11. Konkurrenzen:

a) Hat sich der Beamte durch Betrug in den Besitz der Sache gesetzt, so kommt § 350 nach BGH 14, 38 schon tatbestandsmäßig nicht in Betracht, da man sich dieselbe Sache nicht zweimal rechtswidrig zueignen kann. Siehe hierzu ausführlich Vorbem. A 4 c vor Fall 8 (S. 234). Entsprechendes gilt, wenn sich der Beamte durch Diebstahl oder Erpressung in den Besitz von Geldern gesetzt hat. Zum Ganzen siehe auch BGH NJW 61, 1171 und Schröder JR 60, 308.

b) IdK ist möglich mit §§ 133, 266, 267, 348 II, 354.

c) Die privilegierten Fälle der Unterschlagung (§§ 248 a, 370 Nr. 5) finden keine Anwendung.

VII. Von den **weiteren Amtsdelikten** wurden im Rahmen dieser Fallsammlung behandelt:

1. Die Körperverletzung im Amt in Vorbem. B VIII vor Fall 6, S. 203 f.
2. Die Begünstigung im Amt in Vorbem. B IV vor Fall 8, S. 241 ff.
3. Die Falschbeurkundung im Amt in Vorbem. E I vor Fall 14, S. 399 f.
4. Die Urkundenfälschung im Amt in Vorbem. E II vor Fall 14, S. 400 f.

Lösung des Falles

I. Strafbarkeit des Z

Z hat, um der F seine Liebe zu beweisen und ihre Zuneigung zu gewinnen, 1 kg Kaffee aus der von ihm beschlagnahmten Lieferung entnommen und der F gegeben. In Betracht kommen folgende Tatbestände:

1. Diebstahl (§ 242)

a) Allgem. Ausführungen siehe Vorbem. A vor Fall 7 (S. 215 ff.).

b) Der Kaffee stand bis zur späteren Einziehung im Eigentum der Schmuggler oder deren Hintermänner. Er war somit eine für Z fremde bewegliche Sache.

c) Es ist weiter zu prüfen, ob Z fremden Gewahrsam gebrochen habe. Er hatte den Auftrag, den Kaffee mit dem Dienstwagen zur vorgesetzten Behörde in die etwa 20 km entfernte Kreisstadt zu bringen. Diebstahl kommt bei dieser Sachlage nur dann in Betracht, wenn man davon ausgeht, daß Z während dieser Fahrt nicht der alleinige Gewahrsamsinhaber war, sondern einer seiner Vorgesetzten Mitgewahrsam hatte. In diesem Fall hätte Z durch das Aussondern des für die F bestimmten Kaffees fremden Mitgewahrsam gebrochen.

Wie in Vorbem. A V 1 vor Fall 7 (S. 217) näher dargelegt, versteht man unter Gewahrsam das von einem Herrschaftswillen getragene tatsächliche Herrschaftsverhältnis eines Menschen über eine Sache. Wird die tatsächliche Gewalt von mehreren gemeinsam ausgeübt, so spricht man von Mitgewahrsam. (Siehe hierzu Vorbem. A V 3 vor Fall 7, S. 219.) Daß Z Gewahrsam hatte, bedarf keiner weiteren Begründung. Fraglich ist jedoch, ob sein Vorgesetzter sog. übergeordneten Mitgewahrsam hatte, d. h. ob er in der Lage war, seinen Herrschaftswillen jederzeit ohne Schwierigkeiten zu realisieren. Dies ist in Großstädten schon bei einem Transport innerhalb des Ortsbereichs abzulehnen. Bei Ferntransporten ist auf jeden Fall von einem Alleingewahrsam des Fahrers auszugehen, der den Transport durchführt (vgl. Schönke-Schröder § 242 Rn. 25 m. weit. Nachw.). Diebstahl ist daher abzulehnen.

2. Amtsunterschlagung (§ 350)

a) Allgem. Ausführungen siehe Vorbem. C V vor diesem Fall.

b) Z war als Zollassistent Beamter im staatsrechtlichen Sinn und damit auch Beamter i. S. des § 359.

c) Der von Z im Dienstwagen beförderte Kaffee war eine Sache, die Z in amtlicher Eigenschaft empfangen und zugleich auch in amtlichem Gewahrsam hatte. Wegen der Gewahrsamsverhältnisse s. o. 1 c.

d) Es ist weiter zu prüfen, ob Z den Kaffee unterschlagen hat. Als Unterschlagung gilt wie in § 246 jede ohne Gewahrsamsbruch erfolgte rechtswidrige Zueignung (vgl. BGH 14, 38 m. Anm. Schröder JR 60, 308; Schönke-Schröder § 350 Rn. 12 m. weit. Nachw.). Z hatte, wie oben unter 1 c näher dargelegt, an dem von ihm beförderten Kaffee Alleingewahrsam. Die Zueignungshandlung ist darin zu sehen, daß Z ein Kilo Kaffee aus dem Dienstwagen nahm und der F als Geschenk übergab. Daß er den Kaffee nicht für sich selbst verwenden wollte, ist ebenso unerheblich wie die fehlende Bereicherungsabsicht. (Siehe hierzu ausführlich Vorbem. A VI 2 vor Fall 7, S. 222.)

e) Rechtfertigungs- oder Schuldausschließungsgründe sind nicht ersichtlich. Ergebnis: Strafbarkeit gemäß § 350.

3. Unterschlagung von Nahrungs- oder Genußmitteln (§ 370 Abs. 1 Nr. 5)

a) Allgem. Ausführungen siehe Vorbem. E III vor Fall 9 (S. 278 ff.).

b) 1 Kilo Kaffee kann zwar noch als Nahrungs- und Genußmittel von unbedeutendem Wert und geringer Menge angesehen werden. Die Vorschrift wird auch nicht schon dadurch unanwendbar, daß Z ihn nicht zum eigenen Verbrauch an sich nahm (vgl. Schönke-Schröder § 370 Rn. 25, Maurach BT 221). Fraglich ist jedoch, ob Z den Kaffee zum alsbaldigen Verbrauch unterschlug. Die Rechtsprechung ist in diesem Punkt sehr zurückhaltend. So hat sich das OLG Bremen in MDR 55, 628 auf den Standpunkt gestellt, daß schon 380 g Kaffee nicht mehr zum „alsbaldigen" Verbrauch bestimmt sind. Das OLG Hamm hat das Privileg des § 370 Nr. 5 sogar schon für 250 g Kaffee abgelehnt (vgl. NJW 61, 328). Beide Entscheidungen sind im Schrifttum auf Kritik gestoßen (vgl. Maurach a.a.O., Schönke-Schröder a.a.O.).

c) Die zuletzt angeschnittene Frage bedarf hier jedoch keiner abschließenden Erörterung, da § 370 Nr. 5 aus einem anderen Grund nicht zur Anwendung kommen kann: Die Vorschrift ist als Ausnahmebestimmung eng auszulegen. Sie kommt nur dann zur Anwendung, wenn der Täter sich darauf beschränkt, fremde Eigentums- und Besitzrechte zu verletzen. Sie entfällt dagegen, wenn er darüber hinaus noch weitere Rechtsgüter verletzt, z. B. die Freiheit der Willensentschließung oder die Reinheit der Amtsführung. § 370 Nr. 5 findet daher im Falle der Amtsunterschlagung keine Anwendung (vgl. Schönke-Schröder § 350 Rn. 3 m. weit. Nachw.).

4. Gewahrsamsbruch (§ 133)

a) Allgem. Ausführungen siehe Vorbem. A vor Fall 14 (S. 389 f.).

b) Der von Z beförderte Kaffee war eine Sache, die sich zur amtlichen Aufbewahrung an einem hierfür bestimmten Ort befand, nämlich dem Dienstwagen der Behörde. Hierbei ist unerheblich, daß der Kaffee nur für vorübergehende Zeit in dem Dienstwagen untergebracht war (vgl. Schönke-Schröder § 133 Rn. 10). Außerdem war der Kaffee dem Z zwecks Beförderung amtlich übergeben worden.

c) Als Tathandlung kommt die Tatbestandsalternative Beiseiteschaffen in Betracht. Beiseitegeschafft ist ein Gegenstand, wenn er von der Stelle entfernt wird, an der er sich zum Zwecke der amtlichen Aufbewahrung befand. Dadurch, daß Z den Kaffee aus dem Dienstwagen nahm, um ihn der F zu schenken, hat er ihn von der Stelle entfernt, an der er sich auf Weisung seines Vorgesetzten befand. Er hat ihn damit beiseitegeschafft.

d) Daß auch der Beamte, der die Sache zu verwahren hat, Täter eines Vergehens gemäß § 133 sein kann, ist unbestritten und bedarf keiner weiteren Ausführung (siehe auch BGH 5, 159 sowie Schönke-Schröder § 133 Rn. 19 m. weit. Nachw.).

e) Das Verhalten war rechtswidrig und schuldhaft. Ergebnis: Strafbarkeit gemäß § 133 Abs. 1.

f) § 133 Abs. 2 entfällt, da Z nicht in gewinnsüchtiger Absicht gehandelt hat. (Zum Begriff siehe Vorbem. A 4 vor Fall 14, S. 390.)

5. Verstrickungsbruch (§ 137)

a) Allgem. Ausführungen siehe Vorbem. A vor diesem Fall.

b) Der von Z unterschlagene Kaffee war eine Sache, die durch eine zuständige Behörde bzw. einen zuständigen Beamten in Beschlag genommen war.

c) Die Tathandlung besteht im Beiseiteschaffen. Auf die Ausführungen zu § 133 (s. o. 4 c) kann insoweit verwiesen werden.

d) Durch das Verhalten des Z wurde der von ihm beiseitegeschaffte Kaffee der Verstrickung entzogen, ohne daß hierzu weitere Feststellungen erforderlich wären.

e) Wie bei § 133 kann auch bei § 137 der Beamte, der die Beschlagnahme selbst vollzogen hat, Täter sein.

f) Z handelte vorsätzlich, rechtswidrig und schuldhaft. Ergebnis: Strafbarkeit gemäß § 137.

6. Untreue (§ 266)

a) Allgem. Ausführungen siehe Vorbemerkungen B vor diesem Fall.

b) Der Mißbrauchstatbestand (§ 266, 1. Alt.) entfällt schon deshalb, weil Z keine Befugnis hatte, über den von ihm beförderten Kaffee rechtsgeschäftlich zu verfügen.

c) Der sog. Treubruchstatbestand (§ 266, 2. Alt.) setzt voraus, daß Z kraft Gesetzes, behördlichen Auftrags, Rechtsgeschäfts oder eines Treueverhältnisses verpflichtet war, fremde Vermögensinteressen wahrzunehmen. Z hatte den behördlichen Auftrag, den beschlagnahmten Kaffee in die nächste Kreisstadt zu fahren. Als Beamter stand er zu seinem Dienstherrn auch in einem Treueverhältnis. Diese Feststellungen genügen jedoch nicht zur Verwirklichung des Treuebruchstatbestands. Nicht jedes das Staatsvermögen schädigende Verhalten eines Beamten ist als Untreue strafbar. Erforderlich ist vielmehr, daß die Pflicht, fremde Vermögensinteressen wahrzunehmen, den wesentlichen Inhalt des Treueverhältnisses darstellt (vgl. BGH 13, 315, Schönke-Schröder § 266 Rn. 21 f. m. weit. Nachw.). Ob dies der Fall ist, richtet sich nach den Umständen des Einzelfalls. Der Grad der Selbständigkeit, der wirtschaftlichen Bewegungsfreiheit und der Verantwortlichkeit des Verpflichteten, Dauer, Umfang und Art seiner Tätigkeit sind hierbei nur Beweiszeichen (BGH a.a.O.). Der Treuebruchstatbestand kann daher nicht einfach mit der Begründung abgelehnt werden, Z habe im Rahmen seiner Tätigkeit keine eigenen Dispositionen treffen können. Es wäre auch verfehlt, wollte man nur auf die befohlene Dienstfahrt in die Kreistadt abstellen. Entscheidend ist vielmehr die gesamte Tätigkeit des Z. Hierbei ist zu beachten, daß Z als Zollbeamter in besonderem Maße dazu berufen war, die fiskalischen Interessen des Landes wahrzunehmen. Er hatte Gelder zu kassieren, zu verwalten und abzuliefern. Er hatte auch — wie gerade der vorliegende Fall zeigt — Waren zu beschlagnahmen und der Einziehung zugunsten des Staates zuzuführen. Dies alles sind Tätigkeiten, die als Wahrnehmung fremder Vermögensinteressen angesehen werden können (vgl. BGH 13, 315, 318 betr. einen Schalterbeamten der Bundesbahn).

d) Dadurch, daß Z einen Teil des beschlagnahmten Kaffees abzweigte und für sich verwandte, hat er seine Pflicht, fremde Vermögensinteressen wahrzunehmen, verletzt und dem Staat Schaden zugeführt. Daß dieser verhältnismäßig gering war, ist für die Tatbestandsmäßigkeit unerheblich.

e) Z handelte vorsätzlich, rechtswidrig und schuldhaft. Ergebnis: Strafbarkeit gemäß § 266, 2. Alt.

7. Unbefugte Ingebrauchnahme eines Kraftfahrzeugs (§ 248 b)

a) Allgem. Ausführungen siehe Vorbem. D vor Fall 12 (S. 346 f.).

b) Ob Z berechtigt war, den Dienstwagen auch zu Privatfahrten zu benutzen, ergibt sich nicht unmittelbar aus dem Sachverhalt. Nach den üblichen Gepflogenheiten darf dies aber nicht zu seinen Gunsten unterstellt werden. Es ist vielmehr davon auszugehen, daß der Abstecher zur Wohnung der F eine Fahrt wider den Willen des Berechtigten, nämlich des Dienstherrn, war.

c) Wie in Vorbem. D I 1, 3 vor Fall 12 (S. 346) näher dargelegt, erfaßt § 248 b alle sog. Schwarzfahrten. Ein Ingebrauchnehmen i. S. der Vorschrift liegt daher auch dann vor, wenn der Täter — wie im vorliegenden Fall — den Wagen zunächst befugt benutzt, dann aber während der an sich befugten Fahrt einen unbefugten Abstecher macht (BGH 11, 50; a. A. Schönke-Schröder § 248 b Rn. 5).

d) Z handelte vorsätzlich, rechtswidrig und schuldhaft. Ergebnis: Strafbarkeit gemäß § 248 b.

e) Prozessual ist zu beachten, daß die Tat nur auf Antrag verfolgbar ist (§ 248 b Abs. 3).

8. Es ist weiter zu prüfen, ob sich Z dadurch, daß er sich auf die von der F geforderte Liebesprobe einließ, einer **schweren passiven Bestechung (§ 332)** schuldig gemacht hat.

a) Allgem. Ausführungen siehe Vorbem. C III vor diesem Fall.

b) Wie § 331 erfordert auch § 332, daß der Beamte eine Amtshandlung, d. h. eine in sein Amt einschlagende Handlung, vornimmt bzw. vornehmen soll. In das Amt einschlagend ist die Handlung des Beamten dann, wenn sie in den Bereich seiner amtlichen Funktionen fällt und von ihm nur vermöge seines Amtes vorgenommen werden kann (vgl. Schönke-Schröder § 331 Rn. 13, § 332 Rn. 6). Nicht hierher gehören daher Handlungen, die völlig außerhalb des Aufgabenbereichs des Beamten liegen, insbesondere sog. Privathandlungen. Diese werden auch dann nicht zu Amtshandlungen, wenn sie unter Verletzung einer Amts- oder Dienstpflicht begangen werden (vgl. BGH 18, 266 sowie Schönke-Schröder § 332 Rn. 15, jeweils m. weit. Nachw.). Daß die Unterschlagung des Kaffees eine Verletzung der Amts- und Dienstpflichten des Z darstellt, bedarf keiner weiteren Ausführungen. Fraglich ist aber, ob sie als in das Amt einschlagend in dem soeben näher dargelegten Sinn angesehen werden kann. Hierbei ist folgendes zu beachten: Die Unterschlagung des Kaffees stand nur in einer äußeren Beziehung zur Amtstätigkeit des Z. Sie gehörte nicht zu seinen unmittelbaren amtlichen Funktionen. § 332 ist daher abzulehnen.

c) Beachte: Etwas anderes würde dann gelten, wenn Z mit der Verwertung des Kaffees beauftragt gewesen wäre und im Rahmen dieser amtlichen Aufgabe einen Posten Kaffee unentgeltlich oder zu Schleuderpreisen abgegeben hätte. So aber liegt der Fall nicht.

Wer entgegen der hier vertretenen Ansicht nicht nur einen äußeren, sondern auch einen inneren Zusammenhang zwischen der Unterschlagung und den amtlichen Aufgaben des Z annimmt, hat weiter zu prüfen, ob Z sich hierfür einen Vorteil hat versprechen lassen. Hierbei ist zu beachten, daß als Vorteile i. S. der §§ 331 ff. nicht nur Vermögensvorteile, sondern auch immaterielle Vorteile in Betracht kommen. So werden auch die Duldung unzüchtiger Handlungen und die Gewährung des Geschlechtsverkehrs als Vorteile i. S. der Vorschrift angesehen (vgl. RG 64, 291; 71, 396, Schönke-Schröder § 331 Rn. 7 m. weit. Nachw.).

9. Abgabenhinterziehung (§ 396 AO)

Gemäß § 396 AO wird mit Gefängnis oder mit Geldstrafe bestraft, wer zum eigenen Vorteil oder zum Vorteil eines anderen vorsätzlich bewirkt, daß Steuereinnahmen verkürzt werden.

a) Das der F geschenkte Kilo Kaffee war gemäß § 5 ZollG mit der Einfuhr Zollgut geworden. Eine zollamtliche Freigabe war noch nicht erfolgt. Der Kaffee war auch nicht auf andere Weise (siehe hierzu § 5 Abs. 3—5) Freigut geworden. Da er entgegen § 6 ZollG bei der Einfuhr nicht unverzüglich der zuständigen Zollstelle oder einem Zollbediensteten gestellt wurde, konnte er gemäß § 20 ZollG durch Wegnahme sichergestellt werden. Die normale Folge wäre gemäß § 20 Abs. 2 ZollG die Veräußerung gewesen. Hierbei wäre der Zoll nacherhoben worden.

b) Zollschuldner ist gemäß § 57 Abs. 2 Satz 1 ZollG zunächst derjenige, der das Zollgut erstmals der zollamtlichen Überwachung vorenthält oder entzieht. Dies waren im vorliegenden Fall die Personen, bei denen Z den Kaffee beschlagnahmt hatte. Neben diesen Personen wird gemäß § 57 Abs. 2 Satz 2 ZollG weiterer Zollschuldner, wer das Zollgut nach Entstehung, aber vor Erlöschen der Zollschuld übernimmt oder an sich bringt, obwohl er weiß oder wissen müßte, daß es sich um Zollgut handelt. Hieraus folgt, daß auch Z in dem Augenblick Zollschuldner wurde, als er das Kilo Kaffee der beschlagnahmten Sendung entnahm, um es der F zu schenken.

c) Neben dem Einfuhrzoll wären bei der Einfuhr noch weitere Abgaben zu entrichten gewesen, nämlich die Umsatzausgleichssteuer (ab

1. 1. 1968 Einfuhrumsatzsteuer) und die Kaffeesteuer (vgl. § 1 KaffeeStG v. 30. 7. 1953, BGBl. I 708).

d) Z hat dadurch, daß er das Kilo Kaffee abzweigte und der F schenkte, bewirkt, daß bei der gemäß § 20 Abs. 2 ZollG zu erwartenden Veräußerung Steuereinahmen verkürzt wurden. Der objektive Tb. des § 396 AO ist damit verwirklicht.

e) Der subj. Tb. erfordert zunächst Vorsatz. Es kann unterstellt werden, daß Z als Zollbeamter sich über die Folgen seines Verhaltens im klaren war. Da er sich von der Absicht leiten ließ, sich die Gunst der F zu erhalten, handelte er auch seines Vorteils wegen. Das Streben nach einem Vermögensvorteil ist nicht erforderlich.

f) Rechtfertigungs- oder Schuldausschließungsgründe sind nicht ersichtlich.

g) Ergebnis: Strafbarkeit gemäß § 396 AO.

10. Konkurrenzen

a) Z hat durch eine Handlung, nämlich die Entnahme des Kaffees aus dem Dienstwagen, die Tatbestände der §§ 350, 133, 137, 266 StGB sowie § 396 AO erfüllt. Da ein Fall der Gesetzeskonkurrenz nicht ersichtlich ist, stehen alle Tatbestände in Idealkonkurrenz (vgl. RG JW 27, 2856, HRR 40 Nr. 576 sowie Schönke-Schröder § 133 Rn. 23).

b) Das Vergehen gemäß § 248 b steht zu dem Komplex a) als rechtlich selbständige Handlung in Realkonkurrenz.

c) Wollte man entgegen der hier vertretenen Ansicht auch eine schwere passive Bestechung annehmen, so stünde diese zu dem Komplex a) ebenfalls in Realkonkurrenz, da die den jeweiligen Tatbeständen zugrundeliegenden Handlungen sich weder ganz noch teilweise decken (vgl. BGH 7, 150). Die Ausführungshandlung bei § 332 besteht nicht in der Vornahme der pflichtwidrigen Amtshandlung, sondern in der Unrechtsvereinbarung.

II. Strafbarkeit der F

1. Dadurch, daß die F beharrlich auf dem von ihr geforderten „Liebesbeweis“ bestand und den Z schließlich mit Erfolg dazu veranlaßte, hat sie Z, wie oben unter I näher dargelegt, zur Verwirklichung folgender Straftatbestände veranlaßt:

a) Amtsunterschlagung (§ 350),
b) Gewahrsamsbruch (§ 133),
c) Verstrickungsbruch (§ 137),
d) Untreue (§ 266),
e) Abgabenhinterziehung (§ 396 AO).

Die F handelte vorsätzlich, rechtswidrig und schuldhaft. Als Teilnahmeform kommt nur Anstiftung in Betracht.

Bei der Strafzumessung ist zu beachten, daß § 350 zu den sog. unechten Amtsdelikten gehört, da die Amtseigenschaft nicht strafbegründende, sondern straferhöhende Bedeutung hat. Hieraus folgt: Die Strafe der F ist gemäß § 50 Abs. 2 nicht dem Tatbestand des § 350, sondern dem des § 246 zu entnehmen.

2. **Aktive Bestechung** (§ 333) ist nur dann gegeben, wenn man entgegen der hier vertretenen Ansicht in der Unterschlagung des Kaffees eine Amtshandlung i. S. der §§ 331 ff. sieht.

3. **Hehlerei (§ 259)**

a) Allgem. Ausführungen siehe Vorbem. C vor Fall 8 (S. 232 ff.).

b) Es ist zunächst zu prüfen, welche der oben unter I festgestellten Straftaten als Vortat für eine Hehlerei in Betracht kommt. Wie schon in den Vorbem. C III 1 a vor Fall 8 dargelegt, muß die Vortat fremde Vermögensinteressen verletzt haben. Diese Voraussetzung liegt bei der Amtsunterschlagung (§ 350) und der Untreue (§ 266) als typischen Eigentums- bzw. Vermögensdelikten unbestritten vor. Aber auch die mit diesen Delikten in Idealkonkurrenz stehenden Vergehen gemäß §§ 133, 137 wären als Vortat ausreichend. Hehlerei kann nämlich schon dann vorliegen, wenn durch die Vortat lediglich eine widerrechtliche Besitzposition geschaffen wurde (vgl. Schönke-Schröder § 259 Rn. 9).

c) Was das zeitliche Verhältnis zur Vortat betrifft, so ist folgendes zu beachten: Die Tatbestände der §§ 133, 137 waren auf jeden Fall bereits in dem Augenblick verwirklicht, als Z den Kaffee aus dem Dienstwagen nahm, um ihn wenig später der F zu übergeben. Was die Amtsunterschlagung und die Untreue betrifft, könnte man Bedenken haben, den Zeitpunkt der Tatbestandsverwirklichung schon auf diesen Augenblick zu verlegen. Hierauf kommt es jedoch nicht entscheidend an. Die beiden letztgenannten Tatbestände waren spätestens in dem Augenblick verwirklicht, als Z den Kaffee der F überreichte. Wie aber bereits in Vorbem. C III 2 a vor Fall 8 (S. 245) dargelegt, genügt es für die Annahme von Hehlerei, daß die Vortat erst durch die Übergabe der Sache an den Hehler vollendet wird (vgl. OLG Stgt. JR 60, 108 = JZ 60, 289 m. Anm. Maurach, Schönke-Schröder § 259 Rn. 18).

d) Die Möglichkeit strafbarer Hehlerei wird nicht dadurch ausgeschlossen, daß die F als Anstifterin an der Vortat beteiligt war. Lediglich der Vortäter selbst kann grundsätzlich nicht zugleich auch Hehler sein.

e) Da die F die strafbare Herkunft des Kaffees kannte und sich bei der Tat von ihrem Vorteil leiten ließ, ist der Tb. des § 259 auch subjektiv erfüllt.

f) Das Verhalten war rechtswidrig und schuldhaft. Ergebnis: Strafbarkeit gemäß 259.

4. Abgabenhehlerei (§ 403)

Abgabenhehlerei begeht, wer seines Vorteils wegen Erzeugnisse oder Waren, hinsichtlich deren Verbrauchssteuern oder Zoll hinterzogen oder Bannbruch begangen worden ist, ankauft, zum Pfand nimmt, an sich bringt, verheimlicht oder absetzt.

Durch die Annahme des ihr von Z geschenkten Kaffees hat die F eine Ware an sich gebracht, von der sie wußte, daß die fälligen Abgaben (Zoll, Einfuhrumsatzsteuer und Kaffeesteuer) nicht entrichtet waren. Die Vorteilsabsicht bedarf keiner weiteren Ausführungen. Die F hat damit den Tb. obj. und subj. erfüllt. Rechtfertigungs- oder Schuldausschließungsgründe sind nicht ersichtlich.

Ebenso wie bei der Hehlerei gemäß § 259 wird die Strafbarkeit gemäß § 403 AO nicht dadurch berührt, daß die F an der Vortat als Anstifterin beteiligt war (vgl. Kohlhaas in Erbs Anm. 7 zu § 403 AO).

5. Konkurrenzen

Die soeben festgestellte Abgabenhehlerei und die Hehlerei gemäß § 259 stehen untereinander in IdK und zu der Anstiftung zu den §§ 350 (246, 50 II), 133, 137, 266 in RK. Zur Begründung kann auf die Ausführungen in Abschn. II 3 der Lösung von Fall 10 (S. 309) verwiesen werden.

Sachverzeichnis

(Die Zahlen verweisen auf die Seiten)

D

E

F

Die Fälle

FALL 1

Folgen einer Zecherei

In der Gastwirtschaft der Witwe W verkehrte seit Jahren als Stammgast der Handelsvertreter H. Am 1. Mai fuhr H abends mit seinem Auto vor und erklärte, er wolle sich zur Feier des Tages „einen antrinken". Die W erwiderte, er solle doch erst seinen Wagen nach Hause bringen. H lehnte dies ab und ließ sich von der W innerhalb von zwei Stunden 2 Flaschen Bier und 8 Schnäpse geben. Weitere Schnäpse an H auszuschenken weigerte sich die W, obwohl sie fürchtete, hierdurch einen Stammgast zu verlieren. H goß sich hierauf an der Theke zwei Schnäpse selbst ein, ohne daß die W dies hindern konnte. Als die W ihm deshalb Vorwürfe machte und ihm vorhielt, mit so viel Alkohol könne er doch nicht mehr mit dem Wagen nach Hause fahren, erwiderte H, so ein paar Schnäpse könne er schon vertragen, er sei ja schließlich kein Anfänger. Anschließend bezahlte er seine Zeche und verließ schwankend das Lokal. Die W versuchte zwar noch, ihm die Wagenschlüssel abzunehmen. Dies gelang ihr jedoch nicht. Während H sich zu seinem im Hof geparkten Wagen begab, überlegte die W, ob sie den im Nebenzimmer beim Abendessen sitzenden Polizeibeamten P auf H hinweisen sollte. Diesen Gedanken gab sie jedoch wieder auf, um H nicht noch mehr zu verärgern.

Da die Straßenbeleuchtung an diesem Abend versagte, stolperte H beim Verlassen der Gastwirtschaft über eine schadhafte Stelle des Pflasters, durch die kurz zuvor auch ein nüchterner Passant auf die gleiche Weise zu Fall gekommen war. H stieß dabei so unglücklich mit einem entgegenkommenden Passanten (P) zusammen, daß dieser in ein Schaufenster fiel und sich erhebliche Schnittverletzungen zuzog. H murmelte eine Entschuldigung, stieg in seinen Wagen und fuhr ab. Er geriet alsbald auf die linke Fahrbahn und kollidierte mit einem Radfahrer (R), der stürzte und noch an der Unfallstelle verstarb.

Als H am nächsten Morgen wieder einigermaßen nüchtern war und von der Polizei vernommen werden sollte, konnte er sich an die ganzen Vorfälle nur noch dunkel erinnern. Der von der Staatsanwaltschaft hinzugezogene Sachverständige kam später in seinem Gutachten zu dem Ergebnis, daß H bei einem Blutalkoholgehalt von mindestens 2,8 ‰ im Zeitpunkt der Fahrt zurechnungsunfähig war.

Zu untersuchen ist die Strafbarkeit von H und W.

FALL 2

Das Geheimnis des verschwundenen Briefs

Frau A unterhielt mit X ein Liebesverhältnis. Sie war fest entschlossen, ihren Ehemann, mit dem sie schon einige Zeit in Zwietracht lebte, zu töten, um dann X heiraten zu können. Auf ihr Drängen händigte X ihr ein Pulver aus, von dem er sagte, es wirke tödlich. In Wirklichkeit aber handelte es sich — wie X wußte — um gewöhnlichen Zucker.

Gleich am anderen Tag gab Frau A das vermeintliche Gift ihrem Ehemann in den Kaffee. A wunderte sich zunächst über den auffallend süßen Geschmack. Er war aber noch mehr erstaunt, als seine Frau ihm — von Reue ergriffen — einen großen Topf Milch vorsetzte, den er, an Kummer gewöhnt, geduldig trank, bis er sich erbrach. Jetzt erst legte Frau A unter Tränen ein Geständnis ab.

Bestürzt zog sich A in sein Zimmer zurück und verwehrte seiner Frau den Zutritt. Diese ließ ihn zunächst allein. Als sie später nach ihm sehen wollte, lag er bewußtlos in seinem Bett. Der sofort gerufene Arzt konnte nur noch den Tod feststellen. In einem letzten Brief teilte A mit, er habe sich das Leben genommen, weil ihn der Mordanschlag seiner Frau zu sehr getroffen habe. Dieser Brief wurde aber von den Angehörigen nicht gefunden, da ihn A in seine — von der übrigen Familie äußerst selten benutzte — Bibel gelegt hatte.

Die Obduktion ergab als Todesursache Arsenvergiftung. Da die Streitigkeiten in der Familie nicht unbekannt geblieben waren und A nie Selbstmordabsichten geäußert hatte, fiel der Tatverdacht sofort auf seine Frau, die ein Geständnis ablegte und dabei auch X belastete. Die StA erhob darauf sowohl gegen Frau A als auch gegen X Anklage zum Schwurgericht wegen gemeinschaftlich begangenen Mordes. Der Abschiedsbrief wurde erst kurz vor der Verhandlung gefunden.

Zu untersuchen ist die Strafbarkeit von Frau A und X.

FALL 3

Eine folgenschwere Faschingsnacht

Die 19jährige Hausgehilfin A hatte auf einer Rosenmontagsveranstaltung den Heizungsmonteur X kennengelernt. Gegen Ende der Veranstaltung machte X der A den Vorschlag, mit ihm auf sein Zimmer zu gehen und noch ein Glas Sekt zu trinken. Die A beging die Unvorsichtigkeit, die Einladung anzunehmen. Daß X verheiratet war und nur aus beruflichen Gründen von seiner Familie getrennt lebte, verschwieg er ihr.

Nach einigen Wochen mußte die A die Feststellung machen, daß der Rosenmontag nicht ohne Folgen geblieben war. Nach längerem Bemühen gelang es ihr, X in seiner Wohnung aufzufinden. Als sie ihm unter Tränen die wenig erfreuliche Mitteilung machte, er werde bald Vater werden, erklärte X, das gehe ihn nichts an. Ohne für eine derartige Beschuldigung konkrete Anhaltspunkte zu haben, hielt er ihr vor, sicher habe sie auch mit anderen Männern Verkehr gehabt. Sie solle erst einmal nachweisen, daß er der Vater ihres Kindes sei. Im übrigen sei er verheiratet und könne solche Schwierigkeiten nicht brauchen. Von einer finanziellen Unterstützung könne natürlich auch keine Rede sein. Die A solle sehen, wie sie allein durchkomme. Als die A ihm darauf völlig aufgelöst bedeutete, wenn er sich nicht um sie kümmere, werde sie sich das Leben nehmen, erklärte er ihr, das sei ihm gleichgültig.

Wenige Tage nach dieser Auseinandersetzung gibt X seine Arbeit auf und kehrt zu seiner Familie zurück, ohne der A seine neue Anschrift zu hinterlassen. Er hofft, auf diese Weise den Nachforschungen der A und des Jugendamtes aus dem Wege gehen zu können. Tatsächlich gelingt es der A zunächst nicht, die neue Anschrift des X ausfindig zu machen. In ihrer Not begibt sie sich zu der Hebamme H mit dem Ansinnen, eine Schwangerschaftsunterbrechung vorzunehmen. Die H lehnt zwar einen Eingriff ab, gibt der A jedoch auf deren Bitten ein Abtreibungsmittel, das die A dann allerdings aus Furcht vor gesundheitlichen Schäden nicht einnimmt.

Einige Tage vor der erwarteten Entbindung begibt sich die A zu ihrer Freundin F, mit deren Hilfe sie das Kind zur Welt bringt. Während die F kurz nach der Entbindung die Wohnung verläßt, um in einer Apotheke Verbandsmaterial und Windeln zu besorgen, sucht die A mit dem neugeborenen Kind einen nahegelegenen Wald auf, wo sie das Kind bei eisiger Kälte am Wegrand ins Gebüsch legt. Sie ist sich dabei bewußt, daß das Kind in seiner hilflosen Lage bald sterben muß.

Als die A zur F zurückkehrt und von dem Geschehenen berichtet, macht diese ihr heftige Vorwürfe. Die A sieht das Unrecht ihrer Tat ein und eilt sofort wieder zu der Stelle, an der sie das Kind niedergelegt hatte.

Wie ist zu entscheiden, wenn das Kind

a) bereits tot ist?
b) durch die schnelle Rückkehr der A gerettet wird?
c) vor der Rückkehr der A von einem zufällig vorbeigekommenen Passanten gefunden und gerettet worden ist?

Zu untersuchen ist die Strafbarkeit von A, H und X. Letzterer konnte erst nach Monaten ermittelt werden. Bis dahin mußte das Jugendamt — nur wichtig für die Fragen b) und c) — für den gesamten Unterhalt des Kindes aufkommen.

Strafanträge sind nicht gestellt.

FALL 4

Probleme einer Schwangerschaftsunterbrechung

Die ledige kaufmännische Angestellte S fühlt sich seit einigen Wochen schwanger. In ihrer Verzweiflung wendet sie sich an den Frauenarzt Dr. X mit der Bitte, ihr zu helfen. Nachdem Dr. X die S flüchtig untersucht und sich dabei von ihrer Schwangerschaft überzeugt hat, erklärt er sich aus Mitleid bereit, den gewünschten Eingriff vorzunehmen. Er bestellt die S auf Freitag wieder ein, damit sie — falls erforderlich — über das Wochenende in seiner Privatklinik bleiben könne.

Inzwischen wird Dr. X krank und muß sich von seinem Assistenzarzt Dr. A vertreten lassen. Als die S zur vereinbarten Zeit erscheint, erkundigt sich Dr. A telefonisch bei Dr. X, was mit ihr geschehen solle. Dr. X erklärt, die S habe ein schweres Nierenleiden, das bei Fortbestehen der Schwangerschaft zu erheblichen Komplikationen führen könne; Dr. A solle daher sofort eine Schwangerschaftsunterbrechung einleiten, die Verantwortung übernehme er.

Dr. A, der den Angaben des Dr. X unbedenklich vertraut und sich für deren Richtigkeit auch nicht verantwortlich fühlt, nimmt die Schwangerschaftsunterbrechung vor, ohne die S vorher nochmals auf das angebliche Nierenleiden untersucht zu haben. Er hätte den Eingriff unterlassen, wenn er gewußt hätte, daß die S völlig gesund ist.

A b w a n d l u n g 1: Entgegen der Vorstellung des X übersieht Dr. A die Sachlage, nimmt aber dennoch den Eingriff vor, da auch er mit der S Mitleid hat.

A b w a n d l u n g 2: Dr. A handelt wie im Ausgangsfall. Bei einer Nachuntersuchung stellt sich jedoch heraus, daß die S tatsächlich an einer Krankheit leidet, die eine Unterbrechung der Schwangerschaft medizinisch geboten erscheinen läßt.

A b w a n d l u n g 3: Dr. A untersucht die S eingehend und stellt dabei fest, daß kein Grund für eine Schwangerschaftsunterbrechung besteht. Er unternimmt daher nichts.

FALL 5

Der rachsüchtige Hautarzt

Dr. med. A wurde von X, einem bekannten Geschäftsmann, wegen eines Hautausschlags konsultiert. X war beunruhigt, weil er wenige Tage zuvor ein Abenteuer mit einem zweifelhaften Mädchen gehabt hatte und nun fürchtete, von einer Geschlechtskrankheit befallen zu sein. Dr. A erkannte sofort, daß es sich um einen harmlosen Ausschlag handelte. Da er aber auf X, der seine Rechnungen immer äußerst unpünktlich beglich, nicht gut zu sprechen war, sagte er ihm, es handle sich leider um eine Geschlechtskrankheit, die jedoch bald geheilt werden könne. Er verordnete X verschiedene Medikamente, mit deren Hilfe der Ausschlag bald verschwand.

Als Dr. A am Abend mit seinen Freunden B, C und D am Stammtisch saß, erzählte er diesen unter dem Siegel der Verschwiegenheit, X habe sich bei einem seiner bekannten Liebesabenteuer die „türkische Musik" zugezogen. Er müsse sich nunmehr einer längeren Behandlung unterziehen. Wie beabsichtigt, erzielte er bei seinen Freunden einen großen Heiterkeitserfolg. Während B und C die Neuigkeit bei sich behielten, erzählte D sofort am anderen Morgen das Mißgeschick des X seiner Sekretärin (S). Diese fühlte sich verpflichtet, der Verlobten des X, mit der sie befreundet war, den Vorfall mitzuteilen, um sie vor weiterem Unglück zu bewahren. Die Verlobte des X wußte aber bereits alles, da auch die Sprechstundenhilfe von Dr. A, eine gewisse H, zu ihrem Freundeskreis gehörte und ihr kurz zuvor erzählt hatte, X sei in der Sprechstunde gewesen. Vom Nebenzimmer aus, wo sie gerade Rechnungen schrieb, habe sie gehört, wie X von seinem Abenteuer berichtet und Dr. A nach der Untersuchung gesagt habe, es handle sich um eine Geschlechtskrankheit.

Die V zog nach diesen bitteren Erfahrungen enttäuscht die Konsequenzen und teilte X in einem Schreiben mit, daß sie aufgrund der ihr bekannt gewordenen Vorfälle das Verlöbnis als aufgelöst betrachte. X stellt hierauf Strafantrag gegen Dr. A, D, S und H.

Strafbarkeit der beteiligten Personen?

FALL 6

Das freche Karlchen

Karlchen war in der Schule nicht nur frech, sondern auch faul. Als er wieder einmal seine Hausaufgaben nicht gemacht hatte und deshalb von seiner Lehrerin (L) gerügt wurde, gab er ihr eine ungezogene Antwort. Die L, die um ihre Autorität in der Klasse fürchtete, legte Karlchen kurz entschlossen übers Knie und verabreichte ihm ein paar kräftige Schläge mit dem Stock.

Karlchen verließ gekränkt den Schauplatz des Geschehens. Am nächsten Morgen erschien er in Begleitung seines Vaters (V). Noch im Schulhof stellt V die L wegen der Schläge am Vortag zur Rede, und Karlchen mußte den Vorfall nochmals vortragen.

Seine Darstellung entsprach keineswegs den tatsächlichen Begebenheiten, worauf die L unter Hinweis auf die Unrichtigkeit seiner Schilderung Karlchen vor den Augen seines entsetzten Vaters eine kräftige Ohrfeige gab. Das war dem V nun doch zu viel. Unter den Worten: „Das geht zu weit!" gab er zur Freude der umherstehenden Schüler der L eine Ohrfeige, die der Ohrfeige, die sein Sprößling erhalten hatte, in nichts nachstand.

In dem gegen V eingeleiteten Strafverfahren beruft dieser sich auf Notwehr. Eine Anklage gegen die L ist nicht erhoben. Wie wird das Gericht entscheiden?

Abwandlung: Ergeben sich Unterschiede gegenüber der im Ausgangsfall gefundenen Entscheidung, wenn die L im Zeitpunkt der Verhandlung wegen des Vorfalls im Schulhof bereits rechtskräftig freigesprochen ist?

FALL 7

Zweifelhafte Touristenbetreuung

Der Gelegenheitsarbeiter A trieb sich wie üblich, wenn er nichts zu tun hatte, in der Bahnhofshalle herum. Während er gerade überlegte, wie er — möglichst ohne arbeiten zu müssen — zu etwas Geld kommen könne, sah er, wie ein schwer bepackter ausländischer Tourist (X) die Halle betrat und sich suchend umschaute. A trat an ihn heran und fragte ihn, ob er ihm irgendwie behilflich sein könnte. X erklärte ihm, er suche den Wartesaal. A erwiderte, da wolle er auch hin, X könne sich ihm anschließen. Auf dem Weg zum Wartesaal überlegte er, wie er den X am besten um sein Gepäck bringen könne. Hierbei kam er auf folgenden Gedanken: Er machte dem X klar, daß er hier in Deutschland sein Reisegepäck nicht mit in den Wartesaal nehmen dürfe; das Gepäck sei in den hierfür bestimmten Schließfächern der Gepäckaufbewahrung unterzubringen. X wunderte sich zwar über diesen ihm völlig unbekannten Brauch, war aber damit einverstanden, daß A es für ihn übernahm, die Gepäckstücke in den Schließfächern Nr. 692 und Nr.

702 unterzubringen. In diesen Schließfächern hatte A selbst einmal vor Monaten bei einer Polizeirazzia einige gestohlene Gegenstände untergebracht, dann aber nicht mehr abgeholt. Die Schlüssel zu diesen Fächern, deren Schlüssel von der Bundesbahnverwaltung inzwischen ausgewechselt worden waren, hatte er noch im Besitz. Diese Schlüssel übergab er dann dem nichts ahnenden X, die neuen Schlüssel behielt er selbst. Dann begab er sich mit X in den Wartesaal, wo X ihn zum Dank für seine Hilfe zu einem kleinen Imbiß einlud.

Nachdem A seinen Imbiß verzehrt hatte, verabschiedete er sich von X und wünschte ihm eine gute Reise. Als er zu seinem an einem Garderobenständer abgelegten Mantel kam, sah er, daß der daneben hängende Mantel des X viel besser war als sein eigener. Kurz entschlossen griff er nach dem Mantel des X, ohne jedoch zu bemerken, daß X ihn beobachtet hatte. X, der weniger an einen Diebstahl als an eine Verwechslung dachte, rief dem A zu, dies sei doch sein Mantel, worauf A schlagfertig erwiderte, X müsse sich irren, das sei sein (des A) Mantel; der Mantel des X hänge am nächsten Ständer. Tatsächlich hing dort ein Mantel, der dem Mantel des X zum Verwechseln ähnlich war. X, der immer noch nichts Böses ahnte, glaubte dieser Beteuerung des A und ließ es zu, daß dieser sich mit dem Mantel entfernte. Wenig später mußte er dann feststellen, daß nicht nur sein Mantel fort war, sondern daß er auch sein gesamtes Gepäck verloren hatte.

Zu untersuchen ist die Strafbarkeit des A.

FALL 8

Der hilfsbereite Untermieter

A wohnte bei der Witwe X in Untermiete. Max und Moritz, die beiden Söhne der Witwe X, hatten mehrere Einbrüche verübt, wobei sie unter anderem auch Schmuck und sonstige Wertgegenstände erbeuteten. Diese Sachen zeigten sie A unter Hinweis auf die strafbare Herkunft. Da A sich ihnen schon oft erkenntlich gezeigt hatte, schenkten sie ihm eine goldene Armbanduhr aus der Beute. Die übrigen Gegenstände legte Max in ein Kästchen, das er unter dem Kopfteil seines Bettes versteckte. Nach seiner Festnahme durch die Polizei wurde die Wohnung zweimal ergebnislos durchsucht. Kurz darauf fand die Witwe X im Bett ihres Sohnes das Kästchen. Als sie es öffnete und den Inhalt sah, wurde ihr bewußt, daß die Polizei nach diesen Gegenständen suchte. Sie hatte jetzt nur den Gedanken, das Kästchen verschwinden zu lassen, um ihrem Sohn nicht zu schaden. Als sie für A das Mittagessen einpackte, um es ihm — wie üblich — an seinen Arbeitsplatz am Hafen zu bringen, legte sie das Kästchen unten in die Tasche und stellte darauf das Mittagessen. Als sie zu A kam, gab sie ihm die Tasche mit dem Bemerken, daß sie auf der Polizeiwache erscheinen müsse; A solle das Kästchen so schnell wie möglich irgendwo im Hafen verschwinden lassen. A überdachte seine Lage und sagte sich, daß die Diebe, falls er das Kästchen bei der Polizei abgebe, sofort überführt seien, dann aber auch ihn wegen der Uhr belasten würden. Da es ihm andererseits zu gefährlich erschien, das Kästchen einfach in den Hafen zu werfen, nahm er es nach Feierabend mit sich. Als er am Abend in einer Gaststätte mit einem Holländer ins Gespräch kam und diesem von der Sache erzählte, war dieser bereit, das Kästchen für 350,— DM anzukaufen. Das Geld wurde dann von beiden noch in der gleichen Nacht verjubelt.

Als A schließlich ebenfalls verhaftet wird, trägt er zu seiner Verteidigung vor, er habe das Kästchen nur verkauft, um sich vor Strafe zu schützen; deshalb habe er dann auch das Geld gleich verjubelt.

1. Hat A sich strafbar gemacht?
2. Wie ist zu entscheiden, wenn Frau X dem A das Kästchen erkennbar nur zu dem Zweck überlassen hat, es für Max aufzubewahren?
3. Wie ist zu entscheiden, wenn A mit dem Kästchen verfahren sollte, wie ihm zweckmäßig erschien? Kommt es hierbei darauf an, ob A zunächst den festen Entschluß gefaßt hatte, den Schmuck im Hafen zu versenken, oder ob er diesen Gedanken nur vorübergehend erwogen hatte, ohne sich zu entscheiden?

FALL 9

Der Einbruch in den Pkw

A und B saßen am 10. 1. 1967 gegen Mitternacht in einer Gastwirtschaft in Pforzheim. A machte den B darauf aufmerksam, daß auf einem in der Nähe gelegenen Parkplatz ein unverschlossener Pkw abgestellt sei, in dem sich vielversprechendes Gepäck befinde. Das sei doch für B, der als mehrfach vorbestrafter Dieb bekannt war, eine günstige Gelegenheit, sich einmal wieder zu sanieren.

B nahm den Gedanken auf und überredete den A, für ihn gegen einen Beuteanteil Schmiere zu stehen. Während sich B zu dem von A beschriebenen Pkw begab, nahm A in einer Entfernung von etwa 30 m an einer Straßenecke Aufstellung, um bei Gefahr im Verzug ein Pfeifzeichen zu geben. B fand den Pkw entgegen den Angaben des A verschlossen. Um sich die Beute trotzdem nicht entgehen zu lassen, riß er unter Aufbietung seiner ganzen Körperkraft eine Tür des Wagens auf und entnahm dem Wagen einen größeren Koffer. Alsdann begaben sich A und B in die Wohnung des A, wo sie den Koffer gewaltsam öffneten. Hierbei erst erzählte B dem A, daß er auch den Pkw habe aufbrechen müssen. Den Inhalt des Koffers teilten sich A und B wie folgt: B erhielt eine goldene Armbanduhr und einen Fotoapparat, A verschiedene Kleidungsstücke und einen Reisewecker.

Als B den A einige Tage später wieder traf, klagte er ihm, er wisse nicht, was er mit dem Fotoapparat anfangen solle; fotografieren könne er nicht, und einen Käufer habe er auch noch nicht gefunden. Hierauf kaufte A dem B den Fotoapparat für 50,— DM ab.

Bei der Fahndung nach dem Kofferdieb fiel der Polizei bei B die goldene Armbanduhr auf. B leugnete die ihm zur Last gelegte Tat und erklärte, er sei in der fraglichen Nacht in Karlsruhe gewesen; dort habe er auch in einer Gastwirtschaft von einem ihm nicht näher bekannten Geschäftsmann, der gerade in einer momentanen Geldverlegenheit gewesen sei, die Uhr für nur 50,— DM gekauft. Trotz dieser Einlassung erhob die Staatsanwaltschaft gegen B Anklage wegen schweren Diebstahls im wiederholten Rückfall. In seiner Not erinnerte B sich, daß er genau eine Woche später, nämlich am 17. 1. 67, mit seinem Freund F in Karlsruhe war. In der Annahme, F könne sich an den genauen Termin des Karlsruher Aufenthalts nicht mehr erinnern, klagte er ihm, er sei unschuldig angeklagt, F möge ihm doch als Zeuge bestätigen, daß sie in der Nacht vom 10./11. 1. 67 in Karlsruhe gewesen seien. Das könne F ruhig auf seinen Eid nehmen, da es ja schließlich der Wahrheit entspreche.

F wußte genau, daß der gemeinsame Karlsruher Aufenthalt erst eine Woche später war. Außerdem hatte er von A erfahren, daß B den Einbruch tatsächlich begangen hatte. Er ließ den B aber von seinem Wissen nichts merken und entschloß sich, ihm aus der Klemme zu helfen. Abredegemäß machte er in der Hauptverhandlung vor der Strafkammer des Landgerichts die von B gewünschte Aussage und wurde auch auf seine Aussage vereidigt.

Die in der Hauptverhandlung verlesene Strafliste ergab, daß B wie folgt vorbestraft war:

a) durch Urteil des Schöffengerichts Heidelberg vom 10. 10. 1950 — 2 Ms 14/50 — wegen Hehlerei u. a. mit einer Gesamtgefängnisstrafe von 8 Wochen; verbüßt am 10. 8. 1951;

b) durch Urteil des Schöffengerichts Mannheim vom 5. 5. 1963 — Ls 4/63 — wegen schweren Diebstahls mit 9 Monaten Gefängnis; Tat begangen am 1. 1. 1963, Strafe bis 5. 5. 1968 zur Bewährung ausgesetzt;

c) durch Urteil des Landgerichts — Strafkammer — Karlsruhe vom 8. 8. 1966 — KLs 8/66 — wegen schweren Diebstahls mit 8 Monaten Gefängnis; die in der Zeit vom 10. 7. — 15. 7. 66 erlittene Untersuchungshaft wurde angerechnet; die Reststrafe ist dagegen noch nicht verbüßt. Tatzeit war der 1. 2. 1966.

Strafbarkeit von A, B und F?

FALL 10

Abwege eines passionierten Rauchers

A war leidenschaftlicher Raucher. Da er aber nie die nötigen Mittel hatte, um seiner Leidenschaft im gewünschten Maß fröhnen zu können, stellte er auf Rat seines Freundes F von selbst gefertigten Formen Münzen aus Zinn und Blei her, die die Gestalt von 1,— DM-Stücken hatten, jedoch Mängel im Münzbild, im Glanz und am Münzrand aufwiesen, die man bei näherer Betrachtung ohne weiteres erkennen konnte. Mit diesen Münzen beschaffte er sich aus Automaten seinen Zigarettenbedarf. Als Dank für den guten Rat gab er F an jedem Wochenende eine Schachtel der so erlangten Zigaretten. War sein Vorrat erschöpft, so stellte er wieder neue Münzen her.

Um auch seinen Bargeldbestand aufzufrischen, verkaufte er wiederholt Zigaretten an einen nichtsahnenden Arbeitskollegen (K) zum üblichen Ladenpreis. Dieses Geld bewahrte er gesondert in einer Sparbüchse auf, um es für Notzeiten bereit zu halten. Als ihm seine Freundin X klagte, sie müsse wegen eines kleinen Ladendiebstahls eine Geldstrafe von 20, — DM bezahlen, stellte ihr A diesen Betrag aus seinen „Ersparnissen" unter Hinweis auf die Herkunft großzügig zur Verfügung. Die X nahm das Geld dankbar an und zahlte es bei der Gerichtskasse ein.

1. Zu prüfen ist die Strafbarkeit von A, F und X.

2. Abwandlung: Die X benötigte das Geld entgegen ihrer Behauptung nicht zur Begleichung einer Geldstrafe, sondern zur Anschaffung von Kleidungsstücken. Ist es hierbei von Bedeutung, ob A ihr das Geld auch bei Kenntnis des wahren Verwendungszwecks gegeben hätte?

FALL 11

Das verräterische Kennzeichen

A überholte mit seinem Motorroller auf einsamer Landstraße ein 16-jähriges Mädchen. Er hielt an und forderte das Mädchen auf, mit ihm zu fahren. Das Mädchen, das froh war, auf diese Weise schneller nach Hause zu kommen, nahm das Angebot vertrauensvoll an. Nach einigen Kilometern bog A seiner vorgefaßten Absicht entsprechend von der Landstraße ab und fuhr gegen den ausdrücklichen Willen des Mädchens, das vergeblich abzuspringen versuchte, in einen nahe gelegenen Wald, wo er das Mädchen zum Geschlechtsverkehr zwingen wollte. Er warf das Mädchen zunächst auf den Boden und begann es zu entkleiden. Als das Mädchen sich heftig wehrte und schrie, drückte ihm A, um es gefügig zu machen, anhaltend und kräftig die Kehle zu. Unter dem Druck seiner Hände wurde das Mädchen bewußtlos. Als A es wie leblos liegen sah, ließ er bestürzt von seinem Vorhaben ab.

In der Annahme, das Mädchen sei tot, schleppte er es an einen nahen Bach. Um einen Unglücksfall vorzutäuschen, legte er sein Opfer mit dem Kopf voraus in tiefes Wasser. Dort wurde es am nächsten Morgen tot gefunden. Schon wenige Stunden später konnte A als Täter ermittelt werden. Ein Passant, der beobachtet hatte, wie das Mädchen während der Fahrt versuchte, von dem Motorroller abzuspringen, hatte Verdacht geschöpft und sich die Nummer des Kennzeichens notiert.

1. Wie ist zu entscheiden, wenn der Tod bereits durch das Würgen eingetreten ist?

2. Wie ist zu entscheiden, wenn der Tod erst durch Ertrinken eingetreten ist?

3. Wie ist zu entscheiden, wenn sich nicht klären läßt, ob der Tod bereits durch das Würgen oder erst durch Ertrinken eingetreten ist?

4. Welche Nebenstrafen und Maßregeln der Sicherung und Besserung kann das Gericht aussprechen?

FALL 12

Der Überfall auf den Taxifahrer

Der Arbeitslose A leidet zwar unter chronischem Geldmangel, möchte aber unbedingt einmal wieder wie in früheren Zeiten, als er noch Chauffeur eines inzwischen in Konkurs gegangenen Industriellen war, einen schnellen, chromblitzenden Wagen fahren. Zur Befriedigung dieses unbändigen Verlangens begibt er sich, um möglichst den ganzen Tag vor sich zu haben, bereits in den frühen Morgenstunden zu einem Taxihalteplatz, wo er wartet, bis das schönste der dort verkehrenden Taxis, ein schwarzer Opel-Admiral neuester Bauart, an der Spitze der einsatzbereiten Kolonne steht. Alsdann begibt er sich zum Fahrer dieses Taxis (X) und bittet diesen, ihn in eine etwa 20 km entfernte Kreisstadt zu fahren. Als die Fahrt durch ein abgelegenes Waldstück geht, bittet er den X, kurz anzuhalten, da er austreten müsse. X hält wunschgemäß an. Diese Gelegenheit benutzt A, um sich in den Besitz des Wagens zu setzen. Bevor X die Möglichkeit hat, seinen Gummiknüppel zu ziehen oder über Sprechfunk um Hilfe zu rufen, schießt A ihm aus kürzester Entfernung mit einer Gaspistole ins Gesicht. Gleichzeitig fordert er ihn auf, den Wagen zu verlassen. X spürt ein starkes Brennen in den Augen und ist durch den Schuß so benommen, daß er keinen anderen Ausweg sieht, als sich der Forderung des A zu beugen und diesem den Wagen zu überlassen. Während X zu Fuß die nächste Ortschaft aufsucht, macht sich A mit dem herrlichen Fahrzeug, das er sicherheitshalber schon nach kurzer Fahrt mit den zu diesem Zweck in einer Aktentasche mitgeführten Kennzeichen seines ordnungsgemäß zugelassenen Goggomobils versieht, einen schönen Tag. Am Abend stellt er den Opel Admiral entsprechend seiner ursprünglichen Absicht in der Nähe des Taxihalteplatzes wieder ab. Hierbei wird er jedoch von einem Kollegen des X beobachtet und bis zum Eintreffen der Polizei festgehalten. Als die Polizei an Ort und Stelle erscheint, um A zu überprüfen und zur Wache mitzunehmen, reißt sich A plötzlich los und gibt aus seiner Gaspistole einen Schuß auf den ihn verfolgenden Polizeibeamten (P) ab. P wird jedoch nicht getroffen und kann A nach kurzer Verfolgung festnehmen.

FALL 13

Der geprellte Freier

A hatte mit der Dirne D als Preis für einen Geschlechtsverkehr 10,— DM vereinbart. Im Zimmer der D gab er ihr einen 10,— DM-Schein und legte sich auf eine Liege. Nachdem die D die Vorbereitungen für den Verkehr getroffen und A in Erregung versetzt hatte, verlangte sie von ihm, daß er noch einen Schein dazulegen müsse. Als A dies ablehnte, gab sie ihm zu verstehen, daß sie sich mit ihm für 10,— DM nicht einlasse. Hierauf verlangte A seine 10,— DM, auf die er einen Anspruch zu haben glaubte, weil die D sich nicht an die ursprünglich getroffenen Vereinbarungen hielt, verärgert und energisch zurück. Als die D sich weigerte, ergriff er sie an den Haaren, zog sie hin und her und verlangte nochmals in barschem Ton die Rückgabe „seiner" 10,— DM. Auch zu dieser Maßnahme hielt er sich für berechtigt, weil er befürchtete, selbst mit Hilfe der Polizei nicht mehr zu „seinem" Geld zu kommen. Er war daher der Ansicht, unter den gegebenen Umständen ein Selbsthilferecht zu haben. Die D, die sich vergeblich dem Griff des A zu entwinden versucht hatte, bekam nun Angst und gab das Geld zurück.

Während A den wiedererlangten Schein in seine Hosentasche steckte und eilends dem Ausgang zustrebte, schrie die D mit gellender Stimme durch das Treppenhaus: „Hilfe! Haltet ihn! Der Kerl hat mein Geld!" Diese Worte veranlaßten Louis, einen Arbeitslosen, der mit der D zusammenlebte und von ihr auch gelegentliche Zuwendungen erhielt, A den Weg zu verstellen, so daß er das Haus nicht verlassen konnte. Ohne sich mit A auf eine Diskussion einzulassen, packte L den körperlich unterlegenen A mit der linken Hand an der Krawatte; mit der rechten schlug er ihm so stark ins Gesicht, daß A zu Boden stürzte und benommen liegen blieb. Hierauf zog L dem A den Geldbeutel aus der Tasche und übergab ihn der inzwischen dazugekommenen D. Diese fand zwar nicht den ihr zuvor abgenommenen 10,— DM-Schein, wohl aber zwei 5, —DM-Scheine. Diese nahm sie an sich; den Geldbeutel mit dem restlichen Geld gab sie A zurück. Anschließend wurde A von L mit einem Fußtritt auf die Straße befördert.

Im Laufe der späteren Ermittlungen bestreitet die D, von Anfang an beabsichtigt zu haben, weitere 10,— DM nachzufordern. Dieser Gedanke sei ihr erst gekommen, nachdem sie den ersten 10,— DM-Schein bereits erhalten hatte und A gesprächsweise durchblicken ließ, er betreibe ein gutgehendes Geschäft. Sie trägt weiter vor, sie habe sich später, als L ihr den Geldbeutel des A gab, für berechtigt gehalten, den ihr abgenommenen Schein oder eine entsprechende Summe anderen Geldes wieder an sich zu nehmen; immerhin sei sie ja für A bereits tätig gewesen. Keinesfalls sei es ihr recht gewesen, daß A von L so hart geschlagen wurde.

Zu untersuchen ist die Strafbarkeit von A, L und D. Die Einlassung der D ist dabei von allen Seiten auf ihre strafrechtliche Bedeutung zu beleuchten.

FALL 14

Examensnöte eines Studenten

Im schriftlichen Referendarexamen hat cand. jur. A gegen Ende der Bearbeitungszeit das ungute Gefühl, daß seine Aufsichtsarbeit im Strafrecht mißlungen ist. Um dennoch gut abzuschneiden, nimmt er in einem günstigen Augenblick die bereits abgegebene Arbeit seines Mitkandidaten B vom Pult des Aufsichtsbeamten und begibt sich damit wieder auf seinen Platz im Saal. Schon bei der ersten Durchsicht erkennt er, daß B, der allgemein für seine ausgezeichneten Kenntnisse bekannt ist, auch diesmal wieder eine gute Arbeit geschrieben hat. Entsprechend seiner für diesen Fall von Anfang an gefaßten Absicht radiert er die Kennziffer des B auf dessen Arbeit aus und ersetzt sie durch seine eigene Kennziffer. Auf seine eigene Arbeit setzt er die Kennziffer des B. Dann gibt er beide Arbeiten beim Aufsichtsbeamten ab. Die mit der Kennziffer des A versehene Arbeit des B wird für A mit der Note gut bewertet. Da A und B beinahe die gleichen Schriftzüge haben, fällt der Schwindel nicht gleich auf. A besteht die Prüfung gerade noch mit ausreichend. Wäre die von ihm selbst verfaßte Arbeit für ihn gewertet worden, so hätte er die Prüfung nicht bestanden. So aber kann er strahlend sein Prüfungszeugnis in Empfang nehmen. Seine Freude währt jedoch nicht lange. B hatte sich gewundert, daß seine Arbeit so schlecht beurteilt wurde. Er bittet, seine Arbeit nochmals zu prüfen. Hierbei kann die Täuschung aufgedeckt werden.

FALL 15

Der Brand in der Tonfabrik

A ist Geschäftsführer und Mitgesellschafter einer GmbH, die sich mit der Herstellung von Tonerzeugnissen befaßt. Da die Geschäfte immer schlechter gehen, faßt er den Entschluß, die Gesellschaft durch einen kleinen Brand wieder zu sanieren. Um die Prüfung des Schadens an Hand von schriftlichen Betriebsunterlagen von vornherein unmöglich zu machen, veranlaßte er seinen Freund B zunächst, eines Nachts in die Geschäftsräume der Firma einzubrechen und dort mehrere Ordner mit Geschäftspapieren, eine Buchhaltungskartei sowie einige Geschäftsbücher zu entwenden und zu vernichten. Während B seinen Auftrag ausführt, begibt A sich auf Reisen. Wie von A und B erwartet, erstattet der Prokurist der Firma, der von den Machenschaften des A keine Ahnung hat, bei der Polizei wegen des vermeintlichen Einbruchsdiebstahls Anzeige gegen Unbekannt.

Nach Rückkehr des A setzt B wenige Tage später kurz vor Tagesanbruch in einer großen Fabrikhalle die Strohunterlage der auf einem Betonboden lagernden Tongefäße in Brand. Das weithin sichtbare Strohfeuer gefährdet zwar entsprechend der Vorstellung des A weder das Gebäude noch die äußerst hitzebeständigen Tongefäße, bei denen es sich überwiegend um schlecht absetzbare Ausschußware handelt, gibt aber dem A ausreichenden Anlaß, das gefährlich aussehende, in Wirklichkeit aber recht harmlose Feuer durch Einsatz seiner Betriebsfeuerwehr so intensiv zu löschen, daß die meisten Gefäße durch den Wasserdruck vernichtet werden. Gebäudeschaden entsteht nicht. Lediglich eine Holzsäule hat zu glimmen begonnen. Außerdem sind alle Wände und die Decke verrußt.

Wie von Anfang an beabsichtigt, macht A den Löschschaden bei der Versicherungsgesellschaft geltend, bei der das gesamte Inventar und die Erzeugnisse der Firma (nicht jedoch die Strohunterlage) gegen Feuersgefahr versichert waren. Zu einer Auszahlung kommt es jedoch nicht, da der wahre Sachverhalt aufgedeckt werden kann.

1. Strafbarkeit von A und B?

2. Abwandlung: auch die Strohunterlage war gegen Feuersgefahr versichert.

FALL 16

Die Liebesprobe des Zollassistenten

Bei einer Grenzkontrolle konnte Zollassistent Z eine größere Menge Kaffee sicherstellen, der der Verzollung entzogen werden sollte. Als er am Abend seiner Freundin F von seinem Erfolg erzählte, bat diese ihn, er möge ihr doch etwas von dem beschlagnahmten Kaffee „besorgen". Bei der großen Menge des beschlagnahmten Kaffees fiele das sicher nicht auf. Z lehnte zunächst ab und blieb auch standhaft, als die F im weiteren Verlauf des Abends alle Annäherungsversuche unter dem Hinweis zurückwies, Z müsse erst mit einem Kilo Kaffee beweisen, daß er sie richtig liebe.

Am nächsten Morgen sollte Z den Kaffee auf Weisung seines Vorgesetzten mit dem Dienstwagen von seiner Dienststelle zu einer übergeordneten Behörde bringen, die ihren Sitz in einer etwa 20 km entfernten Kreisstadt hatte. Unterwegs machte er einen Abstecher und fuhr bei der F vorbei. Halb hoffte er noch, bei ihr Verständnis für seine Dienstpflichten zu finden; die F bestand jedoch auf ihrem Verlangen und versprach, daß er dann auch zu ihr kommen und „alles" von ihr haben könne. Hierauf gab ihr Z ein Kilo von dem beschlagnahmten Kaffee. Den Rest lieferte er am Bestimmungsort ab.

Strafbarkeit von Z und F?

FSC
www.fsc.org
MIX
Papier | Fördert gute Waldnutzung
FSC® C083411

Kolibri 360 GmbH
Ferdinand-Jühlke-Straße 7
99095 Erfurt, Deutschland
produktsicherheit@kolibri360.de